**아무도
원하지 않는
선물**

일러두기

• 이 책은 2001년과 2010년에 《고통이라는 선물》로 출간된 바 있다.
• 본문에 인용한 성경은 대한성서공회에서 펴낸 개역개정을 따랐으며, J. B. 필립스의 〈산 상수훈 해설〉을 인용한 부분은 역자가 직접 우리말로 옮기고 따로 표기하였다.

The Gift of Pain

by Paul Brand and Philip Yancey

GIFT

고통의 의미와 가치를 해부한
이 시대의 고전

The Gift Nobody Wants

아무도
원하지 않는
선물

폴 브랜드 · 필립 얀시 ― 최종훈 옮김

비아
토르
viatr

어머니와 할머니께
이 책을 드립니다.

차례

■

가끔 상상의 나래를 펴고 에버렛 쿠프(C. Everett Koop)로 태어나지 않
았다면, 지금쯤 어떤 인물이 되었을까 궁리해 본다. 그럴 때 가장 자
주 떠오르는 인물이 폴 브랜드 박사다. 이러저러하게 산다는 얘기는
오래전부터 단편적으로나마 듣고 있었다. 우연히 강연을 들을 기회
도 몇 번 있었는데, 단도직입적인 접근 방식과 온화한 태도에 푹 빠
지고 말았다. 그러다 1981년에 의무총감이 되고 보니, 브랜드 박사도
산하 단체에서 일하고 있었다.

　브랜드 박사는 미국에서 가장 오래된 한센병 전문 시설로 루이지
애나주 카빌에 있는 길리스 롱 한센병 센터의 연구 책임자였다. 그때
부터 박사와 가까이 지내면서 연구실에서 일하는 모습과 환자들과
교류하는 장면을 지켜보았다. 특히 폴 브랜드와 학생들(나이가 적든 많
든, 장애가 있든 없든) 사이에 형성된 강력하면서도 진지한 멘토링 관계를
유심히 지켜보았다. 보면 볼수록, 박사는 미국 내 환자 수가 2천 5백
만 명을 웃도는 당뇨병 연구비와 맞먹는 엄청난 예산을 환자가 몇 되

지도 않는 한센병 연구에 쓰는 게 헛일이 아님을 온몸으로 증명하고 있었다.

폴 브랜드 박사가 일하는 모습을 지켜보고 있으면 얼마나 즐겁던지! 그는 마땅히 자랑해야 할 대목에도 겸손했고, 눈앞의 일이 아무리 급하고 중요해도 친절한 태도를 잃지 않았다. '굳이 그렇게까지'라는 생각이 들 만큼 온화했고, 'A'에 +를 몇 개 붙여도 모자랄 만큼 일 처리가 능숙했다.

국장으로 취임한 지 얼마 되지 않아 아내 베티가 오른손에 테프론이라는 신기한 물질로 만든 인공 관절을 넣는 수술을 받았다. 수술은 잘 끝났다. 그런데 따분하되 대단히 중요한, 수술 후 처치에 제대로 신경 쓰지 못한 탓에 손에 심각한 기능 장애가 생겼다. 처음 얼마 동안은 손 한쪽을 잃은 걸 몹시 서글퍼했지만, 시간이 지나면서 손가락을 펴는 수준은 아니더라도 웬만큼 힘을 줄 수 있을 만큼 기능 의수(인공 손)를 잘 다루게 되었다.

폴 브랜드는 세계적으로 명망이 높은 손 수술의 대가였다. 그래서 나는 애리조나주 피닉스에서 열리는 공공보건국 회의에 베티를 데려갔다. 브랜드 박사도 모임에 참석한다는 이야기를 들었기 때문이다. 아내를 좀 봐 줄 수 있겠느냐고 묻자, 박사는 흔쾌하고 신속하게 만나 주었다. 아내와 이야기를 주고받으며 손 상태를 살피는 그의 모습은 그동안 들었던 박사에 관한 이야기와 정확히 일치했다. 겸손한 성품은 초장부터 여실히 드러났다. 온화함은 보고도 믿을 수 없을 정도였다. 아내의 상태를 설명하고 조언하는 품새가 얼마나 친절하던지

우울한 내용을 덮고도 남을 지경이었다. 물론 의사로서의 솜씨도 능숙하기 이를 데 없었다.

의학을 공부하는 학생들을 가르칠 기회가 있으면, 늘 "복부를 진찰하더라도 환자의 배가 아니라 얼굴에 주목하라"고 자주 이야기했다. 폴 브랜드를 보면서 가장 인상적이었던 대목은 손을 여기저기 짚어 가며 어디가 아픈지 정확히 파악하면서도 줄곧 베티의 얼굴에서 눈을 떼지 않았다는 점이다. 아내가 낯을 찡그리기라도 하면 곧바로 사과했다. 불편함을 토로하는 환자의 이야기를 진지하게 들어 준 다음, 전혀 다른 차원에서 고통을 바라보는 일종의 철학적 성찰을 들려주었다.

《아무도 원하지 않는 선물》을 소개하는 데 아주 맞춤한 이야기로 기억한다. 이 책은 매력적인 삶의 이야기를 담아내면서도 고통에 어떤 목적이 있고 어디서 비롯되었으며 어떻게 벗어날 수 있는지, 고통에 대한 이해가 깊어지는 과정을 따라가기 때문이다. 폴 브랜드는 외과 의사이자 학자, 연구자, 보기 드문 통찰력을 갖춘 천부적인 철학자로서 고통에 시달리는 이들 틈에서 일하고 또 살았다. 브랜드 박사는 주제의 통일성이 강력하게 드러나는 남다른 경험을 토대로 고통과 관련해 눈이 번쩍 뜨일 만큼 놀라운 견해를 제시한다. 지루하다는 말로 들릴지 모르지만, 실은 누구에게나 정말 큰 도움이 될 만한 글이 실려 있다. 브랜드 박사는 고통을 바라보는 새로운 시각의 창을 활짝 열어젖히고, 고통을 인간에게 정말 소중한 존재로 해석하기 때문이다.

폴 브랜드는 고통을 적이 아니라 친구로 받아들일 기회를 제공한다. 고통에 관해서라면 누구 못지않게 잘 안다고 자부했지만(평생 아픔을 치료하는 일을 하며 살았으니 그럴 만도 하지 않은가?), 이 책을 통해 더 깊은 깨달음을 얻었다. 만성 통증에 시달리는 처지였다면, 아마 하나님의 선물로 떠받들었을 것이다.

언제인가 박사에게 의무총감 표창 메달을 수여했다. 국민 건강을 책임진 기관의 수장으로서 민간인에게 수여할 수 있는 가장 큰 영예였다. 할 수만 있다면 이 책의 출간과 함께 한 번 더 상을 주고 싶은 심정이다. 폴 브랜드 박사를 존경하는 마음은 그 어느 때보다 크고 깊다.

에버렛 쿠프, 전 의무총감

제1부

의학과 나의 연결 고리

I

상처의 아픔을 느껴본 적 없는 자나
흉터를 비웃는 법!

—셰익스피어, 《로미오와 줄리엣》

1장

고통이 사라지자 악몽이 시작되었다

타냐는 네 살배기 꼬마 환자였다. 반짝이는 검은 눈동자, 굽이치는 머리칼, 장난기 가득한 미소를 지녔다. 루이지애나주 카빌의 국립한 센병원에서 그 아이를 처음 만났다. 엄마 손을 잡고 진찰을 받으러 온 참이었다. 아이와 엄마 사이에는 긴장의 먹구름이 드리워져 있었지만, 정작 꼬맹이는 천하태평이어서 도리어 기괴한 느낌이 들 지경이었다. 진찰대 모서리에 걸터앉아 발에서 핏자국이 난 반창고를 떼어 내는 모습을 무심히 지켜보았다. 부어오른 왼쪽 발목을 살폈다. 발이 제멋대로 덜렁거렸다. 발목뼈가 완전히 부러졌다는 신호였다. 비정상적인 움직임에 움찔하는 나와 달리 타냐는 아무런 반응도 보이지 않았다. 붕대를 더 풀어 냈다. "꼬마 아가씨, 정말 아픈 데가 나았으면 좋겠어요?" 방 분위기를 조금이라도 풀어 볼 심산으로 물었다. "얼른 나아서 신발 신고 맘껏 뛰어다녀야지?" 아이는 까르르 웃었다. 피부에 달라붙은 거즈를 떼어 내는데도 몸을 틀거나 울음을 터트리지 않는 게 수상쩍었다. 꼬맹이는 조금 지루한 듯, 진료실을 이리저리 둘러보았다.

붕대를 다 풀어 내자, 부풀어 오른 양발에 번들번들 곪아 터진 감염 부위가 보였다. 조심스레 상처를 살피면서, 무슨 변화가 있는지 타냐의 얼굴을 끊임없이 곁눈질했다. 아이는 요지부동이었다. 뭉그러지다시피 부드러워진 조직 속으로 탐침이 쑥 들어갔다. 이윽고 어슴푸레 뼈가 눈에 들어왔다. 아이는 여전히 꼼짝도 하지 않았다.

연신 고개를 갸우뚱거리며 상처를 살피는 꼴을 보고, 아이 엄마가 그간의 사연을 들려주었다. "갓난아이 때는 멀쩡해 보였어요. 지나치게 활발하다 싶긴 했어도 이상한 구석은 조금도 없었어요. 심각한 문제가 있다는 생각을 처음 했던 순간을 잊을 수가 없어요. 17개월인가, 18개월인가가 되었을 무렵이었어요. 보통은 제가 한방에서 데리고 있는데, 그날은 전화를 받느라고 아기 놀이울에 있게 했어요. 조용하기에 그냥 두고 저녁을 준비하기로 했죠. 여느 때와 달리 그날은 혼자서도 잘 놀았어요. 신이 나는지 깔깔거리며 무어라 옹알대는 소리가 들리더군요. 웃음이 났어요. 녀석이 무슨 새로운 놀이를 시작했나 보다 했죠. 조금 있다가 타냐의 방에 가 봤더니, 놀이울 바닥에 앉아 있었어요. 손가락에 붉은 물감을 묻히고 하얀 플라스틱 시트 위에다 삐뚤빼뚤 되는대로 무언가를 그리면서. 처음에는 영문을 몰랐어요. 가까이 다가가서 보고 비명을 질렀죠. 끔찍했어요. 손가락 끝이 짓뭉개져서 피가 뚝뚝 떨어지더라고요. 제 피를 가지고 바닥에 그림을 그리고 있었던 거예요. 저도 모르게 고함을 쳤어요. "타냐! 뭐 하는 거야!" 아이가 절 보고 씩 웃는데, 이빨에 핏자국이 또렷하더라고요. 제

아무도 원하지 않는 선물

손가락 끝을 물어뜯고는 흘러내리는 피를 가지고 놀았던 거죠."

그 뒤로 몇 달 동안 엄마와 아빠는 딸아이에게 손가락을 물어뜯으면 안 된다는 걸 가르치느라 헛심을 썼다. 엉덩이를 때리거나 회초리를 들어도 아기는 방실방실 웃을 따름이었다. 무슨 벌을 줘도 소용없어 보였다. 꼬맹이는 손가락을 입에 대는 시늉만으로 원하는 걸 얻을 수 있었다. 엄마와 아빠는 꼼짝없이 요구를 들어줄 수밖에 없었다. 타냐의 손가락이 하나둘 희한하게 망가지면서 공포는 절망으로 변해 갔다.

타냐 엄마는 높낮이가 사라진 무심한 말투로 이야기를 이어 나갔다. 자기보호 본능이 없는 아기를 키우는 기이한 역경을 운명으로 여기고 체념한 분위기였다. 엎친 데 덮친 격으로 엄마는 이제 혼자 아기를 돌보는 처지였다. 타냐와 일 년 남짓 씨름하던 남편은 가정을 깨고 나가 버렸다. "애를 꼭 집에서 키워야겠다면, 나는 그만할래! 우리는 괴물을 낳은 거야!"

아무리 봐도 아이가 괴수처럼 보이지는 않았다. 부어오른 두 다리와 짧아진 손가락만 빼면, 건강하고 평범한 네 살배기 꼬마일 따름이었다. 다리에 난 상처는 어찌 된 건지 물었다. "걸음마를 시작하자마자 생긴 거예요." 엄마가 대답했다. "못이든 압정이든, 신경 써서 피해 갈 줄 모르고 내쳐 밟고 지나가요. 지금은 밤마다 발을 살피는데, 새로 다치거나 곪아터진 자리가 나타나기 일쑤죠. 발을 삐끗해도 저는 법이 없어요. 그러니 뒤틀리기를 되풀이할 수밖에요. 정형외과 선생님이 그러는데, 관절이 상해서 회복이 불가능하대요. 다치지 않게 붕대로 발을 잘 감싸 놓으면, 짜증을 내면서 풀어 버려요. 맨손으로 깁스를 뜯어 헤친 적도 있어요."

타냐 엄마는 한 정형외과 전문의의 소개로 찾아왔노라고 했다. "선생님이 보시는 한센병 환자들한테도 비슷한 문제가 있다고 들었어요. 제 딸도 한센병에 걸린 건가요? 얘의 손발을 고쳐 주실 수 있나요?" 표정이 절박하고 서글펐다. 어린 환자들의 부모에게서 흔히 보는, 의사의 마음을 뒤흔들어 놓는 낯빛이었다. 자리에 앉아서 타냐의 상태를 최대한 부드럽게 설명해 주었다.

맙소사! 소망과 위안이 될 만한 말은 거의 해 줄 수가 없었다. 더 검사해 봐야 알겠지만, 아이는 흔히 '선천성 무통증'이라고 부르는 희귀 유전 질환을 앓고 있었다. 모든 면에서 건강했으나 단 하나, 고통을 느끼지 못했다. 손발의 신경들이 압력과 온도 변화에 관한 메시지를 전송하지만, 불쾌하거나 불편한 일이라는 단서는 하나도 전달하지 못했다. (데이거나 손가락을 물어뜯으면 조금 따가운 정도의 감각만 느꼈다.) 타냐에게는 고통과 관련된 정신 체계가 없었다. 도리어 따끔거리는 감각을 즐겼다. 다른 이들이 격렬한 반응을 보이기라도 하면 더 즐거워했다.

"상처를 아물게 할 수는 있습니다." 아이 엄마에게 말했다. "하지만 타냐 안에는 더 크게 다치지 않게 보호해 주는 경보 체계가 존재하지 않습니다. 아이가 스스로 문제점을 깨닫고 의식적으로 자기를 지키려고 노력하지 않는 한, 상황은 나아지지 않을 겁니다."

7년쯤 지났을 무렵, 세인트루이스에 사는 타냐 엄마한테서 전화가 왔다. 이제 열한 살이 된 아이가 요양 시설에서 비참한 상태로 지낸다는 소식이었다. 절단 수술로 두 다리를 모두 잃었다고 했다. 신발을 신지 않겠다고 고집을 피우고, 절뚝거려 압박을 줄이거나 일어선 자세에서 체중을 분산시키는 법조차 배우려 하지 않아서 관절에 견디기 어려운 부담을 안겨 준 탓이었다. 손가락도 대부분 잃었다. 툭 하면 팔꿈치가 빠졌다. 손과 절단 수술 부위에 생긴 궤양 때문에 늘 염증에 시달렸다. 불안하면 혀를 씹는 습관이 있어서 입안은 상처로 엉망진창이었다.

괴물. 아빠는 아이를 그렇게 불렀다. 하지만 타냐는 괴물이 아니다. 고통이 없는 삶의 극단적인 사례, 살아 있는 은유일 뿐이다.

경보 장치가 사라졌다

타냐와 같은 사례는 대단히 드물지만, 한센병, 당뇨, 알코올 의존증, 다발 경화증, 신경 장애, 척수 손상 역시 통증에 무감각해지는 위태로운 상태에 처할 수 있다. 아이러니하게도, 너나없이 고통을 덜기 위해 의사와 약사를 찾는 판에, 이들은 고통이 사라지는 바람에 끊임없는 위험에 노출된 채 살아간다.

한센병 환자들을 돌보면서 '무통(無痛)'의 실체를 처음 알았다. 이 병으로 고생하는 환자만 전 세계에 1천 2백만 명에 달한다. 제대로 치료받지 못해 험악하게 일그러진 환자들의 생김새 탓에 한센병은 오랜 세월, 히스테리에 가까운 두려움을 불러일으켰다. 코는 내려앉고 귓불은 부풀어 오른다. 손가락과 발가락은 점점 줄어들고 손발이 손상을 입는다. 적잖은 이들은 앞을 보지 못하게 된다.

한동안 인도에서 환자들을 치료하고 나서부터, 한센병이 외양을 심하게 망가뜨리는 직접적인 요인이라는 의학계 정설에 의문이 생겼다. 환자들의 살이 썩어 문드러지는 걸까? 아니면 타냐의 사례처럼, 고통에 무감각해지는 현상에서 더 근본적인 원인을 찾아야 하는 걸까? 어쩌면 한센병 환자들은 자기도 모르는 사이에 자신을 망가뜨리는지도 모른다. 이유는 간단하다. 위험을 경고하는 시스템이 거의 없다시피 하기 때문이다. 이런 이론을 꾸준히 연구하는 도중에 뉴기니에 있는 한센병 전문 대형 병원을 찾았다. 그리고 거기서 평생 잊지 못할 음울한 장면 둘을 목격했다.

한센병 요양원에서 가까운 동네에서 아낙네 하나가 숯을 피운 화로를 앞에 두고 얌을 굽고 있었다. 여인은 얌 하나를 날카로운 꼬챙이에 꽂아 불 위에 올려놓고는 두 손가락으로 꼬챙이를 비벼 마치 바비큐 꼬치처럼 빙글빙글 돌렸다. 그런데 미처 손 쓸 틈도 없이 얌이 꼬챙이에서 빠져 버렸다. 도로 꿰려고 안간힘을 쓰는 여인을 가만히 지켜보았다. 시도는 번번이 실패로 돌아갔다. 한 번 찌를 때마다 얌은 오히려 한껏 달아오른 숯 사이로 점점 더 깊이 밀려 들어갔다. 마침내 체념한 아낙은 어깨를 으쓱하더니, 몇 발짝 떨어진 곳에 웅크리고 있던 노인에게 눈길을 주었다. 여인의 몸짓에서 바라는 바를 명확하게 파악한 노인은 어기적거리며 다가와서는 서슴없이 손을 뻗어 시뻘겋게 달아오른 숯덩이를 헤치고 얌을 찾아냈다. 그리고는 다시

아무도 원하지 않는 선물

제자리로 돌아가 앉았다.

인간의 손을 전공한 외과의로서 그야말로 기겁할 노릇이었다. 끼어들고 말고 할 틈도 없이 순식간에 벌어진 일이었다. 당장 달려가서 노인의 손을 살폈다. 왼손 손가락은 다 사라지고 남은 거라고는 진물이 흐르는 물집과 해묵은 상처로 뒤덮인 쭈글쭈글한 밑동뿐이었다. 이렇게 불 속에 손을 넣은 게 한두 번이 아닌 게 분명했다. 손을 잘 관리해야 한다고 타일렀지만, 심드렁한 반응으로 미루어 보아 귀 기울여 듣는 것 같지 않았다.

며칠 뒤, 이웃한 한센병 요양원에서 집단 검진을 시행했다. 미리 알리고 간 터라 예정된 시간이 되자 관리자들이 요란하게 종을 쳐 환자들을 불러 모았다. 의료진은 운동장 한쪽에 서서 기다렸다. 종소리가 나자마자 칸칸이 지은 움막과 판잣집 같은 병동에서 수많은 사람이 쏟아져 나왔다.

열심히 몸을 움직이는 젊은 환자 한 명이 눈길을 끌었다. 목발에 의지해 안간힘을 쓰며 운동장을 가로지르고 있었다. 붕대로 칭칭 동여맨 왼쪽 다리가 땅바닥에 질질 끌려서 운동장을 쓸다시피 했다. 그렇게 불편한 몸으로 최선을 다해 서둘렀지만, 날쌘 환자들이 훌쩍 앞질렀다. 계속 지켜보았다. 청년은 목발을 팔 아래 끼워 넣더니 한쪽으로 기운 걸음으로 달리기 시작했다. 움직일 때마다 몸이 좌우로 크게 흔들리는 모양이 시선을 사로잡았다. 결국, 앞자리를 차지한 청년은 목발에 기대서서 가쁜 숨을 몰아쉬었다. 얼굴에는 승리의 미소가 가득했다.

기우뚱한 자세를 보니 무언가가 단단히 잘못되었다는 판단이 섰다. 젊은이에게 다가갔다. 붕대가 피로 흥건했다. 왼발은 이리저리 제멋대로 덜렁거렸다. 이미 탈골된 발목으로 뜀박질을 하느라 다리뼈 말단에 힘이 과도하게 몰리는 바람에 살갗이 압박을 견디지 못하고 너덜너덜 해어져 버렸다. 청년은 정강이뼈 <u>끄트</u>머리에 의지해 걷고 있었다. 한 걸음 한 걸음 뗄 때마다 겉으로 드러난 뼈가 바닥에 자국을 냈다. 간호사들은 호되게 나무랐지만, 정작 주인공은 그처럼 빨리 달린 게 무척이나 뿌듯한 모양이었다. 무릎을 꿇고 환부를 살폈다. 잔돌과 나뭇가지가 떡이 진 채로 뼈끝을 지나 골수강 속까지 박혀 있었다. 무릎 아래를 잘라 내는 것 말고는 달리 방도가 없었다.

오랫동안 이 두 장면이 끈질기게 따라다녔다. 눈을 감으면, 지금도 숯불을 뒤적이며 암을 찾던 노인의 진절머리 나도록 무심한 표정과 운동장을 가로지르며 달려와 한껏 기쁨을 만끽하던 젊은이의 낯빛이 생생하게 떠올랐다. 노인은 끝내 손을 잃었고, 청년은 다리를 잃었다. 자신을 파괴하는 행위를 아무렇지 않게 여긴다는 점이 둘의 공통점이었다.

고통이 이렇게 달콤했었나

나는 내가 통증을 못 느끼는 환자들을 보살피는 사람이라고만 생각했지, 내가 그렇게 살게 되리라고는 단 한 번도 생각해 본 적이 없었다. 적어도 1953년까지는 그랬다. 록펠러재단이 후원하는 연구 과제

아무도 원하지 않는 선물

가 끝나갈 즈음, 뉴욕시에 며칠 머물며 영국으로 실어다 줄 원양 정기 여객선 일드프랑스호를 기다렸다. 학생들이 주로 묵는 싸구려 숙소를 잡고 이튿날 미국한센병선교회에서 할 강연을 준비했다. 넉 달이나 객지를 떠돌아 심신이 지쳐 있었다. 피곤하고, 어디가 어딘지 가늠이 가지 않을 만큼 멍했다. 머리를 짚어 보니 열이 있었다. 밤새 선잠을 잤지만, 아침에 일어나니 조금 나아진 것 같았다. 의지력 하나로 버티며 약속 시각에 맞춰 모임에 나갔다. 내내 메스껍고 나른한 기운과 씨름하며 간신히 강연을 마쳤다.

그날 오후, 지하철을 타고 숙소로 돌아오다 정신을 잃은 모양이었다. 의식이 돌아왔을 때는 흔들리는 열차 바닥에 큰 대자로 뻗어 있었다. 주위 승객들은 유심히 지켜보면서도 선뜻 나서서 도와주지는 않았다. 술에 취했거니 했을지도 모른다.

어찌어찌 제 정거장에 내려 비틀거리며 숙소에 돌아왔다. 정신이 가물가물한 외중에도 의사를 불러야겠다는 생각이 들었지만, 싸구려 호스텔이라 방에 전화가 없었다. 열이 잔뜩 올라 온몸이 불덩이 같았다. 통나무가 넘어가듯 침대에 그대로 쓰러졌다. 그렇게 꼬박 하루 밤낮을 내쳐 잤다. 이튿날 늦게, 종업원을 불러 돈을 주며 오렌지 주스와 우유, 아스피린을 사다 달라고 부탁했다.

엿새 동안 외출을 하지 못했다. 착실한 종업원이 날마다 방에 들러 상태를 확인하고 필요한 물품을 채워 주었지만, 그 외에는 아무도 만나지 못했다. 잠들었다 깨기를 거듭했다. 인도에서 물소 등에 올라타거나 런던에서 죽마를 타고 걷는 꿈을 꾸었다. 더러 아내와 아이들도 나왔다. 정말 가족이 있었는지 의심스러웠던 순간도 몇 번 있었다. 제정신이 아닌데다 신체 능력도 떨어졌다. 아래층에 내려가서 전화로 도움을 청하거나 약속을 취소할 힘조차 없었다. 종일 방에 누워 있는 게 고작이었다. 덧창마저 단단히 닫혀 있어서 무덤 속처럼 캄캄했다.

엿새째 되던 날, 문이 활짝 열렸다. 복도에서 쏟아져 들어오는 눈부신 빛줄기 속에 낯익은 인물이 보였다. 미국한센병선교회의 유진 켈러스버거 박사였다. 얼굴 가득 미소를 머금고 온갖 물건을 담은 종이봉투를 안고 있었다. 적어도 그 순간만큼은 하늘에서 내려온 천사처럼 보였다. "아니, 어떻게 아셨어요?" 힘없는 목소리로 물었다.

켈러스버거 박사는 선교회에서 강연하던 날 보니, 어디가 아픈 것 같더라고 했다. 며칠 뒤, 알고 지내는 외과의와 통화하다가 만나기로 했는데 약속 자리에 나오지 않았다는 이야기를 들었단다. 켈러스버거는 걱정스러운 마음에 맨해튼 전화번호부를 가져다 놓고 호스텔 명단을 하나하나 짚어 가며 다이얼을 돌렸다. 인상착의를 설명하고 비슷한 인물이 있는지 확인했다. 그렇게 해서 마침내 비슷한 손님이 있다는 숙소를 찾아냈다. "브랜드라… 그래요. 브랜드라는 분이 우리 호스텔에 머물고 있습니다." 호스텔 전화 교환원이 말했다. "희한한 양반이에요. 종일 방에 틀어박혀 오렌지 주스와 우유, 아스피린만 먹고 삽디다."

지독한 독감으로 고생하는 걸 알아차린 박사는 억지로라도 밥을 먹이며 살뜰히 보살펴 주었다. 그렇게 미국에서 보내는 마지막 며칠

아무도 원하지 않는 선물

이 지났다. 아직 다 회복되지 않아서 불안정한 상태였지만, 예정대로 일드프랑스호를 타고 돌아가기로 했다.

항해하는 동안 줄곧 쉬었는데도, 일주일 뒤 사우샘프턴에 닿았을 무렵에는 봇짐 하나 들기도 힘겨울 지경이었다. 조금만 움직여도 땀이 비 오듯 쏟아졌다. 짐꾼을 시켜서 런던으로 가는 기차에 짐을 싣고 비좁은 객실 구석에 앉아 창에 몸을 기댔다. 창밖 세상에는 눈곱만큼도 관심이 없었다. 끝이 없을 것만 같은 이 여행이 어서 끝나기만 바랄 따름이었다. 그렇게 체력과 감정이 완전히 고갈된 상태로 이모 집에 도착했다.

평생을 통틀어 가장 어두운 밤은 그렇게 시작되었다. 자리에 누우려고 신발을 벗는데 무시무시한 생각이 쇠망치처럼 머리를 강타했다. 발 절반에 아무 감각이 없었다. 의자에 털썩 주저앉았다. 온갖 생각이 소용돌이쳤다. 착각이었는지도 몰라. 눈을 감고 볼펜 끝으로 발꿈치를 찔러 보았다. 아무 느낌도 없었다. 뒤꿈치 주위를 여기저기 찔러 댔지만, 닿는 느낌이 전혀 없었다.

욕지기보다 더 심한 두려움이 속에서 치밀어 올라왔다. 결국, 올 것이 오고 만 것인가? 한센병 환자를 상대하는 의료인이라면 통증에 무감각해지는 증상이 한센병의 첫 번째 징후라는 걸 잘 안다. 한센병을 고치는 의사에서 한센병 환자로 비참하게 추락하고 마는 걸까? 몸을 곧게 세우고 감각이 없는 발에 앞뒤로 체중을 실어 보았다. 가방을 샅샅이 뒤져 바늘을 찾아서 다시 자리를 잡고 앉았다. 발목 아래 살갗을 찔러 보았다. 아프지 않다. 혹시 반응이 있을까 싶어 바늘을 더 깊이 밀어 넣어도 마찬가지였다. 찔린 자리에서 검붉은 피 한 방울이 솟아 나왔다. 머리를 감싸 쥐고 몸서리치며 기다려도 찾아오지 않는 야속한 통증을 간절히 기다렸다.

생각해 보면, 그런 순간을 늘 두려워했다. 한센병 환자들과 일하기 시작한 초년병 시절에는 틈만 나면 화장실로 달려가 피부에 무슨 변화가 없는지 살폈다. 감염될 확률이 지극히 낮은데도 한센병 환자를 다루는 의료진이라면 누구나 그랬다.

문 두드리는 소리에 화들짝 놀라 자리를 박차고 일어났다. "폴, 괜찮니?" 문밖에서 이모가 물었다. "뜨거운 차라도 가져다주랴?"

본능적으로 갓 진단받은 한센병 환자들과 똑같이 반응했다. 일단 숨기고 볼 일이었다. "괜찮아요. 괜찮고말고요!" 일부러 밝게 대답했다. "좀 쉬어야겠어요. 여행이 좀 길었어야 말이죠." 하지만 밤새 한순간도 쉴 수 없었다. 신발과 양말만 벗고 옷을 그대로 입은 채 침대에 벌렁 누워 진땀을 흘리고 한숨을 내쉬었다.

날이 새면 세상이 달라질 판이었다. 그동안 앞장서 한센병 환자들을 향한 편견과 싸웠다. 접촉으로 감염될 가능성을 일축하고 직원들에게 위험할 게 조금도 없다는 확신을 심어 주었다. 그런데 이제 그 주인공이 감염되었다는 소식이 한센병 환자를 돌보는 이들 사이에 퍼지게 생겼다. 그럼 우리 일은 어찌 되는 것일까?

내 삶에는 어떤 영향을 미치게 될까? 고통을 더는 데 힘을 보태는 일로 하나님을 섬기겠다는 뜻을 품고 인도로 건너갔다. 그런데 이제는 다른 이들이 충격받지 않도록 영국에 남아 몸을 숨기고 살아야 하

아무도 원하지 않는 선물

는 걸까? 식구들과도 당연히 떨어져 살아야 한다. 아이들일수록 감염에 쉬 노출되기 때문이다. 그동안 남들의 손가락질을 이겨 내고 스스로 새로운 삶을 개척하라고 얼마나 나불나불 환자들을 구슬렸던가? 저주받은 이들의 세상이 두 팔 벌려 기다리고 있었다.

무슨 일이 벌어질지 누구보다 잘 알았다. 신체 마비 과정을 보여 주는 도표가 차곡차곡 들어찬 파일이 내 진료실에만 한 보따리였다. 일상적인 삶의 즐거움은 죄다 스러질 것이다. 강아지를 쓰다듬고, 결고운 비단을 어루만지고, 아이를 안아 주는 느낌이 죄다 사라지고 '무감각'만 남을 게 뻔했다.

이성이 지배하는 머리는 설폰 약제를 쓰면 한센병을 잡을 수 있음을 일깨우며 두려움을 가라앉히려 발버둥쳤다. 하지만 이미 발에는 감각을 전달하는 신경이 사라져 버렸다. 다음 차례는 아마 손의 신경들이 될 것이다. 외과의에게 손은 더할 나위 없이 소중한 자산이다. 손끝의 예민한 감각이 조금이라도 떨어지면 메스를 잡기가 몹시 어려워질 게 틀림없다. 외과의 노릇은 곧 끝장나고 말 것이다. 이미 나는 한센병을 삶의 일부로, 내 삶으로 받아들이고 있었다.

드디어 동이 텄다. 자리에서 일어났다. 불안했다. 마음 한가득, 절망감이 들어찼다. 물끄러미 거울을 들여다보았다. 수염도 깎지 않은 얼굴이 나를 맞이했다. 한센병의 표지 역할을 하는 코와 귓불을 유심히 살폈다. 밤새 내 안에 있는 임상의가 상황을 통제하고 있었다. 겁부터 집어먹을 필요 없다. 이 병에 관해서라면 런던에 있는 웬만한 의사들보다 속속들이 잘 알고 있으니 알아서 치료 과정을 밟으면 그만이었다. 일단, 감각이 사라진 부분을 정확히 파악해서 감염이 얼마나 진행되었는지 진단해야 했다. 자리를 잡고 앉아서, 숨을 깊이 들이마신 다음, 바늘로 발꿈치를 쿡 찔렀다. 꺅! 나도 모르게 비명이 터져 나왔다.

전기 충격처럼 생생하고 짜릿한 통증을 그토록 달콤하게 여긴 순간이 또 있었을까? 깔깔거리며 웃었다. 어리석은 내 꼴이 우스꽝스러웠다. 새삼스러울 것 없는 얘기지만, 이제는 무엇 하나 빠트리지 않고 완벽하게 감지해 낸다. 잔뜩 웅크린 자세로 기차를 탄 게 문제였다. 가끔 몸을 뒤척여 체중과 압력이 다른 곳에 쏠리게 하는 동작도 감당하기 어려울 만큼 몸이 약해진 상태라, 다리를 지나는 좌골 신경 굵은 가지에 혈액 공급이 차단되면서 일시적으로 마비가 왔던 거였다. 일.시.적.인! 밤새 신경은 스스로 기능을 회복해서 이제는 아프고, 닿고, 춥고, 덥다는 메시지를 꼬박꼬박 보내고 있었다. 한센병은 어디에도 없었다. 심신이 지친 여행자가 병과 과로에 시달리다 신경과민에 걸렸을 뿐이다.

잠을 이루지 못했던 그 하룻밤이 내게는 결정적인 순간이 되었다. 통증과 촉감을 잃고 살아가는 삶의 단면을 얼핏 넘겨다보았을 뿐이지만, 두려움과 외로움을 뼈저리게 느끼기에는 한 점 부족함이 없었다. 감각을 잃은 발은 몸통에 붙여 놓은 낯선 부속물 같았다. 체중을 실어도 체중을 싣지 않을 때와 어떤 차이도 감지되지 않았다. 죽음과도 같은 감각이었다. 그 황량한 느낌은 절대로 잊을 수 없을 것이다.

다음 날 아침, 발이 정상으로 돌아왔다는 사실을 깨닫자마자 정반

아무도 원하지 않는 선물

대 현상이 일어났다. 깊은 골을 건너 일상적인 삶으로 돌아왔다. 입에서 기도가 절로 나왔다. "하나님, 아프게 해 주셔서 감사합니다!" 그때부터 같은 기도를 수없이 되풀이했다. 이상하게 여기거나 모순된 기도, 또는 피학적인 기도라고 생각할지 모른다. 나중에는 건드리기만 해도 반사적으로 감사가 쏟아져 나왔다. 난생처음, 고통을 느끼는 이들을 부러운 듯 쳐다보는 한센병 환자의 심정을 알 것 같았다.

새로운 각오로 인도로 돌아갔다. 한센병과 싸우는 한편, 환자들의 잃어버린 감각을 보완할 방도를 찾는 일에 힘을 보태고 싶었다. 한마디로, 고통을 중개하는 노련한 로비스트가 되기로 한 것이다.

살다 보면 누구나 겪는 일

의사가 하는 일은 고통이라는 주제를 중심으로 돌아간다. 여러 문화 속에 살면서 고통을 바라보는 다양한 시각을 가까이서 관찰했다. 내 삶은 크게 세 부분으로 나뉜다. 인도에서 27년, 영국에서 27년을 보냈고, 미국에서 그보다 더 긴 세월을 살았다. 이곳저곳 옮겨 다니며 각 사회에서 고통에 관해 무언가를 새로 배웠다.

의사 수련은 런던에서 받았다. 독일의 공습이 밤낮없이 이어지던 시기였다. 독일 공군은 영국인들이 그토록 자랑스럽게 여기는 도시에 폭탄을 퍼부어 잿더미로 만들었다. 신체적 고통이 늘 따라다녔다. 일상적인 대화부터 신문 머리기사까지 하나같이 거기에 초점이 맞춰져 있었다. 하지만 지금껏 그만큼 신나게 사는 이들을 본 적이 없다.

얼마 전에 대공습 시기에 살았던 런던 시민 가운데 그때를 평생 가장 행복했던 시기로 기억하는 사람이 60퍼센트를 웃돈다는 글을 읽은 적이 있다.

전쟁이 끝난 뒤, 인도로 이주했다. 무슨 칸막이 같은 게 있어서 두 나라를 딱 갈라놓은 것만 같았다. 가난하고 어디에나 고통이 넘쳐나는 그곳에서 위엄을 잃지 않고 겸허한 자세로 아픔을 이겨 낼 수 있다는 사실을 배웠다. 신체적 고통을 느끼지 못하는 데서 비롯된 참담한 현실을 끌어안고 살아가는 불가촉천민인 한센병 환자를 치료하기 시작한 곳도 바로 인도였다.

거기서 긴 세월을 보낸 뒤, 다시 미국으로 건너갔다. 행복 추구권을 비롯한 인간의 권리를 확보하기 위해 독립 전쟁까지 치렀던 나라에서 마주친 건 무슨 수를 써서라도 고통을 피하려 안간힘을 쓰는 사회였다. 이전에 치료했던 환자들보다 더없이 안락한 환경에 살지만, 고통에 대처할 준비는 형편없이 모자랐고 더 쉽게 상처받았다. 미국에서 고통을 누그러뜨리는 사업은 이제 연 매출 8조원(1993년 기준)에 이르는 거대 산업이 되었다. 텔레비전에서는 날이면 날마다 더 잘, 더 빨리 듣는 진통제가 나왔다고 떠든다. 어느 광고 문구가 주장하듯, '아플 새가 없을' 정도다.

이들 세 그룹은 인간 존재의 신비로운 일면을 들여다보는 눈을 갖추는 데 큰 도움이 되었다. 런던 시민들은 대의를 위해 기꺼이 어려움을 감수하려 했고, 인도 사람들은 고난을 두려워하는 대신 피할 수 없는 숙명으로 받아들이는 법을 익혔고, 상대적으로 고생이 덜한 미국인들은 도리어 고통을 더 두려워했다. 특별한 경우가 아니라면, 인간은 누구나 언젠가 한 번쯤 심한 고통을 겪게 마련이다. 그동안 다져 둔 마음가짐이 실제로 고통이 덮쳤을 때 고통에 휩쓸리는 수준을 결정한다고 나는 믿는다. 이 책은 그 믿음이 맺은 열매인 셈이다.

고통에 관한 내 생각은 통증에 시달리거나 아픔을 느끼지 못해 고생하는 이들 틈에서 오래 일하는 사이에 차츰 꼴을 갖췄다. 순환 고리와 에움길을 모두 아우르는 수기 형식으로 생각을 정리했다. 체계적으로가 아니라 경험적으로 고통을 배운 까닭이다. 고통은 추상적으로 찾아오지 않는다. 어떤 감각보다 개인적이고 끈질기다. 앞으로 소개할 어린 시절의 갖가지 장면은 여느 철부지 시절 이야기처럼 뒤죽박죽이어서 이렇다 할 상관관계가 없는 것처럼 보일지라도 결국 이리저리 얽혀 옹글게 새로운 시각을 장착해 주었다.

통증을 박탈당한 이들 틈바구니에서 오랜 시간 일한 탓에 편향된 시각이 생겼을 가능성을 부정하지는 않겠다. 하지만 개인적으로는 고통을 인체가 가진 가장 탁월한 디자인 요소 중 하나라고 본다. 한센병 환자들에게 보물 하나를 선사할 수 있다면 주저 없이 고통이라는 선물을 고를 것이다. (사실, 한동안 과학자 그룹을 이끌고 엄청난 예산을 들여 인공적인 통증 체계를 설계하는 일에 매달렸다. 인간을 건강하게 지켜 주는 복잡하고 정교한 공학 시스템을 복제하는 게 애당초 불가능했음이 명백해져서 프로젝트를 접었다.)

인간의 삶에서 고통만큼 보편적인 경험은 없다. 마치 용암처럼 일상생활의 지각 밑에서 꿈틀거린다. 현대 사회, 특히 서구 사회가 고통에 대해 보이는 전형적인 자세를 잘 안다. 조리스 위스망스(J. K.

Huysmans)는 "쓸모없고, 부당하며, 이해할 수 없고, 부적절한 가증스러운 물건이 있다면, 그건 바로 고통일 것"이라고 했다. 신경과 전문의 러셀 마틴(Russell Martin)도 거들고 나선다. "고통은 게걸스럽고, 천박하며, 심신을 초라하리만치 쇠약하게 만든다. 잔인하고, 적대적이며, 끝없이 이어지기 일쑤다. 라틴어 어원인 '포에나(poena)'가 의미하듯, 살아 있는 한 결국은 제각기 감당할 수밖에 없는 신체적 형벌이다."

환자들한테서도 비슷한 불평을 듣는다. 하지만 감각을 잃는 사태를 겪었을 때와 마찬가지로 고통과 마주하면서도 아픔을 경이롭게 여기고 감사하는 마음가짐을 갖게 되었다. 예를 들어, 인간에게는 고통에 관한 책을 읽는다든지 끔찍한 어려움에 시달렸던 기억을 끌어내는 식으로 한 발짝 뒤로 물러서서 자기를 성찰하는 아주 독특한 능력이 있다. 깊은 슬픔에서 비롯되는 통증이라든지 정서적인 트라우마처럼 신체적 자극을 전혀 주지 않는 고통도 있다. 뇌의 신비한 작용이 빚어내는 정신 상태일 따름이다. 이런 의식의 작용 탓에 아픔을 그냥 흘려보내고 싶어 하는 몸과 달리 고통은 그 뒤로도 오래도록 정신세계를 이리저리 배회하기 일쑤다. 하지만 의식의 기능은 새로운 잠재력을 주어 고통 체험의 지평을 송두리째 바꿔 놓기도 한다. 고통을 극복하고, 나아가 이겨 내는 법을 배울 수 있다는 뜻이다.

아무도 원하지 않는 선물

질병은 가장 주목해야 할 의사다.
친절과 지식에는 약속만 하면
그만이지만 고통에는 복종할 수밖에 없다.

—마르셀 프루스트

2장

죽음의 산을 오르다

여덟 살쯤 되었을까? 식구들과 함께 기차를 타고 마드라스(지금의 첸나이)에 다녀오는 길이었다. 차창 너머로 펼쳐지는 시골 풍경을 무심히 바라보고 있었다. 어린 눈에 비친 그곳은 이국적이고 모험이 가득한 땅이었다. 벌거벗은 아이들이 농수로에 뛰어들어 저마다 물탕을 튀기며 놀았다. 아빠들은 면수건 같은 천으로 허리께만 가린 채 논을 가꾸고, 염소를 치고, 장대 끝에 걸친 대나무 바구니로 짐을 날랐다. 푼푼하게 몸을 감싸는 사리 차림의 아낙네들은 납작하게 빚어 바싹 말린 소똥을 한 소쿠리씩 머리에 이고 논두렁을 오갔다.

기차는 종일 쉬지 않고 달렸다. 오후에는 낮잠을 잤지만, 하얗게 타오르던 햇볕이 안온한 귤빛으로 누그러지고 땅거미가 내려앉을 무렵이면 어김없이 일어나 창가를 고수했다. 인도의 하루 가운데 가장 좋아하는 시간이었다. 갓 불어오기 시작한 저녁 바람에 커다란 바나나나무 이파리가 반짝반짝 흔들렸다. 늘어선 논이 에메랄드처럼 번들거렸다. 흙바닥마저 금빛으로 물들었다.

이맘때면 늘 여동생과 함께 우리가 사는 산골을 찾아내는 놀이를 했다. 이번에는 내가 먼저 맞혔다. 그때부터 눈으로 지평선을 쫓았다. 흐릿하게 구불구불 이어지던 푸른 선이 차츰 또렷한 보랏빛 줄로 변해 갔다. 가까이 다가갈수록 산자락에 자리한 하얀 힌두교 사원에 닿았다가 도로 튕겨 나오는 햇살의 파편들이 선명하게 눈에 들어왔다. 해가 거의 넘어갈 즈음이 되자, 다섯 개의 산줄기가 보였다. 그 가운데 하나, 콜리 말라이 산군(山郡)에 우리 집이 있었다. 종착역에서 내린 우리 식구들은 우선 버스로 갈아탔다. 그리고 다시 우마차를 얻어 타고 하룻밤 머물 읍내로 들어갔다. 사방은 이미 깜깜해져 있었다. 평지에서 보내는 마지막 밤이었다. 일찌감치 잠자리에 들었다. 다음 날 비탈을 오르려면 푹 쉬어야 했다.

요즘 콜리 말라이를 찾는 이들은 일흔 번이나 굽이치는(굽이마다 38/70, 39/70, 40/70 식의 안내판이 서 있다) 근사한 고속도로를 달려 꼭대기에 이르지만, 내가 어릴 적에는 가파르고 미끄러운 길을 한 발 두 발 걷거나, 대나무 장대 양쪽에 캔버스 천을 얹은 '돌리'라는 가마에 앉아 가마꾼의 어깨에 실려 가는 수밖에 없었다. 어린아이 눈높이에서 보면 짐꾼들의 번들거리는 다리가 시야에 들어왔다. 발가락이 진흙에 푹푹 파묻혔다. 양치식물과 란타나나무가 빽빽이 들어선 덤불을 두 다리로 거침없이 헤치고 지나갔다. 특히 거머리가 눈에 띄었다. 덤불에 앉았던 녀석들은 다리에 올라타 피를 빨았다. 명주실처럼 가느다랗던 몸피가 갈수록 통통해졌다. 짐꾼들은 통 알아채지 못하는 것 같았다. (거머리는 피 엉김과 통증을 통제하는 화학 물질을 주입한다.) 하지만 우리 남

아무도 원하지 않는 선물

매는 진저리를 치며 몇 분에 한 번씩, 온몸을 훑으며 원치 않는 손님이 찾아온 조짐이 있는지 살폈다.

마침내 콜리 말라이 꼭대기, 외딴집에 도착했다. 골짜기 개울 바닥에서 무려 1,200미터 넘게 올라온 곳이었다. 일꾼들이 단단한 나무판자로 단출하게 지은 우리 집 문간에 짐을 부렸다. 1914년에 태어난 뒤로 줄곧 살아온 집이었다.

어디서나 통하는 공용어

부모님은 선교사로 인도에 들어왔다. 처음에는 평지에 있는 기차역에 자리를 잡았다. 아버지는 건축을 공부했지만, 어머니와 함께 간단한 의예과 수련도 받았다. 그런 사실이 알려지자, 시골 사람들은 두 분을 '의사 선생님'으로 부르기 시작했다. 몸이 아픈 이들이 끊임없이 찾아와 문밖에 늘어섰다. 외국인 의사의 신묘한 솜씨에 관한 소문은 다들 신비롭고 두렵게 여기는 콜리 말라이 산지를 비롯해 인근 다섯 개 산간 지역에 두루 퍼졌다. 늘 산허리를 감싸고 있는 구름 띠를 뚫고 꼭대기까지 올라가 본 평지 사람들이 드문 까닭에 신비로워했고, 그쪽 기후대가 말라리아를 옮기는 아노펠레스 모기의 서식지였던 탓에 두려워했다. 콜리 말라이라는 이름 자체가 '죽음의 산'이라는 뜻이었다. 낯선 사람은 거기서 하룻밤만 지새워도 치명적인 열병에 걸린다는 소문이 파다했다.

이런 경고에도, 2만 명 정도가 아무런 의료 혜택을 받지 못한 채 살아간다는 이야기를 들은 아버지와 어머니는 산골로 집을 옮겼다. 손수 집을 짓고(일손을 거들 목수 여섯을 평지에서 불러왔지만, 그 가운데 다섯은 열병이 무서워 곧 달아나 버렸다), 자리를 잡았다. 오래지 않아 두 분은 병원과 학교, 흙벽을 두른 교회를 열었다. 부모한테 버림받은 아이들이 머물 방도 마련했는데(산간 부족들은 거두고 싶지 않은 아이들을 길에 내다 버리기 일쑤였다), 시간이 가면서 차츰 보육원 비슷한 시설로 발전했다.

아직 어린 내게 콜리 말라이 언덕들은 낙원이나 다름없었다. 맨발로 깎아지른 벼랑 끝을 달리고 옷에 진이 배도록 나무를 탔다. 시골 아이들은 원숭이처럼 땅을 박차고 물소 등에 올라타는 기술과 녀석을 몰고 들판을 달리는 법을 가르쳐 주었다. 도마뱀과 개구리를 잡으러 논을 헤집고 다니다 다랑논을 지키는 일꾼 타타에게 쫓겨나기도 했다.

학교에서 배워야 할 과목들은 나무집에서 익혔다. 어머니가 밧줄 끝에 숙제를 매달아 주면, 바라밀나무 위에 차린 나만의 교실로 끌어올려 공부했다. 아버지는 일대일 개인 교사가 되어, 집을 떠받치는 기둥마다 밑동에 프라이팬을 뒤집어씌워 덤비지 못하게 만든 흰개미 떼, 끈끈한 발바닥으로 침실 벽마다 찰싹 달라붙어 있는 게코들, 지푸라기 몇 가닥을 실 삼아 부리로 나뭇잎을 얼기설기 민첩하게 엮어 내던 재봉새를 비롯해 온갖 자연의 신비를 가르쳤다.

한번은 마치 오르간 파이프처럼 줄지어 우뚝우뚝 솟아 있는 흰개미 집으로 데려가서 커다란 구멍을 내고 아치 모양 기둥들과 구불구불 이어지는 통로들을 보여 주었다. 땅바닥에 배를 깔고 나란히 엎드

아무도 원하지 않는 선물

려 두 손으로 턱을 받치고 녀석들이 종종걸음치며 근사한 건물을 긴급 보수하는 꼴을 가만히 지켜보았다. 수만 개의 다리가 마치 한 머리의 통제를 받는 것처럼 착착 움직였다. 다들 정신없이 날뛰는 가운데 딱 하나, 몸집 크고 소시지처럼 둥글둥글하게 생긴 여왕개미만은 아랑곳하지 않고 쉴 새 없이 알을 낳았다.

밝은 녹색에 붉은 기운이 도는 식충 식물 끈끈이주걱을 장난감처럼 가지고 놀았다. 파리를 잡아서 복판에 똑 떨어트리면 잡아채듯 빨아들였다. 낮잠 시간에는 생쥐와 녹색 뱀이 들보와 난로 뒤편을 들쑤시고 다니는 소리가 들렸다. 밤이면 더러 개똥벌레와 반딧불이가 든 유리 단지 곁에 책을 펴고 벌레들이 내는 빛에 기대어 책을 읽었다.

자연계, 그 가운데서도 특히 고통에 관해 배우기에 이보다 좋은 환경이 있었을까 싶다. 날마다 찾아 먹는 삼시 세끼만큼이나 늘 가까이에 있었다. 요리를 돕는 일꾼은 잘 손질해 진공 포장한 닭을 사 오는 게 아니라, 닭장에서 한 마리 꺼내다가 꽥꽥거리는 대가리를 칼로 내리쳤다. 미친 듯이 퍼덕거리는 꼴을 가만히 지켜보다 솟구치던 피가 잦아들면 씻어 다듬도록 주방에 가져다주었다. 염소를 잡는 날이면 온 동네 사람이 모여들어, 푸주한이 멱을 따고 가죽을 벗겨 낸 뒤 살을 발라내는 꼴을 구경했다. 가장자리에 섰노라면 금방 욕지기가 올라오고 몸이 얼어붙었다.

오밤중에 일어나 집 밖 화장실에 갈 때는 혹시 전갈이 없는지 조심, 또 조심했다. 한 번 물리면 얼마나 아픈지 아는 까닭이었다. 야외에서 돌아다닐 때는 평범해 보이는 딱정벌레에도 신경을 곤두세웠다. 혹시 잘못 건드리기라도 했다가는 발딱 일어나 불청객의 눈에 독물 한 방을 정확하게 날릴 수도 있기 때문이다. 코브라와 온갖 독사, 열한 번째 걸음을 내딛기 전에 숨이 끊어질 만큼 치명적인 독을 품었다는 이른바 '열한 걸음 살무사' 따위의 뱀들도 경계를 늦춰서는 안 될 대상이었다. 아버지는 찬탄 비슷한 감정을 품고 있었다. 그런 짐승들을 향해 희생자가 품는 일종의 존경심 비슷한 것이었다. 독물의 정교한 화학 성분에 혀를 내둘렀다. 돌쩌귀가 달린 독니와 이빨 속 텅 빈 공간으로 독을 분사하는 발기성 조직들을 그림까지 그려 가며 설명하려 애썼다. 넋을 놓고 들었다. 그리고는 뱀이란 뱀은 다 피해 다녔다.

고통을 공용어로 쓰는 자연법칙 가운데 엄혹한 정의가 담겨 있음을 일찌감치 깨달았다. 식물들은 고통을 가시의 형태로 바꿔, 닥치는 대로 우적우적 씹어 삼키는 소 떼를 피한다. 뱀과 전갈들은 고통을 써서 주위를 어슬렁거리는 인간들에게 경고를 보낸다. 나 역시 고통을 써서 몸집 큰 상대와 맞붙은 레슬링 시합에서 승리를 거둔다. 그런 식의 고통은 정당해 보인다. 자기 영역을 지키려는 생물들의 합법적인 방어 행위이기 때문이다. 사자의 공격을 받아 풀숲으로 끌려다녔던 일을 적은 데이비드 리빙스턴의 글에 크게 감동했다. 사자한테 물려 마치 집고양이한테 잡힌 들쥐처럼 이리저리 흔들리면서 그는 마음속으로 생각했다. '과연, 사자는 뭇 짐승들의 왕이구나!'

고행 수도자와 치과용 집게

가물에 콩 나듯 마드라스 같은 대도시에 나갈 때마다 또 다른 부류의 인간고(人間苦)를 볼 수 있었다. 기차가 요란한 굉음과 함께 멈춰서기 전부터 걸인들이 창 안으로 손을 들이밀었다. 신체 손상이 동정을 끌어내는 경향이 있는 까닭에 팔다리를 절단한 이들은 잘린 부위에 요란한 장식이 달린 가죽 덮개를 씌웠으며, 배에 커다란 종양이 생긴 이들은 보란 듯이 배를 드러낸 채 구걸에 나섰다. 동냥 수입을 늘리기 위해 아이의 몸을 일부러 망가뜨리기도 했다. 엄마가 갓난이를 빌려주는 일도 있었다. 아기를 넘겨받은 거지는 눈에 이물질을 넣어 핏기가 돌고 눈물이 맺히게 했다. 부모님 손을 꼭 잡고 길을 걷노라면 바싹 여위고 눈에서 진물이 흐르는 갓난이를 내밀며 동냥질하는 동냥아치가 한둘이 아니었다.

산 위에서는 비슷한 장면조차 본 적이 없었으므로 넋이 나간 듯 멍하니 바라볼 수밖에 없었다. 하지만 인도에서는 어느 도시에 가든 그런 풍경을 볼 수 있었다. 카르마 철학은 그런 고난을 마치 날씨를 받아들이듯 피할 수 없는 운명의 일부로 수용하라고 가르쳤다.

축제 기간이면 시골 마을에는 아주 인상적인 고행 수도자들이 자주 찾아왔다. 고통의 법칙들을 죄다 거스르는 이들처럼 보였다. 어떤 남자는 단검처럼 생긴 가느다란 철심으로 뺨과 혀를 꿰뚫고 반대편 뺨으로 천천히 뽑아냈다. 핏기라고는 눈곱만큼도 찾아볼 수 없었다. 또 다른 이는 자식의 목에 칼을 모로 찔러 넣었다. 칼끝이 반대쪽으로 삐져나오는 순간, 온몸에 소름이 돋았다. 아이는 아무렇지도 않은 듯, 움찔하는 반응조차 없었다.

훌륭한 고행 수도자에게는 벌겋게 타오르는 숯불 위를 걷는 일쯤은 한바탕 놀이에 지나지 않는다. 한번은 푸주 갈고리에 등가죽이 꿰인 채 공중에 매달려 거미처럼 대롱거리는 고행자도 보았다. 구경꾼들은 손짓을 해 가며 소리를 지르는데도 그는 더없이 편안한 얼굴에 환한 미소를 머금고 허공을 떠다녔다. 또 어떤 고행자는 조그만 풍선으로 만든 윗도리를 입고 죽마에 올라 춤을 추며 군중 틈을 누비고 다녔다. 가까이 가서 보니 수많은 라임 열매로 가슴이 뒤덮여 있었다. 조그만 쇠꼬챙이로 살갗에 꿰어 고정해 둔 것이다. 죽마를 타고 소리 내 웃으며 위아래로 널뛸 때마다 라임 열매가 율동적으로 흔들리며 가슴을 두드렸다.

시골 사람들은 고행 수도자들의 능력이 힌두 신들에게서 왔다고 믿었다. 아버지는 고개를 가로저었다. "저건 신앙과 아무 상관이 없어." 듣는 이가 없는 데서 은근히 일러 주기도 했다. "출혈, 심장 박동, 호흡 따위와 마찬가지로 훈련을 거듭해서 통증을 다스리는 법을 몸에 익혔을 뿐이란다." 무슨 소리인지 잘 알아듣지는 못했지만, 뾰족한 핀으로 살을 쿡 찌른다는 생각만 해도 오금이 저렸다. 고통에 통달한 고행 수도자들이 다만 부러웠을 따름이다.

나무를 오르고 물소 등에 올라타는 걸 좋아했던 터라, 개인적으로 고통에 대해 깜깜한 편은 아니었다. 고통이란 처음부터 끝까지 불쾌한 경험 그 자체였다. 배앓이는 그중에서도 단연 으뜸이었다. 회충이

아무도 원하지 않는 선물

복통을 일으킬 수 있다는 사실을 알게 된 뒤로는 배가 아플 때마다 놈들이 자신을 밀어내려는 내장과 치열하게 싸우고 있거니 생각했다. 배앓이에서 벗어나기 위해서라면 피마자기름도 한 숟갈씩 냉큼 집어삼켰다. 구역질 나는 치료제였다.

　말라리아는 그야말로 끼고 살다시피 했다. 열은 며칠 간격으로, 거의 일정한 시간대에 찾아와 사납게 날뛰었다. "이제 뱀이 될 시간이야!" 오후 네 시 어간이 되면, 함께 놀던 아이들에게 이야기하고 잽싸게 집으로 달려갔다. 너나없이 말라리아에 시달리던 친구들이라 단박에 알아들었다. 체온이 솟구쳤다 떨어지기를 되풀이했다. 으슬으슬 냉기가 찾아들면 등 근육에 쥐가 나고 온몸이 꼭 뱀처럼 뒤틀린다. 몸을 따뜻하게 해 주면 한결 나아진다. 심한 날에는 털 담요라도 뒤집어쓰고 뼈마디가 시린 오한을 가라앉히려 안간힘을 써야 했다.

　고통에는 삶의 온갖 요소를 지배하는 신비로운 힘이 있음을 차츰 알게 되었다. 먹고, 자고, 오후에 나가 뛰노는 따위의 일보다도 먼저 신경 써야 할 결정적인 요소였다. 예를 들어, 조그만 전갈한테 쏘일까 무서워서, 놈들이 집을 짓고 산다고 알려진 몇몇 나무에는 올라가지 않았다.

　아버지와 어머니의 사역도 고통을 바라보는 그런 의식을 강력하게 뒷받침했다. 인도의 시골에서 가장 흔하게 마주치는 신체적 고통은 바로 견디기 어려운 치통이었다. 통증으로 일그러진 얼굴을 하고 잔뜩 부어오른 턱을 천 쪼가리로 단단히 싸맨 이들이 남녀를 가리지 않고 멀리 떨어진 마을에서부터 터벅터벅 걸어 찾아왔다. 치과용 의자나 드릴, 국소 마취제 따위를 갖추지 못한 아버지와 어머니는 그들을 커다란 돌덩이나 버려진 흰개미 집 같은 데 앉히고 치과용 집게를 들이댔다. 대개는 별 탈 없이 일이 끝났다. 겸자를 쥔 손목을 트는 순간, 끙하는 신음이나 외마디 비명이 터지고, 피가 조금 나고 나면 가혹한 시련도 끝이었다. 지긋지긋한 치통이 그처럼 돌연히 끝나는 걸 본 적이 없는 보호자들은 문제의 이빨을 단단히 잡은 집게를 바라보며 박수갈채를 보내기 일쑤였다.

어머니가 치료에 나설 때는 몸집이 작으니만치 처치가 훨씬 까다로웠다. 어머니는 생각날 때마다 이야기했다. "이빨을 뽑을 때는 두 가지 원칙이 있어. 하나는 집게를 최대한 깊숙이 집어넣어야 해. 뿌리 근처까지. 그래야 이빨 중동이 부러지지 않지. 두 번째는 내빼지 못하게 해야 한다는 거야." 온 힘을 다해 집게를 붙들고 있는 어머니를 밀치고 제힘으로 이를 뽑겠디며 달아나는 이들도 더러 있었다. 하지만 고래고래 고함을 지르며 더없이 힘겨운 싸움을 벌이다가 결국 되돌아오게 마련이었다. 혹독한 통증을 견딜 도리가 없는 까닭이다.

사랑 넘치는 치유자

콜리 말라이 주민들이 아버지와 어머니를 무척 좋아했던 건 두 어른이 베푼 인술 때문이었다. 아버지는 선교 훈련 기관인 리빙스턴대학에서 일 년 동안 열대의학을 공부했다. 어머니는 런던 동종 요법 병원에서 배운 지식을 활용했다. 제한적인 훈련을 받았을 뿐인데도, 아

아무도 원하지 않는 선물

버지와 어머니는 의사란 질병이 아니라 인간을 고치는 법이라는 히포크라테스의 가르침을 온몸으로 살아 냈다.

　두 분은 주위의 어려움을 그냥 지나치지 못하는 전형적인 선교사였다. 힘을 모아 아홉 개의 학교를 세우고 진료소도 여럿 설립했다. 농사일에도 공을 들였다. 콜리에서 채소를 경작하는 데는 재미를 보지 못했지만, 감귤 과수원은 제법 잘 되었다. 아버지는 전공 분야인 건축 쪽 일을 더 좋아했다. 마을 젊은이들에게 목공을 지도하고, 초가집 지붕을 새로 얹어야 할 일이 생기면 기와 굽는 법을 가르쳤다. 말을 타고 잡초가 무성한 오솔길을 따라 여기저기 돌아다니며 누에한테 먹일 뽕나무, 바나나, 오렌지, 사탕수수, 커피, 타피오카 따위를 키우는 농장을 여남은 개나 만들었다. 산지 소작농들이 평지 지주들에게 부당한 대접을 받기라도 하면 대표단 수백 명을 이끌고 관할 출장소로 달려가 총독부 관리들 앞에서 현지 농민들을 대변했다.

　이렇게 의롭고 훌륭한 일을 많이 했지만, 제시와 에벌린 브랜드 부부가 으뜸으로 여기는 목표, 곧 산간 마을에 교회를 세우려던 고귀한 뜻은 이루지 못했다. 동네에서 영적인 의식을 도맡던 제사장이 밥줄이 끊길 판이라는 걸 알아채고 누구든 새로운 종교로 돌아서면 신의 노여움을 사게 되리라고 으름장을 놓았다. 식구들은 물리적 위험을 두려워했다. 나는 그가 보일 때마다 몸을 숨겼다. 소 몇 마리가 독살당하면서 제사장의 말이 그저 한 번 던져 보는 공갈이 아니라는 게 분명해졌다. 아버지와 어머니는 주일마다 예배를 드렸지만 참석하는 이가 거의 없었다. 감히 그리스도인이 되겠다고 나서는 이는 더더구나 없었다.

그런데 1918년부터 한 해 동안 전염성이 강한 스페인 독감이 전 세계를 휩쓸었고 끝내는 콜리 산간까지 퍼졌다. 얼마나 무서운 기세로 사람들 목숨을 앗아갔던지, 어디서도 공동체 의식을 찾아보기 어려울 지경이었다. 환자가 건강을 되찾도록 보살피기는커녕 이웃과 식구들마저 겁에 질려 산속으로 달아나기 바빴다. 그렇게 인적이 끊기면 독감에 걸린 환자 가운데 상당수는 질병 자체가 아니라 영양실조와 탈수로 숨지게 되리라고 아버지는 판단했다. 그래서 집 밖에 커다란 가마솥을 걸고 몇 날 며칠 쉬지 않고 쌀죽을 끓였다. 아버지와 어머니는 말을 타고 이 동네 저 동네를 돌며 죽과 깨끗이 거른 물을 버려진 환자들 입에 떠 넣어 주었다.

결국, 적대적이던 제사장과 그의 아내도 병에 걸리고 말았다. 다들 외면했지만, 아버지와 어머니는 꼬박꼬박 음식과 약을 들고 찾아갔다. '원수들'의 도움으로 연명하며 두 내외는 스스로 얼마나 터무니없는 오해와 착각을 했는지 처절하게 깨달았다. 제사장은 입양 서류를 가져다 달라면서 아버지에게 말했다. "제사장 자리를 아들놈한테 물려줄 작정이었습니다. 그런데 이런 일을 당하고 보니, 저랑 똑같은 신을 좇는 이들 가운데는 저를 도와주는 이가 아무도 없군요. 저는 자식들이 그리스도인으로 자라길 바랍니다." 며칠 뒤, 집 앞 현관에 나가 서 있는데, 열 살짜리 사내아이가 눈물을 훔치며 들판을 가로질러 다가오는 게 보였다. 소년은 아홉 살배기 여자애를 업고 있었다. 열이 펄펄 끓었다. 손에는 제사장 부부에게서 받은 서류 뭉치를 들고

아무도 원하지 않는 선물

있었다. 루스와 에런 남매가 우리 식구가 되는 순간이자, 여섯 해 남 짓 극렬한 반대와 저항에 시달리던 콜리 말라이 교회가 첫 번째 현지 신자를 얻는 현장이었다.

고통은 환자만이 아니라 주변 공동체에도 신호를 보낸다는 사실을 아버지와 어머니에게서 배웠다. 통증을 감지하는 센서 하나하나가 몸 안 다른 세포들에 "날 좀 봐 줘! 도움이 필요해!"라고 외치듯, 어려움을 겪는 이들은 공동체를 향해 두루 호소한다. 위험천만한 요인이 도사리고 있을 때도 어머니와 아버지는 용감하게 대응했다. 훈련을 많이 받은 것도 아니고 자원이 넉넉한 것도 아니었지만, 아버지와 어머니는 림프절 페스트, 장티푸스, 말라리아, 회백질 척수염(척수성 소아마비), 콜레라, 천연두 따위를 비롯해 그 시대의 가장 치명적인 질환을 치료했다. HIV 같은 돌연변이가 콜리 말라이 산골에 나타났더라면 두 분이 어떻게 처신했을지 불 보듯 뻔하다. 형편이 되는대로 간단한 짐을 꾸려 괴로워 울부짖는 소리가 나는 곳을 찾아 떠났을 것이다. 아버지의 이런 의료관은 인간을 향한 깊은 동정심에서 비롯되었다. 동정심에 해당하는 영어 단어 'compassion'의 어원은 라틴어 'com + pati'로 '아픔을 함께' 겪는다는 뜻이다. 어머니와 아버지는 부족한 훈련을 인간고에 대한 본능적인 반응으로 메웠다.

아홉 살이 되던 1923년까지 콜리 말라이 산간에 살았다. 그 뒤에는 누이 코니와 함께 정규 교육을 받으러 영국으로 건너갔다. 이방인이 된 느낌이었다. 나무에는 반년 가까이 이파리가 없었다. 나무를 타기라도 할라치면 옷이 석탄 검댕 범벅이 되었다. 온종일 신발을 신고 근질거리는 털 스웨터를 입고 있어야 했다. 나무집 대신 교실에 앉아 공부해야 했다. 시간이 지나면서 가까스로 적응하기는 했지만, 끝내 편안해지지는 않았다. 아버지와 어머니한테서 오는 편지 뭉치를 받아보는 낙으로 살았다. 두 분은 인도와 영국을 잇는 증기선 편으로 시시콜콜한 사연을 담은 긴 글을 적어 보냈다.

아버지는 자연의 세계를 관찰하고 감상하는 법에 관한 강의를 서신으로 계속 이어갔다. 편지에는 숲을 산책하면서 알아낸 사실을 보여 주는 그림과 설명이 가득했다. 어머니는 주로 이웃집 식구들, 환자들, 교인들과 얽힌 이야기를 적었다. 선교 사역은 몇 년째 성장과 발전을 거듭하고 있었다. 조그맣던 교회가 커져서 쉰 명 넘게 나오는 공동체가 되었다. 두 분은 진료소에서 한 해에 1만 2천 명 이상을 치료했다. 농사일과 목공, 양잠 사업도 갈수록 번창했고 동네에는 상점이 문을 열었다.

1929년, 이듬해에 안식년을 얻어 12개월 동안 영국에 돌아와 머물게 되었다는 전갈이 왔다. 얼마나 기뻤는지 모른다. 그날이 다가올수록 두 분의 편지에는(이편의 답장도 마찬가지였지만) 한층 다급하고 다정한 분위기가 짙게 배어났다. 인도를 떠난 지 어느덧 6년이 지나고 있었다. 나이 열다섯, 이제 앞날을 결정해야 했다. 어디서 살아야 할까? 어떤 직업을 택하는 게 좋을까? 공부를 계속하는 건 어떨까? 진로를 두고 씨름하면서 두 분의 슬기로운 조언에 얼마나 깊이 의지하고 있는지 실감했다. 밀린 이야기가 너무 많았다. 그야말로 학수고대하며 만날 날을 기다렸다.

아무도 원하지 않는 선물

하지만 1929년 6월, 전보 한 통이 날아들었다. 아버지의 죽음을 알리는 부고였다. 자세한 내용은 없었다. 말라리아의 무서운 합병증인 흑수열에 걸려 이틀 만에 숨을 거뒀다는 설명이 전부였다. 죽음의 산이 새로운 희생자를 찾아낸 것이다. 고작 마흔네 살이었다. 전보에는 당부의 말이 적혀 있었다. "아이들에게는 조심스럽게 전달해 주십시오. 주님이 다스리십니다."

처음에는 슬프다는 느낌조차 없었다. 만지고 냄새 맡을 수 있는, 살아 숨 쉬던 아버지가 스러져 이제 먼 환영으로만 남은 존재가 되는 순간, 여섯 해 동안 부대꼈던 기억이 갑자기 진하게 다가왔다. 죽음을 알리는 전보를 받은 뒤로도 몇 주 동안 아버지가 보낸 편지가 뱃길로 뒤미처 도착하는 바람에 비현실적인 느낌은 갈수록 깊어졌다. 아버지는 치료한 환자의 사연이며 집 뒤편 길가의 실버오크나무가 까마득하게 자랐다는 이야기 따위를 자세히 적었다. 딱 열 달 뒤, 3월에 만날 날을 얼마나 기다리고 있는지도 썼다. 마침내 마지막 편지가 왔다. 그리고 끝이었다.

멍했다. 속으로 수없이 같은 말을 되풀이했다. "이제 편지는 오지 않아. 숲길을 걷는 일도 끝이야. 아버지도 없고." 얼마 뒤, 아버지가 어떻게 세상을 떠났는지 구구절절 설명하는 어머니의 편지가 왔다. 한 해 전에 말에서 떨어져 몸을 제대로 쓰지 못하는 바람에 몸의 저항력이 떨어진 상태였다고 했다. 41도가 넘도록 열이 올랐다. 어머니는 곧바로 제대로 된 의사의 도움을 받지 못한 걸 자책했다. 시골 의사는 열병을 정확하게 짚어 내지 못했다. 동네 사람들은 엉엉 울며 슬퍼했다. 장정 서른둘이 사흘에 걸쳐 산 아래 동네에서 산꼭대기 교회까지 화강암 비석을 져 날라 주었다. 어머니는 다들 제 일처럼 애써 줘서 얼마나 고마운지 모르겠다고 했다.

그 뒤로, 어머니의 편지는 오락가락 장황해졌다. 맑은 정신에 쓴 게 아닌 것처럼 보일 지경이었다. 집안에서는 여조카를 인도로 보내 귀국을 설득했다. 일 년 넘게 씨름한 끝에 결국 어머니는 돌아왔다. 크나큰 슬픔, 체화된 고통이 인간을 얼마나 황폐하게 하는지 처음 깨달았다. 어머니는 아홉 살 적에 본 모습 그대로 내 기억 속에 살아 있었다. 기운 넘치고 항상 밝게 웃는 키 크고 아름다운 여성이었다. 하지만, 난간을 부여잡고 건널 판자를 넘어오는 어머니는 등이 구부정하고 백발이 성성했다. 몸가짐만 보면 팔순은 족히 되어 보였다. 내가 자라기도 했지만, 어머니가 졸아든 것도 사실이었다. 입이 떨어지지 않아 차마 어머니라고 부를 수가 없었다.

기차를 타고 런던으로 가는 내내 아버지를 그렇게 떠나보낸 걸 거푸 애통해했다. 처음부터 끝까지 자책이 이어졌다. 돌아가서 하던 일을 계속해야 한다고도 했다. 하지만 콜리로 복귀한들 아버지 없이 어머니 혼자 무얼 어떻게 한단 말인가? 어머니의 삶을 비추던 빛은 사라지고 없었다.

하지만, 나중에 보니 어머니는 혼자서도 썩 잘 해냈다. 한 해 뒤, 영국에서 여생을 보내라는 가족들의 간곡한 만류를 뿌리치고 어머니는 콜리 말라이 산지 오두막으로 돌아갔다. 아버지가 아끼던 말 도빈을 타고 산길을 누비며 의료, 교육, 농업, 복음 전도 따위의 사역을 다시

아무도 원하지 않는 선물

시작했다. 어머니는 도빈보다 더 오래 살았다. 말은 산지에 익숙한 망아지를 새로 길들여 탔다. 점점 더 노쇠해져 말에서 떨어지는 일이 잦아지자(어머니는 말을 탓했다. "녀석들이 너무 늙어서 통 일을 시킬 수가 없어"), 양손에 쥔 기다란 대나무 지팡이에 몸을 의지한 채 걸어서 일을 보러 다녔다. 공식적으로는 예순아홉에 선교부로부터 '은퇴' 통보를 받았지만, 조금도 신경 쓰지 않았다. 콜리부터 시작해 가까운 산지 네 곳에 이르는 광범위한 지역을 계속해서 보살폈다. 주민들은 어머니를 '산동네 엄마'라고 부르며 따랐다. 어머니의 산소는 내가 자란 소박한 단층집에서 비스듬하게 내려가는 언덕배기, 아버지의 무덤 바로 곁에 있는데, 묘비에도 그 별명이 또렷이 새겨져 있다. 어머니는 1975년에 세상을 떠났다. 아흔여섯 번째 생일을 몇 주 앞둔 날이었다.

삶이 곧 메시지다

인도 남부 고산 지대에서 어머니는 전설적인 존재가 되었다. 그곳을 찾을 때면 언제나 오랫동안 집을 비웠다 돌아온 여왕의 아들 같은 대접을 받는다. 동네 사람들이 나와 꽃목걸이를 걸어 준다. 마당에 바나나나무 잎을 깔고 한바탕 잔치를 벌이고 예배당에서는 노래와 전통춤 공연이 열린다. 어김없이 누군가 일어나 브랜드 할머니(어머니의 또 다른 별칭이다)와 얽힌 사연을 털어놓는다. 지난번에 갔을 때 주 강사는 간호학교 교수였다. 어린 나이에 길거리에 버려진 자신을 어머니가 '거둬서' 건강을 되찾게 해 주고, 살 곳을 마련해 주었을 뿐만 아니라 대학원을 마칠 때까지 줄곧 교육을 책임져 주었다고 했다.

얼마 전에도 아버지의 삶에 깊이 감동한 인도인 의사가 콜리 산지로 들어와 제시브랜드기념병원을 열었지만, 사실 부모님을 기억하는 이들이 예전만큼 많지는 않다. 우리 식구가 살던 집은 여전하다. 마당에 나가면 어린 시절 나뭇집을 짓고 놀았던 바라밀나무가 우뚝 서 있는 걸 볼 수 있다. 똑같은 비석이 나란히 서 있는 아버지와 어머니 무덤을 찾을 때면, 그토록 많은 이에게 그처럼 온전히 자신을 내준 사랑하는 두 분 생각에 늘 눈물이 난다. 짧아도 너무 짧은 기간을 함께 지냈을 뿐이지만, 부모님은 값을 매길 수 없을 만큼 소중한 유산을 남기셨다.

아버지의 요동치는 법이 없는 기질, 학구적인 자세, 평온한 자신감을 존경한다. 어머니한테서는 쉬 볼 수 없는 면모다. 하지만 어머니는 넘치는 용기와 연민이라는 자기만의 방식으로 산지 사람들의 마음을 열었다. 어린 시절에 목격한 끔찍한 장면 가운데 단연 으뜸이라고 할 만한 기니벌레 이야기는 아버지와 어머니의 성향이 얼마나 다른지 파악하는 데 보탬이 될지 모른다.

기니벌레는 산지에 사는 이들 열에 아홉은 한두 번쯤 감염되는 기생충이다. 마실 물과 함께 몸 안에 들어온 유충은 장벽을 뚫고 들어가 혈류를 타고 부드러운 조직을 찾아 움직인다. 그러다 보통은 정맥 곁에 자리를 잡는다. 처음에는 길이가 연필심 두께에도 못 미치지만, 어마어마하게 자라서 나중에는 90센티미터를 웃돈다. 살갗 아래서 물결치는 놈들의 움직임이 보이는 경우도 더러 있다. 예를 들어, 물

아무도 원하지 않는 선물

동아를 이고 가는 여인에게 엉덩이 쪽이 욱신거리는 증상이 찾아왔다면, 기니벌레의 꼬리가 종기를 뚫고 나왔을 수 있다. 겉으로 드러난 부분을 잡아 뜯기라도 하면 몸 안에 남은 부분이 썩어 염증이 생긴다.

아버지는 기니벌레 감염 환자를 수없이 치료했다. 대개는 아버지가 일하는 모습을 지켜보길 좋아했지만, 기니벌레 감염 환자가 찾아오면 냅다 도망쳐 숨었다. 퉁퉁 부은 팔이나 허벅지를 절개하면 피와 고름이 한 바가지씩 쏟아져 나왔다. 아버지는 예리한 칼이나 메스로 종기의 결을 따라 살을 가르고 썩어 가는 벌레의 잔여물이 없는지 샅샅이 살폈다. 마취를 할 수 있는 형편이 아니었으므로 환자는 친척의 팔과 손을 으스러지도록 부여잡고 터져 나오는 비명을 이를 악물고 참는 수밖에 없었다.

탐구심이 마르는 법이 없는 아버지는 이 기생충의 생활 주기도 연구하기 시작했다. 성체는 차가운 물에 극도로 예민하다는 사실을 밝혀내고 그 성질을 치료에 이용했다. 냉수를 가득 채운 양동이에 환자를 몇 분씩 세워 두고 기니벌레 꼬리의 돌기가 살갗을 뚫고 나와 난관을 통해 부지런히 알을 낳길 기다렸다. 아버지는 기니벌레의 꼬리를 솜씨 좋게 잡아채서 조그만 나뭇가지나 성냥개비에 돌돌 감았다. 중동이 끊어지지 않을 만큼 몇 센티미터 정도 잡아당긴 다음, 나뭇가지를 환자의 다리에 반창고로 붙여 놓았다. 벌레는 차츰 몸의 긴장을 늦추고 그 상태에 적응한다. 몇 시간이 지나야 다시 몇 센티미터쯤 더 감을 수 있었다. 그렇게 오래도록(벌레의 길이에 따라 며칠이 걸리기도 했

다) 씨름을 벌인 끝에 아버지는 기니벌레를 고스란히 끄집어냈다. 환자도 염증의 위험을 피해 기생충을 깨끗이 떨쳐 버릴 수 있었다.

아버지는 기술을 완벽하게 연마했다. 벌레를 살살 구슬리는 솜씨를 무척 뿌듯하게 여겼다. 어머니는 그쪽으로는 아버지의 맞수가 되지 못했다. 도리어 너저분한 치료 과정에 넌더리를 냈다. 아버지가 세상을 떠나자 어머니는 생전에 남편이 연구해 둔 기생충의 생활 주기를 활용해 예방에 집중했다.

기니벌레 문제는 마실 물 공급을 중심으로 돌아간다. 기생충에 감염된 시골 주민이 물동이를 채우러 식수원으로 쓰는 얕은 웅덩이에 들어가면, 기니벌레가 꼬리를 내밀고 알을 낳기에 딱 좋은 환경이 조성된다. 알은 곧 부화해 애벌레가 되고 유충이 섞인 물을 마시면 기니벌레의 생활 주기가 다시 시작된다. 어머니는 마실 물에 얽힌 습관을 완전히 뒤바꾸는 대대적인 운동을 시작했다. 동네방네 다니며 교육하고 샘이나 못에 들어가지 않겠다거나 걸러 내지 않은 물은 마시지 않겠다는 따위의 다짐을 받았다. 행정 기관을 설득해 규모가 있는 웅덩이마다 애벌레를 잡아먹을 물고기를 풀게 했다. 샘가에는 돌로 담을 둘러 짐승이나 아이들이 함부로 들어가지 못하게 하라고 가르쳤다. 어머니에게는 끝이 없는 열정과 흔들리지 않는 확신이 있었다. 15년이라는 긴 세월이 걸렸지만, 마침내 어머니는 산간 지역 전체에서 기니벌레 감염을 완전히 뿌리 뽑았다.

몇 년 뒤, 말라리아 퇴치반 공무원들이 콜리 산지에 들어왔다. DDT를 뿌려서 아노펠레스 모기를 박멸할 계획이었지만, 이를 수상

아무도 원하지 않는 선물

쩍게 생각한 주민들이 길을 막아선 채 돌을 던지고 개까지 풀어 내쫓아 버렸다. 직원들은 결국 다들 브랜드 할머니라고 부르는 주름투성이 노인네를 찾아가 상의했다. 어머니만 인정하면 주민들도 기꺼이 길을 열어 주리라고 본 것이다. 이처럼 어머니는 공중 보건 관계자에게 더없이 소중한 자산인 신뢰를 얻고 있었다. 어머니는 활동에 동의했고 아노펠레스 박멸 작전은 콜리 말라이 지역에서 말라리아가 실질적으로 퇴출될 때까지 계속 이어졌다. (안타깝게도 아노펠레스는 대다수 살충제에 내성이 생겼으며 약물저항성 말라리아가 인도 전역에 다시 퍼지고 있다.)

———

어머니는 남편의 과학적 업적을 자식에게 유산으로 물려주려 애썼다. 아버지가 세상을 떠난 뒤 영국에 돌아와 쉬며 몸과 마음을 추스르는 사이에 여러 번 본인의 꿈을 입에 올렸다. 내가 어엿한 의사로 콜리에 돌아가게 되면 얼마나 좋겠냐고. 춥고 습한 영국보다 인도의 산지가 훨씬 매력적으로 느껴지긴 했지만, 의사 얘기가 나올 때마다 단칼에 거절했다.

의료에 얽힌 어린 날의 기억들은 시간이 갈수록 걸러져 몇 가지 고통스러운 장면만 남았다. 지금 돌아봐도 끔찍한 상황들이다. 아버지와 어머니가 기니벌레로 고생하는 여인을 치료하는 모습만 해도 그렇다. 기생충의 곧추선 꼬리가 환자의 눈가를 뚫고 나왔다. 아버지가 치료한 가장 어려운 환자도 생각난다. 곰의 공격에 간신히 생존한 남자였는데, 한쪽 귀에서 반대편 귀까지 머리 가죽이 벗겨져 있었다.

한 장면이 더 있다. 모르긴 해도, 다른 기억이 다 사라져도 끝까지 남을 법한 광경이었다.

어느 날 오후, 낯선 남자 셋이 진료소에 들어서자 아버지는 구경은 커녕 아예 얼씬도 못 하게 우리를 내몰았다. 꼼짝 말고 집 안에 있으라고 단속했지만, 나는 살금살금 빠져나가 덤불 사이로 치료 과정을 훔쳐보았다. 사내들의 손은 뻣뻣했고 헌데투성이였다. 손가락은 다 달아나 버리고 없었다. 붕대로 발을 감싸고 있었다. 아버지가 천 쪼가리를 걷어 내는 순간, 발가락 없이 몽치만 남은 발이 보였다.

얼떨떨한 눈으로 아버지를 살폈다. 속으로는 겁이 나지 않을까? 평소와 달리 환자들에게 정겨운 우스갯소리를 건네지 않았다. 그리고 전에는 한 번도 본 적이 없는 행동을 했다. 상처를 소독하기 전에 장갑을 낀 것이다. 환자들이 과일 한 바구니를 선물로 가져왔지만, 어머니는 환자들이 돌아가자마자 아버지가 꼈던 장갑과 함께 불살라 버렸다. 듣도 보도 못했던 낭비였다. 근처에서 놀지도 못하게 했다. 그들은 한센병 환자라고 했다.

그 뒤로는 어른이 될 때까지 한센병 환자를 만난 적이 없다. 하지만 세월이 흐르면서 어린 시절 아버지가 그 환자들을 치료할 때 느꼈던 두려움과 혐오감이 뒤섞인 시선으로 의학을 바라보게 되었다. 의사는 내 길이 아니었다. 고통과 괴로움이라면 무슨 수를 써서라도 피하고 싶었다.

아무도 원하지 않는 선물

외과의는 세상에 태어날 때 몸에서 뚝뚝 떨어
지던 체액처럼 동정심을 덕지덕지 바르고 어
머니의 자궁에서 쑥 빠져나오는 게 아니다. 가
엾게 여기는 마음이 가득해지는 건 한참 뒤의
일이다. 쉽게 공짜로 얻어지는 게 아니며, 소
독해 낸 수많은 상처와 직접 손을 쓴 절개, 치
료하기 위해 어루만진 모든 상처와 헌데와 구
멍들의 중얼거림이 차곡차곡 쌓인 결과다. 처
음에는 수많은 이들이 제각기 속삭이듯 잘 들
리지 않는다. 그게 서서히 한데 모이고 살이
붙으며 커져서 마침내 순수한 부르심이 된다.

—리처드 셀저,《모탈 레슨》

3장

변화와 희망을 실은 바람

영국에서 공부하던 시절, 고통을 의학적으로 파고들어 연구하는 게 내 필생의 과제라는 소리를 들었더라면 코웃음을 쳤을 것이다. 고통은 피해야 할 일이지 탐색 대상이 아니었다. 그런데 결국 의학을 공부했으니, 어쩌다 그리되었는지 이야기해 둘 필요가 있겠다.

난 형편없는 학생이었다. 가끔, 교사가 등을 보이면 창문을 통해 지붕으로 기어 나갔다. 배수관을 타고 땅에 내려서면 곧장 줄행랑을 쳤다. 친구들이 추상적인 지식을 머리 한가득 채워 넣는 사이, 나는 콜리 산지에서 배운 자연의 세계에서 눈을 떼지 못했다. 살던 집 지하실에서 고운 소리로 우짖는 새와 생쥐를 키우고 지붕에 어설픈 천체 관측소를 세우는 식으로 안간힘을 쓰며 런던 생활을 견뎠다. 콜리 산지에서는 연무나 빛의 간섭을 받지 않는 깊은 하늘을 바라보며 우주의 신비를 설명하는 아버지 목소리에 귀를 기울이는 일이 잦았다. 오밤중의 풍경은 콜리와 현실을 이어 주는 가느다란 끈이었다. 그리움은 곧잘 사무치는 향수로 이어졌다. 런던에서는 별들마저 제자리를 지키지 않았다.

열여섯에 영국 공립학교를 졸업했다. 숨 막히는 대학 강의실에서 다시 4년, 길게는 6년을 보내야 한다니, 정말 내키지 않았다. 건축을 공부하기로 마음먹었다. 콜리 산지에 주택을 지으려 했던 아버지의 옛꿈을 대신 이루고 싶었다. 그때부터 5년에 걸쳐 목공, 건축, 지붕 공사, 벽돌 쌓기, 배관, 전기, 석재 가공 따위를 익혔다.

석공을 가장 좋아했다. 어려서부터 시골 채석장 귀퉁이에 앉아 석수장이들이 적어도 3천 년은 지금과 같은 꼴로 물려 내려왔음 직한 연장을 가지고 마술처럼 돌을 주무르는 모습을 자주 지켜보았다. 인도를 떠난 뒤로 맛볼 수 없던 즐거움이 고스란히 되살아나는 것 같았다. 처음에는 바스 사암에서 시작해 화강암으로 발전했고, 마침내 대리석으로 수련을 마감했다. 대리석에는 실수가 용납될 여지가 거의 없는 편이다. 망치질 한 번 잘못했다가는 실금이 돌덩이 깊은 데까지 파고들어 반쯤 투명한 대리석의 근사한 성질을 망쳐 버리고 만다. 방학이면 영국의 대성당들을 찾아다니며 돌기둥과 아치에 물결치는 흔적을 더듬었다. 조그만 자국 하나하나가 중세의 석수장이들이 나무망치를 들었다가 내려치길 되풀이한 자취라고 생각하면 절로 고개가 숙여졌다.

5년 뒤, 과감히 영국 진출에 첫발을 뗀 포드자동차 사옥 건축을 감독하는 일을 도왔다. 그게 마지막 작업이었다. 누가 봐도 그만한 기술이면 콜리 산지에서 활용하기에 부족함이 없었다. 이제는 바다 건너 현장에서 일할 계획을 잡아야 할 시점이었다. 의학에 대한 거부감

아무도 원하지 않는 선물

을 누르고 리빙스턴 의과 대학에 개설된 1년 과정에 등록했다. 아버지가 밟았던 바로 그 과정이었다.

의학과 사랑에 빠지다

리빙스턴 과정에는 세계 곳곳에서 온 35명의 학생이 함께 다녔다. 너나없이 해외에서 일하고 싶어 하는 이들이었다. "여러분은 증상을 구별하고, 약을 처방하고, 상처를 소독하는 방법뿐만 아니라 간단한 수술법까지 익히게 됩니다." 오리엔테이션 자리에서 교과 담당자들은 설명했다. "임상 실습도 나갈 겁니다. 학생 여러분이 초진 환자 진료를 도울 수 있도록 지방 자선 병원들에 협조를 구하고 허락을 받았습니다." 피, 고름, 한센병 환자, 기니벌레가 뒤엉킨 어린 시절의 끔찍한 그림이 떠올라 얼굴에 핏기가 가시는 느낌이 들었다.

하지만 얼마 가지 않아, 의학이 자연에서 느끼던 경외감에 다가서게 한다는 사실을 깨달았다. 현미경으로 살아 있는 세포를 난생처음 넘겨다보던 기억이 아직도 생생하다. 우리는 기생충을 공부하고 있었다. 인도 시절부터 시달려 온 해묵은 적이었다. 이질로 고생한 경험을 꼽자면 열 손가락이 모자랄 판이다. 어느 이른 아침, 살아 있는 아메바를 관찰하기로 했다.

이슬 맺힌 잔디밭을 가로질러 정원 한구석을 차지하고 있는 못으로 갔다. 찻잔에 물을 한 컵 떠서 실험실에 틀어박혔다. 다른 학생들은 아직 아침밥을 먹는 중이었다. 물에는 썩어 가는 나뭇잎 쪼가리가 떠다녔다. 부패와 죽음의 냄새가 진동했다. 하지만 못에서 떠온 물을 현미경 슬라이드에 한 방울 똑 떨어뜨리자 또 다른 우주가 펼쳐졌다. 수십 개의 정교한 유기체가 현미경 램프에서 나오는 온기에 자극받아 이리저리 돌아다녔다. 해파리의 미니어처 같았다. 슬라이드를 모로 기울이는 순간, 푸른빛을 띤 맑은 얼룩 같은 게 앞으로 툭 떨어졌다. 아, 아메바. 바로 그놈이었다! 인도에 사는 녀석의 먼 친척이 그토록 오랜 시간, 밖에 나가 놀지 못하도록 내 발목을 잡았다. 단순하고 원초적인 모습이었다. 이런 생물이 어떻게 오장육부를 그토록 뒤집어 놓았던 것일까? 어떻게 하면 놈들을 무력화시킬 수 있을까? 그때부터 수업이 끝나면 실험실로 돌아와 더 깊이 파고들기 시작했다.

더 놀라운 사실은 스스로 의료와 관련된 일을 즐기고 있다는 점이었다. 치과 쪽 일만 해도 그랬다. 적절한 도구와 마취제를 써서 이빨을 뽑는 과정은 콜리 산지에서 보았던 소름 끼치는 장면과 달라도 너무 달랐다. 발치(拔齒)는 나무와 돌을 만지는 것과 같은 부류의 손기술에 의존하는 면이 컸다. 덕분에 환자의 치통을 멎게 하는 데 남다른 솜씨를 발휘할 수 있었다. 불현듯, 의대 진학을 마다했던 게 실수는 아니었을까, 하는 생각이 들었다. 쓸데없이 집 짓는 일을 배운답시고 다섯 해나 허비한 건 아닐까? 하지만 여태 받은 훈련을 죄다 내버리고 전혀 새로운 일에 뛰어드는 건 분명 아니었다. 회의를 밀쳐 두고 일단 리빙스턴 과정을 마친 뒤에 선교 훈련원에서 개설한 예비 선교사 과정에 등록했다. 그 마지막 훈련만 마치면 곧장 건축 선교사로 인도에 돌아갈 셈이었다.

아무도 원하지 않는 선물

훈련원은 뼛속까지 영국식이었다. 스파르타식 엄격한 생활 태도, 빅토리아 시대의 이상, 보이스카우트의 신나는 팀워크 따위를 조합한 분위기였다. 설립자는 에티오피아 시골에서 살았던 경험을 토대로 훈련생들에게 대영제국 어느 구석에 데려다 놔도 살아남을 만한 채비를 갖춰서 내보내기로 작정했다. 잠은 기다란 나무 막사에서 잤다. 벽이 홑겹이라 영국 날씨를 견디기에는 어림도 없었다. 비가 오나, 눈이 오나, 진눈깨비가 내리나 아침을 먹기도 전에 줄 맞춰 구보를 했다. 공원까지 달려가서 순서에 따라 체조를 하고 돌아와 찬물로 몸을 씻었다. 훈련원에서는 따뜻한 물 같은 '사치품'을 수치스럽게 생각했다. 스스로 신발을 고치고, 서로 머리를 깎아 주고, 직접 밥을 지었다. 여름이면, 웨일스에서 스코틀랜드 시골까지 965킬로미터가 넘는 거리를 생활에 필요한 물품이 잔뜩 실린 수레까지 끌면서 걸어가는 대장정에 나섰다.

2년에 걸친 훈련 과정에는 자선 병원 봉사 활동도 포함되어 있었는데, 바로 거기서 의술에 관한 관심을 행동에 옮기기로 마음먹었다. 어느 날 밤, 응급실에서 일하던 참이었다. 구급 대원들이 정신을 잃은 예쁘장한 아가씨를 싣고 왔다. 의료진은 의식 없는 환자에게 달려들어 신속하면서도 차분하게 대응했다. 간호사가 혈액을 가지러 달려간 사이에 의사는 수혈 도구를 챙겼다. 내가 하얀 가운을 입고 있는 걸 흘낏 보더니 두말하지 않고 혈압계를 디밀었다.

혈압은 잡히지 않았다. 손목에서는 미동도 느낄 수 없었다. 살갗은 섬뜩하리만치 하얬다. 안에서 출혈이 계속되고 있다는 신호였다. 핏기가 가신 입술과 백지장 같은 얼굴 탓에 갈색이 도는 머리칼마저 칠흑처럼 새카매 보일 지경이었다. 병원의 눈부신 불빛까지 받으니, 마치 대성당의 석고상 같았다. 의사가 가슴에 청진기를 댈 때 보니, 젖꼭지마저 창백했다. 모든 게 파리한 가운데 주근깨 몇 개만 도드라져 보였다. 호흡도 없는 듯했다. 틀림없이 죽었다고 생각했다.

바로 그때, 간호사가 혈액을 들고 달려왔다. 의사는 혈관에 굵은 주삿바늘을 꽂아 넣고 병을 금속 스탠드에 높이 매달았다. 압력을 높여 피가 더 빨리 몸속으로 들어가게 하려는 조처였다. 그리고는 병이 비는지 눈을 떼지 말고 지켜보라고 당부하고 가 버렸다. 혈액형을 대조해 맞는 피를 더 구해 오겠다고 했다.

그 뒤에 벌어진 일만큼 가슴 벅찬 기억이 또 있을까 싶다. 방에는 나뿐이었다. 죽음이 코앞에 와 있다는 생각에 불안하고 겁이 났다. 차갑고 축축한 환자의 손목을 짚어 보았다. 불쑥 실낱같은 맥이 잡혔다. 그럴 리가! 내 맥박이 뛰는 걸 착각한 게 아닐까? 다시 손목을 잡아 보았다. 분명했다. 가운뎃손가락에 희미하되 규칙적인 떨림이 전해졌다.

다시 피 한 병이 왔다. 환자의 뺨에 수채화 물감이 한 방울 떨어진 듯 어렴풋한 홍조가 피어오르고 곧 온 얼굴로 퍼져 나갔다. 입술에 붉은 기운이 짙어지더니 이내 빨개졌다. 한숨처럼 깊은숨을 몰아쉴 때마다 몸이 가볍게 떨렸다. 세 번째 병이 연결되었다. 쿵쾅거리는 심장을 진정시키며 한 편의 드라마가 펼쳐지는 걸 지켜보았다. 눈꺼풀이 흔들리더니 서서히 열리기 시작했다. 숨을 깊이 들이마시고 다

아무도 원하지 않는 선물

시 토해 내길 되풀이했다. 처음에는 쏟아지는 밝은 빛에 눈동자가 적응하느라 실눈을 뜨고 몇 차례 깜박이더니 이내 나를 똑바로 보며 말했다. 숨이 막히도록 놀라운 일이었다. "물, 물 좀…." 부드러우면서도 탁한 목소리였다. "목말라요." 냉큼 물을 가지러 달려갔다.

그 환자가 내 삶에 들어온 건 고작 한 시간 남짓에 지나지 않았지만, 그 일은 내 삶을 통째로 바꿔 놓았다. 의술로 이런 기적을 일으킬 수 있다는 사실을 아무도 말해 주지 않았다. 시체가 되살아나는 걸 눈앞에서 똑똑히 보지 않았는가! 선교 훈련원에서 첫해를 마감할 즈음에는 돌이킬 수 없는 의학 사랑에 빠지고 말았다. 결국, 자존심 따위는 다 팽개치고 1937년에 런던에 있는 유니버시티 칼리지 의학부에 들어갔다.

피부라는 베일을 걷을 때

H. H. 울라드 교수가 가르치는 해부학 첫 수업을 잊을 수 없다. 인간과 유인원을 연결 짓는 이론을 펼쳐 다들 '몽키맨'이라고 부르는 양반이었다. 작달막한 체구에 상대적으로 크고 반들거리는 민머리를 가진 주인공이 성큼성큼 교실에 들어서자 재잘거리던 소리가 단박에 조용해졌다. 교수는 조금 거만해 보이는 표정으로 앞에 서서 느릿느릿 교실을 살폈다. 시선이 학생들을 한 명 한 명 훑고 지나갔다. 꽉 채운 60초 동안 정적이 흘렀다. 그가 무겁고 짙은 한숨을 내뱉었다. "그럼 그렇지!" 넌더리가 난다는 듯, 울라드 박사는 말했다. "이번에도

창백한 얼굴에 생기라고는 눈곱만큼도 찾아볼 수 없고 어깨를 축 늘어뜨린 축들만 잔뜩 몰아쳤군.”

쏟아 낸 험구가 충분한 효과를 낼 때까지 잔뜩 뜸을 들인 뒤에 교수는 말을 이었다. “한때는 나도 자네들 같았다. 하지만 종일 공부하고도 모자라 밤새도록 담배를 피우며 잠을 쫓았지. 지금 생각하면, 이렇게 끔찍하게 키가 작아진 것도 다 학창 시절의 못된 습관 탓이 아닌가 싶네. 어쩌면 머잖아 심장 마비로 죽을지도 모르지. 자네들에게 주려는 조언은 간단해! 나가서 뛰게! 뛰라고!” 그리고는 흡연의 해로운 결과를 맹렬하게 지적하는 강의를 시작했다. 심장을 망가뜨리고, 성장을 막고, 허파를 파괴한다는 얘기였다.* 그리고는 마치 경

• 올라드 교수가 두려워하던 사태는 현실이 되었다. 교수는 학교 복도를 걷다가 심장 마비로 세상을 떠났다. 내가 아직 의대에 다니던 때 벌어진 일이었다. 흡연에 관한 공공보건국의 보고서가 나오기 수십 년 전이었고, 담배의 위험성에 관한 이론이 아직 확고하게 정립되지 않은 때였다. 당시, 나는 유니버시티 칼리지에서 담배에 대한 과민성과 정맥혈전증 상태에 해당하는 버거병 사이의 연결 고리를 찾는 실험에 참여하고 있었다. 파이프로 담배를 피우는 레지던트 선배를 설득해서 담뱃대를 깊이 파인 U자 관에 대게 했다. 파이프에서 돌돌 감기며 피어오른 연기를 부글거리는 용액 속으로 통과시켜서 담배 가스를 추출한 것이다. 그렇게 갈색 굴처럼 흐물거리는 걸쭉한 액상 물질을 추출해서 피험자들의 살갗에 발라 보았다. 담배를 피우는 이들도 있고 비흡연자도 있었다. 담배가 피부에 과민 반응을 일으킨다는 확실한 증거를 얻지는 못했지만, 레지던트 선배가 담배를 끊는 부수적인 효과는 있었다. 가스 튜브에 들러붙은 구역질 나는 점액질(평소 같았으면 다 들이마셨을)을 보며 너나 할 것 없이 평생 담배를 피우지 않기로 다짐했다.

아무도 원하지 않는 선물

고를 따르지 않으면 어떤 결과가 벌어지는지 맞춤한 실례를 보여 주겠다는 듯, 여덟 명씩 조를 짜게 한 다음 해부학 실습실로 데려가 카데바(실험용 시신) 앞에 서게 했다.

우리 조는 명망 높은 그 시절 유명인의 주검을 배당받았다. "자네들은 영광스럽게도 고등법원 판사이셨던 레지널드 헴프 경의 시신을 해부하게 되었네." 울라드 교수가 근엄하게 말했다. 학생들은 이름을 알 수 없는 가난한 이들의 시신으로 실습하는 게 일반적이었다. 교수는 이런 특권을 누리게 된 데 진심으로 감사하라고 했다. "레지널드 경은 정말 대단한 분이셨네." 퍼런 기운이 감도는 주름진 주검에 눈길을 준 채 끝없이 이어지는 이야기를 들었다. "경은 자신의 몸을 탐구하는 영광을 자네들에게 주신 걸세. 의학 연구를 위해 너그럽게 내어 주셨단 말씀이지. 학생들은 그분에게서 인간의 경이로움과 존엄함을 배우게 될 걸세. 고귀한 인물의 장례식에서 볼 수 있는 존경과 존중의 분위기를 이 실험실에서도 똑같이 느낄 수 있기를 바라네."

몇 주에 걸쳐 우리는 포르말린 냄새가 자욱하게 깔린 방에서 저미듯 카데바를 해부했다. 머리 위에서 쉴 새 없이 팬이 돌아가며 구석구석 스며든 악취를 몰아냈다. 날이면 날마다, 동료들과 함께 지난날 레지널드 헴프 경으로 존재했던 주검의 조직과 뼈를 한층 한층 발라냈다. 부분적으로나마 경의 식습관을 파악할 수 있었다. 정교한 이론을 세워 체내 상처와 기형을 설명해 보기도 했다. 실제로 경의 폐에서는 울라드 교수가 첫 수업에서 경고했던 유형의 세포 손상을 볼 수 있었다. 판사는 폐암으로 세상을 떠난 것이 틀림없었다.

가끔 울라드 교수는 실습실을 찾아 직접 메스를 들고 해부하기 좋은 지점을 짚어 주기도 했다. 언젠가는 우연히 방에 들렀다가 남학생 둘이 카데바에서 콩팥을 꺼내 던지고 받으며 장난치는 모습과 딱 마주쳤다. 돔처럼 둥근 교수의 머리가 대동맥처럼 새빨개졌다. 저러다 심장이 터져 버리는 게 아닌지 걱정스러울 지경이었다. 울라드 교수는 말썽꾼들을 무섭게 꾸짖었다. 애써 마음을 진정시키는 기색이 역력했다. 그리고는 우리 전체를 돌아보며 인체 하나하나에 신성한 경의를 품어야 한다고 한바탕 연설을 퍼부었다. 열정과 언변을 두루 갖춘 저명한 교수가 쏟아 내는 웅변은 모두에게 깊은 감명을 주었다. 너나 할 것 없이 장난치다 걸린 초등학생처럼 잔뜩 움츠러들었다.

당시에는 아직 외과 쪽으로 나가겠다는 결심을 굳힌 상태가 아니었지만, 그날 울라드 교수가 심어 준 가르침은 마음에 남아 영원히 사라지지 않았다. 레지널드 헴프 경은 세상을 떠난 뒤에 의대생들이 몸을 샅샅이 뒤질 수 있게 허락해 주었다. 그것도 참으로 귀한 일이지만, 살아 있는 사람들이 외과의를 불러 피부라는 베일을 걷어 내고 들어가 자신도 들여다본 적 없는 제 몸 일부를 살피게 하는 건 또 다른 문제다. 지금도 살아 있는 환자의 피부에 칼을 댈 때면 언제나 카데바를 다루면서 배웠던 특권을 되새긴다.

몇 년 뒤, 외과 수련을 받기로 했다. 영국 왕실 주치의라는 상당히 높은 지위와 거기에 어울릴 만한 명성을 지닌 또 다른 스승의 영향이었다. 바로 랜슬럿 배링턴 워드 경이다.

랜슬럿 경은 훈련 교관처럼 학생들을 가르치며 응급 상황에 적절

아무도 원하지 않는 선물

히 대처하는 반사적인 능력을 심어 주려 애썼다. "대량 출혈이 발생했을 때 가장 유용한 기구는 무엇인가?" 신참이 수술을 도우러 들어올 때마다 교수는 물었다. 열에 아홉은 단번에 정답을 내놓는 걸 뿌듯해하며 답하게 마련이다. "동맥 겸자입니다." 랜슬럿 경은 마스크를 쓴 채 으르렁거렸다. "아니야! 아니라고! 그건 가는 혈관에나 쓰는 거지! 응급 상황에서 갑자기 동맥 겸자를 들이대면 좋아지기는커녕 더 나빠질 수도 있어. 신경들을 짓뭉개고, 혈관을 찢어 놓고, 엉뚱한 조직들을 망가뜨려서 치료 과정을 더 복잡하게 만들 수 있단 말이야! 완벽한 기구를 이미 가지고 있잖아. 엄지손가락 끄트머리를 감싸고 있는 넓적하고 부드러운 패드를 생각해 보라고. 엄지손가락을 쓰란 얘기야!" 며칠 지나면, 교수는 같은 인턴에게 똑같은 질문을 던졌다. 반응 시간을 확인하려는 속셈이었다.

대정맥이 찢어진 환자의 환부를 엄지손가락으로 지그시 누른 채 더없이 침착하게 수술대 건너편에 서 있던 랜슬럿 경의 모습이 지금도 눈에 선하다. 교수는 눈을 찡긋해 보이며 묻는다. "클램프로 집어야 할까, 아니면 꿰매는 게 좋을까? 브랜드 군, 자네는 어찌 생각하나?" 햇병아리 외과의에게 실례를 들어 가며 "겁에 질려 허둥대지 말라"는 더없이 중요한 가르침을 전달하고 있는 참이다. "허둥대면 실수하기 쉽네. 피가 콸콸 쏟아지면 겁에 질리기 일쑤지. 그래도 기구부터 들이대지는 말게. 일단 엄지손가락으로 누르고 있다가 무얼 해야 할지 확실한 판단이 서면 조심스럽고 차분하게 손을 쓰란 말일세. 본능적으로 찾아오는 극심한 공포를 이겨 내지 못하면 죽었다가 깨나도 외과의가 될 수 없네."

랜슬럿 경의 당부를 귀담아들었다. 하지만 정말 응급 상황이 벌어지기 전까지는 내게 정말 외과의의 기질이 있는지 알 수 없었다. 그런 순간은 뜻밖에 빨리 들이닥쳤다. 규모가 큰 외래 부서에서 진료하면서 상처를 소독하고 더러워진 붕대를 갈거나 귓구멍에 콩을 깊이 밀어 넣은 아이를 고쳐 주는 따위의 일상적인 일을 하고 있었다. 한쪽 구석에 외래 환자들을 대상으로 가벼운 처치를 하는 조그만 수술실이 마련되어 있었는데, 갑자기 간호사 한 명이 유니폼에 피 칠갑을 한 채 뛰쳐나오더니 충격을 받고 겁에 질린 표정으로 소리쳤다. "빨리 좀 와 보세요!" 서둘러 달려갔다. 외과 인턴이 거즈 뭉치로 젊은 여성의 목 부위를 누르고 있는 게 보였다. 거즈 뭉치를 흥건히 적신 피가 목을 타고 바닥으로 흘러내렸다.

시체처럼 하얗게 질린 인턴이 허둥지둥 설명했다. "목에 있는 림프샘이요. 치프 선생님이 생검할 시료를 떼 오라고 했는데… 피 때문에 아무것도 보이지 않아요."

환자는 공포에 사로잡힌 모습이었다. 국소 마취만 받으면 되는 간단한 처치를 받으러 왔다가 피를 철철 흘리며 죽게 되었구나 싶은 모양이었다. 여인은 몸부림쳤다. 목에서는 연신 꿀렁거리는 소리가 났다.

인턴의 설명을 들으며 장갑을 꼈다. 거즈 뭉치를 들추자 5센티미터 남짓 되는 조그만 절개 부위가 보였다. 상처 난 자리에서 불거져 나온 동맥 겸자들이 그야말로 숲을 이루고 있었다. 아래에서 솟구치

아무도 원하지 않는 선물

는 검붉은 핏속으로 닥치는 대로 집어넣은 게 틀림없었다.

"엄지손가락을 쓰게!" 랜슬럿 교수가 주입해 준 지침이 귓가에 울리는 것 같았다. 겸자들을 다 떼어 내고 장갑 낀 엄지의 넓은 면으로 찢어진 자리를 가만히 눌렀다. 출혈이 멈췄다. 심장이 마구 뛰었지만, 엄지손가락을 대고 있기만 했다. 그렇게 몇 분이 흐르자 방 안에, 내 안에, 그리고 환자 안에서 날뛰던 공포가 가라앉았다.

그때쯤 나지막한 어조로 말했다. "자, 이제 좀 닦아 주시겠어요? 간호사 선생은 마취과 의사를 불러 주시고요. 가서 주치의 선생이 누군지도 알아봐 주세요." 환자가 차츰 안정을 찾아 가는 기운이 엄지손가락 끝으로 느껴졌다. 절차를 끝내고 상처를 닫을 텐데, 마취하고 치료하면 훨씬 더 편안할 거라고 알려 주었다.

마침내 환자가 잠들었다. 출혈 부위를 엄지손가락으로 누른 상태에서 인턴에게 절개한 자리를 조금 벌려 보게 했다. 가만히 살펴보니 피가 새는 뿌리가 눈에 들어왔다. 무슨 일이 벌어졌는지 단박에 알 수 있었다. 인턴은 통상적인 생검 절차를 따르고 있었다. 목 언저리에 국소 마취제를 놓고, 피부를 살짝 절개한 뒤에, 집게로 결절을 단단히 집어 올려 둘레에 칼집을 내고 뿌리를 잘라 냈다. 하지만 생각지 못한 문제가 있었다. 결절의 뿌리가 더 깊이 뻗어 내려 경정맥 표면을 감싸고 있었다. 인턴은 아무 생각 없이 가위를 놀렸고 굵은 정맥의 혈관 벽까지 한 점 잘라 내고 말았다. 하마터면 환자가 과다 출혈로 목숨을 잃을 뻔한 상황이었다. 하지만 지금은 느긋하게 결함을 찾아 손보고 상처를 봉합할 여유를 갖게 되었다.

수혈 장면과 마주친 경험이 의학을 공부해야겠다는 확신을 주었다면, 그와는 정반대로 심각한 실혈이 일어나는 이번 일은 외과를 전공하기로 마음먹는 데 큰 영향을 끼쳤다. 해부학 실습을 하던 시절부터 외과의 기계적인 수술 과정을 좋아했다. 하지만 현장에서 검증하기 전까지는 내게 응급 상황에 본능적으로 반응하는 기질이 있다는 걸 몰랐다. 이제 수술실에서 느끼는 압박감을 해결할 수 있겠다는 믿음이 생겼다.

변화와 희망을 실은 첫 번째 바람

남들을 도울 가장 확실한 길이라는 생각에 외과를 택했다. 때마침 독일과 전쟁이 벌어졌다. 병원마다 폭격으로 다쳐서 외과 치료를 받아야 하는 환자가 넘쳐났다. 그때만 해도 의술이라고 하면 보통 수술을 가리켰다. 그 밖에 의사가 하는 일은 진단 정도가 고작이었다.

그 무렵 내과의들은 질병의 추이를 예견하는 능력으로 평가받았다. 열이 얼마나 계속될까? 오래 끄는 후유증은 없을까? 환자가 숨질까? 환자들은 질병에서 회복되었다. 하지만 대부분 자신의 면역 체계 덕이었고, 외부의 도움은 회복 과정에 조금 힘을 보태는 정도였다. 의학의 테두리 안에는 특별한 약물을 처방해 획기적으로 병을 고친다는 개념 따위는 존재하지 않았다. 질병을 일으키는 박테리아나 바이러스를 확인하고 분류하고 나면 의사가 할 수 있는 일이 없었다. 무기력하기로 치자면, 한 세기 전 의사들과 매한가지였다. 항생제라

아무도 원하지 않는 선물

는 단어조차 쓰지 않던 시절이었다.

1918년부터 이듬해까지 창궐했던 유행성 독감은(콜리 말라이 산지에서 아버지의 이름을 드높였던 바로 그 독감이다) 그러한 무력증을 여실히 보여 주었다. 독감 사망자가 세계적으로 2천만 명에 이르렀다. 1차 세계대전 희생자를 웃도는 수치였다. 당대에 내로라하는 의료계 전문가들조차 지난날 아버지가 취했던 조처의 수준에서 한 걸음도 나아가지 못했다. 죽어가는 환자 곁을 지키고, 잘 씻기고, 수프나 음식을 먹이는 게 전부였다. "분리하고, 확인하고, 관련 지식을 축적했지만, 치료법에 관해서는 한 가닥 실마리도 찾지 못했다." 1990년 초, 후천성면역결핍증(AIDS)을 둘러싼 두려움과 미스터리를 설명하는 데 썼던 이 말이 반세기 전에는 광범위한 질환에 적용되었다.

가벼운 감염도 치명적인 위험을 불렀다. 늦출 방법이 전혀 없었던 까닭이다. 바늘에 찔린 자리에서 생긴 연쇄상 구균이 간호사의 팔을 타올라 목숨을 앗아갈 수도 있었다. (살갗 아래로 미세한 붉은 줄이 자라 올라가는 과정이 선명하게 보인다.) 코의 바닥을 이루는 부분에 생긴 패혈성 농양은 심각한 결과를 불러왔다. 세균이 정맥을 타고 곧장 비강을 거쳐 뇌에 이를 수 있기 때문이다. 그래서 의사는 코에 생긴 종기를 절대로, 무슨 일이 있어도 짜지 말라고 엄하게 단속해야 했다. 눈에 난 상처를 치료할 때는 증상이 아주 초기여도 보통 안구를 적출했다. 다른쪽 눈에까지 비슷한 증상이 나타나는 것보다는 그편이 나았기 때문이다.

전쟁이 한창이라 새로운 위험 요소가 보태졌다. 전투 중에 입은 상처야말로 괴저를 일으키는 홀씨 박테리아 번식에 맞춤한 환경이었다. 한술 더 떠, 병원 환경 자체가 위험 상황의 시발점이 된다. 수류탄 폭발로 다친 병사를 치료하다가 의도치 않게 포도상 구균이 뼈 언저리에 침투할 수 있었다. 만성 질환에 첫 단추가 끼워지는 셈이다. 재수술로 감염 부위를 도려낼 수 있지만, 발목이나 엉덩 관절의 어느 부위에서든 십중팔구 패혈증이 나타나게 마련이었다.*

숨이 막힐 것 같은 무기력한 분위기 속에 변화와 희망을 실은 첫 번째 바람이 불어왔다. 우선, 매독에 관한 기대할 만한 소식이 들려왔다. 런던 같은 국제도시 시민이라면 온몸을 덜컥거리며 길바닥을 때리듯 걷는 이들을 어렵잖게 볼 수 있었다. 매독균이 중추 신경계를 공격해 나타나는 전형적인 증상으로 실명과 치매, 끝내는 죽음으로 이어지는 과정의 서막이었다. 상태가 돌이킬 수 없을 지경에 이르면

* 병원 자체가 치명적인 세균의 온상이라는 인식을 의료계에 확실히 각인시키는 데는 이그나즈 제멜바이스와 조지프 리스터가 보여준 영웅적인 노력이 크게 작용했다. 제멜바이스가 염소수를 써서 손을 깨끗이 씻고 일을 시작하도록 빈에 있는 병원들을 설득한 뒤로 아기를 낳다가 세상을 떠나는 사례가 90퍼센트나 줄었다. 1870년대 후반만 하더라도 수술 환자 네 명 중 한 명은 수술 과정에서 세균에 감염돼 목숨을 잃었다(흔히 '병원 괴저'나 '상처 괴저'라고 불렀다). 영국의 의사 조지프 리스터는 살균 스프레이로 감염과 싸웠다. 수술실 안에 석탄산을 안개처럼 자욱하게 분무하는 한편, 모든 외과의에게 사전에 손을 박박 문질러 닦는 수고를 아끼지 말라고 가르쳤다. 심지어 내가 의대에 다니던 시절에도 병원에서 수술을 받다가 세균에 감염되는 사고가 있었다. 더러는 병원 박테리아를 피하려고 집에서 수술을 받기도 했다.

아무도 원하지 않는 선물

의사들은 극단적인 치료법에 기대를 걸었다. 환자를 일부러 말라리아에 감염시키기도 했다. 고열이 혹시라도 매독균을 죽여 없애면, 말라리아는 키니네로 고치면 된다는 발상이었다. 1930년대에 들어서면서 비소에서 추출한 물질로 매독 치료에 성공했다는 소식이 들려왔다. 하지만 위험성이 높았다. 특히 간이 망가질 공산이 컸다. 하지만 질병의 진행을 멈출 수 있을 것 같다는 점만으로도 얼마나 신기하고 놀랍던지, 지금도 기억이 생생하다.

1935년, 독일 과학자들은 어떤 합성 화합물, 특히 프론토실(환자의 피부가 밝은 분홍색으로 변하는 예기치 못한 부작용이 있었다)이라는 붉은 화학 물질을 사용하면 조직에 손상을 주지 않고 박테리아를 죽일 수 있다는 대단히 흥미로운 사실을 발견했다. 전쟁의 북새통 속에 프론토실을 얼마쯤 몰래 들여온 영국의 과학자들은 착색 성분을 분석해 설파닐아마이드라는 유효 성분을 찾아냈다. 숱한 신세대 설파제를 통틀어 가장 먼저 개발된 물질이었다. 북아프리카에서 치명적인 박테리아에 감염된 윈스턴 처칠을 설파제가 살려 냈다는 소문이 영국에 퍼지면서 '기적의 약물'이라는 수식어가 따라붙었다.

1940년대 초에 공부하던 의대생과 인턴, 레지던트들은 의학사에 획기적인 진보가 이뤄지는 시기에 살고 있음을 어렴풋이 감지하고 있었다. 연배가 있는 교수들은 이따금 아쉽고 부럽다는 듯, "아, 이제 진짜 시작인데!"라고 탄식했다. 얼마 지나지 않아, 어쩌다 보니 혁명의 문턱에서 의대를 다니게 되었다는 사실이 분명해졌다. 유니버시티 칼리지에 다니는 동안 별개로 진행된 두 건의 프로젝트에 참여하면서 의학계에서 일어나는 더없이 극적인 변화를 체감했다. 첫 번째 프로젝트는 화학적인 돌파구가 열리기 직전에 진행되었다. 일링위스로(Ilingworth Law)라는 상급생이 앞장서 이끌었는데, 마흔다섯 늦은 나이에 의사가 되려고 애초에 하던 일을 접고 대학에 들어온 엔지니어 출신이었다. 일링위스는 손가락 환부에 생긴 감염이 손 전체로 번지는 추이를 궁금해했다. 카데바의 손을 해부하며 손가락 내부의 유체 수리학을 연구했다. 물과 카본블랙(carbon black, 천연가스를 불완전 연소시켜 얻는 검댕으로 잉크의 원료가 됨—옮긴이)을 섞은 현탁액을 손가락에 주입하고 굽혔다 펴기를 되풀이해 검은빛이 퍼지는 경로를 추적했다.

구부리는 간단한 동작이 손 전체로 감염을 퍼트리는 주체가 된다는 사실을 발견하고 흥분하던 일링위스의 모습을 잊을 수 없다. 승리감에 취한 목소리로 부르짖었다. "이제 감염이 퍼지는 걸 막을 수 있어! 손가락을 굽히지 못하게 단단히 고정만 하면 돼. 감염을 특정 부위에 가둬 놓고 뽑아내기만 하면 돼!" 일링위스가 개발한 기술은 금방 병원에서 주목을 받았다. 그리고 얼마 되지 않아 지도 교수는 그와 관련된 논문을 출간했다. 일링위스의 공로에 관해서는 별 언급이, 아니 단 한마디도 없었다.

1939년만 하더라도 감염의 확산을 막는 건 최첨단 의학 기술에 속했다. 하지만 4년 뒤, 우리 레지던트들은 지금껏 그 어떤 약물도 감히 내놓지 못했던 결과를 약속하는 신약을 실험하고 있었다. 의학 역사상 전무후무한 진보를 이룬 페니실린이 쓰이게 된 것이다.

알렉산더 플레밍(Alexander Fleming)이 1928년에 페니실린을 발견

아무도 원하지 않는 선물

한 자세한 사정은 전설이 되다시피 했다. 플레밍은 어수선해서 거지반 엉망진창인 실험실에서 일했다. 연구도 기발한 방식으로 접근하기 일쑤였다. (면봉으로 특정 세균을 골라 배양 접시에 옮겨 담은 뒤, 24시간 뒤에 색소균이 나타나 일정한 그림이나 문자를 만들어 내게 하는 걸 좋아했다. 예를 들어, 달걀이나 인간의 눈물 위에 덧씌운 배양액에 '달걀' 또는 '눈물' 같은 글자가 나타나는 식이어서 결국 박테리아가 제 이름을 적어 보이는 꼴이었다.)

처음으로 페니실린 포자가 플레밍의 연구실에 날아든 건 완전히 우연이었다. 아마 열린 창문을 통해 날아 들어오지 않았나 싶다. 영국에 있는 박물관에서 페니실린의 비정상적 특질을 처음 찾아낸 배양 접시 원본을 본 적이 있다. 애초에는 곰팡이가 아니라 포도상 구균을 키우려던 참이었다. 실제로 배양 접시 둘레에는 포도상 구균 덩어리가 마치 우주의 가장자리를 차지한 은하계처럼 밝은 빛을 내며 자라고 있었다. 하지만 중심부로 가까이 들어갈수록 마치 유령 그림처럼 색깔이 창백하게 변한다. 곰팡이가 자리 잡은 부분 주위로는 배양 접시가 아주 어두운 색이다. 박테리아는 전혀 찾아볼 수 없다. 페니실리움 노타툼의 블랙홀이 세균을 모두 삼켜 버린 것이다.

그로부터 12년 동안, 플레밍은 내킬 때마다 페니실린을 붙들고 씨름했다. 해로운 박테리아를 죽이는 힘이 있기는 하지만, 약품이 될 가능성은 거의 없어 보였다. 독성이 있고 불안정한 데다가 체내에 들어가면 곧바로 분해되어 버렸다. 플레밍은 곰팡이를 충분히 키워서 스스로는 물론이고 다른 이들과 나눠 쓰고도 남을 정도였다. (나중에 알고 보니, 아주 드문 곰팡이였다.)

플레밍이 페니실린을 찾아내고 10년도 더 지난 1939년, 옥스퍼드에서 연구하는 오스트레일리아 출신 소장 병리학자 하워드 월터 플로리(Howard Walter Florey)가 이 신물질에 관심을 보였다. 하지만 비용이 많이 드는 연구 프로젝트를 진행하기에는 더없이 곤란한 시절이었다. 정부에 제출한 지원 요청서는 영국이 독일에 선전포고한 지 사흘째 되는 날 접수되었다. 히틀러의 기갑부대가 영국 보병대를 됭케르크 쪽으로 몰아붙이던 그 날, 플로리는 생쥐를 대상으로 첫 동물 실험에 들어갔다. 우선 연쇄상 구균을 주입하고 이어서 페니실린을 주사하는 방식이었다. 실험 결과가 얼마나 큰 가능성을 보여 주었던지, 됭케르크에서 패했다는 사실을 안 플로리는 외투 안감에 페니실린 포자들을 문질러 발랐다. 독일군이 영국에 진주하면 곰팡이를 나라 밖으로 몰래 가지고 나갈 작정이었다. 그해가 저물어갈 즈음, 플레밍은 환자를 대상으로 한 임상 실험에 들어갔고 드라마틱한 성공을 거두었다. *

플로리의 연구실은 곧 페니실린 생산 공장이 되었다. 커다란 우유 통과 도자기, 휘발유 통, 비스킷 통을 비롯해 그릇 비슷한 건 다 끌어모아 곰팡이를 키웠다. 부상병(뿐만 아니라 지역에 따라서는 적보다 더 많은 사상자를 내는 임질 환자)의 감염을 치료할 수 있는 이 약의 잠재력을 재빨리 간파한 동맹국 정부들은 전폭적인 지원에 나섰다.

페니실린 배양을 위해 낡은 치즈 공장 하나를 격리했다. 디스틸러스 컴퍼니(The Distiller's Company, 손꼽히는 위스키 생산 회사였으나 기네스맥주에 인수 합병되었다―옮긴이)도 알코올 증류용 커다란 탱크 하나를 곰팡이 배

아무도 원하지 않는 선물

양용 탱크로 쓰는 데 동의했다. 이처럼 엄청난 노력을 기울인 결과, 1943년에는 13킬로그램이 넘는 막대한 양의 정제된 페니실린을 생산했다. 미국 정부는 디데이에 대비해 소요분을 비축했다. 영국 당국자들은 군용으로 용도를 제한하고 할당량을 정밀하게 조절하여 인가받은 병원에만 페니실린을 공급했다.

페니실린을 처음 직접 접한 건 런던 외곽에 있는 병원을 순회하며 진료하던 시절이었다. 리브스덴에 있는 한 후송 병원에서 영국군 병사 몇 명을 치료하고 있었다. 불로뉴와 됭케르크에서 철수하던 중에 다친 병사들이었다. '기적의 약물'에 얽힌 이야기는 이미 전군에 들불처럼 번진 상태였다. "상처가 아무리 심해도 그거 한 방이면 목숨을 건질 수 있다"는 식의 소문이 돌았다. 그보다 소중하고 모두가 염원하는 약물은 없었다. 모르핀마저도 견줄 수 없을 정도였다. 페니실린 치료를 받도록 '간택된' 부상병들은 모든 질병을 이기는 막강한

- 플로리는 플레밍의 임상 실험이 실패로 돌아간 원인을 알아냈다. 정교한 정화 과정을 거쳐 얻은 페니실린마저도 99.9퍼센트는 불순물이 남아 있었기 때문이다. 일단 약물을 정제하고 효능을 높이는 법을 알아낸 뒤로는 아주 소량의 페니실린으로도 박테리아를 죽일 수 있었다. 얼마나 적은 양을 처방했는지 알면 요즘 의사들은 놀라 자빠질 것이다. 1945년, 의료연구위원회(MRC)의 의뢰를 받아 혈류에 포도상 구균 감염이 일어난 갓난아이를 치료하는 데 필요한 페니실린의 적정량을 판단하는 실험을 진행했다. 아기 몸무게 1킬로그램당 페니실린 1,000유닛 정도의 1일 복용량이면 감염원을 박멸하기에 충분하다는 사실이 밝혀졌다. 오늘날에는 내성균주(耐性菌株) 탓에 그보다 백배는 더 처방해야 한다.

능력을 장착하게 되리라 믿었다. 새 생명을 얻게 될 줄 알았다.

하지만 그 기적의 약물에는 몇 가지 문제가 있었다. 증류기는 정화 과정을 완벽하게 처리하지 못했고, 그렇게 생산된 걸쭉하고 누런 용액은 생체 조직에 염증을 일으키기 일쑤였다. 정맥에 주사하면 혈전증을 일으키거나 자기방어 기능이 작동되면서 핏줄이 단단히 닫혀 버렸다. 진피에 주입하면 피부가 괴사했다. 결국, 근육에 주사할 수밖에 없었다. 그중에서도 바늘을 깊이 찔러 넣을 수 있는 엉덩이가 가장 바람직했다. 주사를 맞으면 산을 들이부은 듯 화끈거렸다. 지독하게 욱신거리는 바람에 잠도 엎드려 자야 할 정도였다. 게다가 세 시간마다 한 번씩 주사를 맞아야 했다. 최악이었다.

페니실린 프로그램 시행 초기, 리브스텐 후송 병원은 인간의 정신이 고통을 자각하는 데 얼마나 강력하고 압도적인 역할을 하는지 평생 지워지지 않는 깨달음을 주었다. 몽테뉴는 "메스에 한 번 잘리는 게 치열한 전투를 치르며 열 번 칼에 맞는 것보다 더 아프다"라고 했다. 당시에 치료하던 제이크라는 환자는 그 말에 한 점 거짓이 없음을 여실히 보여 주었다.

겁에 질린 전쟁 영웅

제이크는 불로뉴 해안에서 부상을 입고 후송되었다. 전우들은 이 부상병의 영웅적인 무용담을 소개하느라 침이 마를 지경이었다. 진격해서 적군의 거점을 파괴하는 작전을 수행하는 과정에서 제이크는

아무도 원하지 않는 선물

양쪽 참호 사이에 고립되고 말았다. 포탄이 폭발하면서 다리가 짓뭉개지다시피 했다. 죽을힘을 다해 기고 구르기를 되풀이하며 엄폐물 뒤로 몸을 숨겼다. 고개를 숙여 다리를 보니 엉망진창이었다. 그런데 몇 분이 지나기도 전에 동료 하나가 가까운 지점에 쓰러졌다. 제이크는 엄폐물 너머, 가릴 것 하나 없는 맨땅에 널브러진 전우를 지켜보았다. 의식을 잃은 채 적의 총구에 완전히 노출되어 있었다. 어디서 그런 힘이 나왔는지, 제이크는 엄폐물 밖으로 뛰쳐나가 전우에게 기어갔다. 그리고는 박살이 나 덜렁거리는 다리를 질질 끌며 동료를 끌어안고 안전지대로 되돌아왔다.

제이크는 페니실린이라는 신약 치료 대상자로 선정되었다. 다리에 심각한 2차 감염이 오는 걸 막기 위해서였다. 전우들은 그런 치료를 받기에 합당한 인물을 고른다면, 제이크가 단연 으뜸일 거라고 입을 모았다. 하지만 정작 본인은 그런 영광을 달갑게 받아들이지 못했다. 동료들이 다 깨어 있고 주의를 돌릴 만한 일이 넘쳐나는 낮에는 그럭저럭 견딜 수 있었다. 그러나 새벽 2시와 5시에 자다가 맞는 주사는 인내의 한계를 넘는 일이었다. 야간 근무를 하는 간호사는 병상 근처에만 가도 제이크가 난리를 친다고 하소연했다. "제발, 그만! 당장 꺼져!"라며 고래고래 고함을 지른다는 것이다. 주삿바늘을 꺼내기라도 하면 싸울 듯 덤벼들어 손목을 비틀었다.

"브랜드 선생님, 그 환자는 대책이 없어요." 간호사는 말했다. "제가 돌볼 수 있는 수준이 아닌 것 같아요. 게다가 병동을 엉망으로 만든다고요."

제이크를 설득하는 일은 24시간 병원에 머물며 연수를 받는 내 몫이 되었다. 남자 대 남자로 다가가는 정공법을 택하기로 했다. "남들이 다 제이크더러 영웅이래요. 두 다리가 다 부서졌는데도 위험을 무릅쓰고 홀로 고립된 전우의 목숨을 구했다고요. 자, 이제 얘기해 봐요. 엉덩이에 주사를 놓을 때마다 우리를 왜 그렇게 힘들게 하는 거죠?"

제이크의 표정이 심통 난 아이 같았다. "선생님, 그냥 주삿바늘인 것처럼 얘기하면 안 되죠. 페니실린이 좋은 물건인지는 모르겠지만, 화끈화끈 따끔따끔 아주 못 살겠어요. 엉덩이를 통틀어 욱신거리지 않는 데가 없다고요."

"알아요. 따갑고 쓰리죠. 하지만 댁은 영웅이잖아요. 고통을 어떻게 이겨 내야 하는지 잘 알고도 남을 만한 분이…."

"전쟁터에서라면 그렇죠. 거기서는 별의별 일이 다 벌어지잖아요. 온갖 요란한 소리가 들리고 불빛이 번쩍이죠. 주위에 전우들도 많고요. 하지만 여기 병동에서는 밤새 침대에 누워 오직 한 가지, 주삿바늘 생각뿐이죠. 정말 어마어마한 바늘이에요. 주사기가 가득 든 쟁반을 들고 간호사가 복도를 걸어오면 두려운 마음이 점점 커진다고요. 전 못 맞겠어요, 브랜드 선생님!"

───────────

가끔은 어떤 한 장면이 오랫동안 머릿속을 떠돌던 복잡한 생각과 예감을 단칼에 분명하게 정리해 주기도 한다. 내게는 그날 제이크와 나눈 둘만의 대화가 그랬다. 다른 병사들의 이야기를 들으면서는 고통을 포함해 온갖 보호 본능을 동료를 위해 다 억누르는 전쟁 영웅의 모습이 생생하게 떠올랐다. 하지만 야간 근무를 하는 간호사는 밤마다 맞아야 하는 주사가 두려워 오만상을 찌푸리는 겁쟁이 제이크의 모습을 그만큼 선명하게 그려 냈다. 대화하는 가운데 빚어진 그 두 이미지가 하나로 합쳐지면서 고통에 관해 대단히 중요한 진실 하나가 또렷이 드러났다. 고통은 다름 아닌 마음에서 비롯된다는 사실이다.

얼마 지나지 않아 알게 된 일이지만, 인간의 뇌는 본래 통증 체계가 듣고 싶어 할 법한 메시지만 통지한다. 제이크의 붕대를 바꿔 주고 엑스레이 필름을 살피면서 산산이 부서진 두 다리에서 올라온 숱한 통증 신호를 포착할 수 있었다. 하지만 그밖에 상당히 많은 신호가 부상 입을 당시 제이크의 뇌를 가득 채우고 있었다. 아우성치는 그 고통의 메시지들은 그저 기록되지 않았을 따름이다. 나중에 주의를 빼앗는 행동이나 생각이 완전히 사라지자 큼지막한 페니실린 바늘이 훨씬 더 강렬하고 다급하게 관심을 사로잡는 요인이 되었다.

제이크 문제를 해결하는 과정에서 그 시절에 배운 의학의 배경을 이루는 한 토막 지혜를 체득할 수 있었다. 당시에는 구체적이고 세밀한 도움을 줄 여지가 거의 없어서 인간 전체를 두고 한층 보편적인 치료를 했다. 하지만 제이크는 인간 '전체'를 염두에 두는 치료가 바람직한 의료 행위인 까닭을 여실히 보여 주었다. 나는 지금 회복 병동에서 벌이는 싸움 역시 불로뉴 해변에서 치르는 용감한 전투 못지않게 의미가 있다는 확신을 어떻게든 심어 주어야 했다.

상식이 일상생활에 대단히 유익하다는 데는 두말이 필요 없다. 그러나 "무지개는 어디에 있는가? 축음기 음반에 각인된 소리를 듣는다면 그건 말하는 이의 목소리인가 아니면 재생된 소리인가? 수술로 다리를 잘라 낸 자리에 통증을 느낀다면 그 감각은 어디에 존재하는가?" 같은 아주 단순한 질문에도 곧잘 헷갈린다. '머리'라고 한다면 절단되지 않았을 때도 줄곧 머리에 있었는가? 그렇다면 무얼 근거로 다리가 있다고 생각하는가?

―버트런드 레셀

4장

상아 상자 속에 새겨진 창조주의 지문

사실, 외과를 전공하기로 마음먹기 여러 해 전, 그러니까 본격적인 의학 수업 언저리를 맴돌고 있을 즈음부터 이미 고통에 관한 관심이 뜨거웠다. 1939년, 막 2년 차 공부를 시작할 무렵, 나치가 폴란드를 침공하고 영국이 선전 포고로 맞서는 사태가 벌어졌다. 당국에서는 독일 폭격기의 주요 목표인 런던은 저학년이 의학을 공부하기에 적합한 장소가 아니라는 결론을 내리고, 학생 대다수를 배편에 태워 웨일스의 카디프로 소개했다. 바로 그 조용한 해안 도시에서 고통과 감각의 신비에 처음 깊이 빠져들었다.

카디프에서 만난 가장 인상적인 인물은 이름조차 모른다. 중년의 웨일스 남자였는데 부스스 헝클어진 머리칼과 숱이 진한 눈썹을 가졌다. 몸은 보지도 못했다. 머리만 남기고 잘려 나갔기 때문이다. 머리에서 나오는 열두 가닥 뇌 신경을 분리해서 그 하나하나가 머릿속 어느 부분과 연결되는지 추적하는 야심 찬 프로젝트를 제안한 참이었다. 해부는 필수였다.

우리한테 제공하는 카데바는 보통 머릿속이 빈 상태였다. 두뇌는 신경외과 학생들이 쓸 수 있도록 따로 떼어 냈다. "걱정하지 마시게." 나이 지긋하고 점잖은 지도 교수는 말했다. "자네를 위해 머리를 하나 구해 봄세." 얼마 지나지 않아 웨일스 남성의 머리가 도착했다. 뇌도 그대로 남아 있었다.

실험실 일정은 일주일에 세 번, 아침에 해부를 하게 되어 있었지만, 틈만 나면 카데바 앞에 앉았다. 밤늦게까지 해부에 매달리는 날도 허다했다. 폼알데하이드 냄새가 몸에서 떠날 줄 몰랐다. 살갗에 달라붙다시피 해서 음식과 치약, 심지어 물에서도 그 맛이 났다. 돌아보면 으스스하기까지 한 장면이다. 카디프의 의과 대학은 박공과 난간, 각진 복도로 마감된 에드워드 시대의 석조 건물이었다. 고딕식 공포 소설의 무대로는 더할 나위가 없었다. 빛이 새나가지 않도록 커튼을 친 커다란 방에 갓을 씌운 실험실 램프만 켜놓고 몸을 잔뜩 구푸린 채 카데바 머리를 주물렀으니 말이다. 레오나르도 다 빈치도 "야심한 시간에 이렇게 토막 내고 가죽을 벗겨 해부한 시신들과 함께 있노라면 무섭고 정말 으스스하다"는 이야기를 글에 쓴 적이 있다. 하지만 그 다 빈치조차도 로마에서 내려온 압력을 받고 인간의 뇌에서 눈을 돌리고 말았다.

어느 웨일스 남자의 뇌

외과의에게는 그 무엇도 살아 있는 피부를 절개하는 느낌에 견줄 수

아무도 원하지 않는 선물

없다. 수술칼이 가느다란 선을 그으며 지나가면 피부가 솟아오르듯 벌어지며 촉촉하고 화려한 밑의 층들이 드러난다. 피하 조직들은 칼을 통해 말을 하는 셈이다. 손가락 끝에 달린 섬세한 압력 센서들을 통해 정확한 위치를 알려 준다.

반면에 화학 처리를 한 피부는 말이 없다. 잘라 내도 퉁기듯 열리지 않는다. 어느 층이든 하나같이 떡 진 느낌이어서 칼날이 얼마나 깊이 들어갔는지 아무런 정보도 주지 않는다. 의대생들로서는 해부를 엉망으로 망쳐 놓기 일쑤고 이렇게 덜떨어져서야 어떻게 외과의 노릇을 할 수 있을까 회의에 빠지게 만들기 십상이다. 다행히 카데바들은 수술이 잘못돼도 소송을 거는 법이 없다. 학생들 역시 생체를 다룰 때는 실수할 가능성이 훨씬 적다는 사실을 알게 된다. 물론 실수가 용납될 여지도 대폭 줄어들게 마련이지만 말이다.

카디프에서 해부에 매달릴 때만 하더라도 아직 생체를 수술해 본 적이 없었지만, 목수 일을 배운 경험 덕에 도구를 가지고 다양한 재료를 다루는 데 익숙해서 조금도 불편하지 않았다. (인골을 자르면서 난생처음 톱을 잡아 보았다든지 뼈에 철심을 박을 때까지는 스크루드라이버를 써 본 적이 없다는 외과의들을 보면서 얼마나 놀랐는지 모른다.) 두 눈썹 사이의 한 점에서 시작해 콧잔등을 따라 입술과 턱을 지나 목까지 한가운데 절개선을 냈다. 다음에는 반대편으로 선을 그어 두피를 이등분했다. 희고 가느다란 신경들을 찾고 있었으므로 한쪽 얼굴의 피부를 벗겨내고 지방과 결합 조직, 번들거리는 안면 근육까지 다 걷어 냈다.

인간의 몸속에 있는 숱한 신경들 가운데 오로지 뇌 신경 열두 가닥만이 척수를 거치지 않고 뇌와 핫라인으로 연결된다. 눈앞에서 손가락을 빠르게 움직이면 눈을 깜박인다. 말을 하면서 껌을 씹으면 혀는 위아래로 질겅대는 어금니 사이를 안팎으로 위태로우리만치 재빠르게 움직이며 껌을 조종하고 즙을 삼킨다. 동시에 이빨에서 입천장으로, 입술을 거쳐 다시 이빨로 요리조리 꿈틀대며 음절들을 빚어낸다. 입력된 감각 신호에 따라 움직이는 이런 날렵한 운동은 두뇌와 단거리로 직접 연결되는 뇌 신경이 있기에 가능한 일이다.

후각을 담당하는 첫 번째 뇌 신경은 추적하기가 쉬웠다. 눈썹 근처 위쪽 비강의 뼈를 조금씩 잘라 내면서 체판, 쉽게 말해서 동전 크기의 뼛조각과 무수히 많은 잔털을 지탱하는 스펀지 조직을 노출시켰다. 냄새를 감지하는 전위 부대 격인 이런 섬모들은 공기의 흐름에 맞춰 부드럽게 물결치면서 후각 망울들이 정체를 분석해 내도록 냄새 입자들을 점액층에 끌어모은다. 충격에 몹시 취약해 보였다. 머리를 심하게 얻어맞기라도 하면 수용체가 떨어져 나가면서 영원히 후각을 잃을 수도 있겠다 싶었다. 해부학적으로 두 후각 망울은 밖으로 돌출된 뇌의 일부이므로 더 깊이 신경을 추적할 필요가 없었다. 코의 지붕이 뇌의 밑바닥을 이루는 셈이다.

후각 신경을 열어젖힌 뒤에는 눈길을 조금 옆으로 돌려 시각에 관계하는 뇌 신경 네 가닥에 초점을 맞췄다. 이들 가운데 셋은 안구의 움직임을 조종한다. (크기가 으뜸인 시신경은 디지털화된 이미지를 망막에서 뇌로 실어 나른다.) 조그마한 근육 여섯 개와 어우러져 요리조리 쉴 새 없이 방향을 바꿔 가며 지평선 너머로 사라지는 오색방울새까지 포착해

아무도 원하지 않는 선물

내는 첨단 추적 시스템을 제공한다. 그뿐만 아니라 안구를 잡아채거나 부드럽게 미끄러지게 하는 등 글을 읽는 데 없어서는 안 될 움직임도 통제한다.

해부학자들은 안구의 미세한 움직임에 '사카드(saccade)'라는 이름을 붙였다. 말을 모는 기수가 갑자기 고삐를 잡아채는 동작을 가리키는 프랑스어 단어에서 온 말이다. 참으로 맞춤한 비유다. 천방지축 날뛰는 말의 고삐를 죄어치듯 여섯 갈래의 근육이 서로 반대편으로 움직이며 팽팽하게 잡아 주지 않으면 안구는 위아래로 정처 없이 흔들리거나, 가장자리로 쏠리거나, 코 쪽으로 몰릴 게 뻔하다. 경이감을 품고 그 여섯 개의 근육으로 이어지는 신경 통로를 깨끗이 다듬었다. 이들은 그 어떤 근육보다 활동량이 많아서 날마다 10만 번 정도는 움직인다. (80킬로미터 남짓을 걸을 때 다리 근육이 움직이는 양과 맞먹는다.) 게다가 꿈에도 작용한다. 뇌는 다른 운동 신경 통로를 모조리 차단하는 상황에서도 '도약 안구 운동'만큼은 허용한다.

그 웨일스 남자가 맛보고, 듣고, 삼키고, 말하고, 머리와 목을 움직이고, 입술과 두피와 이빨의 감각을 느끼게 해 주었을 다른 뇌 신경들 이야기를 시시콜콜 늘어놓으며 시간을 끌 생각은 없다. 해부 마감 시간이 다가올수록 프로젝트에 대한 집착이 점점 커져서 수업까지 빼먹으며 카데바 머리를 붙들고 늘어졌다. 무한 신비의 영역을 찾아 뇌의 중심을 향해 안으로 파고들수록 바깥에서 벌어지는 폭격이니 (독일 비행기들이 곧 카디프까지 날아왔다) 전쟁이니 하는 것들은 머나먼 남의 이야기만 같았다.

두개골 표면을 처리할 때는 석수 노릇을 하던 시절처럼 끌을 대고 나무망치를 두드렸다. 하지만 지방과 섬유질로 이뤄진 얇은 근육층을 들어낼 때는 숨을 깊이 들이마시고 무딘 칼날이 신경 쪽으로 잘못 움직이지 않도록 조심하고 또 조심했다. 외이도로 곧장 통하는 미각을 전달하는 신경을 따라가다가 칼날을 살짝 삐끗했던 기억이 아직도 생생하다. 세상에나! 외과의에게는 악몽도 그런 악몽이 없었다. 살아 있는 환자를 수술하던 참이었더라면 환자의 먹고 마시는 기쁨을 단번에 끝내 버렸을 사고였다. 끊어진 신경을 풀로 정교하게 이어 붙였다. 안도의 한숨을 내쉬며 산 사람이 아니라 카데바를 다루고 있다는 사실에 감사하는 기도를 웅얼거렸다.

한 달에 걸쳐 지루한 해부를 마치고 난 뒤에 카데바 머리에 몇 가지 장식적인 세부 처리를 했다. 뇌 신경에 갓 나온 버터 같은 노란 물감을 칠해서 배경을 이루는 뼈와 백질 위에 도드라지게 했다. 정맥의 검붉은 색조는 보완이 필요 없을 만큼 근사했으므로 바래 보이는 동맥에는 색을 덧입혔다. 그렇게 해서 나온 최종 결과물을 보니 뿌듯했다. 열두 가닥의 노란 줄이 뼈와 근육을 구불구불 누비며 주름진 뇌를 향해 달려갔다. 그리고 마지막 지점에서 부채꼴을 이루며 화려하게 퍼져 나갔다.

지도 교수는 환한 웃음으로 칭찬을 대신하며 표본을 전시하게 했다. 며칠 동안은 뇌 수술 전문가라도 된 듯 치기 어린 환상에 빠져 지냈다. 알다시피 나는 신경외과 전문의가 되지 않았지만, 카데바 머리를 붙들고 씨름했던 그 몇 주간은 뇌와 그 밖의 신체 기관들 사이에

아무도 원하지 않는 선물

존재하는 특이한 연합을 이해하는 데 큰 도움이 되었다.

상아 상자 속 창조주의 지문

해부 프로젝트를 진행하면서 무엇보다 인간의 뇌가 보여 주는 아름다운 고립의 진가를 깨달았다. 두꺼운 두개골을 제거하기 위해 일정한 간격으로 줄지어 구멍을 뚫고 그 사이로 집어넣은 기글리줄톱을 앞뒤로 움직여 작은 문을 내듯 사각형으로 잘라 냈다. 그날은 온 방에 고운 뼛가루가 구름처럼 떠돌아다녔다. 작업을 마칠 즈음에는 진이 다 빠지다시피 했다. 몸이 가장 소중한 지체를 지키는 방식에 깊은 인상을 받았다.

아이러니하게도 세상을 해석하기 위해 인체가 의지하는 기관은 바로 그 세상과 단절된 채 외로이 갇힌 상태로 살아간다. 의식을 제공하는 기관이지만 자각은 없다. 위장처럼 투덜거리지도 않는다. 심장처럼 수고를 부담스러워하지도 않는다. 피부와 달리 꼬집혀도 아파할 줄 모른다. 두개골(너무 두꺼워서 잘라 내자면 몸을 굽히고 톱에 온 힘을 실어야 했다)은 두뇌를 완벽하게 감싸서 현실 세계와 직접 마주할 여지를 마지막 하나까지 깔끔하게 막아 버린다. 두툼한 두개골 안에 자리 잡은 뇌 신경은 아무것도 '보지' 못한다. 온도 변화 역시 그저 몇 도 정도 오르내리는 수준이어서 제아무리 열이 높아져 봐야 치명적인 손상을 주지 않는다. 아무 소리도 듣지 못한다. 아무런 고통도 느끼지 못한다. 일단 두개골 안으로 진입하는 데 성공한 신경외과의는 마취제를 더 쓰지 않고도 얼마든지 탐색을 이어갈 수 있다. 보고, 듣고, 냄새 맡는 따위의 생명을 규정하는 온갖 감각은 하나같이 간접적으로 뇌에 이른다. 사지에서 감지해서, 신경 통로를 따라 호송하며, 신경 전달이라는 공통 언어를 통해 발표하는 것이다. 고립된 뇌한테는 어디서 데이터가 만들어지는지는 중요하지 않다. 맛을 감지하는 기관이 발에 달린 나비와 검정파리들은 엎질러진 소프트드링크를 헤집고 다니며 표본을 시험한다. 고양이는 수염으로 세계를 정찰한다.

카디프에서 공부하던 바로 그 해, 영국 플리머스와 매사추세츠주 우즈홀의 실험실들은 신경계에서 나오는 실제 전기 신호를 사상 최초로 기록하는 데 성공했다. 오징어의 거대한 신경 돌기에 전극을 삽입해 낱낱의 신경 세포가 내는 소리를 포착했다. 딸깍거리고 끊어지기를 반복하는 패턴이 모스 부호와 대단히 비슷한 일련의 신호음을 감지했다. 동물계 전체는 '꺼졌다 켜지는' 식의 단순한 양식을 사용해 정보를 뇌에 전달한다. 예를 들어, 귀에 있는 신경 세포는 1/1,000초 정도 멈췄다 이어지며 특정한 빈도의 진동을 감지해 신호를 보낸다. 혹시라도 자극이 지속되면 또 다른 신호를 보낸다. 뇌 자체는 떨림을 전혀 감지하지 못한다. 요즘 CD에 쓰이는 디지털 코드 비슷한 형식의 보고를 접수할 따름이다.

신경 전달은 화학과 전자학의 절묘한 조합에 기대 이뤄진다. 축삭, 그러니까 자극을 받은 '전선'을 따라 나트륨과 칼륨 이온들이 투과성 막을 드나들며 춤을 춘다. 전하(電荷)가 파장을 그리며 축삭을 거슬러 올라가면서 전기적 성질이 양에서 음으로 바뀐다. 마늘 냄새, 그랜드

아무도 원하지 않는 선물

캐니언의 장관, 심장 마비의 고통, 오케스트라의 음향을 비롯해 인간이 인식하는 모든 감각은 이처럼 신경 세포들이 저마다 가득 품고 있던 이온들을 뿜어내는 과정으로 요약할 수 있다.* 뇌는 이 모든 전기적인 부호를 해독해서 그 성격과 기원에 따라 시각 이미지나 음향, 냄새, 가슴을 죄는 고통 따위의 감각으로 제시한다.

세포 단위에서 통증을 전달하는 네트워크에는 쉴 새 없이 정보가 밀려든다. 하지만 몸이 신호를 적절히 걸러 내는 까닭에 대부분은 고통으로 인식하는 단계 근처에도 가 보지 못한다. 방광의 센서들은 부풀어 오르는 정도를 끊임없이 보고하고 안구 표면의 센서들은 마찰과 관련된 정보를 지속적으로 통보한다. 때맞춰 화장실에 가고 주기적으로 눈을 깜박이면 이들은 고통이 되지 않는다. 하지만 그 부드러

• 의과 대학에 다니던 시절만 하더라도 신경 전달이 중요한 주제였다. 근육 수축이 전기 신호와 관련되어 있다는 사실은 과학자들 사이에 오래전부터 알려져 있었지만, 그 기전은 아직 밝혀지지 않은 상태였다. 1936년, 독일 약리학자 오토 뢰비(Otto Loewi)는 이 분야에서 새로운 사실을 발견해 노벨의학상을 받았다. 신경 전달 과정을 정확하게 파악하려는 노력이 번번이 물거품이 되던 어느 날 밤, 꿈속에서 그 전모를 보게 된 레비는 비몽사몽 손에 잡히는 쪽지에 몇 마디 휘갈기고 흡족해하며 다시 잠에 빠져들었다. 하지만 다음 날 아침, 쪽지는 괴발개발 도무지 알아볼 수가 없었다. 종일 골똘히 생각해 봤지만, 꿈의 상세한 내용은 좀처럼 떠오르지 않았다. 그런데 놀랍게도 그날 밤, 같은 꿈이 되풀이되었다. 이번에는 튀듯이 자리에서 일어나 실험실로 달려갔다. 그리고 새벽녘쯤, 개구리 근육에서 연쇄 화학 반응을 통해 전하가 전달되는 신경 전달의 기전을 찾아냈다.

운 신호들을 의도적으로 몇 시간씩 무시하면 극심한 통증을 느끼게 된다. 신체적인 건강은 십중팔구 이런 통증 네트워크에 얼마나 주의를 기울이는지에 따라 좌우된다.

신경 세포는 인체를 통틀어 가장 큰 세포이며(다리의 경우, 뉴런의 길이가 91센티미터에 이른다) 몇 년마다 한 번씩 새로 교체되지 않는 유일한 세포이기도 하다. 카디프에서 웨일스 남자의 뇌를 해부하면서 신경 세포의 모습을 한겨울 칼바람에 뿌리가 뽑힌 커다란 나무처럼 머리에 그리기 시작했다. 뒤엉킨 그물망처럼 이리저리 뻗어 나간 뿌리 끄트머리가 길고 곧은 몸통(신경 돌기)을 사이에 두고 역시 뒤엉킨 그물망처럼 뻗어 나간 가지와 이어진 꼴이었다. 손가락이나 발가락 같은 말단 부위의 경우, 신경 세포는 '뿌리털' 가지 돌기에 기대어 어떤 부류의 신호를 뇌로 보낼지 주위의 뉴런들과 상의한다. 커다란 신경 세포에서는 만 개 가까운 시냅스가 서로 교차하면서 다른 뉴런과 정보를 주고받는다. 하지만 고통 같은 감각은 손가락 끝에서 일어나든 발에서 시작되든 순환 고리를 다 채우고 뇌에 도달하기 전까지는 제대로 인식되지 않는다.

현대 뇌과학의 아버지로 불리는 산티아고 라몬 이 카할(Santiago Ramón y Cajal)은 뇌 신경을 '심령의 신비로운 나비들'이라고 풀이했다. "그 날갯짓이 언젠가 정신적인 삶의 비밀을 밝혀 줄지 누가 알겠는가?" 신경계를 탐험하노라면 저도 모르게 그런 소리가 입 밖으로 튀어나오기 마련이다. 마음과 몸이 한데 어우러지는 뇌보다 창조주의 지문을 더 또렷이 볼 수 있는 데가 또 어디에 있겠는가?

아무도 원하지 않는 선물

웨일스인의 뇌를 현미경 렌즈로 확대해 들여다보자 신경 '나무'의 위쪽 끝이 눈에 들어왔다. 가지가 가로세로로 엇갈리면서 하얗고 폭신한 실타래를 이루고 있었다. 낱낱의 뉴런에는 다른 신경 세포들과 이어지는 접합점이 천 개가 넘으며 대뇌 피질의 어떤 세포들은 6만여 개에 이른다. 뇌 조직 1그램은 4천억 개 정도의 신경 이음매를 보유하고 있으며 뇌 전체를 통틀어 연결점의 개수를 헤아리자면 온 우주에 떠도는 별의 숫자와 맞먹는다. 데이터 하나하나가 신경 섬유를 따라 전송될 때마다 세포들 사이에는 전기 스파크가 튄다. 뇌는 상아 상자 속에 갇힌 채로 이런 연결 체계에 의지해 복잡다단한 외부 세계를 파악한다. 노벨상 수상자이자 유명한 신경생리학자로 런던에서 공부하던 시절 은사였던 찰스 셰링턴(Charles Sherrington) 경은 뇌 활동을 조그만 불빛이 반작거리며 문양을 만드는 '마법 베틀'에 빗댔다. 이처럼 속사포 같은 운동(1초에 5조 건이나 진행되는 화학 작용이 이뤄진다)에 힘입어 세상과 관련된 의미의 패턴을 형성하는 것이다.

빛이라고는 실험실 램프뿐인 어두침침한 방에 밤늦게까지 홀로 앉아 그 웨일스인과 그의 뇌 속에 일었던 전기 스파크에 호기심을 느낀 게 한두 번이 아니다. 청각 신경은 어떤 메시지를 전달했을까? 모차르트나 빅밴드의 사운드였을까? 시끄러운 공장에서 일하다 청력이 차츰 무뎌진 건 아닐까? 가족은 있었을까? 그렇다면 아들딸의 첫 옹알이든 아내가 속삭이는 사랑의 말이든 모두 당시 해부하고 있던 신경 통로를 지났을 것이다.

아래턱으로 뻗어 내린 굵직한 다섯 번째 뇌 신경 가지들은 해부를 가로막는 일대 난관이었다. 신경이 입술과 이빨에 감각을 전달하는 여러 지점을 거치며 턱뼈 속을 가로지르는 까닭이다. 치아 속에 박힌 가느다란 신경 돌기를 드러내기 위해 뼈와 사기질을 끌로 깎자 치료하지 않고 놔둔 충치가 드러났다. 끔찍한 치통에 시달렸던 어린 시절의 기억이 득달같이 떠올랐다. 웨일스 사내의 신경도 그와 비슷한 통증의 메시지를 실어 날랐을 것이다. 하지만 입술의 미묘한 감각을 전달하는 것도 바로 그 신경이었다. 입맞춤할 때마다 느끼는 기쁨도 같은 경로를 따라 뇌까지 달려간다.

이빨이 썩든, 각막이 상하든, 고막이 터지든, 아구창이 생기든, 머리 어느 부분에 상처가 생기든 통증은 열두 가닥 뇌 신경 가운데 어느 하나를 타고 뇌까지 이송된다. 신호 역시 청각, 후각, 시각, 미각, 촉각을 전달하는 데 쓰이는 것과 똑같은 코드를 사용한다. 그처럼 뒤섞인 메시지를 뇌는 도대체 어떻게 분간할 수 있는 걸까? 해부 프로젝트를 마칠 즈음에는 물질계의 끝없이 방대한 현상을 기록하는 시스템의 더없이 경제적이고 우아한 성질에 혀를 내두를 수밖에 없었다.

카디프에서 경험한 뇌 해부는 감각에 대해 생각하게 하고 고통의 본질에 관해 기본적인 진실을 가르쳐 주었다. (훗날 부상병 제이크 같은 환자들에게서 그 하나하나가 고스란히 구현되는 걸 보았다.) 해부해 놓은 웨일스 남자의 머리를 바라보면서 다른 감각들과 마찬가지로 고통 역시 신경 전달이라는 중립적이고 모스 부호 비슷한 언어로 뇌에 전달된다는 사실을 깨달았다. 정서적인 반응은 물론이고 "아파!" 같은 자각마저

아무도 원하지 않는 선물

도 뇌가 제공하는 해석이다.

정신이라는 마술사의 감쪽같은 속임수

동기들과 함께 카디프에서 의학을 공부하는 사이, 윈스턴 처칠은 런던 화이트홀궁 지하에 전시 사령부를 구축했다. 수상은 거기서 밤을 보내기 일쑤였다. 독일의 공습을 피할 수 있도록 두꺼운 강화 콘크리트로 지붕을 덮은 임시 숙소의 간이침대에서 잠을 청했다.

전선을 직접 시찰하는 경우는 아주 드물었으므로 처칠은 전시 사령부에 틀어박힌 채 세계 곳곳에서 들어오는 유무선 보고를 토대로 군사적으로 대단히 중요한 결정을 내려야 했다. 벽에 붙은 커다란 지도에 색색의 표식으로 그날그날 연합군의 전황을 표시했다. 북아프리카 전선의 몽고메리 장군에게 병력 증강이 필요하면 무선 통신으로 지시를 내렸다. 대서양을 가로지르는 호송단 함장들 역시 해군의 지원이 절실하다 싶으면 전신으로 도움을 요청했다.

처칠의 지하 사령부는 영국이라는 전쟁 기계의 두뇌 노릇을 했다. 전군의 필요와 요청을 평가하고 처리하는 구심점이 된 것이다. 하지만 그런 고립 상태는 처칠을 실수에 취약하게 만들었다. 중요한 메시지가 전달되지 않거나 독일 첩자가 거짓 정보를 퍼트리면 어떻게 하겠는가? 접수되는 통신 연락 하나하나가 인간적인 실수의 대상이 될 수 있으므로, 본부의 최종 결정권자는 모두에게 유익한 '최선 추정' 원리를 고안해야 했다.

인간의 뇌 역시 불완전하고 더러는 오류투성이 정보에 의존할 수밖에 없다. 이루 헤아릴 수 없을 만큼 많은 데이터를 꼼꼼하게 살피고 추려 낸 뇌는 '최선 추정' 방침을 토대로 해석을 제공한다. 여기에는 기억이 결정적인 역할을 한다. 태어나는 순간부터 줄곧 인간의 뇌는 외부 세계의 모델을 내부에 활발하게 구축한다. 세상이 돌아가는 방식과 관련해 큰 그림을 그리는 셈이다.

매일 해부와 의대 수업을 마치고 나면 집에 돌아가 문을 열고 하숙집 주인인 모건 할머니와 따뜻한 인사를 주고받았다. 어찌 되었든 이는 뇌가 일련의 부호화된 메시지들을 평가하고 나서 제안한 현실 해석의 결과였다. 다섯 손가락에 있는 촉각 소체들이 1제곱센티미터당 124그램의 압력 보고를 보내는 사이에 가까이에 있는 온도 감지기들은 초당 2칼로리가 입력되고 있음을 알렸다. 오른손에 있는 수천 가닥의 신경 섬유로부터 이런 신호를 접수한 내 뇌는 손을 위아래로 감싼 따뜻한 물체에 대한 복합적인 인상을 구성하고 그 감각을 지난날의 경험이 축적된 데이터 뱅크와 비교한 뒤에 비로소 '악수'라는 진단을 내린다.

그사이에 내 눈의 간상세포와 원뿔 세포들은 뇌에서 면밀하게 엄선된 명암 구역과 컬러 구역을 분간하고 모건 할머니의 얼굴에 들어맞는 패턴을 구성한다. (안면 인식 컴퓨터 프로그램을 만들어 본 엔지니어라면 이게 얼마나 복잡한 일인지 알고도 남을 것이다.) 또 속귀의 잔털들은 특정한 음색의 주파수에서 분자가 어떻게 진동하는지 보고한다. 이처럼 뇌는 숱하게 많은 부호를 과거에 채록해 둔 하숙집 여주인의 목소리와 연관 짓

아무도 원하지 않는 선물

는다.

정신 활동을 구성 성분 단위까지 줄이고 줄여 보면, 외부 세계에서 벌어지는 일들을 알 수 있는 기능 자체가 그저 경이롭기만 하다. 심지어 그 모든 과정은 친구의 목소리를 듣고 얼굴을 보는 순간 의식의 수면 아래서 한꺼번에 일어난다. 시간이 흐르면서 뇌가 제시하는 실재 이미지를 신뢰하는 법을 저절로 익히게 되었다.

두말하면 잔소리지만, 뇌가 헛다리를 짚는 일도 더러 벌어진다.* 눈을 감고 코 모서리 살갗을 누르면 실제로는 존재하지 않는 빛의 부스러기가 보일 것이다. 갑작스러운 압력이 시신경을 자극해서 뇌로 하여금 '최선 추정' 원리를 동원해 그 압력을 빛으로 풀이해 제공하게 하는 신호를 내보내게 하는 까닭이다. 머리를 세게 얻어맞으면 눈에 '별이 보이는' 현상도 마찬가지다. 신경 이상은 뇌를 한층 더 헷갈리게 할 수 있다. 의대에서 공부하던 시절, 메니에르병을 앓는 환자를 본 적이 있다. 속귀에서부터 뒤틀어진 평형 메커니즘은 불쑥 오른쪽으로 기울어졌다는 거짓 메시지를 보낸다. 이런 그릇된 신호를 접수한 뇌는 일련의 교정 동작을 지시하고 환자는 화들짝 몸을 왼편으로 굽힌다. 우리는 부상을 막기 위해 왼편에 늘 쿠션을 놓아두었다.

뇌가 어떻게 작동하는지 기본적인 인식을 갖게 되면서(고립된 상태에서 '최선으로 추정되는' 내면의 그림을 그려 외부 세계를 해석한다) 고통에 관한 생각이 분명해졌다. 꼬맹이 적에는 본능적으로 고통을 상처 자리에서 날 공격하는 '외부'의 적으로 보았다. 그래서 전갈에 쏘이면 손가락을 단단히 부여잡고 집으로 달려가 엉엉 울며 엄마에게 보여 주었다.

하지만 이제 웨일스 남자의 뇌를 해부하는 과정에서 아픔이란 바깥에 있는 게 아니라 도리어 두개골이라는 상아 상자에 들어 있다는 사실을 깨달았다. 실제로는 스스로 만들었으면서도, 다시 말해 그런 감각을 생산했으면서도 고통을 외부에서 가해진 무언가쯤으로 여긴다. 참으로 역설적인 노릇이다. 인간이 '고통'이라고 여기는 감각은 무엇

● 심리학 교과서들은 인간의 뇌가 얼마나 쉽게 농락당할 수 있는지 설명하면서 간단한 착시 사례를 소개한다. 무게가 같은 깡통 둘을 들어 보고는 설령 20퍼센트 정도 무게가 더 나간다 해도 크기가 작은 쪽이 더 가볍다고 생각한다. 인간은 본래부터 그편을 한결 가볍게 느끼게 되어 있기 때문이다. (눈가리개를 하면 둘의 무게가 똑같다고 판단할 것이다.) 평행선을 가로질러 빗금을 그어 놓으면 나란하지 않은 것처럼 보인다. 화살표를 그릴 때, 양쪽 끝 화살의 방향을 안으로 마무리하면 밖을 향한 것보다 더 길다고 생각한다. 할리우드는 처음부터 끝까지 착시를 바탕으로 세워졌다. 1초에 24개의 정지 화면이 돌아가면 뇌는 하나하나를 파악하지 못하고 마치 움직이는 것처럼 착각한다. 당연한 일이지만, 철저하게 고립된 뇌는 오로지 밖에서 전달되는 메시지에 기대어 현실의 그림을 그린다. 가로줄 무늬 상자에서 자란 새끼 고양이는 처음에는 수직선을 알아보지 못한다. 뇌세포들이 '수직' 범주까지 발달하지 못했기 때문이다. 색맹을 가지고 태어난 이들에게 세상은 나와 조금도 다를 바 없이 '사실적으로' 보이지만, 안에서 그리는 그림은 서로 딴판일 것이다. 앞을 보지 못하는 이들은 소리로 꿈을 꾼다. 시각장애인들의 뇌는 시각 메시지 없이 현실을 재구성해야 한다. 반 고흐, 엘 그레코, 에드가 드가 같은 화가들은 안질환의 영향으로 주위 세계를 그처럼 비범하게 인식했을 공산이 아주 크다. 모네는 백내장 수술을 받은 뒤에 세상에 푸른색이 그토록 풍부하다는 걸 알고 깜짝 놀랐다. 후기 작품들은 새로 갖게 된 시각을 반영해 붓질을 더 했다.

아무도 원하지 않는 선물

이든 다 정신에서 일어나는 현상이다.

밖에서 들리는 자동차 오가는 소리, 테이블 위에 꽂아 놓은 라일락 냄새, 모직 바지를 입었을 때의 따끔거리는 느낌 따위는 모두 고통과 마찬가지로 신경 전달이라는 중성적인 모스 부호 형태로 뇌에 전달되어 정신의 해석을 기다린다. 고막의 떨림으로 듣는 게 아니다. (잘 때도 고막은 진동을 멈추지 않는다.) 돌부리에 챈 발가락이 고통을 만들어 내는 게 아니다. 고통은 늘 정신적이고 심리적인 사건이다. 정신이란 마술사가 의식적으로 부리는 일종의 속임수인 셈이다. 솜씨가 얼마나 감쪽같은지 하던 일을 집어치우고 발가락을 보살필 리가 없다는 불신을 말끔히 씻어 내고도 남는다. 그런 까닭에 뇌가 아니라 발가락이 고통을 인식하는 것만 같은 인상을 피할 수가 없다.

편두통, 목뼈 골절, 요통 따위에 시달리는 이들은 더러 "몸이 아니라 머리가 아픈 게 아니냐?"는 삐딱한 소리를 듣는다. 하지만 말 그대로 고통은 하나같이 머리에 존재한다. 거기서 비롯되고 거기에 머문다. 느끼지 않으면 통증이란 존재하지 않는다. 치통을 견디다 못해 병원을 찾은 버트런드 러셀은 이를 제대로 꿰고 있었다. 치과 의사가 물었다. "어디가 아프시죠?" 러셀은 대답했다. "어디긴 어디겠소, 머리지."

폭탄 세례와 햇병아리 외과의

카디프 실험실에서는 고통을 추상적으로 학습했다. 하지만 1940년

9월, 런던으로 돌아오기가 무섭게 독일 공군은 더없이 맹렬하게 런던을 공습했고 나 역시 인간의 고통 속으로 깊이 빠져들었다.

폭격을 견디고 살아남은 그레이엄 그린(Graham Greene)은 당시를 이렇게 회상한다. "돌아보면, 떠오르는 것이라고는 누추한 밤, 핏방울이 점점이 튀어 지저분해진 헌 파자마 차림으로 사람들이 문 앞에 떼 지어 서성이는 지옥 같은 정경뿐이다. 불안했다. 언젠가 나에게도 일어날 수 있는 일이기에 불안할 수밖에 없었다." 내게는 탈진 상태였던 기억이 대부분이다. 우리 의대생들은 날이면 날마다 저녁부터 병원 옥상에 올라가 교대로 불침번을 섰다. 빛 한 점 없는 시가지를 굽어보는 건 으스스한 일이었다. 처음에는 폭격기 엔진에서 나오는 그르렁거리는 소리가 들렸다. 이내 조명탄이 천천히 떨어져 내렸다. 밤하늘에 노란 꽃들이 큼지막하게 피어오르는 것만 같았다. 그리고는 곧바로 날카로운 소리와 함께 폭탄이 떨어져 밝은 오렌지빛을 내며 폭발했다. 주변 벽돌 건물들이 힘없이 무너졌다. 거대한 연기와 먼지구름이 치솟았다. 유령처럼 뼈대만 남은 건물 창문으로 불길이 넘실댔다.

언젠가는 비행기 1,500대가 57일 동안 쉬지 않고 런던을 공격하고 대공포가 밤새 불을 뿜기도 했다. 그중에서도 특별히 음울했던 밤이 두 번 있었다. 첫 번째는 유명한 전쟁 사진에 찍힌 바로 그 밤이었다. 소이탄이 떨어져 세인트폴대성당 주위를 불바다로 만들었다. 사진을 보면 크리스토퍼 렌(Christopher Wren)이 설계한 거대한 돔이 붉게 물든 하늘을 등지고 선 모습이 선명하게 보인다. 불침번을 교대하

아무도 원하지 않는 선물

고 돌아와 같은 방 친구들에게 대성당은 틀림없이 허물어질 거라고 이야기했다. 우리 문명의 상징물이 무참히 두들겨 맞은 끝에 폐허가 되리라고 생각하니 상실감이 밀려들었다. 하지만 다음 날 아침, 포연이 걷히고 회색 하늘이 밝아 오자 세인트폴대성당이 살아남아 산더미 같은 잔햇더미 사이에 반항하듯 우뚝 선 게 눈에 들어왔다. 뭐랄까, 마치 기적을 보는 듯했다.

다른 하나는 유니버시티 칼리지에 폭탄이 떨어졌던 밤이다. 파편들이 레지던트 숙소에 심각한 손상을 입혔다. 애석해하는 이는 거의 없었다. 벽돌로 창문을 다 막아 놓은 탓에 견딜 수 없으리만치 답답했던 방을 떠나게 된 걸 다들 기뻐하는 눈치였다. 정작 우리를 서글프게 한 건 영국에서 세 번째로 훌륭한 대학 도서관이 불타서 잿더미가 되었다는 사실이었다.

의대생들은 공습을 경계하는 임무뿐만 아니라 폭격 피해자들을 치료하는 일에도 동원되었다. 공습이 심한 기간에는 모든 레지던트가 밤마다 호출을 기다리며 대기해야 했다. 면허를 가진 진짜 외과의들이 복합 골절이나 3도 화상을 치료하는 사이에 우리 같은 주니어 의사들은 폭탄이 떨어지는 순간 창가에 섰다가 다친 이들의 몸에서 유리 조각을 빼내는 따위의 일을 했다. 얼굴과 가슴, 엉덩이에 스테인드글라스 파편을 뒤집어쓴 교회 관리인이 지금도 생생하게 기억난다. 그런 상황에서도 우스갯소리를 잊지 않는 낙천가였다. "의사 선생이 방금 끄집어낸 유리 조각이 예수님 쪽에서 나온 건지 성모 마리아에게서 나온 건지 말씀해 주실 수 있겠소?"

응급실 근무를 마치면 아침 식사 시간까지 잠깐 눈을 붙였다. 폭탄이 떨어져 폭발하는 요란한 소리를 줄여 볼 심산으로 이불을 꽁꽁 뒤집어쓴 채 잠들기 일쑤였다. 그리고는 커피를 쉴 새 없이 들이키며 수업과 병동 임상 업무로 이어지는 일과를 다시 시작했다. 이런 나날을 몇 달 동안 계속하다 보니 마침내 체력에 한계가 왔다.

어느 날 아침, 환자 차트를 보다가 간호사에게 물었다. "이 진정제, 누가 처방했죠?" 간호사는 바로 대답했다. "선생님이요." 두려움에 사로잡힌 채, 전날 밤에 무슨 일이 있었는지 귀 기울여 들었다. 간호사는 곤히 잠든 나를 깨워서 환자의 증상을 설명하고 웅얼거리며 내리는 처방을 받아 적었다고 했다. 하지만 한 점 기억나는 게 없었다. 잠에서 헤어나지 못한 채로 비몽사몽 이야기를 주고받은 게 분명했다. 천만다행으로 합리적인 결정이었고 복용량도 과하지 않았지만, 환자를 위험에 빠트리는 짓을 계속하면 안 된다는 판단이 들었다. 2주 정도 휴가를 요청해서 허락을 받았다.

카디프로 가는 기차를 잡아타고 낯익은 집으로 갔다. 예전에 하숙하던 모건 할머니의 집이었다. 더없이 매력적이고, 아주 전형적인 웨일스 사람이며, 청력이 몹시 약하고, 철저한 침례교인이었다. 46센티미터에 조금 못 미치는 나팔형 놋쇠 보청기를 가지고 다녔는데, 귀에 대면 숫양의 뿔처럼 머리 위로 삐죽 튀어나왔다. 게다가 잠옷 바람에 공습을 맞을까 두려워 정장을 갖춰 입고 잠자리에 들었다. 민망한 꼴을 보이는 불상사가 없도록(옷을 벗고 입는 사이에 폭탄이 떨어질 수도 있지 않은가!) 치마를 갈아입는 대신 여러 겹 껴입었다. 속에 입는 치마를 몇 벌

아무도 원하지 않는 선물

입은 뒤에 검은 치마를 덧입었다. 이렇게 묘한 구석이 있기는 했지만, 아니 어쩌면 그러기에 더욱더 모건 할머니와 친해졌다. 카디프에 잠시 머무는 동안 우리를 마치 자식처럼 챙겨 주었다.

할머니는 탈진한 의대생들을 어떻게 다뤄야 하는지 정확히 꿰고 있었다. 배불리 먹이고, 세심하게 돌보고, 하루에 16-20시간씩 내쳐 자도록 내버려 두었다. 그리고 거기 머무는 동안 한 가지 일을 더 해 주었다. 아내가 필요하다는 사실을 정확하게 일깨워 준 것이다. "색싯감으론 마거릿 베리 만한 처녀가 없을 거야. 자네를 살뜰히 보살펴 줄 걸세."

마거릿이라면 건축 일을 그만두고 의학 공부를 시작한 첫해, 그 힘들고 고단한 시기를 잘 넘기도록 개인적으로 지도하고 도와준 참한 동기생이었다. 나보다 한 해 늦게 카디프로 피난을 나온 그 친구를 모건 할머니에게 소개한 적이 있다. 할머니는 마거릿과 결혼하면 어떻겠냐고 묻고는 보청기 나팔을 내 쪽으로 돌렸다. 목청껏 소리를 높여 생각해 보겠노라고 대답했다. 실은, 속으로 마거릿 베리와 가정을 이루는 모습을 그려 보며 즐거워한 적이 한두 번이 아니었다. 곱 씹을수록 그러고 싶은 마음이 깊어졌다. 두 주 간의 휴가를 끝내고 런던으로 돌아가자마자 서둘러 마거릿을 찾아갔다. 우리는 사랑에 빠졌고 이듬해에 결혼했다.

여드레 동안 와이밸리에서 신혼여행을 즐긴 뒤에 제각기 정신없이 바쁜 일정을 소화하며 일에 빠져들었다. 나는 그레이트 오먼드 스트리트 아동 병원 외과 스태프로 들어갔고, 마거릿은 시내 반대편 일터로 발령을 받았다. 영국의 내로라하는 의사들이 최전방에 배치된 터라 외과 기술을 실습할 기회가 무궁무진했다. 낮에는 소아과 일을 보고 밤에는 폭격으로 만신창이가 된 환자들이 밀려드는 응급 병동을 담당했다. 햇병아리 외과의에게는 값으로 따질 수 없는 소중한 경험이었지만, 새신랑으로서는 못 견딜 노릇이었다. 기껏해야 두 주에 한 번쯤 마거릿과 주말을 함께 보낼 수 있었다. 랑데부의 무대도 십중팔구 처가 식구들이 모여 있는 지하 방공호였다.

그 무렵, 런던 하늘에 무시무시한 신무기가 나타났다. 흔히들 V-1 로켓 또는 폭명탄이라고 불렀다. 신형 폭탄은 꼬리에 긴 화염을 늘어뜨리며 일직선으로 날아왔다. 연료가 다 떨어질 때까지 계속해서 기관총을 쏘는 듯 요란한 소리를 내다가 20초쯤 숨 막히는 침묵이 이어진다. 로켓은 살짝 흔들리다가 이내 벽력같은 폭발음과 함께 땅바닥에 처박힌다. 방공 불침번을 서던 어느 날 밤이 생각난다. V-1로켓이 날아오는 방향을 보니 얼추 우리 병원이 있는 막다른 골목에 떨어질 것만 같았다. 즉시 경보를 발령했다. 폭명탄은 쉭 소리를 내며 병원 지붕 위로 6미터쯤 비껴가더니 몇 블록 떨어진 로열 프리 병원을 강타했다. 구르듯 계단을 내려가 단테의 신곡에서 갓 튀어나온 것만 같은 현장으로 달려갔다.

산부인과 병동은 사방 벽이 다 허물어졌고 자원봉사자들이 잿더미가 된 건물 잔해를 헤집으며 신생아를 찾고 있었다. 대부분 태어난지 일주일도 안 된 갓난이들이었다. 돌무더기 속에서 회반죽과 피, 그을음과 유리 조각으로 엉망이 된 아기들을 끄집어냈다. 연약하고 애처로운 아이들 울음소리는 현장의 소란스러운 소음에 묻혀 버렸다. 한쪽 구석에서는 잔해의 흙먼지를 뒤집어써 잿빛이 된 환자복 차림의 산모들이 지켜보고 있었다. 온 얼굴에 두려움과 절망의 기색이 역력했다. 산산이 부서진 유리 조각이 반짝거리는 길을 타고 구급차들이 올라오자 자원봉사자들은 소방대원처럼 줄지어 서서 손에서 손으로 아기를 날랐다. 몸을 돌려 도로 병원으로 뛰어갔다. 새로운 응급 환자를 받으려면 서둘러야 했다.

몇 달 뒤, 그날 산모들이 느꼈을 감정을 난생처음 어렴풋하게나마 경험했다. 마거릿이 첫 아이를 낳느라 산통을 겪는 동안, 나는 그레이트 오먼드 스트리트 병원 옥상에서 방공 경계 근무를 서고 있었다. 4킬로미터쯤 떨어진 집 근처 병원에 내려 주고 부랴부랴 불침번을 서러 온 것이다. 그날 밤에는 어느 때보다 폭격이 심해 보였다. 무시무시한 고폭탄이 꼭 마거릿이 누워 있는 로열 노던 병원에 떨어질 것만 같은 무기력하고 음울한 심정으로 연신 북쪽 하늘을 살폈다. 하지만 하나님의 은혜로 아내한테는 별 탈이 없었다. 오먼드 병원에서 마지막 응급 환자 치료가 끝나자마자 아내와 아들, 크리스토퍼를 보러 냅다 병원으로 달려갔다.

공동체 의식과 연대감

날이면 날마다 응급 구호소에서 끔찍한 전쟁의 파장을 생생히 목격했지만, 그럼에도 인간 정신의 더없이 숭고한 면모도 똑똑히 지켜볼 수 있었다. 요즘 나온 여론 조사 결과를 보면, 독일군의 공습에서 살아남은 런던 시민들 가운데 대다수는 애정과 향수가 깃든 눈으로 그 시절을 돌아본다고 한다. 백번 공감이 가는 이야기다.

프랑스와 서유럽 국가들은 다 함락되고 영국 혼자 외로이 버티는 상황이었다. 퇴각하는 병사들의 입을 통해 신출귀몰하는 기갑여단에 얽힌 무시무시한 이야기가 퍼져 나갔고, 언제라도 독일군이 쳐들어올 수 있다는 생각을 하고 있었다. 밤마다 갈수록 더 많은 폭탄이 런던에 떨어졌다. 하지만 그처럼 공포와 위협이 지배하는 분위기 속에서도 새로운 공동체 의식이 생겼다.

하루는 런던 지하철을 타려고 에스컬레이터를 타고 내려가다가 플랫폼과 통로에 숱한 이들이 살고 있다는 걸 알게 되었다. 도시 하나가 통째로 땅 밑에 내려와 있는 것 같았다. 더러는 그나마 안전한 데서 아기를 데리고 하룻밤을 보내고 있었다. 어떤 이들은 저녁을 먹었다. 삼삼오오 모여 앉아 우스갯소리를 주고받는 이들도 있었다. 심지어 노래를 부르기도 했다. 매트와 담요 위에 아무렇게나 널브러져 누운 이들 수십 명을 건너뛰고 나서야 간신히 기차를 탈 수 있었다. 알고 보니, 밤마다 이어지는 폭탄 세례와 요란한 사이렌 소리를 피해 숨어든 이들이었다. 처음에는 당국에서 쫓아내려다가, 곧 정책을 바꿔 3층 철망 침대를 마련해 주었다.

지하 도시를 찾을 때마다 동지적 연대감이 넘치는 걸 보고 기분이 한껏 좋아져서 돌아왔다. 쌀쌀맞은 인종이라는 전형적인 영국인상은 온데간데없었다. 넉넉하고 가난한 런던 시민들이 밤마다 한데 모여

아무도 원하지 않는 선물

음식과 따듯한 마음을 주고받았다. 아슬아슬하게 폭격을 피한 경험담을 나누고 조만간 닥칠 침공을 농담의 소재로 삼았다. 친지를 잃은 아픔마저 누그러졌다. 누군가 목숨을 잃은 식구 이야기를 꺼내면 생면부지 낯선 사이임에도 너나없이 함께 울었다. 왕실에서도 몇 차례 다녀갔다. 사기를 돋우러 왔겠지만 그들 역시 전염성이 강한 그 정신을 다만 얼마라도 얻어서 돌아갔을 것이다. 십중팔구는 땅 위에서 집과 재산, 사랑하는 이들을 잃어버린 이들이었지만, 땅 밑에서는 친구들 사이에서 느긋하게 발을 뻗었다.

이처럼 새로운 공동체 정신은 의사들에게도 큰 도움이 되었다. 런던의 엘리트들이 앞다퉈 병원 자원봉사자로 이름을 올린 까닭이다. 아가사 크리스티(Agatha Christie)는 유니버시티 칼리지 직원으로 합류했다. 탐정 소설을 쓰기 전까지 약사로 일했던(독살 플롯을 구성하는 데 큰 도움이 되었다) 이 작가는 전시 체제에 힘을 보태기 위해 약국 직원으로 자원했다. 아내도 평생 잊지 못할 유명한 자원봉사자를 만났다. 어느 날 아침, 수술을 앞두고 환자를 소독하던 마거릿은 칸막이가 쳐진 환자의 침대 곁에 가무잡잡한 피부에 어여쁜 얼굴을 한 여성이 서 있는 걸 알아차렸다. 자원봉사자 유니폼을 입고 있었으므로 자연스럽게 지저분하고 냄새나는 붕대를 가져다 쓰레기통에 버리는 일을 시켰다. 여인의 정체가 그리스의 마리나 공주, 그러니까 최근에 홀로 된 요크 공작부인이라는 사실을 알게 된 건 훨씬 나중의 일이었다.

수련의 생활을 하면서 현업에서 물러났다가 전쟁으로 생긴 빈자리를 채우기 위해 복귀한 탁월한 의사들을 통해 얼마나 큰 공부를 했는지 모른다. 사심이라고는 눈곱만큼도 없는 이 교수들은 전쟁의 북새통 속에서도 생리학과 약학 지식보다 더 중요한 가르침을 주었다. 유니버시티 칼리지는 진즉부터 질병이 아니라 환자를 치료하라고 주문하고 있었지만, 슬기롭고 노련한 의사들이 움직이는 걸 지켜보면서 비로소 의학의 인간적인 면모가 드러나는 걸 실제로 볼 수 있었다. 치료를 대하는 이런 접근 방식이 고통을 통찰하는 데 얼마나 깊은 영향을 미칠 수 있는지 실감하기까지는 그러고도 더 오랜 시간이 걸렸다.

전시 봉사 활동에 자원한 그윈 윌리엄스(Gwynne Williams)라는 외과의는 이 '철 지난' 의료 철학을 온몸으로 보여준 대표적인 인물이다. 의술에는 인간의 손길을 대신할 도구가 없다는 사실을 그에게서 배웠다. "병상 곁에 뻣뻣이 서서는 안 되네." 윌리엄스 선생은 말했다. "그랬다간 손가락 끄트머리만 가지고 촉진을 하기 십상이지. 환자 옆에 무릎을 꿇게. 그러고 나서 손바닥 전체를 평평하게 해서 환자의 배 위에 올려놓게. 여유를 가져야 하네. 한동안 손을 올려 둔 채로 가만히 있으란 말이지. 환자의 근육이 부드럽게 풀어지면 작은 움직임도 금방 감지할 수 있을 걸세."

회진을 돌기 전, 박사는 난방이 좋지 않은 병원 사정을 고려해 손을 라디에이터에 올리거나 따듯한 물에 담가 덥혔다. 때로는 마치 나폴레옹처럼 오른손을 푼푼한 코트 안에 깊이 밀어 넣고 병동을 돌아다녔다. 품에는 손을 예민한 청취자로 만들어 줄 따듯한 물병이 들어 있었다. 찬 손은 환자의 복근을 경직시키지만, 따듯하고 포근한 손

아무도 원하지 않는 선물

은 달래서 풀어지게 한다. 윌리엄스 박사는 제 손가락을 청진기, 아니 환자 본인의 설명보다 더 신뢰했다. "환자가 뱃속 창자에서 무슨 일이 벌어지는지 어찌 알겠나?" 선생은 다그쳤다. "그러니까 내장이 하는 얘기를 직접 들으란 말일세. 그리고 청진기 얘기가 나와서 하는 말인데, 겁먹은 환자 몸에다 차가운 쇠 쪼가리를 들이댄들 뭘 알 수 있겠나?"

그가 옳았다. 숙련된 손을 배에 올려놓으면 긴축, 감염, 훨씬 더 복잡한 과정을 거쳐야 간신히 파악할 수 있는 종양의 모양까지 감지할 수 있다. 50여 년 동안 촉진은 내게 더없이 소중한 진단 도구가 되었다. 환자의 증상을 알려 주는 동시에 환자에게는 인격적인 관심을 전달해서 두려움과 불안을 진정시키는 데 도움이 되고 자연히 고통을 누그러뜨리는 데도 보탬이 된다.

그윈 윌리엄스는 의사와 환자 사이를 가로막는 벽을 낮추고자 끊임없이 노력했다. "겸손이야말로 외과의가 반드시 키워야 할 덕목일세." 박사는 입버릇처럼 말했다. "높은 자리에서 그만 내려들 오시게."

한번은 박사에게 넘어져서 엉치뼈가 부러진 여든 살 할머니의 수술에 반대하는 의견을 낸 적이 있다. "너무 약해 보입니다. 당뇨 증상도 있고요. 수술해서 금속판으로 뼈를 강화할 수는 있겠지만, 그러자면 트라우마는 물론이고 장기간에 걸친 깁스를 피할 수 없을 것 같습니다. 노인이 견디기에는 너무 큰 부담입니다. 견인 상태에서 누워 지내면서 뼈가 다소 짧아지더라도 저절로 붙기를 기다리는 게 나을 듯합니다. 물론 자유롭게 돌아다니지는 못하더라도 누가 보살펴주기만 하면 생활하는 데는 불편이 없을 겁니다. 수술은 위험 부담이 너무 큽니다."

윌리엄스 박사는 노발대발했다. "노인네라서 위험을 무릅쓸 수 없다는 소리를 어떻게 입 밖에 낸단 말인가! 노년이니까 더더구나 위험을 무릅써야지! 나도 늙은일세. 내 다리가 부러지면 자네는 무슨 수를 써서라도 도로 고쳐 놓는 게 좋을 걸세! 물론, 나이가 많다는 게 좋은 조건은 아니지. 하지만 무기력하게 누가 도와주길 기다리며 살게 하는 건 부도덕한 짓일세!" 그리고는 환자와 여러 가지 선택지를 상의한 뒤에 적절한 방법을 택해서 수술 일정을 잡았다.

이번에도 그가 옳았다. 할머니는 건강을 되찾고 다시 걷게 되었다. 그런 일을 여러 번 겪으면서 의술이란 그저 몸 이곳저곳을 돌보는 기술이 아니라는 사실을 배웠다. 질병을 고치는 것과 인간을 치료하는 건 완전히 다른 문제다. 환자의 마음과 영혼에 따라 회복 여부가 크게 좌우되기 때문이다. 고통이란 정신의 특정한 상태를 이르는 말로 인간 전체를 아우른다.

아무도 원하지 않는 선물

I

새빨간 습포제를 든 간호사가 온다.
몸에다 철썩 붙여 놓고는
나신 돌아보시 않는다.

—T. S. 엘리엇

5장

고통의 세계로 가는 열차

전쟁 탓에 고통을 치료하는 일이 중요해지면서 유니버시티 칼리지에서도 뛰어난 교수들이 관련 과목을 담당했다. 화려한 강사진 가운데는 뛰어난 두뇌를 가진 젊은 실력자 켈그린(J. H. Kellgrin) 교수도 있었다. 흰 피부에 백발, 흰 눈썹을 가진 왜소한 생김이었다. 하지만 쇼맨십이 있어서 고통과 마취에 관한 내용을 극적으로 보여 주는 데 능했다. 비스듬하게 지은 강의실이어서 그 모습 하나하나가 학생들 눈에 선명하게 들어왔다.

하루는 전쟁터에서 부상 당한 군인을 휠체어에 태우고 수업에 들어왔다. "이 병사는 목과 어깨 부위에 주체하기 어려운 통증을 느끼고 있습니다." 켈그린은 설명했다. 군인은 목을 가누지 못하고 머리를 한쪽으로 떨어트린 채 곁눈으로 우리를 쳐다보았다. 몹시 걱정스러워 보였다. 교수는 병사의 통증이 어디서 비롯되는지 그 근원을 정확하게 짚어 보려 한다고 선언했다. 군인에게는 따로 당부했다. "지금 목에서 감지되는 아픔과 똑같은 통증이 느껴지면 말씀해 주세요."

그리고는 긴 주삿바늘을 목 뒤쪽에 찔러 넣었다.

바로 비명이 터져 나왔다. "악! 아파요!"

"여태까지 지긋지긋하게 따라다니던 그런 아픔인가요?" 켈그린은 아무렇지도 않게 물었다.

"아뇨. 새로운 통증입니다. 팔이 아파요." 병사는 몸을 웅크리며 대꾸했다.

다시 한 번, 주삿바늘이 목 뒤를 파고들었다. 이번에도 여지없이 고통에 겨운 "으윽!" 소리가 새어 나왔다. "이번에는 어때요?" "달라요! 이번에는 바늘이 들어간 그 자리가 아파요. 제기랄! 엄청 아프네!" 교수는 빙그레 웃으며 주삿바늘을 더 깊이 밀어 넣고 이리저리 쑤셔 댔다.

열이 뻗쳐서 견딜 수 없을 지경이었다. 학생들에게 고통에 관한 이론을 설명하기 위해 가엾은 군인을 이용하다니, 이렇게 비정한 의료가 또 있을까 싶었다. 손을 번쩍 들고 항의하려는 순간, 켈그린의 주삿바늘이 정확한 지점에 꽂혔다. "거기, 거기 맞아요!" 병사가 다급하게 부르짖었다. "찾으시던 자리가 바로 거기에요."

교수는 특유의 침착함을 유지하며 물었다. "목을 움직이려 할 때마다 찾아오던 그 통증이 틀림없단 말씀이죠?"

"맞아요. 아주 지랄 같은 통증이죠. 이제 이걸 제발 끝장내 주세요!" 병사는 간절했다.

마침내 켈그린이 국소 마취제 노보카인을 천천히, 공들여 주사하자 더없이 편안한 표정이 군인의 얼굴 가득 퍼졌다. 교수는 잠시 기

아무도 원하지 않는 선물

다렸다가 조심스럽게 군인의 목을 움직였다. 이렇다 할 통증 반응이 보이지 않자 천천히 바늘을 뺐다. 이번에는 머리를 붙잡고 크게 한 바퀴 돌렸다. 처음에는 병사의 얼굴에 두려운 기색이 떠올랐지만 이내 놀라움으로, 다시 경탄으로 변했다. 어깨를 써 보고 팔을 돌려 봐도 불편을 호소하지 않았다. 그리고는 교수에게 엄지손가락을 세워 보이더니 다가가 고맙다고 인사했다. "상태가 이렇게 좋을 때, 선생님하고 악수 한번 해도 될까요?"

켈그린은 의기양양하게 강의를 마무리했다. "고통은 복잡한 시스템의 일부입니다. 우리는 오늘 이분의 고통이 비롯되는 지점을 찾아낸 데 힘입어 아주 중요한 진전을 이뤘습니다. 이 한 번의 주사로 과민한 신경 말단을 진정시키고 근육이 풀어질 기회를 주어 통증을 영구적으로 가라앉힐 수 있습니다. 그렇지 않으면 치료가 끝도 없을 겁니다."

척수로 들어가기 직전 신경 뿌리 단계에서 통증을 제어하는 이른바 경막 외 마취의 잠재적 가능성이 막 알려지기 시작할 때였다. 부상병의 얼굴에 번지던 편안한 표정이야말로 학생 신분이었던 내게는 새로운 고통 접근법을 생생하게 보여 주는 일종의 표상이었다. 그때까지는 고통을 2차에 걸친 과정으로 생각했다. 우선 말단(베인 손가락, 상한 치아)에서 신호를 보내면 뇌가 그걸 인식하는 식으로 받아들였다. 그런데 그 둘 사이에 통로가 있다는 충격적인 증거를 두 눈으로 똑똑히 확인한 것이다. 신경 줄기는 척수로 가는 사이에 통증 메시지를 받아들였다. 뇌로서는 훨씬 멀리 떨어진 팔다리의 신경 말단에서 오는 신호로 해석하기 딱 알맞았다. 켈그린은 목에 바늘을 찔러 넣고 척수에 가까운 신경 가지들을 탐색했지만, 병사는 팔과 어깨에 극심한 통증을 '느꼈다'.

며칠 뒤, 교수가 다른 부상병을 치료하는 걸 지켜보면서 이 원리를 더 분명하게 확인했다. 병동의 다른 동료들에 비해 부상은 그리 심하지 않았지만, 그렇게 애처로운 환자는 난생처음이었다. 총알이 허벅지를 뚫고 지나가면서 좌골 신경을 스친 모양이었다. 환자는 자극에 극도로 예민한 상태였다. 이른바 '작열통'이었다. 건장하고 차돌처럼 단련된 젊은 병사였지만, 온갖 감각이 극도로 예민했다. 홑이불 하나 걸치는 정도도 견디지 못했다. 눈이 부셔서 못 살겠다고 아우성쳤다. 종일 갓난아기처럼 웅크리고 누워 엄마를 찾으며 울었다. 통증을 알리는 메시지가 다리를 비롯한 곳곳에서 넘치도록 흘러드는 바람에 통상적인 진통제로는 아무런 효험을 볼 수 없었다.

학생들이 병사를 눕히자 켈그린은 주삿바늘을 요추에 꽂아 넣고 교감 신경계를 통제하는 신경절에 마취제를 주입했다. 환자는 우리가 방을 나설 때만 해도 몸부림치며 고통스러워했다. 그런데 하룻밤 만에 침상에 앉아 우스갯소리를 하면서 껄껄댔다. 교수는 다시 한 번 고통을 무찔렀다. 이번에는 교감 신경계 가운데 멀쩡한 일부를 잠재워서 미친 듯이 날뛰는 신호들을 가라앉혔다.

켈그린은 토머스 루이스(Thomas Lewis) 경의 후학이었다. 학생들 사이에서는 '토미 루이스'로 통하는 이 거장은 유니버시티 칼리지가 자랑하는 탁월한 생리학자였으며 의과 대학을 통틀어 그의 정신이 깃

아무도 원하지 않는 선물

들지 않은 구석이 없는 전설적인 존재였다. 정신적 스트레스가 심장에 미치는 영향을 밝혀내는 선구적인 작업으로 명성을 얻어 '심장학의 제왕'으로까지 불렸다. 몸집이 조그맣고 호리호리한 육십 줄 노인네로 잘 다듬은 수염에다 실험실에 틀어박혀 연구에 몰두하느라 구부정하게 굳어 버린 자세 덕에 어딜 가든 금방 눈에 띄었다.

목소리는 오히려 걸걸한 편이어서 햇병아리 의대생들을 윽박질러 효과를 극대화하는 데 맞춤한 도구로 쓰였다. 토미 루이스는 우리가 어떤 환자를 돌봐야 하는지에 관한 입장이 분명했다. "유니버시티 칼리지 병원은 의대 부속 기관이야. 누구나 쉽게 진단을 내릴 수 있는 환자를 받아서는 안 된다는 말일세." 한번은 교수와 함께 병원을 지나다가 딱 그런 사례와 마주쳤다. 토미는 불쾌감을 감추지 못하고 중얼거렸다. "쓸데없는, 정말 아무짝에도 쓸모없는 짓이야! 저런 환자쯤은 아무한테나 데려다줘도 다 치료할 수 있잖아! 의대 병원 의사한테는 더 고치기 힘든 환자, 온 힘을 다해 달려들어야 할 문제를 지닌 이들이 필요하다고!"

학생들은 온 세상이 다 허물어지는 판에 구름 잡는 학술 연구에 매달리는 게 타당한지 의문을 품었지만, 토미 루이스는 눈 하나 깜짝하지 않고 연구 프로그램을 추진했다. 의학 연구의 매력적인 새 영역을 열어 주는 부수적인 수익이 고마울 뿐, 그에게 전쟁은 대단한 사태가 아니었다. 1차 세계대전 기간에 토미 루이스 박사는 심장을 연구했다. 그리고 이번에는 고통을 탐색하고 있었다. 그 열매로 1942년에 발간된 《고통Pain》은 지금도 의대에서 널리 읽힌다.

루이스는 연구를 좋아하는 마음을 불러일으켰다. 고통을 공부할수록 설령 어렵게 배운 내용을 오래도록 써먹을 수 없다 하더라도 절대로 내버리고 도망칠 수 없는 궤도 속으로 깊이 빨려들었다. 의사든 환자든 하나같이 고통을 문제의 증상으로 보고 그 뿌리가 되는 원인을 찾아 진단하는 쪽으로 재빨리 관심을 돌리는 경향이 있다. 객관적으로 생각하는 과학자의 면모가 남달랐던 루이스는 고통 자체를 하나의 감각으로 판단했다. 교수 밑에서 공부하면서, 밑바닥에 깔린 어떤 질문들에 답할 가능성을 처음으로 어렴풋이나마 가늠할 수 있게 되었다. 그때까지는 고통을 창조 과정에서 발생한 결함, 다시 말해 하나님의 크나큰 실수라고 믿었다. 하지만 토미 루이스의 가르침은 딴판이었다. 교수의 관점에서 보자면, 고통이란 값을 매길 수 없을 만큼 탁월한 공학적 장치로 자리매김한다.

학생 시절에 만난 루이스 교수는 몸에 일어나는 다양한 고통을 몇 가지 범주로 묶는 작업을 하고 있었다. 실질적인 고통을 정량화해서 환자들이 '아주'라든지 '죽을 만큼'처럼 모호한 말에 의존하지 않고 '8번', 또는 '9번' 식으로 똑 부러지게 표현할 수 있기를 바랐다. 교수는 고통을 세 그룹(허혈성 통증, 피부 통증, 장기 통증)으로 뭉뚱그려 연구했다. 나는 자원해서 허혈성 통증을 실험 주제로 선택했다.

토머스 루이스의 통증 실험

허혈성 통증은 혈액 공급이 끊어지거나 제한될 때 생긴다. 예를 들

아무도 원하지 않는 선물

어, 근육에서는 혈액량이 너무 적어 산소가 제대로 전달되지 않고 순환을 통해 독성 불순물이 바로바로 처리되지 못하면 허혈성 통증이 생긴다. 움직임이 적은 근육에서는 고통이 서서히 찾아오지만, 활동이 많은 근육에서는 허혈이 근육 경련으로 이어진다. 쥐가 나서 화들짝 놀라 일어난 경험이 있는 이들이라면 잘 알겠지만, 허혈성 통증은 돌발적이고 맹렬하다. 흔히 쓰는 혈압계의 압박 띠를 이용하면 어렵잖게 이런 통증을 일으킬 수 있다. 팔에 밴드를 두르고 공기를 잔뜩 불어 넣어 혈액 순환을 차단한 뒤에 주먹을 몇 차례 쥐었다 펴면 된다. 곧 극심한 통증이 덮칠 테고 황급히 압박 띠를 풀 수밖에 없을 것이다.

하지만 보통 혈압계는 '정확성'을 쫓는 토미 루이스의 갈증을 채우지 못했다. 무엇보다 펌프질하는 데 몇 초씩 걸리는 게 문제였다. 복귀 정맥혈이 차단되었다 하더라도 그사이에 동맥 혈압이 더 커지면서 혈액을 조금씩 더 밀어내고 팔이 살짝 부어올랐다. 이런 결함을 바로잡기 위해 교수는 혈압계 밴드를 순식간에 부풀리는 장치를 고안했다. 공 모양의 커다란 유리 용기였는데 밧줄이 감겨 있어서 바다에서 쓰는 부표처럼 보였다. 특정한 압력에 이르기까지 유리 용기 안으로 공기를 펌프질해서 주입하고서 팔을 감싼 혈압계 밴드에 연결한다. 마개를 빼면 혈압계 밴드는 삽시간에 부풀어 양쪽의 혈류를 동시에 멈춰 버린다.

혈액 공급이 끊어지면 메트로놈 속도에 맞춰 시간을 지켜 가며 아프기 시작할 때까지 가압기 고무공을 한 번, 두 번, 세 번 쥐었다 놓았다. 처음으로 통증이 느껴질 때쯤 신호를 보내면 토미 루이스가 곧바로 경과 시간을 노트에 적었다. 그렇게 계속 가압을 거듭하다 더는 견디지 못하고 압력을 풀어야 할 지경에 이르면 교수는 다시 시간을 표시했다. 동료들과 내가 이런 과정을 몇 주씩 되풀이하는 내내, 루이스는 참을성 있게 곁을 지켰다. 교수는 두 가지 결과를 기다리고 있었다. 하나는 처음으로 아픔을 느끼는 통증 개시점이고 나머지 하나는 아픔을 얼마나 견딜 수 있는지 보는 임계점이었다.

루이스는 다양한 인종의 자원자를 대상으로 실험하면서 북유럽과 남유럽 사람들이 고통을 받아들이는 방식에 주요한 차이점이 있는지 밝혀내려 했다. 또 다른 자원자들은 신경 분산이 미치는 힘을 검증하는 실험에 참여했다. 예를 들어, 짜릿한 소설을 큰 소리로 읽어 주면 고통에 대한 내성이 한결 높아졌다. 그 뒤로 수많은 연구자가 고주파, 자외선, 응고점 이하로 냉각한 구리선, 반복적으로 불꽃을 일으키는 스파크 발생기 따위의 신기술을 동원해 교수의 실험을 세련되게 다듬었다. 그러나 백이면 백, 루이스가 전쟁 통에 찾아낸 사실을 확인하는 수준이었다. 하지만 다른 시민들이 독일 폭격기 때문에 눈곱만큼도 원치 않았던 고통에 시달릴 때, 우리는 실험실에 앉아 자청해서 아픔을 감수하고 있었다고 생각하면 조금 기묘한 생각이 든다.

허혈성 통증의 다양성 실험 대상자들은 피부 통증과 장기 통증 표본 조사에도 참여했다. 교수는 엄지와 집게손가락 사이의 손살을 이용해 피부 통증을 실험했다. 해부학적으로 피부 위에 피부가 차곡차곡 개켜지듯 겹친 구조여서 순도 백 퍼센트짜리 피부 고통을 보장하

아무도 원하지 않는 선물

는 까닭이다. 교수가 엄지 손샅에 눈금이 매겨진 소형 바이스를 물리고 손잡이를 한 바퀴 돌릴 때마다 우리는 1에서 10까지 고통을 정량화해서 보고했다. 핀과 멧돼지 털을 이용한 실험이 '따끔한' 통증을 일으키는 반면, 압력을 가해 빚어내는 감각은 전혀 딴판으로 '화끈'에 가까운 느낌을 주었다. 루이스 교수는 이런 실험을 통해 눈을 가린 피시험자들은 끝이 뽀족한 물건으로 찌르든, 털을 뽑든, 열을 가하든, 전류를 보내든, 자극적인 물질을 쓰든 그 차이를 구별하지 못하고 똑같이 찌르듯 따끔거리는 통증을 느낄 뿐임을 밝혀냈다.

토미 루이스가 세 가지 범주로 분류한 고통 가운데 장기 통증이 가장 매력적이라는 생각이 들었다. 한결 느린 데다가 어디라고 딱 짚어 말하기가 어려운 이런 유형의 통증은 몸 안 깊은 데 문제가 있음을 알려 준다. 위라든지 창자 같은 내부 기관에는 고통을 감지하는 센서가 많지 않다. (이는 위궤양을 악화시키는 요인이다. 위산이 위장 내층까지 파고들 때까지 환자가 이차 효과를 전혀 눈치채지 못할 수도 있기 때문이다.) 외과의는 마취제를 주로 피부라는 장벽을 통과하는 데 사용한다. 칼로 내장을 절제하든, 소작기로 태우든, 집게로 단단히 죄든, 환자는 아무 감각을 못 느낀다. 언젠가 인도에서 소뿔에 받힌 남성을 치료한 적이 있다. 사내는 쏟아져 나온 내장을 마치 가게에서 사 들고 온 물건 꾸러미처럼 헝겊에 소중하게 감싼 채 대기실에서 차분히 기다리고 있었다. 장기 통증의 징후는 조금도 보이지 않았다.

하지만 이런 위와 장들도 '팽창'이라는 특정한 통증에 대해서는 격렬하리만치 예민하게 반응한다. 교수의 피시험자들은 끝에 풍선을 장착한 튜브를 꿀떡 집어삼켰다. 일단 풍선이 위를 지나 장으로 내려가면 루이스는 관을 통해 공기를 불어 넣었다. 채 몇 초가 지나기도 전에 자원자들은 끙끙거리며 사나운 눈빛으로 손짓과 발짓을 해 가며 당장 그만두라는 신호를 보냈다. 그들은 인간의 몸이 알고 있는 가장 격렬한 아픔을 경험하고 있었다. 콩팥이든, 쓸개든, 장이든 지나치게 작은 틈으로 무언가가 지나가려 할 때 일어나는 배앓이였다. 인체 내부의 장기들도 맞서야 할 주요한 위험에 반응하는 신경 세포를 가지고 있기는 하다. 하지만 몸은 워낙 경제적이어서 창자가 잘려 나간다고 경고하는 건 쓸모없는 짓으로 치부한다. 그런 일은 피부 센서들이 알아서 완벽하게 처리하리라고 여기는 것이다.

토미 루이스 교수의 실험에 참여하면서 고통에 대해 직접 학습하는 한편, 같은 주제를 도서실에서도 정식으로 연구하기 시작했다. 통증 네트워크가 얼마나 복잡하던지 머리가 어질어질할 지경이었다. 이 분야를 연구하기 시작한 건 단순한 호기심 때문이었다. 평생 계속할 작업의 토대를 쌓고 있다고는 꿈에도 생각지 않았다. 십중팔구는 원망 어린 눈으로 바라보는 그 감각에 대해 외경심과 감사를 품고 초기 연구를 마무리했다.

인체에는 수백만 개에 이르는 신경 센서가 흩어져 있다. 닥치는 대로 아무렇게 흩어져 있는 게 아니라 각 부분의 필요에 정확하게 맞춰 퍼져 있다. 발등을 가볍게 톡톡 치는 정도는 깨닫지 못하고 넘어갈 수 있지만, 사타구니는 무척이나 고통스러울 테고, 눈은 견딜 수 없을 만큼 심각한 통증을 일으킨다. 피부 통증에 관한 독일 과학자 막

　　　　　　　　아무도 원하지 않는 선물

시밀리안 폰 프레이(Maximilian von Frey)의 통계 조사는 그 차이를 한 눈에 보여 준다. 각막은 0.2g/mm^2의 힘을 받아도 통증을 느낀다. 팔뚝은 20g, 발바닥은 200g, 손가락 끄트머리는 300g의 압력이 있어야 통증을 느낀다.

눈은 특이한 위험 요인에 맞닥뜨리는 까닭에 발바닥보다 천 배나 더 통증에 예민하다. 세상을 보려면 눈이 투명해야 한다. 따라서 당장 가져다 쓸 수 있는 혈관(불투명한)의 숫자를 제한할 수밖에 없다. 어떤 침입자든, 심지어 먼지 한 톨이나 유리 섬유 한 올마저도 위협이 될 수 있다. 혈액 공급이 한정적인 탓에 눈은 제힘으로 쉽게 원상태로 회복할 수 없기 때문이다. 그러니 자신을 보호하기 위해 눈은 그처럼 순식간에 반응하는 힘을 가지고 있다. 실제로 무엇이든 닿기만 하면 곧바로 통증과 함께 깜박거리는 반사 작용이 일어난다.

반면에, 발은 온몸의 무게를 지탱하도록 설계되었다. 지지 구조는 훨씬 강력하고, 혈액도 넉넉히 공급되며, 통증을 받아들이는 감도는 천 배나 더 둔하다. 손가락 끄트머리 역시 엄청난 압력을 견딘다. 망치질할 때마다 자루를 움켜쥔 손이 뇌로 통증 신호를 보낸다면 목수를 만나기가 하늘의 별 따기만큼 어려울 것이다. 몸의 각 부분은 상황에 맞춰 주변 구조를 결정하고 통증 네트워크는 거기에 충실하게 순응한다.

복잡한 시스템에 더해, 통증 센서들이 정보를 보고하는 속도도 제각각이다. 피부 표면에서 보내는 신호는 대략 초속 900미터로 달려간다. 거의 즉각적인 반응이라고 할 수 있다. 뜨거운 난로를 건드리면 통증 보고가 인지를 담당하는 뇌에 접수되기도 전에 화들짝 손가락을 오므린다. 그와 대조적으로 진피나 내부 기관의 보고는 초당 60센티미터 정도의 속력으로 기어가므로 뇌에 기록되기까지 몇 초씩 걸릴 수도 있다.* 더딘 통각이 불러오는 아픔과 자극은 더 깊고 쉬 사라지지도 않는 성향이 있다. 관찰이라면 죽고 못 사는 토미 루이스 교수는 방사선학이라는 새로운 분야에서 일하는 기사들이 절대로 반숙 달걀을 먹지 않는 까닭이 못내 궁금했다. 치밀한 조사 끝에 엑스선이 피부 바깥층의 신경 센서를 파괴해서(초기에 나온 기계들은 밀폐 장치가 허술했다) 돌발적인 통증에 대처하는 조기 경보 시스템을 무력화했다는 사실을 밝혀냈다. 방사선사들은 느릿느릿 천천히 찾아오는 통

- 반사 작용은 통증 네트워크가 얼마나 복잡하게 설계되었는지 잘 보여 주는 사례다. 뜨거운 난로를 만졌다든지, 가시덤불을 밟았다든지, 눈을 뜰 수 없을 정도로 심한 모래 폭풍이 분다든지 하는 위험한 상황에 신속히 반응해야 할 때, 몸은 그 작업을 의식의 수면 아래서 작용하는 반사 고리에 맡긴다. 난로에 관해 생각한들 아무짝에도 쓸모없는 판에 반사 차원에서 처리할 수 있는 행동을 가지고 고차원적인 뇌까지 귀찮게 할 까닭이 뭐란 말인가? 하지만 상부 기관인 뇌는 통상적이지 않은 상황에서 이 반사 고리를 통제할 권리가 있다. (인간의 몸에 내장된 장치들이 얼마나 슬기로운지 혀를 내두를 지경이다.) 깎아지른 벼랑에 매달린 암벽 등반가의 경우에는 낙석이 무릎 힘줄에 떨어져도 다리가 튕겨 오르지 않는다. 사교 모임에 나간 점잖은 부인은 고급스러운 웨지우드 도자기에 따라 주는 차가 아무리 뜨거워도 찻잔을 바닥에 떨어트리지 않는다. 비행기 추락 사고에서 살아남은 이들은 반사 기능을 억누르고 맨발로 유리 조각과 뜨거운 금속 파편 위를 거침없이 걸어 다닌다.

아무도 원하지 않는 선물

증이 훨씬 심각하며 쉬 사라지지도 않으므로 뜨거운 달걀 껍데기를 다루는 건 피해야 한다는 사실을 알고 있었던 것이다.

그레이엄 웨들과 머리빗 박사

무엇이 통증 센서를 자극해서 신호를 보내게 하는지 토미 루이스는 골똘히 생각했다. 콘서트를 관람하면서 두 손을 마주쳐 손뼉을 치는 청중들은 처음에는 아무런 통증도 느끼지 못한다. 손바닥이 서로 부딪힐 때마다 부드러운 양파 꼴을 한 파치니 소체 세포들이 압축되고 압감(壓感)을 보낸다. 관객들이 앙코르를 기대하며 십 분쯤 계속해서 박수를 치면 손바닥이 화끈거리는 느낌이 들기 시작한다. 거기서 더 나가면 정말 쓴 맛을 보게 될 것이다. 어찌 된 일일까? 마지막 손뼉 몇 차례는 전보다 약하게 마련이다. 당연히 압력도 커지지 않는다. 손바닥이 벌겋게 부푼다는 건 곧 조직이 손상된다는 뜻이다. 신경 세포들은 이런 위험을 감지하고 다시 압력이 가해지면 통증 신호를 보낸다.

마찬가지로, 뜨거운 기름 한 방울이 손등에 떨어지면 화기가 가실 때까지 찬물에 손을 담글 것이다. 덴 자리에는 붉은 자국이 조그맣게 남는다. 있는 줄도 모르고 지내던 상처가 잠자리에 들기 전 몸을 씻으려고 할 즈음 갑자기 말썽을 부린다. 한 손에는 괜찮은 물이 다른 손에 닿기만 하면 뜨겁고 불편한 느낌이 든다. 양쪽 손의 온도 센서가 같은 열 흐름을 기록하지만, 살짝 손상된 피부는 과민해져서 통증

검출기가 거기에 맞춰 감지 한계선을 조정하는 것이다.

이 주제를 어느 정도 깊이 연구하기 전에는 통증 네트워크를 마치 화재경보기 하나하나가 중앙의 소방서로 이어지듯, 말단에서 두뇌로 곧장 연결되는 몇 가닥 '전깃줄'쯤으로 여겼다. 하지만 얼마 지나지 않아 그게 얼마나 순진한 관념이었는지 깨달았다. 고통은 수많은 자료를 바탕으로 끌어내는 복잡한 해석이다.

토미 루이스의 또 다른 제자로 유니버시티 칼리지 조교수였던 그레이엄 웨들(Graham Weddell)은 순교자의 열정을 품고 과학의 수수께끼에 접근했다. 인도 조수들의 도움을 받아 자신의 팔뚝 살을 절개해 조그만 창을 내고 신경 섬유들을 분리한 뒤에 가닥가닥 전선을 이어 오실로스코프와 연결했다. 열을 가하고, 차갑게 얼리고, 뾰족한 물건으로 찌르고, 산성 물질을 붓는 따위의 다양한 자극을 주고 모니터에 나타나는 결과를 기록했다. 나중에는 팔뚝 전체가 풋내기 문신 시술가의 연습장처럼 되어 버렸지만, 그 과정에서 고통은 감각이기보다 지각에 가깝게 작용한다는 새로운 깨달음을 얻었다.* 통증 신호가 구

---

* 웨들은 통증 분야에서 갈수록 높이 인정받는 연구자가 되었다. 전 세계를 다니며 연구를 계속하고 아프리카인과 아시아인을 대상으로 자신의 이론을 실험했다. 한번은 나이지리아 부족민에게 이러저러한 검사의 목적을 설명하느라 끙끙거리고 있었다. 도무지 말이 통하지 않자 통역이 끼어들었다. "이 양반은 뭘 좀 찾아낼 때까지 주위의 흙을 끊임없이 파헤치는 닭 같은 분이에요." 웨들은 그 이야기를 즐겨 했다. 여태 들은 어떤 말보다 과학 연구를 가장 잘 설명하는 정의라고 말이다.

아무도 원하지 않는 선물

성되려면 뉴런 하나하나가 가동되고 같은 신호를 되풀이해 보내면서 가까이에 있는 뉴런들과 어우러져 시간적으로나 공간적으로 한 줄기를 이뤄야 한다. 제 몸을 훼손하는 연구 끝에 웨들은 확신을 얻었다. 제각각 떨어진 뉴런들이 보내는 통증 신호들은 별 의미가 없으며 주위 세포들과의 상호 작용과 뇌가 제공하는 해석이 중요했다.

웨들은 실험실이라는 조건이 고통 체험에 강력한 영향을 미친다는 점을 진즉에 알아차렸다. 고통은 결코 '객관적'이지 않았다. 실험에 참가한 지원자들은 통상적인 경우보다 한결 빨리 통증을 느낀다고 보고했다. 심지어 스위치를 누르면 고통을 불러일으키는 자극이 곧바로 끊어진다고 거듭 알려 주어도 실험 절차를 전폭적으로 신뢰하지 못했으며, 그런 염려는 통증을 자각하는 판도를 완전히 바꿔 놓았다. 한층 쉽게, 그리고 금방 아파했다. 마찬가지로, 바이스를 이용해 피부 통증을 일으키는 실험에서 피시험자들에게 스스로 손잡이를 돌릴 수 있게 하자 십중팔구 매우 낮은 수준의 통증을 보고했다. 다른 누군가가 핸들을 조작할 때 느끼는 두려움이 통증 감도를 훌쩍 높였다. (이런 사실은 연구실에서 진행되는 실험이 가지는 주요한 한계를 여실히 드러낸다. 통제된 환경에서 믿을 만한 동료에게 맡겨서 받는 고통은 두려움과 분노, 염려와 무력감이 지배하는 바깥 세계에서 마주치는 고통과 전혀 다르다. 실험실에서라면 뾰족한 물건에 찔리는 고통을 중요하게 보고하겠지만, 목공 작업을 한다든지 전투를 치르는 상황이라면 알아차리지도 못할 공산이 크다.)

교수라기보다 웃자란 학생처럼 보이는 까닭이었을까? 그레이엄 웨들은 학생들 사이에서 인기가 많았다. 머리카락을 빗질하는 법이 없었고 무슨 주제를 대하든 대부분 비정통적 시각에서 바라보았으며 야한 농지거리마저도 너털웃음으로 받아넘겼다. 고통에 관한 연구와 무게를 맞출 셈이었는지 쾌락에 관해서도 조사를 시작했다. 암컷 원숭이의 외음부를 절개해 성감대의 해부학적 구조를 살폈다. 그리고는 여학생들 가운데서 클리토리스 신경에 전기 자극을 주는 실험에 참여할 자원자를 모집했다. 딱 웨들 교수다운 발상이었다. 놀랍게도 '쾌락 신경'이라고 이름 붙일 만한 신경 말단은 어디에도 없었다. 실제로 성감을 지배하는 영역의 가장 눈에 띄는 특징은 보통 통증에 관여하는 자유 신경 말단들이 풍부하게 분포하고 있다는 점이었다.

웨들은 성적 쾌락 역시 감각이기보다 지각이라는 결론을 내렸다. 감촉과 온도, 통증을 감지하는 센서들은 몸이 또 다른 몸과 접촉하는 데서 비롯되는 기계적 양상들을 충실하게 기록한다. 하지만 쾌락은 단순한 보고 차원을 넘어 그 해석까지 모두 아우른다. 기대, 두려움, 기억, 죄의식, 사랑 따위의 주관적 요소들에 크게 의존하는 과정이다. 사랑하는 이들 사이의 성관계든 성폭행의 뼈아픈 경험이든 생리학적으로는 똑같은 신경 말단이 관여한다. 하지만 전자는 아름다움으로, 후자는 끔찍함으로 기록된다. 쾌락은 고통보다 오히려 더 많은 세포 사이의 협력, 그리고 고등한 뇌의 중재와 해석이 낳은 부산물이다.

쉬 간지럼을 타는 아이라면 즐거움과 쾌락을 가르는 실낱같은 경계를 잘 알고 있을 것이다. 나는 간지럼을 즐기는 아이였다. 인도에서는 여동생 코니에게 억지로 간지럼을 태우게 했다. 깃털로 팔뚝을 살살 훑고 지나가면 달콤한 느낌이 들었다. 하지만 전갈이 기어간다고 생각하면 얘기가 다르다. 똑같은 신경 말단에 똑같은 힘을 가하더라도 결과는 딴판일 수밖에 없다. 지각을 담당하는 뇌가 통제하는 선, 쾌락과 고통을 나누는 경계를 넘은 탓이다.

파고들수록 생각이 달라졌다. 고통을 '화재경보' 쯤으로 여기는 초년병 시절의 생각은 르네 데카르트(René Descartes)가 17세기에 세운 가설을 고스란히 따라가는 사고방식이었다. 수력으로 작동되는 프랑스의 요술 조각 공원을 구경한 뒤에 데카르트는 감각 인과론을 처음 생각해 냈다. 발판에 올라서는 순간 조각상에서 뿜어져 나온 물이 눈에 튀었다. 데카르트는 이 경험을 토대로 인간의 감각에도 인과 관계와 비슷한 면모가 있다고 판단했다. 고통 신호들을 교회의 종을 울리는 관리인에 빗대어 손가락을 뾰족한 침으로 찌르면 종에 연결된 줄을 잡아당기듯 뇌에 경보가 울린다고 설명했다. 《인간론Treatise of Man》에서 소개된 이 실용적인 이론은 거의 3세기에 걸쳐 과학에 크게 공헌했지만, 의학이 발전하면서 몇 가지 예외가 드러났다.

예를 들어, 통증 네트워크에서는 줄을 잡아당기지 않아도 경보가 울릴 때가 있다. 환자를 보기 시작하면서 연관 통증 현상을 접할 기회가 생겼다. 몸은 워낙 경제적이어서 아주 흔한 위험 요인으로부터 몸을 지키는 데만 통증 센서를 배당한다고 앞에서 이미 말한 바 있다. (내장은 팽창에 대해서만 경고를 보낼 뿐, 자르고 지지는 데는 반응하지 않는다.) 신체 일부가 흔치 않은 위험에 부닥치면 다른 부분의 통감을 '빌려다가' 위급 상황에 대처한다. 손상을 입은 비장은 손상을 멀리 떨어진 왼쪽 어깨 끄트머리에 있는 통증 수용체의 도움을 구할 수도 있다.

신장 결석은 사타구니에서 시작해 등 아래쪽까지 이어지는 자리 어디에서든 '나타날' 수 있다.

아직 경험이 많지 않은 젊은 의사들에게는 연관 통증이 아주 까다로운 문제여서 심장 마비를 제대로 진단하지 못하게 하는 요인이 된다. "여기 목덜미가 타는 것 같아요." 환자는 하소연한다. "누가 쥐어짜기라도 하는 것처럼 팔이 아파요"라는 이도 있다. 환자마다 목이나 가슴, 턱, 또는 왼팔이 덴 듯이 화끈거린다든지 조이는 느낌이라고 설명한다. 척수가 감쪽같은 연기로 뇌를 속이는 중이라고 볼 수도 있다. 척수나 저 위 뇌에 자리 잡은 경고 체계는 심장에 문제가 생겼다는 사실을 포착했지만, 의식을 담당하는 뇌는 그 이미지를 잡아내지 못하고 있다. 통증 센서가 거의 없는 심장이 피부와 근육 세포들에 지시를 내려 마치 그쪽이 심각한 위협을 받는 것처럼 움직이게 만든 것이다. 놀랍게도, 심장에 통증 발작이 일어나면 잠시 '빌린' 부위(예를 들어, 왼팔이라고 하면) 역시 접촉에 대단히 예민해질 수 있다. 물론, 왼팔 조직은 오른팔만큼이나 멀쩡한 상태이므로 그쪽에서 보낸 손상 보고는 관념적인 판단('에 불과하다'고까지는 못하겠지만)이다. 왼팔은 주인의 관심을 사로잡을 요량으로 아카데미상을 받고도 남을 만한 연기를 선보이는 셈이다. 그러지 않으면 주인은 위기에 처한 심장에 눈을 돌리지 않을 게 분명하기 때문이다.

인체는 가끔 없는 통증을 만들어 내기도 하고 정당한 고통 신호를 억누르기도 한다. 가령, 운동선수가 욱신거리는 장딴지 근육에 진통 연고나 물약을 펴 바르면 그렇게 심하던 근육통이 거짓말처럼 사라

　아무도 원하지 않는 선물

진다. 사실, 장딴지 근육에서는 센서들이 여전히 통증 신호를 보내고 있지만, 새로운 통신선이 기존의 전달 경로를 압도해서 뇌까지 이르지 못하게 막고 있는 것이다. 진통 약물 속에 든 자극 물질들이 혈액 공급을 늘린다. 차츰 뜨거워지는 느낌이 들고 손으로 문지르는 동작까지 더해지면서 장딴지 근육에서 보내는 통증 신호를 먹통으로 만든다. 접촉, 열, 냉기 따위의 감각에는 통증 메시지를 제압하는 힘이 있다. 그래서 모기에 물려 따가우면 그 자리를 문지르고, 뜨거운 무언가에 데면 호호 불고, 머리가 아프면 얼음주머니를 올려놓고, 발로 돌부리를 걷어차면 발가락을 꼭 누르고, 허리가 아프면 뜨거운 물주머니를 대고 눕는다. 이런 행동은 지극히 본능적이어서 강아지가 다친 데를 핥는 것이나 매한가지다.

통증을 자각하는 과정의 이면에 깔린 원리를 얼추 파악하자마자 곧바로 임상에 적용했다. 한번은 발목 어간에 헌데가 생기더니 건드리기만 해도 자지러지는 부스럼으로 발전했다. 근질대기는 또 얼마나 근질대는지, 긁으면 안 되는 줄 알지만 유혹을 떨쳐 내기가 몹시 힘들었다. 그러다 근처, 그러니까 짓무른 자리 바로 곁을 긁으면 통증과 가려움증에서 벗어날 수 있다는 사실을 알게 되었다. 다음에는 멧돼지 털로 만든 머리빗으로 다리를 오르락내리락 긁어 보았다. 따끔거리기는 했지만, 통증의 근원에서 한참 떨어진 넓적다리를 긁는데도 증상이 한결 가벼워지는 게 느껴졌다. 뻣뻣한 털이 넘치게 흘려보내는 새로운 감각을 감당하기 버거워진 척수는 통증 신호를 보류시킨 채 뇌로 중계하지 않았다.

이어서 환자 치료에 적용해 보았다. 효과 만점이었다. 특히 밤에는 더할 나위가 없었다. (날이 저물고 신경을 분산시킬 게 훨씬 적어질 즈음이면 더없이 힘겨워했던 부상병 제이크가 생각난다.) 만성 통증은 다른 감각들이 잦아들수록 기승을 부리는 경향이 있는데, 상처가 난 팔다리 피부 표면을 머리빗으로 자극하면 고통을 중화시킬 수 있음을 알게 되었다. 얼마 가지 않아 환자들은 '머리빗 박사'라는 별명을 붙여 주었다.

물론, 요즘은 경피적 전기 신경 자극(TENS) 기계처럼 첨단 의료 장비를 동원한다. 머리빗과 똑같은 효과를 내지만 값은 비교할 수 없을 만큼 비싸다. 환자가 직접 조작할 수 있는 이런 기계들은 신경을 흥분시켜서 통증에 맞서는 감각 메시지를 줄줄이 쏘아 보내게 한다. (현대 의학을 지나치다 싶을 만큼 높이 떠받는 이들에게는 어떻게 들릴지 모르겠지만 AD 46년, 로마의 어느 의사가 환자 머리에 전기를 방출하는 물고기를 올려놓는 식으로 전기 진통 요법을 시행했음을 지적해두고 싶다.)

패트릭 월과 로널드 멜잭의 이론

내가 졸업한 뒤에도 유니버시티 칼리지는 통증 연구 중심 기관으로 오랫동안 명성을 이어갔다. 30여 년의 세월이 흐른 1970년대쯤, 패트릭 월(Patrick Wall) 교수는 로널드 멜잭(Ronald Melzack)과 힘을 모아 전쟁 기간에 그토록 궁금해하던 고통의 수수께끼 가운데 상당 부분을 설명해 주는 가설을 세웠다. 그들이 개발한 '척수 관문 조절 이론'은 고통을 바라보는 단순하고 응집력 있는 방식을 제공한다.

아무도 원하지 않는 선물

아주 간단히 정리한 이 이론에 비춰 보자면, 신경 섬유 가운데 더러는 뇌에서 내려오고 또 더러는 팔다리에서 올라가는데, 이들은 교환소 구실을 하는 '관문'(실제로는 일련의 관문들)에 모인다. 척수와 뇌가 만나는 한 지점에 그처럼 많은 신경 세포가 모여들다 보니 고속도로 요금소에서처럼 병목 현상이 생기고, 이는 고통 지각에 큰 영향을 미친다. 지나가기 위해 한참을 기다리는 메시지가 있는가 하면, 아예 통과하지 못하는 메시지도 생긴다.

관문 조절 이론은 임상의들 사이에서 큰 관심을 모았다. 해묵은 데카르트식 통증 모델로는 풀리지 않던 수많은 수수께끼가 적잖이 풀리는 것처럼 보였기 때문이다. 적어도 머리빗 요법의 논리적 근거를 제공하는 것만큼은 분명했다. 다량의 새로운 접촉과 압력의 감각은 만성적인 통증 신호를 몰아낸다. 관문 조절 이론은 추락 사고 생존자들이 어떻게 뜨거운 금속 위를 아무런 통증도 느끼지 않고 걸어 다닐 수 있는지도 설명해 준다. 뇌에서 내려가는 긴급한 자극이 신경 섬유에서 올라가는 통증 신호를 모두 차단하기 때문이다. 멜잭과 월은 관문 조절 이론을 활용해 침술과 인도 고행 수도자의 묘기에 담긴 비밀도 규명했다. (침술은 바늘 끝에서 비롯된 자극이 다른 신호들을 밀어낸다. 그런가 하면 극기의 장인들은 뇌의 힘을 이용해 아래서 올라오는 통증 신호들을 억누른다.)

통증 네트워크를 파악하는 데 많은 진전이 있기는 했지만, 요즘 과학자들도 그 복잡한 시스템을 다 헤아리지 못하기는 처음 그 어지러운 체계를 대하고 입을 다물지 못했던 내 학창 시절과 별 차이가 없다. "손가락이 아파!"라는 짧은 문장은 세 가지 각기 다른 차원에서 이뤄지는 엄청난 신경 활동을 아우른다. 일단, 세포 차원에서 손가락에 살짝 긁히는 상처나 피부 염증이 생겼다는 수많은 보고가 관심을 다투지만, 열에 아홉은 강도가 약해서 통증 신호를 내보내지 못한다. 그 단계를 통과하더라도 뇌에 통증 메시지를 전달하기 전에 우선 척수에서 다른 신경 섬유로부터 나오는 신호들과 경쟁해야 한다. (발가락으로 돌부리를 걷어차면 손가락 통증은 새카맣게 잊힐지도 모른다.) 게다가 척수 관문을 지나는 과정에서 뇌에서 내려오는 명령들에 짓눌릴 수도 있다. 통증 메시지가 뇌 속에서 계속 반응을 불러일으키지 못하면, 나는 전혀 알아차리지 못한다. 손가락은 조금도 '아프지' 않을 것이다.

아무도 원하지 않는 선물

I

빈곤을 견디는 인내.
논에 박혀 일하느라
휘어 버린 등골.
놀랍게도 사람보다 대우를
받는 소. 그리고 평온한 미소.
인도의 신비.
인도학자들은 그렇게 말한다.

―귄터 그라스

6장

영국 의사와 인도 환자

1946년, 그러니까 2차 세계대전이 끝난 이듬해에 외과 레지던트 과정을 마쳤다. 영국 점령군과 함께 몇 년 동안 해외에서 지내다가 돌아온 터라 연구소 같은 데서 조용히 일하고 싶었다. 하지만 의료 인력 파견을 담당하는 전시의료중앙위원회는 내가 로버트 코크런(Robert Cochrane)이라는 감당하기 어려운 스코틀랜드 의사의 짝으로 어울리지 않는다고 판단했다. 인도 남부에 있는 한센병 관련 시설을 책임지고 있던 코크런은 벨로르시에 새로 설립된 의과 대학에서 일할 외과의를 뽑으러 런던에 와 있었다. 아들이 인도로 돌아오길 학수고대하던 어머니가 내 이야기를 해 둔 모양이었다.

인도로 돌아간다는 생각만 해도 가슴이 뛰었지만, 그러려면 치워야 할 걸림돌이 너무 많았다. 코크런은 이편의 사양을 처음부터 무질러 버렸다. "걱정하지 마시게. 중앙위원회쯤은 알아서 처리할 테니!" 그리고 정말 위원들을 설득해서 군대에 가는 대신 인도에서 대체 복무를 할 수 있도록 허락을 받아 냈다. 코크런은 벨로르 병원의 운명이 인도와 대영제국의 앞날을 가르는 분수령이기라도 한 것처럼 설명하는 재주가 있었다.

개인적으로 더 시급한 문제는 가족이었다. 독일 폭격기의 공습을 경계하는 불침번을 서느라 첫 아이의 출산을 지켜보지 못했다. 이제 크리스토퍼는 두 살이 되었고 아내가 둘째를 낳을 해산날이 다가오고 있었다. 그런 시기에 집을 떠나다니, 생각만으로도 견디기 힘들었다. 그런데 이번에는 마거릿이 스스로 그 걸림돌을 치워 주었다. "군에서 극동 지역으로 보낼지도 모르잖아요. 당신이 유럽에 있든, 극동에 있든, 인도에 있든 어차피 아기는 나 혼자 낳는 거고요." 그리고는 해산한 뒤에 산후조리를 마치는 대로 최대한 빨리 합류하겠다고 약속했다.

한창 보따리를 꾸리던 참에 우리 딸, 진이 태어났다. 그리고 두 주 뒤, 아내와 갓 걸음마를 뗀 아들, 갓난쟁이 딸아이를 꼭 안아 주고 인도로 가는 증기선에 올랐다. 수에즈 운하를 지나 동쪽으로 가노라니, 아홉 살 어린 나이에 콜리스에서 보낸 소년 시절을 뒤로하고 거꾸로 영국으로 향하며 느꼈던 아픔이 고스란히 전해졌다. 가족을 런던에 남겨 둔 데다 미래는 불확실한 판에 어린 날의 기억까지 되살아나는 통에 항해하는 내내 사무치게 외로웠다.

유년기를 보낸 땅이 얼마나 강력하게 날 움켜쥐고 있는지, 뭄바이에 배가 닿고 나서야 비로소 실감했다. "냄새는 들리거나 보이는 그 무엇보다 확실하게 심금을 울린다"라고 러디어드 키플링(Rudyard Kipling)은 말했다. 그런 소리를 할 수 있었던 건 그 역시 헤아릴 수 없

아무도 원하지 않는 선물

을 만큼 많은 냄새가 떠다니는 인도에서 살아 본 까닭이 아니었을까 싶다. 백단향, 재스민, 뜨거운 연탄불, 잘 익은 과일, 소똥, 인간의 땀, 향신료와 열대 꽃봉오리의 짙은 향기가 한데 어우러진 공기를 들이 마시자마자 추억이 홍수처럼 밀려들었다. 고통은 사라지고 향수가 그 자리를 대신했다.

벌거벗다시피 한 힌두교 금욕 수도사, 혹시라도 벌레를 죽이지나 않을까 싶어 손수건으로 가린 채 숨을 쉬는 자이나교 신자, 트레이드 마크인 턱수염과 팔자 콧수염에 터번을 두른 시크교도, 민머리에 진노랑 가사(袈裟)를 걸친 불교 승려를 비롯해 6천 년에 이르는 전통이 다양한 모습으로 거리를 활보했다. 인력거들이 버스, 낙타, 가끔은 코끼리와 뒤섞여 자리다툼을 벌였다. 어느 농사꾼은 자전거로 돼지를 실어 나르고 있었다. 짝지어 다리를 묶고 핸들에 거꾸로 매단 꼴이었다. 돼지는 기름칠한 지 오래된 기계처럼 연신 끽끽거렸다.

가리개를 벗은 사람처럼 넋이 나간 듯 눈앞의 풍경을 구경했다. 어딜 바라보든 아름다운 것들이 차고 넘쳤다. 노점상들이 차려 놓은 좌판에서는 꽃과 염료를 팔고 있었다. 여인들이 하늘하늘 차려입은 비단 사리는 열대 지방 새처럼 화려했다. 거세한 수송아지 뿔마저도 은과 터키석으로 장식해 놓았다. 어느새 나는 아버지 손을 꼭 붙잡고 인도 대도시 거리에 서 있는 아홉 살짜리 꼬맹이로 돌아가 있었다.

인도 생활 적응기

봄베이에서 마드라스까지 기차를 타고 머나먼 길을 가는 사이에 또 다른 기억이 살아났다. 창밖으로 증기 기관차가 짙고 탁한 연기를 구름처럼 뿜어냈다. 안에는 코코넛 자루, 바나나 바구니, 누더기 보따리, 꼬꼬댁거리는 닭들이 빼곡한 닭장 따위가 승객들과 뒤엉켜 실려 있었다. 옆 칸에서는 염소가 쉴 새 없이 울어 댔다. 인도인 가족들은 구장나무 수액을 발라 끈적끈적하고 불그죽죽한 나무 바닥에 몸을 눕혔다. 제 짐 위에 누우려고 보따리를 타고 오르는 이들도 있었다.

열차는 수풀이 우거진 봄베이 동쪽 산등성이를 지나 메말라 먼지가 풀풀 날리는 평원으로 내려갔다가 비옥한 동부의 대지를 향해 칙칙폭폭 달려갔다. 몇 킬로미터마다 조그만 언덕처럼 보이는 초가지붕이 옹기종기 모여 있었다. 비슷한 마을이 인도 전역에 백만 개나 흩어져 있었다. 비옥한 곡창 지대에 들어서자 관개 수로들이 짙푸른 벌판을 가로세로 수놓았다. 차창 밖으로 오랜 세월 변치 않은 장면이 펼쳐졌다. 농부들이 온 가족과 함께 들판에서 곡식을 털어 까부르고 있었다. 논에서는 장정 둘이 해묵은 방식으로 물을 댔다. 한 사내가 놀이터의 시소처럼 생긴 높다란 나무틀 위에 맨발로 올라섰다. 공중그네 곡예사처럼 두 팔을 뻗어 균형을 잡으면서 살금살금 한쪽 끝으로 걸어갔다. 무게가 한쪽으로 쏠리면서 가죽으로 만든 물동이가 관개 수로 속에 풍덩 잠겼다. 동료가 반원을 그리며 발판 기둥을 돌려 주길 기다렸다가 자루가 달린 쪽으로 걸어가면 동이 안에 담겼던

아무도 원하지 않는 선물

물이 다른 쪽 수로로 쏟아져 들어갔다. 사내들은 같은 과정을 날마다 종일 끝없이 되풀이했다. 그 역시 인도의 신비였다.

마드라스부터 10만 명 정도가 사는 벨로르까지는 자동차로 갔다. 그리고 마침내 복닥거리는 병원 직원 관사에 도착했다. 채 며칠이 지나기도 전에 다시 한 번 인도를 온몸으로 체감했다. 구두는 벽장에 고이 모셔 두고 맨발로, 또는 샌들을 신고 돌아다녔다. 면으로 된 헐렁한 옷을 입었다. 목욕도 인도식으로 했다. 밖에 불을 피우고 데운 물을 한 동이 떠다 놓고 양철 국자로 퍼서 머리에 끼얹는 식이었다. 천장에 달려 천천히 돌아가는 선풍기 밑에 누워 잤다. 맑은 첫소리로 '후 후' 우는 붉은가슴밭종다리의 울음을 들으며 까마귀들이 시끌벅적하게 떠드는 소리에 잠을 깼다.

벨로르에 도착했을 때는 날씨가 선선했다. 그러나 여름이 다가오면서 불볕더위와 마주했다. 어린 시절, 산간에 살 적에는 한 번도 겪어 보지 못한 더위였다. 한낮 기온이 섭씨 43도를 넘어서는 날도 있었다. 우리는 뜨겁게 달궈진 아스팔트 길을 맨발로 걸어 다니다 발바닥에 물집이 잡힌 이들을 치료했다. 숨만 쉬어도 땀이 흘렀다. 어떤 사무실에서는 갈대로 만든 발을 문에 걸어 놓고 아이들에게 삯을 주고 온종일 물을 끼얹게 했지만, 정말 더운 날에는 뿌려 대기가 무섭게 말라 버렸다. 야자 잎으로 만든 부채를 연신 부쳐 보지만 뜨거운 공기를 이리저리 밀어내는 게 고작이었다. 옷은 차라리 뜨거운 압박 붕대에 가까웠다. 밤마다 기어드는 얇디얇은 모기장마저도 모직 담요처럼 숨통을 조였다.

벨로르 어디에도 에어컨이 돌아가는 공간은 없었다. 심지어 수술실도 매한가지였다. 혹시 덕지덕지 붙은 먼지가 환부에 떨어질까 싶어(변명하자면) 천정에 붙은 선풍기를 쓰지 못하게 했더니 당장 외과 간호사와 조수들 사이에 이상한 인물로 소문이 났다. 더러는 열두 시간씩 내쳐 수술해야 할 때도 있었다. 그때는 일정한 단위로 수술을 끊어서 사이사이 펑 젖은 수술복과 가운을 갈아입어야 했다.

기후를 고려하면 성인 기준으로 하루에 7리터씩 물을 마셔야 하지만, 그렇게 양껏 마시면 극심한 '땀띠'가 찾아온다는 사실을 뒤늦게 깨달았다. 쉴 새 없이 땀을 흘리는 데서 오는 끔찍한 피부 발진이었다. 긁고 싶어 미칠 지경이지만 살균한 의사 가운과 장갑을 끼고 있는 터라 그럴 수가 없었다. 게다가 함부로 긁었다가는 부스럼과 감염을 일으킬 게 뻔했다. 선배 의사 하나는 물 마시는 양을 너무 줄이지 말라고 주의를 주었다. "그러고 싶을 걸세. 알고도 남지. 처음 인도에 왔을 때는 나도 땀을 줄이고 땀띠를 없앨 셈으로 물 마시는 걸 최대한 자제했다네. 효과가 있더군. 그런데 물을 넉넉하게 마시지 않으니까 요소가 분해되지 않아서 결국 결석이 생기더라고. 폴 선생, 솔직히 말해서 둘 중 하나를 택해야 할 걸세. 땀띠냐 신장 결석이냐. 둘 중 하나를 골라야 한다면 난 단연 땀띠를 고르라고 당부하고 싶네." 선배의 경고를 받아들여서 날마다 정해진 양만큼 물을 충분히 마셨다.

인도에 적응하는 과정에서 몸에 적잖은 타격을 받았다. 어린 시절에 가졌던 풍토병 내성은 사라진 지 오래여서 이질, 간염, 독감, 뎅기열 따위와 잇달아 한바탕 싸움을 벌여야 했다. 그중에서도 으뜸가게

악질적인 뎅기열에 걸리면 적어도 일주일쯤 등과 다리의 모든 뼈가 마디마디 부러지는 것 같았다. 오죽하면 다들 '골절열'이라고 부르겠는가?

6개월여의 시간이 지나고 벨로르에 익숙해질 무렵, 영국에서 아내와 두 아이가 배편으로 인도로 출발했다. 1947년 6월, 마침내 온 가족이 뭉칠 수 있었다. 그동안은 잠시도 쉬지 않고 일에만 매달렸지만, 마거릿이 도착한 뒤로는 좋든 싫든 그보다 훨씬 평범한 일상에 적응할 수밖에 없었다. 우리 가족은 의대 근처 석조 저택 꼭대기 층으로 이사했다. 아내도 병원 소아과에 자리를 얻었으므로 병원에서도 늘 함께 지냈다.

벨로르 병원은 미국 선교사 아이다 스커더(Ida Scudder)가 1900년에 설립했다. 처음에는 가로 3미터, 세로 3.6미터 정도에 지나지 않는 조그만 진료소를 기반으로 젊은 여성을 가르치는 의과 대학으로 출발했다. 학교는 갈수록 번창했고 나중에는 남학생도 받았다. 우리가 도착했을 즈음에는 사방팔방 들어선 병동에 400여 병상이 들어찬 종합병원으로 성장했다. 병원 규모는 이렇게 커졌지만, 직원들은 아직도 스커더 박사가 불어넣은 기독교 공동체 의식을 강하게 품고 있었다. 서로를 마치 한 식구처럼 여겼다.

하지만 아내와 나는 둘 다 인도식 진료에 적응해야 했다. 예를 들어, 인도 환자 중에는 의사를 거의 제사장처럼 여기는 이들이 많았다. 어느 날 아침, 이 방 저 방 분주하게 돌아다니는데, 인도 여성 하나가 마치 그림자처럼 숨어서 주위를 맴돌았다. "왜 그러세요?" 여인에게 물었다. "바깥 분을 방금 치료해 드렸잖아요?" 여인은 그렇다는 뜻으로 고개를 끄덕였다. "처방해 드린 약은 약국에서 받으셨죠?" 같은 고갯짓이 되풀이되었다. "바깥 양반한테 드리셨나요?" 이번에는 아니라는 답이 돌아왔다. "의사 선생님, 직접 오셔서 그 고상한 손으로 남편한테 약을 집어 주시면 안 될까요?" 한사코 대면을 원하거나, 무슨 결정을 내리든 가족들과 상의하려고 하는 인도 사람들의 고집스러운 태도가 처음에는 짜증스러웠다. 하지만 얼마 지나지 않아 거기에 담긴 지혜를 깨달았고 지금은 서구에서도 보고 배우면 좋겠다는 생각이 든다.

아이다 스커더의 비전에 따라 벨로르 병원은 무작정 서구의 방식을 복제하는 게 아니라 현대 의학을 인도 상황에 맞게 접목하는 길을 추구했다. 흉부외과 수술, 신장 투석, 개심술, 전자 현미경, 신경외과 수술 따위를 제공한 아시아 최초의 병원이기도 하다. 얼마나 명성이 높았던지, 가끔 아랍권의 왕자들이 건강상의 문제를 해결하기 위해 비행기를 타고 인도까지 날아와서 다시 벨로르라는 후미진 동네까지 머나먼 여행을 마다하지 않을 정도였다. 하지만 병원은 인도만의 고유한 맛을 또렷이 간직했다. 복도는 병원이라기보다 왁자지껄한 장터 같았다. 환자들은 40-50개 병상이 늘어선 툭 터진 병동에 누워 있었다. 대부분 병원 식당이 아니라 가족들이 식사 수발을 했다. (화재의 위험이 있으므로, 직원들은 혹시라도 병동 안에서 석탄 화로를 쓰는 아낙네들이 있는지 눈을 부릅뜨고 감시했다.) 환자가 세상을 떠나면 24시간 곁에서 간호하던 가족들은 울음을 터트리고 가슴을 치며 병실이나 복도에서 소리 높여

아무도 원하지 않는 선물

곡을 했다. 질병과 죽음을 삶의 주기 가운데 한 토막으로 받아들이는 곳, 거기가 바로 인도였다. 나쁜 소식이 다른 환자들 귀에 들어가지 않도록 보호해야 한다는 생각은 아무도 하지 않았다.

에어컨이 없는 탓에 병원은 특별한 경우가 아니면 창문을 늘 열어 놓을 수밖에 없었다. 소달구지가 덜커덕거리고 지나가는 소리, 붕붕대는 오토바이 모터 소리, 먹거리 행상들의 외침 따위의 거리 소음이 거침없이 밀려들었다. 호시탐탐 환자들의 음식을 노리는 까마귀가 큰 골칫거리이던 시절도 있었다. 영악한 녀석들 가운데 한 마리가 공격을 주도한다. 열린 창문으로 날아들어 부리로 쟁반에 받치는 천을 세차게 잡아당긴다. 음식이 와장창 바닥에 쏟아지면 공범들이 달려들어 한바탕 잔치를 벌인다. 언젠가는 뻔뻔스럽게도 부검실에까지 습격해서 병리학자가 해부하려고 작업대 위에 정성껏 준비해둔 인간의 눈을 낚아채 간 적도 있다. 병원에서는 곧바로 놈들이 드나드는 통로마다 철망을 치는 까마귀 철통 봉쇄 작전을 폈다. 철망은 원숭이들의 침투를 막는 수단으로도 지금껏 사용되고 있다.

이가 없으면 잇몸으로

인도에서 의사로 일하자면 무엇보다 창의성이 필요했다. 예산이 넉넉지 않은 탓에 노동력을 절감해 주는 장비를 주문하는 행동은 알아서 삼가는 분위기였으므로 필요한 건 뭐든지 만들어 쓸 수밖에 없었다. 게다가 교과서에 나오지 않는 문제들이 꼬리를 물었다. 한창 수술하고 있는데 전기가 끊어지고, 병원에 광견병이 돈다는 보고가 올라왔으며, 물이 부족하고, 혈액은행에는 정체를 알 수 없는 발열 인자가 끼어들었다. 그때마다 머리를 긁적이며 이내 빠져나갈 새로운 길을 만들어야 했다.

이미지 증폭 엑스레이 같은 신기술이 즉각적인 진단을 내리는 데 아주 유익하다는 판단이 들면 병원에서는 최상의 장비를 갖추기 위해 안간힘을 썼다. 인도인 방사선사는 영상 방사선 조영 기술을 통달해서 인체 내부의 움직임을 보여 주는 놀라운 동영상을 만들어 냈다. (기괴한 필름 탓에 악명도 얻었다. 뱀 삼키는 묘기로 돈을 버는 광대를 설득해서 가장 생생한 뱀에게 바륨을 먹이게 했다. 그리고는 엑스레이 카메라 앞에 서서 뱀을 한 마리 한 마리 삼켜서 뱃속에서 신나게 놀게 한 다음 도로 토해 내게 했다. 그렇게 만들어진 필름은 국제 방사선학회에서 상영되어 크게 히트했다. 바륨의 작용으로 윤곽이 하얗게 보이는 뱀들이 꼼지락꼼지락 식도를 타고 내려가 사내의 뱃속에서 얽히고설키며 꿈틀거리다 부풀린 횡격막에 밀려 위로 올라오는 광경을 참가자들은 고스란히 지켜보았다.)

그에 비해 마취과는 지원을 제대로 받지 못했다. 처음에는 철사 틀 위에 거즈를 열두 겹 겹친 아주 단순한 기구를 사용했다. 마취과 의사들은 거즈를 에테르에 푹 담갔다가 환자 입에 씌워 놓고 주기적으로 눈꺼풀을 들어 올려 마취제가 제대로 효과를 내고 있는지 확인했다. 혈액 가스, 혈압, 심장 박동률 따위의 정보를 알려주는 모니터 같은 건 아예 없었다. 하지만 대개 인도의 풍부한 노동력이 과학 기술을 대신했다. 조수 한 명이 달라붙어 종일 혈압을 확인하고 청진기를 대고 이상 징후가 없는지 살피는 식이었다. 돌아보면 그야말로 바닥

아무도 원하지 않는 선물

에 가까운 조건에서 수술을 진행했다. 이런 열악한 상황에도 벨로르 병원에서 수술 도중 숨진 사람이 거의 없다는 사실에 가슴을 쓸어내릴 뿐이다.

상대적으로 새로운 과학에 속하는 수혈의 예민한 세부 사항을 속속들이 파악하기까지는 적잖은 시간이 걸렸다. 벨로르에서 진료를 시작할 때만 해도 병원에 혈액은행이 없었다. 정형외과 수술은 환자의 피를 뽑아냈다가 다시 순환시키는 응급 장비에 기댈 수밖에 없었다. 분초를 다투는 상황이 벌어지면 팔과 팔을 잇는, 말 그대로 극적인 수혈 방식을 사용했다. 수혈이 가능한지 검사한 뒤에 헌혈자(보통은 친척이다)를 위태로운 상태에 빠진 환자보다 높은 침상에 눕힌다. 그리고는 건강한 이의 혈관에 바늘을 꽂아 튜브를 늘어뜨린 뒤에 다른 한쪽 끝을 환자의 정맥에 연결한다. 생명이 이 사람에게서 저 사람에게로 흘러가게 한 것이다.

마침내 혈액은행을 세우고 가동했다. 대다수 인도 사람들은 헌혈을 꺼렸지만 자유 시장 체제를 거스르지는 못했다. 인력거꾼들은 약 0.5리터쯤 혈액을 제공하면 종일 릭샤를 끄는 것과 맞먹는다는 사실을 알았다. 얼마 가지 않아 병원에서는 헌혈 빈도를 감시하는 피부 문신 시스템을 갖춰야 할 정도였다. 여러 병원을 돌아다니며 가명으로 일주일에 0.5리터 가까이 헌혈하는 이들이 생겨난 까닭이다.

더러 병원이 아니라 시골 마을을 무대로 수술하는 경우도 있었다. 처음에는 그렇게 한데서 수술을 하다가 심각한 합병증이라도 생기면 어떡하나 몹시 두려웠다. 하지만 살균 원칙을 철저하게 지키기만 하면 촌 동네라는 환경이 실질적인 위협이 되지는 않는다는 사실을 금방 깨달았다. 바깥에 있는 나무 아래다 배양 접시를 놓아두면 병원 복도에 두었을 때보다 박테리아가 더 많이 자랐다. 게다가 그 균들은 상대적으로 덜 해롭고 항생제에 대한 내성도 훨씬 적었다. 인도의 일반적인 병원에는 지독한 전염병균이 거칠 것 없이 복도를 떠돌아다녔다. 저항성 균주까지 섞여 있었다. 시골 마을은 형편이 달랐다. 세균이 흔하긴 했지만, 지역 주민들이 이미 자연적으로 저항력을 갖춘 경우가 대부분이었다. 개인적으로 이동 병원에서 숱한 수술을 했다. 한번은 동네 목수한테 끌을 한 세트 빌려다가 열탕 소독한 뒤에 사용한 적도 있다. 하지만 심각한 패혈증을 부른 사례는 단 한 건도 기억나지 않는다.

안톤 체호프(Anton Chekhov)도 야외의 나무 아래서 수술이나 부검을 했다. 러시아 농부들이 어떤 두려움과 미신을 품었는지 들어 보면 인도 시골 동네에서 자주 부닥쳤던 일들이 절로 떠오른다. 우리는 가는 곳마다 민간요법과 씨름해야 했다. 예를 들어, 미신을 믿는 가정에서는 천기의 조짐이 길한 시점에 맞춰 아이를 낳는 게 대단히 중요했으므로, 산파들은 출생 시각을 바꾸기 위해 갖은 기술을 다 동원했다. 산모를 자리에 앉히고 건장한 남자를 시켜 어깨에 올라타게 했다. 산도를 눌러 출산을 늦추겠다는 심산이었다. 반대로, 분만을 앞당긴다며 가엾은 산모의 배를 사정없이 두들기기도 했다.

보건 의료 사업을 가로막는 가장 큰 장애물 하나를 꼽으라면 단연 '깨끗하지 않은 물'이었다. 제3세계에서는 그 어떤 질병보다 이질에

아무도 원하지 않는 선물

서 비롯된 탈수로 목숨을 잃는 아이들이 많았다. 병원에서는 수질을 관리할 수 있지만, 여염 동네에서는 급수원이 질병의 근원이 되기 쉬웠다. 치료한다는 게 도리어 병을 깊어지게 만들었다. 탈수와 싸우는 아이들이 물을 마실수록 감염은 심해졌다. 희한한 노릇이지만, 인도 남부에 널리고 널린 코코넛나무야말로 그 딜레마를 피하는 해결책이었다.

런던 시절에 함께 일했던 외과의 딕 도슨(Dick Dawson)은 전쟁 중에 일본군의 포로가 되어 '죽음의 철도'로 불릴 정도로 악명 높았던 버마 철도 건설에 동원되었다. 환경은 더없이 끔찍했다. 인부들은 늪지대에서 일했다. 일본군은 포로들이 쓸 화장실을 마련해 주지 않았고, 그 탓에 주위의 물이 온통 오물에 오염되고 말았다. 곧 이질이 돌았고, 영양실조에 걸린 영국군 포로들이 수십 명씩 쓰러졌다. 연대 군의관으로서 병사들이 죽어 나가는 걸 속수무책으로 지켜볼 수밖에 없었던 도슨은 심란하기 이를 데 없었다.

그러던 어느 날, 텐트에 앉아 그 처절한 현장을 지키던 도슨의 뇌리에 계시처럼 스치는 생각이 있었다. 구역질 나는 악취를 풍기며 푹푹 찌는 물구덩이를 내다보던 도슨은 습지 한복판에 키가 크고 우아한 나무들이 자라고 있는 걸 알아차렸다. 꼭대기에는 윤기가 도는 코코넛 열매가 주렁주렁 매달려 있었다. 눈곱만큼도 오염되지 않은 데다 영양까지 풍부한 수액 공급원이 거기에 있었다. 도슨은 건강 상태가 가장 좋은 병사들에게 나무를 타고 올라가서 으뜸가게 푸르른 열매를 따오게 했다. (아직 과즙이 걸쭉해져 코코넛 밀크가 되지 않은 녹색 열매여야 했다.) 그때부터는 코코넛 수액을 주입해서 수분을 관리하는 방식으로 웬만한 이질은 다 다스릴 수 있었다. 가늘고 속이 빈 대나무 가지를 깎아서 바늘을 만들고 그 끝에 고무 튜브를 묶어 썼다. 한쪽 바늘은 코코넛에 꽂고 다른 한쪽은 병사의 핏줄에 연결했다.

딕 도슨의 기법은 인도, 그중에서도 세균에 오염되지 않은 물을 구하기 어려운 지역에서 아주 쓸모가 있었다. 보통은 입을 통해 환자에게 코코넛 열매 수액을 먹였지만, 시골 병원에서는 코코넛 수액을 정맥 주사로 주입하는 응급 수원으로 삼기도 했다. 영국이나 미국에서 찾아온 이들에게는 환자의 팔에서 신선한 코코넛 열매까지 구불구불 고무 튜브가 기어오르는 철제 주사 스탠드가 몹시 놀랍고 불편해 보일지 모른다. 하지만 코코넛 열매 속에 밀봉된 혼합 과당은 멸균 상태로 그 어떤 제약 회사 제품에 견주어도 빠지지 않는다. 이루 헤아릴 수 없을 만큼 많은 콜레라와 이질 환자가 이런 촌스러운 치료를 받고 목숨을 건졌다.

무더위와 원시적이기까지 한 환경, 기이하기 짝이 없는 인도의 민간요법, 잊을 만하면 어김없이 되살아나는 이질과 열대 열병 따위는 어느 정도 익숙해져야 하는 일이었지만, 치료하면서 얻는 황홀감만으로는 감당하기 힘든 어려움이 있었다. 인도 사람들은 콧물이 줄줄 흐른다든지 목이 부어 따끔거리는 정도로는 의사를 찾지 않았다. 십중팔구는 다 죽게 되어야 병원으로 달려온다. 의사로서는 과학 수사를 전담하는 형사가 된 기분이다. 영국에서는 궤양 환자가 찾아오면 궤양만 치료하면 그만이었다. 하지만 인도에서는 궤양은 기본이고 구충, 말라리아, 영양실조를 비롯해 오만가지 질환을 검사해야 했다.

인도 환자들이 고통을 대하는 의연한 자세와 평온한 태도는 참으로 놀랍기만 하다. 복닥거리는 대기실에 앉아 몇 시간씩 기다리면서도 불평 한마디 입에 담는 법이 없었다. 그들에게 고통은 삶이라는 풍경화의 일부이며 피할 수 없는 숙명이었다. 인간 만사가 업보라는 철학은 고통을 불만스럽게 여기는 감각을 무디게 해야 했다. 괴로움은 그저 견뎌야 할 일이었다.

가끔 실내 온도를 조절할 수 있는 유니버시티 칼리지의 최첨단 수술실과 연구실이 아쉬울 때가 있었다. 하지만 환자 한 사람 한 사람에게 몰입할 수 있는 현장과 의사로서의 소명을 다하며 느끼는 자유는 그 상실감을 메우고도 남았다. 그처럼 도전을 받고 성취감을 맛본 적이 또 있었던가 싶다. 개중에는 제3세계 국가들에서 일하는 의사들을 자기희생적 영웅쯤으로 우러러보는 이들이 있다. 하지만 꼭 그런 건 아니다. 그들 가운데 대다수는 그야말로 황금기를 보내고 있다. 물론, 보험 관련 서류의 빈칸을 채우고, 정부 보건 정책과 씨름하고, 전산 자료 보관 시스템을 고르고, 의료 사고 보장 보험을 검색하고, 제약 회사 영업 사원의 설명을 듣느라 일과의 절반을 허비해야 하는 서구의 의사들도 잘 알고 있다. 나더러 선택하라고 한다면 언제 물어도 단연 인도 쪽이다.

두말 말고 차근차근

벨로르에 부임한 첫해에는 일단 병원 문턱을 넘어선 이는 누구나 가리지 않고 진료하는 일반 외과의로 일했다. 젊었고, 열성적이었으며, 진짜 환자를 보는 모험에 취해 있었다. 2년 차에 들어서면서 정형외과로 분야를 전문화하기 시작했지만, 무엇을 필생의 업으로 삼을지는 여전히 조금도 가늠하지 못했다. 여느 새내기 외과의처럼 수련 과정에서 배운 지식을 현장에 적용할 따름이었다. 그런데 시간이 흐를수록 인도가 치료에 접근하는 새로운 길을 가르쳐 주고 있다는 생각이 들었다. 그 시절을 통틀어 더없이 흐뭇한 기억 가운데 하나는 흔히 조막발이라고 하는 선천성 내반족을 치료하던 일이다. 발이 돌아가면서 안쪽으로 휘는 유전적 기형이다.

런던의 그레이트 오먼드 스트리트 병원에서 일하면서 조막발 환자를 수없이 진료했다. 당시 과장이었던 데니스 브라운(Denis Browne) 박사가 그 분야에서 세계적으로 손꼽히는 전문가였기 때문이다. 열성적인 학생의 눈으로 덩치가 산만 한 박사의 진료 과정을 지켜보던 기억이 난다. 엄지손가락 하나만 해도 얼마나 큼지막한지 아기 발바닥 하나는 다 덮고도 남을 정도였다. 그렇게 큰 손으로 갓난이의 조그만 발을 열심히 마사지했다. 박사는 조막발을 외과적으로 교정했다. 발을 억지로 비틀어 제자리를 잡아 놓고는 단단한 부목을 대고 접착 띠로 단단히 고정했다. 대단한 솜씨였다. 단 한 번의 시도로 완전히 교정해야 한다고 주장했고 실제로도 그렇게 해냈다. 발의 위치

아무도 원하지 않는 선물

를 바로잡는 순간에는 가끔 인대 끊어지는 소리가 나기도 했다.

나는 부목을 가는 후속 치료 클리닉에 배치받았다. 그리고 거기서 치료를 받고 몇 년이 흐른 뒤 특수한 신발을 맞추거나 교정 수술을 받으러 오는 환자들과 마주했다. 데니스 브라운이라는 참으로 천재적인 의사에 대한 존경심을 잃은 건 절대 아니지만, 무리하게 압박을 가하다가 생긴 상처가 다리에 입히는 손상을 가볍게 여기고 지나치는 건 아닌지 걱정스러웠다. 박사가 교정한 다리는 보기 좋은 모양이 되었지만, 조직이 망가진 탓에 유연성을 찾아볼 수 없고 뻣뻣하기 이를 데 없었다.

인도에 도착한 지 얼마 안 돼서 벨로르 병원에 발 클리닉을 열었다. 인산인해. 숱한 발에 치이고 깔릴 판이었다. 프로젝트에 관한 소문이 퍼지면서 충분한 인력을 채 갖추기도 전에 감당하기 어려울 만큼 많은 환자가 몰렸다. 안뜰을 내다보고 있노라면 나이를 가리지 않고 목발에 의지해 제 몸을 질질 끌고 들어서는 이들의 모습이 눈에 들어왔다. 측은했다. 끝없이 밀려드는 이들 앞에서 그저 멍하고 무기력한 느낌뿐이었다.

일단 익숙한 증상이 있는지 살폈다. 단연 내반족이었다. 수심 가득한 얼굴로 조막발을 가진 아기를 데려온 아기 엄마가 한둘이 아니었다. 그런 아이들만 따로 치료하는 내반첨족 클리닉을 세웠다. 그리고 통상적인 수술 절차와 방법, 그리고 데니스 브라운 박사한테 배운 대로 부목을 대고 고정하는 법 따위를 벨로르 병원 의료진에게 가르쳤다. 2차 세계대전 당시 추락한 비행기의 큼지막한 파편을 사서 동네 대장장이에게 맡기고 금속을 자르고 두들겨 치료에 쓸 조그만 부목을 만들게 했다.

다른 한편으로는 나이 든 환자들도 치료하기 시작했다. 더러는 희한하게 굽어진 내반슬로 덜컥거리며 걸어 다니고 있었다. 여태 한 번도 본 적이 없는 유형이었다. 사실 발의 바깥 면을 딛고 다닌다고 해도 지나친 말이 아니었다. 발목이 거의 땅에 닿다시피 했다. 발바닥이 안으로, 그리고 다시 위쪽으로 굽어서 서로 맞닿을 지경이었다. 한 걸음 한 걸음 뗄 때마다 분홍빛 발바닥이 다 드러나는 이가 다가오는 걸 지켜보고 있노라면 당혹스러웠다. 태어나서 한 번도 치료를 받지 못한 채 어른이 된 내반족 환자를 처음 본 탓에 놀라서 그랬던 게 아닌가 싶다. 두 발이 땅에 닿는 '접지면'에는 두꺼운 각질이 앉아 있었다. 본래 바닥을 딛도록 설계된 자리가 아닌 터라 감염이 생기고 짓물러 터지기 일쑤였다.

열아홉 살 먹은 환자를 골라 치료에 들어갔다. 발을 거꾸로 돌려서 발바닥이 아래를 보도록 고정하는 더없이 과격한 수술을 하고 나서 부목을 대는 길고 긴 과정이 따르는 일이었다. 그런데 막상 검사를 해 보니 직접 촉진을 하고도 내 손을 믿을 수가 없었다. 발을 마사지하고 이리저리 돌려 보았더니, 아주 유연할 뿐만 아니라 크게 힘을 들이지 않은 조작에도 잘 반응했다. 영국에서 만났던 성인 환자들의 뻣뻣한 발과는 아주 딴판이었다. 의사가 억지로 발을 비틀어 새로운 모양으로 만들거나 수술로 교정한 적이 없었으므로 조직이 단 한 점도 상하지 않은 상태였다. 무리하게 힘을 주어서 티 없이 깨끗한 조

아무도 원하지 않는 선물

직에 상처를 내서는 안 되겠다는 생각이 들었다. 그래서 환자가 찌르르한 통증을 느낄 때까지만 교정하려는 위치 쪽으로 발을 누르고 그대로 고정했다. 일주일 뒤, 부목을 갈면서 보니 조직이 늘어나 있었다. 그렇게 일주일 단위로 부목을 대고 조금씩 압력을 늘렸다. 결국, 기형의 절반 정도를 수술 없이 바로잡을 수 있었다.

마침내 10대 환자가 난생처음 발바닥으로 땅을 딛고 걸어 나가는 모습을 보았다. 이처럼 서서히 교정하는 원리를 아기들의 내반족을 치료하는 데도 적용할 수 있겠다는 확신이 들었다. 유아를 전담하는 클리닉에 새로운 방식으로 접근하겠다고 선언했다. 더는 무리한 조작을 시도하지 않겠다고 했다. 상처를 남기는 수술도 없을 것이다. 이제부터는 조직을 자극해서 저절로 교정되게 할 작정이었다. 한 가지 문제가 있었다. 발의 짧아진 면이 자라도록 자극하기에 충분할 정도로 강력하되 조직을 상하게 하고 상처를 일으킬 만큼 세지는 않은 힘이 어느 정도인지 계산해야 했다.

그 값을 계산하려고 동원했던 방법을 일일이 설명하지는 않겠다. 여기서는 가장 성공적인 최후의 방법만 이야기하려고 한다. 내반첨족 클리닉에서는 아기들을 치료했는데, 인도 엄마들은 적어도 일 년 동안 모유를 먹였다. 바로 여기에 열쇠가 있었다. 엄마들한테 아기를 바짝 굶겨서 병원에 데려오게 했다. 아침 진료 전에는 절대로 젖을 먹이지 못하게 했다.

내반첨족 클리닉은 병원에서 가장 시끄러운 방으로 정평이 나 있었지만, 이제는 대기실마저 악을 쓰며 울어 대는 갓난이들의 불협화음 경연장이 되고 말았다. 아기의 이름을 부르면 곧바로 엄마가 들어와 맞은편에 자리를 잡는다. 아기를 무릎에 내려놓고 사리 앞섶을 열어 젖으로 퉁퉁 부풀어 오른 가슴을 드러낸다. 아이가 게걸스럽게 젖을 빠는 사이에 기존 부목을 떼고 발을 씻긴다. 그리고는 이리저리 돌리며 움직일 수 있는 폭을 시험한다. 아기는 내 쪽으로 눈을 돌리고 낯을 찡그리기도 하지만, 엄마 젖에 정신이 팔린 상태다. 상태를 점검하고 평가한 뒤에 석고 붕대를 가져다 물에 적시고 발과 씨름하기 시작한다.

지금부터가 결정적인 순간이다. 아기의 눈을 집중해서 들여다본다. 그때까지도 녀석의 관심사는 오직 하나, 엄마 젖뿐이다. 아기의 발을 교정하려는 쪽으로 부드럽되 꾸준하게 굽혀 편다. 불편한 느낌을 처음 감지한 아기는 눈을 돌려 말썽의 근원인 제 발과 나를 쳐다본다. 그게 신호다! 아기가 계속 낯을 찡그린 채 우리를 쳐다보는 상태를 깨뜨리지 않는 수준에서 최대한 멀리 발과 다리를 굽힌 뒤에 펴 젖은 석고 붕대로 재빨리 싸맨다.

녀석이 엄마 젖꼭지를 놓고 비명을 지르면 게임에서 졌다고 봐야 한다. 발을 무리하게 굽혀 조직에 지나친 스트레스를 준 것이다. 너무 멀리 간 셈이다. 아기가 처음 저항의 울음을 터뜨리면 손을 늦추고 붕대를 푼다. 다시 엄마 가슴을 파고들기를 기다려 새 석고 붕대를 가지고 다시 시작해야 한다. 차츰 알게 된 사실이지만, 통증이라는 이 저지선을 넘어서면 당장 또렷한 상처가 눈에 띄지 않는다고 할지라도 나중에 부종과 경직이 어김없이 나타난다.

아무도 원하지 않는 선물

이런 기술을 써서 수술에 기대지 않고 다리를 완전히 교정하는 극적인 결과를 얻었다. 한 아이에게 스무 번 넘게 부목 치료를 해야 하는 경우도 있었다. 닷새에 한 번 붕대를 바꿨다. 피부와 인대, 그리고 뼈의 세포들까지 외부에서 가해지는 완만한 압박에 충분히 적응할 수 있는 시간이었다. 마지막 처치가 끝난 뒤에도 아이가 제대로 걸을 수 있을 때까지 데니스 브라운 부목을 대게 했다. 교정 효과는 온건하고도 지속적이어야 했다. 깁스하지 않고 발을 그대로 놔두면 몇 주 지나지 않아서 곧바로 기형이 재발한다. 성공적으로 치료가 마무리되면 아이는 유연한 다리와 발로 부종이나 상처의 징후 없이 제대로 걸어 다니게 된다. 최종적으로 칼을 대야 하는 경우가 있기는 하지만 손상된 조직이 없어서 신나게 수술할 수 있다.

내반족 치료 경험을 통해 부드러운 설득이 사나운 교정보다 훨씬 잘 통한다는 세포생리학의 기본 원리를 체득했다. 내반첨족 클리닉 입구에 표어를 써 붙였다. "두말 말고 차근차근!" 급진적인 치료를 전문으로 하는 외과의 수련을 받기는 했지만, 개인적으로는 몸이 스트레스에 적응하면서 스스로 치유하는 놀라운 과정을 뒷받침하는 데서 짜릿함을 더 크게 느꼈다. 아무리 능숙하게 수술한다고 해도 상처를 남기고, 피를 내고, 조직을 찢어 놓을 게 뻔했다. 데니스 브라운 박사의 환자들에게서 보았던 바로 그런 요소들을 피할 길이 없었다. 몸을 살살 달래서 수술 없이 제힘으로 상황을 바로잡게 할 수 있다면, 그 자리의 세포들은 의사가 새로 만든 게 아니라 원래부터 있던 문제를 해결하는 데 온 힘을 쏟을 수 있을 것이다. 더 느리되 더 슬기롭게 몸을 바꿔 가면 아무런 상처도 남지 않는다.

그 과정에서 다른 교훈도 얻었다. 의사 노릇을 하는 데 평생 지침으로 삼을 고통에 대한 깨달음이었다. 내반첨족 클리닉에서 일하면서 몸이 보내는 고통 신호에 거의 본능적으로 귀를 기울이기 시작했다. 젖먹이 엄마들과 함께한 의식과도 같은 치료가 제대로 통한 까닭은 무엇일까? 고통을 견디는 아기들의 능력에 우리 의료진이 호흡을 맞췄기 때문이다. 젖먹이 여자애의 발을 움직이는 내 손길이 그저 짜증을 일으키는 정도라면, 아기의 몸은 아무런 손상을 입지 않고 외부의 스트레스를 처리할 수 있다고 봐도 괜찮았다. 낯선 이의 얼굴, 젖은 기저귀, 시끄러운 소리를 비롯해 아기를 짜증 나게 할 만한 요인은 한둘이 아니다. 하지만 미리 젖을 끊어서 배를 비워둔 터라 모든 훼방꾼이 쫓겨나고 고통만 남은 상태였다. 발을 너무 심하게 돌려서 정말 아프게 만들었다면(물고 있던 젖꼭지를 놓을 정도로) 보호 기능을 하도록 설계된 통증이라는 저지선을 넘고 만 것이다. 통증은 손상을 입지 않도록 지켜준다. 피해를 입히는 주체가 환자 자신이든 의사든 가리지 않는다.

곧바로 한센병 환자의 뻣뻣한 손을 고치는 데도 비슷한 원리를 적용했다. 하지만 생판 다른 문제가 줄줄이 제기되었다. 십 년이 넘도록 답을 찾지 못하고 쩔쩔매게 만든 난제들이었다. 그들의 고통에 귀를 기울일 수가 없었다. 한센병 환자들에게는 고통이라는 게 아예 없었기 때문이다.

아무도 원하지 않는 선물

제2부

고통과 씨름했던 날들

I

누가 보더라도 난 인간이었다.
적어도 팔다리는 다 있었으니까.
하지만 남부끄러운 쓰레기
조각으로 살아왔는지도 모르겠다.
절뚝거리며 삶에서 슬금슬금
도망치게 만드는 부적절한
무언가가 있었다.

―피터 그리브스, 한센병 환자

7장

칭글레푸트로 가는 에움길

수술을 가르치는 생활에 하루하루 행복하게 안착할 즈음, 애초에 인도로 불러들였던 저돌적인 스코틀랜드 의사 로버트 코크런이 한센병 요양원으로 나를 초대했다. 그 바람에 일상이 엉망으로 뒤집히고 말았다.

코크런은 한센병 치료로 세계적인 명성을 쌓았지만, 나는 아는 바가 많지 않았다. 어린 시절에 보았던 무시무시한 장면만 뇌리에 생생했다. 한센병 환자를 치료할 때면 아버지는 그 집에 얼씬도 못 하게 나와 누이동생을 단속했다. 벨로르 시내에서도 한센병에 걸려 이지러진 모습을 한 의지가지없는 거지들을 자주 보았다. "우리 병원에 들르지 그러세요." 그들에게 말했다. "진찰받고 상처를 소독하면 좋잖아요?"

"그런 말씀 마세요, 선생님. 우린 못 가요." 다들 한목소리로 대구했다. "어느 병원에서 우리를 받아 주겠어요. 우린 문둥인걸요." 병원에 알아봤더니 사실이었다. 인도의 여느 병원과 마찬가지로 벨로르에도 한센병 환자를 들이지 못하게 하는 엄격한 규정이 있었다. '문둥이'를 보면 다른 환자들이 겁을 먹고 도망간다고 생각했다. 마음에 담아두지 않았는데, 칭글레푸트 한센병 요양원에 들러 달라는 코크런의 당부를 받고서야 비로소 다시 그 생각이 떠올랐다.

불그레한 피부색에 숱이 많은 백발, 효과를 극대화하는 데 자주 써먹는 뻣뻣한 눈썹까지, 밥(로버트 코크런의 애칭—옮긴이)은 생김새만 봐도 스코틀랜드인 티가 났다. 그렇게 역동적이고, 자신감이 넘치고, 열심히 일하는 이는 일찍이 만나본 적이 없다. 1천 명이 넘는 한센병 환자를 수용하고 있는 칭글레푸트 요양원에서 날마다 수술을 감독하는 건 기본이고, 벨로르 의과 대학의 비상근 이사로 일하는 동시에, 주 전체를 아우르는 한센병 요양원 관련 정부 프로그램을 주도하고 있었다. 매일 새벽 5시에 일어나 밤 10시까지 정신없이 일했다. 불볕이 내리쬐는 한여름에도 마찬가지였다. 쉴 틈이라고 해봐야 한두 시간 성경 공부가 전부였다.

코크런에게 한센병에 맞서는 이 싸움의 핵심은 신앙 개혁 운동이었다. "기독교에는 흥미 없네. 그리스도에게 관심이 있을 뿐이지. 이건 완전히 다른 문제일세." 그는 입버릇처럼 이야기했다. 문화적 금기를 깨고 한센병 환자들에게 손을 내밀었던 예수님을 본받아야 한다며 사방에 넘쳐나는 사회적 편견에 맞서는 운동을 이끌었다. 한센병 환자 한 명은 개인 요리사로, 또 다른 환자들은 정원사로 고용해(병이 이미 '사그라진' 환자는 감염 위험이 없다고 믿었다) 의사들 사이에 일대 파란을 일으켰다.

아무도 원하지 않는 선물

무엇보다 뜻깊은 일은 누구보다 먼저 미국에서 한센병 진전을 막는 새로운 설파제를 들여다 인도에서 사용했다는 점이다. 처음으로 한센병 환자들에게 병이 깊어지는 걸 막고 더 나아가 완치도 가능하다는 진정한 희망을 준 것이다.

치료를 갈구하는 수백 개의 손

스코틀랜드 교회가 운영하는 이 요양소가 모범적인 기관이라는 데는 이견이 없었다. 일반적으로 한센병 환자들은 사회에서 격리되어 그들만의 공동체를 꾸리고 쓰레기 처리장이나 외진 구석에 모여 살았다. 이른바 보호 시설들마저도 인구가 밀집된 중심지에서 멀리 떨어진 비위생적인 건물에 한센병 환자들을 수용했다. 이와 달리, 칭글레푸트 요양원은 널찍한 대지 위에 붉은색 기와를 올린 노란 건물이 여기저기 들어선 근사한 곳이었다. 여러 해 전에 선교사들이 망고나무와 타마린드나무를 줄지어 심은 덕에 이제 칭글레푸트는 바위투성이 붉은 진흙땅을 배경으로 오아시스처럼 도드라져 보였다.

1947년, 포근하고 화창한 어느 날, 드디어 칭글레푸트로 밥 코크런을 찾아갔다. 그늘이 드리운 오솔길을 걸으며 그는 한센병에 관해 묻지 않은 이야기까지 잔뜩 들려주었다. "웬만해선 옮지 않는 병일세. 성인 스무 명 가운데 한 명꼴로 감염 가능성이 있을 뿐이고 나머지는 부러 애를 써도 걸리지 않는단 말이지. 예전에나 무시무시한 병이었지 이제는 설파제 덕에 초기 단계에서 잡을 수 있게 되었거든.

첨단 의학의 눈부신 발전 속도를 제대로 따라잡을 수 있었더라면 여긴 진즉에 문을 닫았을 걸세. 환자들도 고향으로 돌아가 새 삶을 살 수 있었을 테고."

이렇게 토막토막 강의를 이어가면서 사이사이에 편물이나 제책, 구두 수선 같은 가내 수공업 작업장과 채소밭, 목공소 따위를 자랑스럽게 보여 주었다. 코크런은 중증 한센병 환자들의 기괴한 생김새가 전혀 거슬리지 않는 듯했지만, 나는 심하게 이지러진 얼굴을 대할 때마다 눈을 돌리고 싶은 유혹에 시달렸다. 어떤 이들은 이른바 사자 꼴이었다. 코는 납작해졌고, 눈썹은 다 빠졌으며, 이마와 광대뼈는 툭 불거졌다. 안면근육이 마비되다시피 해서 웃는 건지 찡그리는 건지 도무지 구분할 수 없는 이들도 있었다. 가만히 보니 눈에 불그스레한 막이 뿌옇게 끼어 있는 환자가 한둘이 아니었다. 코크런은 한센병 탓에 시력을 잃는 경우가 많다고 알려 주었다.

얼마 뒤부터는 얼굴을 살피지 않게 되었다. 그들의 손이 관심을 사로잡은 까닭이다. 환자들은 곁을 지나치며 인도의 전통 인사법대로 두 손을 모으고 가볍게 허리를 숙여 보였다. 몽땅 손과 갈고리 손가락을 그렇게 많이 보기는 난생처음이었다. 마디가 달아난 손가락이 부자연스러운 각도로 삐죽삐죽 튀어나왔다. 손가락 관절은 한자리에 얼어붙어 있었다. 단단한 갈고리처럼 손바닥을 향해 아래로 굽은 손가락도 보였다. 실제로 손톱이 손바닥 살을 파고든 사례도 있었다. 엄지손가락이 없기도 하고 손가락이 다 사라진 손도 있었다.

편직물 가게에 들어섰다. 베틀에 앉아 열심히 일하는 사내아이가

아무도 원하지 않는 선물

보였다. 오른손으로는 북을 씨실 사이로 밀어 넣고, 왼손은 나무 막대로 실을 쳐 올려 한 줄 한 줄 옷감을 짰다. 원장과 손님에게 잘 보이고 싶었는지 소년은 속도를 한껏 올렸다. 목화 보풀이 먼지처럼 공중에 뿌옇게 날렸다. 베틀이 덜컥거리는 소음을 뚫고 코크런이 소리를 질렀다. "알다시피, 이 친구들도 요양원 밖에 나가면 구걸에 의존할 수밖에 없다네. 아무리 솜씨가 좋아도 써 주는 데가 없거든." 손짓으로 말을 가로막고 면직물 위에 점점이 난 거뭇거뭇한 흔적을 가리켰다. '설마, 피가?'

"손 좀 보자꾸나." 베틀에 앉은 소년에게 고함을 쳤다. 소년은 페달에서 발을 풀고 북을 내려놓았다. 금방 소음이 몇 데시벨 정도 떨어졌다. 아이는 망가지고 뒤틀린 손을 내밀었다. 손가락이 다 짧았다. 검지는 8밀리미터 남짓 줄어 있었다. 찬찬히 들여다보니 엉망으로 썩어 가는 상처를 뚫고 맨 뼈가 튀어나와 있었다. 그러니까 뼈가 드러날 만큼 잘린 손가락으로 옷감을 짜고 있었던 것이다.

"어쩌다 손이 이 지경이 된 거지?" 소년은 대수롭지 않다는 듯 대꾸했다. "아, 이거요? 아무것도 아니에요. 손가락에 뾰루지가 생겼어요. 전에 거기서 피가 좀 났었는데 그게 다시 터졌나 봐요." 정형외과 쪽 자료에 보태려고 손 사진을 몇 장 찍은 뒤에 병원에 보내 상처를 싸매게 했다.

"여기서는 저게 정말 문제일세." 소년이 자리를 떠나자 밥이 입을 열었다. "한센병 환자들은 감각이 없어진다네. 촉각이니 통각이니 하는 걸 모두 잃어서 꼼꼼히 살펴봐야 하지. 아무 의식 없이 제 몸을 상하게 하는 셈이니 말일세." 속으로 생각했다. '어떻게 손가락이 잘리는데도 새카맣게 모를 수가 있지?' 손가락 끝 6.45제곱센티미터 안에 열과 압력, 통증을 감지하는 센서가 2만 1천 개나 밀집되어 있다는 점은 토미 루이스의 연구를 통해 이미 밝혀진 사실이다. 그런데 어떻게 그 아이는 그처럼 심각한 상처를 입고도 아무런 고통도 느끼지 못한다는 말인가? 소년에게서는 불편한 기색을 정말 단 한 점도 찾아볼 수가 없었다.

다시 구경에 나섰다. 피부과 전문의인 코크런은 건조한 피부의 색깔과 문양에서 미묘한 차이를 보이는 한센병 환자의 증상을 설명했다. 병균이 살갗을 파고든 환자들을 가리키며 말했다. "반점이랑 뾰루지, 결절, 반(斑)이 보이는 다양한 반응에 주의를 기울여야 해." 하지만 나는 피가 배어나는 손가락으로 옷감을 짜던 사내아이 생각을 떨칠 수가 없었다. 한편으로는 쉴 새 없이 이어지는 강의에 슬슬 짜증이 나기 시작했다.

"밥, 피부는 그만하면 되었습니다." 결국, 속내를 드러내고 말았다. "뼈 얘기 좀 해 주세요. 저 아주머니 손을 보세요. 손가락은 다 없어지고 그냥 밑동만 남았잖아요. 손가락은 어떻게 된 거죠? 다 떨어져나간 건가요?"

"딱한 노릇이지만, 그걸 누가 알겠나." 코크런은 무뚝뚝하게 한마디 던지고는 곧장 피부과 강의로 되돌아갔다.

다시 말을 가로막았다. "모르시겠다고요? 선생님, 이 환자들한테는 손이 꼭 필요할 거예요. 손이 있어야 먹고 살 방도를 찾죠. 무언가

아무도 원하지 않는 선물

가 조직을 망가뜨리고 있어요. 저렇게 속절없이 스러지게 놔두면 안 됩니다."

코크런의 눈꼬리가 찢어져 올라갔다. 경험에 비춰 볼 때, 폭발 직전이라는 신호였다. 박사는 손가락으로 내 배를 쿡 찌르며 말했다. "폴, 여기 어디 정형외과 의사가 있어야 말이지. 난 피부과 의사일세. 25년간 이 병을 연구해서 이제는 한센병이 피부에 어떻게 작용하는지 알 만큼 알아. 하지만 벨로르 의과 대학 도서관에 가서 한센병과 뼈에 관해 연구한 자료가 있는지 한번 살펴보게. 장담하지만, 단 한 편도 없을 거야! 이 병에 관심을 가진 정형외과 의사가 단 한 명도 없었단 뜻이지. 소아마비를 비롯해 그 어떤 질병보다 한센병 탓에 팔다리를 못 쓰게 되는 이들이 더 많은데도 말일세."

수천 명은 됨직한 정형외과 의사들 가운데 단 한 명도 이처럼 끔찍한 기형을 부르는 질병에 눈길조차 주지 않았다는 게 정말일까? 족집게처럼 답을 내놓는 품새를 보니, 미심쩍어하는 속내가 내 얼굴에 고스란히 드러난 모양이었다. "자넨 한센병을 다른 질환과 똑같이 대하고 있어. 하지만 다들 그렇듯이 의사들도 이 병을 완전히 다른 범주로 여긴다네. 신의 저주쯤으로 여기는 거지. 여전히 초자연적인 심판의 기운이 떠돈다고나 할까? 한센병 환자 정착촌에 가면 목회자나 선교사, 그밖에 이런저런 괴짜들은 더러 만날 수 있지만 훌륭한 의사는 가뭄에 콩 나기일세. 정형외과 전문의는 아예 없다고 봐야 하고."

입을 다물고 코크런의 말을 곱씹었다. 줄지어 늘어선 나뭇가지가 아치를 이룬 길을 따라 식당으로 갔다. 환자들을 지나칠 때마다 박사는 일일이 고개를 끄덕이고 말을 걸었다. 한 사람 한 사람, 이름을 다 기억하는 듯했다.

한 사내가 손짓으로 우리를 불러 세우더니 발에 난 상처를 봐 줄 수 있겠느냐고 물었다. 그리고는 바닥에 쪼그리고 앉아 샌들 끈을 풀려 했다. 하지만 갈고리처럼 안으로 말려 들어간 손으로는 좀처럼 뜻을 이룰 수가 없었다. 엄지손가락과 손바닥 사이에 끈을 밀어 넣고 쥠쇠를 제쳐 줄을 풀려 안간힘을 썼지만, 줄은 번번이 미끄러져 나갔다. "신경 손상으로 마비가 온 걸세." 코크런이 속삭였다. "한센병이 저 모양일세. 마비를 넘어 감각을 완전히 앗아가는 게지. 아까 베틀에 앉았던 아이가 제 손가락 잘려 나가는 걸 느끼지 못했듯, 이 친구도 이제는 신발 끈의 감촉을 아예 느끼지 못한다네."

샌들과 씨름하는 환자에게 손을 좀 보자고 했다. 끈을 다 풀지 못한 채로 사내는 자리에서 일어나 오른손을 내밀었다. 손가락은 떨어져 나간 마디 하나 없이 온전했지만 거의 쓸모가 없어 보였다. 엄지와 약지는 안으로 휘어서 서로 짓누르고 있었다. '한센병 환자의 갈고리 손'이라고 들어 알고 있는, 바로 그런 꼴이었다. 손가락을 찬찬히 관찰했다. 뜻밖에도 아주 부드럽고 유연했다. 관절염이나 여러 마비성 질환 탓에 뻣뻣하게 굳은 손가락과는 딴판이었다. 하나하나 벌려서 면밀하게 살폈다. 비틀어진 엄지와 다른 손가락들 사이에 내 손을 넣고 말했다. "한번 꽉 쥐어 봐요. 있는 힘껏!"

근육들이 죄다 마비되다시피 했으니 기껏해야 슬쩍 잡아당기다 말겠거니 했다가 와락 밀려드는 통증에 화들짝 놀랐다. 아귀힘이 보

아무도 원하지 않는 선물

디빌더 빨칠 정도였다. 뒤틀린 손가락의 손톱들이 짐승 발톱처럼 내살을 파고들었다. "그만!" 결국, 비명을 지르고 말았다. 고개를 들자 사내는 영문을 모르겠다는 낯빛을 하고 있었다. '세상에 별 희한한 손님을 다 보겠네'라고 생각하는 기색이 역력했다. '꽉 쥐래서 쥐었더니, 왜 소리는 지르고 난리야.'

아픔이 전부는 아니었다. 갑작스레 머릿속에서 번쩍하는 게 있었다. 끝없이 긴 탐색의 시작을 알리는 가벼운 전기 충격이었는지도 모른다. 어쩌다 보니 삶을 엉뚱한 방향으로 이끌 길에 들어섰음을 직감했다. 치료를 갈구하는 수백 개의 손을 바라보며 한없이 우울하던 아침나절을 막 끝낸 참이었다. 손을 사랑하는 외과의에게는 서글픈 일이었다. 그때까지는 철저하게 망가진 손이라고 본 탓에 속절없이 고개만 가로젓고 있었다. 그런데 사내가 손가락에 힘을 주는 순간, '쓸데없는' 손의 이면에 생생하고 억센 근육이 숨어 있다는 직접 증거를 얻게 된 것이다.

어리둥절한 표정은 또 다른 수수께끼였다. 이편이 비명을 지르도록, 사내는 상대를 아프게 하고 있음을 전혀 감지하지 못했다. 손으로 무언가를 만진다는 감각을 완전히 잃어버린 것이다.

슬금슬금 기어드는 죽음

밥 코크런의 제안을 받아들이고 벨로르로 돌아온 뒤로 한센병 관련 정형외과 자료를 뒤지기 시작했다. 세계적으로 1천만 명에서 1천 5백만 명 정도가 이 병으로 고생하고 있다고 되어 있었다. 환자 세 명 중 한 명은 손발에 심각한 손상이 진행되고 있었다. 그렇다면 한센병은 정형외과적 장애를 불러오는 가장 큰 단일 요인인 셈이었다. 손을 마비시키는 가장 중요한 질환으로 한센병을 꼽은 자료도 있었다. 손을 망가뜨리는 다른 질병을 전부 합친 것보다 비중이 컸다. 하지만 절단 외에 다른 수술법을 제시하는 논문은 한 편뿐이었는데, 저자 이름이 '로버트 코크런'이었다.

반나절, 칭글레푸트의 경험은 외면하기 어려울 만큼 강력한 호기심에 불을 댕겼다. 이 잔혹한 질병을 더 깊이 연구하고 싶은 마음이 간절해졌다. 도무지 유형을 가늠할 수가 없었다. 지금껏 보았던 마비와 형태가 전혀 달랐다. 샌들과 씨름하던 사내는 손가락을 안으로 굽힐 수는 있으나 밖으로 펴지는 못했다. 바이스처럼 상대의 손을 잡을 줄은 알지만, 손가락을 펼쳐서 연필을 잡을 줄은 몰랐다. 손가락 일부만 마비되는 까닭은 무엇일까? 연구의 출발점으로 손가락을 움직이는 주요 신경 세 가닥 가운데 어떤 녀석이 부분 마비를 부르는지 파악할 필요가 있었다.

일주일에 한 번씩 칭글레푸트를 찾기로 했다. 매주 목요일, 회진을 마치면 벨로르에서 저녁차를 탔다. 기차에서 내린 뒤에 요양원까지 몇 킬로미터는 말이 끄는 수레를 타고 갔다. 코크런은 늘 손님방을 내주었다. 늘어지게 자고 일어나면 곧바로 일을 시작해서 종일 환자를 진찰했다. 저녁은 박사의 가족과 함께 먹었다. 새벽 4시 30분에 자명종을 맞춰 놓고 일찌감치 잠자리에 들었다. 코크런은 토요일마

아무도 원하지 않는 선물

다 벨로르 의과 대학에 강의를 나갔으므로 돌아올 때는 그의 차를 얻어 탔다.

전문가들을 모아 팀을 꾸리고 1천여 명에 이르는 칭글레푸트 환자를 검진했다. 깃털과 곧은 핀으로 손의 다양한 부분을 점검하며 각 위치의 촉각과 통각 지도를 그렸다. 이어서 엄지와 나머지 손가락, 손목의 운동 범위를 측정하고 발가락과 발에도 같은 작업을 시행했다. 손가락과 발가락 길이를 정밀하게 기록했다. 어떤 손가락이 짧아졌고 어떤 근육이 마비된 것처럼 보이는지 파악했다. 안면 마비가 보이면 그것도 빼놓지 않고 적었다. 대단히 흥미로운 사례다 싶으면 엑스레이 사진을 찍었다.

칭글레푸트에서 보내는 날이 일주일에 딱 하루뿐인 까닭에 검진은 몇 달이 걸렸다. 그러나 손에 기준치 이상의 마비를 경험한 환자들(80퍼센트) 사이에 일정한 패턴이 있다는 사실은 일찍부터 드러났다. 척골 신경이 통제하는 근육의 움직임이 사라진 경우가 절대다수였다. 40퍼센트 정도는 정중 신경 하부가 지지하는 부분에도 마비 증상이 나타났다. 희한하게도 정중 신경 상부가 지탱하는 아래팔 근육에서는 마비가 나타나지 않았다. 요골 신경이 지배하는 근육들도 영향을 받지 않았으며 팔꿈치 위쪽으로도 마비를 찾아볼 수 없었다. 이건 샌들과 씨름하던 사내, 그러니까 손가락을 굽히기는 해도 펴지는 못하던 사내에게서 처음 발견한 이상이었다.

이처럼 기이한 패턴은 한 번도 본 적이 없었다. 어떤 질환에서는 마비 증세가 신경 줄기 쪽으로 서서히, 그러나 꾸준히 움직이면서 그 경로에 놓인 온갖 신경에 영향을 미친다. 소아마비처럼 마비가 갈팡질팡 완전히 제멋대로 일어나는 질환도 있다. 한센병은 기이한 일관성을 가지고 특정한 신경을 대단히 선별적으로 공격하는 듯 보인다. 이렇게 특이한 진행을 어떻게 설명할 것인가?

이쯤 되자 과학적 본능이 부풀어 오를 대로 올랐다. 갈고리 손을 가진 환자들이 여실히 보여 주듯, 중증 한센병 환자라고 해도 신경과 근육은 멀쩡했다. 수술을 통한 교정 가능성을 보일 듯 말 듯 감질나게 열어 주는 사실이었다. 갈고리 손 환자는 아직 손가락을 안으로 굽힐 수 있었다. 밖으로 곧게 펼 방법만 찾는다면 손이 제 기능을 다 할 수 있을 것이다.

그렇긴 하지만, 행동에 옮기기 전에 더 많은 공부를 해야 했다. 한센병과 관련된 자료를 닥치는 대로 읽었다. 밥 코크런이 활동가로 변신하게 된 까닭을 어렵잖게 알 수 있었다. 역사를 통틀어 이 병만큼 지독한 오명을 뒤집어쓴 질환은 다시 없었다. 죄다 무지와 그릇된 고정 관념에서 비롯된 일이었다.

이처럼 과민 반응을 일으키게 된 데는 감염에 대한 두려움이 크게 한몫했다. 구약 시대에 한센병이나 전염성 피부병에 걸린 이는 "옷을 찢고 머리를 풀며 윗입술을 가리고 외치기를 부정하다, 부정하다!"(레 13:45)해야 했다. 한센병을 앓는 환자는 성벽 밖, 제한 구역에서 살았다. 예나 지금이나 사실상 모든 인간 사회가 전염을 두려워한 나머지 격리 중심의 정책을 채택했다.

하지만 밥 코크런이 강조하듯, 그런 두려움은 대부분 근거가 없었다. 한센병은 극소수 지극히 민감한 이들에게만 퍼진다. 1873년, 노르웨이의 과학자 게르하르 아르메우에르 한센(Gerhard Armauer Hansen)이 한센병 인자(결핵균과 아주 비슷한 막대균)를 찾아냈고, 그 덕에 이 병은 전염성 질환 가운데 전파율이 가장 낮은 부류에 속한다는 사실도 밝혀졌다. 한센과 같은 나라 출신으로 '한센병의 아버지'로 불리는 다니엘 코르넬리우스 다니엘센(Daniel Cornelius Danielssen)은 연구 목적으로 몇 년씩이나 이 병에 걸리려 갖은 애를 썼다. 피하 주사기로 실험실 직원 네 명과 함께 자기 몸에 한센병균을 주입하기까지 했다. 대단한 용기였지만, 그게 전부였다. 다섯 명 모두 아무 문제가 없었기 때문이다.*

전염과 관련된 수수께끼는 오늘날까지도 풀리지 않은 채 남아 있다. 가장 취약한 집단은 감염자들과 오래도록 접촉하는 어린아이들이다. 여러 나라에서 감염된 부모에게서 자녀들을 떼어 놓는 까닭이 여기에 있다. 임상의들은 대부분 상부 호흡기 계통, 다시 말해 기침이나 재채기로 전달되는 콧물 방울을 통해 한센병균이 퍼진다는 이론을 지지한다. 위생 수준이 높으면 감염 확률이 떨어지는 경향도 있

---

* 한센도 병균을 전염시키려다가 비슷한 실패를 경험했다. 토끼를 대상으로 한 실험에서 성과가 나오지 않자, 한센병균을 어느 환자의 각막에 직접 주입하는 생체 실험에 나섰다. 그 여성 환자는 병균에 감염되지 않았지만, 주사를 맞는 과정에서 심한 통증을 겪은 데 불만을 품고 관계 당국에 한센을 고발했다. 윤리 규정을 위반한 이 행위로 한센은 세상을 떠나는 날까지 노르웨이 병원에서 환자를 진료할 수 없었다.

다. 한센병 치료에 종사하는 이들은 일상적으로 환자와 접촉하는데도 감염률이 낮은 편이다. 더러는 한센병균이 특정 지역 토양에서 번식한다는 이론을 앞세워 주민들이 맨발로 다니고 흙바닥 집에서 지내는 저소득 국가에서 이 병이 끈질기게 발생하는 이유를 설명한다. 지난날 주요 발병 무대였던 서유럽에서는 생활 수준이 올라가면서 세력을 잃었으며 오늘날 개발 도상국에서도 비슷한 경향이 나타나고 있다.

한센병이 퍼진다고 하더라도 해당 지역 인구의 1퍼센트를 초과하는 사례는 거의 없다. 이 법칙에는 몇몇 예외가 있는데, 인도 벨로르 인근 지역도 그 가운데 하나다. 1940년대에는 주변 인구의 3퍼센트가 한센병에 양성 반응을 보였다.

환자 대다수는 제힘으로 질병에서 벗어날 공산이 크다. 이런 '결핵형' 한센병 환자의 경우에는 피부가 군데군데 죽고, 감각을 잃고, 신경이 조금 손상되는 따위의 징후가 나타나기는 하지만 겉모습이 광범위하게 망가지지는 않는다. 증상 가운데 상당 부분은 외부에서 들어온 균에 맞서는 맹렬한 자가 면역 반응 탓이다.

하지만 한센병 환자 다섯 명 중 한 명에게는 자연 면역력이 없다. '나종형'으로 분류되는 이런 무방비 상태의 환자들은 십중팔구 칭글레푸트 같은 기관에서 생을 마감한다. 이들의 몸은 외부 침입자에게 레드카펫을 깔아 주는 꼴이어서, 수조를 헤아리는 세균들이 마음 놓고 포위 공격을 퍼붓는 데다 다른 박테리아들까지 가세하면 버텨 낼 도리가 없다. 하지만 한센병은 단숨에 치명타를 날리지 않는다. 오히

아무도 원하지 않는 선물

려 서서히 무력화하는 방식으로 인체를 무너트린다. 나를 찾아오는 환자들은 한센병을 지칭하는 토속어를 쓰는데, 풀이하자면 '슬금슬금 기어드는 죽음'이라는 뜻이다.

얼굴과 손발이 곪아 터진다. 치료하지 않으면 감염이 일어나기 쉽다. 손가락 발가락 길이가 불가사의하게 줄어든다. 인도의 거리에서 만난 거지들은 십중팔구 벗겨진 피부에 고름이 잡히고 뒤틀린 손을 하고 있었다. 통증을 느끼는 감각이 없으므로 감염 따위는 신경 쓰지 않는다. 오히려 상처를 이용해 이득을 얻으려 했다. 공격적인 걸인들은 푼돈이라도 쥐여 주지 않으면 그 손으로 몸을 만질 것처럼 행인들을 위협했다.

한센병이 더 진전되면 실명이 오는데 그렇게 되면 환자의 삶은 한결 복잡해진다. 촉각과 통각이 없어졌으니 손가락을 써서 세상을 '정찰하고' 위험 여부를 가릴 방도조차 없다.

한센병의 역사를 공부하면서 사회의 편견을 거슬러 흉측한 몰골을 아랑곳하지 않고 환자들을 보살핀 거룩한 이들에게 존경심이 생겼다. 길고 긴 세월, 그들이 베풀 것이라고는 인간의 정뿐이었다. 병이 창궐하던 중세 유럽에서 한센병 환자의 수호성인 나사로를 따르는 수녀회들은 환자들을 위한 시설을 세웠다. 이 용감한 여인들이 할 수 있는 일은 상처를 싸매고 붕대를 가는 게 전부였지만, '라자레토'라고 부르던 이 기관은 희생자들을 격리하고 생활 환경을 개선하여 유럽에서 한센병을 몰아내는 데 크게 공헌했다. 19-20세기에 세계 방방곡곡으로 퍼져 나간 기독교 선교사들은 한센병 환자들을 위해 칭글레푸트 같은 집단 수용 시설을 세웠다. 결국, 한센병을 이해하고 치료하는 데 필요한 굵직굵직한 과학적 진전들이 선교사들을 통해 숱하게 이루어졌으며, 그 길고 긴 맥락의 끄트머리에 밥 코크런이 자리 잡고 있었다.

설파제 도입은 칭글레푸트의 돌파구를 여는 일대 사건이었다. 의과 대학에 다니던 시절, 페니실린을 처음 대했을 때만큼이나 가슴 뛰는 일이었다. 대풍수(大風樹)에서 추출한 기름을 환자의 피부에 직접 주사하는 예전 치료법은 한센병 자체만큼이나 심각한 부작용을 일으켰다. 일부 의사들은 양을 줄여 여러 번 주사하는 쪽을 더 좋아했다. 일주일에 320차례로 나눠 주입하는 식이었다. 살갗에 검붉은 자국이 생기고 염증이 일어났다. 그런데도 절박한 처지에 몰린 환자들은 치료를 받고 싶어 안달했다. 더러는 상태가 많이 좋아졌다고 보고하기도 했다. 새로 개발된 설파제는 입으로 먹는다는 확실한 이점이 있었다. 칭글레푸트를 처음 찾았을 때만 해도 이미 5년여에 걸친 실험이 끝나 가는 중이어서 실제로 환자들은 활성 세균에 음성 반응을 보이고 있었다. 몸에서 한센병이 사라진 것이다.

코크런 같은 구시대 한센병 관계자들이 실로 기뻐할 만한 일이었다. 이제 병이 가라앉아 전염될 염려가 없으니 이론적으로는 다들 제 집으로 돌아갈 수 있게 된 셈이다. 하지만 고향 마을의 그 누구도 한번 한센병을 앓았던 이들을 반겨 줄 뜻이 없다는 사실이 분명해지면서 희망은 스러져 버렸다. 병이 나은 뒤에도 환자들은 대부분 칭글레푸트에 남을 수밖에 없었다.

아무도 원하지 않는 선물

한센병 환자들을 어떻게 도울 수 있을지 분명치 않았지만, 그들 틈에서 시간을 보낼수록 소명감은 더 또렷해졌다. 연구와 시험을 진행하면서 환자들이 쏟아내는 거절과 절망에 관한 이야기를 수없이 들었다. 집과 고향에서 쫓겨난 환자들은 칭글레푸트로 돌아왔다. 거기 말고는 갈 데가 없었기 때문이다. 너나없이 두려워하고 오해하는 질병에 걸렸다는 이유만으로 환자들은 사회 기피 대상이 되었다. 난생처음, 한센병이 빚어낸 인간적인 비극을 절감했다. 한편으로는 코크런의 격려에 힘입어 이 비극을 뒤집을 만한 진전이 일어나리라는 한가닥 소망을 단단히 붙들었다.

동틀 녘, 계시처럼 다가온 실마리

칭글레푸트를 비롯해 벨로르 인근의 한센병 요양원을 샅샅이 조사해서 2천여 환자들에게서 자료를 수집하고 면밀하게 살펴보았다. 망가진 손에 관한 파일 폴더마다 뼈 사진과 피부 손상은 물론이고 무감각한 자리와 운동 범위를 기록한 도표가 빠짐없이 들어 있었다. 칭글레푸트에서 처음 감지한 패턴이 어김없이 나타났다. 통상적인 마비 현상에 어긋나는 흐름이 분명히 존재했다. 척골 신경이 통제하는 부분에서 마비가 자주 일어나고, 정중 신경이 조절하는 자리는 보통 수준이며, 요골 신경이 좌우하는 곳에서는 지극히 낮은 빈도를 보였다. 고작 2.5센티미터 정도 떨어진 정중 신경은 멀쩡한데 팔꿈치의 척골 신경은 마비를 일으킨다든지, 손목의 정중 신경은 죽어가는데 요골 신경이 통괄하는 근육에는 마비 증세가 나타나지 않는 논리적 이유를 전혀 가늠할 수가 없었다.

줄어든 손가락의 조직 표본을 벨로르 병원에서 병리학을 가르치는 테드 골트(Ted Gault) 교수에게 보내면서부터 혼란은 더 심해졌다. "교수님, 이 조직들에 무슨 문제가 있는 거죠?"라고 묻고 또 물어도 테드의 대답은 한결같았다. "아무 문제도 없어요. 신경 말단이 없어진 것 말고는 다 멀쩡해요."

멀쩡하다고? 생검을 의뢰했던 표본들은 몇 센티미터씩이나 길이가 짧아져서 간신히 밑동만 남다시피 한 손가락에서 떼어 낸 조직이었다. 그런데 어떻게 멀쩡할 수가 있다는 말인가? 테드가 들이미는 현미경을 직접 들여다보기 전까지는 도무지 믿기지 않았다. 물론, 조직에는 지난날 감염에서 비롯된 흔적이 남아 있었지만, 피부와 지방은 말할 것도 없고 뼈와 힘줄, 근육에도 아무 탈이 없어 보였다. 그렇다면 도대체 무엇이 손을 그렇게 망가뜨린 것일까? 도통 아귀가 맞지 않는 일뿐이었다.

운동 장애가 있는 환자들의 손을 교정하는 수술을 해 보고 싶은 마음이 간절했다. 손힘이 워낙 약해서 심각한 손상을 입을 일이 많지 않았던 환자가 대부분이었다. 이들은 한센병 환자도 생산적인 삶으로 돌아갈 수 있음을 가장 잘 보여 줄 법한 그룹이었지만, 특정한 근육은 건강한데 나머지는 마비되는 이유를 밝혀내기 전까지는 감히 칼을 들 엄두가 나지 않았다. 우선, 근육이 질병에 영향을 받지 않고 '건강한' 상태를 유지하고 있는지 알아야 했고, 그러자면 환자의 팔

　　　　　　　　아무도 원하지 않는 선물

이쪽 끝부터 저쪽 끝까지 전부 검사해야 했다. 그렇다고 신경을 검사한다며 살아 있는 환자의 몸에 칼을 대는 건 윤리적으로 받아들일 수 없는 일이었다. 결국, 시신을 해부하는 게 유일한 길이었다.

하지만 유감스럽게도 인도에서 시신 해부는 해법이라기보다 더 큰 문제에 가까웠다. 이슬람 율법학자들은 설령 학문 발전을 위해 장기를 기증하려는 의도라 할지라도 세상을 떠난 이의 몸에 손을 대는 행위를 엄격히 금했다. 힌두 신앙은 정결하게 하는 불로 재가 되도록 온몸을 태워야 한다고 가르쳤다. 철저한 신자들은 어떤 이유로든, 막말로 괴저병에 걸려 다 죽어가도 팔다리를 절단하길 거부했다. 팔다리를 잃은 채로 끝없이 윤회하기보다 당장 죽는 편이 더 낫다는 논리였다. 벨로르 병원 직원들은 이식과 실험에 필요한 장기를 확보하고자 온 힘을 다해 환자와 가족들을 설득했다. 숨을 거둔 죄수들과 무연고자들의 주검도 십분 활용했다. (각막 이식에 필요한 안구를 수소문하던 아내는 어느 날 저녁 늦게, 누군가 문을 두드렸던 일을 또렷이 기억한다. 밖에 나가 보니 천 쪼가리로 몸을 가린 남자가 허깨비 같은 몰골로 서 있었다. 사내는 쪽지 하나를 내밀었다. 지방 판사가 보낸 메모였다. 불빛에 비춰 보니 이렇게 적혀 있었다. '법원 판결에 따라 내일 새벽, 교수형이 집행될 예정입니다. 오셔서 안구를 적출해 가세요.')

한센병은 시한부 질환이 아니므로 생존 기간이 제법 긴 편이다. 그래서 시신을 얻자면 종교적 이유를 내세우며 반대할 친인척이 없는 환자가 요양원에서 자연사하길 하염없이 기다릴 수밖에 없었다. 그래서 한센병 전문 병원들에 혹시라도 그럴 가능성이 있는 환자가 있으면 즉시 알려 달라고 요청하는 긴급 메시지를 보냈다. 직접 오갈

수 있는 곳이라면 수백 킬로미터 떨어진 곳이라도 빼놓지 않았다. "밤이든 낮이든, 전화로든 전보로든, 알려만 주세요." 포르투갈계 스리랑카인 조수 구스타 불트겐스(Gusta Buultgens) 박사는 수술 도구와 포르말린 병을 비롯해 시신 해부에 필요한 온갖 도구가 든 상자를 마련했다. 그리고 기다렸다.

그렇게 한 달 넘게 시간이 흐른 어느 날 저녁, 마침내 전화벨이 울렸다. 수술이 꽉꽉 들어찬 일과가 거지반 끝나갈 무렵이었다. 칭글레푸트에서 한 환자가 세상을 떠났다. 겨우 120킬로미터쯤 떨어진 곳이었다. 냉장 시설이 없는 터라 이튿날 곧바로 화장할 예정이었지만, 병원 당국에서 밤새 시신을 볼 수 있게 허락해 주었다. 불트겐스 박사와 인도인 병리사까지 우리 셋은 허겁지겁 저녁을 먹고 장비 상자를 랜드로버에 싣고 길을 나섰다.

칠흑 같은 어둠을 뚫고 시골길을 달려야 할 때면 곱절은 더 긴장되고 불안했다. 인도에서는 트럭과 자동차가 보행자와 소달구지, 자전거, 신성한 소들(무려 2억 마리가 넘는데 이들에게는 아무도 넘볼 수 없는 우선 통행권이 있었다)과 포장도로를 나눠 써야 하는 터라 운전은 늘 모험일 수밖에 없었다. 게다가 적잖은 인도 운전기사들은 마주 오는 차가 있을 때마다 기괴하기 짝이 없는 예의를 차렸다. 상대편 기사가 눈부시지 않도록 잠시 헤드라이트를 껐다가 재빨리 상향등을 요란스럽게 몇 차례 번쩍거리고 다시 스위치를 내렸다. 짙은 흑암이 드리웠다가 빛줄기가 발작적으로 춤춘 뒤에 다시 새카만 어둠이 찾아왔다. 기사들은 빛의 공백을 미친 듯이 울려 대는 경적으로 메우려 들었으므로 캄

아무도 원하지 않는 선물

캄한 어둠 속으로 위협적인 소음이 사납게 울려 퍼졌다.

칭글레푸트까지 절반쯤 갔을 즈음, 뜨거운 기운이 확 끼쳤다. 고개를 숙이니 페달 주위의 틈새로 불꽃이 솟구쳐 샌들을 신은 발 주위로 널름대는 게 보였다. 화들짝 놀라 발을 쳐들고 핸들을 꺾었다. 랜드로버는 길가 관목 덤불에 처박혔다. 다들 정신없이 차 밖으로 뛰쳐나오느라 하마터면 곁에 있던 우물로 곤두박질칠 뻔했다. 다행히 아무도 다치지 않았다. 모래 몇 줌을 끼얹자 금방 불길이 잡혔다. 보닛을 열자 손전등 불빛 아래로 녹아 붙은 전선들과 시커멓게 그을린 쇳덩이가 드러났다. 좀도둑이 연료 파이프를 통해 기름을 빼내려고 결합 나사를 건드린 게 틀림없었다. 차가 흔들리고 너트가 풀어지면서 연료 펌프가 잔뜩 달아오른 엔진 위로 휘발유를 뿜어 대기에 이른 것이다.

해부 장비를 어깨에 둘러메고 앞서거니 뒤서거니 달빛 조용한 길을 걸었다. 벌써 자정이 지난 시간이었다. 십 리를 가도 자동차 한 대 볼 수 없었다. 마침내 미션스쿨 하나가 나타났다. 교사를 깨워 칭글레푸트까지 데려다줄 기사를 구했다. 운전사는 마지못해 핸들을 잡았다. 새벽 2시 30분이 다 되어 현장에 도착했다. 한센병 환자촌은 불빛 한 점 없는 깊은 어둠에 잠겨 있었다. 미심쩍어하는 야간 경비원을 설득해 수상쩍은 작업을 해도 좋다는 허락을 받느라 시간이 더 지체되었다. 아직 의심을 다 풀지 않은 채, 경비원은 좁다랗고 울퉁불퉁한 돌길을 따라 요양원 뒤편 얕은 둔덕으로 안내했다. 한참을 걸어가자 흙으로 마감한 오두막이 나타났다. 시신 안치실이었다. 경비원은 허리케인 랜턴을 빌려주고 냉큼 돌아갔다. (오두막에는 전기가 들어오지 않았다.) 나무로 짠 테이블 위에 주검이 길게 누워 있었다.

나이 많은 이의 시신 같았다. 갈고리처럼 굽은 손, 짧아진 손가락 발가락, 이지러진 얼굴까지 심하게 변형된 흔적이 보였다. 한센병균에 온몸을 구석구석 유린당하고 숨을 거둔 전형적인 '완전 소진' 사례였다. 우리 뜻을 이루기에는 더없이 이상적인 시신이기도 했다.

서둘러야 했다. 칭글레푸트 책임자에게 새벽까지 일을 끝내겠노라고 약속했으므로 기껏해야 네 시간 정도가 남았을 따름이었다. 그쯤 마무리해야 통상적인 종교 의식을 치를 수 있었다. 랜턴을 들보에 걸고 근접 조명용으로 쓸 손전등을 켰다. 고무 앞치마를 두르고 고무장갑을 꼈다. 곧장 땀범벅이 되었다. 시신은 뜨거운 햇볕이 내리쬐는 가운데 환기도 제대로 되지 않는 오두막에 온종일 안치되어 있었다. 덕분에 우아하게 표현해서 '난숙' 상태가 되어 가는 중이었다. 달빛이 고요한 밤, 열기, 인적이 끊긴 공간에 균이 득실거리는 주검까지, 공포 영화에나 어울릴 법한 정경이었다.

일을 나눴다. 불트겐스 박사는 한쪽에서 나중에 현미경으로 연구할 수 있게 5센티미터 남짓씩 신경 표본을 적출했다. 병리사는 포르말린 병에 신경 조각을 집어넣고 자세한 정보를 적은 라벨을 붙였다. 나는 맞은편에서 일했다. 표본을 추출하지는 않았다. 뼈, 그리고 근육과의 상관관계 속에서 신경을 총체적으로, 아울러 구체적으로 살펴보고 싶었다. 외과의의 본능에 재빠르고 거친 해부 작업이 거슬릴 수밖에 없었지만 시신을 통틀어 우리에게 소중한 건 신경 하나뿐임을 명심했다. 팔에서 다리까지 옆선을 따라 시신을 길게 절개했다. 작업이 어느 정도 진행될 때마다 조직을 제쳐 고정하고 피부와 지방, 근육을 벗겨 냈다.

신경이 나타날 때까지 조직을 깊이 절개하고, 표본을 잘라 내고, 조직을 젖혀 클램프로 집으며 빠른 속도로 시신을 해부했다. 적어도 세 시간 정도는 걸렸을 것이다. 손발의 말초 신경에서 시작해 팔꿈치와 어깨, 허벅지와 엉덩이를 지나고 척추에서 나오는 신경 뿌리에 이르기까지 빼놓지 않고 드러내고 싶었다. 한센병균의 영향을 받은 모든 신경 표본을 수습할 때까지 한숨도 쉴 수가 없었다.

셋 다 말이 없었다. 들리는 거라고는 기구들이 찰랑거리고 바깥에서 매미들이 새되게 울어 대는 소리뿐이었다. 팔 작업을 마치고 다리로, 얼굴로 이동했다. 웨일스 카디프에서 해냈던 프로젝트가 퍼뜩 떠올랐다. 하지만 이번에는 눈꺼풀이 유난히 일찍 마비되는 이유를 설명해 줄 실마리를 찾아 5번과 6번 안면 신경만 드러냈다.

마침내 뜻을 이뤘다. 허리를 폈다. 칼날이 허리를 파고드는 느낌이었다. 여기까지 오느라 잔뜩 긴장한 데다 해부하느라 몸을 숙인 자세로 오래 일한 탓에 등에 무리가 간 모양이었다. 스물네 시간 이상 잠을 자지 못했다. 땀방울이 쉴 새 없이 흘러 눈이 따가웠다. 몇 차례 심호흡을 했다. 코는 이미 좁은 방 안을 가득 채운 썩은 내에 익숙해져 있었다.

석유램프의 불빛이 껌뻑거리며 시신을 비췄다. 생생하게 드러난 신경들이 짙은 색 신체 조직과 대비를 이루며 허옇게 번들거렸다. 새벽의 어슴푸레한 빛이 언덕을 슬금슬금 타고 넘더니 열어 둔 문 안으로 기어들었다. 손수건으로 이마를 닦고 등과 손가락의 뭉친 근육을 풀었다. 해가 불쑥 언덕 위로 솟아올랐다. 방 안으로 빛줄기가 쏟아져 들어왔다. 사방이 밝아지자 여태 손전등이 그려 내는 동그란 불빛 아래서 아주 어렴풋하게 보이던 모든 것이 한눈에 들어왔다. 두 눈이 부지런히 팔다리를 위아래로 오르내리며 밤새 애쓴 결과를 살폈다. 특별히 무얼 찾으려는 건 아니었다. 해부 작업의 마지막 단계에 돌입할 힘을 모으기 위해 잠시 숨을 돌릴 따름이었다.

그런데 눈길을 사로잡는 게 있었다. "저기 부어오른 신경 좀 보세요." 불트겐스 박사에게 말했다. "패턴이 있는 것 같지 않아요?" 기형이 워낙 두드러져서 누구든 단박에 알아차릴 수 있었다. 박사는 내 쪽으로 몸을 기울여 윤기가 흐르는 신경을 처음부터 끝까지 눈으로 훑었다. 그리고는 열성적으로 고개를 끄덕였다. 발목 뒤편, 무릎 바로 위쪽, 그리고 손목 같은 특정한 자리에만 신경들이 정상 크기의 몇 배씩이나 부어 있었다. 턱과 광대뼈의 안면 신경 가지들에서도 살짝 부풀어 오른 부종이 보였다. 더없이 도드라진 자리는 팔꿈치 바로 위에 있는 척골 신경이었다.

한센균에 감염되면 신경이 부어오르는 반응이 일어난다는 건 둘 다 알고 있었지만, 오로지 몇몇 군데에만 신경 부종이 일어나는 경향이 있다는 사실을 두 눈으로 똑똑히 보게 된 것이다. 실제로 부종은 피부 표면 가까이에 있는 신경에서만 일어났을 뿐, 깊숙한 조직에서는 볼 수 없었다. 마비되었던 척골 신경은 팔꿈치 부근에서 거대하게

아무도 원하지 않는 선물

커져 있었다. 하지만 고작 3센티미터 남짓 떨어진 정중 신경은 멀쩡해 보였다. 그만큼 근육 조직 아래로 더 깊이 자리 잡은 까닭이 아닐까 싶었다.

종잡을 수 없는 한센병성 마비 이면에 도사린 합리적인 흐름을 처음으로 감지하는 순간이었다. 일단, 분명한 패턴이 있었다. 가늘고 하얀 신경은 팔꿈치에 다가갈수록 점점 부풀어 오르다가 팔뚝 근육 속으로 깊이 묻히면서 도로 정상적인 크기로 줄어들고, 손목 주위에서 다시 되풀이되었으며, 손으로 통하는 손목 터널에서 살짝 가늘어졌다. 다리에서도 같은 패턴이 나타났다. 피부 표면에 가까워질수록 신경이 부어오르다가 근섬유 아래 깔리면 정상으로 돌아갔다. 박사와 큰 소리로 짐작 가는 바를 주고받았다. "신경이 피부 표면에 가까워질수록 충격 손상이 더 커지나 봐요." 불트겐스 박사가 말했다.

아무튼, 전반을 아우르는 이 패턴이 늘 따라다니던 의문 하나를 명쾌하게 풀어 주었다. 신체 조직 깊은 데 있는 신경이 통제하는 근육들은 그다지 위태롭지 않은 듯했다. 한센병으로 만신창이가 된 노인의 경우에도 그런 근육들은 살지고 건강한 붉은 빛을 고스란히 지니고 있었다. 반면에, 피부 표면 가까이 뻗은 신경 가지들이 움직이는 근육들은 불그죽죽하게 빛이 바래고 위축돼서 쪼글쪼글해졌다. 그처럼 감염이 상당히 진행된 환자의 몸속에 건강한 근육이 존재한다는 사실은 한센병이 어떤 근육에는 영향을 주지 않는 게 아닌가 하는 예감에 확신을 더해 주었다. 이제는 나중에 마비를 일으키면 어떡하나 하는 걱정 없이, 재건 수술에 쓸(마비된 근육들 대신 이식할 만한) 팔뚝 근육을 자신 있게 찾아낼 수 있었다. '마땅한' 근육을 골라내는 데 적용할 아주 단순한 지침을 가지게 된 셈이다. 팔다리 피부 표면에 가깝지 않고 운동 신경이 살아 있는 근육을 고르면 그만이었다.

다시 힘이 불끈 솟고 의욕이 되살아나는 기분이었다. 길게 드러낸 신경 사진을 찍고 나중에 연구할 때 쓸 표본을 더 떼어 냈다. 표본에는 한센병이 어떻게 신경을 파괴하는지 밝혀 줄 더없이 좋은 실마리가 담겨 있을 것이다. 의학적으로 대단히 중요한 비밀 하나를 우연히 찾아냈다는 느낌이 어렴풋이 들었다. 하지만 그게 정확히 무어란 말인가?

시신을 해부한 뒤에는 벨로르의 병리학자들이 표본 단층을 검토하는 몹시 힘든 과제를 떠맡았다. 한센이 '개구리 알'이라고 불렀던 한센병 특유의 혹을 관찰하면서 화학 약품에 붉게 물든 작은 간균들을 찾았다. 수수께끼를 완전히 푸는 데는 여러 해가 걸렸지만, 한센병균이 무릎과 손목, 광대뼈와 뺨을 유난히 좋아하는 현상이 충격 손상이라든지 그날 밤 시신 안치실에서 떠올렸던 다른 추측들과 아무 상관이 없다는 사실이 결국 드러났다. 알고 보니 해답은 아주 간단했다. 한센병균은 상대적으로 서늘한 데서 번식하길 좋아하므로 피부 표면 가까운 데서 번성했던 것이다. 고환이나 귓불, 눈, 코 통로 같은 데다 은신처를 마련하는 까닭도 거기에 있다.

한센병균이 관절 주위처럼 서늘한 부분의 신경으로 이동하면, 인체의 면역 체계는 포식 세포와 림프구로 구성된 수비대를 파견한다. 이들은 신경을 감싼 막 안에서 부풀어 올라 필수 자양분을 차단해 버

아무도 원하지 않는 선물

린다. 깜박깜박 흔들리는 불빛 아래서 보았던, 신경이 부어오른 자리들은 외부 침입자에 대한 신체의 자체 방어 반응을 보여 주는 증거였던 셈이다.

숨이 턱턱 막히는 임시 시신 안치실에서 발견한 사실들의 진가를 우리는 제대로 알아보지 못했다. 그랬더라면 아마 극적인 표현으로 자축했을 것이다. (어떤 정리 하나를 입증한 피타고라스는 아이디어를 선사한 신들에게 황소 100마리를 제물로 바쳤다.) 대신에 우리는 해부한 시신을 도로 꿰매고, 터덜터덜 걸어 밥 코크런의 집으로 아침을 먹으러 갔다가, 차를 한 대 빌려 타고 시커멓게 타 버린 랜드로버 잔해를 지나쳐 벨로르로 돌아갔다.

I

손, 눈으로 볼 수 있는 뇌.

—임마누엘 칸트

8장

손 클리닉의 문을 열다

칭글레푸트에서 시신을 해부하고 돌아오고 나서는 갈고리 손을 펴
는 재건 수술을 시도하고 싶은 마음을 억누를 수가 없었다. 한센병에
영향받지 않은 '좋은' 근육의 기능을 이식해서 잔뜩 움켜쥔 손가락을
펴고 망가진 손의 움직임을 회복시킬 가능성(아직은 그저 가능성에 불과하
지만)이 생겼다.

  하지만 벨로르 병원에 수술 허락을 요청하자 걸림돌이 나타났다.
우리의 노력을 지지하던 이들마저도 한센병 환자들을 입원시키는 게
타당한지를 두고 회의적인 견해를 보였다. "가뜩이나 침상이 모자라
는 판입니다. 선생님." 원무과 직원은 말했다. "한센병 환자들이 치료
비를 낼 수 없다는 건 선생님이 누구보다 잘 아시잖아요." 사면초가.
손이 마비된 탓에 생활비를 벌지 못하고, 그래서 치료비를 내지 못하
는 현실에 그만큼 어울리는 표현이 또 있을까 싶었다. 병원에는 여력
이 없는 환자들에게 무상으로 제공하는 침상이 더러 있었지만, 원무
과 직원의 말마따나 완치가 가능한 응급 환자를 위해 비워 둔 자리였

다. 정형외과 한센병 환자들에게는 해당되지 않았다.

　그들의 동정심에 호소하면서 한편으로는 다른 병원 직원들에게 그동안 만난 한센병 환자들의 사연을 이야기했다. 엄격한 신분 제도의 전통이 5천 년 넘게 이어져 온 이 나라에서 한센병 희생자들은 사회적 사다리의 맨 아래 칸을 차지한다는 점을 짚어 주었다. 남도 아닌 가족들이 나서서 환자들을 쫓아냈다. 그러지 않으면 동네 사람들이 들고일어나 온 집안을 내치리라는 현실적인 명분을 내세웠다. 온몸에 잘고 단단한 혹이 돋아 장장 7년 동안이나 다락에 갇혀 지낸 어린 소년을 진찰한 적도 있다. 또 다른 10대 아이는 선명한 반점을 감추기 위해 내내 왼손을 주머니에 넣고 다니다가 칭글레푸트로 왔다. 햇볕에 노출되어 짙어진 선 아래로는 손이 아기처럼 부드럽고 핏기가 없었으며 오래 쓰지 않아 몹시 허약했다. 이유는 알 수 없지만, 한센병은 여성보다 남성에게 곱절 넘게 자주 나타난다. 인도에 있을 당시, 한센병에 걸린 어린 소녀들에게서 더없이 가슴 아픈 이야기를 들었다. 남편을 구하거나 일자리를 찾을 수 없게 된 친구들은 거리에서 구걸로 연명하기 마련인데, 폭력배 우두머리가 구역을 나눠 주고 수입을 빼앗아 간다고 했다. 개중에는 병이 깊어져 손님들이 알아볼 정도가 되기 전까지, 매음굴에서 착취당하는 사례도 있었다.

　"마음 아픈 이야기지만 의학적으로 도울 길이 없군요." 병원 간부로 있는 존경받는 의사 한 분은 말했다. "이미 망가진 살을 가진 양반들이에요. 그게 이 병의 본질이죠. 어쩌다 생긴 상처도 낫질 않아요. 한센병에 걸린 몸에 칼을 대는 계획을 밀어붙일 수는 있겠지만, 아무

　　　　　　　　　　　　　　아무도 원하지 않는 선물

리 안간힘을 써도 수술 상처는 제대로 아물지 않을 겁니다. 오늘 멀쩡한 근육을 찾아 붙여 놓는다고 하더라도 내년이면 도로 마비되고 말 거에요. 한센병은 점점 나빠질 뿐이죠. 그러니 시간 낭비하지 마세요."

직원들이 쌍수를 들고 반대하는 데는 한센병 환자들이 입원한다는 사실이 가장 크게 작용한 듯했다. 관리부 직원 한 명은 대놓고 목청을 돋웠다. "만에 하나, 여기서 문둥이들을 치료한다는 소리가 새 나가기라도 하면, 다른 환자들이 모두 겁을 먹고 병원에서 뛰쳐나가고 말 겁니다. 그런 위험을 감수할 이유가 없습니다. 정 수술이 하고 싶으면 한센병 전문 병원에 가서 거기 환자들을 데리고 하시면 되잖아요."

그런데도 수없이 청을 넣은 끝에, 병원 담벼락 바깥쪽에 흙벽을 덧대 지은 창고에 '손 클리닉(한센이라는 단어를 넣을 엄두조차 내지 못했다)'을 개설해도 좋다는 허락을 받았다. 곧바로 한센병 환자가 몰려들기 시작했다. 무슨 도움을 주든지 다 고마워했다. 곤경에 노여워하거나 원망하는 감정이 전혀 없다는 사실이 놀랍기 그지없었다. 이슬람교도든 힌두교도든, 서글픈 체념으로 처지를 받아들였다. 더 나은 삶을 기대하거나 소망하는 마음도 없었다. 너무도 오랫동안 비인간적인 대접을 받다 보니 스스로 자신을 인간 이하로 취급하게 된 게 아닌가 싶었다.

두려움이라는 벽을 허물고

한센병 환자를 치료하기 시작하면서 내 마음 깊이 도사린 편견과 두려움에 맞서야 했다. 환자들은 고름이 가득 잡힌 끔찍한 상처를 치료해 달라고 찾아오는 터라 고름 냄새와 썩은 내가 창고를 가득 채우기 일쑤였다. 감염률이 낮다는 코크런의 장담을 들었음에도 감염이 걱정스러웠다. 뒤에서 일하는 직원들도 마찬가지였을 것이다. 그래서 손 지도를 그리기 시작했다. 수술 도중에 바늘이나 날카로운 뼈 모서리에 찔릴 때마다 그 자리를 표시하고 치료한 환자의 이름과 시간을 기록해서 혹시라도 한센병에 걸리면 어디서 시작되었는지 추적할 수 있게 했다. 하지만 찔리고, 베이고, 긁힌 상처가 모두 열세 군데를 넘어가면서 그 짓을 그만두었다.

아내 마거릿은 환자들과 가까이 부대끼는 걸 두려워하지 않도록 앞장서 도왔다. 내가 집을 비운 어느 주말, 자전거 인력거 한 대가 의과 대학 캠퍼스에 있는 우리 집 앞에 멈췄다. 20대 초반으로 보이는 깡마른 사내가 인력거에서 내렸다. 맞으러 나간 아내의 눈에 신발 앞쪽이 쩍 벌어진 꼴이 들어왔다. 붕대로 단단히 싸맨 발이 삐져나와 있었다. 허연 자국들이 한쪽 안구 표면을 거지반 덮었고, 따가운 햇볕을 피하려 계속 눈을 내리깔았다. "실례합니다." 청년은 공손하게 말했다. "브랜드 박사님을 뵈려면 어디로 가야 하는지 알려 주시겠어요?" 마거릿은 폴 브랜드의 아내임을 밝히고 사흘 뒤 화요일에나 돌아온다고 대답했다. 낙담한 기색이 역력했다. 젊은이는 고맙다는 인

아무도 원하지 않는 선물

사와 함께 발길을 돌렸다. 인력거는 진즉에 돌아간 터라 사내는 절뚝절뚝 어색한 걸음걸이로 마을을 향해 걷기 시작했다.

마음씨 고운 아내는 아쉬워 찾아온 이를 차마 그냥 돌려보낼 수가 없었다. 구슬리는 데 다소 시간이 걸렸지만, 얼마 지나지 않아 아내는 젊은이의 이야기를 끌어냈다. 거절과 학대로 범벅이 된 전형적인 사연이었다. 여덟 살쯤, 피부 반점이 처음 생겼다. 학교에서 쫓겨난 뒤로 아이는 사회 기피 인물이 되었다. 우연히 마주친 예전 친구들은 일부러 피해 갔다. 식당과 가게들은 아예 발을 들이지 못하게 했다. 6년을 허송한 끝에 간신히 받아 주는 미션스쿨을 찾았지만, 졸업장을 받아도 써 주는 데가 없었다. 사단은 어렵게 여비를 구해 벨로르로 가는 기차에 올라탔다. 하지만 막상 도착하고 보니 이번에는 시내버스 기사가 버스에 태워 주지 않았다. 젊은이는 가진 돈을 다 털어 6킬로미터쯤 떨어진 의과 대학까지 실어다 줄 인력거를 구했다. 갈 데가 없느냐고? 없었다. 단연코 없었다. 설령 호텔에서 받아 준다고 해도 방값을 치를 여력이 없었다.

두 번 생각할 것도 없이, 마거릿은 사단을 불러들여 베란다를 내주고 편안한 잠자리를 봐주었다. 젊은이는 내가 돌아올 때까지 사흘을 머물렀다. 조금 부끄러운 얘기지만, 우리 아이들이 달려 나와 집에 새 손님, 그러니까 한센병을 앓고 있는 좋은 아저씨가 있다고 재잘대는 소리를 들었을 때 썩 유쾌한 반응을 보이지 못했다. 아이들한테 옳은 건 아니겠지? 아내는 한마디로 해명했다. "하지만 여보, 갈 데가 없다잖아요." 그리고는 곧바로 아침에 읽었다는 신약 성경 말씀을 들려주었다. "내가 주릴 때에 너희가 먹을 것을 주었고 목마를 때에 마시게 하였고 나그네 되었을 때에 영접하였고 헐벗었을 때에 옷을 입혔고 병들었을 때에 돌보았고 옥에 갇혔을 때에 와서 보았느니라"(마 25:35-36). 바로 그런 정신으로 아내는 한센병 청년을 집으로 불러들였다. 지금은 그때의 결정을 한없이 고맙게 생각한다. 사단은 쓸데없이 부풀려진 두려움을 일깨워 주었을 뿐만 아니라 더없이 소중한 친구가 되었다.

물리 치료 선교사 루스 토머스(Ruth Thomas)도 두려움의 장벽을 완전히 무너뜨리는 데 힘을 보탰다. 마오쩌둥주의 공산 혁명에 쫓겨 중국을 빠져나온 루스는 홍콩에서 고향인 영국으로 돌아가는 항공편을 예약했다. 하지만 출발을 코앞에 두고 인도에 한센병 환자들을 대상으로 실험적인 일을 하는 정형외과 의사가 있다는 소문을 들었다. 루스는 당장 일정을 바꿔 벨로르로 왔다. 그리고는 우리 클리닉에 열탕 파라핀 치료와 근육 전기 자극에 필요한 장비들을 갖춘 물리치료실을 열었다. 루스는 온 세상을 통틀어 한센병 환자들을 돌본 첫 번째 물리 치료사 가운데 하나로 그야말로 개척자였다.

루스는 손을 맞잡고 정성껏 마사지하면 뻣뻣해지는 걸 막는 데 도움이 되리라고 믿었다. 그래서 날이면 날마다 한센병 환자들의 손을 주무르고, 주무르고, 또 주물렀다. "선교사님, 이건 피부와 피부가 직접 맞닿는 작업이에요." 루스에게 주의를 주었다. "반드시 장갑을 끼도록 하세요." 그는 말없이 웃으며 고개를 끄덕이고, 다시 환자의 손을 어루만졌다. 루스 토머스의 단순한 치료는 놀라운 성공을 거두었

아무도 원하지 않는 선물

다. 인간의 접촉이라는 놀라운 선물이 마사지 기술 만큼이나 크게 작용해 일군 성공이라고 굳게 믿는다.

클리닉 문을 열고 몇 달 뒤, 총명한 젊은 환자 한 명을 진찰하고 있었다. 신통찮은 타밀어로 질병이 깊어지는 걸 멈출 수 있고 어쩌면 얼마쯤 손을 쓸 수도 있게 되겠지만 얼굴 변형만큼은 어쩔 수가 없다고 설명했다. 어깨에 손을 얹고 우스갯말을 곁들였다. "얼굴 상태가 그리 나쁘진 않다네." 윙크하며 말했다. "그리고 약만 잘 먹으면 더 나빠지지는 않을 걸세. 무엇보다 우리 남자들은 얼굴에 그리 신경 쓸 필요가 없잖나. 뾰루지나 주름살 하나하나에 안달복달하는 건 여자들 몫이지." 미소를 지을 줄 알았는데, 젊은이는 어깨를 들썩이며 숨죽여 흐느꼈다.

"못할 말을 한 게 있나요?" 조수에게 영어로 물었다. "이 환자가 내 말을 제대로 들었나요?" 조수는 젊은이에게 이것저것 물어보고 나서 말했다. "그렇지 않아요. 선생님이 이 친구 어깨에 손을 얹으셔서 울고 있는 거예요. 여기 오기 전까지 여러 해 동안 그렇게 만져 준 이가 아무도 없었거든요."

크리슈나무르티라는 소년

손 수술의 1차 대상은 10대 소년이었다. 수술로 유익을 얻을 공산이 가장 컸고 남성 환자의 숫자가 훨씬 많아 선택의 여지가 있었다. 여태 한센병 환자를 치료해 본 정형외과 의사가 전혀 없는 탓에 보고 따라갈 상세한 안내서나 사례 연구도 찾아볼 수 없었다. 외로웠다. 가이드 없이 낯선 땅에 들어선 것만 같았다.

우선 스털링 버넬(Sterling Bunnell)이 쓴 최신 교과서를 파고들었다. 훗날 고전이 될 책이었다. 저자도 이 분야와 관련해 전문적인 훈련을 받은 적이 없는 상태에서 시작했다는 점이 위안이 되었다. 부인과를 전공한 버넬은 2차 세계대전이 일어나자 의무대에 배속되었다. 전쟁 터를 누비면서 총알에 맞아 손이 마비되는 상황과 끊임없이 마주했다. 어떤 처치가 적합하다는 식의 선지식이 전혀 없던 터라 저만의 기술을 개발했다. 나중에 '손 수술의 아버지'라는 명성을 얻게 한 기술이었다. 가령, 척골 신경 손상에서 비롯된 마비를 치료한다고 치면, 정중 신경이 통제하는 근육과 힘줄을 활용했다. 서슴없이 잘라다가 새로운 자리에 옮겨 심어서 마비된 근육을 대신하게 했다. 이게 바로 '버넬 힘줄 전이술'로 알려진 수술이다. 버넬은 그런 방식을 보여 주는 컬러 화보를 손 수술을 다룬 첫 번째 책 표지에 사용했다.

일반외과 수련에서는 손의 기전과 직접 관련된 지식을 거의 얻지 못했지만, 건설업에 종사했던 경험을 통해서는 적어도 공학적인 토대 정도는 단단히 확보할 수 있었다. 의과 대학에서는 손동작 이면에 깔린 복잡한 공학적 움직임을 설명하는 유체 역학 전문가 일링워스 로 교수의 강의를 감탄하며 들었었다. 이제는 망가진 손을 고칠 방도를 탐색하면서 그 과정을 연구했다. 공부하면 할수록 경외감이 깊어 졌다. 아이작 뉴턴은 "다른 증거가 전혀 없다손 치더라도 엄지손가락 하나면 하나님의 존재를 확신하는 데 아무 어려움이 없다"고 했다.

아무도 원하지 않는 선물

손 한 번 까딱하는 데도 근육 50여 개가 서로 어울려 작동해야 한다. 하지만 그보다 더 감동적인 사실이 있다. 손가락의 강력하고 섬세한 움직임은 순전히 힘이 전달된 결과라는 점이다. 손가락에는 근육이 전혀 없고(그렇지 않으면 부피가 크고 다루기 힘든 크기로 부풀었을 것이다) 힘줄들이 팔뚝 근육에서 힘을 전달한다.

그처럼 정교한 손의 메커니즘에 비해 수술 안내서는 어처구니없으리만치 허술했다. 거기에는 "힘줄을 이어 붙여 적절한 힘을 내게 할 것"이라고 적혀 있었다. '적절한' 힘이라니! 다리를 놓거나 하다못해 창고 하나를 짓더라도 그렇게 부정확한 설명을 나열하는 건 상상조차 할 수 없는 일이었다. 단 몇 그램의 장력 편차와 2밀리미터 남짓 되는 지레 힘에 손가락의 가동 여부가 결정될 수도 있었다.

수술 경험을 쌓기 위해 부검실에 틀어박혀 병원에서 사망한 환자들을 대상으로 실습을 거듭했다. 방에 들어가서 손을 절개하고 힘줄의 움직임을 시험한 뒤에 다시 꿰매어 장례를 치를 수 있는 상태로 되돌려 놓는 작업을 단 몇 시간 안에 마쳐야 했다. 한결 느긋하게 연습할 수 있는 카데바 손이 운 좋게 굴러든 적도 있었다. 아내를 오래도록 설득한 끝에 귀하디귀한 공간을 확보하는 데 성공했다. 손을 포일에 잘 싸서 냉동실에 보관할 수 있게 되었다. (그 보따리에는 절대로 손대지 말라고 단단히 일렀는데도, 요리사는 두 번씩이나 문제의 뭉치를 꺼내 들고 미심쩍은 낯빛으로 아내에게 물었다. "사모님, 이게 베이컨인가요?") 카데바 손을 가지고 다양한 기법을 시험해 보았다. 힘줄을 떼어 다른 자리에 이식하기도 하고, 이 뼈 저 뼈에 고정하기도 했다. 하나같이 값진 경험이었지만, 결국 카데바 손으로는 한계가 있음이 명확해졌다. 살아 있는 손처럼 균형을 잡는 힘이 없는 까닭이다. 힘줄과 근육을 한 번에 하나씩 실험할 수 있을 뿐, 수십 가닥의 근육이 서로 연동해 작동하는 걸 시험할 수 없었다. 살아 있는 환자를 수술하는 방법 말고는 궁금한 걸 알아낼 길이 없음이 분명했다.

얼마 뒤, 다시 칭글레푸트를 찾았다. 이번에는 미리 선별해 둔 이들을 한 무리 불러 모았다. 하나같이 마비가 상당히 진행된 환자들이었다. 설령 어디가 잘못된들 더 나빠질 게 없는 자원자들이 필요했다. "벨로르 병원에서는 마비된 손에 도움이 될지도 모를 몇 가지 실험을 계획하고 있습니다." 그들에게 설명했다. "그래서 자원자 몇 분이 필요합니다. 이건 한 번도 시도해 본 적이 없는 수술법이어서 뜻한 결과가 나오리라는 보장이 없습니다. 병원에 오래 머무르면서 몇 차례 수술을 받아야 할 테고 재활 과정도 몹시 힘들 겁니다. 다시 말하지만, 그러고도 나아지는 게 전혀 없을 수도 있습니다." 쓸데없는 기대를 부추길까 싶어서 부러 마음이 동하지 않을 만한 투로 설명했다. 자원할 분이 있느냐고 묻자, 놀랍게도 모두가 나섰다. 이편에서 원하는 환자들을 골랐다.

밥 코크런과 상의한 뒤에 힌두교를 믿는 크리슈나무르티라는 소년을 검진하고 상담했다. 전반적인 건강 상태는 좋아 보였지만, 한센병 탓에 손발이 엉망으로 망가져 있었다. 두 발에 커다란 궤양이 생겨서 뼈가 거의 다 드러날 정도였다. 병원에 있기만 해도 지금보다는 나아지겠다는 생각이 들었다. 손가락 길이는 정상인과 별 차이가 없

아무도 원하지 않는 선물

었지만 딱딱한 갈고리처럼 안으로 오그라들어 있었다. 강하게 움켜쥐는 동작은 가능했지만, 손을 펴서 원하는 걸 잡을 수는 없었다.

크리슈나무르티는 여섯 개의 언어를 해독할 줄 안다고 코크런은 말했다. 자신의 환자 가운데 가장 똑똑한 축에 속한다는 것이다. 상상도 못 했던 일이었다. 소년은 누더기 차림이었고 고개를 푹 숙이고 다녔다. 눈은 퀭하고 생기가 없었다. 걸인의 말투가 입에 붙어 늘 칭얼거리듯 이야기했고 무엇을 묻든 한두 마디로 대꾸하기 일쑤였다. 요양원을 떠나 내키는 대로 돌아다니고 싶은 눈치였다. 큰 수술을 여러 번 받아야 하고 결과를 장담할 수 없다는 얘길 되풀이했다. 아무 상관 없다는 듯 소년은 어깨를 한 번 으쓱하더니, 한 손으로 다른 편 손목을 그어 보였다. '자르고 싶으면 잘라도 돼요. 나한텐 아무 쓸모가 없으니까요'라고 말하는 것 같았다. 크리슈나무르티를 벨로르로 데려다가 다른 환자들 눈에 띄지 않는 구석방에 머물게 했다.

소년의 손은 근육 하나하나까지 다 마비되고 팔뚝의 근육 몇 가닥도 이미 망가진 상태였다. 팔뚝의 정중 신경이 지탱하는 엄지는 단단히 굽어졌다. 게다가 역동작을 통제하는 손목 아래쪽 신경이 이미 죽은 터라, 위로 세워 다른 손가락들과 마주 대하는, 물건을 움키는 데 필수적인 동작이 불가능했다.

팔뚝에서 보통 약지를 굽히는 데 쓰는 근육 하나를 빌려 오기로 했다. 거기서 나온 긴 힘줄이 손바닥을 가로질러 넷째 손가락까지 이어져 있었다. 약지의 아랫단을 절개해서 힘줄을 끊었다. 이어서 손목을 가르고 힘줄을 끄집어내서 테이블 위에 올려놓았다. 기다란 근육 가

딱처럼 보였다. 그리고는 손바닥의 불룩한 부분 밑으로 통로를 내고 잘라 놓은 힘줄을 지나가게 한 다음, 그 끝을 엄지 뒤편의 새 자리에 연결했다.

수술은 세 시간 동안 계속되었다. 힘줄에 작용할 힘의 크기를 재는 데 대부분의 시간이 들었다. 카데바 손을 해부하며 얻은 정보를 토대로 온 힘을 다했다. 수술 자리를 봉합한 뒤에 석고 붕대로 감싸 고정했다.

3주를 기다렸다. 크리슈나무르티는 새로운 환경에 잘 적응했다. 병원 식당에서 차려 주는 밥을 아주 좋아했고 한센병 환자 전용 병상을 갖춘 병동의 은밀한 분위기를 즐겼다. 관심이 쏟아지자 스스로 대단한 인물이 된 기분인 듯했다. 다른 한편으로, 침상에 누워 생활하고 정기적인 치료를 받으면서 발에 생긴 궤양 역시 몰라보게 아물었다. 하루도 빼놓지 않고 소년을 살폈다. 크리슈나무르티의 잠재력에 대한 코크런의 판단은 정확했다. 칭글레푸트에서 데려온 '부랑아'는 점점 활기를 찾았다.

붕대를 푸는 날, 소년보다 더 초조한 인물이 있다면 그건 두말할 것 없이 바로 나였다. 크리슈나무르티는 그런 수술을 받은 인류 최초의 환자였다. 다른 의사들은 진행성 마비 증세를 돌이키려 쓸데없이 시간을 허비한다고 투덜거렸고, 나는 그들이 틀렸음을 입증하고 싶었다. 절개한 자리는 깔끔하게 아물어 있었다. 속으로 생각했다. '흠, 이제 더는 한센병 환자의 몸을 두고 부정한 살이니 뭐니 하는 소리는 못 하겠군.' 고통을 감지하지 못하는 크리슈나무르티에게서는 수술

아무도 원하지 않는 선물

뒤에 흔히 나타나는 예민한 기색이 보이지 않았고 앞뒤, 위아래로 움직여 보는 내내 손가락을 내맡기고 있었다. 이식된 힘줄은 잘 안착한 듯했다.

"이제 자네가 해 보게." 마지막 테스트를 하면서 소년에게 말했다. 손가락이 알아서 명령에 따르기를 바라기라도 하듯, 크리슈나무르티는 엄지를 뚫어지게 쳐다보았다. 뇌가 새로운 동작 유형을 파악하는 데 몇 초쯤 시간이 걸렸지만, 마침내 손가락이 움직였다. 뻣뻣하게, 그리고 처음에는 '살짝'이었지만 아무튼 어김없이 작동했다. 소년은 씩 웃었다. 곁에 섰던 간호사는 큰 소리로 환호했다. 크리슈나무르티는 엄지를 다시 꼼지락거렸다. 주위의 시선이 소년의 손가락으로 일제히 쏠렸다.

아이의 손가락 안에서 벌어지는 일은 머릿속으로 그려 볼 수밖에 없었다. 오랫동안 소년은 엄지를 움직여 보려고 안간힘을 썼다. 다른 손을 써서 똑바로 펴 보기도 전에 퉁기듯 갈고리 모양으로 돌아가 버렸다. 엄지는 움직이지도, 감각을 느끼지도 못하는 무용지물, 기껏해야 흔적 기관에 지나지 않았다. 그런데 이제 오래도록 죽은 채 버려졌던 신체 일부가 되살아나고 있었다.

도전과 실패를 거듭하며

몇 주 뒤, 다시 수술에 들어갔다. 이번에는 다른 힘줄을 이식해서 크리슈나무르티의 검지와 중지가 자유롭게 움직이게 하는 수술이었다.

(인체 근육 가운데 6분의 1은 손가락 운동에 쓰이므로 가져다 쓸 자원은 차고 넘칠 만큼 넉넉했다.) 진보는 더뎠다. 한 번 수술할 때마다 몇 시간씩 고된 물리 치료를 받아야 했다. 루스 토머스는 소년의 발을 따뜻한 파라핀 왁스에 담가 관절을 부드럽게 풀어 주며 각 손가락의 운동 반경을 1밀리미터씩 늘여 갔다.

손가락을 따로따로 쓰는 법을 통달할 때까지, 안으로 휘어진 크리슈나무르티의 손은 마치 절단 수술을 받은 자리에 장착한 갈고리처럼 둔하고 어색하게 움직였다. 몇 시간씩 쥐어짜는 연습을 거듭한 끝에 소년은 고무공 쥐는 법을 익혔다. 다음은 숟가락이었고 이어서 연필까지 잡았다. 그리고 숱한 훈련을 거쳐서 제 뜻대로 손가락을 폈다가 주먹에 가까운 모습으로 움켜쥘 수 있게 되었다. 하루는 자랑스럽게 날 부르더니 맞은편 엄지까지 동원해 식판 위에서 밥과 카레를 버무린 뒤 한 톨도 흘리지 않고 입에 털어 넣는 새 기술을 펼쳐 보였다.

한 걸음 나아갈 때마다 크리슈나무르티의 됨됨이가 새록새록 드러났다. 다시 웃었고, 간호를 맡은 직원에게 아주 현실적인 우스갯소리를 던지고, 아직 읽지 않은 책을 찾아 도서실을 샅샅이 뒤졌다. 눈에 생기가 돌아왔다. 그리스도인이 되었고 '존'이라는 이름을 얻었다. 얼마 지나지 않아 타자 치는 법을 배웠고 건강과 관련된 글 몇 편을 인근 지역에서 쓰는 언어로 번역해 보겠다고 나섰다. 어느 날 아침, 존의 병실을 지나가는데 더없이 행복한 표정으로 타자기를 두드리고 있었다. 아무 쓸데 없는 두 손을 옆구리에 늘어뜨린 채 상처 입은 짐승처럼 잔뜩 웅크리고 있던 추레한 소년은 온데간데없었다.

아무도 원하지 않는 선물

마당을 지나는데 아이가 작대기를 집어서 상처를 긁고 있는 게 창문을 통해 보였다. 존 크리슈나무르티를 내보낼 때가 되었구나 싶었다. 발의 상처가 통 아물지 않는 이유를 알 것 같았다. 어떻게 하면 외과적으로 손 상태를 개선할지 연구하는 데만 의료진이 온 정신을 팔고 있는 줄 잘 아는 맹랑한 녀석이 더 오래 머물고 싶은 마음에 잔꾀를 부린 것이다. 하지만 장기 치료를 해 주기에는 병상이 너무 귀했다. 도움을 기다리는 한센병 환자가 한둘이 아니었다. 그래서 몇 주 뒤에 소년을 내보냈다. 깨끗하게 나은 발과 아쉬운 대로 쓸 수 있게 된 손, 그리고 이름에 걸맞은 새로운 정체성을 한데 꾸려 주었다.

첫 수술이 성공하자 병원에서는 궁핍한 한센병 환자들이 쓸 격리 병실 두 개를 더 내주었다. 얼마 지나지 않아 한센병을 앓는 환자가 병동 안팎에 넘쳐났다. 에르네스트 프리취(Ernest Fritschi)라는 훌륭한 청년 의사까지 합류하면서 손상된 손을 확실히 회복시킬 기법을 본격적으로 탐색하기 시작했다.

에르네스트는 엄지를 잃어버린 환자에게 인공 손가락을 만들어 줄 수 있을지 궁금해했다. 우리는 발가락뼈를 이식하고 복근으로 만든 튜브를 둘러씌우는 방식으로 손가락을 만들어 그루터기만 남은 엄지 길이를 늘여 보았지만 이렇게 덧댄 조직은 좀처럼 제구실을 하지 못했다. 타고난 손가락들마저 아끼지 않는 환자들로서는 새 손가락을 지키려 안간힘을 쓸 이유가 없었다. 게다가 새로 이식한 뼈를 몸이 흡수해서 엄지나 다른 손가락이 도로 짧아지는 희한한 일까지 일어났다. 수수께끼 같은 실종 현상은 도무지 설명할 길이 없었다.

힘줄전이술은 훨씬 더 큰 가능성을 열어 주었다. 우리는 도전과 실패를 수없이 거듭한 끝에 드디어 기계적으로 맞춤한 장력을 찾아냈다. 힘줄을 지나치게 빡빡하게 붙이면 근육이 엄지를 촛대처럼 곧추세우고 만다. 아무리 손을 오므리고 싶어도 손가락이 굽어지지 않는다. 반대로 수지 관절을 가로질러 활시위처럼 팽팽하게 당겨 놓으면 주먹을 쥘 수는 있겠지만 손가락을 제대로 펴기 어려울 것이다.

그래서 통상적으로 마비가 일어나는 지점보다 훨씬 위쪽에서 본래 손목을 움직이는 데 쓰이는 질긴 힘줄을 끌어다가 갈고리 손을 고치는, 한 걸음 더 나간 방법을 찾아냈다. 손목 근처를 조금 절개해서 힘줄을 끌어내고 다리에서 떼어 낸 유리이식편을 가져다 붙였다. 그렇게 늘어난 힘줄을 몸 안에 뚫은 통로를 통해 손목을 지나 손바닥까지 끌어갔다. 거기서 다시 피부를 조금 가르고 힘줄을 끄집어낸 다음, 끝을 네 가닥으로 가늘게 쪼갰다. 그리고는 손가락마다 한 가닥씩 지나가게 했다. 그럼 환자는 강인한 팔뚝 근육에서 가져온 힘을 이용해 네 손가락을 동시에 오므리거나 움켜쥔 상태에서 도로 펼 수 있었다.

더러 맞춤 치료를 요구하는 환자들도 있었는데, 웬만하면 들어주는 편이었다. 어떤 남자는 구부러진 엄지손가락의 각도를 조절해서 시계태엽을 감을 수 있게 해 달라고 부탁했다. 고무나무 농장주였던 또 다른 남자는 주먹을 제대로 쥐지 못하는 사태가 벌어지는 한이 있더라도 손가락 관절을 거의 곧게 편 자세로 고정해 달라고 했다. 기능적으로 잘 움직이는 손보다 겉보기에 정상적인 손을 갖고 싶다는

아무도 원하지 않는 선물

뜻이었다. 근육이 영구적으로 퇴화해 움푹 들어간 자리에 지방을 이식해서 도톰하게 돋워 주었다. 곧 다른 환자들에게도 미용 성형을 해 주기 시작했다. 피리를 불어 먹고 사는 사내는 소리 구멍에 맞게 손가락이 벌어지도록 관절을 고정해 달라고 했다. 당연히 말렸다. "그랬다간 밥알이 손가락 사이로 다 흘러내려서 밥도 제대로 못 먹을 거예요." 하지만 환자는 단호했다. "밥이야 숟가락으로 먹으면 그만이지만, 피리를 불지 못하면 쌀 살 돈도 못 벌 겁니다."

한편, 에르네스트 프리취는 발에 관심을 돌렸다. 칭글레푸트의 형편을 조사해 보니 발과 발가락을 들어 올리는 근육이 마비되면서 '발처짐' 증상에 시달리는 환자가 어마어마하게 많았다. 이런 환자는 발을 들었다 내려놓을 때 발꿈치가 땅에 닿지 않는다. 그렇게 버려두면 아킬레스건이 차츰 짧아져서 발가락이 엄청난 압력을 받게 된다. 몸무게를 받아 내도록 설계된 발꿈치가 아니라 발가락에 온 체중이 쏠리면서 살갗이 터지고 압력 궤양이 번졌다. 손 힘줄을 이전하면서 얻은 경험과 지식을 적용해서 발에 생기는 문제도 바로잡을 수 있었다. 얼마 지나지 않아, 칭글레푸트에는 족부 궤양이 눈에 띄게 줄어들기 시작했다.

허름한 '손 클리닉'에서 보낸 나날은 그야말로 짜릿했다. 물론 성공만 있었던 건 아니다. 락샤마난이라는 환자는 무슨 수를 써도 두 손가락을 살릴 수 없다는 사실을 알고 우물에 몸을 던져 스스로 목숨을 끊었다. 하지만 기형과 결함이 얼마나 심한지를 기준으로 대상을 선별했으므로 수술을 받고 나면 십중팔구 기능이 훨씬 나아졌다. 환

자들은 그처럼 서슴없이 자신들을 치료해 주는 의료진을 존경하는
분위기였다. 손발의 움직임을 아주 살짝 개선해 주기만 해도 다들 새
로운 열정과 소망을 품고 벨로르를 떠났다.

뇌 프로그램 다시 짜기

폴 발레리(Paul Valery)는 "정신의 끝에는 몸이, 몸의 끝에는 정신이 있
다"고 했다. 재활 과정을 견디려고 안간힘을 쓰는 한센병 환자들을
보면 헛말이 아니라는 생각이 든다. 외과적으로는 여기 있는 힘줄을
저기로 옮겨 붙이는 데 지나지 않지만, 새로 빚어낸 현실에 정신을
맞춰 가야 했다.

뇌 신경은 50-100개 정도의 전문화된 구역으로 짜여 있다. 이 구
역은 입술의 감각을, 저 구역은 움직임을 제어하는 식이다. 손가락의
감각과 움직임을 통제하는 구역도 따로 있다. 인간이 성장하고 성숙
해지듯, 뇌와 엄지 역시 수없이 얽히고설키는 신경 통로를 구성하면
서 서로를 차츰 '알아간다.' 엄지는 쉴 새 없이 사용하는 기관이므로
대뇌 피질에 엉덩이와 다리에 배당된 것만큼이나 거대한 표현 영역
을 차지한다. 따라서 손상된 엄지를 수술로 고칠 때는 뇌의 담당 구
역까지 신경 써야 한다는 사실을 이내 깨달았다.

초기에, 존 크리슈나무르티처럼 엄지가 마비되고 갈고리 손을 가
진 또 다른 환자에게 힘줄 이식 수술을 한 적이 있다. 크리슈나무르
티에게 그랬듯, 약지의 힘줄을 끌어다 엄지손가락에 이어 붙이는 수

술을 했다. 하지만 존에게처럼 결과가 이러저러하리라고 상세하게 설명해 주지는 못했다. 수술이 끝난 지 몇 주가 지나고 붕대를 풀면서 환자에게 이야기했다. "이제 엄지를 세울 수 있어요." 난감해하는 게 보였다. 손가락이 잘 움직이게 해 주겠다고 약속했는데 아무 일도 일어나지 않은 터라 실망하는 낯빛이었다. 아무리 애를 써도 손가락은 꿈쩍하지 않았다.

"자, 이번에는 약지를 움직여 보세요." 말이 끝나기가 무섭게 환자의 엄지가 벌떡 일어섰다. 그는 나동그라질 만큼 놀랐다. 너나없이 웃음을 터트렸다. 뇌가 엄지 대신 약지를 떠올리도록 다시 훈련해야 한다고 일러 주었다. 운동 신경의 배선을 바꿔서 결국 뇌를 헷갈리게 만든 셈이었다. 그날 이후로, 환자의 방을 지나칠 때마다 사내가 침상에 쭈그리고 앉아 엄지손가락을 연구하고, 씰룩씰룩 움직이면서 뇌로 연결되는 신경 길을 새로 내는 모습을 볼 수 있었다.

어떤 면에서 보자면, 환자들은 복이 많았다. 신경 손상이 뇌에 더 큰 혼란을 줄 수 있는 통각과 촉각 메시지를 이미 차단한 덕에, 오로지 운동 프로그램을 다시 짜는 데만 몰두할 수 있었으니 말이다. 그렇지 않았더라면, 환자들은 적응하는 게 불가능하다는 결론을 내렸을 것이다. 손상 부위 자체가 아니라 정신적인 장벽에 가로막혀 실패로 돌아가는 손 수술이 얼마나 많은지 모른다.

한번은 권총 사고로 정중 신경을 다친 60대 남성에게 '섬 피판' 수술을 해 주었다. 엄지와 검지는 감각이 없었지만 다른 신경의 지배를 받는 새끼손가락과 약지는 멀쩡하게 움직였다. 상대적으로 덜 중요한 손가락들에서 감각이 살아 있는 피부의 섬 피판 두 쪽을 신경과 함께 떼어 내 엄지와 검지에 제공하는 방법이 바람직했다. 수술하고 몇 주 뒤, 수술이 성공했다는 판정을 내렸다. 이제는 엄지와 약지의 감각도 돌아오고 이리저리 움직일 수도 있었다.

하지만 몇 달이 지나자, 환자는 하도 괴로워서 수술을 받은 게 잘한 일인지 의심이 들 지경이 되었다. 문제는 정신이었다. 60년 동안, 사내의 두뇌는 그 두 피판에서 올라오는 온갖 메시지를 '약지'와 '새끼손가락'이라는 두 카테고리 아래 저장했다. 그런데 갑자기 뇌가 지시하는 행동이 되돌아오는 감각과 맞아떨어지지 않게 된 것이다. 환자의 뇌는 새로운 환경에 좀처럼 적응하지 못했다. 예를 들어, 뜨거운 부지깽이를 집어 든다고 생각해 보자. 뇌는 얼른 던져 버리라는 긴급 명령을 내리겠지만 사내는 엄지가 아니라 새끼손가락을 편다. 아무리 노력해도 그 나이로는 '새끼손가락' 대신 '엄지'를 떠올리도록 뇌 프로그램을 다시 짤 도리가 없었다.

프로그램을 다시 구성하는 게 그토록 어려운 까닭은 카디프 시절, 해부하면서 생생하게 목격했듯 뇌가 두개골이라는 상아 상자 속에 철저하게 고립되어 있기 때문이다. 뇌는 이 신경에서 나오는 전기 신호는 엄지를 대표하고 저 신경에서 들어오는 전기 신호는 새끼손가락을 표현한다고 확신하는 법을 익힌다. 일반적으로 촉각은 으뜸가게 신뢰할 만한 감각이다. 시각은 환상이 되기 쉽고 청각은 거짓말을 할 가능성이 있지만, 촉각은 자신을 아우르는, 다시 말해 살갗에 각인되는 감각이다. 뇌의 입장에서는 갑자기 '엉뚱한' 자리에서 새로운

아무도 원하지 않는 선물

감각이 흘러들기 시작하면 스스로 자신에게 거짓말을 하는 느낌을 받게 마련이다. 누군가 장난으로 우리 집 배선을 다 바꿔 놓는 바람에 커피메이커를 작동시키던 스위치가 라디오를 조작하는 데 쓰이는 정도라면, 몇 번 시행착오를 겪다가 이내 적응할 것이다. 하지만 신경 통로는 몸의 일부로 체내에 존재하면서 현실을 구성하는 데 결정적인 역할을 한다.

인간의 정신은 이전의 역사를 통째로 거스르는 신호들을 쉬 신뢰하지 못한다. 뇌를 재교육해서 기만당하는 느낌을 깨끗이 지워 버리는 법을 배우지 않는 한, 절대로 적응할 수 없다.* 젊은이에게는 근

• 현미경 수술이 막 등장했을 즈음, 손을 수술하는 의사들은 흥분했다. 이제 가는 핏줄과 신경 섬유를 가닥가닥 다시 연결할 수 있으니 잘린 손가락과 손을 도로 붙일 수 있게 되었다고. 수술 기법은 갈수록 완벽해졌지만, 열광은 이내 수그러들었다. 동료 외과의 가운데 일부는 감각을 고려하지 않고 이식하는 방침을 좇았다. 나이 든 이들에게는 웬만해서는 잘린 손가락이나 손을 붙이는 수술을 해 주지 않았다. 뇌의 프로그램을 재편하는 게 그만큼 힘들기 때문이다. 두꺼운 전신 케이블처럼, 신경 한 가닥은 열감과 촉감, 통증 메시지를 따로따로 전달하는 수천 갈래 축삭이 한데 어울려 다발을 이루고 있다. 이렇게 정밀한 케이블이 잘리면, 제아무리 현미경의 도움을 받는다고 해도 축삭들을 하나하나 제자리에 이어 붙일 도리가 없다. 젊은이들이라면 어떻게든 새로운 통로를 학습해서 뇌가 막힘없이 자동으로 감각을 재해석하게 할 수 있다. 하지만 나이 든 환자들은 좀처럼 적응하지 못한다. 희한하게 얼얼하고 신경이 '얼어붙은' 느낌이 든다고 격렬하게 불평한다. 그들의 신경은 거짓말을 한다. 더러는 아예 손가락이나 손을 다시 잘라 달라고 매달리기도 한다.

육을 이식해서 이전과 완전히 다른 동작을 하게 만드는 게 가능했다. 예를 들어, 존 크리슈나무르티의 경우에는 손가락을 굽히는 데 사용되는 근육 가운데 하나를 골라 붙여서 손가락을 곧게 펴는 일을 하게 만들었다. 소년의 뇌는 예전처럼 "굽혀!"라는 명령을 내렸을 때 한쪽은 여전히 손가락을 구부리는 반응을 보이는 반면, 다른 한쪽은 정반대의 결과를 낳는 현상에 익숙해져야 했다. 나이가 들수록 프로그램을 다시 짜는 변화를 감당하기가 더 힘들어진다. 결국, 예순 살이 지난 한센병 환자들에게는 과격한 힘줄 이식 수술을 중단할 수밖에 없었다. 완전히 새로운 임무를 수행하게 근육들을 개조한다 해도, 예전의 감각을 그대로 간직한 환자의 뇌는 프로그램을 재구성하는 적응 과정을 감당하지 못한다.

프로그램을 다시 짜느라 안간힘을 쓰는 한센병 환자들을 격려한답시고 이야기했다. "여러분은 그래도 나은 편이에요. 움직이는 데만 집중하면 되잖아요. 감각 문제까지 해결해야 했더라면 얼마나 헷갈렸을지 생각해 보세요." 하지만 열에 아홉은 아무런 메시지도 받지 못하는 상태보다 그릇된 정보라도 받고 싶어 하는 눈치가 역력했다. 사전에 단단히 일렀는데도 수술로도 감각이 돌아오지 않는다는 사실에 낙담하는 기색이었다. 그렇다. 이제 손가락을 구부려 끈끈한 밥알을 둥글게 뭉칠 수 있게 되었지만, 쌀의 느낌은 덤덤했다. 나무를 만지든, 풀을 만지든, 벨벳을 만지든, 매한가지였다. 악수할 능력은 되찾았지만 상대편의 손을 맞잡을 때의 온기와 질감, 단단함 따위는 느낄 수 없었다. 환자들에게는 다른 이의 손을 너무 꽉 쥐지 말라고 가

아무도 원하지 않는 선물

르쳐야 했다. 신발 끈을 매지 못해 쩔쩔매던 칭글레푸트 남자처럼, 그들도 누군가를 아프게 하면서도 그 사실을 감지하지 못했다. 한센병 환자들에게 촉각은 아무 의미가 없었다. 통증도 마찬가지였다.

힘줄 이식 수술을 시작한 지 얼마 안 되었을 즈음, 펜실베이니아주 피츠버그에서 성형외과 교수로 일하는 윌리엄 화이트(William White) 박사가 병원을 깜짝 방문했다. 파키스탄 라호르에서 객원 교수 임기를 마치고 여행을 다니는 길에 한센병 환자 사역을 살펴보러 벨로르에 며칠 들렀다고 했다. 박사는 친절하게도 새로운 힘줄 이식 기법을 보여 달라는 부탁을 들어주었다. 환자를 준비시킨 뒤에 옷을 갈아입고 수술에 들어갔다. 한발 물러서서 노련한 손 수술 전문가의 솜씨를 느긋하게 관찰했다. 한 단계 한 단계마다 교수의 상세한 설명이 뒤따랐으므로 수술은 세 시간이나 걸렸다.

어차피 통증을 느끼지 못해 마취가 거의 또는 전혀 필요 없던 터라, 환자는 말짱한 정신으로 수술 과정을 처음부터 끝까지 지켜보았다. 봉합을 마치자, 화이트 박사는 짤막하게 환자를 격려하고는 손을 번쩍 들더니 손가락을 쫙 펴 보이며 말했다. "환자분도 곧 이렇게 움직일 수 있을 겁니다." 순간 기겁할 사태가 벌어졌다. 여전히 수술대에 누운 채 환자가 손가락을 쭉 펴는 의사의 동작을 따라 했다. 손은 곧바로 갈고리꼴로 오그라들었다. 어찌 된 일인지 뒤늦게 알아차린 화이트 교수는 기가 막힌 듯 웃음 지었다. 통증을 느끼지 못하는 환자가 새로 꿰매 붙여 놓은 힘줄들을 모조리 터트려 버린 것이다. 우리는 상처를 열고 힘줄을 다시 붙이는 새로운 수술에 들어갔다.

이 일에다 몇 가지 다른 사건까지 있어서 수술받고 회복하는 환자들을 위한 강력한 안전 지침을 마련했다. 통상적으로 고통은 한계를 설정해 준다. 막 손 수술을 마친 이는 손가락을 구부리지 않는다. 맹장 수술을 받은 환자가 침대에서 벌떡 일어나지 않는 것이나 매한가지다. 하지만 통증 반사 기능을 잃어버린 한센병 환자들은 치료와 치유에 필요한 기본 안전장치마저 잃어버린 셈이다. 따라서 바깥에서 그런 장치들을 마련해 주어야 했다.

손 수술을 받은 이들을 돕는 물리 치료사라면 대부분 재활 환자를 구슬려서 날마다 손가락을 더 움직이게 한다. 통증을 느끼는 구역 안으로 조금씩 더 들어가지 않으면 힘줄과 인대가 들러붙어서 영구적으로 망가지기 때문이다. 한센병 환자들을 지원하는 이들은 정반대였다. 손가락을 갑작스레 너무 많이 움직이지 못하게 막느라 한바탕 씨름을 벌였다. 루스 토머스를 비롯한 물리 치료사들이 "자, 살살!"이라든지 "조금만, 조금만!"이라고 외치는 소리가 종일 새어 나왔다. 소아마비와 한센병으로 똑같이 힘줄 이식을 받았더라도 물리 치료사들은 전자는 더, 후자는 덜 움직이라고 다그쳤다. 환자가 지나치게 열성적이어서 손가락을 단번에 홱 잡아채듯 움직이는 바람에 치료를 다시 해야 하는 경우가 한두 번이 아니었다.

우리 병원 물리 치료사들은 한센병 환자들을 돕는 쪽을 더 좋아한다. 아프다고 불평하는 법이 없고 움직이지 않아 손이 뻣뻣해지지도 않기 때문이다. 수술받고 회복하는 동안은 통증을 느끼지 못하는 이상한 자질이 언뜻 축복처럼 보이기도 했다. 하지만 고통이 없다는 게

아무도 원하지 않는 선물

이 무서운 질환이 가진 더없이 파괴적인 면모라는 사실을 금방 깨달았다. 참혹한 아이러니가 아닐 수 없었다.

I

고통과 무통 가운데 하나를
선택해야 한다면,
나는 당연히 고통 쪽이다.

―윌리엄 포크너

9장

상처 치유를 막는 주범

벨기에 출신으로 하와이에서 사역했던 다미앵 신부는 어느 날 아침, 면도하다가 한센병에 걸렸다는 사실을 깨달았다. 컵을 엎지르는 바람에 데고도 남을 만큼 뜨거운 물이 발에 쏟아졌는데 조금도 아프지 않았다. 1885년의 일이었다. 한센병이 통증 신호를 잠재워 환자들을 상처에 취약하게 만든다는 건 이 병을 다루는 이들 사이에서는 오래 전부터 널리 알려진 사실이다. 그런데도 환자는 물론이고 보건 관계 자들마저도 더 치명적인 손상을 일으키는 건 질환 자체라고 생각했다. 한센병과 관련된 무언가가 육신을 부패시켜 결국 죽음에 이르게 한다고 믿었다.

하지만 한센병 환자들을 붙들고 씨름할수록 이 병이 처참한 결과를 빚어내는 기전을 둘러싼 통상적인 관념에 깊은 회의가 들었다. 〈빠삐용〉이나 〈벤허〉 같은 인기 소설이나 영화가 그려 내는 장면들이 근거 없는 소문에 토대를 두고 있다는 건 새삼스러운 얘기가 아니다. 한센병 환자들의 팔다리나 부속 기관들은 그렇게 맥없이 툭툭 떨어져 나가지 않는다. 환자들은 오랜 세월에 걸쳐 손가락과 발가락을 잃었다고 증언한다. 실제로 연구해 봐도 차츰 변화가 일어난다는 걸 분명히 알 수 있다. 심지어 고작 3센티미터쯤 남은 손가락 밑동에도 손톱 끝단이 남아 있었다. 말단에 있는 관절이 잘려나가지 않았다는 뜻이다. 엑스레이를 찍어 보면 염증 탓에 희한하게 짧아진 뼈와 거기에 맞춰 오그라든 피부를 비롯한 물렁 조직들이 고스란히 드러난다. 무언가가 몸을 자극해 체내에서 손가락을 파괴하는 것이다.

칭글레푸트의 밥 코크런에게 이 문제에 관해 물었다. "지금껏 짧아진 손가락 수백 개를 살펴보았습니다. 선생님 생각은 어떠세요? 우발적인 사고로 손가락이 손상되는지, 아니면 한센병이 손상을 입히는 건지 어떻게 알 수 있을까요?" 자신이라면 환자의 손가락이 하나같이 비슷한 길이로 줄어들었으면 한센병 감염에서 비롯된 손상으로 보겠다는 답이 돌아왔다. 둘은 아주 짧은데 다른 손가락은 정상적이라면 사고나 2차 감염이 상해를 입힌 거로 판단하겠다는 뜻이었다.

다른 질환에서는 좀처럼 볼 수 없는 통상적이지 않은 손가락 상실이 한센병에서는 두 가지 서로 다른 요인에서 일어난다는 점이 수상해 보이긴 했지만, 전반적으로 만족스러운 설명이었다. 그때부터 몇 달, 더 나아가 몇 년 동안 손가락 치수를 비교했다. 한센병균에 음성 반응을 보이는 이들에게서 손가락 발가락이 심하게 떨어져 나가는 현상이 나타났다. 다시 말해, 병이 나은 뒤에도 오랫동안 신체 조직이 끊임없이 소모되고 있었다. 한센병균이 활동을 멈췄는데, 어째서 정상적인 조직이 계속 망가지는 걸까?

아무도 원하지 않는 선물

부정한 살은 다 어디로 갔는가

손 클리닉에서 힘줄 이식 수술을 시작할 때는 이 수수께끼에 답을 찾지 못한 상태였다. 좀처럼 풀리지 않는 미스터리가 초기 성취가 불러온 열정과 흥분을 꺾어 버렸다. 아무리 애써 봐야 결국 허사가 되리라는 다른 의사들의 예측에 여전히 압박을 받고 있었다. 환자들 역시 애써 바로잡아 준 손가락들이 한동안은 쓸 만하겠지만 결국은 썩어 없어질 것이라고 했다. 이런 회의적인 입장이 옳다면, 의료진의 소중한 시간을 낭비하고 환자들에게 헛꿈을 불어넣는 잔인한 짓을 하는 셈이었다.

환자의 수술 상처가 빨리 낫는 걸 보면 자신감이 생겼지만, 다른 조짐들은 근심의 구름을 몰고 왔다. 족부 궤양을 치료하기 위해 세운 진료소에 들를 때마다 거의 매번 '부정한 살'이라는 저주 서린 단어가 귓가에 메아리쳤다. 통증을 감지하지 못하는 한센병 환자는 궤양이 발 깊숙이 파고들어 악취가 코를 찌를 때까지 병원을 찾지 않는다. 우리는 염증이 생긴 자리를 하나하나 씻어 내고, 괴사한 조직을 잘라 낸 뒤에, G-V라는 방부제로 상처를 적셨다. 하지만 일주일이 지나 붕대를 바꿀 때 보면 나아지는 기미가 조금도 보이지 않았다. 다시 한 번 꼼꼼하게 소독하고 싸매서 돌려보내도, 일주일이 지나면 궤양이 더 심해져서 돌아왔다.

우리 집 베란다에서 자던 순박한 청년 사단은 이런 패턴의 전형적인 본보기다. 손 수술은 성공적이었다. 수술을 받고 몇 달에 걸친 재활을 마친 뒤 그는 점원 겸 타자수로 취직했다. 하지만 발에는 우리 시도가 잘 먹히지 않는 듯했다. 사단은 여러 의사한테서 무릎 아래로 다리를 절단하는 게 좋겠다는 이야기를 들은 끝에 마지막 기대를 품고 벨로르를 찾아왔다. 다리는 거의 절반까지 줄어들었다. 발가락이 다 떨어져 나간 두 발의 둥그스름한 뭉치에는 잔뜩 성이 난 헌데들이 자리를 잡고 있었다. 궤양을 치료하는 데 도움이 되겠다 싶은 갖가지 연고와 황산마그네슘, 페니실린 크림 따위를 다 써 보았다. 하지만 증상이 심해지기만 했다.

이런 도전과 좌절은 몇 달간 반복되었다. 사단이 나서서 더는 자기 발에 시간 낭비하지 말라고 말릴 지경이었다. "다른 의사 선생님들 말씀처럼 어서 두 다리를 잘라 주세요!" 그럴 수가 없었다. 그렇다고 발에 생긴 상처를 해결할 방법을 찾아내지도 못했다. 손에 난 수술 상처는 예상대로 아무는데, 발 궤양은 차도가 없는 이유를 도무지 이해할 수 없었다. 정말 '부정한 살'이라는 게 있단 말인가?

발은 헌데투성이였지만 사단은 통증을 전혀 느끼지 못했으며 불평하는 법도 없었다. 어느 날, 여느 때처럼 사단의 붕대를 갈아 주었다. 적어도 열 번째는 되었을 것이다. 차마 얼굴을 똑바로 보고 양말을 벗길 수가 없었다. 이제는 사단을 사랑하게 되었다. 젊은이 역시 날 사랑한다는 것도 알았다. 사단은 내게 마지막 희망을 걸고 매달렸다. 마음이 찢어지게 아팠다. 다른 의사들이 했을 법한 이야기를 내 입으로 되풀이해야 할 판이었다. 감염 부위가 늘어나는 걸 막을 방법이 없으니 이제 다리를 자르는 게 최선이었다. 사단은 서글픈 체념으

아무도 원하지 않는 선물

로 이 소식을 받아들였다. 젊은이의 어깨를 감싸 안고 복도를 지나 문간까지 배웅했다. 뭐라도 격려가 될 만한 말을 찾아내려고 안간힘을 썼지만, 한마디도 떠오르지 않았다. 청년의 한없는 절망감이 내게도 오롯이 전해졌다.

진료실로 돌아가지 않고 그 자리에 서서 사단이 계단을 내려가고, 보도를 건너고, 큰길로 나서는 모습을 지켜보았다. 싸움에 진 패배자처럼 고개는 폭 꺾이고 어깨는 축 늘어져 있었다. 그런데 바로 그 순간, 처음으로 퍼뜩 짚이는 게 있었다. 청년은 절뚝이지 않았다. 방금 30분이나 공을 들여서 잔뜩 고름이 잡힌 발 뭉치를 닦아 냈는데, 이 친구는 그토록 세심하게 처치를 한 바로 그 자리에 온 체중을 싣고 있었다. 그러니 상처가 나을 턱이 있겠는가?

어떻게 여태 그걸 놓치고 있었을까? '일부러'가 아니라 통각을 잃은 결과이긴 하지만, 환부 조직에 쉴 새 없이 그토록 끔찍한 충격을 주었으니, G-V나 페니실린은 물론이고 그 어떤 명약을 들이대도 효과가 나타날 리 없었다. 마침내 상처가 아물지 못하게 막는 주범을 찾았다. 바로 환자 본인이었다.

발에 상처가 난 환자들에게 절뚝거리며 걷도록 훈련했지만 기억하고 따르는 이는 드물었다. 그런데 조수 에르네스트 프리취가 더없이 확실한 해법을 찾아냈다. "손 환자들에게 깁스를 해 주면 수술 상처가 잘 아물었잖아요. 족부 궤양을 치료하는 데도 똑같은 방법을 써 보면 어때요?" 다른 요법들을 다 합친 것보다 이 단순한 아이디어가 한결 가치가 있음이 드러났다. (나중에, 이런 깁스 요법으로 한센병 환자의 발에 생긴 궤양을 치료했다는 스리랑카 콜롬보의 의사 드실바의 보고를 읽었다.) 범위를 넓게 잡아 석고 붕대로 감싸 주자, 족부 궤양은 감쪽같이 아물었다. 석고 붕대를 충분히 댈 수 없는 탓에 불안한 마음을 누르며 한 달씩이나 붕대를 갈지 않고 놔두기도 했다. 그런데 놀랍게도 드레싱을 하고 붕대로 감싼 상처보다 깁스로 보호해 둔 상처가 훨씬 잘 나았다. 날마다 붕대를 갈아도 마찬가지였다. 깁스를 풀 때면 고린내가 코를 찌르기 일쑤였지만, 죽어 버린 물질과 고름을 닦아 내면 그 아래서 건강하고 반들거리는 발그레한 조직이 나타났다.

제아무리 완강한 궤양도 서너 달 딱딱한 깁스 안에 안정시키는 걸로 넉넉히 치유할 수 있었다. 팔다리를 다 감싸는 깁스는 마치 중세 기사의 갑옷처럼 힘줄 조직을 보호하는 견고한 껍질 구실을 했다. 통증이라는 내부 경고 체계를 대신하는 외부 대용품인 셈이다. 고통에 민감한 환자들은 그런 보호가 필요 없다. 통증이 선발대 노릇을 하면서 사단의 경우처럼 헌데가 잡힌 발에 체중을 싣도록 놔두지 않기 때문이다. 곧바로 비교 연구 결과가 나왔다. 석고 붕대로 감싼 한센병 환자는 한센병에 걸리지 않은 환자들만큼이나 상처가 빨리 나았다. 한센병 환자들의 다리 절단 비율이 눈에 띄게 감소하기 시작했다. 한센병 사역을 회의적으로 바라보던 병원의 다른 의사들은 이런 결과에 입을 다물지 못하고 놀라워했다. '부정한 살'은 다 어디로 갔는가?

뭐가 문제인지 더 일찍 파악하지 못한 게 그렇게 아쉬울 수 없었다. 의사 수련을 받으면서 줄곧 통증을 호소하는 환자들에게 익숙해진 까닭에, 고통을 느끼지 못하는 이들의 특이한 어려움에 대해서는

아무도 원하지 않는 선물

아무런 대비가 없었다. 경고 체계를 잃어버리면 신체가 얼마나 취약해지는지 전혀 모르고 있었다. 무감각한 환자들을 돌보는 의사와 간호사들이 대체로 세심하고 조심스럽게 다가서지 않는다는 점에 금방 생각이 미쳤다. 환자의 감각 상실증에 전염되기라도 한 듯했다. 금속 더듬자를 너무 격하게 쓰지 않으면서 족부 궤양을 살피는 법을 배워야 했다. 더듬자 자체가 해를 입힐 수도 있었다. 의사가 지나치게 깊이 들이밀어 멀쩡한 조직을 망가뜨려도 고통이라는 보호 본능을 잃어버린 환자들은 아무 반응도 보이지 않기 때문이다. (한번은 간호사가 환자 발바닥에 탐침을 너무 깊이 집어넣는 바람에 발등을 뚫고 나오는 걸 본 적이 있는데, 형편이 그러한데도 환자는 움찔하지도 않았다.)

사단 같은 환자들과 부대끼면서 고통에 관한 생각에 일대 혁명이 일어났다. 다쳤다는 사실을 사후에 알려주는 고통의 가치는 진즉부터 알았지만, 사전에 몸을 지켜주는 충성스러운 방식에 관해서는 진심으로 공감하지 못하고 있었다. 사전 경고 체계가 사라진 이들에게 궤양을 치료하는 일쯤은 궤양을 미리 예방하는 일에 비하면 그야말로 간단했다.

마지못해 환자들에게 신발을 신으라고 주문했다. 개인적으로는 맨발로 돌아다니길 무척 좋아했지만, 감각을 잃은 환자들은 가시라든지 못, 유리, 뜨거운 모래 따위에서 발을 지켜 줄 부가적인 보호벽이 필요했다. 환자들에게 샌들이나 신발을 제공한 뒤에도 문제는 사라지지 않았다. 어떤 남자는 발꿈치에 조그만 나사못이 박힌 걸 전혀 눈치채지 못한 채 종일 돌아다녔다. 저녁에 신발을 벗고 나서야 비로소 살 속으로 깊이 파고든 못을 찾아냈다. 혹시라도 그런 일이 생기지 않도록 틈틈이 신발을 살피는 법을 배우기만 하면 부상을 당하는 사례가 줄어들 줄 알았다. 잘못된 판단이었다. 지나치게 낙관적이었던 셈이다.

직원들이 몇 년씩이나 출구가 보이지 않는 연구를 계속하고 환자들 역시 끔찍한 나날을 보낸 뒤에야 기본적인 인간 생리를 온전히 이해하게 되었다. 가벼운 힘이라도 한 자리에 반복적으로 가해지면 살아 있는 조직을 망가뜨릴 수 있었다. 손뼉 한 번 치는 정도로는 아무 탈이 없다. 하지만 천 번쯤 잇달아 박수를 치면 손바닥이 아프고 정말 상처가 날 수도 있다. 걸을 때도 마찬가지다. 천 번째 발길을 내딛는 기계적인 힘이 첫걸음보다 더 큰 건 아니지만 발 조직은 누적되는 충격에 취약하다. 본시부터 그렇게 설계가 되어 있는 까닭이다.* 발

* 반복적인 스트레스는 살아 있는 조직에만 타격을 준다. 시신의 손바닥과 마주쳐 손뼉을 친다고 가정해 보자. 제아무리 금방 세상을 떠난 이의 손이라고 해도 거기에는 아무런 변화가 일어나지 않는다. 카데바의 손과 계속 손뼉을 치면 30분쯤 뒤에는 이편의 손만 벌겋게 부어오를 것이다. 그렇게 몇 시간이 흐르면 터지고 갈라져 헌데가 생기기 마련이다. 하지만 주검의 손은 한결같아 보인다. 이런 사실은 생리학을 아주 복잡하게 만들었다. 생리학자들은 종종 카데바를 써서 조직의 강도와 내구성을 시험하기 때문이다. 시신의 조직은 낮은 수준의 반복적 자극에는 전혀 반응하지 않는다. 상처가 생겨도 스스로 치료하지 않는 것과 매한가지다. 살아 있는 조직들은 염증 현상이 되풀이되는 자극에 방어 반응을 강화하고 더 나아가 치유를 지원한다. 염증은 통증에 대한 감도를 높여서 지나치게 오래 손뼉을 치거나 새 신을 신고 너무 멀리 돌아다니지 않게 막아 준다.

아무도 원하지 않는 선물

의 으뜸가는 적은 가시나 못이 아니라 '걷기'라는 지극히 정상적이고 일상적인 자극이다.

건강한 이들이라면 너나없이 이런 현상을 어느 정도 알고 있다. 새 신을 한 켤레 사 신고 집 주위와 마당을 걸어 다닌다 치자. 처음 몇 시간 정도는 별 탈이 없지만, 얼마 뒤에는 빳빳한 가죽이 새끼발가락을 문지르고 딱딱한 모서리가 뒤꿈치를 찌른다. 그때부터는 본능적으로 절뚝거리게 마련이다. 보폭을 줄여서 스트레스를 발 곳곳으로 분산시키기 위해서다. 경고 신호를 끝내 무시하면 물집이 잡히고 극심한 통증을 겪게 된다. 그쯤 되면 더 심하게 다리를 절며 걷든지, 아니면 새 신을 벗어 던지고 부드러운 슬리퍼 같은 걸 신어서 아프고 쓰린 기운을 누그러뜨리든지 둘 중 하나인데, 모르긴 해도 후자일 공산이 크다. 새 신에 익숙해지는 데는 평균 일주일 정도가 걸린다. 여기에는 신발 가죽이 적응하는 과정과 발 가죽이 익숙해지는 과정이 다 포함된다. 신발은 갈수록 부드러워지고 발 모양에 더 잘 맞게 변형된다. 한편, 발에는 스트레스를 받는 지점을 보호하기 위해 각질층이 자라난다.

한센병 환자들에게는 이 모든 과정이 낯설기만 하다. 새끼발가락과 뒤꿈치가 아프다고 느끼는 법이 없으므로 걸음걸이를 조절할 줄도 모른다. 수포가 잡혀도 감지하지 못한 채 내쳐 걷는다. 물집이 터지고 헌데가 생기기 시작한다. 그래도 다음날이면 다시 신발을 신을 테고 이튿날도 마찬가지다. 그때마다 조직은 망가진다. 감염이 일어날 수도 있다. 제때 치료하지 않으면 불같은 염증이 뼈까지 퍼진다.

꼼짝 않고 쉬지 않는 한, 절대로 낫지 않는다. 연속적으로 엑스레이를 찍어서 살펴보니, 극심한 감염이 얼마나 위험한지 한눈에 들어왔다. 환부에서 작은 뼛조각이 떨어져 분비물과 함께 빠져나간다. 결국, 감염은 발가락, 심하면 온 발을 잃는 비극으로 이어진다. 그러는 내내 한센병 환자는 절뚝이는 기색이라고는 조금도 없이 계속 상처 부위를 딛고 걸어 다닌다.

마침내 발가락이 떨어져 나가는 사태의 실마리를 찾았다. 감염 탓에 손상이 조금씩 진행된 결과였다. 하지만 그 악순환의 고리를 어떻게 끊을 것인가? 감각을 잃은 발에 반복적으로 자극을 주는 문제와 싸우려면 신발 전문가가 되어야 했다. 아무것도 모르는 백지상태로 병원에서 기차역까지 통상적인 보행로를 따라 걸으며 수백 켤레에 이르는 모델을 시험했다. 환자의 발 모양에 딱 들어맞고, 부담을 광범위한 영역으로 분산시키며, 발이 휘어지지 않게 지탱해 줄 밑창과 잘 달라붙는 소재가 필요했다. 석고 붕대, 매끈하게 사포질한 나막신, 밀랍 거푸집으로 찍어 낸 플라스틱 신발을 써 보았다. 콜카타까지 가서 PVC를 혼합하는 법을 배우고 분무식 플라스틱을 시험하러 영국에도 다녀왔다. 드디어 적합한 조합이 나왔다. 마이크로셀룰러 고무를 바닥에 깔고, 걷는 동작을 잡아 주는 활 모양의 지지대를 세웠으며, 맞춤 제작한 안감을 댔다. 뭉툭한 발에 맞도록 주문 제작한 신을 신은 첫 번째 환자들 가운데는 사단도 끼어 있었다.

마드라스고무회사와 바타제화를 비롯해 수많은 기업과 개인이 이 프로젝트를 후원했다. 적절한 시기가 되었을 즈음, 우리는 직접 마이

아무도 원하지 않는 선물

크로셀룰러 고무 공장을 세웠으며 수습 제화공 여섯 명을 채용해 벨로르 인근 공방에서 일하게 했다. 참을성 있게 기다려야 했다. 정형외과 의사 수십 명이 달려들어 훈계하며 잘못을 바로잡는 쪽보다 훌륭한 제화공 몇 명을 양성하는 편이 더 많은 한센병 환자에게 유익하다는 사실을 잘 아는 까닭이었다.

원인 추적 작업

족부 궤양 문제를 붙들고 한창 씨름할 무렵, 첫 번째 손 수술 환자들 사이에서 심각한 손상을 부를 수도 있는 문제가 표면에 떠올랐다. 겨우 움직이게 된 손가락이 다시 짧아지고 있다는 당황스럽기 짝이 없는 소식을 들고 환자들이 진료소를 찾았다. 우리 의료진이 손 클리닉에 얼마나 많은 시간과 노력을 쏟아부었는지 잘 아는 터라, 다들 어쩔 줄 몰라 하면서 손가락에 상처가 생기더니 수술 전보다 더 빠르게 궤양이 퍼지더라고 털어놓았다.

무겁게 가라앉은 마음으로 도로 망가진 환자들의 손을 살폈다. 동료들은 말렸었다. "폴 선생, 한센병 환자들한테 에너지를 낭비하지 마세요." 어쩌면 그들이 옳았는지도 모른다. 수술 기법에서는 상당한 진전을 보았지만, 환자가 어떤 식으로든 결국 망가트리고 말 거라면 손을 자유롭게 움직이게 해 준들 무슨 보람이 있겠는가? 환자의 상처를 소독하고 석고 붕대로 싸매 주었다. 몇 달 뒤, 그들이 새로운 조직 손상 징후를 안고 다시 찾아왔다.

그런 패턴은 몇 달 동안 이어지면서 나를 깊은 좌절에 몰아넣었다. 프로그램 전체가 틀어질 수도 있는 중대한 사안이었다. 일을 계속 진행하기에 앞서, 발 손상의 경우에서처럼 이번에도 손이 망가지는 원인을 먼저 찾아야 했다. 재건 수술을 받은 환자와 더 많은 시간을 보내면서 그들의 평범한 일상을 관찰해 보기로 했다. 10대 환자들 가운데는 흙벽을 두르고 짚으로 지붕을 올린 오두막이 늘어선 벨로르 근처 임시 거주지에 사는 친구들이 많았다. 스물다섯 명쯤 되는 그 소년들에게 저절로 상처가 생기는 수수께끼를 풀 수 있게 도와 달라고 부탁했다.

우선 기초 조사를 시행했다. 소년들의 손 모양을 종이에 그리고 상처나 손 손상의 흔적을 빠짐없이 표시했다. 몇 주, 아니 몇 달 동안 거의 매일 소년들을 찾아가서 손을 진찰하고 길이를 재는 한편, 일하는 모습을 지켜보며 비정상적인 점은 아주 사소한 것이라도 낱낱이 기록했다. 얼마 지나지 않아 예전에는 손상을 입지 않고 지냈던 소년들이 수술 뒤에 오히려 더 어려움을 겪는 이유가 드러났다. 손을 움직이는 기능이 살아나고 힘이 붙자 소년들은 더 험한 일을 했고, 그만큼 위험 부담이 커진 탓이었다.

현장에서 딱 걸린 사례도 있었다. 한 소년은 목수로 일하고 있었다. 몇 달 전, 신이 나서 진료소를 떠났던 친구였다. 마비되었던 손가락이 다시 굽어져 망치를 쥘 수 있게 되었다며 뿌듯해했다. 영영 잃어버릴 줄 알았던 일을 다시 시작하게 되었노라며 흥분을 감추지 못했다. 하지만 통증을 느끼지 못하는 상태로 목수 노릇을 한다는 게

아무도 원하지 않는 선물

얼마나 위험천만한 일인지는 우리 둘 다 내다보지 못했다.

소년의 손에 커다란 물집이 잡힌 걸 보는 순간, 망치 자루의 지저 깨비와 금방 연관 지을 수 있었다. 손바닥 살에 나무 조각이 박힌 채 온종일 망치질을 한 것이다. 헝겊을 덧댄 더 두툼한 자루를 달아 주자 문제는 곧바로 해결되었다. 그런데 혹사 조짐을 보이기 시작하는 손가락 끄트머리가 눈에 들어왔다. 그래서 못을 잡을 때는 펜치를 사용하라고 가르쳤다. 건축 일을 하던 시절로 돌아가서 대패나 톱을 비롯해 위험 요인이 될 만한 도구들로부터 환자들의 손을 보호해 줄 만한 덮개를 고안해야 했다. 의과 대학에 다닐 때부터 건설 현장에서 쓸데없이 5년이란 세월을 낭비한 게 아닌가 하는 의구심이 떠나지 않았다. 하지만 이제는 에둘러 돌아온 직업의 길에 보완적인 의미가 있음을 알게 되었으니 참 감사한 일이다.

무슨 일이든 위험 요인을 다 끼고 있다. 젊은 농부 한 명은 자루에서 튀어나온 못이 손바닥을 파고드는 줄도 모르고 종일 괭이질을 했다. 자루가 깨져서 거친 끈으로 동여맨 삽에 손을 다친 소년도 있었다. 어느 이발사는 약지 전부와 가운뎃손가락 대부분을 잃었다. 가위질하는 과정에서 두 손가락이 되풀이해 압력을 받았기 때문이다. 디자인만 살짝 바꿔도 이런 손잡이들은 훨씬 안전해진다.

조심성 많기로는 둘째가라면 서러울 나모라는 아이는 우연히 들렀다가 우리 사역을 알고 필름에 담고 싶어 하는 미국 손님을 위해 투광 조명등을 들어 주겠다고 나섰다가 큰 피해를 보았다. 손잡이를 둘러싼 단열재가 다 떨어져 나가서 뜨겁게 달아오르는데도 소년은 전혀 깨닫지 못했다. 하지만 조명등을 내려놓는 순간, 번들번들 분홍색 물집이 잡힌 제 손에 눈길이 닿았다. 아이는 방을 뛰쳐나갔다. 곧바로 쫓아 나가며 아무 생각 없이 다급히 물었다. "많이 아프니?"

나모의 가시 돋친 대꾸를 죽는 날까지 잊지 못할 것이다. "아픔을 못 느끼는 걸 아시잖아요!" 아이는 울부짖었다. "몸으로 아파할 줄 모르니까 마음으로 괴로워하고 있다고요!"

부상의 원인을 캐 들어가는 내내 의구심이 깊어졌다. 그러던 어느 날 내 생각을 환자들과 나눴다. "한센병 환자들의 살은 '부정하다'는 이들의 말이 얼마나 터무니없는지 우린 잘 알고 있습니다. 여러분의 살은 제 것만큼이나 깨끗합니다. 문제가 있다면, 고통을 느끼지 못해서 스스로 상처 입기 쉽다는 점뿐입니다. 여러분은 갖가지 손 부상의 원인을 밝히는 데 진즉부터 도움을 주고 있습니다만, 제가 이번에 가설 하나를 세웠는데 그걸 검증하자면 여러분의 협조가 꼭 필요합니다. 상처란 상처는 죄다 한센병 자체가 아니라 이런저런 사고 때문에 생긴다고 가정해 보면 어떨까요?"

환자들에게 원인 추적 작업에 함께해 달라고 요청했다. 부상 하나하나의 이유를 캐 보자는 제안이었다. 일주일에 한 번씩 단체로 만나기로 했다. 한 사람도 빠짐없이 제 상처를 해명해야 했다. "어쩌다 보니"라든지 "한센병이라는 게 원래 그렇잖아요" 따위의 이야기는 입에 올리지도 못하게 했다. 손가락 관절 뒤편으로 물집이 잡히거나 엄지손가락이 곪은 걸 보면 얼토당토않은 듯 들리는 설명이라도 반드시 제시해야 했다.

아무도 원하지 않는 선물

처음에는 상처를 숨기는 아이들도 있었다. 오랫동안 거절당하며 살아온 터라 드러내어 이야기하기를 극도로 꺼렸다. 이런 친구들은 아픈 자리를 대놓고 인정하는 걸 무척 수치스러워했다. 반면에 몇몇은(우리는 녀석들을 '말썽꾸러기'라고 불렀다) 통증을 느끼지 못하는 데서 뒤틀린 즐거움을 얻는 듯했다. 이 악동들은 남들을 기겁하게 만드는 장난을 낙으로 삼았다. 한 아이는 바느질이라도 하듯, 가시를 손바닥에 밀어 넣어 반대쪽까지 꿰뚫었다. 더러는 소년들에게 팔다리를 소개하고 무감각한 신체 부위들을 기꺼운 마음으로 받아들여 달라고 사정하는 교사가 된 것만 같은 이상한 기분이 들기도 했다.

소년들 입장을 이해하지 못하면 부주의하거나 무책임한 부류로 취급하기 딱 알맞았다. 통각은 사촌격인 촉각과 더불어 온몸에 두루 포진해 자아의 경계를 제공한다. 감각 상실은 그 경계를 허물어 버린다. 한센병 환자들은 이제 제 손발을 자신의 일부로 느끼지 않았다. 수술 뒤에도 치료가 끝난 손발을 무슨 도구나 인공적인 부속쯤으로 여기기 일쑤다. 보통 고통이 가져다주는 기초적인 자기 보호 본능마저 빠져 있다. 한 소년은 말했다. "손발이 내 몸이라는 생각이 안 들어요. 마음대로 쓸 수 있는 연장 같을 뿐이지 진짜 내 일부라는 느낌은 없어요. 눈에 보이기는 하지만 마음속에서는 죽은 지 오래거든요." 비슷한 이야기를 자주 들었다. 고통이 인체를 하나로 묶는 결정적인 역할을 하고 있다는 뜻이었다.

몇 주가 지나자, 마침내 뜻이 통해서 그룹 전체가 원인 추적 대열에 합류했다. 상처가 눈에 띌 때마다 자세히 살피며 원인을 찾고 손가락이나 손이 다 나을 때까지 부목을 댔다. 어느새 생겨나는 상처들의 일상적이고 기이한 원인을 하나하나 밝혀 갔다. 까다로운 사례를 간신히 해결할 때는 유난히 뿌듯했다. 예를 들어, 가끔 손가락 사이에 흉한 상처가 생기는 친구들이 있었다. 비누 거품이 다 씻겨 나가지 않고 부분적으로 마비된 손가락이나 발가락 사이에 남는 걸 알아냈다. 그래서 피부가 물러지고, 불어 터지고, 쩍 갈라졌던 것이다.

상처가 어디서 비롯되었는지를 알아내면 십중팔구 재발을 막을 수 있었다. 밤새 주먹에 물집이 생기는 경우에는 원인을 밝히기까지 몇 주가 걸렸다. 특별히 수상쩍은 아이가 있었다. 저녁에 진찰했을 때는 건강하고 깨끗한 손이었는데, 아침에 보면 희한하게도 줄줄이 물집이 잡혀 있었다. 자다가 다치다니, 이게 어떻게 말이 되는가? 눌려서 난 상처는 아닐까? 아이에게 어떤 자세로 자는지 꼬치꼬치 캐물었다. 혹시 옹이가 지거나 날카로운 물건이 있는지 소년의 방을 샅샅이 뒤졌다.

'매의 눈'을 지닌 같은 방 친구 한 명이 실마리를 찾았다. 물집이 자주 잡히는 아이는 침상에서 책을 읽다가 자기를 좋아했다. 책을 덮기 전, 소년은 늘 팔을 뻗어 허리케인 램프를 껐다. 금속 손잡이를 돌려 심지를 내리게 되어 있는 등불이었다. 그러다 보니 열과 통증을 감지하지 못하는 손등이 심지를 문지르게 되고 그때마다 세 손가락 위로 규칙적인 모양의 상처가 생겼던 것이다. 허리케인 램프에 크고 긴 손잡이를 맞춰 달았다. 늦은 밤까지 책을 읽는 친구들이 물집 걱정을 할 일도 더는 없었다.

아무도 원하지 않는 선물

환자들은 이제 저도 모르게 생긴 상처 열에 아홉 정도는 설명할 수 있게 되었다. 더없이 혼란스러웠던 일을 꼽으라면, 손가락이나 발가락 마디가 어느 날 갑자기 거의 통째로 사라져 버린 사태가 단연 으뜸일 것이다. 잊을 만하면 한 번씩 의료진 회의 때 나타나는 이가 있었다. 환자는 수줍어하면서 생살이 드러나고 핏물이 배어 나오는 살갗을 보여 주었다. 손가락이나 큰 발가락 주위로 반경 2.5센티미터쯤 살이 다 없어져서 뼈가 내비칠 정도였다. 수수께끼를 풀어내지 못하면 이 기괴한 사건 하나 때문에 그동안 파악해 온 사실들이 죄다 뒤집힐 판이었다. 병원 식구들에게는 아무한테도 털어놓을 수가 없었다. 그랬다가는 한센병에 걸린 이의 손가락과 발가락은 가만 놔둬도 툭툭 '떨어져 나간다'라는 근거 없는 믿음을 확인시켜 주는 꼴이 될 게 뻔했다.

손가락 발가락이 사라졌다는 사실을 피해자들은 거의 늘 아침에 알아차렸다. 섬뜩한 사태는 주로 밤에 일어났다. 드디어 한 환자가 밤새 몸을 숨기고 지켜본 끝에 수수께끼를 풀어냈다. 공포 영화에서나 볼 법한 장면이 눈앞에 펼쳐졌다. 오밤중이 되자, 생쥐 한 마리가 동료 환자의 침상에 올라 벌름벌름 냄새를 맡으며 먹잇감을 두루 찾았다. 환자의 손가락에 코를 비벼 대더니 아무 저항이 없자 곧바로 갉아먹기 시작했다. 지켜보던 환자가 고함을 질러 한방 식구들을 죄다 깨우자 생쥐는 화들짝 놀라 달아났다. 마침내 답이 나왔다. 소년의 손가락 발가락은 저절로 떨어진 게 아니라 뜯어 먹힌 것이다!

저도 모르는 새에 당하는 이 부상의 더없이 혐오스러운 요인은 아주 쉬운 처방으로 해결할 수 있었다. 처음에는 쥐덫을 놓고 병상 주위에 울타리를 세웠다. 그래도 문제가 해결되지 않자 고양이를 기르는 더 효과적인 대책을 세웠다. 탁월한 쥐잡이로 정평이 난 수컷 샴 고양이 혈통에서 한 마리를 골랐다. 그때부터는 요양원을 떠나는 한센병 환자들에게 반드시 고양이를 동무로 딸려 보냈다. 손가락이 사라지는 문제는 그렇게 하룻밤 새에 사라졌다.

고통 없이도 자유로울 수 있다면

한센병 사역을 시작할 때는 망가진 손을 고쳐 주고 싶다는 마음뿐이었다. 하지만 그 과정에서 더 큰 과제와 맞닥뜨렸다. 한마디로 환자들이 스스로 파멸의 길을 걷지 않도록 지켜 주어야 했다. 한 가지 위험을 해결하면 그 자리에서 또 다른 위협 요인이 끊임없이 튀어나왔다. 그래서 환자들이 지켜야 할 규칙을 정리해 목록을 만들었다. 맨발로 걷지 마세요. 날마다 손발을 꼼꼼히 살피세요. 담배 피우지 마세요. (감각이 없는 채로 담배꽁초를 너무 오래 들고 있다가 두 손가락을 나란히 데는 이른바 '키스 화상'을 치료하는 일이 잦았다.) 뜨거운 물건은 헝겊으로 감싸세요. 잘 모르겠다 싶으면 장갑을 끼세요. 코코넛 오일을 발라 살갗을 부드럽게 하고 갈라짐을 예방하세요. 쥐와 개미가 꼬일 수 있으니 침상에서 음식을 먹지 마세요. 버스나 트럭에서는 뜨거운 엔진 근처에 앉거나 금속판에 발을 올려놓지 마세요. 항상 나무 손잡이를 덧댄 머그잔을 사용하세요.

아무도 원하지 않는 선물

이윽고 싸움의 흐름이 바뀌었다. 저도 모르는 새에 상처가 생기는 사례가 급격하게 줄었다. 조심성 많은 환자들은 정말 심각한 손상에서 손발을 지켜 낼 수 있게 되었다. 오로지 이편의 체면을 생각해서 마지못해 그룹에 참여한 환자들마저도 내가 꾸던 꿈을 나눠 갖게 되었다. 벨로르의 우리 소그룹은 차가운 과학 이론을 발전시키는 차원을 넘어 한센병에 대한 편견을 뒤엎도록 힘을 보태는 전쟁을 치르고 있었다. 이제는 설파제로 질병을 잡을 수 있게 되었다. 적절히 치료하기만 하면 이 질병을 그토록 끔찍하게 만드는 변형 또한 막을 수 있을 것이다.

하루하루 환자들과 씨름하면서, 무엇보다 중요한 '나'라는 감각이 감각을 잃은 신체 기관들로 차츰, 거침없이 확장되는 모습을 지켜보는 것이 우리에게는 더없이 큰 기쁨이었다. 환자들은 감각을 잃은 팔다리에 일종의 도덕적 책임 의식을 가졌다. 무관심했던 예전과 달리 기꺼이 몸의 일부로 받아들였다. 그런 자기의식과 함께 소망이 싹텄고, 희망이 생기면서 더러 절망도 찾아왔다. 자존심이 셌던 라만의 이야기가 생각난다.

강단진 영국계 인도인 라만은 누구보다 부지런한 정보원이었다. 영국계 특유의 건강한 자신감이 넘쳤고 감쪽같이 나은 손을 아주 자랑스럽게 여겼다. 굳이 부추기지 않아도 라만은 우리 프로젝트에 적극적으로 협력했다. 상처를 감추려 하는 환자가 눈에 띄면 득달같이 달려와 알려 주었다.

어느 주말, 라만은 마드라스에 가서 가족들과 함께 명절을 보내게 허락해 달라고 했다. "날 쫓아냈던 데로 돌아가고 싶어요." 손가락이 갈고리 모양이던 예전에 사람들은 소년을 상종하면 안 될 인간으로 취급했다. 부드러운 손을 갖게 된 라만은 이제 대도시 마드라스로 가서 새사람이 된 자신을 시험해 보려 했다. 우리는 발생 가능한 온갖 위험 상황을 꼼꼼히 짚어 주었다. 마침내 소년은 벅찬 가슴으로 마드라스행 열차에 올라탔다.

이틀 뒤, 라만은 애처롭고 쓸쓸한 몰골로 돌아왔다. 여태 한 번도 본 적이 없는 모습이었다. 두꺼운 붕대가 두 손에 칭칭 감겨 있었다. 어깨는 땅에 닿을 듯 축 늘어졌다. 울음이 북받쳐 차마 말을 잇지 못했다. "브랜드 박사님… 제 손이… 손을 좀 봐 주세요." 라만은 서럽게 흐느꼈다. 그리고 한참 지난 뒤에야 자초지종을 털어놓았다.

집으로 돌아간 첫날 밤, 라만은 가족들과 다시 만난 기쁨을 한껏 누렸다. 한센병에 대해서는 확실하게 음성 판정을 받았고 앞으로 두어 차례 더 손 수술을 받으면 일거리를 찾을 수 있으리라고 장담했다. 드디어 식구들이 한마음으로 받아주는구나 싶었다. 그렇게 행복한 기분을 얼마 만에 느끼는지 모를 일이었다. 소년은 오랫동안 비어 있던 제 방에 들어가 바닥에 짚자리를 깔고 깊은 잠에 빠졌다.

이튿날 아침, 자리에서 일어나자마자 라만은 요양원에서 훈련받은 대로 손부터 살폈다. 왼손 검지 뒤편에 피투성이 상처가 나 있었다. 기함할 노릇이었다. 손가락 뒤편으로는 애써 만들어 준 피부가 하나도 남아 있지 않았다. 소년은 남아 있는 흔적이 무얼 의미하는지 잘 알았다. 핏방울과 흙바닥에 난 자국으로 미뤄 지난밤, 생쥐가 다녀간

　　　　　　　　　　　아무도 원하지 않는 선물

게 틀림없었다. 주말에 집에 갈 때 고양이 데려갈 생각을 하지 못한 게 화근이었다.

종일 고민했다. 일찌감치 보따리를 싸서 벨로르로 돌아가야 하는 게 아닐까? 쥐덫을 사려 했지만, 명절에는 가게도 문을 닫았다. 하룻밤만 더 있어 보기로 했다. 이번에는 막대기를 챙겨서 곁에 두었다. 자지 않고 깨어 있다가 생쥐가 나타나면 단단히 앙갚음할 작정이었다.

일요일 밤, 라만은 짚자리 위에 가부좌를 틀고 앉았다. 등을 벽에 기대고 책을 읽었다. 새벽까지는 간신히 눈을 뜨고 버틸 수 있었다. 하지만 네 시가 지나자 눈꺼풀이 무거워지고 더는 졸음을 이길 수가 없었다. 앉은 채로 소년은 깜빡 잠이 들었다. 책이 무릎 위로 떨어졌다. 소년의 손이 스르르 미끄러지면서 뜨겁게 달아오른 허리케인 램프 한쪽에 가 닿았다.

그게 바로 나머지 한 손까지 붕대를 두르게 된 사연이었다. 아침 햇살에 눈을 뜬 라만은 오른손 뒤로 큼지막한 살갗이 타 버린 걸 뒤늦게 알아챘다. 망연자실, 소년은 제 두 손을 멍하니 내려다보았다. 보고도 믿을 수가 없었다. 한없이 절망스러웠다. 한센병이 얼마나 위험한지 아느냐며 다른 환자들을 다그치던 주인공이 제 한 몸도 지키지 못하는 신세가 되고 말았다.

온 힘을 다해 라만을 위로했다. 꾸짖을 때가 아니었다. 벨로르에서 지내는 몇 달 동안 줄곧 기대에 부풀었었는데, 마드라스에 다녀오는 단 한 번의 주말 나들이가 소년의 자신감을 산산조각 내 버린 것이다. 앞뒤 사정을 설명한 라만은 마지막 한마디를 덧붙였다. "자유를 다 잃어버린 것만 같아요." 그리고는 눈물을 펑펑 쏟으며 지금도 잊을 수 없는 질문을 던졌다. "브랜드 박사님, 어떻게 하면 고통 없이도 자유로울 수 있죠?"

진짜 적은 따로 있다

피할 수 있는 부상이라면 일반적으로 따로 신경 써서 예방할 필요가 없다. 대다수에게는 그렇다. 뜨거운 물건에 닿으려 할 때마다 통증이 작용해서 손을 뒤로 잡아챈다. 신발이 너무 꽉 끼는 것 같으면 통증은 절뚝거리며 걸으라는 명령을 내린다. 생쥐가 손에 코를 비비기만 해도 얼른 잠에서 깨어나라고 다그친다. 반면에, 그런 반사 기능을 빼앗긴 한센병 환자들은 자신에게 해를 끼칠 인자들을 의식적으로 예상하며 살아야 한다. 하지만 인간의 의식은 잃어버린 반사 기능을 메우고도 남을 만큼 놀라운 일을 할 수 있다. 위험 요인을 끊임없이 되풀이해 짚어 주는 노력이 마침내 효과를 내기 시작했다. 한 해가 마무리될 즈음에는 실험에 참여한 아이 중 손가락이 짧아진 아이가 단 한 명도 없었다.

환자들에게 추적 관찰에 꼭 필요하니, 손발에 생기는 손상은 하나같이 통증을 느끼지 못하는 데서 비롯된다는 극단적인 사고방식을 가져 달라고 당부했다. 부상의 원인을 추적하는 데 다들 얼마나 능란해졌던지, 이제 참다운 적은 '무통'이라는 이론을 발표해도 좋을 만한 수준이 되었다. 한센병은 그저 통증을 잠재울 뿐이며 그 뒤에 일

아무도 원하지 않는 선물

어나는 손상은 죄다 무통의 부산물일 따름이다. 다시 말해, 이차적으로 발생하는 손상은 모두 미리 막을 수 있다.

그런 인식이 수백 년 전통에 어긋나며 의학계가 회의적인 태도를 보이리라는 사실을 모르지 않았다. 하지만 환자들(목수, 족부 궤양이 심했던 소년들, 나모, 라만을 포함해)은 한결같이 한센병이 아니라 무통이 진범이라는 확신을 주었다. 이제는 벨로르에서 일어나는 온갖 부상의 이면에 숨은 요인을 찾아낼 수 있었다. 모두가 이차적인 결과였다. 환자들이 입에 달고 사는 "저절로 상처가 생겼어요. 문둥병이 다 그렇죠, 뭐" 따위의 평계는 이제 발붙일 곳이 없었다.

우리가 옳다면, 한센병 표준 치료법은 문제를 반쪽만 다루는 셈이었다. 설파제만으로는 이 병을 잡기에 턱없이 모자랐다. 한센병 환자에게 통증을 느끼지 못하는 삶이 얼마나 위험한지 알려 줄 필요가 있었다. 활성 간균이 완전히 사라진 이른바 '소진 환자'마저도 계속 손상에 시달리는 이유가 드디어 밝혀졌다. 한센병이 '완치'되었다 하더라도 적절한 훈련이 따르지 않으면 환자들은 계속 손가락 발가락과 여러 신체 조직을 잃을 수 있다. 그런 상실은 통증을 감지하지 못하는 데서 비롯되기 때문이다. 이제 다른 한센병 센터에도 이러한 사실을 전해야 하지 않을까 싶은 생각이 들었다.

차를 몰고 근처 바다토라살루르에 있는 한센인 선교 병원을 찾았다. 조금 걱정스러웠다. 처음으로 새로운 치료법을 받아들이라고 다른 누군가를 설득해야 했다. 책임자는 단단해 보이는 체구의 덴마크 출신 간호사였다. 릴레룬드 간호사는 스칸디나비아 표준에 맞는 위생과 능률성을 자랑스럽게 여겼으며 환자와 직원들에게는 절대 군주에 가까운 권력을 행사했다. 병원은 한센병 어린이들을 보살피는 전문 기관이었다. 릴레룬드의 엄한 얼굴 이면에 아이들을 향한 깊은 사랑과 관심이 숨어 있음은 두말할 필요가 없었다. 릴레룬드에게 새로운 접근법에 대한 확실한 믿음을 줄 수만 있다면 요양원 전체가 군말 없이 그 뒤를 따를 게 분명했다.

우리 수술 팀은 6주에 한 번씩 바다토라살루르를 찾았고 매번 정해진 절차를 밟았다. 우선 환영식에 참석했다. 릴레룬드는 환자들을 훈련해서 운동장에 줄 맞춰 도열시켰다. 이어서 원장실에서 차를 마셨다. 그럴 때면, 학생 한 명을 지명해 '펑카왈라', 즉 선풍기꾼 노릇을 시켰다. 펑카 선풍기는 두 줄 쇠사슬로 통나무를 천장에 매달고 거기에 직물 매트를 달아 놓은 구조였다. 선풍기꾼은 도르래에 걸린 줄을 당겨 직물 매트가 꾸준히 앞뒤로 움직이며 방 안 공기를 휘젓게 하는 명예롭고도 단조로운 임무를 맡았다. 자리에 나란히 앉아 차를 두고 이런저런 이야기를 주고받노라면 매트의 움직임이 차츰 느려졌는데, 그때마다 릴레룬드는 불쑥 소리쳤다. "펑카왈라!" 우리는 얼른 자세를 바로잡았고, 선풍기는 화들짝 빠르게 움직이기 시작했으며, 우리는 다시 대화를 이어갔다.

한센병에 관해 새로 알게 된 사실들을 릴레룬드에게 처음 소개한 것도 이렇게 차를 마시는 자리에서였다. 벨로르에서 진행한 실험을 자세히 설명하고 한센병 환자들에게 나타나는 조직 손상을 모두 예방할 수 있다는 예비적인 결론을 제시했다. "환자들이 고통을 느끼지

아무도 원하지 않는 선물

못한다는 게 가장 심각한 문제입니다. 우리가 고통 없이 살아가는 법을 가르쳐 주어야 합니다."

간호사는 주의 깊게 설명을 들었다. 하지만 미간에 주름이 지고 눈동자 속으로 짙은 구름이 피어오르는 건 일종의 경고 신호가 분명했다. "오두막집과 병동에 가서 환자들을 만나 보는 게 어떨까요?" 릴레룬드에게 제안하자 간호사는 선뜻 그러자고 했다. 먼지 한 톨 없이 깨끗한 병동 복도를 걸어가는 동안 수상쩍은 상흔이 남은 손발을 곳곳에서 볼 수 있었다. 그중에 한 사내아이의 손바닥 헌데를 가리키며 말했다. "이게 제가 말씀드린 부류의 상처입니다. 아시다시피, 이 동네 길들은 하나같이 가시가 돋친 선인장 덤불로 울타리를 해 놓았습니다. 저 친구는 울타리를 넘으려다 저도 모르게 가시를 움켜쥐면서 궤양이 시작된 게 아닌가 싶습니다."

"아녜요!" 릴레룬드가 말을 막았다. 그리고 이내 폭발했다. "아니라고요! 아니고말고요! 우리 애들이 그랬을 리가 없어요. 더구나 눈곱만큼이라도 다치면 병원에 곧바로 신고하게 되어 있단 말이에요. 지금 보시는 건 한센병균에 감염된 자립니다. 다친 자리가 아니라고요!" 그제야 문제의 본질이 무언지 감이 잡혔다. 환자들에게 자신을 지키려는 노력이 다소 부족해 보인다는 지적을 릴레룬드는 자신에 대한 모욕으로 받아들였다.

다행스럽게도, 릴레룬드에게는 과학적인 방식을 추구하는 북유럽 사람다운 기질도 살아 있어서, 환자들을 돌아보며 커다란 상처가 있는지 살펴볼 수 있도록 허락해 주었다. 곧 한센병 어린이들이 줄지어

차렷 자세로 서서 손을 펼쳐 보였다. 줄 사이를 오르내리며 무슨 탈이 있는지 검사했다. 피부가 찢어지거나 덴 환자가 127명을 헤아렸다. 아이들을 조사하면서, 매끈하지 않은 목재를 다루다 갈라졌을 거라든지 금속 커피잔이나 프라이팬에 뎄을 것이라는 식의 그럴 법한 이유를 제시했다.

릴레룬드는 환자들을 감싸려 했다. 처음에는 그랬다. "아, 그건 아무것도 아니에요." 어느 사내아이의 엄지와 검지 사이에 생긴 헌데를 두고 간호사는 말했다. 그렇게 조그만 물집이 커다란 궤양이 될 수도 있다고 알려 주고, 똑같은 자리에 감염이 생겨 엄지손가락을 잃은 환자들의 이야기도 해 주었다. 릴레룬드는 아이들 쪽으로 몸을 홱 돌리며 쏘아붙였다. "애들아, 어쩌려고 잠자코들 있었던 거니?"

절반쯤 돌자, 릴레룬드는 완전히 풀이 죽었다. 더는 자기 방식을 옹호하려 하지 않았다. 손 부상이 그토록 많다는 걸 눈으로 보고 나니 예방이 얼마나 중요한지 확신이 드는 모양이었다. 굴욕스럽고, 분하고, 부끄러운 심정을 감추지 못했다. "두고 봐, 내가 반드시 바로잡고 말겠어!"라며 결의를 다졌다. 그러고도 남겠다는 생각이 들었다. 조사가 끝나자, 릴레룬드는 환자들을 다 불러 모으고 부상을 예방하는 법을 가르쳐 달라고 했다. 30분쯤 이런저런 설명을 했다. 릴레룬드가 마음을 가라앉히고 계획을 세우는 데는 모자람이 없었다.

강의 내내, 한센병 환자들은 운동장에 공손한 자세로 서 있었다. 이렇게 줄 맞춰 서서 훈시를 듣는 일이 아주 익숙한 모양이었다. 하지만 대부분 아무 감흥이 없는 표정이었다. 과연 이 가운데 몇이나

아무도 원하지 않는 선물

내 말을 알아들었을지 의문스러웠다. 그래도 걱정할 필요는 없었다. 뒤이어 릴레룬드가 직접 일장 연설을 했다.

"우리 병원의 명예가 땅에 떨어질 판입니다." 간호사는 비장했다. "창피한 줄 알아야 합니다. 여러분은 스스로 상처를 내고 있습니다. 보고도 하지 않았습니다. 지금부터는 사흘에 한 번씩, 한 사람 한 사람 철저히 검사하겠습니다. 누구든 상처를 미리 보고하지 않고 있다가 들키면 더 이상 '집밥'은 없습니다. 삼시 세끼, 구내식당에서 끼니를 해결해야 할 겁니다." 아이들 사이에서 한숨 섞인 탄식이 터져 나왔다. 릴레룬드가 더없이 효과적인 한 방을 날린 셈이었다. 밍밍한 구내식당 밥을 좋아하는 이는 아무도 없었다. 너나없이 오두막 숙소에 살면서 숯불 난로에 인도 가정식 백반을 지어 먹는 특권을 값지게 여겼다.

복잡한 심경으로 바다토라살루르를 나섰다. 릴레룬드 간호사가 이끄는 병원 환자들에게 소망과 격려를 전달하겠다는 뜻을 이뤘는지 확신이 서지 않았다. 하지만 일주일 뒤, 누구도 부정할 수 없는 결과가 나왔다. 다시 손을 검사했는데 이번에는 127명이 아니라 6명한테서만 상처가 발견되었다. 그나마도 붕대나 석고 붕대로 잘 보호되고 있었다. 릴레룬드의 얼굴에 웃음꽃이 활짝 피었다. 그럴 만했다. 그가 펼친 운동의 결과에 입을 다물 수가 없었다. 릴레룬드 같은 이가 몇 명만 더 있어도 한센병의 진로를 바꿀 수 있을 것이다.

I

억눌린 본성이 몸과 더불어
고통을 받으라고 정신에게 명령할 때,
인간은 이미 인간이 아니다.

—셰익스피어, 《리어 왕》

10장

새 삶을 응원하는 재건 수술

1951년, 벨로르는 병동 하나를 따로 세워 한센병 환자 전용으로 내준 최초의 종합 병원이 되었다. 벨로르에 있는 병원에 가면 갈고리 손을 고쳐 준다는 소문이 나면서 병원은 환자들로 발 디딜 틈이 없었다. 밥 한술 얻어먹기도 어려울 만큼 가난한 걸인도 적지 않았다. 그들은 아예 운동장에 자리를 차리고 병원 문간을 구걸 장소로 삼았다. 병동을 새로 지었는데도 이들을 다 수용하지 못했다. 한센병에 매달리는 우리 팀은 다시 한 번 다른 의료진의 비난을 살 수밖에 없었다.

이번에는 영향력 있는 인도 정치가가 도움의 손길을 내밀었다. 마하트마 간디와 함께 독립운동을 벌였던 투사였다. 자가디산(T. N. Jagadisan) 박사는 한센병 환자로 처음 벨로르 병원에 왔다. 당연히 여태 치료했던 환자들 가운데 가장 유명한 인물이었다. 박사는 '새로 만든 손'에 가슴 벅차하면서 집으로 돌아갔으며, 간디가 세상을 떠난 뒤 설립된 신탁 기금 관리 위원회 위원으로 나를 지명했다. 간디는 '하리잔(Harijan)', 다시 말해 '신의 아이들'이라는 새 이름을 붙여 줄

만큼 불가촉천민과 한센병 환자들(불가촉천민이 대부분이었다)에게 깊은 연민을 품었다. 터부를 깨고 한센병 환자를 자신의 아쉬람(ashram, 힌두교도들의 수행처이자 거처 – 옮긴이) 가까이에 두고 개인적으로 보살폈을 정도였다. 따라서 추모 성금 가운데 일부가 마하트마의 아들, 데바다스 간디(Devadas Gandhi)가 이끄는 '간디 기념 한센병 재단'으로 들어가는 건 적절한 일이었다.

위원들 가운데 외국인은 나뿐이었다. 위원회는 주로 간디가 생애 마지막 몇 해를 보낸 오두막에서 열렸다. 맨바닥에 위대한 인간이 썼던 소박한 돗짚자리를 깔고 요가 대형으로 둥글게 앉았다. 다른 위원들은 하나같이 간디의 제자로 내로라하는 정치가가 된 인물들이었다. 마하트마가 그랬듯, 거친 면으로 만든 도티(dhoti, 인도 남성들이 허리 아래에 두르는 천 – 옮긴이) 차림으로 주요 의제를 처리하는 사이에도 놋쇠로 만든 물레를 돌려 조그만 원면 뭉치에서 실을 자아냈다.

우리의 어려운 사정을 들은 간디 재단에서는 벨로르 병원 근처에 커다란 집을 구해서 한센병 환자들을 위한 숙소로 쓰게 해 주었다. 덕분에 걸인들이 병원에 터를 잡고 사는 문제도 적잖이 누그러졌다. 처음에는 한센병 환자들 가까이에 살게 된 걸 못마땅해하던 이웃들이 유리창에 돌멩이를 던지거나 문간에 볼일을 보기도 했지만, 시간이 지나면서 차츰 진정되었다. 완치되거나 경과가 좋은 환자들부터 이른바 '10호 집'에 들어갔다.

아무도 원하지 않는 선물

뉴 라이프 센터

해묵은 상처를 치료하고 새로운 부상을 예방하는 법을 찾으면서, 이제는 손 수술과 재활을 기반으로 일상 업무를 어렵잖게 관리할 수 있으리라 여겼다. 하지만 가장 가까운 환자들이 실의에 빠진 채 벨로르로 돌아오면서 예상치 못했던 새로운 위기가 닥쳤다. 첫 번째 수술 자원자인 존 크리슈나무르티만 해도 그랬다. 존은 교정 수술을 받고 나간 지 몇 달 만에 연락도 없이 불쑥 나타났다. 따듯하게 맞았지만, 다소 뻣뻣한 반응이 돌아왔다. "존, 무슨 일이니?" 소년에게 물었다. "아주 좋아 보이는데, 왜 그래?"

"브랜드 박사님, 이건 좋은 손이 아니에요." 존은 말했다. 한 줄 한 줄 연습이라도 한 것 같은 말투였다. 뒷말을 기다렸지만, 소년은 입을 열지 않았다.

"무슨 소리니, 존?" 참다못해 물었다. "아주 좋아 보이는걸? 재활 운동도 열심히 했잖아. 그래서 이제는 열 손가락을 마음대로 움직일 수 있게 되었고, 더는 상처 입지 않도록 조심하면서 살았잖니? 우리 둘 다 몇 달씩이나 손을 붙들고 씨름했잖아. 내 생각에는 손이 아주 근사한데."

"맞아요, 맞습니다. 하지만 구걸에는 어울리지 않는 손이에요." 존은 말했다. 인도에서는 자비를 베푸는 이들이 '문둥이의 갈고리 손'을 가진 거지들에게만 선뜻 지갑을 연다는 얘기였다. 갈고리 꼴을 한 손가락들을 풀어내긴 했지만, 결과적으로 수입원을 끊어 놓은 셈이었다. "이제는 사람들이 너그럽게 적선해 주지 않아요. 그렇다고 일자리를 주려는 이도 없어요. 방을 빌려주는 이는 더 말할 것도 없고요." 활성 세균을 죽이고 손을 고쳐 준다고 하더라도 얼굴에 난 상처들은 한센병을 앓았던 사람이라는 낙인이 되었다.

바깥세상에서 거절당했던 존의 경험담을 듣는 내내 찢어질 듯 가슴이 아팠다. 시내버스에 타려고 하면 운전기사가 몸을 밀쳐 쫓아내기 일쑤였다. 공부도 할 만큼 했지만 직장은 물론이고 집도 없이 한뎃잠을 자야 하는 신세였다. 동냥질로 버는 돈으로는 입에 풀칠하기도 어려웠다. 애써 소년의 몸을 고쳐 주었는데, 그게 결국 밥벌이를 망쳐 놓는 짓이었단 말인가?

존에게 병원 사무직 자리를 수소문해 주었다. 그래 봐야 단 한 명의 환자에게만 해당하는 단기적인 해법에 지나지 않았다. 다른 힘줄 이식 환자들은 다 어찌할 것인가? 밥줄이 끊기기는 그들도 마찬가지 아닌가? 알아보니 존과 비슷한 사연은 한둘이 아니었다. 손발을 고쳐 주려는 노력이 병원 울타리를 나가서 살길을 제대로 열어 주지 못했다는 것만큼은 엄연했다.

환자들에게 바깥에 나가 생활할 준비를 시키는 감압실 비슷한 사회 복귀 시설이 필요했다. 그래서 '뉴 라이프 센터'가 탄생했다. 시내에서 6킬로미터쯤 떨어진 의과 대학 캠퍼스 안 후미진 자리를 골랐다. 환자들을 고향으로 돌려보낼 요량이라면, 집에 돌아갔을 때 마주하게 될 숙소보다 더 공들인 거처를 건설하는 건 이치에 맞지 않았다. 그래서 은퇴하는 선교사가 기부한 500달러로 벽돌과 진흙을 구

아무도 원하지 않는 선물

해서 오두막 다섯 채를 지었다. 오두막마다 방 넷을 들였다. 벽에는 흰 칠을 하고 야자나무 잎으로 지붕을 얹었다. 수풀이 우거진 바위산에 포근히 둘러싸인 환경은 벨로르 시내의 분주한 분위기와 아주 대조적이었다.

1951년, 서른 명의 환자가 뉴 라이프 센터에 입주했다. 한센병은 여성보다 남성들에게 발생하는 경우가 훨씬 많았고, 그때만 하더라도 남녀가 한 곳에서 섞여 지내는 건 문화적으로 용납되지 않는 시절이어서 입주자는 죄다 남자였다. 넓은 채소밭을 일구고, 닭을 키웠으며, 직물 가게를 열었다. 나무 장난감을 만드는 공방을 차리고 손가락을 잃은 이들에게 페달을 밟아 움직이는 실톱 사용법을 가르쳤다. 그리고 얼마 지나지 않아 장난감 동물·기차·자동차, 액자, 조각 맞추기 따위의 상품을 만들어 동네에 내다 팔았다. 인근에서 구할 수 있는 그 어떤 장난감보다 품질이 좋았는데도 쓸데없이 폼알데하이드로 훈증하는 예방 조처를 거친 뒤에야 팔 수 있었다.

뉴 라이프 센터 부지에는 이미 낡은 건물 한 채가 있어서, 대학 측에 수술실로 사용하게 해 달라고 요청했다. 햇볕에 말린 벽돌로 벽을 두르고 기와로 지붕을 이은 가로세로 2.4미터 정도의 정사각형 건물로 벨로르 병원의 하얗게 빛나는 방과는 딴판이었다. 실내에 싱크대가 없어서 방에 들어가기 전에 먼저 손을 씻어야 했다. 창에는 방충망을 덧대고, 알루미늄판을 포물선 모양으로 두들겨서 100와트 전구 불빛이 그늘지지 않고 반사되게 만들었으며, 주방용 나무 탁자를 개조해 수술용 팔걸이와 머리 받침대를 달았다. 소독기로 쓸 압력솥을

사다가 휴대용 석유스토브에 장착했다. (잘 돌아가다가 어느 날 지나치게 높
아진 압력을 견디지 못하고 폭발하면서 지붕을 강타해 솥뚜껑만 한 구멍을 깔끔하게 뚫어
놓고 말았다.)

갈수록 이 작은 방에서 보내는 시간이 길어졌다. 여기서 에르네스
트 프리취와 함께 갈고리 손과 첨족을 치료하는 최상의 외과적 처치
법을 확정했다. 존 크리슈나무르티가 던진 난제를 완전히 이해하기
시작한 곳도 바로 여기였다. 한센병 환자들에게 '바깥'에서 살아갈
준비를 시키기 위해서는 접근 방식을 철저하게 바꿔야 했다. 손발 수
술이라는 좁은 영역에서 눈을 들어 전인적인 시각을 가져야 했다.

쿠마르의 눈썹

어느 날, 쿠마르라는 젊은이가 찾아와서 한센병이 비활성임을 확인
하는 증명서를 내보였다. 곧바로 진찰에 들어갔다. 우선 손을 살폈다.
안으로 오그라드는 조짐이나, 저도 모르는 사이에 생긴 상처 따위는
보이지 않았다. 발에서도 신경 마비 증상을 찾아볼 수 없었다.

쿠마르의 몸은 한센병에 대한 자연적인 내성의 증거들을 여실히
드러내고 있었다. 한센균은 이마나 콧구멍, 귀처럼 상대적으로 서늘
한 안면 부위에 먼저 침투하는 전형적인 패턴을 따랐으며 심지어 눈
썹의 모낭 속까지 파고들었다. 한동안 살갗이 유난히 밝아지고 부풀
어 올랐다. 하지만 공격적인 설파제의 지원을 받은 몸의 방어 체계가
박테리아를 섬멸했으며, 쿠마르의 얼굴 피부는 거의 정상으로 돌아

온 상태였다. 청년은 스물다섯 살이었지만, 예전에 부어올랐던 자리에 주름이 생긴 탓에 나이가 살짝 더 들어 보였다.

눈에 보이는 병의 흔적이라고는 눈썹이 있던 자리가 맨살로 남아 있다는 점 하나뿐이었고 그나마도 크게 신경 쓰이지 않는 수준이었다. 한센병을 참으로 멋지게 이겨 낸 친구를 보니 힘이 났다. 건강을 잘 지켜 내느라 애썼다고 인사를 건넸다. 그렇게 진찰을 마치고 젊은 이에게 물었다. "그런데 여긴 웬일인가? 알다시피, 여긴 손발을 전문적으로 수술하는 곳인데 자네는 멀쩡해 보이는군." 쿠마르는 눈썹, 아니 한때 눈썹이 자랐던 자리를 가리키며 제 사연을 털어놓았다.

한센병에 걸리기 전까지 쿠마르는 마을 시장에서 노점상을 했다. 빈랑나무 열매 담뱃잎에 소석회를 조금 넣어 손으로 만 '빤(pan)'이라는 꾸러미를 팔았다. 시골 사람들은 이걸 씹는 걸 아주 좋아해서 장꾼들은 으레 쿠마르의 노점에 들렀다. 젊은이는 우스갯소리와 새로운 소식을 주고받으면서 부지런히 손을 놀려 빈랑나무 열매를 잎사귀에 말았다.

한센병의 초기 증상을 짚어 내는 일이라면 시골 사람들이 의사들보다 한 수 위인 경우가 왕왕 있었다. 쿠마르의 살갗에 부자연스러운 윤기가 흐르자 손님들은 그 소식을 사방팔방 퍼트렸고 매상은 삽시간에 곤두박질쳤다. 얼마 가지 않아 아무도 빤을 사 가지 않았으며 말을 섞으려는 이조차 거의 없었다. 구걸로 먹고살기에는 자존심이 너무 강했던 쿠마르는 노점을 접고 제 발로 가까운 한센병 요양원에 들어갔다.

몇 년 뒤, 젊은이는 음성 도장이 찍힌 증명서를 들고 고향에 돌아왔다. 머릿속에는 다시 장사할 궁리가 가득했다. 눈썹이 빠진 것 말고는 병을 앓았던 흔적은 죄다 사라지고 없었다. 하지만 미신을 철석같이 믿는 동네 사람들에게는 그 사소한 자국 하나가 젊은이를 배척할 이유가 되고도 남았다. 증명서를 내미는 따위로는 어림없었다. 생김새부터가 병에서 완전히 벗어난 사람처럼 보여야 했다. 눈썹이 자라는 것 말고는 달리 도리가 없었다.

"눈썹 없는 사람한테서는 아무도 뭘 사려 하지 않을 거예요." 쿠마르는 서글프게 말했다. "박사님, 제발 눈썹 좀 만들어 주세요. 손님들이 흘끔흘끔 훔쳐보면서 정말 다 나았는지 눈썹을 살피는 걸 견딜 수가 없어요."

복잡한 심경으로 젊은이의 이야기에 귀를 기울였다. 가슴 아픈 사연이긴 했지만, 성형 수술에 뛰어들 마음은 눈곱만큼도 없었다. 교정 수술을 받고 싶어 하는 환자가 줄지어 기다리고 있었다. 그들 가운데 상당수는 수술만 받으면 마비에서 풀려날 수 있는 손을 가지고 있었다. 거기에 대면 새로운 눈썹을 갖게 해 달라는 요청은 하찮아 보이기까지 했다. 하지만 한편으로는 존 크리슈나무르티한테서 얻은 깨달음이 떠올랐다. 환자들이 고향으로 돌아가 쓸모 있는 인간으로 살 수 있게 해 주지 않는 한, 영원히 남한테 의지해야 하는 계층을 빚어낼 따름이었다. 얼굴 생김이 사람들에게 받아들여지지 못하게 가로막는 장벽이 된다면, 그걸 쓰러트릴 방도를 찾아야 했다.

쿠마르는 뉴 라이프 센터에 며칠 더 머물렀다. 그사이에 이 젊은이

아무도 원하지 않는 선물

에게 도움이 될 성형 수술 기법을 탐색했다. 일본인들은 논에 모내기하듯, 머리털을 한 올 한 올 옮겨 심는 모발 이식 기술을 개발했다. 반면에 두피를 눈썹 모양으로 잘라 새로운 자리에 옮겨 붙이는 방법도 있었다. 그편이 시간 소모도 상대적으로 적었다. 혈액만 안정적으로 공급된다면, 이식 수술로 쿠마르에게 풍성한(검고 숱이 많은 머리털만큼이나) 눈썹을 만들어 줄 수 있었다. 과정을 설명하자 젊은이는 반색하며 수술에 동의했다.

눈썹 자리까지 이어질 만큼 긴 혈관이 달린 두피 조각을 찾아내는 게 요령이었다. 수술에 들어가기 전에, 일단 쿠마르의 머리를 박박 민 뒤에 뜀박질을 시켰다. 15분 뒤, 젊은이가 계단을 뛰어올라 진료실로 돌아왔을 즈음에는 심장이 쿵쾅거리며 뛰고 있었다. 머리 가죽 아래서 동맥이 펄떡거리는 게 한눈에 보였다. 마커로 관자 동맥의 윤곽을 그리고 길어 보이는 가지들을 선택했다. 그리고 말끔하게 면도한 머리 양쪽에 하나씩, 두껍고 넓적한 눈썹 모양을 그렸다.

이튿날, 쿠마르는 목제 수술대에 올랐다. 표시해 둔 눈썹 모양을 따라 두피를 자르고 두개골에서 떼어 냈다. 아직 동맥과 정맥에 붙은 채라서, 마치 꼬랑지를 잡힌 채 공중에 매달려 달랑거리는 생쥐처럼 보였다. 이어서 눈썹 자리의 살갗을 들어내고 피하로 두피의 절개면까지 이어지는 통로를 만들었다. 터널 속으로 긴 핀셋을 넣어 머리 가죽의 간당거리는 부분을 단단히 붙잡고 쿠마르의 눈 위편의 새로운 자리로 조심스럽게 끌어당겼다. 이식된 두피가 너무 커 보여서 조금 다듬어 주고 싶은 마음이 간절했지만, 굽은 꼴로 앉혀 놓아 눈썹을 살아 있게 해 주는 동맥을 행여 건드릴까 봐 겁이 났다.

크기 따위는 걱정할 필요가 없었다. 붕대를 푸는 순간부터 쿠마르는 새로 얻은 눈썹을 무척 좋아했다. 눈썹이 자라기 시작하고 계속 길어질수록 젊은이의 기쁨도 커졌다. 새 눈썹을 잘라 주어야 하고, 그러지 않으면 머리털만큼이나 길어질 거라고 알려 주자 도리어 그랬으면 좋겠다고 대꾸했다. 벨로르를 떠나기 직전에는 덥수룩한 눈썹이 흘러내려 눈을 덮을 지경이 되었다.

물론, 쿠마르도 결국은 눈썹을 다듬었다. 하지만 고향 마을에서는 젊은이의 풍성한 눈썹이 큰 화제가 되었다. 옛 단골들도 쿠마르의 눈썹을 보려고 줄을 섰다. 이번에는 한센병에서 완치되었다는 증명서를 보여 주자 단박에 받아들였다.

코를 재건하는 다양한 기법

쿠마르의 눈썹을 만들어 준 경험은 '얼굴' 교정 수술이라는 완전히 새로운 세계를 여는 사건이었다. 곧바로 코 문제에 맞닥뜨렸다. 숱한 환자들을 흉하게 보이게 만드는 '안장코'에 대면 털 없는 눈썹쯤은 사소한 흠에 지나지 않았다.

한센병균은 시원한 자리를 좋아하는 까닭에, 코는 주요 전쟁터였다. 침입자를 물리치려는 신체 반응은 염증을 일으키고 그게 계속되면 기도가 막힐 수도 있다. 시간이 흐르면 2차 감염으로 점막 내층에 궤양이 생기고 코가 졸아들어 거의 없어지다시피 한다. 물렁뼈가 오

아무도 원하지 않는 선물

뚝하게 떠받치는 콧등이 사라지고, 주저앉은 피부 조각과 거칠 것 없이 밖으로 뚫린 두 개의 콧구멍만 남는다. 한센병 환자와 마주 앉아 비강을 들여다보는 건 아무래도 당혹스러울 수밖에 없다.

인도에서는 무너져 내린 코가 한센병의 조짐이라는 걸 삼척동자도 안다. 더러 코가 손가락 발가락처럼 '썩어 문드러진다'고 생각하는 이들까지 있어서 병에 걸린 이들은 오명을 뒤집어쓰고 쫓겨 다닐 수밖에 없었다. 그런 코를 가진 여인들에게 결혼은 꿈도 못 꿀 일이었다. 음성 판정을 받았고 그 외에는 질병의 흔적이 전혀 없어도 매한가지였다.

진료소를 찾는 안면 손상 환자들이 점점 늘어나는 걸 보면서, 전시 런던에서 다만 얼마라도 성형 수술을 접할 기회가 있었던 데 감사하게 되었다. 이 분야의 개척자로 꼽히는 아치볼드 매킨도(Archibald McIndoe) 경은 2차 세계대전이 한창이던 시절, 화상을 입은 영국 공군 조종사들의 얼굴을 재건하기 위해 영웅적인 노력을 기울여 온 나라에 명성이 자자했던 인물이다. 당시 나도 추락한 조종사 몇 사람의 후속 진료와 연구를 담당했다.

아직 미세 혈관 수술법이 개발되지 않았던 그 무렵, 배와 가슴에서 피부를 떼어다가 이식하는 수술은 두 단계로 나눠 진행되었으며 팔이 임시로 숙주 노릇을 했다. 성형외과 의사는 말하자면 배 같은 데서 피부를 길게 저며서 한쪽 끝은 기왕의 자리에 붙여 혈액이 통하게 하고 다른 쪽 끝은 손목에 이어 붙인다. 이식 부위와 팔 사이에 새로 혈관이 자라나도록 3주 동안 팔을 배에 단단히 묶어 둔다. 적절한 시점이 되면 의사는 피판을 배에서 완전히 떼어 내어 이마나 뺨, 또는 코에 붙이고 이식한 자리 가까이에 붕대로 팔을 고정한다. 마침내 안면 이식 부위에 혈액 공급이 이뤄진 다음에는 그동안 숙주 노릇을 했던 팔에서 피부 조직을 완전히 떼어 낸다. 아직 어린 의대생에게 아치볼드의 병동은 기괴하고 소름 끼치는 구역이었다. 머리에서 팔이 자라고, 비강에서는 코끼리 코처럼 생긴 기다란 피부 조직이 비어져 나오고, 피판으로 만든 임시 눈꺼풀은 너무 두꺼워 눈을 뜨기 어려울 지경이었다.

우리 진료소도 한동안은 아치볼드의 방식을 좇아 2단계 이식으로 한센병 환자에게 코를 재건해 주었다. 하지만 복부 쪽의 피부는 여러 면에서 코 성형에 적합하지 않았다. 두껍고 다루기가 불편해서 안장코를 눈에 띄게 개선해 주지 못했다. 그래도 환자들은 흡족해하며 돌아갔다. 초기의 이런 시도들로 근사한 코를 빚어낼 수는 없었지만, 최소한 얼굴이 일그러진 한센병 환자 취급은 면하게 해 주었기 때문이다.

그러다 눈썹 이식과 비슷한 점이 무척 많은 새로운 기법을 배웠다. 혈액이 그대로 유지되는 상태로 이마의 피부를 한꺼번에 들어 올린 뒤, 아래로 돌려서 원래 있었던 코의 윤곽에 따라 잘라 둔 자리에 붙였다.* (이마에 피부가 벗겨진 채 남은 자리는 넓적다리에서 조직을 떼다 채우는 별도의 이식 수술을 시행했다.) 환자들은 그렇게 만든 새 코를 더 좋아하는 듯했지만, 수술 팀 식구들은 그들만큼 열광하는 분위기가 아니었다. 환자의 이마에 영구적인 상처를 남겼고 새 코의 큼지막한 살집은 뺨의

아무도 원하지 않는 선물

미세한 피부와 완벽하게 어우러지지 않았다. 누군가 진흙으로 코를 만들어 얼굴에 눌러 붙인 꼴이 되기 일쑤였다.

그런데 또 다른 영국 의사 헤럴드 길리스(Harold Gillies) 경이 그보다 훨씬 나은 방법을 가르쳐 주었다. 길리스는 은퇴할 때가 다 되어갈 즈음, 영국에서 공부한 인도 성형외과 의사 안티아(N. H. Antia) 박사의

- 유명한 남아프리카공화국 의사 잭 펜(Jack Penn)한테서 이 수술법을 배웠다. 그는 BC 11세기에 활동했던 고대 힌두 외과의 수스루타(Susruta)가 처음으로 사용한 기술을 적용했다. 인도 전사들은 패배한 적에게 사브르 칼로 코를 베는 형벌을 내렸다. 수스루타는 이마에서 살갗 한 조각을 떼다가 코 부위에 이식하는 고도로 발전된 기법을 고안했다. 1992년에 있었던 기이한 사건은 지난날 이런 형태의 복수가 얼마나 흔했는지 보여 준다. 일본은 역사적인 잘못을 바로잡는 차원에서 1597년, 조선을 무력 침공했을 당시 잘라 냈던 군인과 민간인의 코 2만 개를 반환하기로 합의했다. 일본은 특별한 기념비를 세우고 몇몇 조선 장수들의 머리와 함께 그 코들을 무려 400년 가까이 보존하고 있었다. 실제로 반기를 든 소작인의 손에 붙들려 사브르 칼로 코와 윗입술이 잘린 고대의 형벌을 당한 인도의 지주를 치료해 준 적도 있다. 미숙한 외과의 하나가 이 지주에게 수스루타의 기법을 적용해서 이마의 피판을 끌어내려 새로 코와 윗입술을 만들어 주는 수술을 시도했다. 넉넉한 피판을 확보하기 위해 의사는 이마 너머, 머리칼이 자라는 두피 조각까지 끌어왔고 살갗을 두 겹으로 접어 입술 아랫면을 만들었다. (그로서도 난생처음 머리를 밀어 본 터라, 머리칼이 자라는 두피가 포함되었다는 사실을 깨닫지 못했을지도 모른다.) 일 년이 지나, 환자는 고민 끝에 우리를 찾아왔다. 꺼칠꺼칠한 머리털이 입속에서 자라면서 침을 삼킬 때마다 할퀴어서 말하고 먹을 때마다 잇몸에서 피가 난다고 했다. 결국, 머리털이 나는 피부를 제거하고 뺨 안쪽에서 점막을 떼다가 그 자리에 이식해야 했다. 이런 방식으로 수술을 받은 지주는 훨씬 행복해했다.

초대를 받고 뭄바이를 찾았다. 현지의 한센병 환자들을 만난 길리스는 여러 해 전, 아르헨티나를 두루 다니며 썼던 기법을 떠올렸다. 모르긴 해도, 길리스는 처음으로 한센병 환자의 코를 수술한 의사였을 것이다. 안티아 박사의 제안으로 두 사람은 벨로르에 와서 기술을 전수했다.

길리스 박사는 아르헨티나 시절에 이미 한센병균이 코점막 내층을 파고든다는 사실을 파악했다. 피부보다 오히려 내층에 더 심한 손상을 입힌다. 세균은 염증을 일으키고 염증은 연골을 파괴한다. 살갗을 팽팽하게 지탱해 주던 연골이 사라지면 피부는 마치 지주를 빼 버린 텐트처럼 주저앉는다. 길리스는 물었다. "아직 쓰지 않은 훌륭한 피부가 그대로 남아 있는데 왜 이식에 그토록 공을 들이는 거죠? 점막 내층은 망가졌지만 이식편(이식되는 조직)을 쓰면 얼마든지 원래의 피부로 코를 다시 만들 수 있습니다."

환자를 골라 수술 준비를 시켰다. 주저앉은 코를 아무리 뜯어봐도 쪼글쪼글해진 피부에서 무언가를 살려 낸다는 게 도무지 상상이 가지 않았다. 길리스는 수술칼을 들고 시범을 보였다. 윗입술을 젖히고 이빨과 잇몸 사이를 절개한 뒤에 비강이 충분히 드러나게 위로 들어 올렸다. 윗입술 전체를 완전히 연 다음에는 얼굴 뼈에 붙어 있는 코를 들어 올렸다. "자, 잘 보세요"라는 말과 함께 길리스는 거즈 한 뭉치를 집더니 물러앉은 코의 비강 속에 조금씩 채워 넣었다. 마술처럼 피부가 펴지고 늘어나더니 불룩해져서 정말 근사한 코의 형태가 잡혔다. 보고도 믿을 수가 없었다. 코를 이루는 피부의 바깥층은 조그

아무도 원하지 않는 선물

만 덩이에 바람을 불어 부풀린 풍선껌처럼 확장되었다. 길리스는 코를 적절하게 떠받쳐 주기만 하면 새로운 코를 갖게 된다는 확신을 주고 떠났다.

그 뒤로 몇 년 동안, 맞춤한 지지 구조물을 찾아 다양한 실험을 거듭했다. 코 모양으로 만든 플라스틱 부목이나 아크릴을 쓰기도 하고 골반 테두리의 뼈를 이식하기도 했다. 그러다 코 조직에 공급되는 혈액이 충분치 않아서 뼈를 이식하기가 어려운 환자들을 위해 치과에서 사용하는 물질을 빌려 오면서 말랑말랑하고 따듯한 밀랍 틀만 있으면 그야말로 어떤 모양이든 다 만들 수 있다는 사실을 알게 되었다. 환자는 마취된 상태가 아니므로 그때그때 코 모양을 선택할 수 있었다. "조금 길게 해주세요. 너무 넓게는 말고요." 밀랍 틀이 나오면 치과에서 쓰는 분홍색 물질로 영구적인 지지대를 만들었다. 그리고 이빨을 고정하는 치과용 철사로 구조물을 제자리에 앉혔다.

오늘날, 인도와 세계 곳곳의 숱한 한센인들은 겉보기에는 완벽하게 정상이지만 사실은 인공 보형물을 삽입해 지탱하는 코를 가지고 활보한다. 새로운 코는 다소 기괴해 보이는 처치를 잘 따르기만 하면 훌륭하게 제구실을 해낸다. 환자는 주기적으로 보형물을 꺼내서 깨끗이 닦아서 이물질을 제거하고 감염을 막아야 한다. 양쪽 면을 점막으로 떠받치는 방식이라 윗입술과 턱 사이의 틈이 도로 닫히지 않는다. 따라서 환자는 아무 어려움 없이 윗입술을 뒤로 젖히고 밝은 분홍빛 보형물을 끄집어낼 수 있다. 잠시 바깥 코가 주저앉아 납작하고 주름진 모양이 되지만 말끔히 닦은 보형물을 다시 집어넣으면 이내 팽팽해진다.

이식한 눈썹처럼 인공 코도 환자가 사회적으로 받아들여지는 데 즉각적인 영향을 미친다. 벨로르를 찾아왔던 어여쁜 아가씨만 해도 그랬다. 얼굴에 아무 흔적이나 결절도 남아 있지 않았지만, 완전히 주저앉은 코가 문제였다. 가족들은 신랑감을 구하려 백방으로 애를 썼지만 아무 소용이 없었다. 아가씨는 꼭 이러저러한 코를 만들어 달라고 주문했다. 수술이 끝나자 원래 코보다 훨씬 더 예뻐 보인다고 자신 있게 말했다. 그리고 몇 달 뒤, 혼례복을 화려하게 차려입은 사진을 보내왔다. 병은 진즉에 말끔하게 나았고, 이제 '문둥이'라는 낙인마저 깨끗이 지웠다.

눈 깜박이는 훈련

환자의 손발을 재건하고 얼굴 생김을 낫게 하는 방법을 다각적으로 실험하면서도 한센병이 불러오는 최악의 고통 가운데 하나로 꼽히는 실명에 대해서는 줄곧 큰 관심을 기울이지 않았다. 한센병 환자를 처음 보기 시작했을 무렵, 윗세대 선배들은 마비나 조직 파괴처럼 실명 역시 이 병이 가져오는 비극적이지만 불가피한 결과라고 이야기했다. 한센병 환자의 80퍼센트는 시력 손상을 경험한다. 보건 전문가들은 세계적으로 실명에 이르는 네 번째 주원인으로 한센병을 꼽는다.

앞서 이야기한 것처럼, 촉각과 통각을 잃은 한센병 환자들에게 실명은 남다른 어려움을 선사한다. 손가락 감각이 없는 실명 환자를 본

아무도 원하지 않는 선물

적이 있다. 옷을 입기 위해 몸을 굽히고 아직 감각이 남은 입술과 혀로 소매와 단추, 단추 구멍을 더듬어 방향을 잡았다. 한 벌을 다 입는 데 한 시간이 걸렸다. 감각이 없는 데다 눈까지 멀면 점자도 읽을 수 없다. 친구의 얼굴도 손가락 끝으로 만져 봐야 알아볼 수 있었다. 가구가 늘어선 방 안을 이리저리 다니려면 온갖 어려움을 다 겪어야 했다. 위험을 감지할 수도, 눈으로 확인할 수도 없는 한센병 환자들에게는 요리처럼 누구나 할 수 있는 간단한 일도 불가능에 가깝다.

실명은 두말할 것 없이 더없이 두려운 한센병 합병증이다. 어떤 시설에서는 숱한 환자들이 실명이 두려워 자살을 기도한다는 소리를 들은 적이 있다. 이미 한쪽 눈의 시력을 잃은 우리 요양원 환자 한 명도 툭하면 이렇게 이야기했다. "다리는 진즉에 달아났고 손도 없어졌지만, 볼 수만 있으면 그쯤은 약과지. 실명은 좀 달라. 눈이 멀면 난 살아도 사는 게 아니야. 그렇게 되면 무슨 수를 써서라도 죽어 버리고 말겠어!"

아내는 한센병 환자들의 실명이 어떻게 시작되는지 체계적으로 연구한 최초의 인물 중 한 명이다. 가정의학 전문의로 일하다 벨로르에 온 마거릿은 의과 대학의 일손이 한없이 부족하고 안과를 담당하려는 의사가 전혀 없다는 걸 알고 그 분야를 자원했다. 이내 능수능란하게 백내장 수술을 해냈고 곧 일관 작업이 가능한 '이동 진료'를 조직해 인근 마을을 돌았다. 학교 건물을 빌리거나 나무 아래서 진료를 하면서도 수술 팀은 하루에 100-150건의 백내장 수술을 했다. 아내가 처음으로 한센병 환자의 시력 문제에 주목하게 된 것도 이동 진료에서였다.

마거릿은 당시를 이렇게 기억했다. "이동 진료를 막 끝내고 집에 돌아가려고 장비를 싣고 있던 참이었어요. 40미터쯤 떨어진 곳에 한 무리의 사람들이 모여 앉았더군요. 일꾼들한테 물어봤어요. 치료를 받고 싶은데 너무 늦게 온 환자들이냐고요. 그랬더니 일꾼들이 그러는 거예요. '아, 저 사람들이요? 그냥 문둥이들이에요.' 일단 진찰이나 해 보자고 했어요. 우리 직원들이랑 환자들이 얼마나 놀라던지…."

"인도에서 온갖 눈 문제를 다 보았지만 그런 눈은 난생처음이었어요. 촉촉하고 투명해야 할 표면은 흉터 조직이 두껍게 떡이 져 있었어요. 눈에 펜 라이트를 비쳐도 아무 반응이 없었죠. 대부분은 완전한 실명 상태여서 회복이 불가능했어요. 그중에 두 젊은이는 시력을 잃어가고 있기는 하지만 아직 눈이 완전히 먼 지경은 아니더군요. 그래서 함께 벨로르로 가서 병원 치료를 받아 보자고 설득했어요."

그 한 차례 만남으로 마거릿이 평생 숙제로 여긴 일이 틀을 잡아가기 시작했다. 한센균이 온몸을 통틀어 가장 서늘한 부분 가운데 하나인 각막 주위에 모이길 좋아하며, 항한센 약품들이 눈 손상을 늦출 수 있다는 사실은 이미 알고 있었다. 코르티손 몇 방울은 급성 감염을 다스리는 데 도움이 되고 더러 시력을 찾아 주기도 한다. 또 각막에 생긴 흉터 조직에 먹을 몇 방울 떨어뜨려 물을 들이면 일부 한센병 환자들을 힘겹게 만드는 눈부심을 한결 줄일 수 있었다. 하지만 마거릿이 한센병 환자 수백 명을 조사해 찾아낸 가장 중요한 사실 앞

아무도 원하지 않는 선물

에서 이런 요법들은 빛을 잃었다. 실은, 수없이 많은 환자가 눈을 깜박이지 못해서 시력을 잃고 있었다.

눈 깜박 반사는 인체의 경이로운 현상 가운데 하나다. 예민하기로는 안구 표면에 있는 통증 센서만 한 게 없다. 삐져나온 속눈썹 한 올, 먼지 한 점, 순간적으로 번쩍거리는 빛, 연기 한 모금, 또는 한 차례 굉음도 즉각적인 근육 반응을 일으킨다. 눈꺼풀은 신속하게 닫힌다. 보호 피부를 끌어당겨 취약한 눈동자를 덮고 무엇이든 낯선 입자를 차단한다.

그보다 한결 인상적인 사실은 종일 간헐적인 눈 깜박 반사가 일어난다는 점이다. 눈을 유지 보수하는 차원에서 20초에 한 번씩 눈꺼풀이 열렸다 닫히면서 매끄러운 상태를 유지하는 것이다. 흔히 눈물이라고 알고 있는 유성 물질과 점액, 물기가 많은 유동체가 기가 막히게 섞인 액체가 지속해서 영양을 공급하고 이물질을 닦아 낸다. 이런 윤활 작용이 없으면 각막 표면은 금방 말라붙고 손상과 궤양에 훨씬 취약해진다.

마거릿은 새로운 사실을 알아냈다. 한센병은 두 가지 경로로 눈 깜박임을 방해했다. 칭글레푸트에서 시신을 해부하고 나서 부풀어 오른 신경 조각을 가져다 연구해 봐서 첫 번째 방식은 우리도 이미 알고 있었다. 일부 한센병 환자들(대략 20퍼센트)은 신경 손상 탓에 눈꺼풀 근육 마비를 겪는다. 깜박이는 기능을 잃어버리는 것이다. 이런 환자들은 눈을 뜨고 잠들며 머지않아 각막이 마르고 시력이 나빠진다. 마거릿은 어느 사내아이에게 나타난 부분 마비의 결과를 보여 주었다.

왼쪽 눈은 정상적으로 깜박였지만, 오른쪽 눈은 감기지 않고 줄곧 뜬 상태였다.

숱한 환자들이 '무통'이라는 익숙한 천형에 시달리는데도 우리는 실감하지 못했다. 눈을 부릅뜬 채 버텨 보라. 일 분 남짓 지나면 가벼운 불편감이 들 것이다. 고통은 속삭이다가 이내 고함을 지르는 법이다. 계속 눈을 뜨고 있노라면 불편감이 점점 심한 고통으로 바뀌고 결국 눈을 깜박일 수밖에 없다. 감각을 잃은 한센병 환자들은 이런 통증 신호를 감지하지 못한다. 한센병균은 손가락 발가락 끄트머리를 망가뜨리듯, 예민하게 반응해 눈꺼풀을 깜박이게 하는 통증 센서들도 망가뜨린다. 감각을 잃은 눈 표면의 센서들은 절대로 눈 깜박 반사를 일으키지 못한다.

마거릿은 진즉부터 눈의 통증을 감지하지 못하는 환자가 저지르는 일종의 자해 행위를 생생하게 목격했다. 남성 환자 한 명이 기지개를 켜더니 딱딱하게 각질이 앉은 큼지막한 손으로 감기지 않은 두 눈을 열심히 비볐다. 이런 환자들이 실명한다 한들, 이상할 게 무어란 말인가!

마거릿의 연구로 한센병에서 오는 실명은 감염에 따른 피할 수 없는 결과가 아니라 십중팔구 신경 손상의 부작용임이 분명하게 드러났다. 아내는 우선 운동 신경은 그대로 남아 있고 감각만 잃어버린 환자부터 보기로 했다. 여기에 해당하는 환자는 어마어마하게 많았지만 해법은 간단했다. 정기적으로 진찰하면서 반사적으로가 아니라 의식적으로 눈꺼풀을 깜박이도록 훈련하면 그만이었다. 젊은 환자들

아무도 원하지 않는 선물

에게 위험성을 교육하면 틀림없이 일 분 남짓에 한 번씩 깜박이는 법을 배우리라 믿었다. 그러지 않으면 남은 길은 실명뿐이었다.

마거릿은 큰 기대를 품고 이런 환자들을 대상으로 교육 운동을 시작했다. 플래시 카드를 들어 보일 때마다 한 번씩 눈을 깜박이도록 반복 훈련했다. 한두 시간은 다들 열심히 이끄는 대로 따랐다. 하지만 그날 두루 다니며 살펴보니, 여전히 단 한 차례도 깜박이지 않고 눈을 부릅뜬 채 한 곳을 멍하니 바라보고 있을 따름이었다. 모래시계와 버저를 비롯해 다양한 타이밍 도구를 동원했으나 효과는 잠시뿐이었다. 환자들은 흥미를 잃거나 면역이 돼서 신호를 놓치기 일쑤였다. 눈에 이물질이 들어오지 않도록 보호하기 위해 안경을 씌워 보기도 했지만, 환자들은 여전히 깜박임이 가져오는 핵심적인 유익을 잃고 있었다.

절박한 심정으로 도움이 될 만한 수술 요법이 있는지 찾아보았다. 헤럴드 길리스 경이 눈 깜박임에 문제가 있는 안면 마비 환자들을 위해 이미 고안한 근사한 기술이 있었다. 길리스의 획기적인 수술법은 눈꺼풀이 완전히 마비된 이들에게도 희망이 될 법했다. 이를 악물거나 음식을 씹는 기능을 통제하는 관자근 한쪽 끝을 떼어 내 눈꺼풀을 지나는 근막 힘줄에 연결하는 방식이었다. 이렇게 조정해 놓으면 같은 근육이 씹고 눈꺼풀을 닫는 운동을 통제하므로 환자들은 한결 쉽게 눈을 깜박일 수 있다. 마거릿은 그저 주기적으로 아래윗니가 마주치게 입을 다물도록, 아니면(이편이 더 좋은 방법인데) 껌을 씹도록 가르치기만 하면 되었다. 그렇게만 하면 눈에 꼭 필요한 윤활액이 공급될

터였다.

이 수술법은 효과가 좋아서 인도에서는 아직도 널리 쓰이고 있다. 먼지가 많은 날 외출할 때에라도 껌을 열심히 씹으면 눈을 적절히 보호할 수 있다. 고기를 씹을 때는 눈이 자주 깜박인다는 따위의 부작용이 있기는 하지만 성실한 환자들은 말 그대로 씹는 운동만으로도 실명을 예방하는 게 가능했다.

하지만 유감스럽게도 고통을 절대로 과소평가해서는 안 된다는 사실을 되씹을 수밖에 없었다. 환자의 운동 문제를 해결해서 눈 깜박임 능력을 회복시키는 것만으로는 그보다 몇 곱 어려운 감각의 문제를 풀 수 없었다. 실명을 막기 위해 힘닿는 데까지 최선을 다하는 더없이 열성적인 환자들마저도 점점 약해졌다. 눈 표면의 쓰라리거나 메마른 느낌을 경고해 줄 통각이 다만 얼마라도 남아 있지 않은 한, 깜박이거나 씹기를 금세 잊고 만다. 그들에게는 동기가 없었다. 완벽하리만치 주기적으로 눈꺼풀을 깜박이게 하려면 아파야 했다. 고통이라는 강제 수단이 필요하다는 뜻이다.

환자가 통각을 죄다 잃어버리고 나면, 한결 만족스럽지 못한 처치를 해야 했다. 최소한의 시야를 확보할 만한 공간을 중심부에 살짝 열어 놓고 위아래 눈꺼풀 구석을 실과 바늘로 단단히 꿰맸다. 그러면 눈의 지극히 작은 범위만 노출되므로, 설령 환자가 깜박임을 멈춘다고 하더라도 윤활제 구실을 하는 눈물이 각막 주위에 고여 촉촉하게 적신다. 한센병 환자들은 겉모습에 영향을 줄 수 있는 일은 한사코 마다했다. 부자연스러워 보이는 건 무조건 싫어했다. 하지만 이런 조

아무도 원하지 않는 선물

처를 하면 적어도 시력만큼은 지킬 수 있었다. 통각 세포를 대체하기 위한 부실한 대용품이긴 하지만, 오늘날까지도 이 간단한 시술은 한센병 환자들의 시력을 지키는 탁월한 도구 노릇을 톡톡히 해내고 있다.

인간은 기쁨이 줄 수 있는 걸
죄다 팔아 고통을 사들이고,
삶을 향한 분노에 차서 숨진다.

—알렉산더 포프

11장

다 함께 꾸는 꿈

한센병 환자 치료가 차지하는 비중이 차츰 교육이나 정형외과 업무를 압도했다. 환자 생각을 하느라 오밤중까지 잠 못 이루기 일쑤였다. 환자들이 맞닥뜨리는 증상을 누그러뜨릴 새롭고 혁신적인 수술 기법은 없을까? 어떻게 하면 삶의 질을 높일 수 있을까? 갈수록 한센병 환자 치료가 부업이 아닌 본업이 되었다.

1952년, 록펠러재단에서 생각지도 못했던 너그러운 제안을 받았다. 재단 관계자는 말했다. "박사님의 한센병 사역은 대단한 잠재력이 있습니다. 세계 곳곳을 다니면서 최상의 조언을 받아 보시면 어떨까요? 외과의든, 병리학자든, 한센병 전문가든 원하는 분은 누구나 만나 보셔도 됩니다. 시간은 필요한 만큼 쓰십시오. 비용은 저희가 부담하겠습니다."

뜻밖의 선물이었다. 손과 발을 수없이 수술하고 코와 눈썹도 적잖이 고쳤지만, 그런 훈련을 제대로 받아 본 적이 없다는 의식을 늘 떨치기 어려웠다. 그런데 이제 세계적인 전문가들 밑에서 마음껏 연구할 기회가 생긴 것이다. 게다가 한센병이 어떻게 신경을 망가뜨리는지 밝힐 수 있는 신경병리학자들도 만날 수 있게 되었다. 우리 연구는 갈피를 잡지 못하고 있었다. 신경들이 희한한 자리에서 부어올라 마비와 감각 상실로 이어진다는 사실은 칭글레푸트 부검 때부터 알고 있었지만, 실제로 신경을 죽이는 게 무언지는 아무 실마리도 없었다. 시신을 해부하면서 수집한 조그만 유리병을 열심히 풀었다. 가지고 갈 표본 몇 조각을 선별하고 염색해서 현미경 마운트에 재웠다.

런던에서 가장 먼저 찾아간 아치볼드 매킨도 경은 벨로르에서 우리가 시행했던 힘줄 이식을 흥미롭게 여기는 듯했다. 매킨도는 외과의 13명이 모인 엘리트 그룹, '핸드 클럽'과 만나는 자리를 주선했으며 왕립외과대학에 특강 강사로 나를 추천했다. 이 두 모임에 얼굴을 내밀면서 런던에서 활동하는 내로라하는 손 전문 외과의들과 접촉할 기회가 생겼다. 몇몇을 찾아가서 어린 인턴처럼 눈이 휘둥그레져서 그들이 일하는 모습을 지켜보았다.

한센병의 신경병리적 요인을 밝히겠다는 여행의 두 번째 목표는 성공 근처에도 가지 못했다. 이런저런 연구소에 해부 슬라이드 컬렉션을 보여 주고 팔꿈치와 무릎, 손목 신경에서 보았던 희한한 부종 패턴을 설명했다. "무엇이 그 신경을 죽이고 있는지는 저도 잘 모르겠습니다." 어느 전문가는 말했다. 지극히 전형적인 반응이었다. "이런 병리 현상은 여태 한 번도 본 적이 없습니다."

영국을 두루 다니는 일정을 마친 뒤, 조심스럽게 슬라이드와 표본 상자를 도로 꾸려서 난생처음 미국으로 가는 대양 연락선 퀸 메리 호

아무도 원하지 않는 선물

에 올랐다. 으뜸가는 손 전문 외과의들과 신경학자들을 만날 약속을 잡고 다른 한편으로는 세인트루이스에 있는 워싱턴대학에 가서 고성능 전자 현미경으로 내 신경 표본을 살펴보려는 꿈을 품었다.

외과의의 입장에서 보면, 이번 여행의 정점은 캘리포니아에서 '손 수술의 아버지'로 불리는 스털링 버넬의 지도를 받으며 연구를 진행했던 한 달간이었다. 이어서 미국을 통틀어 단 한 곳, 루이지애나주 카빌에 남아 있는 한센병 요양원인 공중위생병원에 가서 대니얼 리오던(Daniel Riordan) 박사를 만났다. 인도를 제외한 나머지 세계에서 한센병 환자의 손을 수술해 본 유일한 외과의였다. 대니얼과는 아이디어를 주고받으며 정말 유익한 시간을 보냈다. 하지만 한센병과 신경 손상을 둘러싼 우리의 이론을 공개한 뒤에 직면하게 될 저항을 미리 맛본 곳 역시 카빌이었다.

카빌은 한센병 환자를 위한 실험적인 약물 치료에서 세계를 이끌고 있었지만, 직원들은 고통을 감지하지 못하는 문제와 관련해 우리가 찾아낸 사실에 별 관심이 없어 보였다. 특강을 통해, '부정한 살'이란 근거 없는 믿음을 어떻게 성공적으로 뒤집었는지 설명하고 환자들이 몇 가지 기본적인 예방법만 배우면 발과 손, 그리고 눈의 부상을 큰 폭으로 줄일 수 있음을 강조했다. 강단에서 내려오자, 책임자는 속내를 알 수 없는 반응을 보였다. "대단히 감사합니다, 브랜드 박사님. 모두 박사님이 나병이란 표현을 쓰시는 데 주목했습니다. 여기 카빌에서는 한센병이라고 부릅니다." 그는 자리에 앉았고 미국에서 정치적으로 올바른 언어를 사용하는 일의 중요성에 관한 첫 번째 강의를 시작했다. 그리고는 날 한쪽으로 데려가더니 젠체하며 말했다. "인도에 있는 동료분들이 아주 흥미로운 작업을 하고 계신 듯합니다. 부상이나 자극이 환자의 손을 상하게 할 수 있다는 데는 이견이 없습니다. 하지만 이 일에 오랫동안 종사했던 전문가로서, 한센병 자체가 손가락이 짧아지는 현상을 일으킨다는 점만큼은 분명히 말씀드릴 수 있습니다."•

신경 생검에 관해 몇 가지 궁금한 걸 묻는 바람에 카빌을 떠나기 전에 한 번 더 야단을 맞았다. 서부를 여행하면서 세인트루이스에 들르기로 한 건 전자 현미경을 써 보고 싶어서였다. 그런데 막상 와서

> • 몇 해 뒤, 미국으로 활동지를 옮기면서 문제가 될 만한 이야기를 할 때 명칭을 바꿔 부르는 독특한 관습이 미국인에게 있음을 알게 되었다. '나병'이라는 용어를 써서 상대방을 불쾌하게 만들지 말아야 할 상황이 있는 건 분명하다. (강의하면서 한센병이라는 단어를 쓰면 심심찮게 어리둥절한 눈길이 돌아온다. 말을 끊고 나병을 가리킨다고 설명하면 청중들은 그제야 알아듣고 더 관심을 보인다.) 하지만 개인적으로 한센병을 둘러싼 낙인들은 질병을 가리키는 명칭이 아니라 거기에 얽힌 숱한 오해에서 비롯되었다고 본다. 브라질을 비롯한 다른 나라들은 치욕적인 의미가 담긴 기왕의 용어를 바꾸는 것만 가지고는 사회적 낙인에 별다른 영향을 끼치지 못한다는 사실을 이미 알고 있다. 오히려 '나균'이라는 균이 일으키는 이 병의 실상, 다시 말해 대다수는 체내에 면역 체계가 있으며, 쉽게 치료할 수 있고, 제대로 조심하기만 하면 심각한 합병증을 앓을 이유가 없다는 사실을 대중들에게 교육하는 편이 낙인을 지우는 데 훨씬 더 효과적이지 않을까 싶다. 인도의 경우, 한센병을 가리키는 타밀어와 힌디어는 모두 지독한 의미를 담고 있다. 하지만 재건 프로그램이 효과적으로 시행된 지역에서는 굳이 명칭을 바꾸지 않아도 낙인이 쉬 지워졌다.

아무도 원하지 않는 선물

알아보니 포르말린으로 정착시킨 신경은 쓸 수 없었다. 신선한 신경이 있어야 했다. 하지만 그쯤은 카빌에서도 얼마든지 해결할 수 있으리라 믿었다. 아무라도 수술에 들어가는 의사를 찾아서 이미 죽어 아무짝에도 쓸모없는 신경 가지 한 토막만 구해 달라고 부탁하면 될 일이었다. 인도 환자들이라면 죽은 신경 정도는 얼마든지 내주어 연구에 쓰게 했을 것이다. 하지만 여긴 인도가 아니라 미국이었다. 부탁을 들은 의사는 기겁했다. "우리 환자들은 권리에 예민한 양반들이어서 제 몸이 실험용 쥐처럼 쓰이는 걸 용납하지 않을 겁니다." 덕분에 미국인의 인권 개념에 관해 큰 공부를 했다.

데니 브라운의 고양이

록펠러재단의 후원으로 떠난 여행의 목표는 전자 현미경 없이도 거지반 다 이뤘다. 나중에 든 생각이지만, 보스턴에서 우연히 성사된 만남이 신경 파괴에 얽힌 난감한 수수께끼를 푸는 데 큰 도움이 되었다. 그동안 만났던 신경학 전문가들 가운데 한 명만 빼고는 하나같이 내가 내놓은 신경 표본을 보고 도무지 감이 오지 않는다는 반응을 보였다. ("이런 병리 현상은 여태 한 번도 본 적이 없습니다.") 유일하게 뉴질랜드 출신으로 보스턴 자선 병원에서 일하는 명석한 신경학자 데릭 데니 브라운(Derek Denny-Brown) 박사만은 달랐다.

미국에서 찾아가 본 사무실 가운데 어지럽기로는 데니 브라운의 연구실이 단연 으뜸이었다. 각종 상자와 파일 폴더, 슬라이드 컨테이

너, 엑스레이 필름 따위가 뒤죽박죽 쌓여 있었다. 그동안 만난 의사들은 백이면 백, 30분 남짓에 한 번은 시계를 흘끔거렸다. 데니 브라운은 아니었다. 문제를 꺼내 놓자 폭발적인 관심을 보였다. 시간 따위에는 신경도 쓰지 않았다. 진짜 과학자였다.

무감각에 관해 그간 연구한 내용을 간략하게 설명했다. "신경 손상의 원인을 캐려고 한센병의 파괴적인 부작용을 샅샅이 추적했습니다. 하지만 저로서는 어떻게 한센병이 신경을 망가뜨리는지 설명하지 않고는 이론을 세우거나 다른 이들을 설득할 수가 없습니다. 지금껏 찾아가 본 전문가들 가운데 그 누구도 이런 유형의 신경 병리 현상을 본 적이 없다더군요."

데니 브라운은 곧바로 도전에 나섰다. "어디 한번 봅시다." 박사는 오래도록 한마디 말도 없이 현미경을 끌어안은 채 칭글레푸트에서 시신을 해부해 얻은 표본을 자세히 조사했다. 마침내 그가 입을 열었다. "브랜드 박사님, 이 표본을 보니 제 고양이들이 떠오르네요." 그리고는 책장에 쌓인 현미경 슬라이드 상자를 뒤지기 시작했다. 손은 손대로 움직이면서 입으로는 고양이를 데리고 실험했던(동물 보호 운동이 일어나기 전에 했던) 이야기를 들려주었다.

"고양이를 마취시키고 신경을 드러냈습니다. 보통 오른쪽 앞다리를 움직이는 신경이었죠. 페이퍼 클립으로 철사를 집어 올리듯, 조그만 철제 클립으로 신경 표면을 집었습니다. 클립의 죄는 힘이 강하면 그 압력으로 신경이 망가지고 다리가 마비된다는 걸 알았습니다. 영구적인 신경 손상이 오는 거죠. 다음에는 조그만 실린더를 써 봤어요. 강철 피복으로 신경을 감싼다고 해야 할까요? 하지만 문제를 일으킬 만큼 단단히 죄지는 않았어요. 다음에는 외상 실험을 해 봤어요. 뭉툭한 기구로 노출된 신경에 타격을 주었죠. 물론, 고양이는 마취 상태라 아무것도 느끼지 못했지만, 외상 때문에 신경이 정상치의 두 배까지 부어올랐습니다. 그렇게 붓기는 했지만 마비가 일어난 흔적은 전혀 찾아볼 수 없었습니다. 신경은 계속 제 기능을 다 했어요. 마지막으로 먼저 신경에 타격을 준 뒤에 가느다란 강철 피복으로 싸 보자는 생각이 들었어요. 신경이 부어오르기 시작하더군요. 하지만 이번에는 실린더 때문에 어디로도 팽창할 수가 없었어요. 그러자 정말 의미 있는 반응이 나타났어요. 고양이는 그 신경이 근육에 공급하는 감각과 운동을 죄다 잃어버리고 말았어요. 신경 손상에 대해 많은 걸 알게 되었지만 그걸 가지고 무얼 해야 할지 몰라서 한쪽으로 제쳐 두고 있었어요. 십 년도 더 된 이야기죠. 하지만 여기 어딘가에 표본이 좀 있을 겁니다."

오래전에 본 패턴을 손에 잡힐 만큼 생생하게 되살리는 데니 브라운의 기억에 깊은 인상을 받았다. 마침내 박사는 먼지가 뽀얗게 앉은 슬라이드 상자를 찾아서 안에 담긴 표본을 하나하나 칭글레푸트에서 가져온 시료들 곁에 놓았다. 현미경으로 들여다보니 둘이 완벽하게 맞아떨어졌다. 두 개의 독립적인 실증 자료가 한 가지 신비로운 패턴을 설명하고 있는 셈이었다.

"자, 이제 저게 박사님께 무언가를 이야기해 줄 성싶군요." 데니 브라운은 뿌듯한 감정을 고스란히 드러내며 말했다. "박사님 환자들의 신경은 허혈 탓에 망가졌습니다. 무언가가 신경을 부어오르게 하지만 신경 피복(지방과 단백질로 구성돼 전선을 보호하는 단열재 비슷한 역할을 하는)이 부종을 억제합니다. 피복 내부의 압력이 지나치게 강해져서 혈관을 짓누르고 허혈을 일으키면 어찌 될까요? 다른 조직들과 마찬가지로 신경 역시 장시간 혈액 공급이 끊기면 죽고 맙니다."

데니 브라운과 함께한 그 날 오후는 4개월에 걸친 미국 여행을 통틀어 가장 소중한 시간이었다. 의과 대학 시절, 토머스 루이스 경의 실험에 자원했다가 겪어 봐서 허혈이 무언지 누구보다 잘 안다. 혈압계의 압박대가 혈액이 흘러드는 걸 완전히 막자 근육에 경련이 일어났다. 그때 느꼈던 고통이 아직도 잊히지 않는다. 아이러니하게도 그처럼 심한 통증을 일으킨 바로 그 메커니즘이 한센병 환자들에게는 정반대로 작용해 통각을 파괴한다. 몇 분이 아니라 한 시간 동안 줄곧 압박대를 차고 있으면 압력 탓에 팔의 신경이 망가지고 마비와 감각 상실을 겪게 될 것이다.

이제 처음으로 한센병이 신경을 공격하는 현상에 관해 이해할 만한 설명을 제시할 수 있게 되었다. 한센병균이 신경에 침투하면 우리 몸은 염증이라는 전통적인 방식으로 대응하며 이때 신경이 부어오르는 현상이 나타난다. 균이 불어나면 몸은 곧바로 지원군을 파견하고 얼마 가지 않아 잔뜩 부풀어 오른 신경은 피복에 억눌린다. 데니 브라운의 강철 피복이 고양이의 퉁퉁 부은 신경을 압박했듯, 나균이 침투한 신경의 피복도 차단벽 구실을 한다. 결국, 부어오른 신경이 스스로 혈액 공급을 억눌러 죽음에 이른다. 죽은 신경은 더 이상 감각

아무도 원하지 않는 선물

과 운동에 필요한 전기 신호를 실어 나를 수 없다.

데니 브라운의 어수선한 방에서 현미경 렌즈를 들여다보는 순간, 한센병 퍼즐의 마지막 조각이 딸깍하고 맞춰졌다. 의학은 오랫동안 한센병이 발가락과 손가락, 얼굴에 가져오는 가시적인 피해에만 관심을 쏟았다. '부정한 살'이라는 근거 없는 신화도 거기서 비롯되었다. 칭글레푸트 해부뿐만 아니라 한센병 환자들을 치료한 경험을 통해서도 진정한 문제는 다른 곳, 다시 말해 신경 통로에 있음을 확신했다. 그러나 그때까지는 신경이 어떻게 손상되는지 몰랐다. 그런데 허혈을 바탕으로 한 데니 브라운의 설명이 수수께끼를 풀어 주었다.•

드디어 조각 정보을 한데 모아 일차적으로 신경 질환인 한센병의 전체적인 그림을 맞추기 시작했다. 한센병균은 이마나 코처럼 상대적으로 서늘한 자리에서 빠르게 증식해서 방어 반응을 일으키지만, 침입자들은 주로 겉모습을 망가뜨린다. 하지만 정말 파괴적인 증상들은 표피와 가까운 신경에 균이 침투하면서부터 나타난다. 주요 신경들은 저마다 운동과 감각 섬유로 이어지는 통로 구실을 한다. 따라서 신경에 탈이 나면 두 섬유 모두 영향을 받을 수밖에 없다. 운동 신경의 축삭들은 더 이상 뇌에서 오는 메시지를 전달하지 않는 탓에 손이나 발, 눈꺼풀이 마비되고 만다. 감각 신경의 축삭들은 더 이상 접

• 몇 년 뒤, 톰 스위프트(Tom Swift) 박사는 상대적으로 발생 빈도가 떨어지는 또 다른 마비의 원인을 찾아냈다. 나균이 신경에 직접 침투해 신경 섬유를 감싸고 있는 미엘린(피막)을 파괴할 때도 마비가 일어난다는 사실을 밝혀낸 것이다.

촉, 온도, 고통 따위의 메시지를 실어 나르지 않으므로 환자들은 부상에 취약해진다. 상처가 나면 염증이 생기기 쉬운데, 몸이 여기에 대응하면서 뼈가 망가지거나 흡수되고 자연히 손가락 발가락이 짧아지는 현상이 생긴다.

한센병 환자들을 처음 대했던 순간을 되짚어 본다. 벨로르 거리의 걸인들이었는데, 앞을 보지 못하고, 얼굴이 이지러지고, 손이 마비되고, 손가락 발가락이 뭉툭해지고, 발바닥에 헌데가 생기는 따위의 증상들로 미루어 피부와 팔다리에 생기는 질병이 틀림없어 보였다. 정확한 진단을 내리기까지 온갖 비난을 감수하며 긴 시간을 들여야 했다. 이제는 한센병이 불러오는 징그러운 변형과 무시무시한 증상들은 신경 손상이라는 같은 뿌리에서 비롯된다는 확신이 생겼다.

카리기리 연구소

새로운 수술 기술로 무장하고 통각 상실에 관한 이론을 뒷받침할 탄약을 장전한 채, 록펠러재단이 후원한 여정에서 돌아왔지만, 다른 한편으로 인도에서는 만사를 직접 해결해야 한다는 냉엄한 인식도 함께 되살아났다. 내로라하는 신경생리학자 가운데 한센병으로 인한 신경 손상을 연구해 본 이는 아무도 없었다. 찾아가 만난 외과의 중에도 한센병 환자를 치료해 본 경험자는 한 명뿐이었다. 원치 않아도 벨로르는 한센병 환자 재활 운동의 전초 기지가 될 수밖에 없었다.

우리 프로그램에는 여전히 중요한 요소 하나가 부족했다. 한센병

아무도 원하지 않는 선물

환자를 치료할 제대로 된 병원과 전문 연구소였다. 이는 밥 코크런의 오랜 꿈이기도 했다. 록펠러재단이 후원해 준 여행에서 돌아온 바로 그 해, 주 정부는 의과 대학에서 23킬로미터쯤 떨어진 카리기리라는 시골에 1,000제곱킬로미터(약 31만 평)가 넘는 부지를 제공했다. 자갈 투성이에 바짝 마른 현장을 처음 돌아보며 얼마나 실망했던지, 지금 도 그 느낌이 생생하다. 뜨거운 바람이 메마른 벌판을 휩쓸며 돌아다 녔다. 지프에서 내리자 열풍이 얼굴을 후려쳤다. 용광로가 뿜어내는 배기가스 같았다. 이렇게 황량한 데서 살려는 이는 아무도 없을 듯했 다. 하지만 한센병 환자들에게 개인적인 선택이란 사치였다. 시내에 서 가까운 괜찮은 땅을 사려 하면 인근 주민들이 가로막기 일쑤였다. 우리는 그 땅을 감지덕지 받아들여 개간했다. 80병상 규모의 병원과 시설을 제대로 갖춘 연구실, 그리고 훈련 시설을 세울 계획이었다.

카리기리는 곧 에르네스트 프리춰를 외과 과장 자리에 앉혔고 나 중에는 의대 학장에 임명했다. 의술만이 아니라 여러 면에서 슬기로 운 조처였다. 스위스 출신 농업 선교사였던 에르네스트의 부친은 아 들에게 식물학과 생태학의 기본 원리를 가르쳤고, 이제 에르네스트 는 카리기리의 황무지를 가장 까다로우나 반드시 고쳐야 할 '환자'로 삼았다. 부지 둘레로 해자를 파고 둑을 쌓아 지반이 물러지는 걸 막 고 지하수위를 끌어올리고 침전지도 만들었다. 가뭄에 내성이 강한 나무를 심어 빈약한 토층을 단단하게 만들었다. 한 해에 1천 그루에 가까운 나무를 심었다. 먼저 집에서 묘목을 키운 뒤에 조심스럽게 옮 겨 심었으며 소가 끄는 물차를 이용해 물을 주었다.

카리기리는 차츰 변해 갔다. 매주 현장을 찾았다. 처음에는 흰색과 회색이 어우러진 연구소 건물들만 사막의 열기가 일렁거리는 지평선을 배경으로 우뚝 서 있었다. 세월이 흐르면서 무성한 초록 숲이 자라나 건물들을 둘러싸고 지표면 온도를 떨어트리고 매서운 바람을 누그러뜨렸다. 뜨거운 도심을 벗어나 마음 편히 쉴 수 있는 카리기리에 가는 날을 목 빼고 기다리게 되었다. 100종이 넘는 새들도 돌아왔다. 나중에는 아예 가방에 쌍안경을 넣고 다녔다.

카리기리의 물리적 환경이 갖춰지는 속도에 발맞춰 연구도 진척을 보였다. 감각을 잃은 이들이 맞닥뜨릴 법한 위험 요인을 파악한 뒤로는 부상 발생 빈도가 획기적으로 낮아졌다. 이동 진료 팀은 매일 동네방네 돌아다니며 한센병 환자들을 교육했다.

한편으로는 논문을 발표하고, 세계 곳곳에 다니면서 한센병 치료와 관련해 우리가 알게 된 사실을 전달하려 노력했다. 한센병을 치료해 본 경험이 있는 의사들은 우리가 발견한 사실을 두고 더러는 냉담한, 더러는 적대적인 반응을 보였다. 남아프리카공화국에서 연로하고 완고한 의사와 나눈 대화가 생각난다. 그동안 정립한 이론을 설명하면서 그가 돌보는 한센병 환자의 손바닥에 난 커다란 물집을 가리켰다. "틀림없이 불에 데어 생긴 물집일 겁니다. 아마 금속으로 만든 솥을 잡았을 테고, 당장 내려놓으라는 통증 메시지를 전혀 전달받지 못했겠죠."

늙은 의사는 발끈했다. "여보게, 젊은 친구. 자네는 이 병을 연구한 지 10년도 안 되었지만, 난 평생을 바쳤네. 내가 알기로는, 한센병이

아무도 원하지 않는 선물

손바닥에 물집이 잡히게 만든다네." 반박해 보았지만 들은 척도 하지 않았다. 한센병은 예측 가능한 패턴을 따라간다는 판단을 재고할 여지가 없어 보였다. 일단 병에 걸리면 조직 파괴가 일어나게 마련이며 어떤 치료로도 그 현상을 되돌릴 수 없다고 철석같이 믿었다.

세계보건기구(WHO)는 한센병을 5대 목표 질환 가운데 하나로 설정하고 연구와 치료에 막대한 예산을 투자했지만, 재활에는 거의 관심을 보이지 않았다. 일단 약품으로 환자 몸 안에서 활동하는 균을 죽이고 나면 완치를 선언했다. 병에 따른 손발의 손상은 유감스러운 일이되 관심사는 아니었다.

우리 카리기리 쪽에서는 환자들이 WHO와는 다른 기준으로 '치유'를 판단하며 환자들의 관점에 따라 치료가 효과적인지 판가름 난다고 주장했다. "우리는 질병이 아니라 사람을 치료하고 있습니다. 따라서 우리 프로그램에는 훈련과 재활이 반드시 포함되어야 합니다. 약물 치료를 계속해 온 환자가 손발이나 눈에 생긴 궤양을 발견했다면 투약을 멈춰야 할지도 모릅니다." 우리 환자들은 활성 세균의 숫자가 아니라 명확한 신체 손상을 기준으로 한센병을 판단했다. 활동성 한센병에서 벗어났으나 손발을 쓰지 못하는 후유증이 남았다면, WHO나 의사가 뭐라든 스스로 나았다고 여기기 어려울 것이다.

1957년, 마침내 이탈리아 출신 영화 제작자가 애써 찾던 돌파구를 제공했다. 당시 뭄바이에 살고 있던 카를로 마르코니(Carlo Marconi)가 런던 한센병선교회(TLM)로부터 재정을 지원받아 우리의 사역에 관한 다큐멘터리를 만들기로 했다. 그렇게 해서 나온 작품 〈풀려난 손

Lifted Hands〉은 갈고리처럼 심하게 굽은 손으로 우리를 찾아온 시골 소년이 대수술을 받고 회복된 손으로 새 삶을 사는 내용이었다. 완벽주의자인 마르코니는 몇 주 동안 우리와 함께 지냈다. 의료진의 일정은 엉망이 되었지만, 보조 출연자와 조수로 고용된 동네 주민들에게는 큰 기쁨을 주었다.

〈풀려난 손〉의 진가는 곧바로 드러났다. 제작을 마쳤을 즈음, 43개국의 한센병 전문가가 참석하는 회의가 도쿄에서 열렸다. 대회장에서 상영된 이 다큐멘터리는 참석자들에게 생생한 감동을 주었다. 손상을 예방하고 교정하는 일이 대단히 중요하다는 사실에 드디어 눈을 뜬 듯했다. 딱 한 명, 완고한 어느 과학자가 정밀한 자료가 있어야 한다며 위원회가 새로운 정책을 채택하지 못하게 막았다. "무감각이 장애로 이어지게 만든다는 브랜드 박사의 주장이 타당하다는 증거가 전혀 없습니다." 그는 주장했다. "철저한 검증 없이는 어떤 결정도 내려서는 안 됩니다."

아이러니하게도, 그의 이런 반대가 우리 운동에 결정적인 역할을 했다. 손 수술 전문가들과 의학계를 주름잡는 뛰어난 학자들, 한센병 연구자들로 구성된 조사단이 벨로르에 와서 검증 작업을 벌였다. 다행히 우리에게는 수술 환자를 꼼꼼히 추적한 기록이 있었다. 수술할 때마다 열아홉 단락으로 정리된 표준 치료 규정(수술 전 외관 검사, 피부 준비, 마취, 절개 순으로 기술한 지침)을 따랐다. 수술을 받는 손마다 동작과 유연성이 어느 정도로 달라지는지 보여 주는 완벽한 사진 자료를 만들어 두었다. 수술 전후와 물리 치료 이후의 사진을 각각 6장씩 찍어 놓

아무도 원하지 않는 선물

고 1년과 5년 뒤의 모습도 촬영해 두었다. 전문가들에게 이런 파일을 남김없이 공개하고 장기 환자들을 직접 진찰하도록 주선했다.

한 가지 의학 현안을 두고 세계적으로 인정받는 외과의들과 내로라하는 전문가들이 한자리에 모이기는 그때가 처음이었다. 융합의 결과는 폭발적이었다. 손을 수술하는 외과의들은 마비 문제를 해결할 길이 열렸다며 흥분했다. 한센병 전문가들은 상처 치료와 부상 예방 부문에서 거둔 성공률에 열광했다. 흙벽을 두른 손 클리닉에서 환자를 보던 초기 시절부터 우리를 움직였던 재활의 꿈을 이제 모두가 함께 꾸었다. 위원들은 크게 감격하며 재활에 대한 우리의 접근 방식을 지지하는 공식 보고서를 제출했다. 그로부터 얼마 지나지 않아 WHO는 나를 자문 위원으로 지명했으며 카리기리는 한센병 전문가와 WHO의 지원을 받는 신입 훈련생이라면 으레 들러야 하는 국제적인 기관이 되었다.

실제로 그날 이후 몇 년 동안, 세계 30개국에서 수많은 외과의와 물리 치료사가 인도 남부 사막 지대에 자리 잡은 조그만 동네에 몰려들었다. 의학과 역학을 연구할 곳은 사방에 널렸지만, 한센병 환자의 수술과 재활 과정을 직접 경험할 수 있는 기관은 달리 없었기 때문이다. 매주 카리기리를 찾을 때마다 외빈 식당에서 저녁을 먹었다. 보통은 12개국이 넘는 여러 나라 출신 보건 관계자가 자리를 함께했다. 카리기리에 국제 훈련원을 세우고 싶다던 밥 코크런의 꿈이 마침내 이뤄지고 있었다.

망가진 영혼에 존엄을

카리기리의 초창기 모습을 아는 이들에게 이 메마른 땅에서 벌어지는 사건은 마치 죽음의 땅에 아름다운 오아시스와 새 소망이 돋아나는 자연의 기적처럼 보였다. 그런 변화에서 우리가 환자들 가운데서 이루려는 소망의 은유를 보았다. 우리는 모든 소망이 끊어진 인간의 삶을 다시 빚으려 애쓰고 있었다. 사랑으로 보살피면 땅이 변하듯 그들도 달라질 수 있을까? 그런데 몇 년 지나지 않아 그 은유는 현실에 더 가까워졌다.

다들 '브랜드 할머니'라고 부르는 내 어머니는 여전히 산간 마을에서 사역을 이어가고 있었고, 가끔 더없이 심각한 사례를 들이댔다. 어머니는 한 해에 두세 번, 말과 버스, 기차를 갈아타고 24시간을 달려 찾아왔는데, 그때마다 인간이 얼마나 비참할 수 있는지 보여 주는 이들을 대동했다. 팔다리가 심하게 마비되고, 손가락 발가락이 다 달아나고, 손발에 쩍 벌어진 상처가 나서 굶어 죽기 직전인 비렁뱅이가 대부분이었다. 병상이 턱없이 모자라서 완치 가능성을 기준으로 환자를 신중하게 선별할 수밖에 없노라고 누누이 설명해도 어머니는 웃으며 대꾸할 뿐이었다. "알지, 알고말고. 하지만 이 늙은 어미를 봐서 이번 한 번만 더 봐주렴. 그리고 너도 기도하면서 생각해 보아라. 예수님이라면 어떻게 하셨을지." 늘 그래왔듯, 말로는 도무지 당해 낼 도리가 없었다.

카리기리에서 정성껏 돌보는 환자 중에는 이처럼 '보잘것없는' 이

아무도 원하지 않는 선물

들이 드물지 않았다. 하지만 직원들(대부분 가까운 동네에서 채용한 사람들이었다)은 몸을 사리거나 고개를 돌리지 않았다. 이 병의 본질을 알고부터 두려움과 미신은 눈 녹듯 사라졌다. 거부감이나 두려움 없이 새로 온 환자의 사연을 귀 기울여 들었으며 '인간적 접근'이라는 마법을 사용했다. 일 년 남짓 세월이 흐르면, 이 환자들이 마치 나사로처럼 병원을 떠나 고향 집으로 돌아가거나 생업으로 삼을 일을 배우러 뉴라이프 센터로 향하는 모습을 볼 수 있었다. 스웨덴 적십자사의 지원으로 한센병과 소아마비 등 신체장애가 뒤따르는 질환이 있는 직공들이 일할 중간 규모의 공장을 하나 세웠다.

한센병에 대한 정확한 정보가 알려지고 편견의 벽이 무너지면서 병에서 회복된 환자가 예전의 삶을 되찾는 사례가 드문드문 나타났다. 콜카타에서 온 비제이는 상위 카스트 출신 변호사라는 점에서 아주 드문 유형의 환자였다. 한센병의 조짐이 보이기 전까지는 성공을 만끽하던 법조인이었다. 의사의 진단을 받은 뒤, 비제이는 몇 달 동안 일을 쉬면서 설파제로 집중 치료를 받았다. 곧 염증이 잡히고 음성 확진이 나왔다. 이제 위험 요소가 없어졌는데도 그가 현업으로 돌아오지 못하게 해 달라는 자격 박탈 청원이 올라왔다. 갈고리 손이 법원의 명예를 실추시킨다며 동료 변호사들이 들고일어난 것이다.

비제이는 절박한 심정으로 내게 전보를 쳤다. 당장 병원으로 불렀다. 그는 비행기와 기차를 갈아타고 마드라스를 거쳐 카리기리까지 달려왔다. "5주 뒤에 제 앞날을 가름할 청문회가 열립니다. 그때까지는 무슨 일이 있어도 손이 달라져야 해요." 두 손을 동시에 수술해 보기는 처음이었다. 이제까지는 한 손을 남겨서 밥을 먹는 따위의 필수적인 일을 처리하게 했다. 하지만 이번에는 경우가 달랐다. 온 손가락과 양손 엄지를 동시에 수술한 뒤, 붕대를 감고 깁스를 했다. 석고 붕대에 갇혀 꼼짝달싹할 수 없었으므로 간호사와 간호조무사의 손을 빌어 밥을 먹고 옷을 갈아입었다. 3주 뒤, 깁스를 떼어 내고 회복을 앞당기는 물리 치료에 들어갔다. 5주 과정이 끝나는 날, 비제이를 차로 기차역까지 데려다주었다. 차 안에서도 줄곧 손가락 운동을 했다. 마드라스 공항으로 돌아가는 길이었다.

비제이는 드라마를 구성하는 재주가 있었다. 나중에 들은 얘기지만, 온갖 불만이 쏟아질 때까지 두 손을 감추고 있었다. 발언 기회가 오자, 신체적 손상이 법원의 권위를 떨어뜨린다고 보는 이들의 편견을 조목조목 지적했다. 결정적인 순간까지 기다렸다가 마침내 자기 이야기를 꺼냈다. "저만해도 그렇습니다. 문제를 제기한 분들은 제 손이 망가졌다고 지적합니다. 오늘, 이 법정에서 묻습니다. 도대체 어디가 어떻게 망가졌다는 겁니까?" 그리고는 주머니에서 손을 빼 허공에 높이 쳐들고 손가락을 쥐었다 펴기를 되풀이해 보였다. 갈고리 손은 온데간데없었다. 비제이를 고소했던 변호사들이 깜짝 놀라 몰려들었다. 청문회 안건은 자동 파기되었다.

그로부터 10년 넘게 카리기리의 널찍하고 새로운 시설에서 비제이 같은 환자들을 진료하면서 개인적으로 전에 없이 큰 만족을 누렸다. 한센병 환자 치료를 통해 살면서 거쳐 온 온갖 에움길이 한데 어우러졌다. 힘닿는 데까지 모든 수술을 다 해 보았고, 연구를 진행할 근사한 연구실을 얻었으며, 심지어 건축 현장에서 일하던 시절로 돌아가 그때 배운 기술을 되살려 써 볼 기회까지 생겼다. 뉴 라이프 센터에서 아이들 열두어 명이 재건한 손으로 목공일 하는 걸 나란히 앉아 감독하고 있노라니 문득 기시감이 밀려왔다. 선생님 밑에서 도제 수업을 받던 작업대로 되돌아간 느낌이었다. 당시는 막다른 골목처럼 보이는 길로 이끄셨던 섬세하고 신비로운 하나님의 인도하심을 실감하는 순간이었다.

재활 과정을 처음부터 끝까지 지켜보는 건 환자를 치료하는 일을 대하는 마음가짐에 더없이 큰 도전이 되었다. 의사들은 어디선가(아마 의대에서겠지만) 자만심과 판박이처럼 비슷한 태도를 몸에 붙이게 된다. "아, 딱 맞춤한 때 오셨구려. 나만 믿어요. 내가 구해 주리다." 카리기리에서 일하노라면 이런 오만이 남김없이 벗겨져 나간다. 의사는 한센병 환자를 구하지 못한다. 물론, 병을 바로잡을 수 있고 손상도 얼마쯤 고쳐 줄 수 있다. 하지만 치료를 마친 환자는 어김없이 다시 돌아가 찍어 누르듯 덮쳐 오는 역경에 맞서며 기를 쓰고 새 삶을 일궈야 한다. 환자들에게 끼칠 수 있는 가장 큰 덕은 그들의 동반자가 되어 망가진 영혼에 존엄을 회복시키는 일이었다. 의대에서 한 번도 배운 적 없는 과업이었지만, 재활의 참뜻이 바로 거기에 있었다.

환자 한 명 한 명이 회복으로 가는 드라마의 주인공이었다. 근육과 힘줄, 뼈를 다시 짜맞추는 작업은 손상된 삶을 도로 세우는 첫걸음에 지나지 않았다. 험난한 길을 걷는 주역은 바로 환자 본인이었다.

I

고통에는 백지 같은 구석이 있어서
언제 찾아왔는지,
모르고 산 날이
하루라도 있었는지,
전혀 기억하지 못한다네
미래따위는 없이
영원히 헤어나오지 못할 것만 같고
지난 일까지 새삼 떠올라
새로운 고통이 시작된다네

—에밀리 디킨슨

12장

인도를 떠나 루이지애나주 카빌로

인도에서 20년 가까이 지내고 난 1965년쯤, 어렵게 이주를 결정했다. 대부분의 한센병 업무는 숙련된 인도 현지 직원들이 처리하고도 남았다. 해마다 몇 달씩은 세계 곳곳에 나가서 보내야 했던 터라 카리기리와의 유대는 이미 느슨해졌다. 이제 우리 집에는 아이가 여섯이었다. 몇은 나이가 차서 대학에 가야 할 판이었다. 어느 모로 보나 다시 터를 잡아야 할 시점이었다. 그래서 영국으로 돌아갔다. 거기서 평생 살 줄 알았다.

그런데 강의 차 루이지애나주 카빌을 다시 찾으면서 계획이 바뀌었다. 이번에는 다들 진심으로 따듯하게 맞아 주었다. 한센병 전문 병원의 책임자 에드거 존윅(Edgar Johnwick) 박사는 카리기리 프로그램을 설명하는 내내 흠뻑 빠진 표정으로 경청했다. 그날 오후, 그가 나를 따로 불렀다. 미국인 특유의 경쟁 본능이 발동한 게 틀림없었다. "인도에 있는 박사님 환자들이 미국의 우리 환자들보다 누가 봐도 나은 재활 프로그램의 혜택을 받고 있군요." 존윅은 관심을 숨기지 않았다. "미국 공공보건국 관리로서 참으로 받아들이기 어려운 일이올시다. 여기 오셔서 비슷한 프로그램을 마련해 주시면 어떨까요?"

영국 국민으로 인도에서 활동했던 우리 부부로서는 아이들 삶에 세 번째 문화를 소개하기가 영 망설여졌다. 하지만 존윅은 탁월한 세일즈맨이었다. 아내를 위해 안과 쪽에 자리를 새로 만들어 주겠다고 했다. 해외 자문 활동을 공공보건국이 전폭 지원하겠다고도 했다. 워싱턴에 몇 차례 전화를 걸어 허락을 받은 뒤에 그는 말했다. "이건 기본 사항에 지나지 않습니다."

30분에 걸쳐 여태 들은 내용을 녹음했다. 카빌에서 어떤 기회를 얻게 될지 설명하고 루이지애나 늪지에서 받은 인상을 담아 런던으로 보냈다. 테이프를 받은 아내와 아이들은 그걸 듣고 또 들으면서 지도에서 카빌이라는 동네를 찾아보았다. (병원은 U자를 그리며 크게 굽어져 나가는 미시시피강이 배턴루지에서 뉴올리언스를 향해 3분의 1쯤 흘러간 지점에 자리 잡고 있다.) 여섯 아이 모두에게 발언권을 주었는데, 하나같이 미국으로 가야 한다고 입을 모았다. 대신 큰딸 진은 계속 런던에 머물며 간호 대학 과정을 마치기로 했다.

1996년 1월, 브랜드 가족은 미시시피강 제방 옆 병원 용지 안에 세워진 목조 주택으로 이사했다. 케이준 요리와 휴이 롱(Huey Long, 급진적인 부의 재분배를 주장했던 민주당 정치인으로 1935년 암살당함—옮긴이) 스타일의 정책들, 강을 오르내리는 선박들을 둘러싼 전설이 가득한 낯선 세계에 들어선 것이다. 새로운 문화에 녹아들자니 수많은 조정을 감수해

아무도 원하지 않는 선물

야 했다. 한동안 우리 부부는 텔레비전을 사 달라는 아이들의 요구에 맞서야 했다. 하지만 엄청난 압박을 견디다 못해("텔레비전이 없는 집은 미국을 통틀어 우리뿐일 거예요!") 결국 흑백텔레비전을 한 대 샀다. 교사가 교실에 들어오거나 이름을 부르면 자리에서 일어나는 영국 학교 분위기에 익숙한 우리 애들은 미국 학생들의 자유분방한 태도에 충격을 받았다. 1960년대 후반, 미국 남부에서 학교를 다닌 터라 아이들 역시 민권 운동의 소용돌이에 휩쓸려 들어갔다.

외로움은 이제 그만

하지만 우리 가족들은 다른 부류의 편견에 더 익숙해졌다. 처음에는 한 수녀회가 뉴올리언스에 사는 의지가지없는 환자들의 피난처로 카빌 병원을 운영했다. 나중에는 주 정부가, 그리고 다시 연방 당국의 관할로 들어가면서 한센병 환자 차별의 긴 역사를 이어왔다. 미국의 정책이 인도에서 상식으로 통하던 수준보다 훨씬 몽매하다는 사실에 아이들은 기겁했다. 1950년대까지도 환자들은 쇠사슬에 묶인 채 병원에 끌려왔다. 바깥으로 보내는 우편물은 건열 멸균기를 통과해야 했다. 가당찮고 의학적으로 아무짝에도 쓸모없는 짓이어서 병원 관계자들은 오래전부터 반대했지만, 워싱턴의 관료들은 그때까지도 고집을 꺾지 않았다.* 환자들이 직원 가정을 방문하지 못하게 하고 16세 이하의 아동들이 환자 구역에 들어가지 못하게 하는 병원 규정도 있었다. 우리 애들은 그 두 규정을 모두 돌파할 묘수를 찾아냈다.

딸아이 메리는 자기 결혼식 피로연을 카빌 농장 홀에서 여는 걸 반대했다. 한센병 환자들은 그 건물에 들어갈 수 없었기 때문이다. 또 다른 딸아이 에스텔은 한센병을 앓았던 남자와 결혼해 하와이로 이주했다. 막내딸 폴린은 조금 다른 방식으로 접근했는데, 이 병에 대한 두려움을 부풀려 놀려 주기를 좋아했다. 루이지애나주에서 카빌은 잘 알려진 동네여서 가끔 관광객이 병원 울타리에 차를 바짝 대고 안쪽의 '문둥이들'을 넘겨다보려고 목을 길게 뺐다. 폴린은 담장 곁에 붙어 섰다가 자동차가 속도를 늦추는 순간, 손가락을 구푸리고 얼굴을 뒤틀며 최선을 다해 전형적인 한센병 환자의 모습을 하고 구경꾼들을 겁주러 뛰쳐나갔다.

장기간 카빌 병원에서 지낸 이들은 어두운 시절에 얽힌 사연을 푸

● 인도에서 물리 치료사로 일하는 친구는 얄궂게도 교육 수준이 높은 사회일수록 이 병에 더 가혹한 낙인을 찍는다고 주장한다. 뉴기니와 중앙아프리카를 본보기로 꼽으며 일본과 한국, 미국보다 이들이 한센병 환자를 더 넉넉하게 받아들이는 경향이 있다고 말한다. 그 친구의 견해를 반박하긴 했지만, 베트남전쟁이 끝난 직후 미국 정부가 시행한 정책 앞에서 할 말을 잃고 말았다. 흔히 '보트 피플'이라고 부르는 난민 수만 명이 피난처를 찾아 미국으로 몰려왔다. 공공 보건국 산하 단체로서 우리는 한센병 검사를 강력하게 제안했다. 베트남은 한센병 발병률이 중상 정도이니, 활동성 한센병균을 보유한 이들을 가려내 치료를 주선하지 않고 무작정 받아들이는 건 대단히 어리석어 보였다. 하지만 정부는 우리의 요구를 무시했다. 지나치게 무모하다는 이유였다. 보트 피플 가운데 한센병 환자가 섞여 있다는 사실이 언론에 새나가기라도 하면 대중이 난민 수용 정책에 등을 돌리게 되리라는 얘기였다.

아무도 원하지 않는 선물

짐하게 쏟아 놓았다. 한때는 병원을 향한 편견과 저주가 얼마나 지독했던지 적잖은 환자가 바깥에 있는 가족을 생각해서 이름을 바꾸기까지 했다. (세상을 떠난 '앤 페이지'는 지역 잡화점 상호에서 이름을 가져왔다고 들었다.) 오랫동안 흉악범과 마찬가지로 한센병 환자들에게도 투표권을 주지 않았다. 쌈짓돈 몇 푼이라도 꺼내 쓰려고 할라치면 우선 소독액에 담갔다 꺼내야 했다. "감옥이나 다름없었어요." 어느 환자는 말했다. "여기 있는 다른 이들처럼 내게도 마누라와 자식들이 있었죠. 하지만 그 시절 한센병은 법적으로 이혼과 감금 사유였어요. 어느 날, 경찰관이 불쑥 찾아와서 나를 카빌로 데려왔어요. 철조망을 들추고 도망가려면 얼마든지 그럴 수 있겠다 싶었습니다. 하지만 누구든 카빌에서 탈출하다가 잡히면 감옥행을 피하기 어려웠죠. 한센병 환자는 몸을 숨길 곳도 마땅치 않았어요."

하지만 존윅 박사의 뛰어난 통솔력에 힘입어, 카빌은 과거의 그늘에서 벗어나 한창 새로워지는 중이었다. 한센병 환자 격리법은 폐기되었다. 가시철망을 두른 담장을 철거하고 하루 세 번, 방문객에게 병원을 공개하는 투어 프로그램을 만들었다. 우리가 도착할 날을 불과 얼마 앞두고, 존윅은 심장 마비로 갑작스레 세상을 떠났다. 그러나 그의 인도적인 개혁 정책들은 순조롭게 추진되어 마지막 남은 차별의 장벽마저 곧 무너졌다.

카빌의 환경이 썩 마음에 들었다. 스페인 이끼가 늘어진 참나무가 길고 긴 행렬을 이루고 있었다. 사방이 탁 트인 벌판에서는 들풀과 들꽃이 자라고 말과 소들이 마음껏 꼴을 뜯었다. 격리 지역을 알리는 노란 깃발이 내려가면서 카빌은 이제 환자들이 살기에 맞춤한 동네가 되었다. 저마다 제 방이 있었고, 소프트볼 경기장과 물고기가 그득한 연못, 나인 홀 골프장을 이용할 수 있었다. 50만 평에 가까운 농장을 마음대로 누비거나, 강둑을 따라 거닐거나, 거룻배를 타고 강을 건너 가재 요리를 파는 식당에 갈 수도 있었다.

쾌적한 환경에 무료로 제공되는 숙식, 더할 나위 없이 훌륭한 건강 관리, 정부가 지원하는 놀이와 여흥을 즐길 수 있는 시설, 냉방 장치를 갖춘 건물까지, 이곳 환자들이 누리는 생활 편의의 수준은 인도와 비교가 안 될 정도로 뛰어났다. 하지만 환경이나 조건과 상관없이, 한센병은 특유의 패턴에 따라 파멸의 길로 환자들을 몰아갔다.

1966년, 카빌에 도착했을 즈음, 환자들 가운데 첫손에 꼽히는 유명인은 스탠리 스타인(Stanley Stein)이었다. 한센병으로 생긴 얼굴 흉터 탓에 나이를 가늠하기 어려웠다. 1899년생이라는데 적어도 백 살은 넘어 보였다. 하지만 젊어서는 약사가 되기 전에 배우로 나설까 생각했을 만큼 생김생김이 기품 있고 우아했던 인물이다. 서른한 살쯤, 한센병 확진을 받고 붙들려 온 뒤로 평생 카빌을 벗어나지 못했다. 사무치도록 서글픈 회고록《외로움은 이제 그만Alone No Longer》을 썼으며, 〈스타The Star〉라는 환우 신문을 창간해 세계 곳곳에서 구독자를 끌어들였다. 카빌의 과거에 관해 수많은 이야기를 들려준 주인공도 바로 스탠리였다.

처음 만났을 때, 스탠리는 손발의 감각을 모두 잃고 시력도 막 사라지던 참이었다. 두 손과 얼굴, 발은 상처와 헌데로 엉망이었다. 통

아무도 원하지 않는 선물

증을 느끼지 못하는 까닭에 온몸이 의도치 않은 학대를 견뎠음을 말 없이 보여 주는 증거물이었다. 눈이 막 마르기 시작했을 무렵에는 습포를 덮고 꾹꾹 눌러 가며 건조 증상을 누그러뜨리려 안간힘을 썼다고 했다. 싱크대에 서서 충분히 촉촉해질 때까지 눈에 수돗물을 흘려보내기도 했다. 하지만 안타깝게도 감각을 다 잃어버린 터라 적절한 온도를 가늠하지 못해서 손과 얼굴을 데기 일쑤였고 상처와 변형은 더 심해졌다.

실명은 스탠리의 삶을 더 복잡하게 만들었으며, 갈수록 방에 틀어박히는 시간이 길어졌다. 누군가에게 기사를 읽어 달라고 부탁하고 구술 축음기를 이용해 글을 쓰며 〈스타〉 발행인으로서 책임을 다했다. 명민한 지성을 지닌 그를 만나면 늘 즐거웠다. 말투가 조그만 달라져도 예민하게 알아채고 그 뒤에 숨은 뜻을 금방 이해했다. 다른 나라에서는 이 병에 어떤 태도로 반응하는지 묻고 더 나은 치료법이 나왔다는 뉴스가 있는지 듣고 싶어 했다.

하지만 스탠리 몸에 생긴 병이 깊어지면서 가장 좋은 약제에도 나균이 내성을 보였다. 의료진은 스트렙토마이신을 처방할 수밖에 없었다. 부작용으로 청력 마비를 일으키기도 하는 강력한 항생제였다. 참담하게도 스탠리 스타인은 외부 세계와 이어 주는 마지막 끈이었던 청력마저 잃기 시작했다. 더는 뉴스나 오디오북을 들을 수 없었다. 친구들과 이야기를 나누는 게 몹시 힘들어졌다.

헬렌 켈러와 달리 스탠리는 한센병에 감각을 빼앗긴 탓에 촉각을 이용한 수화조차 쓸 수 없었다. 그의 방에 들어가 내가 왔음을 알리던 기억이 아직도 생생하다. 보지도 못하고 만지는 걸 느끼지도 못하니, 손을 부여잡고 무어라도 알아차리도록 세차게 흔들 수밖에 없었다. 누가 찾아왔다는 걸 알아차리기가 무섭게 스탠리의 얼굴은 환해지고 곁에 놓인 테이블로 손을 뻗어 더듬더듬 보청기를 찾았다. 얼른 집어 주고는 최대한 기계 가까이 입을 대고 소리쳐 말을 붙였다. 한동안은 그렇게라도 소통할 수 있었지만, 얼마 가지 않아 그 통로마저도 완전히 닫히고 말았다.

세상을 떠나기 전 마지막 몇 달 동안은 스탠리를 찾아가는 게 견디기 어려울 만큼 고통스러웠다. 보지도 듣지도 느끼지도 못하는 터라, 갈피를 잡지 못한 채 깨어 있을 따름이었다. 손을 내밀지만 무얼 만지고 있는지 파악하지 못했다. 말은 하지만 누가 듣고 있는지, 무슨 대답을 하는지 전혀 가늠하지 못했다. 언젠가 지나치며 보니, 의자에 앉아 단조로운 목소리로 혼잣말을 하고 있었다. "여기가 어딘지 모르겠어. 방 안에 누구 없소? 댁이 누군지 모르겠군요. 생각이 한자리를 뱅뱅 맴돌고 있어요. 새로운 생각을 할 수가 없어요."

스탠리의 '절대 고독'이 뇌리에 깊이 새겨져 지워지지 않았다. 롤로 메이(Rollo May)는 이렇게 적었다. "극심한 고독이야말로 인간이 경험할 수 있는 더없이 아프고 괴로운 고뇌가 아닐까 싶다. 고통이 실제로 가슴을 갉아먹는 것만 같다거나 면도날로 심장을 도려내는 느낌이라고 호소하는 환자가 한둘이 아니다." 스탠리 스타인은 고통을 잃은 까닭에 훨씬 더 고통스러워지고 말았다. 뇌는 아직 멀쩡하게 살아 생기와 기지, 다방면의 지식을 고스란히 간직하고 있었다. 그러

아무도 원하지 않는 선물

나 주요 신경이 하나하나 죽어가면서 뇌로 가는 통로가 완전히 말라 붙고 말았다. 나균이 코 내벽에 침투하면서 후각조차 사라졌다. 이제 미각 말고는 외부 세계에서 정보가 들어오는 주입구가 죄다 차단되었다. 지성을 갑옷처럼 보호하던 상아 상자는 정신의 감옥으로 변해 버렸다.

우리가 동원할 수 있는 미국 공공보건국의 자원을 다 쏟아부어도 스탠리 스테인이 마지막 며칠을 최대한 편안히 지낼 수 있게 돕는 것 말고는 할 수 있는 게 없었다. 1967년, 그는 마침내 숨을 거뒀다.

서모그래피와 호세의 발가락

나는 과학 연구에 아주 유리한 시점에 미국에 건너왔다. 우리 경우에서 보듯, 미국 정부는 주로 다른 나라 사람들에게 유익이 될 만한 의료 프로그램일지라도 특별한 제한을 두지 않고 너그럽게 자금을 지원했다. (미국에 등록된 한센병 환자는 고작 6천 명 정도에 지나지 않았고 지금도 마찬가지다.) 카빌에는 환자만큼이나 많은 의료진이 근무했으며 인도에서라면 낭비 소리를 들었을 만큼 넉넉한 연구 장비를 갖추고 있었다. 예를 들어, 의료 분야에 활용해 볼 만한 서모그래피(thermography)라는 흥미진진한 기술이 있다는 걸 알고는 큰돈을 들여 진료소에서 쓸 장비를 한 대 주문했다. 몸 표면의 온도를 측정하여 이를 화면으로 나타내어 진단에 사용하는 정교한 기계였다.

손발의 체온을 확인하는 게 중요하다는 점은 인도 시절부터 파악하고 있었다. 통증을 느끼지 못하는 환자들은 피부 아래 조직이 손상되어도 십중팔구 알아채지 못했지만, 그와 상관없이 몸은 망가진 부위에 공급되는 혈액 공급량을 급격히 늘린다. 가령, 발이 감염되면 상처를 치료하고 염증을 가라앉히기 위해 평소의 서너 배에 이르는 혈액 공급이 필요하다. 손으로 더듬어 그런 '열점'을 짚어 내는 훈련을 거듭한 덕에, 결국 섭씨 1.5도, 더러는 1.25도의 미세한 온도 변화도 감지할 수 있게 되었다. 환자의 발에서 뜨거운 부분이 감지되면 일단 감염을 의심해 꾸준히 주의를 기울였다. 높아진 열이 떨어지지 않으면 엑스레이를 찍어서 뼈에 금이 가지 않았는지 살폈다.

이제는 섭씨 0.25도쯤 되는 미세한 온도 변화까지 나타나는 열분석 모니터나 출력물을 통해 단번에 전체적으로 발을 진단할 수 있게 되었다. 피부 온도가 낮은 부분은 녹색이나 푸른색으로 보였다. 상대적으로 따뜻한 부분은 보라색이나 오렌지색, 붉은색으로 보였다. 그보다 더 뜨거운 자리는 노란색이나 하얀색으로 보였다. 이처럼 손이나 발을 컬러 지도로 보여 주니, 서모그래프를 작동하는 일은 매력적이고도 흥미로운 작업이었다. 하지만 그 잠재력을 제대로 파악하게 된 건 몇 달 동안 기계를 시험해 보고 난 뒤였다. 서모그래피의 정밀한 기능은 초기 단계에서 문제를 찾아내 사라진 고통을 대체하는 조처를 하는 데 큰 도움이 되었다.

보통은 발로 압정을 딛고 누르자마자 곧바로 외마디 소리가 터져 나오게 마련이다. 심각한 부상을 입지 않게 막아 주는 통증이 작용하기 때문이다. 그러나 사전 경고 체계가 실종된 한센병 환자들은 계속

　　　　　　　　　　　　　아무도 원하지 않는 선물

걸어 다니는 통에 압정이 갈수록 발에 깊이 박힌다. 이제 이런 문제는 눈에 보이는 상처를 적극적으로 치료하는 방식으로 처리할 수 있었다. 훨씬 더 까다로운 쪽은 압박 궤양이 일으키는 손상이다. 살갗 아래 생겨서 마지막 단계에 가서야 헌데 꼴로 터져 나온다. 서모그래프는 처음으로 피부 아래를 들여다보고 곪아 터져 밖으로 드러나기 전에 감염 여부를 확인할 길을 열어 주었다. 이제 조직 파괴를 더 일찍 저지해서 궤양으로 발전하지 못하게 막을 수 있게 되었다.

서모그래프를 통해 손이나 발의 열띤 부위가 드러나면, 며칠 동안 그 손발을 쓰지 못하게 하거나 최소한 부담을 줄이는 처치라도 해서 추가 피해를 예방하고 이미 벌어진 문제를 치유할 수 있다. 물론, 서모그래프가 제아무리 첨단 설비라 해도 건강한 몸의 통증 체계에 비하면 조잡하기 그지없는 게 사실이다. 일이 터지기 전이 아니라 사후에야 문제를 찾아내는 까닭이다. (제 몸을 상하게 할 만한 행동을 하면 당장 그 사실을 통보해 준다는 점이야말로 고통의 으뜸가는 미덕이다.) 그런데도 이 장비에 힘입어 잠재적 문제를 확인하는 작업이 비할 바 없이 정밀해졌다. 그 때부터 카빌의 환자들에게 정기적으로 손발 서모그래프 검사를 받게 했다.*

처음 몇 달 동안은 진료 성과가 신통치 않았다. 호세라는 환자에게 처음 서모그래프를 사용하던 때를 잊을 수 없다. 여섯 달에 한 번씩 캘리포니아에서 찾아와 검사를 받던 '음성 확진' 환자였다. 호세의 발가락은 뼈 흡수의 여파로 오그라져 있었고 압박 궤양으로 감염이 당최 가시지를 않았다. 그런데도 정형외과에서 처방한 특수한 신발을 신지 않겠다고 한사코 버텼다. "그건 너무 흉하게 생겼잖아요!" 얼굴은 흔적 하나 없이 깨끗했다. 한센병 환자로 볼 만한 구석이 어디에도 없었다. "괜찮은 직장에 다니고 있어요. 가구 파는 일을 하죠. 그런데 저런 신발을 신고 다니면 어떻게 되겠어요? 누구라도 제게 병이 있다고 생각하면, 당장 일자리를 잃고 말 거예요."

서모그래프가 호세를 설득해 자존심 상하는 것쯤은 감수하게 하

- 주로 감염을 의심하게 하는 발열 부위를 찾아내는 데 서모그래프를 사용했지만, 저체온을 보여 주는 데 써서 효과를 본 적도 있다. 환자 가운데 '골초'가 있었다. 감각을 잃은 수많은 환자가 그러하듯, 그도 담배가 너무 바짝 타들어 가는 걸 무심결에 놓쳤다가 손가락을 다치기 일쑤였다. 이처럼 만성적인 손상 말고도 흡연은 더 심각한 방식으로 타격을 입힌다고 경고했다. 담배를 피우면서 들이마신 니코틴은 혈액 순환을 더디게 한다. 하지만 그의 손가락에는 혈액 공급이 원활해야 했다. 그래야 한센병 환자들을 괴롭히는 숱한 상처가 쉽사리 아물기 때문이다. 아무리 타일러도 아랑곳하지 않기에, 딱 몇 시간만 담배를 참고 병원에 와 달라고 부탁했다. 서모그래프는 정상적인 손가락 체온보다 2도 정도 낮은 온도에서 푸른색을 띠게 설정했다. 기계 앞에서 두 손을 들어 올린 다음, 지시에 따라 담배에 불을 붙이고 깊이 들이마시게 했다. 손가락의 이미지가 차츰 초록색으로 변하더니 2분 만에 파란색이 되었고 5분 뒤에는 스크린에서 완전히 사라졌다. 니코틴 수위가 갑자기 치솟자 동맥과 모세 혈관이 수축하면서 손가락 체온이 서모그래프가 기록할 수 있는 최저 온도 이하로 떨어진 것이다. 환자는 스크린에서 손가락이 감쪽같이 사라지는 모습에 기겁한 나머지 담뱃갑을 던져 버리고 다시는 담배를 피우지 않았다. 손가락이 하나도 남지 않은 환자들 틈에 살았던 경험에 비추어 손가락을 가능한 한 건강하게 유지하려면 혈액 공급이 원활해야 한다는 사실을 누구보다 잘 알았다.

아무도 원하지 않는 선물

리라고 생각했다. 야무진 꿈이었다. 겉보기에는 두 발에 아무 탈이 없었으므로 아무리 주의를 주어도 절대로 심각하게 받아들이지 않았다. 하지만 이제는 어디에 염증이 있는지 서모그래프로 정확하게 보여 줄 수 있었다. "새끼발가락 쪽에 아주 하얗게 잡힌 점을 잘 봐요. 볼 좁은 신발이 어디를 단단히 압박하고 있는지 알겠죠?" 호세는 고개를 끄덕였다. 속으로 쾌재를 부르며 함께 발을 살피자고 했다. "아직 아무것도 안 보이고 통증도 못 느끼죠? 하지만 저 하얀색은 피부 아래서 몹시 위험한 사태가 벌어지고 있다는 표시예요. 이제 곧 저 자리에 헌데가 생길 겁니다." 짐짓 아주 엄중한 어조로 말했다. "가볍게 듣지 마세요. 당장 조처하지 않으면 발가락을 잃을 수도 있어요."

공손한 몸가짐으로 귀를 기울이기는 했지만, 치료용 신발만큼은 신지 않겠다고 했다. 마지못해 호세에게 제안했다. "좋아요. 그럼 가게에 가서 마음에 드는 새 신을 사 신으세요. 하지만 한 치수 큰 걸 고르세요. 그럼 꼭 끼는 자리에 부드러운 패딩을 덧대서 압력이 분산되게 해 줄게요." 이번에는 그러겠다고 했지만 아무래도 정말 새 신을 사 신을 것 같지 않았다.

아니나 다를까, 6개월 뒤, 호세는 다시 돌아왔다. 새끼발가락에 헌데가 생겨 살이 쩍 벌어져 있었다. 발가락이 오그라든 게 한눈에 보였다. 엑스레이를 찍어 보니 만성 감염으로 뼈 흡수가 진행되고 있었다. 호세는 이 소식을 심드렁하게 받아들였다. 다리가 아프지 않으니 크게 개의치 않는 눈치였다. 무슨 말을 해도 신경 쓰지 않았다. 다음 몇 해 동안, 호세의 발가락을 지탱하는 뼈들이 깊이 흡수되는 꼴을 무기력하게 지켜볼 수밖에 없었다. 결국, 발가락이 있던 자리에는 희미한 그루터기뿐, 심하게 짧아진 몽땅 발 둘만 남았다. 그저 남다른 신발을 신지 않겠다고 버틴 탓이었다. 서모그래프는 가시적인, 그러나 고통이라는 강제 수단이 빠진 방식으로 위험을 경고했다.

처음으로 환자연합회의 저항을 받기도 했다. 관계자들은 촬영이 환자의 일자리를 위협할 수 있다면서 전면 거부 의사를 밝혔다. 초기 촬영분 중에 엄지손가락에 자리 잡은 뜨거운 감염 부위가 찍힌 영상이 있었다. 이것저것 물은 결과, 잔디 깎는 기계를 따라다니며 잘린 검불을 긁어모으는 작업이 업무에 포함되어 있다는 사실을 알게 되었다. 환자에게 조언했다. "염증이 가라앉을 때까지, 한동안 그 일을 피해야 합니다." 그는 대화 내용을 즉시 환자연합회에 보고했다. 상처도 없고 아프지도 않은 엄지손가락에 그토록 신경을 쓰는 이유를 환자도 몰랐고 환자연합회도 가늠하지 못했다.

하지만 얼마 지나지 않아 서모그래프를 통해 전후 관계가 명확히 밝혀졌다. 병원은 환자연합회와 힘을 모아 위험군에 속하는 환자들에게 다른 일자리를 찾아 주기 위해 노력했고, 궤양과 만성 염증이 눈에 띄게 줄어드는 걸 눈으로 확인했다. 서모그래피는 투자 대비 몇 곱의 성과를 냈다.•

• 서모그래피의 진단적 유익에 관한 논문을 발표하면서 '통증의 객관적 지표'라는 표현을 썼다. 그런데 그게 동물의 권리라는 희한한 쪽의 외도로 이어졌다. 유명하지 않은 저널에 실린 그 글을 보고 행정 당국에서 일하는 수의사가 부

아무도 원하지 않는 선물

유한 마주들을 기소하는 데 도움을 줄 수 있느냐고 물었다. 테네시 워커 종(種) 말을 훈련하는 조련사들 가운데는 이른바 '겨자 기름칠'이라는 잔인하고 불법적인 방법으로 부당 이득을 취하는 이들이 있었다. 조련사들은 말 앞다리에 겨자기름을 바른 뒤에 관절 주위를 금속판으로 감싼다. 정속으로 보행하거나 속보로 걸을 때마다 묵중한 싸개에 불편감과 통증을 느낀 말은 앞다리를 높이 쳐들고 뒷다리에 더 많은 무게를 싣는다. 다리를 높이 들어 심사위원들의 감탄을 끌어내는 테네시 워커의 전형적인 걸음걸이가 나오는 것이다. 매운 겨자기름을 문지르면 감염이 일어나고 통증은 더 심해진다. 하지만 살갗이 벗겨지지 않게 조심하는 까닭에 조련사들이 불법적인 훈련 기법을 사용했다는 걸 증명할 길이 없다. 경기 중에는 납으로 된 싸개를 벗긴다. 그러면 관중들은 겅중거리는 말의 걸음걸이가 실은 고통에 대한 반응이라는 걸 조금도 눈치채지 못한 채 그저 환호를 보낼 따름이다. "양심적인 말 조련사들이 현장에서 내몰리고 있습니다." 수의사는 말했다. "파렴치한 마주들을 법정에 세워 봤지만 한 번도 유죄 판결을 받지 않았습니다. 몇몇은 폭력 조직과 끈이 닿아 있다고 하더군요. 말들이 고통스러워한다는 사실을 입증할 방도가 없어요. 우리를 좀 도와주실 수 있겠습니까?" 우호적인 조련사의 허락을 받은 뒤에, 서모그래프 장비를 배턴루지 근처 농장까지 끌고 가서 기초 조사로 기준점을 잡았다. 이어서 가볍게 '기름칠' 테스트를 해 보았더니 곧 말이 입는 피해가 고스란히 화상에 나타났다. 겨자기름을 칠하고 납 싸개를 두르자 말 앞다리 온도가 섭씨 5도씩 올라갔다. 염증에 시달리고 있는 게 분명했다. 이런 검사 결과로 무장하고 정부는 다시 마주들을 법정에 세웠다. 잇달아 열린 세 차례 소송에서, 정부 측 수의사는 기름칠을 당했다고 의심되는 말의 체열 측정 기록을 제출하고 '통증의 객관적 지표'라는 논문을 쓴 저자가 직접 법정에서 증언할 것이라고 발표했다. 세 건의 피고인 모두 유죄 판결을 받았다. 일부 마장 마술 공연장에 서모그래프가 설치되면서 그 잔인한 관습은 차츰 사라졌다.

외침과 속삭임

넉넉한 정부 지원에 힘입어 카빌에서는 재활 분야에서 일할 직원 아홉 명을 더 뽑았다. 엔지니어와 과학자, 컴퓨터 전문가와 생물학자가 팀을 이루어 통증을 감지하지 못하는 증상에서 비롯되는 온갖 양상의 위험을 철저히 조사했다. 서모그래프 작업처럼, 새로운 경지를 개척하는 게 아니라 인도에서 알게 된 원리에 정교함과 정확함을 보태는 경우가 대부분이었다. 고통이 어떻게 팔다리를 보호하는지 새롭게 이해하게 되면서 무통이야말로 인간에게 닥칠 수 있는 가장 큰 저주라는 생각이 들기 시작했다. 인도에서는 주로 램프에 데이거나 쥐에 물리는 따위의 눈에 보이는 실마리에 기댔다면, 카빌에서는 마음대로 쓸 수 있는 갖가지 기구 덕에 더 은밀한 조직 파괴의 수수께끼를 풀 수 있었다. 고통이 날이면 날마다 건강한 인간 한 명 한 명을 보호하는 특별한 방식에 경외감과 감사하는 마음이 끝없이 커졌다. 연구해 보니, 직접 손상, 지속적인 스트레스, 반복적인 스트레스 등 통증을 느끼지 못하는 이들이 계속 위험에 노출되는 경로를 적어도 셋은 헤아릴 수 있었다.

직접 손상

직접 손상 가운데 상당수는 벨로르 뉴 라이프 센터에서 이미 광범위하게 추적했던 터라 카빌에 와서도 특별히 낯설지 않았다. 키스 화상으로 망가진 흡연 환자들의 손가락과 조리 도구에 데어 생긴 자국

아무도 원하지 않는 선물

을 금방 알아볼 수 있었다. 하지만 더러는 처음 보는 상처도 있었다. 아내에게 치료받는 알마라는 여성은 아이라이너를 쓰다가 상처를 입었다. 여느 환자처럼 그도 나균이 침투하면서 눈썹과 속눈썹을 다 잃었다. 알마에게는 날마다 마스카라를 찍어 양쪽 눈썹을 그리는 일이 중대사였다. 하지만 손과 눈의 감각이 다 사라진 탓에 속눈썹 윤곽을 제대로 따라가지 못하고 물감 묻은 솔이 눈을 찌르기 일쑤였다. 그러다가는 얼마 못 가 눈에 되돌릴 수 없는 손상을 입게 된다고 엄하게 타일렀지만, 알마는 경고를 깡그리 무시했다. 그리고 얼마 뒤, 그 이유를 털어놓았다. "선생님은 모르세요. 제가 세상을 어떻게 보느냐보다 세상이 절 어떻게 보느냐가 제게는 더 중요하다고요."

아내는 즉시 손 전문 외과의인 나를 호출해 꾸준히 이어지는 직접 손상을 치료하라는 임무를 주었다. 영국 생물학자, 니덤(A. E. Needham)은 보통 사람은 일주일에 한 번꼴로 사소한 상처를 입고 평생 4천 번 정도 상처를 입는다고 추산한다. 이런 부상의 95퍼센트는 엄지를 비롯한 손가락에 생긴다. 종이에 베일 수도 있고, 담뱃불에 델 수도 있고, 가시나 지저깨비에 찔릴 수도 있다. 통증이라는 보호 장치가 없는 한센병 환자들은 훨씬 자주 상처를 입고 병든 손을 쉴 새 없이 놀리는 까닭에 심각한 손상에 이르기 쉽다. 그동안 진료한 감각을 잃은 손 중 최소 90퍼센트에서 흉터와 변형, 상처의 흔적을 보았다.

직접 손상은 치료가 쉬운 편이다. 망가진 자리를 직접 확인할 수 있으니 환자들도 어렵잖게 상황을 파악한다. 의사는 손가락에 깁스를 해 주고 아물기를 기다리는 한편, 뉴 라이프 센터에서 그랬던 것처럼 계속 주의를 기울여야 할 까닭을 가르치기만 하면 된다. 실마리가 될 다른 감지기에 의지해서라도 감각을 잃은 신체 부위를 책임질 줄 알아야 한다고 주의를 주었다. "미리 온도계를 담가서 목욕물 온도를 확인하세요. 어떤 연장이든 손잡이를 잡기 전에 우선 손을 벨 만큼 날카로운 모서리나 손에 박힐 법한 지저깨비가 없는지 살펴야 합니다." 가장 흔한 위험 요인을 보여 주는 포스터를 만들어 붙이기도 했다.

카빌에서는 서모그래프 같은 장비를 동원해 피부 아래서 벌어진 문제를 조기에 찾아내면서 직접 손상 사례가 눈에 띄게 줄었다. 다친 뒤에 상처를 관리하는 면에서 상당한 진전이 있었다는 점도 중요했다. 환자가 주의를 기울이고 조심하면 상처는 낫게 마련이다. 하지만 다친 발로 계속 걸어 다니면 살 속에 염증이 생기고 곧 온 발로 퍼져 나가 뼈와 관절을 상하게 하고 마침내는 절단 수술을 받아야 하는 처지에 이를 수밖에 없다. 부상에 올바르게 대처하자는 운동을 기점으로 이전 6년 동안은 카빌에서 27건의 절단 수술이 있었지만 이후에는 수년 동안 단 한 건도 없었다.

지속적인 스트레스

추적하기가 훨씬 힘든 또 다른 형태의 손상이 있다. 인간의 피부는 일반적으로 질긴 편이다. 살갗을 뚫고 상처를 내려면 1제곱센티미터에 약 35킬로그램의 압력이 가해져야 한다. 하지만 $70g/cm^2$ 정도의 약한 힘이라도 한결같은 압력으로 오래 누르면 피부는 망가진다. 유

아무도 원하지 않는 선물

리 슬라이드로 손가락 끝을 누르면 살갗이 하얗게 된다. 그 상태에서 몇 시간이 지나면 혈액 공급이 차단된 피부는 끝내 죽고 말 것이다.

건강한 사람이라면 지속적인 스트레스로 위험이 점점 커지는 걸 감지할 수 있다. 처음에는 손가락 발가락에 한 점 불편함이 없겠지만, 그렇게 한 시간쯤 지나면 살짝 불편감이 들고 은근한 통증이 따른다. 마침내 정말 손상이 올 지경에 이르면 견디기 어려운 고통이 찾아든다. 잔치 자리에 가면 언제나 이런 사이클이 작동하는 모습을 볼 수 있다. 주범은 패션이다. 특별한 자리에 나가려 잘 차려입을 때마다 여성들은 좁고, 앞이 뾰족하며, 굽이 높은 걸 좋아하는 디자이너들의 사악한 주술에 걸려든다. 만찬이나 강연이 한 시간을 넘길 즈음, 테이블 밑을 보면 구두를 벗어 던진 여성이 절반은 된다. 피가 안 통하는 고통이 다시 시작되기 전에 다만 몇 분이라도 발을 풀어 혈액을 순환시키는 것이다.*

셔먼이라는 돼지를 통해 지속적인 스트레스의 이모저모를 적잖이 파악했다. 돼지가죽은 인간의 피부와 성질이 비슷해서 실험용으로

---

* 보잉사 엔지니어가 화물 회사의 전화를 받았다. 보잉사가 설계한 비행기로 코끼리를 수송해 줄 수 있느냐는 문의였다. "바닥을 보강해야 할까요?" 화물 회사 쪽에서 물었다. 엔지니어는 크게 웃으며 대꾸했다. "걱정하지 마세요. 저희는 뾰족구두를 신은 여성이 올라서도 끄떡없도록 바닥을 설계한답니다. 몸무게가 45킬로그램인 여성이 지름 6밀리미터까지(또는 가로세로 6밀리미터까지) 굽이 줄어드는 하이힐을 신고 있다면 센티미터당 112킬로그램의 힘을 가하는 셈입니다. 코끼리가 널찍한 발바닥으로 가하는 힘보다 훨씬 더 크죠."

더할 나위가 없다. 셔먼을 마취시킨 뒤에 반깁스로 움직이지 못하게 하고 등 쪽 한 곳을 선택해 아주 가벼운 압력을 가했다. 원기둥 모양의 피스톤으로 5-7시간 동안 낮지만 한결같은 힘으로 눌렀다. 그 후 서모그래프를 찍어 보았더니, 이처럼 가벼운 압력도 피부 속과 아래에 염증을 일으킨다는 사실이 여실히 드러났다. 압력을 받은 지점은 붉게 상기되고 영구적으로 털이 자라지 않았다. 계속해서 더 긴 시간 압력을 가했다면, 셔먼의 등에는 궤양이 생겼을 것이다.

셔먼의 등에 압력을 주었던 자리를 찍은 사진을 여러 장 가지고 있는데, 이들은 현대 병원의 고질적인 문제인 욕창이 발생하는 과정을 간결하게 보여 준다. 그동안 수많은 욕창을 치료해 보았는데, 야전 병원에서 볼 수 있는 외상 못지않게 끔찍한 사례도 적지 않았다. 어떤 욕창이든 거슬러 추적하면 원인은 단 하나, 지속적인 스트레스로 귀결된다. 마비나 감각 상실 증세를 보이는 이들은 같은 자세로 몇 시간씩 누워 있기 다반사다. 자연히 혈액 공급이 차단되고, 그렇게 네 시간 정도 한결같은 압력을 받으면 조직들이 괴사하기 시작한다. 신경계가 탈 없이 잘 돌아가는 이들이라면 욕창에 걸릴 일이 없다. 통증 네트워크에서 소리 없는 메시지가 줄지어 올라와 쉴 새 없이 몸을 뒤척이며 인체 세포에 쏠리는 부담을 이리저리 재배치하는 까닭이다. 조용히 메시지를 보냈는데 들은 시늉을 하지 않으면, 스트레스를 받는 자리는 아파 죽겠다고 고래고래 소리를 질러서 엉덩이를 꿈틀거리거나 다른 쪽으로 돌아누워 압박을 줄이게 한다.

강의할 때면 어김없이 이런 패턴이 보인다. 어찌어찌 관심을 사로

아무도 원하지 않는 선물

잡을수록 청중들이 쉴 새 없이 꼼지락거리는 모습이 줄어든다. 이편이 하는 말에 의식적으로 집중하면서 불편하다는 은근한 메시지를 찍어 누르거나 무시한다. 하지만 강의가 지루해지고 집중력이 떨어지자마자 본능적으로 한 자세로 너무 오래 있으면 안 된다는 세포의 메시지에 귀를 기울이게 마련이다. 개인적으로는 청중들이 얼마나 자주 다리를 꼬았다가 풀고 자리에서 꼼지락거리는지 지켜보면서 강의 효과를 판단한다.

지속적인 스트레스에 관한 연구는 어째서 한센병 환자들이 발에 맞는 신발 맞추는 걸 그토록 어려워하는지 이해하게 해 주었다. 카빌에 와서 미국 환자들의 발 수술 비율이 대다수가 맨발로 돌아다니는 인도의 발 수술 비율과 거의 비슷하다는 사실에 무척 놀랐다. 우리가 파악하기로는 통증을 느낄 줄 아는 이들을 염두에 두고 만든 신발이 문제였다. 형편없이 설계된 신을 신고 지속적인 스트레스에 노출되는 위험은 맨발로 돌아다니다가 상처 입을 위험에 견줄 만큼 심각했다. 신발이 너무 꽉 끼면 끈을 헐겁게 조절하거나 아예 벗어 버리고 부드러운 슬리퍼로 바꿔 신는 게 당연하다. 하지만 통증을 느끼지 못하는 한센병 환자들은 압박이 심해 혈액 공급이 끊어진 뒤에도 발을 옥죄는 신발을 벗을 줄 모른다. 캘리포니아에서 가구를 파는 호세는 한사코 침묵하는 지속적인 스트레스 탓에 발가락 일부를 잃었다. 카빌의 의료진은 환자들에게 적어도 다섯 시간에 한 번씩은 신발을 벗었다가 다시 신으라고 교육했다. 허혈성 압박으로 궤양이 생기지 않도록 막는 아주 간단한 방법이었다.

반복적인 스트레스

돌이켜 보면, 20년 세월을 들여 고통을 연구해 얻은 가장 소중한 결과는 통상적이고 '해로울 게 없는' 스트레스라도 수천 번 되풀이되면 치명적인 손상을 일으킬 수 있다는 새로운 통찰이었다. 이러한 증후군을 처음 알게 된 건 인도에서 온갖 신발을 테스트하는 과정에서였지만, 반복적인 스트레스가 어떻게 작용하는지 정확히 분별할 도구를 얻은 곳은 카빌이었다.

걷기라는 단순한 행동이 한센병 환자들에게 그토록 심각한 위협이 되는 까닭이야말로 수십 년 동안 풀리지 않은 수수께끼였다. 궁금했다. 건강한 이들은 단번에 16킬로미터를 걸어도 다치지 않는데, 한센병 환자들은 어째서 그럴 수 없는가? 이런 물음에 답하고자 카빌의 엔지니어들은 걷거나 뛰는 스트레스를 재현해 반복적으로 압력을 가하는 장비를 만들었다. 기계에 달린 조그만 망치는 걷는 동안 발의 작은 부분이 견디는 압박의 크기와 같은 힘으로 한자리를 거푸 두들기게 되어 있었다.

처음에는 실험용 쥐를 이용했다. 마취를 시키고 기계에 고정한 다음, 리듬감 있게 계속 발바닥을 두들겼다. 의식이 없는 상태에서도 쥐의 발은 달릴 때와 똑같은 스트레스를 받았다. 실험 결과는 '무해한' 수준의 힘이라도 충분히 긴 시간 동안 되풀이되면 조직 파괴의 원인이 된다는 사실을 입증했다. 달리는 사이에 넉넉히 쉴 기회를 주면 군은살이 박일 테고, 그렇지 않으면 발바닥에 쩍 벌어진 상처가 생길 것이다.

아무도 원하지 않는 선물

내 손가락을 가지고도 여러 차례 실험했다. 망치 아래 손을 넣은 첫날은 천 번 가까이 얻어맞았는데도 딱히 아프지 않았다. 도리어 진동 마사지를 받는 듯 상쾌한 느낌까지 들었다. 하지만 천 번이 넘어가자 압통이 감지되었다. 이틀째 되는 날은 훨씬 적은 횟수의 망치질에 통증을 느꼈다. 셋째 날에는 맞자마자 아프다는 생각이 들었다.

빈도수가 충분하기만 하면 제아무리 작은 압력이라도 조직을 손상시킬 수 있으므로 걷기라는 통상적인 행위 역시 특정한 조건 아래서는 위험 요인이 될 수 있음을 알게 되었다. 하지만 그 바닥에 깔린 의문에 관해서는 여전히 답을 찾지 못했다. 한센병 환자들의 발을 반복적인 스트레스에 더 취약하게 만드는 요인은 무엇일까? 나는 16킬로미터를 걸어도 아무 탈이 나지 않는데, 어째서 환자들은 그렇지 않은 것일까?

또 다른 발명품인 슬리퍼 양말이 수수께끼를 푸는 데 적잖이 도움이 되었다. 물에 녹는 마이크로캡슐을 써서 경작지에 제초제를 뿌리는 새로운 방식이 있다는 이야기를 들었다. 잡초의 성장을 자극하는 비가 캡슐을 녹이면 안에 담겼던 제초제가 풀려 잡풀을 죽인다고 했다. 화학 약품 연구 기관을 빌려서 물이 아니라 압력을 받아 터지는 작은 마이크로캡슐을 개발하자는 아이디어는 그 영리한 발명품에서 얻었다. 숱한 시행착오 끝에, 마침내 경질 왁스 마이크로캡슐 수천 개가 들어간 발포 고무 슬리퍼 양말이 탄생했다. 캡슐에는 알칼리성 매질과 닿으면 푸른색으로 변하는 브롬페놀이 들어 있었다. 캡슐을 깨트리려면 큰 힘이 필요했지만, 인간의 피부와 마찬가지로 작은 힘이 되풀이될 때 가해지는 스트레스에도 터질 수 있다. 이제 간편한 방법으로 걸을 때 압력을 받는 압점을 찾아낼 수 있게 된 것이다.

마이크로캡슐 제조기를 설치하고 염료를 산성 매질에 띄워 노란 색이 나게 했다. 깔창을 감싸고 있는 양말은 알칼리성이었으므로 캡슐이 깨지면 염료가 퍼지면서 즉시 푸른색으로 변했다. 직원들 가운데 자원자들이 양말을 신고 그 위에 신발을 덧신은 뒤에 걷기 시작했다. 몇 걸음 걸은 뒤에 신발을 벗어 가장 높은 압력을 받는 자리, 다시 말해 초장부터 파랗게 변한 부분을 확인했다. 걷는 거리가 멀수록 파란 부분은 더 넓어지고, 애초의 압점들은 색이 더 진해졌다. 쉰 걸음 남짓 걷고 나자 위험 부위가 낱낱이 표시된 근사한 그림이 나왔다. 다음에는 환자들에게 슬리퍼 양말을 신겨 보았다.

신고 걸었던 양말 수천 켤레를 면밀하게 조사하면서 걸음걸이에 관한 정보를 많이 얻었지만, 그 가운데 단연 으뜸은 발에 감각이 없는 이들은 절대로 자세를 바꾸지 않는다는 사실이었다. 그와 대조적으로, 건강한 이들은 끊임없이 걸음걸이에 변화를 주었다.

진료실에서 일하는 물리 치료사가 슬리퍼 양말만 신고 시멘트로 포장한 카빌 병원의 보도를 따라 약 13킬로미터를 달리는 실험에 자원했다. 3.2킬로미터마다 한 번씩 멈춰서 서모그래프 사진을 찍어 슬리퍼 양말에 나타난 주행 상태를 검증했다. 슬리퍼 양말에 처음 나타난 흔적은 엄지발가락부터 들고 디디며 큰 폭으로 달리는 정상적인 패턴을 보였다. 이어 3.2킬로미터를 뛰고 나서 찍은 영상에서는 무리하게 움직인 엄지발가락 쪽에 열점이 나타났다. 슬리퍼 양말은 주로

압력을 받는 자리가 발바닥 안쪽임을 보여 주었다. 6.4킬로미터 이후
에는 주행 양식이 자연스럽게 조절되면서 압력의 흔적이 달라졌다.
이번에는 발 바깥쪽 테두리로 밝은 푸른색이 나타났다. 발 안쪽이 긴
휴식에 들어가면서 체중이 엄지발가락에서 벗어나 발 바깥쪽에 실리
고 있었다. 마지막 3.2킬로미터를 달릴 즈음에는 땅에 발을 딛는 양
식이 다시 달라진 걸 서모그래프와 슬리퍼 양말 양쪽을 통해 확인할
수 있었다. 이번에는 발의 바깥 모서리가 뜨거워지는 한편, 그쪽 마
이크로캡슐들이 깨져 있었다.

　서모그래프와 슬리퍼 양말 시험에서 얻은 자료를 종합한 결과, 기
가 막히도록 놀라운 현상이 드러났다. 자료를 한데 모으자, 양말에
완벽한 발 지형도가 나타났다. 푸른색 염료가 여러 군데 짙게 물들어
있었다. 물리 치료사가 달리기에 집중하는 사이에 발은 의식의 이면
에서 끊임없이 고통의 메시지를 보내고 있었다. 압력과 고통을 감지
하는 세포가 내보내는 이런 미세한 속삭임이 의식을 다루는 뇌에 도
달하지는 못했겠지만, 척수와 뇌 하단부에 이르러 걸음걸이를 미세
하게 조정하는 명령을 끌어냈다. 달리는 과정 전반에 걸쳐, 발은 압
력을 골고루 분산시켜서 한 지점이 반복적으로 과도한 스트레스를
받지 않도록 막았다.

　한센병 환자에게 13킬로미터 달리기를 시킨 적은 한 번도 없다.
그건 완전히 무책임한 짓이다. 단거리만 달리게 한 뒤에 슬리퍼 양말
을 살펴보면 그게 왜 터무니없이 위험한 짓인지 생생하게 드러난다.
달리기 전후의 흔적은 판박이처럼 똑같다. 한센병 환자들의 걸음걸

이는 조금도 변하지 않았다. 통증 전달 통로는 침묵했다. 중추 신경
계 역시 조정 명령을 내릴 필요성을 감지하지 못했다. 그래서 같은
압력이 발 표면의 같은 자리를 쉴 새 없이 두들겼다. 한센병 환자에
게 13킬로미터를 달리게 한다면, 서모그래프에는 사납게 달아오른
영역 한둘만 나타날 수밖에 없다. 조직이 손상된 흔적이다. 며칠 뒤
에는 발바닥에 헌데가 잡힐 게 뻔하다. 건강한 이들이라면 먼 거리를
달려도 발바닥에 궤양이 생길 까닭이 없지만, 한센병 환자들은 쉬 짓
무른다.

오늘날 첨단 기술 환경에서 받는 반복적인 스트레스로 인한 부상
은 대단히 주요한 사안으로 인식되고 있다. 미국에서는 매년 20만 명
이 넘는 사무직 근로자와 현장 근로자가 이 문제로 치료를 받는다.
전체 산업 재해의 60퍼센트에 해당하는 수치다. 10년도 채 안 되는
기간에 발생 빈도는 곱절로 뛰었다. 기술이 발달하면서 업무에 필요
한 동작이 단조로워지고 반복적인 스트레스가 커진 게 주요인이다.
예를 들어, 자판을 두드리거나 비디오게임의 조이스틱을 움직이는
등의 무해한 행동도 계속 반복되면 손목에 부담을 줘서 손목 터널 증
후군을 일으킬 수 있다. 컴퓨터 키보드를 두드리는 쪽이 전동 타자기
를 두드리는 쪽보다 부상 위험이 크다. 캐리지를 움직이거나 종이를
갈아 끼우기 위해 잠시 멈추는 틈조차 없기 때문이다. 미국은 반복적
인 스트레스로 인한 부상으로 발생하는 생산성 하락과 의료비 지출
비용이 연간 70억 달러에 이른다.

고통의 속삭임에 귀를 기울이라

연구 결과를 짜맞춰 온전한 그림을 그리는 데 오랜 시간이 걸리기는 했지만, 어쨌든 전모를 이해하게 되었다. 고통은 광범위한 주파수를 이용해 소통한다. 초기 단계에서는 속삭인다. 잠재의식 수준에서 불편을 감지하고 침대에서 몸을 뒤척이거나 뜀박질하는 걸음새를 바꾼다. 위험이 커질수록 고통은 목소리를 높인다. 오랫동안 낙엽을 치우노라면 손이 쓰리다. 새 신을 신으면 발이 욱신거린다. 이윽고 위험이 심각해지면 고통은 소리를 지른다. 절뚝이거나 겅중대거나 아예 달리기를 멈추게 만든다.

카빌에서 진행한 연구 사업들은 고통에 '귀 기울이는' 더없이 강력한 방법을 제시한다. 천문학자들이 막강한 전파 망원경을 하늘에 들이대듯, 우리 도구들은 쉴 새 없이 웅성거리는 통에 분별없이 흘려버리거나 더 나아가 얕잡아 보기 쉬운 세포 간의 대화를 겨냥했다. 실험 결과를 보면서, 고통이 보내는 메시지에 의식적으로 귀를 기울이기 시작했다.

등산을 무척 좋아한다. 루이지애나에 살다 보니 산을 탈 일이 없어졌지만, 바위투성이인 인도 산악 지대나 미국 서부 산군에 갈 기회가 생기면 어김없이 산에 오르면서 발을 더 정밀하게 관찰하는 데 신경 썼다. 출발할 즈음에는 보통 성큼성큼 씩씩하게 걷는다. 뒤꿈치를 높이 들었다가 발가락 쪽부터 앞으로 힘차게 내디딘다. 하지만 아침나절이 지나면 보폭이 조금 줄어들고, 엄지발가락 대신 바깥쪽 발가락에 체중이 실리는 느낌이 든다. 여러 번 직접 슬리퍼 양말을 신고 내 발이 만든 궤적을 살펴본 터라 어떤 변화가 일어나고 있는지 어렵잖게 그릴 수 있었다. 점심을 먹은 뒤에는 훨씬 더 좁은 보폭으로 이동하는 게 확연히 눈에 띈다. 하루 산행을 마감할 무렵에는 발꿈치를 들어 올리기는커녕 노인네들처럼 발을 질질 끌다시피 걷는다. 한 발짝 한 발짝, 발바닥 표면 전체를 사용하는 그런 걸음걸이는 모든 지점에 가해지는 압박을 낮추는 기능을 한다.

예전에는 이런 적응을 근육 피로의 증거로 여겼다. 하지만 우리 연구가 보여 주듯, 사실은 근육보다 피부가 피로한 탓일 공산이 훨씬 크다. 지금은 신체가 스트레스를 분산시키는 성실한 방식이라는 사실을 정확하게 알게 되었다. 보행의 부담을 피부 곳곳의 다양한 근육 및 힘줄과 나누는 것이다. 더러 물집이 잡히기도 한다. 그래도 원망하는 대신, 지나치게 혹사당한 몸이 목청껏 시위를 벌이는구나, 생각한다. 물집이 잡히면 너무나 불편해서 신발을 벗고 쉬거나, 걸음새를 더 조절하거나, 양말을 한 겹 더 신어서 마찰을 줄이는 따위의 조처를 할 수밖에 없다.

언젠가 고통이 큰 소리로 '고함치는' 사태와 맞닥뜨린 적이 있다. 한센병 요양원에서였다. 어여쁜 새소리가 어디서 나오는지 찾느라 나무 꼭대기에 눈길을 준 채, 보도를 따라 걷다가 '꽈당' 넘어지고 말았다. 정신을 차려 보니 길바닥에 고꾸라져 있었다. 창피해서 얼굴이 확 달아올랐다. 엎어지는 걸 본 이가 있을까 싶어 재빨리 사방을 두리번거렸다. 짜증스럽고 화가 났다. 일어서서 다친 데가 있는지 살폈

아무도 원하지 않는 선물

다. 어찌 된 일인지 짐작이 갔다. 새를 찾느라 위를 쳐다보는 사이, 발이 보도 턱을 넘고 말았다. 온몸의 무게를 싣는 과정에서 발이 콘크리트 턱에 가파르게 걸리자 곧바로 발목이 뒤틀리기 시작했다. 한껏 늘어나 끊어지기 직전까지 몰렸음을 감지한 발목의 작은 측부 인대는 한마디 상의도 없이 즉각 강력한 통증 메시지를 보내 허벅지 주요 근육의 힘을 빼 버렸다. 그렇게 한없이 독단적인 조처로 무릎을 지지하는 근육이 무력화되면서 무너져 내렸다. 한마디로 바닥에 나동그라진 것이다.

그때 일을 되짚을수록 짜증스러운 마음이 아니라 자랑스러운 마음이 들었다. 서열이 높지 않은 사소한 인대 하나가 온몸을 쥐고 흔든 셈이다. 온몸을 위해, 구체적으로 말하자면 발목이 삐거나 그보다 더 심한 부상이 생기지 않도록 나를 우스꽝스러운 꼴로 만든 인대의 주체적 결정이 참으로 고마웠다.

이런 일을 겪으면서 의식적으로 고통에 귀를 기울이자 고통을 바라보는 전혀 다른 시각이 틀을 갖추고 끔찍하게 혐오할 대상으로 여기던 과거의 관점을 대신하기 시작했다. 위험을 알리는 몸의 비상벨인 고통은 주의를 끌기 위해서라면 어떤 볼륨이든 다 사용할 것이다. 이런 메시지가 모여 이루는 합창을 듣지 못하는 증세야말로 한센병 환자들이 스스로 파멸의 길에 들어서게 하는 요인이다. 그들은 고통의 '고함'마저 놓치기 일쑤여서 직접 손상을 입고, 날이면 날마다 내게 치료를 받아야 했다. 일상에 도사린 위험 인자를 알리는 고통의 속삭임을 듣지 못해 지속적이고 반복적인 스트레스에 노출되었다.

고통의 합창이 사라진 한센병 환자들은 끝없이 이어지는 위기 속에서 살아간다. 종일 꽉 끼는 신발을 신고 다닌다. 걸음걸이를 바꾸거나 무게를 분산시키는 법도 없이 8킬로미터, 16킬로미터, 24킬로미터를 내처 걷는다. 인도에서 숱하게 봤다시피, 신발 속에서 상처가 터지고 짓무른다 한들 눈곱만큼도 절뚝이지 않을 것이다.

카빌 보도에서 내가 그랬듯, 어떤 한센병 환자가 돌부리를 밟는 모습을 본 적이 있다. 발목이 완전히 꺾여 발바닥이 안으로 돌아갈 지경인데도 전혀 절지 않고 걸었다. 나중에 보니 바깥쪽 인대가 완전히 파열되어 발목이 심하게 상한 상태였다. 하지만 당시에는 발 쪽을 쳐다보지도 않았다. 그에게는 통증이라는 필수적인 보호 체계가 없는 것이다.

아무도 원하지 않는 선물

발에 박힌 가시 덕에,
나는 발이 멀쩡한 이들보다
한결 높이 뛰어오른다.

—쇠렌 키르케고르

13장

적의 존재를 알리는 파수꾼

솔직히 고백하자면, 고통의 이미지를 바꾸려고 씨름하는 나조차도 회의가 드는 순간이 있다. 고통을 원수로 여기는 게 당연해진 사회에서 고통의 미덕을 치켜세우는 목소리에 과연 누가 귀를 기울일까? 무통이라는 희한한 고통을 지닌 환자들 틈에서 일하는 기이한 상황 탓에 이런 생각을 하는 건 아닐까? 미국 정부도 결국 이런 질문을 던지기 시작했다. 다른 연구자들은 고통을 제어하는 방법에 초점을 맞추는 판에, 어째서 카빌만 고통을 되찾고 부추기는 데 연구비를 쓰느냐고 말이다.

초기 몇 년 동안은 서모그래프, 잉크 충전 슬리퍼 양말, 압력 변환기 따위를 마련하기 위해 지원금을 신청하면 어렵잖게 승인을 받을 수 있었다. 워싱턴의 이상주의자들은 기초 연구에 지원을 아끼지 않았다. 설령 한센병 환자 몇천 명(과 테네시 워커 몇 마리)만 직접적이고 실제적인 혜택을 본다손 치더라도 마찬가지였다. 하지만 1970년대 후반, 허리끈을 졸라매는 분위기가 생기면서 이런 연구는 갈수록 설 자리를 잃었다. 해마다 미국 공공보건국은 주로 다른 나라 한센병 환자들에게 혜택이 돌아갈 연구에 그토록 많은 연구비를 투자할 형편이 되는지 저울질하면서 카빌의 예산을 철저히 심사했다.

딱 그 무렵, 카빌에서 고통에 관해 알게 된 사실을 실질적으로 적용할 방법을 정말 우연히 발견했다. 기초 연구에 쏟은 투자가 유효했음을 입증한 기가 막힌 국면전환이었다. 미국의 한센병 환자는 고작 수천 명에 지나지 않지만, 당뇨 환자는 수백만에 이른다. 그런데 고통에 대한 우리의 개념이 그들과도 직접적인 연관성이 있다는 사실이 밝혀진 것이다.

어느 날 저녁 느지막한 시간까지 의학 전문지를 뒤적이는데, 문득 '당뇨병성 뼈 질환'이라는 단어가 눈에 들어왔다. 이상하다는 생각이 들었다. 포도당 대사와 관련된 질환인 당뇨병이 언제부터 뼈에 영향을 미쳤다는 거지? 책장을 넘기자 엑스레이 사진이 실려 있었다. 중증 한센병 환자의 발에 나타나는 뼈 변화를 찍은 엑스레이와 판박이처럼 닮아 보였다. 논문 저자들에게 편지를 보냈다. 텍사스주에 사는 두 의사였는데, 와서 그 문제를 함께 이야기해 보자며 정중하게 초대해 주었다.

몇 달 뒤, 그들이 일하는 휴스턴의 진료실을 찾아 선의의 '엑스레이 결투'를 벌였다. 그쪽에서 퇴화 중인 뼈 엑스레이 사진을 라이트 테이블에 올려놓으면 이편에서도 서류 가방을 뒤져 거기 어울릴 만한 필름을 찾아냈다. 한센병 환자의 몸속에서 함몰 중인 뼈 사진이었다. 그렇게 발의 모든 뼈를 찍은 엑스레이 사진을 비교했다. 그들이

아무도 원하지 않는 선물

이런저런 뼈 문제를 제시할 때마다 거의 예외 없이 똑같은 사례를 제시할 수 있었다. 그날의 시연은 두 의사는 물론이고 함께한 인턴들에게도 깊은 인상을 남겼다. 대부분은 한센병 환자를 치료해 본 경험이 전혀 없어서 당뇨병 특유의 증상으로만 생각했던 까닭이었다.

슈거 클럽과 당뇨발

얼마 뒤, 텍사스의 두 의사가 남부 '슈거 클럽'에 와서 강연해 달라고 나를 초청했다. 미국 남부의 여러 주에서 일하는 당뇨병 전문가들로 구성된 고풍스러운 모임으로 정기적으로 만나서 최신 연구 결과를 살피는 자리였다. 발을 주제로 강연하면서 (궤양이 심해 절단 수술로 이어지기 일쑤라는) 당뇨발의 가장 흔한 문제가 주로 당뇨 자체나 당뇨로 인한 혈액 공급 차단에서 비롯된다는 가정에 이의를 제기했다. 자세히 관찰한 결과, 한센병 환자들과 마찬가지로 통각 상실이 부상을 부르는 게 분명했다.

당뇨가 일으키는 대사 장애 탓에 신경이 죽고,* 통증을 느끼지 못하는 까닭에 환자 스스로 부상을 자초하고, 그 발로 계속 돌아다니는 통에 좀처럼 상처가 낫지 않는 악순환이 이어졌다. 당뇨로 인한 혈액 공급 감소가 치료를 어렵게 만드는 건 사실이다. 하지만 전형적인 당뇨발이라 할지라도 추가로 스트레스를 주지 않는 한, 혈액이 충분히 공급되기 때문에 감염을 통제하고 상처를 낫게 하고도 남는다는 게 내 결론이었다.

인도 한센병 환자들 사이에 넘쳐났던, 비슷한 상처를 추적했던 기나긴 역사를 들려주고 나서 지속적이고 반복적인 스트레스와 관련해 카빌에서 새로 발견한 사실을 슈거클럽 회원들에게 설명했다. 그리고 이야기했다. "당뇨병 환자들의 엑스레이 필름을 살펴보았습니다. 솔직히 말씀드리자면, 여러분이 보고 계신 발 상처들 가운데 대다수는 얼마든지 예방할 수 있다고 생각합니다. 십중팔구는 감각을 잃어버린 환자들이 저도 모르게 발에 가하는 기계적인 스트레스에서 비롯된 부상이기 때문입니다. 다친 발로 걸어 다니면 감염이 심해져서 염증이 뼈와 관절까지 스며듭니다. 그래도 멈추지 않고 계속 걸으면 뼈가 흡수되고 관절은 탈구됩니다. 우리 한센병 환자들을 살펴본 결

- 한센병 환자에게 신경 손상이 일어나는 방식은 당뇨병 환자의 사례와 판이하다. 앞에서 이미 이야기했듯이, 나균은 상대적으로 시원한 부위에 모이므로 피부와 가장 가까운 신경을 파괴하며 불규칙한 마비 패턴을 보인다. 세균성 질환이 아닌 당뇨는 당대사를 바꿔 놓으므로 가장 긴 신경부터 먼저 영양 결핍에 시달리게 된다. 결국, 신경 말단까지 뻗어 있는 축삭의 길이가 결정 요인이 되지 않을까 싶다. 발가락이 먼저 영향을 받기 쉽다. 이어서 발에서 발목 쪽으로 더 많은 신경 축삭이 죽어 가고 차츰 다리 위로 올라간다. 감각 상실이 무릎 높이에 이르면, 다리에 남은 축삭의 길이가 팔에서 으뜸가게 긴 축삭의 길이와 같아진다. 그때쯤이면 영양 결핍이 팔에 있는 축삭에도 작용하기 시작한다. 손가락 끄트머리에 감각이 사라지고 결국 손, 팔목, 팔뚝으로 이어진다. 신경 손상은 서서히 진행되며 대다수 당뇨 환자들은 손에 심각한 문제가 생겼음을 감지하기 전에 세상을 떠난다. 하지만 발의 감각을 잃는 현상은 대단히 보편적이다.

아무도 원하지 않는 선물

과, 다친 발에 깁스를 하고 쉬면 회복이 무척 빨랐습니다. 적절한 신발을 신기면 더 심한 부상을 막을 수 있었습니다. 제대로 된 신발만 신겨도 흔히 보는 발 부상 수치가 극적으로 줄어들 겁니다. 제가 장담합니다."

강연이 끝나자 슈거클럽 회장이 몇 마디 덧붙였다. "브랜드 박사님, 흥미진진한 강연이었습니다. 카빌의 실험에서 배울 게 상당히 많겠다는 생각이 듭니다. 하지만 박사님도 아시다시피, 당뇨병에는 아주 독특한 문제가 몇 가지 있습니다. 특히 혈관 소실 문제를 이야기하고 싶군요. 박사님 환자들이 가지고 있는 치료 자산이 우리 환자들에게는 없습니다." 한센병 전문가들이 모인 자리에서 '치유가 불가능한 살'이란 소리를 들었던 기억이 섬광처럼 뇌리를 스쳤다. 어디를 가든, 무통(無痛)의 광범위한 위험을 회의적으로 바라보는 시선과 마주해야 했다.

카빌에 돌아온 뒤, 우리 발 클리닉은 발에 문제가 생긴 환자들을 보는 인근 지역 의사들과 협진할 의사가 있음을 알렸다. 감각 테스트는 물론이고 발의 전반적인 혈액 공급 상태까지 평가했다. 염증이 생긴 발은 만지면 따뜻하다. 서모그래프를 찍어 보면 대다수 당뇨 환자의 궤양에도 한센병 환자와 마찬가지로 뜨거운 열점이 거의 규칙적으로 나타났다. 그런 당뇨 환자들은 대부분 혈액 공급이 충분해서 상처를 넉넉히 치유할 수 있다는 확실한 증거였다.

감각 테스트는 헌데가 잡힌 당뇨 환자들이 현재 감각이 없는 상태임을 입증했다. 궤양이 가장 심한 환자들 가운데 일부는 발바닥 통증을 전혀 감지하지 못했다. 그뿐만 아니라, 당뇨발의 궤양은 한센병 환자의 사례와 거의 같은 자리에 생기는 경향이 있었다. 당뇨병이든 한센병이든, 궤양의 근본 원인이 통증 체계 붕괴에 있다는 점은 재론의 여지가 없어 보였다. 당뇨 환자들이 위험의 문턱을 넘어설 때 경고해 주는 존재가 전혀 없는 게 틀림없었다. 그들은 염증이 잡히고 손상된 조직으로 계속 걸어 다니다가 더 심한 해를 입고 있었다. 당뇨 환자들에게 슬리퍼 양말을 신기고 테스트했을 때도 비슷한 양상이 나타났다. 한센병 환자들처럼 그들도 걸음걸이를 바꿀 줄 몰랐다. 발 가죽의 똑같은 부분으로 바닥을 딛고 또 디디며 반복적인 스트레스를 주었다. 당뇨 환자들 역시 통각이 없어서 제 발을 망가뜨리고 있었다. 한센병 환자들과 다를 게 전혀 없었다.

당뇨와 관련된 의학서를 가져다가 연구했다. 대부분 당뇨발에는 상처와 염증이 생기게 마련이라고 설명하면서 툭하면 빈약한 혈액 순환을 탓했다. 외과의들 역시 당뇨는 혈액 공급이 줄어드는 병이라 상처가 나면 좀처럼 회복이 어렵다고 보았다. 인도에서 한센병 환자들을 치료할 때 겪었던 '부정한 살' 논란이 떠오르면서 또다시 기시감이 들었다. 한센병 전문가들이 관습적으로 그랬던 것처럼, 당뇨발에 염증이 생기면 괴저가 퍼질 때까지 기다려 보지도 않고 무릎 아래로 다리를 서둘러 절단했다.

절단 수술을 받는 당뇨 환자가 해마다 10만 명에 이르러 미국에서 시행되는 절단술 사례의 절반을 차지한다는 글을 읽고 얼마나 놀랐는지 모른다. 65세 이상의 환자 열 명 가운데 한 명꼴로 다리를 잘라

아무도 원하지 않는 선물

내야 할 위기를 맞고 있었다. 우리 이론이 정확하다면 만 명 가까운 이들이 쓸데없이 다리를 잃는 셈이었다. 하지만 한센병이라는 다소 한미한 분야에서 일해 온 처지에 어떻게 다른 전문가들의 관심을 끌 수 있단 말인가?

조지아주 애틀랜타의 의사가 해결책을 제공했다. 존 데이비슨(John Davidson) 박사는 내로라하는 당뇨 전문가로 남부 슈거클럽에 빠지지 않고 얼굴을 내밀었다. 강연이 끝난 뒤에 나눈 대화가 아직도 또렷이 기억난다. "브랜드 박사님, 전 그래디 병원에서 당뇨 클리닉을 운영하고 있습니다. 연간 만 명에 가까운 당뇨 환자를 치료하는 자선 병원이죠. 저로서는 박사님의 견해에 몹시 회의적이라고 말씀드릴 수밖에 없군요. 저는 브랜드 선생이 반드시 봐야 한다고 지적한 숱한 발 상처에 눈길을 준 적이 거의 없거든요. 제가 보고 있는 모든 손상이 과연 통각 상실의 결과인지 의심스럽습니다. 그래도 마음을 열고 박사님의 이론이 맞는지 철저하게 검증해 볼까 합니다."

애틀랜타에 있는 자신의 병원으로 돌아간 데이비슨은 발 질환 전문가를 채용하고 간단한 규칙을 정했다. 혈당 검사를 받으러 오는 이들은 매번 신발과 양말을 다 벗게 했다. 환자들이 별 어려움을 호소하지 않더라도 전문가가 주도적으로 발을 하나하나 살폈다. 몇 달 뒤, 데이비슨에게서 전화가 왔다. 이번에는 목소리에 의구심이 아니라 흥분이 가득했다. "제가 뭘 깨달았는지 상상도 못 할 겁니다. 작년 한 해 동안, 우리 병원에서 150명의 환자가 절단 수술을 받았는데, 대부분 무슨 문제가 있는지도 모르고 수술대에 올랐습니다."

박사의 설명은 계속되었다. "보통은 이렇게 돌아갔습니다. 환자가 정기 검진을 받으러 진료실에 들어옵니다. 궤양이 생긴 발로 돌아다니면서도 애써 알리려 하지 않습니다. 그저 인슐린을 조절하고, 소변검사를 하고, 체중을 재러 절 찾아옵니다. 발을 다치면 제가 아니라 외과의를 찾아갑니다. 문제는 아무 고통도 느끼지 못하는 이런 환자들은 헌데가 생기거나 발톱이 안으로 파고들어도 초기 단계에서 의사에게 알리지 않는 경우가 허다하다는 겁니다. 외과의를 찾을 즈음이면 발의 상처는 이미 험한 꼴로 변해 있기 일쑤입니다. 모든 절단 수술이 그런 식으로 이뤄졌습니다. 외과의는 차트를 살펴보고 당뇨환자라는 사실을 확인하면 이렇게 말합니다. '당장 절단하는 게 좋겠어요. 그러지 않으면 다리가 점점 썩어들 겁니다.' 그러는 내내, 저는 환자들의 발에 문제가 있다는 사실을 전혀 눈치채지 못합니다. 다음번 정기 검진 때쯤에는 환자가 의족을 하고 걷고 있을지 모릅니다. 그때도 굳이 앞뒤 사정을 말하려 하지 않겠죠."

발 질환 전문가의 도움으로 데이비슨이 이끄는 클리닉은 이제 이런 흐름을 끊을 수 있게 되었다. 발에 생긴 문제를 초기 단계에서 파악해 상처를 치료하고 심각한 감염을 막을 수 있었다. 환자들에게 신발과 양말을 벗게 하고 맨눈으로 검사하는 지극히 간단한 방법으로 데이비슨의 클리닉은 절단 수술 비율을 절반으로 떨어뜨렸다.

존 데이비슨은 우리 발 클리닉의 으뜸가는 지원군이 되었다. 의사와 간호사, 물리 치료사를 비롯한 의료진 전원을 카빌에 보내 훈련을 받게 했다. 당뇨병 교재를 쓰면서 감각을 잃은 발을 다루는 장을 집

아무도 원하지 않는 선물

필해 달라고 부탁했으며 적절한 신발과 발 관리에 관한 우리 소책자를 재발행하기 시작했다. 발 클리닉은 새로운 활력을 얻었다. '풋 케어 센터'라는 공식 명칭도 생겼다. 공공보건국 손에서 반 토막 날 뻔했던 예산은 도리어 늘어났다. 물리 치료사와 의료용 신발을 만드는 제화 기술자, 그리고 내과의가 정기 훈련 과정에 참여하기 위해 미국 전역에서 카빌로 몰려왔다. 의료용 신발 제작자 협회(발 질환 전문가를 자처했다)는 감각을 잃은 발에 적절한 신발을 제공하는 데 필요한 공인 기준을 만들었다.

결국, 진료소를 찾는 당뇨병 환자 수가 한센병 환자 수를 훨씬 웃돌았다. 한센병 환자들이 그랬던 것처럼, 당뇨병에서도 '낫지 않는 상처'란 십중팔구 근거 없는 속설에 지나지 않았음이 입증되었다. 상처를 깁스로 감싸 보호하는 간단한 기법은 당뇨병 환자에게도 효과 만점이었다. 해묵은 궤양도 6주 동안 깁스 치료를 하고 나면 말끔히 낫는 경우가 적지 않았다. (한센병 환자들과 달리, 당뇨병의 경우에는 혈액 공급이 급감해서 정성껏 치료해도 좀처럼 낫지 않고 괴사가 진행되는 경우까지 있었다.)

당뇨병 환자의 발에 생긴 상처도 한센병 환자의 발에 난 상처처럼 얼마든지 예방할 수 있다는 사실이 드러났다. 날마다 대야 물에 발을 담그고 보습 크림을 발라 주면 피부 안쪽 깊은 데서 케라틴이 갈라지는 현상을 억제할 수 있다. 당뇨 환자에게 특수한 신발을 신기고 적절한 발 관리법을 가르치자 궤양 재발률이 눈에 띄게 줄었다. 정부 당국이 나서서 형편이 어려운 당뇨병 환자에게 신발을 무료로 제공하는 방안도 고려했지만, 치료가 아닌 예방에 초점을 맞춘 제안이 대부분 그렇듯, 결국 승인을 받지 못했다. 미국에서는 훌륭한 신발이 아니라 근사한 의수족을 얻는 편이 더 쉽구나 싶었다.

고통이 침묵할 때

이제 한센병 환자만큼이나 당뇨병 환자의 출입이 늘어난 풋 케어 센터에서는 끝도 없이 밀려드는 발 손상 환자를 줄줄이 치료했다. 환자 스스로 낸 더럽고 곪아 터진 상처에 붕대를 감아 주는 건 인상 깊은 일이다. 카빌의 간호사와 치료사들 사이에서 시각의 변화가 일어나고 있음을 감지할 수 있었다. 새로운 환자가 검사를 받으러 오면 우선 감각이 없는 범위를 정밀하게 측정했다. 감각이 살아 있는 이를 만날 때마다 직원들의 얼굴이 환하게 밝아졌다. 고통은 좋은 선물이다. 고통을 느끼는 힘이 더 많이 남아 있을수록 상처 입지 않도록 제 몸을 지키기가 한결 수월하다.

기억에 남는 한센병 환자가 있다. 페드로라는 히스패닉 계 남성이었는데 감각을 느낄 수 있는 자리가 왼손바닥에 딱 한 군데 남아 있었다. 의료진에게는 그 손이 그야말로 커다란 호기심의 대상이었다. 서모그래프를 찍어 보니, 감각이 살아 있는 자리의 체온이 다른 부분보다 6도 정도 높았다. 서늘한 데를 찾는 나균의 침투를 차단하기에 넉넉한 온도였다. 가만히 지켜보니, 페드로는 물건을 만질 때 손끝을 사용했다. 개가 코로 사물을 감별하는 식이었다. 커피잔을 들 때도 먼저 감각이 있는 부분으로 온도를 가늠했다. 동전만 한 감각점 하나

덕분에 페드로는 15년 동안 다치지 않고 손을 지켜낼 수 있었다. (온 갖 추정을 거듭한 끝에, 여러 해 전에 의사가 그 자리에 있던 점을 태워 없앴는데, 표피 아 래 있던 동맥의 매듭들이 한 지점에 점점 더 많은 혈액을 계속 공급했다는 사실을 알게 되 었다.)

그 누구보다 까다로운 환자들은 고통을 눈곱만큼도 느끼지 못하는 아주 희귀한 증상을 가진 이들이다. 첫 장에서 이야기한 타냐 같은 이들이다. 카빌에 부임했을 당시, 그런 증세를 보이는 환자가 세 명 있었다. 심각한 변형과 손상 탓에 애초부터 한센병이란 오진이 내려진 이들이었다. (그때부터 한센병 환자를 진료하는 병원에 가면 손상이 가장 심한 어린 환자들을 보게 해 달라고 요청하는 습관이 생겼다. 의료진은 손발이 없는 아이들 몇 을 데려온다. 개중에는 의수족을 한 친구들도 있다. 진찰해 보면, 한센병을 앓는 게 아니라 타냐처럼 통증을 느끼지 못하는 선천성 결손이 있는 경우가 많다. 한센병의 경우에는 감각 을 잃는 데 몇 년이 걸린다. 따라서 어린아이가 제 몸을 심각하게 망가뜨리는 사례는 좀처 럼 찾아보기 어렵다. 이렇게 오진을 받고 들어온 아이들은 당장이라도 한센병 환자 요양원 에서 내보낼 수 있지만, 계속해서 전문 기관의 면밀한 보호와 관찰을 받으며 살아가는 편이 훨씬 유익하다. 고통을 느끼지 못하는 상태로 바깥세상에서 사는 건 대단히 위험하기 때문 이다.)

선천적으로 고통을 느낄 수 없는 이들의 사례는 그동안 의료계에 보고된 것만 해도 100건이 넘는다. 1920년대에는 통증을 감지하지 못하는 에드워드 깁슨(Edward H. Gibson)이라는 사내가 '인간 바늘꽂이'라는 기치를 내걸고 순회공연을 다니면서 제 몸에 바늘을 찔러 꽂게 하는 '재주'를 선보였다. 생소하기 짝이 없는 이 질환을 둘러싼 사연에는 기괴하고 뒤틀린 아우라가 따라다닌다. 10대 환자는 친구들을 즐겁게 해 주려고 아무 때고 제 어깨를 잡아 뺐다. 여덟 살배기 여자애는 아홉 개만 남기고 이빨을 모두 빼고 두 눈도 찔러 뽑아 버렸다. 껌을 씹으면서 혀를 절반쯤 물어뜯은 아이도 있었다.

통증을 느낄 수 없으니 언제 어디서나 위험에 맞닥뜨릴 수밖에 없다. 간질이는 자극을 감지할 줄 모르는 후두는 기침 반사를 일으켜 폐에서 가래를 끌어내 인두로 옮기는 기능을 해내지 못한다. 기침을 못 하는 이는 폐렴에 걸릴 공산이 크다. 감각을 잃은 이들에게는 자세를 바꾸게 만드는 고통의 속삭임이 전혀 없으므로 뼈관절이 빠지기 쉽다. 얼마 못 가 뼈에 뼈가 맞닿아 갈리는 지경에 이르고 만다. 통증을 감지하지 못하는 이들의 몸에는 패혈성 인두염, 충수염, 심장마비 같은 심각한 위험을 알릴 방도가 전혀 없다. 담당 의사도 부검 후에야 비로소 사인을 밝힐 실마리를 얻는 경우가 많다.

캐나다 맥길대학교에 갔을 때, 갓 스무 살을 넘긴 제인이라는 여대생을 부검하면서 떼어 낸 시료를 살펴볼 기회가 있었다. 고목나무에서 떨어져 나온 부스러기처럼, 시료들은 지난날 그가 겪은 자연재해를 생생하게 보여 주었다. 동상의 흔적이 먼저 눈에 들어왔다. 최근의 혹한 탓인 듯했다. 입안이 상해 있었다. 뜨거운 음료와 음식에 덴 자국이 분명했다. 일부 근육은 찢긴 상태였다. 근육통을 감지하지 못하는 이들에게는 불가피한 결과였다. 손발도 손상이 심해서, 신체 변형이 심각한 한센병 환자들에게 만들어 주던 플라스틱 모형 비슷한 꼴이었다. 손가락 발가락이 적잖이 사라지고 짧아져 있었다.

아무도 원하지 않는 선물

신경학과 과장 맥노턴 박사는 제인의 개인사를 간단히 들려주었다. "아주 조심스러운 아가씨였어요. 모범적인 환자였죠. 잘 아시겠지만, 이런 상태의 환자에게 스무 살은 살 만큼 산 나이잖아요. 최근에 불거진 문제들은 교통사고에서 비롯되었어요. 빙판길에서 자동차가 미끄러지면서 도랑에 처박혔죠. 거기서 빠져나오려고 가속 페달을 밟자 바퀴가 맹렬하게 헛돌았어요. 어지간히 당황했던 모양이에요. 어처구니없게도 차에서 내려 차체를 들고 바퀴 밑에다 탈출용 깔개를 밀어 넣으려 했다더군요. 뭐가 잘못되었구나 싶더래요. 우지끈하는 소리가 나더니 기운이 쏙 빠졌으니까요. 물론, 정작 본인은 아무것도 느끼지 못했죠. 간신히 차를 빼낸 제인은 검사를 받으러 곧장 병원으로 달려왔어요. 엑스레이를 찍어 보니 척추뼈가 쩍 갈라져 있었어요. 생각해 보세요. 등뼈가 부러졌는데 아무 느낌이 없었던 거예요. 결국, 온몸에 통으로 깁스를 했죠."

무감각은 종종 교감 신경에도 영향을 미쳐서 땀 흘리는 기능에 문제를 일으킨다. 몇 주가 지났을 즈음, 제인은 깁스가 덥다고 느꼈다. 못 견딜 지경에 이르자 맨손으로 깁스를 잡아 뜯었고 그 과정에서 손가락이 찢겨 나갔다. 등의 골절도 제대로 낫지 않았다. 뼈와 뼈가 뒤틀린 채 들러붙었다. (맥노턴 박사는 등뼈들이 어긋나 있는 엑스레이 사진을 보여 주었다.) 그러던 어느 날, 허리를 굽히다 사고가 터졌다. 비스듬히 붙어 있던 뼈가 부러지며 척수를 끊은 것이다. 숨을 거두기 전까지 몇 달 동안, 제인은 전신이 마비된 상태로 지내야 했다.

하지만 마비가 목숨을 앗아가지는 않는다. 제인을 죽인 주범은 척추 손상이 아니었다. 그는 요로 감염으로 세상을 떠났다. 요실금으로 합병증이 생긴 데다 통증이라는 경고 신호를 감지할 능력마저 전혀 없던 터라, 감염은 제인의 신장에 치명적인 타격을 안겼다.

카빌로 돌아오면서 통증을 잃은 환자들을 교육할 때 제인을 예로 들기로 마음먹었다. "절대로 그냥 두지 마세요!" 환자들에게 경고했다. "종일 부지런해야 합니다. 무엇이, 어떻게 자신을 상하게 할지 끊임없이 생각해야 합니다."

이런 교육 활동이 성공을 거두었노라고 보고할 수 있으면 정말 좋겠지만, 실상은 그렇지 못하다. 캐나다 여행을 마치고 얼마 안 돼서, 선천성 무통 환자 제임스가 절단 수술을 받아 밑동만 남은 두 다리로 뜨겁게 달궈진 자동차 엔진을 딛고 서서 너트를 푸느라 모서리에 날이 선 렌치에 체중을 싣는 모습을 보았다. 건강한 통증 체계가 천부적인 동시에 강렬하게 가르쳐 주는 교훈을 통증을 느끼지 못하는 이들에게 전달할 방도를 도무지 찾을 수가 없었다.

고통을 잠재우려는 위험한 시도

타냐와 제임스, 그리고 비슷한 증세를 보이는 다른 이들의 사례는 그동안 한센병 환자에게서 얻은 깨달음을 획기적으로 뒷받침해 주었다. 고통은 적이 아니라 적의 존재를 알려 주는 충성스러운 감시자라는 가르침이었다. 하지만 필생의 역설이라고나 할까? 통증을 느끼지 못해서 자신을 망가뜨리는 이들 틈에서 일생을 보내고 나서도 여전

아무도 원하지 않는 선물

히 그런 질환이 전혀 없는 이들에게 고통에 감사해야 한다는 말을 전하기가 힘들다. 고통은 진정 아무도 받고 싶어 하지 않는 선물이다. 선천성 무통, 한센병, 당뇨병, 그밖에 각종 신경 질환으로 고생하는 이들에게는 고통만큼 소중한 게 없다고 본다. 그러나 정작 이런 보물을 지닌 이들은 당최 소중하게 여길 줄 모른다. 도리어 원망을 쏟아내기 일쑤다.

고통을 높이 평가하는 내 입장은 통상적인 자세와 너무 상반되는 탓에 파괴분자가 된 느낌이 들 정도다. 현대 서구 사회에서는 특히 그렇다. 세계 여러 나라를 돌아다니노라면, 이를 뒤집는 역설적인 법칙이 작용하고 있음을 볼 수 있다. 한 사회가 고통을 제한하는 능력을 갖출수록 고통이 남긴 부산물을 극복하는 힘을 잃고 만다. '고통의 문제'에 집요하게 집착하고 하나님을 비난하며 손가락질하는 주인공은 제3세계 사람들이 아니라 부유한 서구 사회의 철학자와 신학자, 작가들이다.

확실히 '덜 발전한' 사회들은 신체적 고통을 그다지 두려워하지 않는다. 치과 치료사가 마취제도 쓰지 않고 집게를 전후좌우로 움직이면서 충치를 잡아 빼는 내내 차분히 앉아 통증을 견디는 에티오피아인들을 본 적이 있다. 아프리카 여성들 가운데는 약물을 사용하지 않고 생짜로 아기를 낳지만 겁내거나 걱정하는 기색을 단 한 점도 내비치지 않는다. 이런 전통적인 문화권에서는 현대적인 진통제를 찾아보기 어려울지 모르지만, 일상 속에 단단히 구축된 신념과 가족들의 지원 체계가 저마다 고통을 이겨 낼 채비를 갖추도록 돕는다. 인도의 평범한 시골 사람들은 고통과 고난을 잘 알고, 예상하며, 불가피한 삶의 도전으로 받아들인다. 인도인들은 주목할 만한 방식으로 정신력과 영성의 차원에서 고통을 다스리는 법을 체득했으며 서구에서는 도무지 이해할 수 없는 수준의 참을성을 키웠다. 이와는 대조적으로, 서구인들은 고통을 불의나 실패, 마땅히 누려야 할 행복권을 침해당하는 경험으로 본다.

미국으로 이주한 지 얼마 안 되었을 즈음, 고통에 대한 현대인의 마음가짐을 노골적으로 표현한 광고 방송에 시선을 뺏겼다. 소리를 줄이고, 텔레비전 앞에 앉아 화면을 스치는 이미지를 유심히 지켜보았다. 먼저, 실험실 가운을 입은 남자가 인간의 머리를 그린 커다란 화면을 열성적으로 짚어 보였다. 만화에 나오는 번갯불처럼 지그재그로 번쩍이는 붉은 빛줄기가 눈 바로 위쪽 이마와 목이 시작되는 머리 아랫단에 몰려 있었다. 아나운서는 환하게 웃으며 두통에 관한 설명을 이어갔다.

다음에는 실험실 작업대가 등장했다. 백지로 감싼 큼지막한 병 두 개가 올려져 있었다. 반면, 세 번째 병은 상표명을 그대로 노출했다. 가운을 입은 사내는 병을 하나씩 들어 보였다. 그때마다 카메라가 돌아가면서 내용물의 진통 성분 함유량을 보여 주는 막대그래프를 비췄다. 예상했던 대로, 상표명이 적힌 병의 함유량이 가장 높았다.

이어서 카메라는 한 손에 들린 커다란 초록색 시계에 초점을 맞췄다. 시침과 분침은 간데없고, 초침만 돌아가고 있었다. 남자는 먼저 시계를, 그리고 곧바로 상표가 붙은 병을 가리켰다. 카메라가 병을 클로즈업하자 헤드 카피가 스크린에 떠올랐다. "진통 성분이 많을수록, 통증도 더 빨리 사라집니다."

현대인의 눈에 고통은 원수다. 반드시 쫓아내야 할 사악한 침입자다. 30초 안에 통증을 가라앉히는 진통제가 있다면 더 바랄 게 없다. 이런 시각에는 치명적이고 위험한 결함이 있다. 일단 경고가 아니라 원수로 치부하면, 고통은 정보를 전달하는 능력을 잃어버린다. 통증이 전하는 메시지를 깊이 생각하지 않고 잠재우는 처사는 불길한 소식이 듣기 싫다고 요란하게 울리는 화재경보기를 꺼 버리는 짓이나 다름없다.

최소한 고통이 가져오는 유익을 다만 얼마라도 인정하는 광고가 나오면 얼마나 좋을까 싶다. "먼저 통증에 귀를 기울이세요. 몸이 중요한 이야기를 하고 있으니까요." 나도 긴장성 두통이 오면 고통을 줄이려 아스피린을 먹지만, 그 전에 그토록 머리가 아픈 까닭을 곰곰이 짚어 본다. 과식했나? 너무 빨리 먹었나? 통증은 막무가내로 쳐들어온 원수가 아니라 몸이 위험을 경고하기 위해 파견한 충직한 사신이다.

통증 신호를 잠재우려는 야단스러운 시도들은 역설적인 효과를 불러올 수도 있다.• 미국에서만 연간 3만 톤의 아스피린을 소비한다. 인구수를 고려하면 한 사람이 평균 250알을 먹는 셈이다. 더 새롭고 잘 듣는 진통제가 끊임없이 등장하고 소비자들은 주저 없이 집어삼킨다. 시중에 판매되는 약품의 3분의 1은 중추 신경계에 작용하는 약물이다. 인류의 5퍼센트를 차지하는 미국인이 세계에서 생산되는 약품의 절반을 소비한다. 하지만 이런 강박적인 집착으로 무얼 얻는가? 미국인들이 고통과 고난을 이겨 낼 준비를 더 잘하고 있다는 증거는 거의 없다시피 하다. 약물과 알코올이 암울한 현실에서 도피하는 주요 수단으로 쓰이면서 중독 환자가 폭발적으로 늘었다. 미국에서 살기 시작한 뒤로 천 개가 넘는 통증 센터가 문을 열어 도무지 굴복할 줄 모르는 적과 싸우는 이들을 돕고 있다. 서구세계 바깥이나 예전의 의학 문헌에서는 거의 찾아볼 수 없는 '만성 통증 증후군'은 기를 쓰고 고통을 잠재우려 드는 문화에 잇단 경고를 보낸다.

온갖 자원을 쏟아붓고도 고통을 '해결하지' 못하는 까닭은 무엇인가? 대부분 고통을 완전히 없애 주는 해법이 나오길 고대하지만, 혹시라도 과학자들이 진통제를 넘어 '무통제'를 개발하는 데 성공하면

• 이런 현상은 에너지를 아끼려는 인체의 욕구로도 설명할 수 있다. 근육은 쓰지 않으면 위축된다. 마찬가지로, 아드레날린과 코티손을 인위적으로 환자에게 주입하면, 그런 호르몬을 정상적으로 생성하는 부신의 기능이 떨어지게 마련이고 시간이 흐르면 완전히 생성을 멈출 것이다. 고통을 연구하는 전문가들 가운데는 진통제 중독 역시 뇌에 비슷한 영향을 미친다고 보는 이들도 있다. 인공적인 대용품을 써서 뇌의 엔도르핀 생성을 억누르면, 뇌는 자연적으로 생산하는 방법을 '잊게' 되리라는 것이다. 헤로인 중독 환자들은 그 마지막 결과를 여실히 보여 준다. 환자들의 뇌는 점점 더 많은 양의 인공 대용품을 요구한다. 자체적으로는 아편 수용체의 갈망을 충족시킬 수 없기 때문이다. 중독 상태로 긴 시간을 보낸 환자들은 약을 끊으면 통증에 과민 반응을 보이기도 한다. 침대보나 옷이 주는 가벼운 압력에도 심한 고통을 느낀다. 뇌가 더는 그런 일상적인 자극을 처리하는 신경 전달 물질을 생산하지 못하기 때문이다.

아무도 원하지 않는 선물

어떤 일이 벌어질지 나는 두렵기만 하다. 첨단 과학 기술로 불쾌한 통증을 가라앉히는 효과적인 방법을 찾는 걱정스러운 조짐이 이미 나타나고 있다. 프로 스포츠와 동상 치료 센터라는 두 본보기만 보더라도 참혹한 결과를 부르는 불길한 전조를 엿볼 수 있다.

프로 스포츠 트레이너들은 통증 신호를 무시하는 데 익숙하다. 부상을 입은 축구 선수들은 라커룸에 들어가서 진통제를 맞고 부러진 손가락이나 갈비뼈를 테이프로 칭칭 감싼 채 도로 경기장에 들어간다. 밥 그로스라는 NBA 스타 선수는 심한 발목 부상에도 불구하고 경기에 나가라는 지시를 받았다. 팀 닥터는 그로스의 발 세 군데에 마케인이라는 강력한 진통제를 주사했다. 다시 경기가 시작되고 그로스는 리바운드 공을 잡으려고 몸을 날렸다. 순간, '뚝!' 하는 소리가 경기장을 울렸다. 두 번이나 뛰어올랐던 그로스는 끝내 바닥에 고꾸라지고 말았다. 통증은 전혀 없었지만, 발목뼈는 완전히 부러졌다. 부상에 무방비 상태였던 그로스는 영구적인 손상을 입고 일찌감치 선수 생활을 접어야 했다.

1960년대에 시카고 쿡 카운티 병원에서 일했던 동상 전문가 존 보스윅(John Boswick) 박사를 보러 갔다가 두 번째 본보기를 만났다. 박사는 심각한 동상을 입은 환자 37명이 누워 있는 병동으로 안내했다. 침대보를 젖혀 놓아서 시커멓게 죽은 흉한 발 74개가 고스란히 드러나 있었다. (치료 과정에서 의사들은 동상 부위를 공기 중에 노출해 말린다. 그러면 괴사 조직이 차단되어 절단 가능한 상태가 된다.) 살이 썩는 고약한 냄새가 방 안에 가득했다. 그런 꼴은 어디서도 보지 못했다. 진저리를 칠 만큼 끔찍했다. 박사에게 물었다. "시카고 정도 되는 도시라면 당연히 이런 노숙인들에게 쉼터를 마련해 주었어야 하는 게 아닐까요?"

보스윅은 껄껄 웃었다. "박사님, 이 양반들은 노숙인이 아닙니다. 마음만 먹으면 들어갈 수 있는 쉼터도 얼마든지 있고요. 중산층에 속하는 분도 더러 있습니다. 이 환자들은 알코올이나 약물에 중독된 이들입니다. 나가서 신나게 즐긴 뒤에 집으로 가려 하지만 길을 찾지 못하죠. 더러는 누가 문 앞까지 데려다줘도 너무 취해서 열쇠를 돌릴 줄 모릅니다. 그러니 문짝에 기대서, 아니면 눈 더미 속에서 그대로 잠이 드는 거예요. 알코올이 아프다거나 춥다거나 하는 감각을 죄다 무디게 만들어서 눈마저도 포근하게 느낍니다. 그렇게 곯아떨어지면, 이튿날 아침이나 되어야 가족들이 문간에서 쿨쿨 자는 이들을 찾아냅니다. 저는 통각 세포가 무뎌지는 바람에 손상을 입은 환자들을 치료하고 있는 셈입니다. 이 양반들을 좀 보세요. 어떤 분들은 발을 송두리째 잘라야 할 상황입니다."

고통이 침묵할 때 벌어지는 극단적인 사태를 보여 주는 이 두 사례는 현대 사회에 경고를 주는 상징적인 본보기라고 할 수 있다. 개인적으로는 오랫동안 통증을 느끼지 못하는 환자들 틈에서 지냈다. 부러움은커녕 동정을 사는 이들이다. 고통을 없애는 방식으로 문제를 '해결'하기보다 고통에 귀를 기울인 뒤에 대응하는 법을 배워야 한다. 그런 발상의 전환이 일어나려면 먼저 세계관이 철저하게 달라져야 한다. 인간의 힘으로 뭐든지 고칠 수 있다는 미국인 특유의 낙관적인 기질을 넘어서는 변화가 필요하다.

아무도 원하지 않는 선물

고통에 관한 두 가지 의문

한동안은 정규 병원 두 군데를 오가며 진료했다. 하나는 주로 류머티즘성 관절염 환자들이 다니는 배턴루지의 병원이고, 다른 하나는 당뇨병과 한센병 환자들을 보살피는 카빌 병원이었다. 류머티즘성 관절염은 자가 면역 이상으로 고통스러운 염증 반응이 따르며 관절이 부어오르고 몸이 자체 조직을 공격하는 질환이다. 가끔, 류머티즘성 관절염을 앓는 이들에게 고통의 가치를 깨우치려 애쓰면서 한센병 환자들의 실례를 동원한다. "한센병 환자들을 생각해 보세요. 그분들이 부럽습니까? 여러분이 앓고 있는 병은 한센병 감염보다 훨씬 더 파괴적입니다. 류머티즘성 관절염에 걸리면 뼈가 물러지고 쉽게 깨지며, 인대가 헐어 관절에서 떨어져 나가고, 근육이 늘어나 제자리에서 벗어나 버립니다. 하지만 여러분의 멀쩡한 손을 보십시오! 손가락이 멀쩡하게 다 붙어 있습니다. 한센병 환자들보다 자신을 훨씬 더 잘 지킬 수 있습니다. 여러분은 고통을 느낄 줄 알기 때문입니다. 그러나 잊지 마세요. 한센병 환자들은 건강한 뼈와 관절이 있지만, 손가락을 다 잃었습니다. 고통에 감사하세요. 통증은 손가락을 함부로 쓰지 않도록 지켜 주니까요."

잔소리는 좀처럼 통하지 않았다. 류머티즘성 관절염 환자들은 웬만해서는 손발을 지켜 주는 고통에 고마워하는 마음을 갖지 않았다. 도리어 통증을 덜어 달라고 매달리기 일쑤였다. 아픔을 줄일 욕심에 스테로이드를 대량으로 쓰는 바람에 뼈에서 석회질이 빠져나가고 손가락 관절이 뒤틀리기까지 했다. 과체중으로 침상에 누워 지내던 어느 환자는 스테로이드 주사를 너무 많이 맞은 나머지, 마침내 침대에서 벗어나려고 몸을 일으키는 순간 발뼈가 분필처럼 산산이 부서지고 말았다. 류머티즘성 관절염은 그 희생자들을 아주 고전적인 딜레마에 빠트리기 일쑤다. 고통을 잠재우는 대신 몸을 망칠지, 아니면 통증에 귀를 기울이고 몸을 지킬지 결정하라고 몰아붙인다. 공평하게 씨름해도 고통이 승리를 거둘 공산은 거의 없다.

왜 그런가? 이것이 내게는 '고통의 수수께끼'였다. 인간의 마음은 어째서 거의 자동으로 특정한 상태를 선택하는가? 고통의 유익이라면 얼마든지 입증할 수 있다. 미심쩍어하는 이를 데리고 한센병 요양원을 한 바퀴 돌아보면 그만이다. 하지만 통증 체계에 관한 몇몇 반론은 쉬 해소되지 않았다.

첫 번째 질문은 "어째서 고통은 불쾌한 것이어야 하는가?"이다. 여기에 대한 답은 알고 있다. 그 답은 고통에 다가서는 내 접근 방식의 기저를 이룬다. 고통이 주는 불쾌감(너나없이 싫어하는 대목이다)은 인간을 효과적으로 보호하는 요소이기도 하다. 이론적으로는 잘 알겠는데, 환자의 심신을 허약하게 만드는 걸 볼 때면 의구심이 들고 그와 얽힌 두 번째 질문이 꼬리를 문다. "고통이 끊임없이 이어져야 할 까닭은 무엇인가?" 몸에 켜고 끌 수 있는 장치가 내장되어 있어서 경고 신호 스위치를 마음대로 내릴 수 있다면, 분명히 고통에 더 감사하게 될 것이다.

이 두 질문이 끈질기게 따라다니며 오랫동안 나를 괴롭혔다. 해묵

아무도 원하지 않는 선물

은 상흔을 손가락으로 어루만지듯, 끊임없이 같은 물음으로 되돌아 갔다. 고통의 이미지를 개선하려는 개혁적인 노력을 이어갔음에도 불구하고, 카빌 시절을 통틀어 가장 야심 차다고 할 만한 새 프로젝트를 시작하기 전까지는 그 두 가지 매듭을 깨끗이 풀지 못했다.

연구 제안서에 붙인 제목은 '고통을 대체할 유용한 체계'였다. 한센병, 선천성 무통, 당뇨성 신경 장애를 앓고 있는 이들의 손상된 통증 체계를 대신할 인공 시스템을 개발하겠다는 내용이었다. 나는 제안서에서 프로젝트가 가져올 경제적 이익을 강조했다. 100만 달러를 투자해서 해당 환자들에게 최악의 위험을 경고해 줄 방법을 찾아내면, 정부로서는 병원 치료와 절단 수술, 재활에 들어가는 예산 수백만 달러를 절약할 수 있으리라는 논리였다.

제안서는 워싱턴에 있는 미국 국립보건원을 한바탕 휘저어 놓았다. 통증을 가라앉히거나 아예 없애려는 과학자들의 지원서는 숱하게 받아 보았지만, 고통을 만들어 내겠다는 제안서는 받아 본 적이 없었기 때문이다. 그런데도 우리는 프로젝트 추진 자금을 지원받을 수 있었다.

작업에 착수했다. 일단, 인간의 신경 체계를 아주 미세한 단위까지 섬세하게 복제할 계획을 세웠다. 말단에서 신호를 만들 '신경 센서'와 경고 메시지를 실어 나를 '축삭'(또는 배선 체계), 그리고 뇌에 위험을 통보할 응답 장치 따위를 대신할 대용품이 필요했다. 카빌 연구실의 분위기가 후끈 달아올랐다. 우리가 아는 한, 여태 한 번도 시도된 적이 없는 일을 하려는 참이었다. 루이지애나주립대학교 전기공학과에 온도와 압력을 감지할 초소형 센서 개발을 의뢰했다. 그쪽 엔지니어는 우스갯소리를 섞어 가며 이 프로젝트가 가져올 잠재적 이익을 이야기했다. "생각대로 진행되기만 하면, 아프지는 않고 위험만 경고하는 시스템이 나오겠군요. 나쁜 쪽은 싹 빼 버리고 좋은 부분만 남기는 셈이죠. 멀쩡한 사람들도 타고난 통증 체계 대신 새로 나올 장치를 달아 달라고 하겠는걸요? 진짜 손가락이 아픈 대신, 보조 기구를 통해 경고 신호를 받는 걸 싫어할 사람이 어디에 있겠어요?"

얼마 지나지 않아, 대학 쪽에서 변환기 시제품을 들고 왔다. 셔츠 단추보다 작고 얇은 금속판으로, 누르는 압력이 일정한 수준에 이르면 전기 저항이 달라지면서 변환기가 전류를 일으켰다. 엔지니어들은 이 초소형 센서가 어느 정도 압력에서 작동하도록 프로그래밍해야 하는지 물었다. 토미 루이스의 통증 연구실에서 일하던 학창 시절을 되짚어 보았다. 그때와는 큰 차이가 있었다. 빈틈없이 잘 디자인된 인체에 내장된 기관들을 단순하게 시험하는 게 아니라, 마치 설계자처럼 사고해야 했다. 이 몸은 어떤 위험에 맞닥뜨리게 될까? 어떻게 그 위험 요인들을 센서가 측정할 수 있는 방식으로 수량화할 수 있을까?

문제들을 단순화하기 위해 환자들에게 가장 큰 문제를 일으키는 부위인 손가락 끝과 발바닥에 초점을 맞췄다. 하지만 이를테면 숟가락을 잡는 따위의 용인할 수 있는 압력과 깨진 유리를 움켜쥐는 것처럼 허용해서는 안 될 압력을 구분하는 센서를 어떻게 만들어 낼 것인가? 평상시 걸음걸이의 스트레스 수준을 어떻게 계측하며 더 나아가

도로 경계석을 내려서거나 물웅덩이를 건너뛰는 식의 간헐적이고 예외적인 압력은 어찌할 것인가? 잔뜩 흥분해서 프로젝트에 달려들었지만 갈수록 주눅이 들었다.

의대에 다니던 시절, 신경 세포들이 신체의 필요에 맞춰 통증에 대한 감도를 변화시킨다고 배운 기억이 났다. 흔히 손가락에 쓰라린 느낌이 있다고 말한다. 손상된 조직에 있는 신경 세포들이 자동으로 통증의 문턱을 낮춰서 손가락을 쓸 엄두를 내지 못하게 만드는 것이다. 염증이 생긴 손가락은 쉴 새 없이 여기저기에 부딪히는 것만 같은 기분이 든다. 그만큼 '도드라져' 보인다는 뜻이다. 감염이 손가락을 통증에 열 배나 더 예민해지게 하는 까닭이다. 어떤 변환기를 동원한다고 하더라도 생체 조직의 필요에 그처럼 민감하게 반응하지 못한다.

연구자들의 낙관적인 기대는 다달이 뚝뚝 떨어졌다. 카빌 팀은 반복적이고 지속적인 스트레스와 관련해 의미심장한 사실을 이미 알아낸 터라, 최악의 위험은 비정상적인 스트레스가 아니라 걷는 움직임처럼 수천 번씩 되풀이되는 지극히 정상적인 스트레스에서 비롯된다는 사실을 알고 있었다. 돼지 셔먼은 $0.07 kg/cm^2$ 정도의 낮은 압력도 오래 지속되면 피부 손상을 일으킬 수 있다는 사실을 선명하게 보여주었다. 이처럼 다채롭기 짝이 없는 인자들을 어떻게 소형 변환기에 프로그래밍해서 집어넣을 것인가? 센서마다 컴퓨터 칩을 심어서 반복적인 스트레스로 조직이 손상에 취약해지는 정도를 계속 추적해야할지도 모른다. 그처럼 어려운 선택을 순간순간 곧바로 해내는 인체의 능력에 다시 한 번 탄복할 수밖에 없었다.

수없이 많은 절충 끝에 센서를 가동시키는 기본 압력과 온도를 정했다. 곧바로 변환기 몇 개를 조합한 장갑과 양말을 만들었다. 마침내 통증 시스템을 대신할 대용품을 실제 환자에게 시험했다. 이번에는 기계적인 문제가 앞을 가로막았다. 최첨단 소형 전자 기기인 센서들은 수백 번 정도 사용하고 나면 금속 피로와 부식으로 기능이 떨어지는 경향이 있었다. 합선이 생겨서 그릇된 경보가 울리기도 했다. 실험에 자원한 환자들에게는 짜증스러운 일이었다. 한술 더 떠서, 센서 하나 값이 450달러를 웃돌아서, 한센병 환자가 병원 주위를 오래 걷기라도 할라치면 2천 달러짜리 양말이 해질 판이었다. 정상적인 환경에서 사용해도 1-2주면 변환기 한 세트가 다 소모되었다. 갈퀴질이나 망치질이야말로 우리가 안전을 확보해 주고자 노력하는 활동이었지만, 그런 데 쓰라고 그토록 값비싼 장갑을 줄 수는 없었다. 얼마 되지 않아, 환자들은 자신을 지키기보다 그들을 보호할 장비로 개발된 변환기를 지키는 데 더 신경을 썼다.

심지어 기계가 제대로 돌아가도 시스템을 전반적으로 좌지우지하는 건 환자의 자유 의지였다. 우리는 '고통의 나쁜 면은 쏙 빼고 좋은 면'만 끌어내 쓰겠노라고 사방팔방 떠벌였다. 아프게 하지 않는 시스템을 설계하겠다는 의미였다. 처음에는 보청기 비슷한 장비를 만들어 시험했다. 센서에 감지되는 압력이 정상 범위에 속하면 희미하게 윙 소리를 내다가 조금 위험하다 싶으면 윙 소리가 조금 더 커지고, 정말 위험한 지경에 이르면 찢어질 듯한 경보음을 내게 했다. 하지만 손에 손상을 입은 환자는 스크루드라이버를 너무 세게 돌려 요란한

아무도 원하지 않는 선물

경보음이 울려도 "툭하면 오작동이라니까" 어쩌고 하면서 무시하면 그만이었다. 결국은 막무가내로 드라이버를 돌렸다. 깜박이는 불빛으로 경고 신호를 보내는 방안도 같은 이유로 실패했다.

그저 추상적인 차원에서 '고통'을 이해하는 환자들은 도통 인공 센서를 믿으려 하지 않았다. 되려 신호들을 지겨워하면서 외면했다. 정신이 번쩍 들었다. 강제 장치를 마련하지 않는 한, 대용품을 만든 시스템은 제대로 돌아가지 않을 게 확실했다. 위험을 경고하는 것만으로는 부족했다. 환자들이 경고에 반응하게 해야 했다. 루이지애나 주립대학교의 팀스 교수는 낙담한 목소리로 말했다. "폴 선생님, 이건 아무짝에도 쓸 데가 없어요. 신호가 실제로 통증을 일으키지 않는 한, 팔다리를 보호할 도리가 없어요. 환자들에게 자극을 주어서 주의를 끌 무슨 방도가 틀림없이 있을 거예요."

갖은 수를 써 보고 나서야 비로소 통증에 기대게 되었다. 결국, 팀스가 옳았다. 고통이 불쾌하듯 통증도 불편하다. 팀스 교수 밑에서 공부하는 대학원생 가운데 하나가 소형 배터리로 움직이는 코일을 개발했다. 작동이 시작되면 높은 전압의 낮은 전류를 흘려 충격을 주었다. 해를 입히진 않지만, 고통을 주었다. 전류가 최소한의 통증을 일으키는 정도였다.

인체의 시원한 부분을 좋아하는 나균은 일반적으로 겨드랑이처럼 따뜻한 부위는 건드리지 않는다. 그래서 환자들 겨드랑이에 테이프로 전기 코일을 붙이고 시험에 들어갔다. 자원자들 가운데 더러는 일찌감치 포기했지만, 용감한 몇몇은 끝까지 남았다. 그렇다 하더라도 인공 센서에서 비롯된 통증과 타고난 통증을 다른 방식으로 받아들이기는 매한가지였다. 전기 충격을 위험에 처한 몸의 한 귀퉁이에서 날아오는 메시지가 아니라 규칙을 위반한 데 따른 처벌로 보는 경향이 있었다. 인공적으로 만든 시스템은 자아감과 태생적인 연결이 전혀 없었으므로, 환자들은 자기 보호 본능보다는 적대적 감정으로 반응했다. 손에서 무슨 일이 벌어지고 있는데 겨드랑이에 충격이 오다니, 어떻게 그런 일이 있을 수 있을까?

근본적인 차이가 눈에 들어왔다. 고통을 느껴본 적이 없는 이들은 과업지향적인 반면, 타고난 통증 시스템을 지닌 이들은 자기지향적이었다. 통증을 모르는 이들도 어떤 신호를 받아서 이런저런 행동이 해롭다는 사실을 알 수 있지만, 정말 하고 싶은 일이 있으면 어떻게든 하고 만다. 고통에 민감한 이들은 제아무리 해 보고 싶은 일이 있어도 통증에 막혀 행동을 멈춘다. 하고 싶은 일을 하는 것보다 자신을 보호하는 게 훨씬 중요하다는 사실을 잘 알기 때문이다.

우리 프로젝트는 여러 단계를 거쳤다. 실험실 연구에만 5년이 걸렸고, 수천 인시(人時, 한 사람이 한 시간 동안 수행하는 일의 양 - 옮긴이)가 투입되었으며, 수백만 달러가 넘는 정부 예산이 들어갔다. 그러나 결국은 계획 전체를 접을 수밖에 없었다. 손 한쪽의 경고 체계만 해도 이만저만 비싼 게 아니었다. 기계 고장이 잦았고 촉각과 통각을 이루는 다량의 감각을 해석하기에는 터무니없이 부족했다. 무엇보다 중요한 점은 우리 시스템에 내재된 근본적인 약점을 에둘러 갈 길이 없다는 점이었다. 환자가 센서에서 나오는 경고에 주의를 기울이고 싶지 않

아무도 원하지 않는 선물

으면 언제고 시스템을 몽땅 건너뛸 방법을 찾을 수 있었다.

돌이켜 보면, 고통을 대신할 대용품을 만드는 프로젝트에 성공하지 못하리라고 확실하게 깨달은 순간이 있었다. 공예 작업장에서 무슨 도구를 찾고 있는데, 자원해서 실험에 참여 중인 환자 찰스가 오토바이 엔진의 개스킷을 교환하러 들어왔다. 자전거를 끌고 콘크리트 바닥을 가로지른 뒤에 받침다리를 발로 차 세우고 이내 휘발유 엔진을 붙들고 작업을 시작했다. 곁눈질로 그의 움직임을 관찰했다. 찰스는 더없이 성실한 자원자였으므로 장갑에 장착한 인공 통증 센서가 어떻게 작동하는지 열심히 지켜보았다.

엔진 볼트 하나가 잔뜩 녹이 슬었던 게 분명했다. 찰스는 렌치를 가지고 볼트를 풀려고 몇 번씩이나 안간힘을 썼지만, 나사는 꼼짝도 하지 않았다. 렌치에 온몸을 싣다시피 하고 용을 쓰던 그가 화들짝 놀라 뒤로 물러서는 게 보였다. 코일을 타고 전기가 흘러 짜릿했던 모양이었다. (우리가 만든 인공 통증 체계가 설계대로 작동하는 걸 보고 소스라치게 놀랐음을 굳이 부정하진 않겠다.) 찰스는 잠시 어찌 된 영문인지 헤아려 보더니 곧바로 겨드랑이에 손을 넣어 선을 끊어 버렸다. 그리고는 커다란 렌치로 볼트를 풀더니 셔츠 속으로 선을 넣어 코일을 다시 이었다. 순간, 여태 헛짓을 했음을 또렷이 알 수 있었다. 환자에게 선택의 여지를 주는 시스템은 백 퍼센트 실패할 수밖에 없었다.

'고통을 대체할 유용한 체계'를 만들겠다는 꿈은 물거품이 되었지만, 그 과정을 통해 어째서 고통은 불쾌한 것이어야 하며, 또 끊임없이 이어져야 할 까닭은 무엇이냐는 두 가지 질문을 마침내 잠재울 수 있었다. 인공적으로 만든 시스템은 고통의 이 두 가지 특성을 효과적으로 재생하지 못하는 문제 때문에 실패하고 말았다. 인간의 뇌가 가진 신비로운 힘은 강제로 정지 명령을 내릴 수 있다. 우리가 만든 대용품으로는 죽었다가 깨나도 이룰 수 없는 일이다. 아울러 '자연적인' 통증은 이편에서 원하든 말든 상관없이, 위험 요인이 사라질 때까지 계속된다. 인공적으로 만든 대체 시스템과 달리 스위치를 내릴 도리가 없다.

통증 체계의 대용품을 만들려고 씨름하면서 우리가 설치하려 애쓰던 부류의 스위치를 간절히 기다리던 류머티즘성 관절염 환자 생각이 났다. 그들이 통증 시스템을 스스로 켜고 끌 수 있는 장치를 갖게 된다면 십중팔구는 단 며칠, 또는 몇 주 안에 손을 다 망가뜨리고 말 것이다. 대다수는 통증을 통제하는 스위치가 언제나 손에 닿지 않는 데 있으니 참으로 다행스럽다 싶었다.

———

1972년 11월, 허사가 된 프로젝트를 아쉬워하고 있던 차에, 딸 메리가 우리 부부의 첫 손자를 낳았다는 연락을 받았다. 미네소타주까지 가서 새 생명을 철저히 조사해 보기까지는 그러고도 몇 달이 더 지나야 했다. 집 안에 들어서자마자 메리는 건강한 사내아이 대니얼을 자랑스럽게 품에 안겨 주었다. 솔직히 털어놓자면, 아기를 받아들자마자 곧바로 정형외과 의사로 돌아가 손가락 관절, 척추가 그리는 곡선, 발의 각도 따위를 살폈다. 어느 한 곳 나무랄 데가 없었다. 하지

아무도 원하지 않는 선물

만 아직 검사해야 할 항목이 하나 더 있었다. 딸애가 자리를 비우길 기다렸다가 얼른 행동에 들어갔다.

흔히 볼 수 있는 일자 핀을 가지고 손가락 끄트머리의 통증 체계를 간단히 확인해 보았다. 물론, 누구 못지않게 온화한 할아버지가 되고 싶었지만, 그래도 반드시 해야 할 일이었다. 대니얼은 손을 냉큼 뒤로 잡아 빼더니 얼굴을 찡그리며 손가락과 내 얼굴을 번갈아 쳐다보았다. 정상이었다. 아기의 반사 신경은 설계대로 작동되고 있었다. 갓난이 시절에 벌써 일자 핀과 얽힌 중요한 공부를 한 셈이었다. 아기를 가슴에 꼭 품고 그 조그만 손가락들에 감사하는 기도를 드렸다. 카빌에서 개발한 정교한 장갑에는 총 20개의 변환기가 들어가 있으며 가격은 1만 달러에 육박한다. 이 갓난이는 하나하나가 접촉하는 감각의 강도를 세밀한 단위로 측정하는 통증 감지기를 한 손가락 끄트머리만 해도 무려 1천 개나 달고 태어났다. 이 꼬맹이를 빚어내는 데 내 유전자 코드가 작용했다니, 할아버지로서 얼마나 뿌듯했는지 모른다. 값비싼 전자식 변환기를 동원해 통증 시스템을 만드는 기술자 노릇은 실패로 돌아갔지만, DNA는 엄청난 성공을 거둔 것이다.

대니얼이 갖고 태어난 소형 변환기들은 앞으로 충격적이고, 지속적이며, 반복적인 온갖 스트레스를 자세히 추려서 배선에 합선이 일어나거나 외부의 유지 관리도 없이 70-80년 동안 한결같이 척수로 신호를 보낼 것이다. 이는 인간의 머리로 따라잡을 수 있는 범주의 사건이 아니다. 게다가 이런 통증 센서들의 스위치는 손에 닿지 않는 자리에 있어서 원하든 원치 않든 자동으로 작동한다. 한없이 정밀해서 위험이 뭔지도 모를 만큼 어린 아기의 뇌에서도 강제로 반응을 끌어낸다. 노래의 후렴처럼 입에 붙은 말로 기도를 마쳤다.

"고통을 주신 하나님, 고맙습니다!"

제3부

고통과 더불어 행복하게

I

햄릿의 고뇌와 리어왕의 비극을 표현할 어휘
는 있어도 오한이나 두통을 설명할 어휘는
없다. … 어린 여학생도 사랑에 빠지면 제 마
음을 표현할 셰익스피어나 키츠의 명문을 떠
올리는 법이나, 두통으로 고생하는 이는 머리
통증을 의사에게 설명하려고만 하면 맞춤한
단어가 금세 메말라 버린다.

—버지니아 울프

14장

고통의 오묘한 속성

나는 전통적인 의미의 '고통 전문가'는 아니다. 통증 클리닉에서 일해 본 적도 없고 고통을 관리해 본 경험도 아주 제한적이다. 도리어 고통을 느끼지 못하는 이들을 치료하면서 고통의 오묘한 속성에 감사하는 마음을 갖게 되었다. 콜리 산지에서 보낸 어린 시절이나 독일군의 폭격 속에서 의과 대학에 다니던 동안에는 "하나님, 고통을 주셔서 감사합니다!"라고 고백한 적이 단연코 없었다. 그건 통증을 잃어버린 환자들 틈에서 몇 년씩 일하고 난 뒤에 생긴 세계관이었다.

우리 아이들은 말할 것도 없고, 다른 환자들에게서도 고통을 대하는 보편적인 태도를 끊임없이 볼 수 있었다. "아파! 어떻게 해야 통증을 없앨 수 있지?" 그동안 아픔을 느끼는 이들뿐만 아니라 고통을 감지하지 못하는 이들에게서 얻은 정보들을 모두 아우르는 새로운 접근법을 구성하려 여러 해 동안 갖은 노력을 다했다. 통증이 없으면 인간은 제대로 살아갈 도리가 없다. 하지만 어떻게 해야 고통과 더불어 행복하게 살 수 있을까? 고통은 값을 매길 수 없을 만큼 소중한 선물이다. 여기에 대해서는 한 점 의문의 여지도 없다. 하지만 고통을 다스리는 법을 배워야만 고통에 짓눌리지 않을 수 있다.

개인적으로는 고통이라는 경험을 세 단계로 나눈다. 우선 고통 신호, 다시 말해 몸 주변부에 퍼져 있는 신경 말단들이 위험을 감지하고 보내는 경보 단계다. '고통을 대체할 유용한 체계' 개발 프로젝트는 바로 이 첫 단계를 지극히 기본적인 수준에서 재생해 보려는 시도였지만, 이는 애초부터 실패로 매조질 수밖에 없는 일이었다.

고통의 두 번째 단계에서는 척수와 두뇌의 기저부가 '관문' 구실을 하면서 수백만 개 신호 가운데 메시지로 바꿔 뇌에 전해야 할 신호를 가려낸다. 다치거나 병에 걸리면 이런 전달 체계에 지장이 생기기도 한다. 척추를 다쳐 하반신이 마비되면, 손상 부위 아래쪽에 있는 말초 신경 말단에서 통증 신호가 올라와도 뇌까지 전달되지 않는다.

고통의 마지막 단계는 뇌의 상층부, 특히 대뇌 피질이 담당한다. 걸러져 올라온 메시지를 철저하게 살펴서 어떻게 반응할지 결정한다. 이렇게 신호, 메시지, 반응이라는 사이클이 완성되기 전까지는 고통이란 사실상 존재하지 않는 셈이다.

어린아이가 뜀박질하다 넘어지는 따위의 일상적이고 사소한 사고만 봐도 고통의 세 단계 간 상호 작용을 또렷이 파악할 수 있다. 길바닥에 쓸려 무릎이 까지는 순간, 아이는 옆으로 굴러 더 큰 접촉을 피한다. 이런 응급 반응은 척수의 명령을 받아 반사적으로 일어난다(1단계). 그리고 0.5초도 지나지 않아서 살갗이 벗겨진 무릎에서 쓰라린 통증을 감지한다. 다음에 어찌할지는 얼마나 심하게 긁혔는지, 어떤

아무도 원하지 않는 선물

성품과 기질을 지녔는지, 주위 상황이 어떠한지에 달렸다.

친구들과 달리기 시합을 하는 중이었다면, 경기가 빚어내는 시끄러운 소리와 전체적인 흥분 상태가 통증이 더 깊어지는 걸 차단하는 경쟁 메시지를 만들어 낼 것이다(2단계). 무릎에는 눈길 한 번 주지 않고 곧바로 일어나 경주를 마칠지도 모른다. 하지만 뜀박질이 끝나고 흥분이 가라앉으면 척수의 문턱을 넘어 뇌의 사고를 담당하는 영역으로 흘러간다(3단계). 아이가 무릎으로 눈을 돌려 피가 나는 걸 보면 이제 의식을 관장하는 뇌가 이어받는다.

두려움이 아픔을 키운다. 엄마가 중요해진다. 아이가 돌아갈 데라고는 엄마의 품뿐이다. 슬기로운 어머니는 일단 딸을 품어 두려움을 가라앉힌다. 그리고는 상처를 보고 화들짝 놀라는 시늉을 하며 피를 닦아 내고, 알록달록한 밴드를 붙여 준 뒤에 다시 나가 놀게 한다. 당장은 고통을 잊어버리지만, 정신 팔 만한 게 다 없어지는 오밤중이 되면 통증이 되살아나고 다시 엄마 아빠를 찾게 마련이다.

이런 소동이 벌어지는 내내 통증 신호들은 크게 달라지지 않는다. 충성스러운 무릎의 뉴런들은 오후부터 저녁까지 줄기차게 손상을 알리는 보고를 올린다. 2단계에서는 경쟁 신호가 입력되면서 통증이 차단되는 정도에 따라, 3단계에서는 불안을 가라앉히는 엄마 아빠의 위기 대응 능력에 따라 아이의 통증 인식이 크게 달라진다.

경험과 감정을 끌어낼 수 있는 원천의 폭이 넓은 성인들에게는 정신이 그 무엇보다 중요한 기능을 한다. 의사 입장에서는 고통에 대한 인식을 이쪽저쪽으로 바꾸는 정신의 능력을 높이 평가할 수밖에 없다. 통증을 흔히 '고난'이라고 부르는 한결 심각한 상태로 전환시키는 데 익숙해질 수 있고, 반대로 엄청난 정신의 자원을 활용해 아픔을 이겨 낼 힘을 얻는 법을 배울 수도 있다.

철저히 개별적이며 더없이 사사로운

의대에서는 주로 1단계 고통과 마주했다. 환자들은 진료실을 찾아와 말초적인 통증 신호들을 구체적으로 호소했다. (손가락이 아파요, 귀가 울려요.) 하지만 그 어떤 환자도 "척수로 들어오는 숱한 메시지 중 손가락에서 보낸 통증 신호야말로 뇌로 전달할 가치가 있다는 판단이 듭니다"라고 이야기하지 않았다. "배가 아픕니다. 모르핀 계열의 약물을 뇌에 투여해서 복부에서 보내는 통증 신호를 무시할 수 있게 해 주시겠어요?"라고 부탁하는 이도 없었다.

고통의 원인을 진단하기 위해서는 환자가 보고하는 1단계 통증 정보에 의존할 수밖에 없었지만, 초동 단계에서부터 3단계에 반응하는 게 중요하다는 사실을 깨닫는 데는 오랜 시간이 필요치 않았다. 이제 순서를 뒤집어 3단계를 으뜸으로 중요하게 여긴다. 인간의 정신에 일어나는 일이야말로 가장 중요하면서도 치료하거나 이해하기가 제일 어려운 측면이다. 3단계 통증을 다루는 법을 배운다면, 고통을 합당한 자리(주인이 아니라 머슴의)에 앉히는 데 성공할 공산이 크다.

한번은 발가락에 체중을 싣고 특정 동작을 할 때마다 극심한 통증을 느끼는 발레리나를 알게 되었다. 차이콥스키의 〈백조의 호수〉에

아무도 원하지 않는 선물

는 그 발레 동작이 서른두 번이나 들어 있어서 제목을 듣기만 해도 몸서리를 쳤다. 라디오에서 그 음악이 흘러나오기라도 하면 화들짝 일어나 라디오를 껐다. 발레리나는 호소했다. "음을 들으면 실제로 발이 아파요!" 발에서 감지된 감각이 심리에 영향을 미친 것이다.

다리가 산산이 조각난 전쟁영웅이었지만 페니실린을 가득 채운 피하 주사기 바늘만 보면 겁에 질려 몸을 움츠리던 제이크라는 군인을 치료하면서 처음으로 정신의 힘을 알게 되었다. 그때는 그저 이상하게만 보였다. 하지만 제이크의 모습은 사실 전투 과정에서 다친 병사들의 전형적인 반응임을 나중에 깨달았다. 하버드 의대의 헨리 비처(Henry K. Beecher) 박사는 2차 세계대전 당시 이탈리아 안치오에서 벌인 '싱글 작전'에서 다친 병사 215명을 관찰한 끝에 어떤 현상을 발견하고 거기에 '안치오 효과'라는 이름을 붙였다. 골절상, 사지 절단, 흉부 관통상, 두부 관통상을 비롯해 중상을 입은 병사들은 모르핀을 얼마든지 맞을 수 있었지만 넷 중 한 명만 투약을 요청했다. 딱히 무언가에 기대서 고통을 이겨야 한다는 생각이 없었다. 통증을 느낀다는 사실 자체를 부정하는 이들도 적지 않았다.

마취과 전문의인 비처는 군인들의 반응을 보통의 치료 과정에서 보았던 장면들과 비교했다. 일반 환자들 가운데 80퍼센트는 수술 상처가 아물어 가는데도 모르핀이나 다른 진통제를 봐 달라고 매달렸다. 박사는 결론지었다. "상처 자체와 부상자가 경험하는 통증 사이에는 확실하고 직접적인 연관성이 없다. 대부분 다른 여러 요소가 고통을 규정한다. 여기서 상처는 어떤 의미를 갖는가? … 부상병들이 상처에 보인 반응은 전쟁터에서 살아서 빠져나온 데 대한 안도와 감사, 더 나아가 희열이었다. 하지만 민간인들에게 대수술은 우울하고 불행한 사건에 지나지 않았다."

뇌 연구, 특히 카디프에서 진행했던 해부는 고통에서 정신이 수행하는 역할이 그토록 중요한 이유를 이해하는 데 큰 도움이 되었다. 뇌의 구조 자체가 이를 요구한다. 대뇌 피질로 들어오는 신경 섬유 가운데 0.1퍼센트만이 통증 메시지를 비롯한 새로운 감각 정보를 실어 나른다. 다른 신경 세포들은 기억과 감정을 되씹고 꼼꼼히 살피며 서로 소통한다. 지금 겁내고 있는가? 고통이 가치 있는 무언가를 만들어 내고 있는가? 정말 회복되기를 바라는가? 충분히 공감받고 있는가?

한 걸음 더 나아가, 의식을 담당하는 뇌는 통증을 일으킨 원점의 자극이 완전히 차단된 두개골 안에서 소용돌이치는 온갖 자료를 조합해 어떻게 반응할지 정한다. 어떤 감각이든 대부분 관계된 '외부 요소'가 있으며, 너나없이 누군가를 불러 감각을 자극하는 요인을 공유하길 좋아한다.

"저 산 좀 보세요!"

"잘 들어 봐요. 이제 끝내주는 대목이 나올 거예요!"

"한번 만져 보세요. 모피가 정말 부드럽지 않아요?"

하지만 고통이라는 압도적인 감각은 지극히 독립적이며 외부의 존재는 전혀 없다. 둘이 같이 나무를 볼 수는 있어도 복통을 공유하지는 못한다. 통증 치료가 그토록 어려운 까닭이 여기에 있다. 의사,

아무도 원하지 않는 선물

부모, 친구, 그 밖에 그 누구도 다른 이의 고통에 진정으로 뛰어들 수 없다. 고통은 철저하게 개별적이며 더없이 사사로운 감각이다.

어떤 느낌이 드세요? 얼마나 아프세요? 이런 질문을 던질 수도 있고 상대의 아픔을 가늠해 볼 수는 있지만, 당사자만큼 정확하게 감지할 수는 없다. 통증 이론의 개척자라고 할 수 있는 패트릭 월도 이런 딜레마를 토로한다. "피할 수 없는 강박과 충동, 지배적 현실로 확대될 때, 비로소 그 고통은 내 것이 된다. 남의 고통은 다른 문제다. … 비슷한 상황을 겪었다고 하더라도 아는 건 내 고통뿐이고, 다른 이의 고통은 미루어 짐작할 따름이다. 누가 망치질을 하다 손가락을 내려치는 장면을 목격하면 내가 같은 일을 당했을 때의 느낌을 기억하고 진저리를 친다. 상대방의 고통이 어떨지 추정하는 것이다." 환자의 표현이 아무리 모호해도 그 설명을 존중하는 법을 배웠다고 월은 말한다. 첨단 장비가 어떤 지표를 찾아 보여 주든, 최종적으로 분석하는 단계에서 고통을 설명해 줄 수 있는 건 환자의 육성 보고뿐이기 때문이다.*

철저히 고립된 감각이기는 하나, 한 인간의 인격적 정체성을 형성한다는 점에서 고통은 꼭 필요한 요소이기도 하다. 말하자면, "아프다, 그러므로 존재한다"가 되는 셈이다. 뇌는 몸 곳곳에서 '감지된 이미지'에 기대어 신체 내부 지도를 그린다. 신경 손상으로 자료가 흘러가는 데 지장이 생기면 기본적인 자아의식마저 위태로워진다. 치과 의사가 마취를 한다든지 다리를 너무 오래 꼬고 앉아서 감각이 없어지는 따위의 일시적인 무통 상태를 빗대어 흔히 '죽었다'고들 한다. 한센병 환자들은 손발이 정말 죽었다고 여기는 듯하다. 팔다리는 그대로지만(눈으로 볼 수 있다), 뇌 안에서 감지된 이미지를 풍요롭게 해줄 감각 피드백이 전혀 없으므로 무뎌진 손발이 몸의 일부라는 타고난 자각을 잃어버린 것이다.

이 원리가 실험실 동물들에게서 다소 기괴하게 작동하는 모습을 본 적이 있다. 한동안 흰쥐를 이용해 한센병 환자들의 감각 없는 발에 가장 적합한 신발 디자인을 탐색했다. 한쪽 뒷다리의 통증 중추를 마비시킨 뒤에 다양한 신발이 발에 미치는 것과 비슷한 정도의 스트

• 월의 동료인 로널드 멜잭은 통증 진단을 돕기 위해 환자의 시각을 바탕으로 도표를 만들었다. 환자들이 질병마다 특정 단어를 조합하여 고통을 호소하는 경향이 있다는 점에 주목했다. '얼얼한', '따가운', '지끈지끈한', '묵직한' 따위의 단어로 설명하는 통증은 '콕콕 찌르는', '잘리는 듯', '에는 듯', '타는 듯', '불에 덴 듯', '화끈거리는', '뜨거운' 따위의 단어로 설명하는 통증과 종류가 달랐다. '쿵쿵 뛰는', '욱신거리는', '터질 듯한', '쿵쾅거리는' 따위의 단어로 설명하는 고통과도 차이가 있다. 멜잭은 이 어휘가 죄다 은유적임을 인정한다. 고통을 설명하는 말들이 다 그렇다. 편두통에 시달리는 이는 말한다. "누가 뜨개질바늘을 가지고 내 눈을 콕콕 찌르는 느낌이에요." 달리기하다 다친 이는 다리에 불이 붙은 것처럼 화끈거린다고 이야기한다. 실제로는 뜨개질바늘로 눈을 찔리거나 불구덩이에 다리가 빠진 적이 전혀 없음에도 말이다. 표현하기 어려운 상태를 설명하려면 이렇게 빌려 온 이미지에 기대야 한다. 칼이 살을 파고드는 장면을 연상하면서 '찌르는 것처럼' 아프다고 하지만, 정작 자상 경험자들은 전혀 다른 감각을 이야기한다. 빠르고 격렬하게 뚫고 들어온다기보다 한 대 얻어맞은 아픔이 계속 가시지 않는 느낌 쪽에 더 가깝다고 한다.

아무도 원하지 않는 선물

레스를 주었다. 우선, 잘 먹여야 했다. 배가 고프다 싶으면 느낌이 없어진 다리를 서슴없이 먹어 치울 게 뻔했다. 이제는 그 다리를 제 몸의 일부로 여기지 않기 때문이다. 늑대도 마찬가지다. 죄어 오는 올가미와 추위 탓에 다리가 무감각해지면 눈 한번 깜짝하지 않고 털과 뼈를 물어뜯어서 끝내 잘라 버린다.

인간 정신의 신비로운 힘

뇌가 없는 아메바는 위험을 직감하면 독성 화학 물질과 밝은 빛을 피해 화들짝 달아난다. '고등' 동물들은 통증을 간접적으로 인식한다. 중추 신경계가 자극원에서 고립된 뇌에 고통을 전달하므로 자연히 경험을 변형할 여지가 커질 수밖에 없다. 거의 1세기 전, 러시아의 과학자 이반 파블로프(Ivan Pavlov)는 개의 발에 전기 충격을 가한 뒤에 곧바로 밥을 주는 보상 방식으로 기본적인 통증 본능을 극복하도록 훈련했다. 몇 주가 지나자, 개는 낑낑거리고 발버둥을 치며 충격을 피해 도망치는 대신 신나게 꼬리를 흔들고 침을 흘리며 밥그릇 쪽으로 달려왔다. 개의 뇌가 "아파!"라는 통증의 일면을 재해석하는 데 어느 정도 익숙해진 것이다. 파블로프가 다른 발에 비슷한 충격을 주자 개는 다시 격렬하게 반응했다.

　그 뒤, 여기에서 한 걸음 더 나간 실험이 진행되었다. 로널드 멜잭은 스코티시 테리어 종 강아지를 한 마리씩 따로 떼어 키웠다. 패드를 댄 케이지에서만 길렀으므로 강아지들은 다 클 때까지 부딪히거나 긁힌 적이 한 번도 없었다. 이렇게 박탈된 환경에서 자란 개들은 놀랍게도 고통에 대한 기본적인 반응조차 체득하지 못했다. 불이 붙은 성냥을 보고도 거푸 코를 들이대고 킁킁거렸다. 심지어 살이 타들어도 전혀 괴로운 기색을 보이지 않았다. 핀으로 발을 찔러도 별 반응이 없었다. 반면에, 한배에서 태어나 정상적으로 성장한 강아지들은 성냥이나 핀 맛을 한 번만 봐도 다음부터는 비명을 내지르며 달아나기 바빴다. 멜잭은 '정서적 반응'을 비롯해 흔히 고통이라고 부르는 감각 가운데 상당 부분은 타고나는 게 아니라 학습된다고 결론을 내렸다.

인간의 경우에는 정신력이 가장 강력하게 작용한다. 고통을 극적으로 변화시키는 능력도 바로 거기서 나온다. 가시를 밟은 고양이는 본능적으로 절뚝이기 시작한다. 그렇게 해서 다친 발을 쉬게 하고 보호하는 것이다. 녹슨 못을 밟은 사람도 절기는 마찬가지다. 하지만 훨씬 더 큰 인간의 뇌는 의식적으로, 심지어 강압적으로 그 경험을 되새기게 몰아간다. 발을 다친 이는 절뚝거리는 데 그치지 않고 진통제나 목발, 휠체어처럼 상황을 이겨 내는 데 도움이 될 만한 수단을 두루 찾을 것이다. 만일 상처에 대한 염려가 깊어져 두려움이 되면, 고통이 한결 심해져서 정말 '아파진다'. 짐작건대, 고양이보다 훨씬 심한 통증을 느낄 것이다. 파상풍에 걸리지는 않았을까, 염려할 수도 있다. 앞에서 소개했던 환자, 제이크처럼 바늘을 지나치게 두려워하는 성향이라면 무슨 핑계를 대서라도 파상풍 주사를 맞지 않고 더 큰 위험을 감수할 가능성이 크다. 반대로 축구 경기에 나가 한 골을 넣

아무도 원하지 않는 선물

을 때마다 1천만 원씩 받기로 돼 있다면 발을 다쳐 절뚝거리면서도 붕대를 감고 아픔을 견디며 훈련장으로 나갈 공산이 크다.

　의과 대학에 다니던 시절, 정신력이 통증 경험에 큰 영향을 미친다는 생생한 증거를 최면에서 보았다. 누구나 깊은 최면에 걸리는 게 아니라는 점을 고려하더라도, 이런 한계 통증 실험은 최면이 최소한 일부 사람에게 미치는 영향을 또렷이 보여 준다. 실험자가 "아프지 않습니다"라고 말하고 나면, 최면에 걸린 피험자는 히터에서 나오는 열에 살갗이 발갛게 달아오르고 마침내 물집이 잡히기 시작해도 통증을 느끼지 못한다. 반대로, 최면 상태의 피험자에게 아무 연필이나 가져다 대고 "엄청나게 뜨거운 물건입니다"라고 하면, 그 자리가 불에 덴 듯 붉어지고 부어오르며 곧바로 물집이 생긴다. 양쪽 모두, 뇌는 순전히 암시의 힘을 토대로 반응한다.* 흔치는 않지만, 어떤 이들에게는 최면으로 전신 마취까지 가능하다. 에테르를 쓰면서 인기가 시들해지긴 했지만, 비교적 최근까지도 마취 없이 오로지 최면 암시에 기대어 큰 수술을 하는 경우가 적지 않았다. 최면은 이처럼 일정한 조건이 갖춰지면 3단계 통증 반응이 더 낮은 단계에서 오는 고통 신호와 메시지를 억누른다는 사실을 보여 준다.

　의식적으로든 무의식적으로든, 정신은 고통을 인식하는 방식에 광범위한 영향을 미친다. 연구실에서 진행된 실험 결과에 따르자면 인간도 멜잭의 스코티시 테리어 강아지들과 얼추 비슷하다. 서로 다른 문화적 환경에서 성장한 이들은 고통을 받아들이는 태도도 다르다. 유대인과 이탈리아인은 비슷한 배경을 지닌 북유럽 사람보다 반응이 빠르고 불평 또한 요란하다. 아일랜드 사람들은 고통을 잘 견디며 에스키모들은 그야말로 최고다.

고통을 대하는 문화적 반응 가운데 일부는 도무지 믿기 어려울 정도다. 미크로네시아와 아마존 유역 사회에는 쿠바드(couvade, '부화'를 의미하는 불어에서 온 말이다)라는 출산 풍습이 있다. 산모는 괴로운 기색을 조금도 보이지 않는다. 두어 시간 일을 멈추고 아기를 낳는 게 고작이며 출산이 끝나면 곧장 밭으로 돌아간다. 겉만 보면, 아픔을 견디는 쪽은 영락없이 남편이다. 아기를 낳는 사이는 물론이고 그 뒤로

• 최면 상태의 알레르기 환자에게 해가 없는 밤나무 잎이라는 암시를 주고 발작 유발 인자가 들어 있는 나뭇잎을 피부에 대면 아무런 반응을 보이지 않는다. 하지만 실험자가 "알레르기를 일으키는 이파리를 대고 있습니다"라고 말하면서 밤나무 잎을 대면, 과민성 피부 발진이 일어난다. 최면 전문가의 명령에 무사마귀가 하룻밤 새 없어지기도 한다. 피부의 주요한 세포와 혈관 재배치를 비롯해 의학적으로는 재현할 수도, 설명할 수도 없는 심리 현상이다. 의대에 다니면서 프로이덴탈 박사를 오랫동안 쫓아다녔다. 나치 정권을 피해 탈출한 뒤 유니버시티 칼리지 교수로 일하던 유대인 교수였다. 사마귀와 멜라닌 혈증 분야의 권위자인 교수는 통계에 비춰 보자면 암시의 힘을 빌리는 쪽이 다른 치료법보다 결과가 조금 낫다고 단언했다. 박사는 검은 막대기를 현란하게 휘둘러 초록색 불꽃 사이를 가로지르면서 어느 나라 말인지 모를 생소한 단어를 중얼댔다. 그리고는 사마귀를 톡톡 두드리며 단호하게 선언했다. "3주 안에 확실하게 떨어져 나가리라!" 놀랍게도 정말 그렇게 되는 일이 잦았다. 이 '치료'는 허튼소리나 늘어놓는 마법 따위에는 눈길조차 주지 않는 과학자나 의사들에게도 곧잘 통했다. 프로이덴탈식 치료에 대한 불신, 더 나아가 적대감까지 가진 이들에게도 암시의 힘은 어김없이 작용했다.

아무도 원하지 않는 선물

며칠 동안 자리를 보전하고 누워 끙끙댄다. 진짜 고생하는 티가 나지 않으면, 동네 사람들은 정말 아버지가 맞는지 의심한다. 전통적으로 산모는 남편의 시중을 들고 그 발치에 앉아 축하 인사를 하러 온 친척들을 대접한다.

로널드 멜잭은 또 다른 문화의 특이한 사례를 소개한다.

아프리카 동부에서는 마취제나 진통제를 조금도 쓰지 않고 '천두술(穿頭術)'을 받는다. 두개골을 광범위하게 드러내기 위해 두피와 그 아래 있는 근육을 잘라 내는 수술이다. '독타리(doktari)'로 머리 가죽을 벗겨 내는 동안 환자는 움찔하거나 얼굴을 찡그리는 법도 없이 턱 밑에 냄비를 받쳐 들고 흘러내리는 피를 받으며 조용히 앉아 있을 따름이다. 이런 과정을 찍은 동영상은 보는 이들을 몹시 불편하게 하는 까닭에 좀처럼 구하기 어렵다. 하지만 수술받는 이들은 그와 딴판으로 불편해하는 기색이 전혀 없다. 어떤 면에서든 현지인들이 심리적으로 특별하다고 볼 만한 근거는 전혀 없다. 오히려 그 문화에서는 만성 통증을 가라앉히는 시술로 받아들인다.

동아프리카인들은 정말 마취제 없이 수술하는 기법을 터득한 것일까? 어느 쪽 고통이 더 '실체'에 가까울까? 일반적인 유럽 산모들이 주장하는 고통일까, 아니면 쿠바드 수술을 받는 미크로네시아 아버지 쪽일까? 두 사례 모두 고통을 해석하고 반응하는 데 작용하는 인간 정신의 신비로운 힘을 여실히 보여 준다.

고통이라는 수수께끼

통증 메시지를 변형시키고 억누르는 정신력에 의구심이 들 때마다 세 가지 기억을 떠올리면 불신이 말끔히 가라앉는다. 두 가지는 인도, 나머지 하나는 런던에서 의과 대학에 다니던 시절의 경험이다.

뇌엽 절제술

외과 레지던트 과정이 거의 끝나 가던 1946년, 미국의 신경정신과 의사 월터 프리먼(Walter Freeman)은 십여 년 전 이탈리아 의사들이 처음 시도했던 전두엽 절제술이라는 뇌수술을 간단하게 해내는 방법을 찾아냈다. 인간의 큼지막한 전두엽은 사색적인 사고와 해석에 깊이 관여한다. 대뇌 피질은 고통에 대한 명쾌한 반응을 주도하지만, 전두엽은 그 반응을 수정할 수 있다. 전전두엽은 그 과정에 큰 영향을 미친다.

카데바로 한 차례 연습을 마친 뒤에, 프리먼은 조현병을 앓는 여성을 첫 번째 환자로 선택했다. 전기 충격 요법을 써서 몇 분 정도 의식을 잃게 하고 수술 도구를 골라 들었다. 손잡이에 '유라인 얼음 회사' 로고가 또렷한 얼음송곳이었다. 프리먼은 환자의 오른쪽 눈꺼풀을 젖히고 안구 위편으로 얼음송곳을 밀어 넣었다. 안와판(眼窩板)에 걸리자 작은 망치로 두들겨 구멍을 냈다. 일단 뇌 안으로 진입하자 기구를 앞뒤로 휘저어 전두엽과 뇌의 다른 부분을 연결하는 신경 통로를 끊었다.

아무도 원하지 않는 선물

몇 분 뒤, 여인은 정신을 차렸다. 결과가 아주 만족스러웠는지 일주일 만에 다시 와서 다른 쪽 눈구멍을 통해서 같은 수술을 해 달라고 부탁했다. 프리먼은 아들에게 짤막한 편지를 보냈다. "두 환자는 양쪽, 또 다른 환자는 한쪽을 수술했단다. 한 환자의 눈에 시퍼렇게 멍이 든 것 말고는 수술 후 합병증은 전혀 없었다. 나중에 문제가 생길 수도 있겠지만, 일단은 꽤 쉬운 수술이더구나. 보기에는 몹시 흉측하지만 말이다."

1950년대부터 1960년대까지 프리먼은 아주 유명해져서 여기저기 강의도 하고 정신과와 신경과 의사들을 모아 놓고 전두엽 절제술 시범을 보이기도 했다. 간단한 시술로 정신분열, 우울, 상습적인 범죄, 만성 통증을 치료하는 데 도움을 줄 수 있다고 자랑했다. 쇼맨십이 좋았던 프리먼은 주머니에 손을 넣어 목수들이 흔히 쓰는 일반 망치를 꺼내기도 했다. 시술 시간을 7분대로 줄였으며 사납게 난동을 부리는 범죄자를 진정시키기 위해 경찰관들이 팔다리를 누르는 가운데 모텔 마룻바닥에서 '응급 전두엽 절제술'을 집도하기까지 했다. 하지만 효과가 좋은 약품들이 출시되면서 정신외과 수술은 설 자리가 없어졌다. 자신이 구사하는 기법에 대한 혐오감이 날로 깊어지는 통에 심기가 불편해진 프리먼은 새로운 치료법에 '화학적 전두엽 절제술'이란 딱지를 붙이며 무시하려 했다.

의학 공부를 시작할 무렵, 성장세를 타기 시작했던 초기 정신외과 수술에 관한 이야기를 읽노라면 너무 충격적이어서 기가 막힐 지경이다. 개인적으로 전두엽 절제술을 받은 환자들과 만날 기회는 흔치 않았지만, 인도에서 일할 때 한 환자에게서 그 수술이 고통에 극적인 영향을 미친다는 확실한 증거를 볼 수 있었다. 난치성 질통을 조금이라도 덜어 보려고 뭄바이에서 찾아온 영국 여성이었다. 처음에는 성관계 중에만 통증을 느꼈다. 이는 곧 결혼 생활에 걸림돌이 되었다. 시간이 지나면서 이제는 평상시에도 계속 아팠다. 진통제란 진통제는 다 찾아 먹고 신경을 절단하는 수술까지 받았지만, 백약이 무효였다. 더없이 비참하고 낙심천만인 상태로 환자는 남편과 함께 벨로르 병원을 찾았다. "친구도 없어요. 부부 관계도 다 망가지고 있고요. 제발 도와주세요."

함께 일하는 신경외과의는 뇌 속까지 손을 쓰고도 남을 만큼 전두엽 절제술에 통달한 전문가였다. 인간다움을 잃지 않으면서 정신과적 문제나 만성 통증을 누그러뜨리는 데 도움을 주었다. 두개골 양쪽에 구멍을 뚫고 가느다란 금속 줄을 넣어서 마치 치즈를 자르듯 신경 통로를 끊는 방식으로 뇌와 전두엽 사이를 차단했다. 의사가 수술에 따른 위험성을 설명했지만, 여인은 서슴없이 동의했다. 통증을 줄일 수만 있다면 무슨 일이든 다 할 각오가 되어 있었다.

수술은 모든 면에서 대성공이었다. 환자는 십여 년 동안 삶을 그늘지게 했던 고통에서 완전히 벗어났다. 남편이 보기에도 아내의 정신적 능력은 예전과 조금도 달라지지 않았으며 성품이 조금 변한 게 전부였다. 이제 고통은 부부를 따라다니는 삶의 일부가 아니었다.

일 년 남짓 지난 뒤에, 뭄바이로 부부를 찾아갔다. 남편은 신나게 전두엽 절제술 이야기를 늘어놓았다. 아내는 차분하지만 흡족한 얼

아무도 원하지 않는 선물

굴로 듣고 있었다. 통증은 어떠냐고 물었다. "아, 그거요. 아직도 아파요. 이젠 안달하지 않을 따름이죠." 빙그레 따듯한 미소까지 지으며 여인이 답했다. "사실은 지금도 여전히 괴로워요. 하지만 신경 쓰지 않습니다."

그토록 차분한 낯빛으로 고통을 말하다니, 당시에는 그 모습이 놀라웠다. 찡그리지도, 끙끙거리지도 않고 그저 부드러운 미소를 머금을 뿐이었다. 하지만 전두엽 절제술을 받은 다른 이들의 사연을 읽으면서 그게 지극히 전형적인 반응이라는 사실을 알게 되었다. 환자들은 "크게 고통스럽지는 않고 그저 살짝 아픈" 정도의 느낌이라고 했다. 절제술을 받은 뇌는 삶을 지배하는 우선 인자로 고통을 인식하지 않으므로 강한 혐오 반응을 보이지도 않는다.

환자들은 약을 달라고 보채는 법도 거의 없다. 전두엽 절제술 경험이 풍부한 어느 독일 신경외과의는 말했다. "이 시술은 고통에서 아픔을 죄다 걷어 냅니다." 1단계나 2단계, 다시 말해 신호와 메시지 단계에서는 고통이 아무런 방해도 받지 않고 막힘없이 진행된다. 그러나 정신적 반응을 구성하는 3단계에서는 경험 전체의 본질을 바꿔놓는 결정적 변화가 일어난다.

플라세보

의학계는 마지못해 플라세보('기분이 좋아질 것'이란 뜻의 라틴어에서 유래했다)를 존중했다. 효과가 썩 좋으니 부정할 도리가 없었다. 설탕 알약이나 소금 용액일 뿐인데도 정말로 통증을 누그러뜨리는 효과가 있었다. 암 환자의 35퍼센트는 플라세보 처방을 받은 뒤에 통증이 적잖이 가라앉았다고 이야기한다. 이는 모르핀으로 진통 효과를 본 사례의 절반에 해당한다.

플라세보는 고통에 반응하는 정신의 차원에서 마술을 부린다고 보면 거의 틀림없다. 설탕 캡슐을 집어삼킨다 해도 신체 말단 부위나 척수 뉴런에는 아무 영향도 미치지 못한다. 플라세보 효과를 낼 만한 성분을 환자 몰래 우유나 음식에 집어넣어도 효과가 없다. 암시의 힘, 그리고 플라세보의 치유 능력에 대한 환자의 의식적인 믿음이 중요하다.

최근에 나온 실험 결과에 따르면, 플라세보는 통증을 완화하는 엔도르핀 분비를 자극한다. 뇌가 치료에 보이는 믿음이 실제로 생리적인 변화로 전환되는 사례에 해당한다. 환자가 효과를 온 마음으로 신뢰하면 플라세보는 최상의 효과를 낸다. 암 환자들에게 플라세보 제제를 알약으로 먹인 뒤에는 30퍼센트가, 근육 주사를 맞게 한 뒤에는 40퍼센트가, 정맥 내 방울 주입을 한 뒤에는 50퍼센트가 증상 완화를 주장했다는 연구 보고도 있다. 심지어 플라세보에 중독되는 사례까지 있어서 치료를 멈추면 금단 현상을 일으켰다.

의과 대학에 다니던 시절, 이탈리아 의사들은 수술 행위 자체가 플라세보 효과를 낼 수 있다는 기이한, 그래서 좀처럼 되풀이될 것 같지 않은 실험을 진행하고 있었다. 1939년, 이탈리아 의사들은 내흉동맥을 묶거나 졸라매서 심장으로 더 많은 혈액이 흘러가게 하면 협심증이나 흉통을 크게 줄일 수 있다는 사실을 알게 되었다. 처치를 받은 환자들은 상태가 나아졌음을 체감했고, 나이트로글리세린 알약

아무도 원하지 않는 선물

을 덜 먹게 되었으며, 처음으로 통증 없이 운동할 수 있었다. 소문은 금방 퍼졌다. 세계 곳곳의 외과의가 같은 수술을 해서 처음과 다름없는 성과를 확인했다.

한편, 이 수술을 처음 도입한 의사들은 그처럼 높은 성공률만 가지고도 플라세보 효과를 볼 수 있는 게 아닐까 궁금했다.* 그래서 요즘 같으면 심각한 윤리 문제를 일으켰을 법한 연구에 참여할 한 무리의 환자를 모집했다. 환자 절반은 내흉 동맥을 드러내서 졸라매는 수술을 하고 나머지 절반은 일단 꺼내기만 하고 묶지 않은 채 봉합했다. 한마디로, 전신 마취를 하고 가슴을 열었다가 곧바로 꿰맨 것이다.

* 찜질, 사혈, 냉수욕을 비롯한 다양한 '요법'이 의학의 역사에 차고 넘친다는 점을 고려하면, 적어도 의사들에게 유리하게 작용하는 플라세보 효과에 고마워해야 한다. 프란츠 안톤 메스머(Franz Anton Mesmer) 박사는 동물 자기 이론으로 환자들을 '치료'했다. 700년이 넘는 긴 세월에 걸쳐 영국과 프랑스 의사들은 왕이 직접 만져 주는 '어수 요법'으로 세심한 환자들을 치료했다. 19세기에 활동한 프랑스 의사 둘은 180도 다른 치료법을 주장했다. 파리 살페트리에르 병원의 의사 레이몽은 발을 매달아 피가 머리로 흐르게 했다. 반면에 낭시에서 일하는 오찰테르 박사는 환자 머리가 위편을 향하게 묶어 놓았다. 결과는 어땠을까? 증상이 호전된 환자의 비율은 한 치의 차이도 없이 정확하게 같았다. 노먼 커즌스(Norman Cousins)는 말한다. "사실, 의학의 역사는 곧 플라세보 효과의 역사라고 하는 의학자가 적지 않다. 윌리엄 오슬러 경은 그 사실을 강조하며 인류는 약을 먹고자 하는 욕구에서 하등 동물과 차이가 있다고 했다. 몇백 년 동안 먹었던 엉터리 약의 본질을 생각하면, 약물을 이기고 살아남는 능력이야말로 인간과 다른 종을 구분하는 또 하나의 특성이라고 볼 수 있다."

놀랍게도 두 그룹 모두 수술 뒤에 건강이 눈에 띄게 호전되었다. 통증은 사라지고, 약도 덜 먹게 되었으며, 더 많은 운동을 소화했다. 이탈리아 의사들은 수술 행위 자체가 환자들에게 플라세보 효과를 발휘한다고 결론 내렸다.

보건 의료 관계자들은 플라세보 효과를 인정했다. 더러는 그 효과를 이용해 이득을 추구하기도 한다. 그런데도 플라세보 효과를 눈앞에서 볼 때마다 신뢰와 기만을 버무려 치유를 빚어내는 인간 정신의 뛰어난 적응력에 무릎을 치며 탄복한다.

인도에서 일하던 시절, 재활 치료를 책임지던 메리 버기즈(Mary Verghese)는 첨단 기법에 뒤처지지 않으려 애썼다. 하루는 초음파 기계에 투자하는 게 과연 슬기로운 일인지를 두고 토론을 벌였다. 의학 서적과 광고에는 조직 손상을 줄이고 뻣뻣해진 관절을 풀어 주는 획기적인 치료법이라고 나와 있었지만, 개인적으로는 초음파 기계를 써 본 적이 한 번도 없었다. 메리는 당장 기계를 주문하고 싶어 했지만, 나는 여전히 회의적이었다.

결국, 메리가 이겼고 곧 인도를 통틀어 첫 번째 초음파 기계가 재활의학과 진료실에서 윙윙 돌아가기 시작했다. 커다란 흥분이 일었다. 메리는 손가락 관절이 굳은 환자 수백 명을 대상으로 실험을 주관하는 데 동의했다. (얼마쯤은 날 달래려는 뜻이 담겨 있었다.) 모든 피실험자에게 똑같은 물리 치료와 마사지 치료를 하고 그 가운데 절반에게만 초음파 치료를 했다. 애초에 손가락이 움직이는 범위를 기록해 실험 후의 결과와 객관적으로 비교할 수 있게 했다. 실험이 진행되는 내내

아무도 원하지 않는 선물

물리 치료사들은 초음파 그룹과 일반 그룹에 똑같은 관심과 격려를 쏟았다고 자부했다.

드디어 평가의 날이 왔다. 의구심을 떨칠 수밖에 없었다. 어느 모로 보든 초음파 치료가 광고에 나온 그대로 작동한다는 사실이 도표에 나와 있었다. 환자 상태가 나아졌다는 데는 재론의 여지가 없었다.

몇 주 뒤, 판매 회사 기사가 기계가 정상적으로 작동하는지 살피러 들렀다. 실험 이야기를 반가운 표정으로 귀 기울여 듣더니 결과를 다른 병원과 공유해도 되겠냐고 했다. 그리고는 기계의 스위치를 올리고 웡 하고 돌아가는 소리가 나자 초음파 기구 헤드 아래에 물 한 컵을 내려놓았다. 수면에는 아무런 움직임도 보이지 않았다. 기사의 표정에 수상쩍은 기색이 스쳤다. 서둘러 기계 뒤편 덮개를 열고 머리를 집어넣더니 이내 소리쳤다. "아이고, 초음파를 아예 쓰지도 않으셨군요! 기계를 보낼 때 혹시 손상될까 봐 초음파 헤드를 빼놨거든요. 그게 지금껏 떨어져 있네요."

말뜻을 이해한 메리 버기즈는 이내 풀이 죽었다. 한참 만에 그가 물었다. "그럼 저 웡 소리는 뭐죠?"

"아, 그거요? 그냥 냉각팬이 돌아가는 소리예요." 기사가 대꾸했다. "제 말을 믿으세요. 선생님은 여태 눈곱만큼도 초음파를 쓰지 않으셨어요."

우리의 기적적인 치료는 플라세보 효과를 생생하게 보여 주는 또 하나의 값비싼 사례가 되었다. 치료사들은 새로운 기계에 적잖이 열광했고, 그 열정과 기대가 환자들 몸이 실질적으로 나아지는 결과를 불러온 것이다.

환각지

팔다리 절단 수술을 받은 환자들은 잠시나마 환각지(幻覺肢) 현상을 겪는다. 뇌의 어느 지점에 사라진 손발이 생생한 기억으로 보존되어 있는 것이다. 팔다리가 움직이는 것만 같은 느낌이 들 수도 있다. 눈에 보이지 않는 발가락들이 꼼지락거린다. 가상의 손으로 물건을 쥔다. 멀쩡하고 튼튼한 '다리'를 믿고 벌떡 일어서려다가 침상에서 굴러떨어지기도 한다. 감각은 다양하다. 핀이나 바늘로 찌르는 느낌이 들거나, 차갑거나 뜨거운 감각이 좀처럼 사라지지 않고, 있지도 않은 못이 실제로는 존재하지도 않는 손바닥을 꿰뚫는 고통을 실감하기도 한다. 그저 팔다리가 여전히 '거기' 있는 느낌이 들기도 한다.

시간이 가면 이런 증상들은 보통 줄어들게 마련이다. 때로는 뇌가 손의 지각만 그대로 유지하기도 한다. 하지만 팔은 아니어서 어깻죽지에 손이 대롱대롱 매달려 있는 것으로 인식한다. 몇몇 불운한 환자들의 경우, 이런 환각지가 그 무엇과도 견줄 수 없이 심각한 장기적 통증을 부르기도 한다. 사라지고 없는 손가락 하나하나에 커다란 나사못이 파고들거나, 가상의 팔을 면도날로 얇게 저미거나, 있지도 않은 발에 못이 박히는 느낌을 받는다. 환각지의 통증만큼 의사에게 깊은 무력감을 안기는 증상도 없을 것이다. 환자가 봐 달라고 호소하는 신체 부위가 실제로는 존재하지 않기 때문이다. 도대체 어디를 치료해야 한다는 말인가?

아무도 원하지 않는 선물

유니버시티 칼리지에서 공부하던 시절, 심각한 환각지 통증을 보이는 희한한 사례를 보았다. 학교 행정 직원인 브라이스는 버거씨병을 앓고 있어서 다리 한쪽에 혈류가 제대로 흐르지 않았다. 혈액 순환은 갈수록 나빠졌고 그럴수록 다리에 지속적이고 도무지 가라앉지 않는 통증을 느꼈다. 흡연이 혈전증을 깊게 했으므로, 브라이스에게는 담배 한 개비도 혈관을 수축시켜서 극심한 통증을 일으켰다.

집도의 가더 박사는 난감했다. 옹고집이었던 브라이스는 펄쩍 뛰며 절단의 '절'자도 꺼내지 못하게 했다. 의사는 환자가 진통제에 의존하지 못하게 하려 안간힘을 써야 했다. (당시에는 다리에 혈액이 다시 잘 공급되게 하는 효과적인 이식 기술이 개발되지 않았었다.)

"빌어먹을 다리! 형편없는 다리몽둥이 같으니라고!" 브라이스는 쉴 새 없이 투덜거렸다. 그렇게 몇 달을 버텼지만 결국 손을 들고 말았다. "떼어 내세요, 박사님! 잘라 버리라고요!" 브라이스는 쉰 소리로 푸념했다. "더는 못 견디겠어요. 이놈의 다리와는 끝을 내야겠어요." 가더 박사는 즉시 수술 일정을 잡았다.

수술 전날 밤, 브라이스는 집도의에게 기이한 부탁을 했다. "잘라 낸 다리를 소각로로 보내지 말아 주세요. 피클 담그는 병에 담아 간직하고 싶어요. 벽난로 선반 위에 올려놓고 밤마다 안락의자에 앉아 마음껏 비웃어 줄 겁니다. '흥, 어디 한번 날 괴롭혀 보시지?'" 브라이스는 뜻을 이뤘다. 휠체어에 앉은 채 병원을 나서는 그의 품에는 박물관에서 유물 전시에 쓰는 커다란 병이 안겨 있었다.

하지만 마지막에 웃은 주인공은 조롱의 대상이 되었던 바로 그 다리였다. 브라이스는 극심한 환각지 통증을 느꼈다. 수술 자리는 아물었지만, 머릿속에는 여전히 다리가 살아 움직이고 있어서 예전과 마찬가지로 그를 괴롭혔다. 사라진 장딴지 근육에 경련이 일어나는 걸 생생히 느꼈지만, 가라앉기를 기대할 수조차 없었다.

가더 박사는 2년 전에 완전히 잘려 나갔어야 할 그 다리가 브라이스의 정신을 오랜 시간 괴롭힌 끝에 독립적인 존재가 되었다고 학생들에게 설명했다. 팔다리가 없이 태어난 이들도 머리로 팔다리의 이미지를 느끼며 헛통증까지 경험할 수 있다. 브라이스는 절단부의 잘린 신경에서 보내는 피드백 탓에 한층 강화되어 더없이 풍부하게 구현된 감각 이미지를 가지고 있었다. 그는 그 다리를 끔찍이 증오했다. 말단부에서 보내는 신호로 시작된 통증은 너무도 강렬해서 이내 영구적인 패턴으로 뇌리에 새겨졌다. 고통은 3단계, 그러니까 오직 정신세계에만 존재하지만, 견디기 어려울 정도로 환자를 들볶았다. 브라이스도 벽난로 선반에 올려놓은 다리를 노려보았지만, 뇌 속에 똬리를 틀고 앉은 다리 역시 음흉한 눈길로 그를 바라보았다.

정신과 몸이 벌이는 내전

환각지 통증은 고통에 관해 결코 잊어버릴 수 없는 깨달음을 주었다. 인간의 몸은 아픔을 으뜸으로 친다는 사실이다. 몇 해 전, 월터 캐넌(Walter Cannon)은 상태를 정상으로 돌리려는 인체의 강력한 성향을 일컫는 말로 '항상성'이라는 근사한 용어를 소개했다. 알래스카 사우나

아무도 원하지 않는 선물

에서 걸어 나와 눈 덮인 뒷마당으로 직행하면 어떻게 될까? 몸은 체온을 안정시키려고 안간힘을 쓸 것이다. 인체는 자동으로 체액과 염분의 불균형을 바로잡고, 체온과 혈압을 일정하게 조절하고, 분비샘을 확인하고, 온갖 자원을 동원해 고장을 스스로 고친다. 몸을 구성하는 세포들은 공동체로 움직이면서 전신을 가장 쾌적한 상태로 유지하려 한다.

환각지 증후군은 일종의 고통 항상성을 여실히 보여 준다. 절단 부위의 끊긴 신경들은 가지를 뻗어 신경 돌기 밑동과 연결되고 싶어 한다. 남은 그루터기를 발견할 수 없으면 쓸모없는 신경 가지들이 매듭을 이룬다. (외과의들이 다시 절단부로 되돌아 들어가서 이런 신경종을 잘라 내는 경우도 적지 않다.) 그게 안 되면, 척수가 제힘으로 감각 메시지를 만들 수도 있다. 그마저도 불가능하면, 브라이스의 사례가 여실히 보여 주듯이, 뇌는 사라진 팔다리의 기억 패턴을 살리는 데 온 힘을 쏟는다. 그럴 경우, 통증 네트워크는 자생력을 갖다시피 한다. 필사적으로 고통을 되살릴 새로운 경로를 찾으려 하는 것이다.

불운한 브라이스 사례가 보여 주는 고통의 역설을 자주 곱씹는다. 다리의 고통은 그대로 살아남아 오래도록 이어졌다. 한편에서는 신경과 척수, 두뇌가 공모해서 끊어진 통증 신호를 되살렸지만, 다른 한쪽에서 브라이스는 그런 신호들을 잠재우기 위해 필사적으로 노력했다. 정신과 몸이 일종의 내전(고통에 시달리는 인간이라면 누구나 겪는 갈등을 극적으로 설명하기에 이만한 말도 없을 것이다)을 치르는 셈이다. 아프다는 느낌이 절박하게 찾아오면 누구든 일단 그 감각이 멈추길 바란다. 인간은 분열된다. 더없이 명확한 고통의 진실이 중요한 질문을 불러일으킨다. 어째서 고통은 내전에 가까운 신체 상태를 낳을 만큼 혐오스러운 존재가 되어야 하는가?

인간에게는 신경을 통한 메시지가 뇌에 도달하기도 전에 날카롭고 뜨거운 물건에서 저도 모르게 손을 움츠리게 하는 효율적인 반사 체계가 있다.* 그렇다면 고통에 불쾌감이라는 독소가 들어 있는 까닭은 무엇인가? 내가 추진했던 고통 대체품 개발 프로젝트는 그 질문에 어느 정도 답이 될 수 있다. 고통은 자극을 주어 위험을 경고하는 신호에 반응하게 한다. 하지만 그런 경고들을 뇌의 의식 체계를 거치지 않고 반사적인 차원에서 처리할 수는 없을까? 다시 말해 굳이 고통의 세 번째 단계가 존재해야 할 이유가 무엇인가?

노벨상 수상자 존 에클스(John Eccles)는 이 주제에 깊은 관심을 두고 대뇌를 제거하면 고통에 어떻게 반응하는지 알아보는 동물 실험까지 진행했다. 개구리는 뇌가 없는 상태에서도 여전히 산성 용액에서 발을 빼냈으며, 개 역시 대뇌를 잘라 내도 여전히 벼룩에 물린 자

• 뇌는 실제로 지각에 요술을 부린다. 난로 위에 올려놓은 냄비를 건드렸다가 깜짝 놀라 손을 움츠리면 마치 의식적으로 열에 반응한 것 같은 기분이 든다. 하지만 사실 손을 잡아 빼는 행위는 척수가 단독으로 빚어낸 반사 작용이다. 지체할 여유가 없는 상황인 터라, 의식을 결정하는 뇌와 적절한 행동 과정에 관한 논의를 전혀 거치지 않고 반응한 것이다. 의식이 통증 메시지를 분류하고 해석하는 데는 0.5초가 옹글게 들어가는 반면, 척수는 0.1초 만에 반사 명령을 내릴 수 있다. 뇌는 지각의 빈틈을 메워서 마치 의식적으로 선택한 행동인 것처럼 착각하게 한다.

아무도 원하지 않는 선물

리를 긁어 댄다는 사실을 알아냈다. 에클스는 숱한 연구 끝에 반사 체계가 한 겹 보호막이 되는 건 분명하지만, 결국 두 가지 이유에서 뇌가 개입하게 된다고 결론지었다.

우선, 통증이라는 아픈 경험은 인간의 존재 전체가 위험에 주의를 기울이게 몰아간다. 손가락을 뗐다는 자각이 드는 순간, 빡빡한 일정 과 밖에서 길게 늘어서 기다리는 환자 따위는 깡그리 잊어버리고 반 창고를 찾는 데 온 신경을 집중한다. 고통은 그밖에 온갖 중요한 일 을 무시하고 더 나아가 비웃기까지 한다.

암호화되어 뇌 속에 저장된 자료 한 토막이 그처럼 강박적인 느낌 을 빚어낸다는 사실을 생각하면 놀랍기 그지없다. 기도에 걸린 머리 카락 한 올이나 눈에 들어간 티끌 한 톨처럼 지극히 작은 물체도 인 간의 의식 전체를 휘어잡을 수 있다. 막 문학상을 받은 유명한 시인 이 있다고 치자. 자리로 돌아와 박수갈채를 보내는 청중들에게 허리 숙여 인사하고, 우아하게 치맛자락을 감아쥐며 자리에 앉으려고 몸 을 굽히다가 이내 비명을 내지르며 꼴사납게 벌떡 일어선다. 뾰족한 의자 모서리에 주저앉는 순간, 뇌는 체면치레 따위는 다 집어치우고 오로지 엉덩이 저층에서 올라오는 고통 신호에만 집중한다. 그날 저 녁 공연에 대한 비평가들의 평론에 따라 앞날의 명암이 갈리게 된 오 페라 가수는 간질거리는 목을 가라앉힐 물 한 모금을 찾아 무대에서 허둥지둥 달려나간다. 농구 선수는 2천만 시청자가 텔레비전으로 지 켜보는데도 다친 다리를 붙들고 마룻바닥을 뒹군다. 통증 체계는 예 의라든지 부끄러움 따위에는 전혀 신경 쓰지 않는다. 자기방어 반응은 뇌를 확실하게 사로잡아서 다른 요소를 죄다 압도한다.

뇌를 개입시켜서 얻을 수 있는 두 번째 이점은 불쾌감을 기억에 각인시켜서 이후에 마주칠 위험에서 보호해 준다는 점이다. 뜨거운 냄비를 만지다가 손을 데었다면, 그 뒤로는 장갑이나 행주를 쓰게 마련이다. 이처럼 불쾌감(다들 극도로 싫어하는 부분이다)은 통증이 늘 효력을 갖게 만든다.

고통은 독특하기 이를 데 없는 감각이다. 시간이 갈수록 감각은 익숙해지거나 둔해지게 마련이다. 더없이 지독한 냄새를 품기는 치즈도 8분쯤 지나면 냄새가 거의 없어지다시피 한다. 촉각 역시 거친 옷감에 금세 익숙해진다. 딴 데 정신이 팔린 교수는 안경을 찾아 여기저기 뒤지고 다닌다. 머리에 걸쳐 두고도 무게감을 느끼지 못하는 까닭이다. 이와 달리, 통증 센서들은 길들지 않으며, 위험이 남아 있는 한 쉴 새 없이 의식을 다스리는 뇌에 메시지를 보낸다. 총알은 1초면 몸을 뚫고 나가지만, 거기서 비롯된 통증은 일 년, 아니 그 이상 끈질기게 따라다닐 수도 있다.

희한하게도 다른 감각을 모조리 퇴색시키고도 남을 만한 이 통각은 일단 사라지고 나면 좀처럼 되살리기 어렵다. 고통스러운 출산 과정을 경험하고 나서 '절대로 아기를 낳지 않겠다!'라고 다짐하는 여성이 얼마나 많은가? 하지만 다시 임신했다는 소식을 듣고 기뻐서 어쩔 줄 모르는 이들은 또 얼마나 많은가? 눈을 감고 과거 어느 시점에서 숱한 장면과 얼굴을 불러낼 수 있다. 정신적인 수고만으로도 인도 시골의 냄새나 치킨 카레의 맛까지 복제할 수 있다. 찬송가와 교

아무도 원하지 않는 선물

향곡, 대중가요의 익숙한 대목을 정신의 힘에 기대어 재생할 수 있다. 하지만 제아무리 극심한 고통도 희미하게 기억될 뿐이다. 담석증이나 추간판 파열, 비행기 추락처럼 끔찍한 고통 역시 불쾌감이 지워진 기억만 남는다.

이런 고통의 특성들은 온몸을 활성화한다는 한 가지 목표만 겨냥한다. 통증은 시간을 현재 시점으로 제한한다. 위험이 지나간 뒤에는 통각이 남아 있을 필요가 없으며, 위험이 아직 남아 있는 상태에서는 전혀 익숙해지지 않는다. 통증 체계의 핵심은 무얼 하고 있든지 당장 집어치우고 주의를 집중하게 할 만큼 고생시키는 데 있다.

고통은 "한 인간의 세상을 파괴한다." 일레인 스캐리(Elaine Scarry)의 말이다. 출산 막바지에 이른 산모와 스스럼없이 이야기를 나눠 보라고 그는 권한다. 고통은 더없이 소중하게 여기는 가치를 뒤엎을 수 있다. 고문관들은 이를 잘 알고 있다. 고문관들은 육체적 고통을 이용해 한 사람이 조금 전까지 소중하게, 심지어 신성하게 여기던 정보를 캐낸다. 집요하게 파고드는 육체적 고통을 초월할 수 있는 이는 거의 없으며, 그게 바로 고통의 목적이기도 하다.

I

마음은 제자리에 있다. 마음은
천국을 지옥으로 만들 수도 있고,
지옥을 천국으로 만들 수도 있다.

—존 밀턴,《실락원》

15장

낙하산은 미리미리

세상에서 고통을 싹 없애 버릴 권한을 손아귀에 넣는다고 해도 그 힘을 쓰지 않을 것이다. 통증을 박탈당한 환자들을 상대하는 일을 하다 보니, 고통이 인간을 보호해서 자신을 망가뜨리지 않게 해 준다는 사실을 실감하게 되었다. 하지만 만성 통증 치료 센터에서 흔히 보듯, 고통 자체가 인간을 파괴할 수 있다는 사실도 잘 알고 있다. 적절한 처치 없이 통증을 방치하면 몸의 힘과 정신의 기운이 약해지고 결국 고통이 삶 전체를 지배하기에 이른다. 인간 대다수는 무통과 만성 통증이라는 양극단 사이 어디쯤에서 하루하루를 살아간다.

3단계 고통, 다시 말해 정신적 반응과 관련해 좋은 뉴스가 있다면 인간을 준비시켜 미리 대비하게 한다는 점일 것이다. 최면과 플라세보 효과는 정신에 고통을 통제하는 능력이 내장되어 있음을 보여 준다. 우리는 그저 그런 자원을 이용하는 방법만 익히면 된다. 그동안 의사로서 지켜본 다양한 반응을 보면(어떤 환자들은 고통에 영웅적으로 맞서거나 금욕적인 자세로 꿋꿋이 참아 냈고, 더러는 숨 막히는 두려움에 몸을 사리는 이들도 있었다) 적절한 준비의 이점을 또렷이 알 수 있다.

'고통'에도 '보험' 개념을 적용하는 게 좋다. 고통도 실제로 통증이 찾아오기 훨씬 전에 미리 보험료를 낼 수 있다. 빌 모이어스(Bill Moyers)가 진행을 맡은 TV 시리즈 〈힐링 앤드 더 마인드Healing and the Mind〉에 나온 어느 의사의 말대로다. "비행기에서 뛰어내리기 직전에야 낙하산을 만드는 사람은 아무도 없을 겁니다. 아침저녁으로, 밤 낮없이 준비하겠지요. 그래야 정말 필요할 때 실제로 몸을 지탱해 줄 테니까요." 사실 통증이 공격을 개시하는 순간이야말로 고통을 생각하기에 가장 나쁜 시점이다. 통증은 객관적인 시각을 무너뜨리기 때문이다. 개인적으로는 고통에 대한 준비를 대부분 건강할 때 다 해 두었으며 그간에 얻은 깨달음이 훗날 덮칠 복병에 맞서는 데 큰 도움이 되었다.

인도에서 한센병 환자들을 치료하면서 고통이라는 선물의 가치를 처음 헤아린 뒤로, 줄곧 우리 여섯 아이에게 그 의미를 일깨우려 노력했다. 과연 아이들에게 통증에 감사하는 법을 가르칠 수 있을까? 몇 차례 어설픈 시도 끝에, 제 피를 보고 겁에 질려 아우성치는 다섯 살배기에게는 그런 메시지를 받아들일 여력이 없다는 결론을 내렸다. 도리어 아빠가 베이고 긁혔을 때 더 마음을 열고 실물 수업을 잘 받는 눈치였다.

비누를 문대며 다친 손가락을 씻고 있으면, 꼬맹이들이 다가와 물었다. "아빠, 아파요?" 그럼 "그래, 아프단다. 하지만 이건 좋은 일이야"라고 대꾸한다. 베인 데가 걸리적거리니 더 신경 쓸 수밖에 없다.

아무도 원하지 않는 선물

정원에 난 잡초 뽑는 일도 며칠 미루며 다친 손을 쉬게 한다. 이미 지적했듯, 고통은 나모나 사단 같은 한센병 환자들보다 내게 훨씬 큰 유익을 끼친다. 상처가 한결 빨리 아물고, 합병증 위험도 훨씬 덜하다. 통증을 느낄 줄 알기 때문이다.

이제 다 큰 우리 아이들에게 고통에 관해 가장 생생한 교육을 받았던 순간을 생각해 보라고 하면, 입을 모아 인도에서 마주했던 한 장면을 꼽을 것이다. 여름마다 우리 식구는 차 한 대에 꽉꽉 끼어 앉은 채로 450킬로미터 남짓을 달려 닐기리 구릉을 올랐다. 여전히 호랑이와 검은 표범이 어슬렁거릴 만큼 원시 밀림이 우거진 장대한 고원지대였다. 산정 호수와 초지에 둘러싸인 개척지 한복판에 방갈로가 있어서 가장 가까운 마을도 50킬로미터는 떨어져 있었다. 농장 일꾼 한 명을 치료해 준 게 인연이 되어 알게 된 차 농장 관리인이 빌려준 오두막이었다. 벨로르 병원에서 일하는 존 웹이라는 의사 가족과 함께 갈 때도 많았다. 고통에 관해 중요한 가르침을 심어 준 이도 바로 이 소아과 의사였다.

어느 날, 모터사이클을 타고 구불구불한 산길을 달리던 존 앞에 난데없이 개 한 마리가 뛰어들었다. 핸들을 급하게 꺾는 순간, 바퀴가 돌부리에 걸리면서 튕겨 나갔다. 모터사이클에서 곤두박질친 존은 가속도를 이기지 못하고 한참을 미끄러졌다. 하필 뺨부터 떨어지는 바람에 돌길에 긁히고 말았다. 살갗이 벗겨지고 멍이 드는 정도의 비교적 가벼운 부상이기는 했지만, 살 속 깊이 박힌 숱한 모래 알갱이와 자디잔 돌 부스러기가 문제였다.

고통을 바라보는 내 시각을 잘 알고 있던 존은 제 상처를 기꺼이 내주어 우리 아이들을 교육하는 실물 교재로 쓰게 했다. "브랜드 박사님, 어떡해야 하는지 잘 아시죠? 아이들한테 보여 줘도 전 상관없습니다." 존은 소파에 누웠고 아이들이 주위에 둘러섰다. 대야와 비누, 뻣뻣한 솔을 준비했다. 마취 주사는 놓지 않았다.

2차 세계대전 당시, 존은 이탈리아로 진주하는 부대에서 의무 장교로 복무했다. 감염을 막으려면 상처에서 모래 한 톨, 더께 한 점까지 다 제거하는 게 중요하다고 위생병들을 닦달했다. 그런데 어쩌다 보니 자기 차례가 되고 말았다. 존은 이를 악물고 오만상을 찌푸렸다. 거품이 잔뜩 묻은 솔로 생살을 박박 문질렀다. 음향 효과는 아이들 몫이었다 "으윽! 아아!" "도저히 못 보겠어!" "아프지 않아요?"

솔질이 느슨해지면 존은 이를 앙다문 채 채근했다. "선생님, 계속해요. 계속!" 집티 하나 없는 분홍색 살갗과 피가 비치는 진피가 보일 때까지 문지르고 나서 항균 연고를 발랐다.

다음 며칠 동안, 존과 함께 아이들에게 혈액과 피부가 지닌 신비로운 힘과 놀라운 회복 작용을 자세히 설명했다. 아이들로서는 속성으로 생리학 수업을 받은 셈이다. 존은 아스피린이나 진통제를 전혀 먹지 않았다. 꼬맹이들은 고통이란 견딜 만한 것이란 깨달음을 얻었다. 어쩌면 더 중요한 점은, 고통을 '회복에 없어서는 안 될 소중한 과정'으로 받아들이는 모습을 녀석들이 직접 목격했다는 사실일지 모른다. 존은 날마다 붕대를 풀어서 하루하루 나아지는 상태를 확인해 주고 자상한 설명을 덧붙였다. 그의 몸은 고통이라는 언어로 예방에 특

아무도 원하지 않는 선물

별한 주의를 기울이라고 주문하고 있었다. 그래서 음식을 천천히 공들여 씹었으며, 똑바로 또는 모로 누워 잤다. 휴가 내내 다시는 모터사이클을 타지 않았다.

우리 아이들은 그 메시지를 지나치리만큼 잘 받아들였다. 벨로르로 돌아온 지 얼마 안 되어, 벽에 그림 액자를 걸 못을 박다가 망치로 엄지를 내려치고 말았다. 망치를 팽개치고 손가락을 움켜쥔 채 껑충껑충 뛰는 내게 아들 크리스토퍼가 부르짖었다. "하나님께 감사하세요, 아빠! 하나님께 감사하시라고요!"

고통 대비책 1: 감사

정신세계에서 생각하고 느끼는 바가 신체 건강에 영향을 미친다는 의식이 차츰 의학 관념에 스며들었다. 젊은 의사들은 앞다퉈 플라세보 효과를 공부했다. 빌 마이어스, 노먼 커즌스, 버니 시걸(Bernie Siegel) 박사 같은 인기 작가들 덕분에 일반 대중도 감정이 치유에 어떤 역할을 할 수 있는지 낱낱이 알게 되었다. 짜증이 잔뜩 난 어느 전문가의 말마따나 "더러는 어떤 종류의 세균이 농부에게 감염되었는지 아는 것보다 세균에 감염된 이가 어떤 부류의 농부인지 아는 게 더 중요한 것처럼 보였다."

한스 셀리에(Hans Selye) 박사는 건강에 감정이 어떤 파장을 미치는지 찾아낸 선구적인 인물이다. 그의 영향을 적잖이 받은 터라, 나 역시 고통에 대비하는 첫걸음을 '감사'에서 시작하는 편이다. 박사는 몬트리올의 연구실에 몇 년씩 틀어박혀 생쥐로 실험을 계속하며 신체 손상을 일으키는 원인을 추적했다. 1936년에 처음으로 '스트레스 증후군'이라는 용어를 만들었으며 이를 주제로 30여 권의 책을 직접 썼다. 지금껏 이 주제로 발간된 논문을 다 헤아리면 수십만 편은 족히 넘을 것이다. 셀리에가 관찰한 바에 따르면, 정신적인 스트레스는 신체에 작용해 아드레날린(에피네프린) 공급을 늘려서 심장 박동과 호흡이 빨라지게 한다. 근육도 긴장해서 두통과 요통이 생기기도 한다. 스트레스의 근본 원인을 탐색하는 과정에서, 박사는 이미 불안이나 우울 따위의 요소가 통증을 일으키거나 기왕의 고통을 악화시킬 수 있다는 사실을 발견했다. (미국 가정의학회의 보고에 따르면, 가정의학과 전문의를 찾는 환자 중 3분의 2는 스트레스성 질환 때문이라고 한다.)

셀리에는 만년에 평생에 걸친 연구를 정리하면서, 인간에게 높은 수준의 스트레스를 줄 가능성이 큰 정서적 반응으로 앙갚음과 쓰라린 상처를 꼽았다. 반면에, 감사야말로 인간을 더없이 건강하게 만드는 유일한 반응이라고 결론지었다. 일정 부분, 박사의 주장에 공감한다. 고통이 가져오는 여러 유익에 감사하는 마음가짐이 내 세계관을 크게 바꿔 놓았기 때문이다.

앞에서 이야기했듯, 고통을 원수처럼 여기는 이들은 앙갚음이나 원한에 가까운 반응을 보인다. "왜 하필 나야? 이런 아픔을 당할 만한 짓을 한 적이 없는데. 이건 불공평해!" 하지만 이는 고통을 더 심하게 하는 악순환을 낳을 뿐이다. 그래서 환자들을 거푸 타이른다. "고통을 몸이 들려주는 소리라고 생각하세요. 절박한 메시지를 전하

아무도 원하지 않는 선물

고 싶어 하는 거라고요. 그러니까 찌르르한 통증을 처음 감지하는 순간부터 하던 일을 멈추고 고통의 소리에 귀를 기울이세요. 그리고 감사해 보세요. 몸은 고통이란 언어를 씁니다. 주의를 끄는 데 그만큼 효과적인 방법이 없는 까닭이죠." 개인적으로는 이런 사고방식을 고통 '친구 삼기'라고 부른다. 언뜻 원수처럼 보이는 아픔을 두 팔 벌려 환영한다는 뜻이다.

병동과 연구실에서 고통의 유익을 보여 주는 증거를 일상적으로 접하면서, 카빌의 과학자들과 보건 관계자들 사이에서도 급격한 세계관 변화가 일어났다. 온갖 의심을 던져 버리고 감사하는 마음으로 고통이라는 선물을 소중히 여기는 법을 배우게 되었다. 견디기 힘든 아픔이 찾아오면 누구라도 두렵고 풀이 죽게 마련이다. 카빌 식구들도 마찬가지다. 고통을 덜어 달라고 하소연하게 될지도 모른다. 하지만 설령 그렇다 해도 통증 체계가 선하고 지혜롭다는 기본 신념이 흔들릴 것 같지는 않다.

의사 노릇을 하자니 아프다고 투덜거리는 환자의 목소리에 크게 의지할 수밖에 없다(고통을 박탈당한 환자들을 진료하는 경우는 예외지만). 참으로 아이러니한 일이다. 그들이 붙들고 끙끙대는 바로 그 통증이 진단을 내리고 치료 방향을 정하는 주요한 지표가 되기 때문이다. 어떤 암들은 통증에 둔한 부분에 영향을 미치는 까닭에 다른 종양보다 더 치명적이다. 환자로서는 허파라든지 그보다 더 깊은 가슴 속에 생기는 암을 감지하기가 쉽지 않다. 의사 역시 암세포가 폐를 가로지르는 흉막처럼 민감한 장기에 퍼질 때까지 전혀 감을 잡지 못할 수도 있다. 증상이 겉으로 드러날 때쯤에는 이미 암세포가 혈류를 타고 국소 치료 범위를 넘어 전이되어 있기 십상이다.

개인적으로 기억하려 하고, 또 다른 이들에게도 알려 주고 싶은 게 있다. 흔히 원수처럼 여기는 신체 작용에서도 감사할 이유를 찾을 수 있다는 사실이다. 불편한 증상들은 대부분 질병이 아니라 몸의 충성 스러운 방어 활동에서 비롯된다. 예를 들어, 감염된 상처가 붉게 달 아오르고 고름이 잡히는 건 환부로 혈액이 긴급하게 밀려드는 까닭 이다. 림프액과 죽은 세포가 모여 이루는 고름은 세포가 몸을 지키기 위해 치열한 전투를 여러 차례 치렀다는 증거다. 다친 자리에 생기는 발열 증상은 더 많은 혈액을 감염 부위에 보내려는 신체 활동의 결과 다. 몸 전체에 열이 오르면 혈액은 더 빨리 돌게 마련인데, 그러면 아 주 간단하게 박테리아와 바이러스에 적대적인 환경이 조성된다.

다들 짜증스럽고 넌더리 난다고 생각하는 증상(통증은 물론이고 물집, 굳은살, 발열, 재채기, 기침, 구토 따위의)을 포함해 말 그대로 모든 신체 활동 은 사실 몸이 자신을 스스로 지키려 움직이고 있다는 표시다. 조지 부시는 대통령 시절, 일본 국빈 만찬 자리에서 구역질이 나오는 바람 에 진땀을 빼야 했다. 하지만 이는 도리어 고마워해야 할 일이다. 수 십 개의 근육이 통상적인 흐름을 완전히 뒤집는 구토의 생리적 메커 니즘을 살피노라면 혀를 내두를 수밖에 없다. 음식물을 이리저리 잘 다뤄서 소화관을 통해 아래로 내려보내도록 설계된 근육들이 재편 성되어 달갑지 않은 침입자를 거꾸로 내쫓는다. 부시 전 대통령이 경 험했듯, 반사 작용은 위험을 감지할 때마다 주변 환경을 개의치 않고

아무도 원하지 않는 선물

몸을 지키기 위해 곧바로 가동된다. 손쓸 겨를도 없이 갑자기 튀어나오는 재채기도 마찬가지다. 허리케인에 맞먹을 만한 힘으로 외부에서 침투한 이물질과 세균을 코점막에서 털어 낸다. 몸이 보여 주는 더없이 불쾌한 면모마저도 건강을 지키기 위해 안간힘을 쓰고 있다는 징표인 셈이다.

이제는 아플 때면 반사적으로 감사가 튀어나온다. 분명히 말하지만, 이런 근본적인 태도 변화는 통증의 파급 효과에도 영향을 미쳤다. 아침에 일어나는 순간, 만성 요통이 재발했음을 알게 되어도 더는 짜증 내지 않는다. 옷을 걸치려 몸을 움직일 때마다 자지러지며 신음을 토하겠지만, 한편으로는 고통이 보내는 메시지에 귀를 기울인다. 통증은 허리를 굽히지 말고 발을 한쪽씩 의자에 올리고 양말을 신거나 신발 끈을 매면 한결 낫다는 사실을 일깨워 준다. 아울러, 일정을 재조정해서 더 오래 쉬어야 한다든지 운동을 열심히 해서 뻣뻣해진 관절을 풀어 주어야 한다는 따위의 은근한 힌트를 준다. 특별한 문제가 없는 한, 고통의 충고를 따르려 노력한다. 인간의 몸에는 통증만큼 충직한 보호자가 없음을 잘 알기 때문이다.

무거운 가방을 끌고 오랫동안 해외여행을 다니다 돌아온 뒤에 심하게 병치레를 했다. 불과 얼마 전의 이야기다. 등줄기 신경이 끊어지는 것만 같았다. 처음에는 마음 깊이 감사하는 따위의 반응은 생각조차 못 했다. 짜증 나고 실망스러웠다. 하지만 통증이 쉬 가라앉지 않을 것 같다는 판단이 들자 평소 가지고 있던 감사에 관한 생각을 의식적으로 적용해 보기로 했다. 일종의 연쇄 기도를 드리면서 온 정신을 다양한 신체 부위에 집중하기 시작했다.

손가락을 구부리면서는 그런 동작을 가능하게 하는 50여 개의 근육과 수십 가닥의 질긴 힘줄, 고분고분 움직이는 숱한 신경 세포의 연동 운동을 떠올렸다. 관절을 돌려 보면서 발목과 어깨, 골반에 내장된 놀라운 공학 기술을 곱씹었다. 자동차 베어링은 윤활유를 제대로 쳐줘도 기껏해야 7-8년 갈 뿐이다. 하지만 내 몸은 관리와 보수를 위해 가동을 중단하는 법도 없이 윤활유를 자가 공급하며 벌써 70년 넘게 작동되고 있었다.

숨을 깊이 들이마실 때는 허파 주머니가 조그만 산소 방울을 붙들어 부지런히 혈액 세포에 실어서 뇌로 보내는 장면을 상상했다. 심장 근육은 하루에 십만 번 넘게 고동쳐서 연료를 목적지까지 운반한다. 한 번, 두 번 숨을 쉬고 또 쉬어서 신선하고 깨끗한 공기로 온몸의 기능을 새롭게 했다. 열 번쯤 숨을 깊이 들이마시사 조금 어시러웠나.

위장, 비장, 간, 췌장, 신장 같은 장기들은 얼마나 효율적으로 움직이는지 그런 장기가 있다는 사실조차 잊고 산다. 하지만 매우 급한 상황이 되면 이웃한 조직의 통각 세포를 빌리는 속임수를 써서라도 어떻게든 경고를 보내올 것이다.

잠시 눈을 감고 시력을 잃은 상황을 가늠해 보았다. 손을 내밀어 나무줄기와 이파리, 주위의 풀을 더듬으며 손끝으로 질감을 파악했다. 이번에는 가족들을 생각해 보았다. 한 명 한 명 식구들의 모습이 머리에 떠올랐다. 그런 이미지들을 의식 속에 불러내는 뇌의 탁월한 능력이 감탄스러울 뿐이었다. 눈을 뜨자마자 빛의 파장이 물밀 듯 밀

아무도 원하지 않는 선물

려들었다.

일흔이 넘고 여기저기 아픈 데가 많은 최악의 상태임에도 불구하고, 내 몸에는 감사를 넘어 찬양해야 마땅할 이유가 수두룩했다. 고통이 없는 삶이 얼마나 끔찍할지 너무도 잘 알기에 불편을 빌미로 하나님을 탓할 마음은 꿈에도 없었다.

연쇄 기도의 마지막 대목에서는 아픈 자리 자체로 관심을 돌렸다. 우선 나무랄 데 없이 근사하게 설계된 척추뼈를 생각했다. 그만한 기초 구조라면 2.5미터에 이르는 기린 목도 지탱하고 남았다. 척수에 들어 있는 신경망에서 가느다란 신경을 몇 가닥 제거하는 더없이 복잡한 수술 과정도 되짚어 보았다. 자칫 메스를 잘못 놀렸다가는 환자를 영원히 걷지 못하게 만들 수도 있을 만큼 예민한 작업이었다. 그처럼 섬세한 신경들 가운데 하나가 이미 굵직굵직한 조정을 압박하고 있었다. 몸가짐과 걸음걸이를 수정하고, 베개와 잠자는 자세를 바꾸고, 내키지 않더라도 짐꾼을 불러 가방을 나르게 해야 한다는 주문이었다.

그렇다고 고통이 하룻밤에 사라지지는 않았다. 허리를 굽혀 침대에 들어갈 때마다 무지근한 욱신거림이 사라지지 않았다. 하지만 감사에 대한 인식은 내면에 조용한 변화를 일으키고 있었다. 근육들이 덜 긴장하게 되었고 통증 역시 예전과 똑같은 방식으로 지배하지 않았다. 적처럼 보이던 고통이 친구가 된 것이다.

냉소적인 이들은 말할지 모른다. "정신의 속임수에 지나지 않아. 두려움과 염려의 문턱을 스스로 낮췄을 뿐, 그 이상도 이하도 아니야." 옳다. 그게 핵심이다. 고통은 마음에서 비롯된다. 마음을 가라앉히면 아픔을 이겨 내는 능력이 한결 커진다.

고통 대비책 2: 경청

이렇게 감사를 권하는 까닭은 몸에 대한 기본자세가 건강에 큰 영향을 미치기 때문이다. 몸을 존중하고 경이롭게 여기며 고마워하는 마음을 가지면 그 몸을 건강하게 유지하는 쪽으로 행동할 가능성이 훨씬 커진다. 한센병 환자들을 치료하면서 손발을 숱하게 고쳐 주었지만, 그들이 스스로 팔다리를 책임지지 않으면 어떤 진보도 소용이 없다는 걸 금방 알 수 있었다. 재활의 핵심은 환자에게 개인적으로 제 몸의 숙명을 되살려 주는 데 있다. 이는 건강의 본질이기도 하다.

미국으로 이주하면서, 높은 교육 수준과 의학에 대한 교양을 갖추고 건강에 대해 저마다 강한 책임감을 느끼도록 이끄는 사회이리라고 기대했다. 하지만 현실은 정반대였다. 서방 국가들의 건강 문제 가운데는 몸에서 보내는 명확한 신호를 무시하는 행동 방식을 선택하는 데서 비롯되는 경우가 절대다수를 차지한다.

의사들은 이를 누구보다 잘 알지만, 환자들 삶에 끼어들기를 몹시 주저한다. 한 점 숨기는 게 없다면 이렇게 경고해야 마땅하다. "몸이 들려주는 소리에 귀를 기울이세요. 특히 고통이 하는 말을 잘 들으세요. 통증은 긴장으로 뇌를, 너무 큰 소리로 귀를, 장기간 텔레비전 시청으로 눈을, 불량 식품으로 위를, 발암 성분이 들어간 물질로 폐를 망가뜨리고 있다는 이야기를 하고 있는지도 몰라요. 증상을 누그러뜨리는 처방을 내리기 전에 먼저 고통의 메시지를 경청하세요. 의사는 증세를 가라앉히는 데 도움을 줄 수 있지만, 원인을 찾아 고치는 일은 환자의 몫입니다."•

알베르트 슈바이처 박사는 언젠가 질병이 몸에서 환영받지 못한다는 걸 알고 금방 떠나더라고 했다. 누구나 꿈꿔 볼 만한 일이지만, 세상은 점점 정반대로 돌아가는 분위기다. 해마다 질병관리본부나 식품의약품안전청을 비롯한 공공 보건 당국의 대표들이 모여 보건 관련 동향을 논의하고 새로운 정책의 우선순위를 정한다. 1980년대에 들어서면서, 스트레스가 악화시키는 심혈관 질환과 고혈압, 위궤양, 유해 환경과 연관된 각종 암, 에이즈, 성관계로 전염되는 질병들, 흡연이 불러오는 폐기종과 폐암, 산모의 알코올 중독 및 약물 중독으

• 의료 기관에도 상당한 책임이 있음을 인정할 수밖에 없다. 젊은 외과의가 안고 있는 딜레마를 생각해 보라. 의대에 다니느라 적잖은 빚을 진 처지에서는 환자의 선택지를 저울질하기 쉽다. 보수적으로 접근하자면, 스스로 자기 건강을 책임져야 한다고 이르는 게 당연하다. 꾸준히 운동하고, 물리 치료를 받고, 식습관을 바꾸고, 생활 양식을 조절하고, 소소한 고통을 끌어안고 사는 법을 배우도록 안내해야 한다. 그렇게 건전한 조언을 한 대가로 의사는 기본 진료비를 받는다. 적극적인 입장을 택해서 병원의 허가를 받아 외부에서 개입하는 수술을 권할 수도 있다. 그렇게 되면 의사에게는 적어도 백배는 더 큰 수입이 생길 것이다. 1980년, 윌리엄 케인이 조사한 바에 따르면, 미국에서는 허리 문제를 디스크 수술로 해결하는 의사들이 스웨덴이나 영국보다 7배나 많았다. 미국 전체의 디스크 수술 건수는 지난 10년간 4만 건에서 45만 건으로 폭증했다.

로 인한 태아 손상, 당뇨와 그 밖의 식이장애, 폭력 범죄, 음주 운전에서 비롯된 교통사고 따위를 포함해 일주일에 걸친 회기 동안 의제로 올라오는 모든 행동 관련 문제와 각각에 투입되는 시간을 산정한 목록을 만들기 시작했다. 미국 보건 전문가들 사이에서 이런 문제는 국지적이 아니라 지극히 보편적인 관심사였다.

인도에서 비슷한 전문가 회의가 열린다면 아마 말라리아, 소아마비, 이질, 결핵, 장티푸스, 한센병 같은 질환을 다뤘을 것이다. 이런 전염성 질환 대다수를 용감하게 정복한 미국의 경우는 새로운 보건 문제가 옛 숙제를 대체했다.

회의는 애리조나주 스코츠데일에서 열리고 있다. 서쪽으로 맞닿은 네바다주는 사망률을 보여 주는 온갖 도표에서 대부분 꼭대기를 차지하는 반면, 북쪽으로 이웃한 유타주는 바닥을 맴돈다. 양쪽 다 상대적으로 부유하며, 교육 수준이 높고, 기후도 비슷하다. 다양한 연구가 보여 주는 차이는 아마 생활 양식이라는 요소로 설명하는 게 가장 타당할 것이다. 유타주는 알코올과 담배를 못마땅해하는 모르몬교의 본거지다. 가족의 결속이 단단하며 결혼 생활이 오래 이어지는 편이다. (사망률 표를 보면 이혼이 뇌졸중, 고혈압, 호흡기 암, 장암에 걸려 조기 사망할 가능성을 크게 높인다는 사실을 알 수 있다.) 네바다주는 딴판이다. 도박에 따르는 고유한 스트레스는 제쳐두더라도 이혼 건수가 두 배에 이르며 알코올과 담배 소비율도 훨씬 높다.

도덕군자가 아니라 의사 입장에서 이 글을 쓰고 있지만, 문명사회에서 일하는 의사라면 누구나 몸이 들려주는 지혜를 듣지 못하는 문

아무도 원하지 않는 선물

화적 청맹과니 현상과 맞닥뜨릴 수밖에 없다. 개인이든 사회든, 고통을 뜻깊게 여기는 데서 건강을 향한 첫걸음을 떼야 한다. 그런데도, 현대인들은 귀를 쫑긋 세우고 고통의 메시지를 들어야 할 시점에 도리어 침묵시킨다. 너무 빨리 너무 많이 먹고 소화제를 찾는다. 너무 오래 너무 고되게 일하고 안정제를 삼킨다. 혈압약과 위궤양 치료제, 신경 안정제는 미국에서 가장 많이 팔리는 3대 약품으로 꼽힌다. 의료 전문가마저 고통을 증상이 아닌 질병으로 보는 터라, 너나없이 통증을 잠재우는 약을 스스럼없이 집어 든다.

개인적으로는 약장으로 달려가 진통제를 찾기 전에, 일단 신경을 곤두세우고 귀를 기울인다. 그렇게 고통의 소리를 경청하는 과정은 일종의 의식이 되었다. 감사 의례의 이면인 셈이다. 그리고 고통에 어떤 패턴이 있는지 스스로 묻는다. 낮이나 밤, 아니면 달마다 규칙적으로 찾아오는가? 일과 관련이 있는가? 아니면 인간관계와 얽혀 있는가? 식사는 어떤 영향을 미치는가? 언제 아픈가? 밥을 먹기 전이나 중간인가? 아니면 식후인가? 장운동에 발맞춰 통증이 생기는가? 아니면 소변을 볼 때 생기는가?* 자세를 바꾸거나 평소와 다른 동작이 영향을 주는 것처럼 보이는가? 앞날을 걱정하고 있는가? 과거사에 대한 기억에 매달리는 경향이 있는가? 돈 문제로 근심하고 있는가? 이렇게 고통스러워하는 데 어느 정도 빌미를 준 상대가 있어서 그에게 화가 나거나 쓰라린 감정을 품고 있는가? 하나님께 분을 품고 있는가?

고통에 더 잘 적응하기 위한 실험을 해 볼 수도 있다. 베개를 바꾸거나 소파 대신 의자를 써 보면 어떨까? 한 시간쯤 수면 시간을 늘려 보면 어떨까? 기름지거나 달콤한 음식, 채소 등 특정한 음식에 어떤 반응을 보이는가? 무엇에 끌리고, 무엇에 거부감이 드는가? 관련이 있다 싶은 대목이 있으면 빠짐없이 적어 둔다.

이런 훈련이 오랜 세월에 걸쳐 의사에게 달려가는 수고를 얼마나 덜어 주었는지 가늠하기조차 어렵다. (의사들이 병원에 갈길 얼마나 싫어하는지 실상을 알면 깜짝 놀랄 것이다.) 아프다는 사실을 고마워하는 경우는 거의 없지만, 고통이 주는 메시지에는 항상 감사한다. 고통은 가동할 수 있는 가장 긴급한 방식으로 최상의 유익을 끼친다는 점을 믿어 의심치 않기 때문이다. 그런 권유에 어떻게 반응하느냐는 오롯이 내게 달렸다.

- '문명'은 통증이라는 단순한 신호를 무시하라고 주문하기 쉽다. 의과 대학에 다니던 시절, 해밀턴 베일리(Hamilton Bailey)가 쓴 외과학 교과서에서 보았던 이야기 한 토막이 생각난다. 들개는 전립선 비대증으로 고생하지 않지만, 집에서 기르는 개들은 제 주인과 똑같은 문제에 시달린다고 지은이는 지적했다. 강아지든 인간이든, 방광에서 올라오는 신호를 외면하고 긴장을 해소할 '적절한' 때를 기다리다 보면 그만한 대가를 치를 수밖에 없다. 마찬가지로, 문명은 사회적으로 장운동의 요구에 맞춰 반응하기 힘들게 만든다. 화장실이 어딘지 묻고 안주인이 눈짓으로 복도 쪽을 가리키면, 실례를 구한 뒤에 슬쩍 빠져나간다. 당장 해결하라는 몸의 지시를 나중으로 미루는 더 심각한 경우도 있다. 집으로 돌아올 때쯤에는 메시지를 무시당한 직장이 협조하지 않을 수도 있다. 그 과정에서 생긴 긴장은 쉬 치질로 이어진다. 노년에 겪는 변비 증상은 대부분 사회적 이유로 행동을 미루면서 정상적인 반사 작용을 존중하지 않거나, 정제 가공한 음식에 의존하고 섬유질 섭취가 부족한 식생활 탓이다.

　　　　　　　　　　　　아무도 원하지 않는 선물

고통 대비책 3: 활동

귀를 쫑긋 세우고 잘 들어보면, 고통은 남용하지 말아야 할 기관을 가르쳐 줄 뿐만 아니라 몸에 필요한 긍정적인 요소들도 넌지시 알려 준다. 일반적으로 신체 조직은 활용할수록 튼실해지고 쓰지 않으면 위축되게 마련이다.

뇌졸중 환자는 이런 원리를 더없이 애절하게 보여 준다. 손의 근육이 좀처럼 연축 상태를 벗어나지 못하면, 손가락은 오랫동안 쓰지 않아서 마치 갈퀴처럼 오그라든다. 억지로 힘을 써 떼어 내면, 손가락 사이사이가 물 먹은 종이 조직처럼 물러져서 쉬 벗겨진다. 본래 설계된 대로 현실 세계에 대처할 기회가 없어 내구성을 잃어버린 것이다. '쓰지 않으면 퇴화하게 마련'이라는 건 생리학의 기본 명제다.

초기 우주인들은 고생 끝에 이 원리를 배웠다. 우주에서 첫 번째 임무를 마친 우주인들을 조사한 의료진은 몸에서 칼슘이 대량으로 빠져나가 심각한 골다공증 위험이 있음을 파악했다. 미국항공우주국 (NASA)은 곧바로 우주 식단에 칼슘 보충제를 추가했다. 하지만 이어진 우주 비행 후에도 똑같은 현상이 나타났다. 식단이 아니라 무중력이 문제였다. 뼈를 움직이지 않으면, 경제적인 몸은 필요 이상의 칼슘을 보유하고 있다는 판단을 내리고 칼슘을 재분배하거나 소변을 통해 몸 밖으로 내보낸다. 우주인들의 신체는 힘을 덜 써도 괜찮은 무중력 상태에 적응했을 따름이었다. 이를 되메우기 위해, 지금은 실제 운동 강도와 비슷하게 만드는 정적 수축(몸 전체를 쓰지 않고 근육을 움직이는) 형태의 운동을 되풀이한다. 무중력 상태라 할지라도 한 손으로 다른 손을 힘껏 밀어서 마치 운동할 때처럼 팔뼈에 긴장을 주는 훈련이다. 그러면 뼈는 중력의 영향이 미치는 지상으로 재진입하기에 부족함이 없을 만한 칼슘을 계속 유지한다.

신체에 활동이 얼마나 필요한지 보여 주는 생생한 실례를 인도에서 목격했다. 놀랍게도 인도 사람들 가운데는 서구 노인들 사이에서 흔히 볼 수 있는 대퇴부 골관절염을 호소하는 이가 거의 없다. 골관절염은 대퇴골과 고관절 소켓 사이를 떼어 놓는 연골 층이 뼈가 거의 맞닿을 만큼 얇아져서 생긴다. 뼈가 서로 부대끼면서 마찰과 극심한 통증을 일으키는 경우도 적지 않다. 엑스레이 사진을 보면 그런 양상이 또렷이 드러난다. 실마리를 찾기 위해 인도와 서구 환자들의 대퇴부 엑스레이 사진들을 비교해 보았다. 연골의 간격은 같은 비율로 줄어들었다. 어느 문화권의 노인이든 차이가 없었다. 서구인들의 대퇴부에 심한 통증을 일으키는 요인은 바로 편마모였다.

대퇴골 머리는 애초에 둥글고 매끈하다. 서구인들은 걷거나 달리거나 의자에 앉을 때, 다리를 한쪽으로만, 그러니까 앞뒤로 곧바르게 움직이는 경향이 있다. 뼈가 오로지 한쪽 면을 따라 움직이므로 세로로 몇 줄씩 홈이 파이고 자디잘게 솟아오르거나 튀어나온 부분이 생기게 마련이어서 결국 이것이 관절 통증의 궁극적인 원인이 된다. 반면에, 인도 사람들은 관습적으로 요가를 하듯, 책상다리를 하고 앉는 까닭에 고관절이 하루에도 수십 번씩 밖으로 벌어졌다가 완전히 돌아가기를 되풀이한다. 자연히 대퇴골 머리도 비대칭적이 아니라

아무도 원하지 않는 선물

균일하게 닳는다. 노화된 관절 연골이 수축된다고 하더라도 솟아나거나 튀어나온 자리 없이 웅글게 둥근 뼈에 기대어 걷게 된다. 책상다리는 노인들의 대퇴부 통증을 막아주는 훌륭한 보험 구실을 한다.

　인공 고관절 치환술은 서구에서 수익성이 높은 거대 사업으로 자리 잡았다. 날마다 모든 관절을 최대한 움직여 주어야 한다는 몸의 메시지에 귀를 기울이는 데 조금 더 익숙해지기만 해도 얼마나 큰 비용과 고통을 피할 수 있을까 생각하다가 얼마나 큰 충격을 받았는지 모른다. 보통 중년들은 완벽하게 가부좌를 틀고 앉기가 무척 고통스럽다. 고관절을 충분히 돌려 본 지 너무 오래되었기 때문이다. 그와 달리, 수영이나 등산을 하거나 선대 어른들처럼 울퉁불퉁한 땅을 딛고 걸어 다니며 전신을 움직이는 이들은 장차 다가올 통증을 앞서 막고 있는 셈이다. 가끔 재미 삼아, 건강 관련 잡지에 '고관절 치환술을 피할 수 있는 확실한 방법'을 가르쳐 주겠다는 광고를 싣는 상상을 해 본다. 젊어서부터 하루에 열 번씩 마룻바닥이나 소파에 책상다리를 하고 앉는 훈련을 하라는 비법을 알려 주고 10만 원쯤 받으면 괜찮지 않겠는가!

　열심히 운동하면 근육이 생기고 뼈가 단단해지듯, 신경 세포들도 감각에 노출될수록 잘 자라는 건 아닐까? 개인적으로는 일리가 있다고 생각한다. 한센병 환자들은 마음껏 삶을 탐험할 수 있는 자유야말로 고통이 주는 가장 큰 선물 가운데 하나임을 가르쳐 주었다. 그들과 달리, 나는 비죽비죽 돌부리가 튀어나온 땅을 맨발로 스스럼없이 누비고, 뜨거운 커피를 양철 컵에 따라 마시고, 온 힘을 다해 스크루드라이버를 돌릴 수 있다. 위험 수위에 이르는 순간마다 통증 신호가 경고해 주리라고 믿는 까닭이다. 건강한 이들에게는 격렬하게 몸을 움직이고 한계치까지 감각을 실험해 보라고 권한다. 이유는 하나뿐이다. 그런 활동이 훗날 뜻밖에 다가오는 고통을 이겨 낼 채비를 갖춰 주기 때문이다.

우리 사회에서 운동선수들은 고통을 연구하고 부러 신체적 긴장에 스스로를 노출시키는 부류에 속한다. 마라톤과 역도 선수들은 몸에서 더 많은 활동을 끌어내려 노력하면서 힘줄과 근육, 심장과 폐에서 보내는 피드백에 골똘히 주의를 기울인다. 손가락을 화강암 절벽 틈새에 밀어 넣고 버텨야 하는 암벽 등반가는 실질적인 고통을 견디는 손가락 끝과 마디의 의지에 성패가, 더 나아가 생사가 달렸다는 사실을 잘 안다. 약해지는 지점을 제때 정확하게 감지해서 손이나 발판을 바꾸는 식으로 보강해 주어야 하며 그마저 여의치 않으면 뒤로 물러나야 한다.

노련한 운동선수들은 고통의 낭떠러지 끝자락까지 밀어붙이되 추락하지 않도록 정교하게 조율된 장치가 내장된 제 몸의 소리에 귀를 기울인다. 그들에게 고통은 오랜 친구나 다름없다. 보스턴 마라톤 대회에서 우승한 직후, 조앤 베노잇(Joan Benoit)이 텔레비전 방송과 인터뷰하는 걸 본 적이 있다. "몸서리치게 힘드셨죠?" 기자가 물었다. 베노잇은 대꾸했다. "아네요. 그렇지 않았어요. 도리어 즐겼어요. 출발 순간부터 몸이 말을 걸었어요. 견딜 수 있는 한계를 알려 주었죠. 희열 같은 걸 느꼈습니다." 다리의 힘줄이나 심혈관계 장기가 위험한

아무도 원하지 않는 선물

상태에 이르렀다면 조앤 베노잇은 단박에 알아챘을 것이다. 고통을 다루는 법을 배웠으므로 통상적인 스트레스와 긴급한 경고 신호의 차이를 파악할 줄 알기 때문이다.

어린아이들을 조직적인 스포츠에 참여시키려는 노력에 갈채를 보낸다. 특별한 뜻이 있어서가 아니라, 안락함을 지향하는 현대 사회는 조앤 베노잇이 설명하는 고통의 언어를 배울 공간을 거의 제공하지 않기 때문이다. 정통 자녀 양육 이론과 상당히 동떨어진 시각임을 솔직히 인정하는데, 얼마쯤은 이런 결핍에 대한 반작용에서 비롯되었음을 알아주면 좋겠다. 예를 들어, 개인적으로 어린아이들에게 맨발을 적극적으로 추천한다. 살아 있는 조직은 어떤 표면에 접촉하든 금세 적응한다. 신발을 신지 않고 달리는 건 신경과 피부를 자극하는 더할 나위 없이 좋은 방법이다. 맨발 뜀박질은 아이들을 훈련해서 풀밭과 모래, 아스팔트를 누비며 달리는 데서 오는 다양한 메시지에 주의를 쏟게 한다. 더러 돌부리를 걷어차 살갗에 멍이 들기도 하겠지만, 피부는 곧 거기에 순응한다. 그리고 맨발에서 오는 뒤섞인 메시지는 신발 가죽을 통해 올라오는 중성적인 메시지보다 세상에 관해 훨씬 풍부한 정보를 전달한다. (유익은 그뿐이 아니다. 맨발로 다니면 발가락이 퍼져 스트레스를 분산시키는 반면, 대다수 신발은 발가락을 옥죄고 발을 변형시킨다.)

내 눈에 요즘 자녀 양육 기법들은 어떻게든 고통을 감수하지 않을 방법을 전수하는 것처럼만 보인다. 엄마 아빠들은 아기를 오리털 이불과 부드러운 천으로 감싸지만, 지상에는 질감이 거친 것들도 수두룩하다. 아이들이 제 맘대로 움직이기 시작하면 코코넛 섬유로 만든 매트처럼 꺼끌꺼끌한 재료로 만든 담요와 매트리스로 바꿔 주는 게 낫지 않을까 싶다. 한창 자라는 아이들은 촉각을 통한 자극을 받아야 정상적으로 성장하는 법인데, 바로 그 시점에 부모들은 오히려 중립성 감각으로 둘러싸고 있다. 자녀들이 눈곱만큼이라도 불편해하면 요즘 부모들은 동정과 공감을 넘치도록 퍼붓는다. 이는 사태를 한층 복잡하게 만들 뿐이다. 저도 모르는 사이에, 또는 노골적으로 '고통은 나쁜 것'이란 메시지를 전달하기 때문이다.

앞에서 이야기했듯, 다양한 인종 그룹을 대상으로 한 연구를 보면, 고통에 대한 반응은 전반적으로 학습됨을 알 수 있다. 고대 스파르타에서는 아이들에게 고통에 대비하는 훈련을 시켰다. 현대 사회는 반대쪽 끝에 치우친 듯하다. 통증을 잠재우는 기교는 고통을 극복하는 능력 전반에 일정의 문화적 위축을 불러왔다. 하지만 에어로빅과 철인 3종 경기를 즐기는 젊은 세대와 야외 활동 지원 프로그램이 나타나는 데서 고무적인 조짐을 본다. 도전을 추구하고 인내의 한계를 시험하는 활동적인 몸은 갑자기 들이닥친 고통을 극복할 수 있다. 언제 어디서 문제가 생기든 마찬가지다. 고통을 정복하는 유일한 방도는 한 사람 한 사람을 가르쳐 저마다 거기에 대비하게 하는 길뿐이다.

고통 대비책 4: 자제력

난생처음 아스피린과 마주했던 기억이 난다. 어린 시절을 통틀어, 진통제라고는 단 한 알도 복용해 본 적이 없었다. 동종 요법(일부러 비슷한

아무도 원하지 않는 선물

병에 걸리게 하거나 독성을 가진 물질을 먹여 병을 다스리는 대체 의학의 일종—옮긴이)

을 철석같이 믿었던 어머니는 증상을 가라앉히는 식의 치료에 반대하는 대신, 몸 자체의 치유 능력을 믿어 보는 편을 더 선호했다. 학교에 들어가기 위해 아홉 살, 어린 나이에 영국으로 이주한 나는 줄곧 할머니 댁에서 아직 결혼하지 않은 이모 둘과 함께 살았다. 다들 어머니처럼 동종 요법을 신뢰하는 분들이었다.

여전히 영국에서 공부하던 열두 살 무렵, 심한 독감에 걸렸다. 열이 치솟고 마치 누군가가 온몸을 두들겨 패는 느낌이었다. 충분히 쉬어야 했지만, 머리가 지끈지끈 아파서 잠을 이룰 수가 없었다. 끙끙대며 신음하는 소리에 어지간히 놀랐던지, 이모들이 의사를 불렀다. 사촌 형 빈센트였다.

열에 들뜬 상황에서도 방문 밖 복도에서 나지막하게 오가는 입씨름을 엿들을 수 있었다.

"독감에 걸렸으니 열이 나는 게 정상이죠. 자연스러운 거예요. 얼른 아스피린을 먹이세요."

"아스피린이라고? 그게 뭔데? 쟤는 그런 걸 한 번도 먹어본 적이 없어."

"그렇군요. 그걸 먹으면 훨씬 편안해져요. 잠도 잘 잘 수 있고요."

"아이한테 해롭진 않니? 확실한 거지?"

갑론을박이 끝나고 드디어 이모가 하얗고 큼지막한 알약 하나와 물 한잔을 들고 들어왔다. "의사가 이걸 먹으래. 그럼 두통이 가라앉을 거라고."

나로 말하자면, 어머니에게서 모든 약에 대한 의심을 물려받은 터였다. 복도에서 소곤소곤 오간 대화는 그런 의혹을 강력하게 뒷받침할 따름이었다. 그래서 아스피린 없이 통증에 맞서기로 작정했다. 스스로 수없이 되뇌었다. "이겨 낼 수 있어! 난 강하니까. 이겨 낼 수 있고말고!" 나는 그 하얀 약을 삼키지 않았다. 엄청난 힘을 가졌으나 신뢰하기 어려운 마법의 영약은 밤새도록 침대 곁 테이블에 그대로 놓인 채 어슴푸레한 빛을 내뿜었다. 결국, 끝까지 약을 먹지 않고 잠들었다.

　얼른 고백해 두자면, 지금은 약을 먹기 시작한 지 오래며 환자들은 물론이고 우리 아이들에게도 처방하고 있다. 그런데도 '감각은 주인이 아니라 종일 따름'이라는 영원한 가르침을 심어 준 양육 방식을 되짚을 때마다 고마운 마음이 든다. 돌이켜 보면 이튿날 아침, 이모가 방에 들어와 테이블 위에 그대로 놓인 약을 쳐다보는 순간, 어떤 자부심 비슷한 감정을 느꼈던 것 같다. 적어도 하룻밤은 고통을 지배한 것이다.

　아스피린 사건은 통증을 스스로 처리할 수 있다는 자신감을 심어 주었다. 훗날 존 웹이 오토바이 사고를 당한 뒤에 우리 아이들에게 전해 주고 싶어 했던 바로 그 가르침이었다. 그때 거둔 작은 승리는 척수, 쓸개, 전립선 따위의 통증처럼 장차 다가올 더 큰 고통에 대비하게 해 주었다. 통증을 가라앉힐 방도가 쉬 보이지 않는 환경에서도 잘 듣는 독특한 양식의 자제력을 일찌감치 체득한 셈이다.

　2차 세계대전이 한창일 무렵, 의사란 의사는 다 군대로 데려가는

　　　　　　　　　　　　　　　　　　　　　아무도 원하지 않는 선물

바람에 한동안 치과 의사의 씨가 마르다시피 했다. 그래서 스스로 드릴로 이빨을 뚫고 성가신 구멍을 메우기로 작심했다. 여러 개의 거울을 이리저리 맞춰 놓은 뒤, 엄지와 검지 사이에 치과용 드릴 날을 끼우고 돌리면서 썩은 자리를 긁어내고 충전재를 끼워 넣느라 용을 썼다. 그래도 치과 의사한테 맡기는 것보다 한결 쉬웠다. 상황을 직접 통제하는 기분이 들었다. 예민한 지점을 파악하고 드릴 날을 에둘러 움직일 수 있었다. 의사라면 내 신음과 비명을 공들여 해석해야 했을 것이다. 여러 해 전, 통증을 다스리는 법을 배웠던 그 훈련을 고마운 마음으로 되새겼다.

안락함을 지향하는 사회에 사는 현대인들이라 해도, 다들 어느 정도는 기꺼이 고통을 감수한다. 여성들은 패션을 생각해서 눈썹을 뽑고, 조그만 신발에 발을 구겨 넣으며, 한겨울에도 얇은 스타킹을 신을 뿐만 아니라, 얼굴과 몸매를 요리조리 바꾸기 위해 큰 수술을 받기도 한다. 운동선수들은 된통 얻어맞을 수 있음을 뻔히 알면서도 제 발로 농구장, 하키 링크, 축구장에 들어간다. 운동 기구 제조사들은 "온몸을 하얗게 불태워 보라!"며 고객들을 불러 모은다. 하지만 바람직한 결과를 얻기 위해 아픔을 기꺼이 감수하는 이들이 예상치 못한 고통에 대해서는 충격적이고 주체할 수 없는 현상으로 받아들이는 경우가 얼마나 많은지 모른다. 어떤 불편이든 다 통제할 수 있다는 환상을 주는 문화에서, 질병이나 부상에서 비롯된 고통은 무단 침입 취급을 받기 쉽다.

인도에서 보낸 시간 동안, 불편을 통제할 수 있다는 망상이 없는 사회를 맛보았다. 기후가 가혹하고, 열대병이 창궐하며, 태풍이 닥칠 때마다 천재지변을 겪는 나라에서는 그 누구도 고통을 '해결할' 수 있는 척하지 못한다. 그런데도 장구한 세월이 흐르는 사이에 인도 문화는 그 속에서 사는 국민이 고통을 극복할 수 있도록 도울 길을 찾아냈다. 물리적 자원이 부족한 사회는 어쩔 수 없이 정신적이고 영적인 자원들로 눈을 돌리는 법이다.

처음에는 어린아이로, 나중에는 의사로, 인도에 살면서 신체 기능을 정교하게 쥐락펴락하는 고행 수도자와 은둔 성자들에게 완전히 반해 버렸다. 그들은 못 위로 걸어가고, 몇 시간씩이나 어려운 자세를 유지하고, 몇 주씩 곡기를 끊기도 했다. 전문가급 수련자들은 심장 박동과 혈압까지 마음대로 조절할 수 있었다. 힌두교의 '성자'들은 금욕으로 명성이 높았으며, 그처럼 고상한 문화적 가치를 존중하는 분위기가 사회 전반에 스며 있었다. 인도인들은 어려서부터 훈련과 절제를 존중하라는 교육을 받는데, 모두 고난을 이겨 내도록 도와주는 자질들이다.

특히, 인간고(人間苦)를 받아들이는 법을 배우도록 이끌어 가는 철학인 불교는 인도의 토양에서 자랐다. 네 가지 고통스러운 광경(질병, 주검, 늙음, 걸인)에 충격을 받은 고타마 붓다는 왕자라는 신분을 내던지고 세상 고통의 수수께끼를 푸는 여정에 나섰다. 그렇게 해서 도달한 해법은 소비주의와 쾌락 추구에 치우친 서구 철학과 정면으로 충돌한다. 붓다는 "고통 정복과 관련된 진리는 마지막 한 톨의 정념까지 다 비우는 극기(克己)에 있다"고 결론지었다. 삶은 고통으로 가득하며

아무도 원하지 않는 선물

그 괴로움은 욕망에서 비롯된다면, 고통을 해결하는 해법은 욕심을 끝장내는 길뿐이다.

개인적으로 힌두교도도, 불교도도 아니지만, 두 신앙이 한결같은 방식으로 고통에 접근한다는 점은 대단히 인상적이다. 동양 사상에 따르면, 인간고는 '외부' 조건(고통을 주는 자극)과 마음에서 일어나는 '내부' 반응으로 이루어진다. 이런 철학을 접하면서 의과 대학에서 배운 신호-메시지-반응이라는 고통 단계들과 아주 흡사하다는 생각을 떨칠 수가 없었다. 동양 철학은 한마디로 고통의 3단계, 즉 정신적인 반응이 고통 경험을 지배하는 핵심 요소이며 대부분 통제가 가능하다고 단언한다.

"내면의 마음가짐을 바꿔서 삶의 외면까지 변화시킬 수 있다는 사실이야말로 내 세대가 이룩한 가장 위대한 발견이다." 20세기 초, 윌리엄 제임스(William James)는 그렇게 적었다. 글을 읽을 때마다 웃음이 난다. 그의 '발견'은 지난 수천 년 동안 주요 종교가 가르쳐 왔던 진리이기 때문이다. 동양 철학의 가르침을 접하면서 내가 믿는 기독교의 풍부한 자기 절제 전통에 관심이 더 깊어졌다.

예를 들어, 유난히 혼란스럽고 고통이 심했던 중세에 활동했던 수도회들은 앞다퉈 일련의 묵상 훈련을 고안했다. 대부분 기도와 명상, 금식을 아우르는데, 이런 훈련은 하나같이 내면생활에 초점을 맞춘다. 14세기에 활동했던 시나이의 그레고리(Gregory of Sinai)가 '마음의 기도'를 설명한 글을 살펴보자.

홀로 자리에 앉아 침묵하라. 머리를 숙이고, 눈을 감고, 호흡을 가다듬으며 스스로 마음을 들여다본다고 상상하라. 마음, 다시 말해 생각을 머리에서 마음으로 가져오라. 숨을 내뿜으며 '주 예수 그리스도여, 자비를 베풀어 주소서'라고 말하라. 입을 열어 나지막하게 이야기해도 좋고 그저 마음으로만 고백해도 좋다. 다른 생각을 다 떨쳐버리라. 침잠하라. 참을성을 가지고 이 과정을 자주 되풀이하라.

본래 예배를 돕는 데 일차적인 목적이 있기는 하지만, 이런 훈련에는 자기 절제를 가르치는 부대 효과가 따른다. 위기를 맞았을 때 넉넉한 보상금을 지급하는 일종의 '고통 보험'인 셈이다. 하버드 의대의 심장 전문의 허버트 벤슨(Herbert Benson) 박사는 영적인 훈련이 이른바 '이완 반응'을 끌어내는 데 도움이 된다는, 다시 말해 감지된 고동에 직접 영향을 미친나는 사실을 확실하게 입증했다. 정신의 행위인 명상은 체내에서 생리적 변화를 일으킨다. 심박수와 호흡수가 떨어지고, 뇌파 패턴이 달라지며, 교감 신경계의 활동이 전반적으로 줄어든다. 긴장했던 근육들이 풀리고 내면의 스트레스가 사라지면서 평온해진다. 전통적인 방식으로는 만성 통증을 해결하지 못했던 환자 가운데 대다수가 이완 반응을 훈련한 뒤로 통증이 최소한 절반으로 줄었다는 연구 결과가 있다. 또 다른 조사에서는 4분의 3에 이르는 환자들에게 증상이 누그러지거나 무척 호전되는 것으로 나타났다. 이런 까닭에 만성 통증 센터들은 대부분 이완과 명상 프로그램을 운용한다.

아무도 원하지 않는 선물

하지만 오랫동안 이런 관습을 외면해 온 탓에 영적 훈련을 별나고 짐스러운 일로 치부하는 경우가 허다하다. 하지만 영적 훈련은 몸에, 특히 고통과 관련해 놀라운 영향을 미친다. 기도는 신체적 통증에서 정신의 초점을 돌려놓음으로써 고통을 이겨 내게 도와준다. 기도를 드리면 영적인 삶에 생기를 불어넣어서 긴장이 풀리고 아프다는 의식이 약해지는 경향이 있다. 그래서 얼마 전, 종교적 신념이 강한 이들이 그렇지 않은 이들보다 심장 마비, 동맥 경화, 고혈압 따위의 질병을 앓을 확률이 더 낮다는 어느 의학 연구자의 이야기를 듣고도 전혀 놀라지 않았다.

고통 대비책 5: 공동체

마지막 고통 대비책으로 제안하고픈 건 지금껏 꼽은 요소들과 달리 개인에게 기대지 않는다. 오히려 정반대다. 고통에 맞서는 으뜸 대책은 비극적인 사태가 닥쳤을 때 곁을 지켜 줄 사랑의 공동체에 안겨 있는 것이다. 개인적인 판단으로는, 인도 사람들의 고통 처리 능력 가운데 상당 부분은 이 요소로 설명할 수 있을 듯하다.

끈끈한 대가족 체계 덕에, 인도 사람들은 홀로 고난에 맞서는 법이 거의 없다. 벨로르 시절, 공동체가 움직이는 놀라운 본보기를 숱하게 목격했다. 뭄바이에서 무려 1,100킬로미터가 넘는 거리를 아내와 함께 여행해 치료를 받으러 온 척추 결핵 환자만 해도 그랬다. 아내 쪽 큰할아버지의 육촌들이 병원 가까이에 살고 있으니 걱정이 없었다.

육촌 식구들이 날마다 따듯한 밥을 싸 들고 병원을 찾았다. 환자의 아내는 침상 밑에 자리를 깔고 숙식을 같이하면서 남편을 간호했다. 심하게 아픈 환자 곁에는 어김없이 가족들이 붙어서 손을 잡아 주고, 마른 입술을 적셔 주고, 귓가에 다정한 말을 속삭였다.

공동체가 고통을 가라앉히는 데 미치는 영향을 정확히 측정할 길은 없지만, 통증을 누그러뜨리는 약품이 부족하고 일반 의료 보험 체계가 없는 나라에서는 환자들이 가족들을 믿고 신뢰하며 의지하는 법을 배운다. 고통과 고난은 서방 세계보다 인도 쪽이 월등하게 많았지만, 두려움은 훨씬 적었다. 그들에게는 앞날에 대한 염려가 한결 적었다. 예를 들어, 척추 결핵을 앓는 환자가 퇴원하고 집에 돌아가 몸을 추스를 때가 되면, 자연스럽게 친척 집으로 간다. 주인장은 으레 집에서 가장 좋은 방을 치우고 병구완을 당연히 제 몫으로 여기며 기꺼이 숙식을 제공한다. 설령 회복에 몇 달이 걸려도 비용을 청구할 생각은 꿈에도 하지 않는다.

공동체 의식은 의학적으로 중요한 결정을 내리는 데까지 작용했다. 환자의 식구들 모두를 상대해야 하는 일도 적지 않았다. 더러는 환자의 직계 가족부터 진료를 감독할 권한을 넘겨받은 비공식 협의회를 만나야 했다. 회원들은 대표를 보내 관련 문제를 낱낱이 의논했다. 환자는 지금 얼마나 위험한 상태인가? 완치될 수 있는가? 수술 뒤에도 재발할 여지가 있는가? 나이가 많으면 어떤 영향이 있는가? 대표는 이것저것 캐묻고 나서 협의회로 돌아가 문제를 진지하게 검토했다. 회원들이 다른 식구들을 불러서 비용과 퇴원 이후의 치료 문제를 상의하기도 했다. 가끔은 내 조언을 물리기도 했다. "도와주셔서 감사합니다, 브랜드 박사님. 하지만 수술을 받지 않기로 했습니다. 이모님은 머지않아 돌아가실 게 분명한데 이런 부담까지 드리고 싶지는 않군요. 그만하면 장수하신 편이고 계속해서 치료를 해 봐야 가족들의 재정 부담만 커질 겁니다. 이제는 집으로 모시고 가서 돌아가실 때까지 보살펴 드리려고요."

이런 친족 협의회는 시간을 많이 잡아먹지만 유감은 없다. 전반적으로 그들은 슬기로운 결정을 내렸다. 마을에서 숱한 이들의 죽음을 지켜보았던 어르신 회원들은 가엾게 여기는 마음과 상식을 가지고 어려운 문제를 헤쳐 나갔다. 과학 기술이나 약품보다 친족 협의체를 전폭적으로 신뢰하고 가족들을 으뜸가는 힘의 원천으로 바라보는 환자들에게 이런 시스템이 미치는 영향도 주의 깊게 관찰했다. 더는 손을 쓸 수 없다는 사실을 알리면, 환자는 진통제를 맞을 수 있는 첨단 의료 기관에 머물 욕심을 한 톨도 내비치지 않았다. 도리어 식구들 틈에서 여생을 보낼 수 있는 집으로 돌아가고 싶어 했다.

이런 모습과 노부모들이 홀로 눈을 감기 일쑤인 서구의 상황들을 비교해 본다. 장성해서 사방팔방에 흩어져 살던 자녀들에게 어머니가 힘겨운 의학적 선택을 해야 할 상황이라는 소식이 불쑥 날아든다. 다들 서둘러 비행기를 타고 병원으로 몰려가 의사에게 허둥지둥 매달린다. "선생님, 무슨 수를 써서라도 어머니를 살려 주세요. 비용은 걱정하지 마세요. 튜브로 영양을 공급하든, 산소 호흡기로 숨을 쉬게 하든, 필요한 건 뭐든지 다 해 주세요. 진통제도 넉넉히 주사해 주시고요." 그리고는 돌아서서 비행기를 타고 집으로 돌아가 버린다. 요행히 병에서 회복된다고 하더라도 어머니는 요양원에 들어가 홀로 지낼 공산이 크다.

다행스럽게도 인도에는 가족 구조 안에 공동체가 내장되어 있다. 인도와는 완전히 딴판인 서구 사회에는 요구할 수도 없고, 그래서도 안 될 일이다. 하지만 한결 폭이 넓은 공동체가 고통의 파장을 흡수하는 인도의 사례에서 배울 점이 많다. 독일군의 집중 폭격이 이어지던 시절, 런던에서 비슷한 사례를 본 적이 있다. 그때는 도시 전체가 똘똘 뭉쳐서 고통당하는 이들을 도왔다. 자발적으로 나선 간호사들이 꾸린 봉사단이 꼬리에 꼬리를 물고 등장했다. 시민들은 너나없이 이웃들을 확인하기 시작했다. 부상자들을 외면하기는커녕 존중하고 보살폈다. 도대체 왜 이처럼 발등에 불이 떨어지고 나서야 비로소 공동체 의식을 갖게 되는 걸까?

인도의 영향을 받은 까닭일까? 내게는 가족을 고통스러운 상황에서 힘을 보태 줄 공동체로 삼고 의지하려는 경향이 있다. 이제 삶의 마지막 단계에 다가서고 있는 처지지만, 수동적으로 닥쳐올 재난을 기다리기보다 머잖아 맞닥뜨릴 수도 있는 일에 식구들을 끌어들이려 애쓰는 편이다. 그 과정은 50년 넘게 한길을 걸어온 아내와 함께 시작한다. 마거릿은 시시콜콜한 살림살이를 내게 가르치고 있다. 나는 평생 해 본 적이 없는 일이다. 나는 아내에게 부기 공부를 시킨다. 그래야 내가 소득 신고를 마치지 못하고 세상을 떠나더라도 난감해하지 않을 게 아닌가. 솔직히 말하자면, 서로에게 너무 과하게 기대

아무도 원하지 않는 선물

는 일이 벌어질까 봐 걱정스럽다. 우리 둘 중에 누구든, 대소변을 가리지 못하게 되면 어찌할까? 뇌졸중으로 쓰러지거나 정신 줄을 놓기라도 하면? 한번은 아내가 심하게 넘어지고 나서 일시적으로 기억을 거의 모두 잃어버린 적이 있다. 눈앞의 모퉁이만 돌면 곧바로 부닥치게 될지도 모를 사태를 맛보기로 경험한 셈이다. 그러기에 우리 부부는 서로에게 온통 의지하는 걸 어느 면에서든 부끄러워하지 않으려고 노력한다.

지원 그룹도 고통을 나누는 공동체가 될 수 있다. 교회나 회당만 해도 그렇다. 우리 부부 역시 위급한 상황을 이겨 내는 데 도움이 필요할 텐데, 교회 공동체에 의지해 짐을 나눠 질 수 있음을 잘 알고 있다. 어디 가서 살든, 우리는 따듯이 보살피는 교회를 수소문했으며 마침내 찾아내는 축복을 누렸다. 사실, 지금 출석하는 교회는 먼 앞을 내다보고 가정 호스피스 사역을 시작했다. 32명의 자원자가 지역 병원에 개설된 프로그램에 따른 훈련 과정을 마쳤다. 이제 능력이 되는 한, 힘닿는 데까지 서로 도울 준비가 되었다. 혹시라도 그럴 일이 생기면 우리에게도 기꺼이 도움을 베풀어 줄 것이다.

가정 호스피스 프로그램은 죽음을 준비하는 문제를 둘러싼 걱정을 얼마쯤 덜어 준다. 인위적으로 삶을 연장하는 행위를 엄격하게 제한하는 '사전 연명 의료 의향서'를 작성하고 서명할 수도 있다. 두말할 필요 없이, 죽음은 모든 인생에게 피할 수 없는 대목이다. "내가 사망의 음침한 골짜기로 다닐지라도 해를 두려워하지 않을 것은 주께서 나와 함께 하심이라. 주의 지팡이와 막대기가 나를 안위하시나이다"(시 23:4)라는 고백을 한 점 의심 없이 믿는다. 하나님 앞에서, 그리고 짐을 나눠 질만 한 공동체 안에서 미리 고통을 직면하려는 노력이야말로 말기 중증 질환을 앓거나 엄청난 아픔에 시달릴지 모른다는 두려움을 없앨 으뜸가는 방책이다.

I

휘청거리고 툭하면 자빠지는 기계, 늘 지켜보
다 구멍을 메워야 하는 존재, 항상 나풀거리
다 산산이 찢겨 나가는 존재로 인간을 묘사
하는 건 왜곡 중의 왜곡이다. 이는 정보 매체
에서 더없이 자주, 가장 그럴싸하게 그려 내
는 인간상이다. … 의사라면 누구나 알지만,
대중은 감쪽같이 모르는 의학의 으뜸 비밀은
웬만한 병은 저절로 낫는다는 사실이다.

—루이스 토머스

16장

고통 속에서도 보람 있게

제아무리 준비를 잘하고 맞아도, 고통은 거의 백 퍼센트, 놀라움과 충격으로 닥쳐온다. 바닥에 떨어진 연필을 집으려고 허리를 굽히는데 갑자기 송곳이 허리를 파고드는 듯 뜨끔하다. 관심의 초점이 순식간에 고통 대비에서 고통 관리로 돌아간다. 대비와 관리 사이에는 엄청난 차이가 있어서 샌프란시스코의 땅 뚫기 공사와 샌프란시스코 대지진만큼이나 판이하다. 어떤 계획을 얼마나 세워 놓았든, 지축이 흔들리는 상황이 난데없이 닥쳐도 끄떡없을 만큼 완벽하게 대비하기란 불가능하다.

적어도 서방 국가에서는 다들 고통과 역경을 처리하는 데 갈수록 미숙해지고 있는 게 아닌가 하는 의구심을 그동안 여러 차례 이야기했다. 고통의 공습을 알리는 사이렌이 요란하게 울려 퍼지면 십중팔구는 스스로 가진 자원은 그다지 신임하지 않는 대신, 이른바 '전문가'들을 더 신뢰한다. 고통을 관리하는 가장 중요한 행보는 이런 추세를 뒤집는 데 있다고 본다. 의료인들은 온 세상을 통틀어 첫손에 꼽을 만큼 강력한 치유자인 인체에 대한 환자의 신뢰를 회복시켜 줄 필요가 있다.

의사들은 치료 과정에서 차지하는 제 의미를 지나치게 부풀리는 경향이 있다. 그래서 개인적으로는《치유하는 마음The Healing Heart》에 등장하는 수정주의적인 한 대목을 좋아한다. 대학 병원 응급실에 UCLA 의대 학장과 내로라하는 심장 전문의가 늘어서서 VIP 환자 노먼 커즌스가 도착하길 기다린다. 드디어 문이 벌컥 열리고 들것이 들어온다. 그런데 바로 그 순간, 환자가 벌떡 일어나더니 활짝 웃으며 말한다. "여러분, 부디 여태껏 이 병원에 들어왔던 그 어떤 장비보다 훨씬 끝내주는 치료 기계를 지금 보고 있다는 사실을 알아주시길 바랍니다."

커즌스의 말에 진심으로 반대할 의사가 과연 있을까 싶다.* 오랫동안《뉴잉글랜드의학저널New England Journal of Medicine》을 책임졌던 탁월한 편집자 프란츠 잉겔핑거(Franz Ingelfinger)는 '자기 제어성 질환'으로 병원을 찾는 환자가 대략 85퍼센트쯤 되리라고 추산했다. 몸

* 간단히 한 가지 예만 들어 보자. 기괴한 명령이 떨어져서 자신을 위해 인간의 면역 체계만 갖는 방안, 면역 체계를 포기하는 대신 현대 과학이 제공하는 온갖 자원과 기술을 다 보유하는 방안 가운데 한쪽을 골라야 한다면, 의사들은 한 치의 망설임도 없이 전자를 택할 것이다. AIDS는 인간의 면역 체계가 무너지고 나면, 현대 과학 기술 따위는 아무짝에도 쓸데없음을 여실히 보여 준다. 폐렴이나 단순 포진, 가벼운 설사마저도 생사를 오가는 지경에 몰아넣을 수 있다.

아무도 원하지 않는 선물

이 체험으로 처리할 수 있는 병을 앓는 85퍼센트와 달리, 정말 도움이 필요한 15퍼센트를 구분해 내는 게 의사의 역할이라는 것이다.

처음 의학을 공부할 당시만 하더라도 의사가 환자에게 제시할 수 있는 대안이 많지 않아서,(아직 페니실린도 나오기 전이다) 어쩔 수 없이 조언자나 상담사 노릇을 하는 데 더 큰 비중을 두었다. 그런 상황에서 첫손에 꼽을 주요 인물은 당연히 환자 본인이었다. 회복을 위한 구상에 환자가 얼마나 자발적으로 참여하느냐에 따라 결과가 완전히 갈렸다. 하지만 지금은 최소한 환자의 관점에서는 판세가 완전히 뒤집혔다. 의사를 가장 중요한 당사자로 보게 된 것이다.

의학이 지나치게 복잡해지고 엘리트주의에 치우치게 된 까닭에 환자들은 무력감을 느끼게 되었으며, 고통과 역경에 맞서는 싸움에 자신이 얼마나 큰 보탬이 되는지 의심하기에 이르렀다. 환자들은 자신을 스스로 병을 고치고 건강을 지키는 작업의 파트너가 아니라 희생자, 또는 전문가들의 살뜰한 보살핌을 받아야 할 희생양으로 보기 일쑤다. 미국의 경우는 광고가 앞장서서 건강을 지키는 일은 평범한 인간이 이룰 수 있는 수준을 훨씬 넘어서는 난해한 문제라고 믿도록 길들이는 바람에 이런 희생자 사고방식이 갈수록 깊어지고 있다. 다들 비타민 보충제, 방부제, 진통제가 없거나 연간 1조 달러가 넘는 돈을 의학 기술에 투자하지 않으면 허약하기 짝이 없는 인간 존재는 곧바로 스러져 버리는 줄 안다.

몸 안의 의사

거리감, 심지어 적대감을 품고 제 몸을 바라보는 환자가 얼마나 많은
지 모른다. 몸의 어느 한 자리가 망가졌다고 고통이 아우성치면, 환
자는 이내 무력감과 초조감에 사로잡혀 탈 난 자리를 고쳐 줄 의사
를 두루 수소문한다. 고장을 고쳐 줄 일종의 정비사를 구하는 꼴이
다. 아주 가벼운 증상을 고치러 진료실을 찾은 어느 젊은이는 현대
인들의 마음가짐을 한눈에 보여 주는 생생한 본보기다. 이제 막 기타
를 배우기 시작했다는 청년은 손가락 끄트머리가 쓰라리다면서 애절
하게 하소연했다. "여기 욱신거리는 데를 어떻게 좀 해 주실 수 없나
요? 고작 30분 정도 기타를 치면 곧 멈춰야 한다니까요. 이런 속도라
면 죽었다가 깨나도 기타 치는 법을 배울 수 없을 거예요."

그거라면 나도 똑같은 일을 겪은 적이 있다. 의대에 다니던 어느
해, 범선을 타고 북해를 항해하며 한여름을 보냈다. 무거운 밧줄을
끌어당겨 돛을 세우느라 한 주 만에 손가락 끄트머리가 상해 피가 나
고 통증으로 밤새 잠을 이루지 못했다. 둘째 주가 되자 못이 박이기
시작하고 곧 온 손가락에 단단한 굳은살이 박였다. 그 뒤로는 여름
내내 손가락이 짓물러 고생하는 일은 없었지만 두 달 뒤, 의대로 돌
아왔을 즈음에는 섬세한 해부 기술을 다 잃어버린 게 아닐까 기겁했
다. 굳은살 탓에 감각이 둔해져서 수술 도구를 통해 전해지는 미세한
감각을 잡아낼 수가 없었다. 외과의 노릇은 이렇게 끝장나는구나 싶
어 몇 주 동안이나 안달복달했다. 하지만 책상에만 붙어 지내다 보니

　　　　　　　　　　　　　　아무도 원하지 않는 선물

차츰 굳은살이 사라지고 예민한 감각이 되살아났다.

"몸이 적응하는 중일세." 젊은이에게 말했다. "굳은살은 자네 손가락이 쇠줄에 쓸리고 눌리는 새로운 스트레스에 익숙해지고 있다는 증거고. 몸은 보호막을 몇 겹 더 씌워 자네를 보살피는 중일세. 아픈 건 일시적인 증상이니 고맙게 생각해야 할 걸세." 그리고 지나치게 연습하는 걸 막아 줄 고통이란 경보 장치가 없는 탓에, 기타나 바이올린을 배우려다 손에 심한 상처를 입은 무감각한 한센병 환자들의 이야기를 들려주었다. 건강한 이들은 한계 시간을 넘기지 않기에 조직에 굳은살이 앉을 여유를 확보할 수 있다. (뇌가 통각을 전혀 받아들이지 못한다 해도 피부 조직은 자체적으로 자극에 반응한다.)

기타리스트 지망생의 마음을 움직이는 데는 실패했다. 젊은이는 손을 '고쳐 주지' 않는 걸 야속하게 여기며 진료실을 나갔다. 희한하게도 예전에 치료했던 한센병 환자들의 분위기가 흐릿하게 배어 나왔다. 젊은이도 제 몸을 낯설게 여기는 듯했다. 그에게 손은 몸 전문가에게 수리해 달라고 들고 온 (참 성가신) 물건이나 다름없었다. 요즘 환자들에게서 볼 수 있는 전형적인 자세다.

서글프게도, 전문 의료인들마저 그런 태도를 부추긴다. 가끔 의대생을 모아 놓고 의료 분야에서 일하면서 좌절감이 드는 경우가 있는지 묻는다. 가장 흔하게 듣는 대답의 중심에는 '비인간화'라는 꼴사나운 단어가 도사리고 있다. 어느 총명한 여학생은 말했다. "환자를 가엽게 여기고 고통을 덜어 주고 싶어서 의학을 전공하기로 했습니다. 하지만 갈수록 냉소주의와 싸울 일이 많아집니다. 여기서는 환자에 관해 많이 이야기하지 않습니다. '증후군'과 '효소 이상' 따위에 관해 이야기할 따름입니다. '환자' 대신 '고객'이란 말을 쓰라고 권합니다. 인간을 보살피는 게 아니라 서비스를 판매한다는 뜻을 담은 게 아닌가 싶습니다. 젊은 교수들은 환자를 적으로 여기듯 말합니다. '나이 든 양반들을 조심해. 아주 상습적인 불평꾼들이어서 자네들 시간을 엄청나게 잡아먹을 거야.' MRI나 CT 검사를 비롯해 최근에 나온 진단 기술을 공부하는 데는 오랜 시간을 할애하지만, 환자를 대하는 태도는 단 한 시간도 가르치지 않습니다. 이런 식이라면, 우리가 다루는 '상품'이 인간이라는 사실도 금방 잊어버릴 판입니다."

뜨끔했다. 한편으로는 카데바에게도 존경심을 잃지 않았던 울라드 박사와 환자의 눈에 덜 위협적으로 보여서 편안한 마음이 들도록 무릎을 꿇고 앉아 눈을 맞췄던 그윈 윌리엄스 같은 구식 교수들에게 고마운 마음이 들었다. 환자에게서 눈을 돌려 질병으로 시야를 좁히는 현대 생의학의 접근 방식은 적대적인 생물체에 관해 많은 정보를 가르쳐 주었지만, 환자 본인의 기여도를 낮춰 잡는 폐단을 불러왔다. 과학 기술이 의사를 환자에게서 멀어지게 놔두면 안 된다. 첨단 과학이 해 줄 수 없는 일이 엄연히 있기 때문이다. 환자의 손을 잡아 주지도, 자신감을 불어넣지도, 회복 과정의 파트너가 되지도 못한다. 과학 기술을 슬기롭게 사용하려면, 의학이 가진 인간적인 측면을 뒷받침하는 형태가 되어야 한다. 정보와 자료를 처리해서 의사가 환자와 더 많은 시간을 보내면서 오로지 인간의 마음에서만 나올 수 있는 온정적이고 인도적인 지혜를 적용할 수 있게 해야 한다.

아무도 원하지 않는 선물

겉으로만 보면, 의사 노릇은 엔지니어 일과 비슷하다. 둘 다 기계적인 부분을 손보는 일인 까닭이다. 하지만 어디까지나 표면적으로만 그럴 뿐이다. 의사는 부속들의 집합체가 아니라 인간을 다룬다. 인간은 부서져서 수리해야 할 몸통 수준을 훨씬 뛰어넘는 존재다. 인간에게는 자신을 스스로 고치고 의식적으로 치유 과정에 영향을 미치는 능력이 있다. 어떤 기계에서도 찾아볼 수 없는 이런 특성을 슈바이처 박사는 '몸 안의 의사'라고 불렀다. 신체의 소리에 주의 깊게 귀를 기울이고 몸이 본능적으로 자신을 위해 이미 시작한 일을 뒷받침하는 겸손한 의사야말로 최고의 명의다. 사실, 의사에게는 고통 관리라는 영역에서 몸의 파트너로 일하는 것 말고는 선택의 여지가 없다. 고통은 환자의 '내면'에서 일어나고 의사를 안내할 수 있는 것도 그뿐이다.

주로, 관련된 모든 부분을 고통 중심으로 조절해야 하는 손 수술을 통해 고통 관리를 배웠다. 손을 다쳐서 수술을 받으러 오면, 환자와 힘을 모아 고통을 자세히 살펴서 회복 과정을 어느 방향으로 이끌지 결정한다. 완전히 나을 때까지 인위적으로 통증을 덜어 주는 처치를 해서 한결 편하게 해 줄 수도 있지만, 그랬다가는 이식한 힘줄을 지나치게 격렬하게 써서(예전에 치료했던 한센병 환자들처럼) 끊어트릴 수 있다. 반면에, 조금이라도 아플 성싶은 동작을 모조리 피해 버리면, 손은 뻣뻣하게 굳고 만다. 상처 조직이 단단히 들어차서 아예 손을 쓸 수 없게 된다. 따라서 환자와 의사가 함께 통증의 최대치를 정하고 한계에 이를 때까지 꿋꿋하게 밀어붙여야 한다.

경험에 비춰 보면, 환자 스스로 이 작업을 해내야 한다는 사실을 각인시켜야 재활의 성과를 극대화할 수 있다. 의사의 역할은 근육과 힘줄을 재배치하는 게 전부다. 나머지는 죄다 환자에게 달렸다. 의사가 잘라 놓은 신경과 혈관을 몸이 알아서 다시 이어야 하고 상처 조직과 콜라겐도 처리해야 한다. 의사는 봉합사를 가지고 힘줄을 새로운 자리에 얼기설기 꿰매 놓을 뿐이다. 다음부터는 몸 안의 섬유 모세포를 영구적으로 단단하게 붙여야 한다. 근육들은 새로 탄성을 측정한 뒤에 '근육 원섬유 마디'라고 부르는 마디를 더하거나 빼서 외과의의 실수를 메워 줄 것이다. 뇌는 운동을 명령하는 새로운 프로그램을 배워야 한다. 상처가 낫고 나면, 이제 손을 움직여야 할 주역은 바로 환자 본인이다. 손은 환자의 것이고 본인 말고는 아무도 다시 작동시킬 수 없다.

카빌 병원에는 환자들이 치유 과정에서 일종의 '생체 자기 세어'를 할 수 있는 장치를 동원했다. 예를 들어, 온도에 따라 전기 저항치가 달라지는 반도체 회로 소자인 서미스터 탐침을 쓰면 관절의 온도 변화를 확인할 수 있다. 온도는 활동하면 올라가고 쉬면 다시 내려가지만, 너무 심하게 움직이면 올라간 상태에서 쉬 떨어지지 않는다. 우리는 환자들에게 얼마나 부어오를지 예상치를 알려 주고 손을 담글 계량 용기를 주었다. 물의 높낮이를 보면 환자가 손이 부어오를 만한 일을 했는지, 심지어 다친 손을 허리 아래로 내렸는지 등 간단한 사실까지 파악할 수 있다. 우리는 환자들에게 설령 체내의 통증 모니터가 사라졌다손 치더라도 이런 식으로 치유 과정에서 마땅히 져야 할

아무도 원하지 않는 선물

책임을 다하라고 가르친다.

하지만 손 치료 과정을 통틀어 단연코 첫손에 꼽을 핵심 요소, 즉 환자의 회복 의지를 측정할 도구는 어디에도 없다. 어느 정도까지 재활에 성공하느냐는 망가진 손의 세포가 아닌 정신에서 판가름 난다. 강력한 성취동기가 없는 한, 환자는 고통스러운 회복 훈련을 견딜 수 없기 때문이다.

일하다 손을 다쳐서 소송을 벌이고 있는 환자들이야말로 수술하기가 영 껄끄럽다. 이들에게는 손이 온전히 회복되지 말아야 할 강력한 동기가 있다. 영구적인 장애는 더 큰 금전적인 보상을 의미하기 때문이다. 찌르르한 통증이 오기 시작해서 물리 치료 운동을 포기하는 한계치는 갈수록 낮아지기 십상이다. 그렇게 모든 고통을 피하는 데 성공하면 결국 영구 장애에 이르게 될 공산이 크다. 1980년에 발표된 연구 결과에 따르면, 산업 재해로 다친 영국인들은 교통사고로 비슷한 부상을 입은 이들보다 회복 속도가 25퍼센트쯤 늦다. 영국의 경우, 산업 재해로 다친 이들은 더 큰 보상을 받으므로 회복에 힘쓸 동기가 떨어지는 데서 비롯된 현상이라 의심된다.

이와 달리, 더없이 훌륭한 환자들 가운데 한 명은 루이지애나주 교도소 수감자였다. 총상을 입은 손의 상태가 워낙 심각해서 수술 과정에서 새로운 힘줄 이식 기법을 고안해야 할 정도였다. 수술이 끝나도 장기간에 걸쳐 성공을 장담할 수 없는 치료를 계속해야 하리라고 보았다. 그런데 나중에 안 사실이었지만, 이 환자에게는 빨리 나아야 할 강력한 동기가 있었다. 수술을 마치고 나서 입원 치료를 받는 사이에 스스로 깁스를 떼어 낸 다음 수갑을 풀고 달아나 버렸다. 그로부터 3년 뒤, 다른 병원에서 그와 마주쳤다. 여전히 도망 다니는 중이었다. 다쳤던 손은 완벽하게 돌아왔다. 통증 탓에 다소 지체되기는 했지만, 자유롭게 쓸 수 있어야 한다는 시급한 요구가 회복에 필요한 완벽한 환경을 제공한 덕이었다.

'회복 의지' 따위의 주관적 문제가 통증 관리에 그토록 지대한 영향을 미치는 이유를 캐자면, 신호와 메시지, 반응이라는 통증의 세 단계로 되돌아가야 한다. 수술을 받은 환자는 "손이 아프다!"라는 강렬한 감각을 갖게 된다. 하지만 이미 살펴보았듯, 이는 정신의 기발한 발명품이다. 정작 환자를 아프게 하는 건 척수와 뇌에 내장된 손의 감각 이미지다. 통증은 이 세 가지 지각 단계를 모두 아우르므로, 효과적인 통증 관리를 위해서는 그 하나하나를 모두 고려해야 한다.

통증 지각 단계 1: 신호

열에 아홉은 1단계에서부터 통증을 공략한다. 당장 구급함을 열고 손상된 조직에서 나오는 고통 신호를 차단하도록 설계된 약을 고른다. 세계에서 가장 널리 이용되는 약품인 아스피린은 바로 이 단계에 작용한다. 버드나무에서 아스피린 비슷한 물질을 추출해 류머티즘 증세와 열을 가라앉히는 데 쓰기 시작한 건 1763년쯤이지만, 도대체 무엇이 그런 효능을 내는지 밝혀지기까지는 얼추 200년이 더 걸렸다. 아스피린 성분이 손상된 조직에서 프로스타글란딘이라는 물질이

아무도 원하지 않는 선물

생성되는 걸 막아서 부어오르고 예민해지는 따위의 정상적인 반응을 억제한다는 사실이 과학자들의 연구를 통해 밝혀졌다.

다른 일반 의약품은 신경 말단에 직접 작용해서, 저마다의 효능을 동원해 통증 신호를 보내는 데 개입한다. 햇볕에 타는 걸 막는 스프레이나 베거나 이리저리 깨지거나 입안이 짓무른 데 쓰는 국소 치료제에는 이런 화학 물질이 적잖게 들어 있다. 치과 의사나 가벼운 수술을 담당하는 의사들이 사용하는 강력한 국소 마취제도 마찬가지다.

개인적으로는 말단에서 올라오는 통증 신호를 가로막는 처치에 꽤 신중한 편이다. 고통을 느끼지 못하는 탓에 자신을 스스로 망치기 일쑤인 이들 틈에서 평생을 살아온 터라, 이런 신호가 얼마나 귀하게 보이는지 모른다. 고단한 하루 일을 마치고 돌아와 아스피린과 진정제 한 줌을 입에 털어 넣는 회사원은 통증 체계의 근본 원리를 무시하는 셈이다. 마치 운동선수가 중요한 경기를 앞두고 진통제 주사를 맞는 꼴이다. 1단계에서는 통증 신호가 큰 소리로 쉴 새 없이 보고를 보내므로 그 메시지가 의식을 붙들고 행동을 바꾸게 한다. 행동의 변화 없이 신호를 가라앉히는 행위는 훨씬 심한 손상 위험을 불러들이는 처사다. 몸은 점점 나빠지는데 기분만 좋아지게 만들기 때문이다. 아스피린 같은 진통제에 단잠을 자게 하거나 염증을 진정시키는 따위의 유익이 있는 건 분명하지만, 어떤 경우든 우선 고통의 긍정적인 쓰임새를 곱씹어 보고 나서 적절히 균형을 맞출 수 있는 방식으로 행동해야 한다.

또다시, 손을 치료하던 때가 생각난다. 약간의 고통을 재활 과정으로 받아들이도록 환자를 설득하지 못하면, 결국 관절이 굳어서 손이 뻣뻣해지고 만다. "아프지 않게 해 주는 약만 처방해 주시면, 운동이야 얼마든지 하죠." 어떤 환자들은 말한다. '지당하신 말씀'이다. 요즘 외과의라면, 손을 수술하고 나서 환부를 봉합하기 전에 작은 카테터를 신경 곁에 심어서 국소 마취제가 상처에 스며들게 해 줄지 모른다. 환자들은 그러지 않았더라면 망설였을 법한 운동에 열심을 내고 그만큼 회복에도 속도가 붙는다. 그런 처치에 반대할 마음은 없지만, 그런 조치는 더없이 조심스럽고 협조적인 환자들 몫으로 남겨두는 법을 배웠다. 대다수 환자에게는 고통이라는 억제선이 필요하다. 그게 없으면 지나치게 세게 움직여서 상처를 도로 터트리기 십상인 까닭이다. 고통 관리의 열쇠는 각 단계의 관계를 아는 데 있다. 나는 환자들이 3단계, 다시 말해 의식적인 반응을 책임질 수 있다는 확신이 들 때만 1단계에서 통증 신호를 차단할 것이다. 고통이 없는 상황에서도 환자들은 의료진의 시시콜콜한 지시에 잘 따를 수 있을까?

개인적으로 고통에 맞닥뜨리면 한꺼번에 이 세 단계에 대응하길 좋아하는 편이다. 온몸을 통틀어 아우르는 감각에는 통합된 반응을 보이는 게 적절할 성싶다. 몇 해 전, 쓸개에 문제가 생겼다. 윗배에서 올라오는 긴급한 통증 신호(1단계)를 처음 감지했을 때는 어떤 위험을 경고하는지 전혀 몰랐다. 경련을 일으키는 맹렬한 통증이었다. 체증으로 보기에는 증상이 너무 심했다. 제산제 따위는 아무 효과가 없었다. 자리로 봐서는 담낭이나 췌장일 공산이 컸다. 암이 드러나도 이상할 게 없는 나이였다. 두려움과 불길한 예감이 소용돌이치는 감정

아무도 원하지 않는 선물

에 시달리다 의사를 찾아갔다.

엑스레이를 찍어 보니 암이 아니라 담석증이었다. 고통스럽기는 매한가지지만 수술로 쉽게 치료할 수 있는 질환이었다. 화들짝 놀라 허둥댔던 게 한심했다. 여전히 불쑥불쑥 복통이 찾아왔지만, 이제는 덜 아픈 것 같았다. 고통 신호 자체는 약해지지 않았지만, 걱정이 누그러지면서 그걸 받아들이는 지각(3단계)은 확실히 달라졌다.

일정을 잡기가 어려워서 담낭 수술을 몇 달이나 늦춰야 했다. 겪어본 고통의 강도에 순위를 매기자면, 담석과 신장 결석에서 오는 통증은 단연 상위를 차지한다. 이제 그 이유를 알 것 같다. 그동안 통증에 익숙해질("고통을 주셔서 감사합니다!" 철학을 되새길) 숱한 기회가 있었다. 강력한 진통제인 데메롤을 찾아 약장으로 달려가고 싶은 마음을 안간힘을 쓰며 억누른 걸 보면, 아스피린의 유혹에 맞섰던 어린 시절의 정신을 나이 들어 잊은 건 절대로 아니다 싶다.

오밤중에 덮치듯 찾아오는 통증은 말 그대로 최악이었다. 유난히 힘들었던 밤이 생각난다. 침대에서 일어나 잠옷을 걸치고 맨발로 한센병 요양원 둘레 길을 걸었다. 루이지애나의 밤은 찌는 듯 무덥고 온갖 소리가 넘쳐났다. 개구리가 웅덩이에서 합창하듯 요란하게 울었다. 녀석들이 놓친 음표는 귀뚜라미를 비롯한 벌레들이 메웠다. 기운이 넘치는 우리 집 똥개, 넬은 이렇게 낯선 시간에 나선 뜻밖의 행차에 들떠 냅다 앞서 달려갔다.

남쪽 바닷가에서 퍼온 모래를 깐 길만 일부러 골라 걸었다. 흙에 섞인 조개껍질 부스러기들은 하나같이 날카로워서 맨발로 밟으면 제법 아팠다. 디딜 자리를 잘 골라서 조심조심 발을 내려놓아야 했다. 더러는 젖은 풀밭으로 걸었다. 작은 나뭇가지와 돌멩이를 집어 들고 주물럭거렸다. 이렇게 소소한 행동들이 통증과 싸우는 데 제법 도움이 되었다. 맨발로 조개껍질을 딛는 순간 홍수처럼 밀려드는 감각들은 담낭에서 오는 통증 신호와 싸우며 얼마쯤 고통을 가라앉혀 주었다. 그때 느끼는 아픔은 캄캄하고 고요한 침실에서 느끼는 통증과 완전히 달랐으며 한결 견딜 만했다.

언제 노래를 부르기 시작했는지 모르겠다. 처음에는 주위에 펼쳐진 아름다운 대지와 머리 위에서 밝게 빛나는 별을 바라보며 경이롭고, 감사하게 여기는 마음을 말로 고백했다. 그러다 좋아하는 찬송가 몇 마디를 흥얼거린 게 아닌가 싶다. 놀란 새들이 푸드덕 날아올랐다. 넬은 귀를 쫑긋 세우고 재미있다는 듯한 눈초리로 바라보았다. 문득 혹시 누가 보고 있지 않나 사방을 누리번거렸다. 야간 경비원이라도 깨어 있다가 선임 외과의가 새벽 2시에 파자마 차림으로 뛰쳐나와 맨발로 돌아다니며 찬송을 부르는 꼴을 본다면 어떻게 생각하겠는가?

늪 가의 그 밤은 아직도 머릿속에 고스란히 남아 있다. 다른 때, 특히 깊은 잠을 자야 할 때는 진통제를 몇 알 털어 넣고 어둡고 고요한 침실에서 느끼는 통증을 잠재운다. 하지만 그날 밤은 달랐다. 무례하게 침대에서 날 일으켜 세운 고통에 온몸을 동원해 반격했다. 조개껍질이 깔린 길을 걸어서 견디기가 한층 수월한 1단계 통증 신호를 만들어 냈다. 새로 조성된 신호들은 척수 관문에 밀어닥쳐 2단계에 작용했다. 또, 주변 세계를 향한 관심은 3단계에 영향을 미쳐서 평온하고 안정된 상태에 이르게 했다. 근육 경련과 거기서 비롯된 배앓이는 마침내 진정되었다. 나는 완전히 딴사람이 되어 잠자리를 파고 들어가 밤새 곤히 잤다.

통증 지각 단계 2: 메시지

수백 달러를 들여 경피 전기 신경 자극기(TENS)의 도움을 받았더라면 침대에서 일어날 일이 없었을지 모른다. TENS는 이 시대의 전형적인 통증 관리 접근법이다. 배터리로 작동되는 휴대용 카세트플레이어 크기의 이 장비는 두 개의 탄소 고무 전극 사이로 전류를 흘려 보낸다. 직접 신경이 지나는 자리에 닿도록 TENS를 피부에 고정하면 살짝 따끔거리는 느낌이 든다. 사용자는 고통의 세기에 따라 자극의 높낮이를 조절할 수 있다. (다른 장비들은 신경 가까이에, 심지어 척수에 백금 전극을 심어 직접 전류를 흘려 보내지만, 일반적으로 피부를 자극하는 모델을 선호한다. 번거로운 수술을 피할 수 있기 때문이다.)

그저 시대에 뒤떨어진 탓에 외진 시골의 소리와 조개껍질 부스러기의 느낌을 따끔따끔한 전기 자극보다 더 좋아하는 걸까? 양쪽 다 척수 '관문'을 압도하는 새로운 신경 신호를 발생시키는 방식으로 효과를 발휘한다. 척수 관문 조절 이론에서 설명하듯, 척수에서 나온 신경은 뇌의 연수 바로 아래에 난 비교적 좁은 통로를 지나가는데, 그 병목 지점에 이질적인 감각이 꽉 들어차면 통증 메시지는 약해지는 경향이 있다. 적잖은 통증 신호가 경쟁에 밀려 사라지고 훨씬 적은 신호만 메시지로 바뀌어 뇌에 전송된다.

TENS의 효과는 환자마다 다르지만, 한 가지 긍정적인 유익은 확인할 수 있었다. 스스로 기계의 다이얼을 돌려서 아픔을 다스릴 길이 있음을 알고 나면, 만성 통증 환자마저도 고통을 덜 위협적이고 한결 견딜 만한 감각으로 받아들인다는 점이다. 2단계 고통을 염두에 둔 통증 치료기인 TENS는 이렇게 3단계에도 영향을 미친다. 고통을 심화시키는 두 가지 보편적인 요인인 두려움과 걱정을 줄여 준다. 어느 정도 시간이 지나면, 환자는 기계를 아예 쓰지 않을 수도 있다. 고통에 친숙해지지는 못할지라도 최소한 더불어 사는 법을 알게 되는 것이다. 개인적으로는 오밤중의 산책이나 빗질, 온욕 따위로 똑같은 효과를 얻는 편을 더 좋아하긴 하지만, 이처럼 기계로 훈련하는 방식도 진심으로 찬성한다.

치과 분야에서도 TENS를 실험하고 있다. 주삿바늘을 이빨 치료 과정에서 가장 끔찍한 요인으로 꼽는 이들이 열에 아홉이므로, 연구자들은 바늘 없이 마취하는 방법을 끊임없이 찾고 있다. TENS 기술을 쓰는 것도 한 가지 방법이다. 의사는 가느다란 전극 하나를 환자 손에, 다른 하나는 귀에, 세 번째는 솜으로 싸서 치료하려는 이빨 곁에 둔다. 초단 15,000사이클 정도의 약한 전류를 흘려 보내자, 실험 대상 가운데 대다수가 치과용 진통제 노보카인과 맞먹는 진통 효과를 경험했다.

적잖은 처방 약 역시 메시지 단계에서 통증을 처리한다. 아편에 통

아무도 원하지 않는 선물

증을 가라앉히는 특성이 있다는 건 기록된 역사 대부분이 인정하는 사실이며, 다양한 품종의 양귀비가 세계 곳곳에서 자라고 있다. 하지만 아편 계열의 약물이 뇌만이 아니라 척수에도 직접 작용한다는 점이 알려진 건 아주 최근이다. 아편 유형의 분자들(코데인, 모르핀, 헤로인 같은 강력한 약물이 다 아편 계열에 속한다)은 척수 속에 있는 아편제 수용체의 위치를 정확히 찾아내서 세포가 활성화되는 비율을 떨어뜨리고 뇌까지 도달하는 메시지 수를 감소시킨다. 경막 외 마취(척수 신경을 둘러싼 얇은 막의 바깥에 약제를 주사해 하반신을 마비시키는 마취법—옮긴이)라는 새로운 기법은 약물을 직접 척주관에 떨어뜨려 척수로 가는 감각 신경의 뿌리에 영향을 미친다. 이는 췌장암처럼 극도로 고통스러운 질환의 증상을 누그러뜨릴 수 있는 지극히 정밀한 마취 기술이다.*

가장 철저한 통증 관리 기법은 외과적 수술이다. 2단계 통증을 겨냥한 수술은 실패 확률이 전혀 없는 건 아니지만 그나마 큰 기대를 걸어봄 직하다. 반면에 3단계 통증을 대상으로 하는 수술은 뇌 자체를 대상으로 삼는 탓에 위험 부담이 크고 문제를 해결하지 못하는 경우가 허다하다. 잠시 통증이 누그러지는가 싶다가 곧바로 재발한다.

---

* 아편이나 모르핀 같은 약은 통증을 가라앉히는 데 쓰기만 하면 웬만해서는 환각을 일으키지 않는다. 완전히 알려지지 않은 이유로, 통증 완화에 쓰인 마약은 통상적으로 중독에 이르지 않는다. 1982년, 보스턴 병원이 마약성 진통제 처방을 받은 보스턴 병원 환자 1만 2천 명을 조사해 내놓은 결과에 따르면, 치료 과정에서 투여받은 약물에 중독된 경우는 단 4건에 불과했다.

1단계에서 통증 신호를 빚어내는 말초 신경을 잘라 내는 수술은 안면 신경통을 비롯한 일부 만성 통증을 가라앉힐 수 있지만, 원천이 되는 부분을 차단한다고 해도 아픔이 완전히 사라진다는 보장은 없다.

고통이라는 복잡한 현상은 천하제일의 명의가 덤벼들어도 쉽게 '고쳐지지' 않는다. 경기 중에 벌어진 사고로 왼팔을 팔뚝까지 잃어 버린 자동차 경주자에 관한 기사를 본 적이 있다. 환자는 환각지 통증에 시달렸다. 국소 신경에 전극을 이식하고도 고통이 전혀 줄어들지 않자 의사는 결국 척수를 열었다. 놀랍게도 팔에서 척수로 이어지는 신경이 사고로 죄다 끊어져 있었다. 말초 신경에서 통증 신호가 나올 가능성이 전혀 없는 셈이었다. 척수가 알아서 "왼팔이 아프다"는 뜻으로 해석될 만한 메시지를 생산하고 있었던 것이다.

하지만 척수 자체를 수술한다고 해도 통증이 영구적으로 없어진다고 장담힐 수 없다. 외과의는 그야말로 사비를 베푸는 심정으로 기대 여명이 짧은 암 환자의 척수 일부를 들어내는 수술을 해 줄 수 있지만, 그의 삶이 18개월 이상 이어지면 더러 통증이 되살아나기도 한다. 희한하게도 뇌, 또는 척수의 남은 부분이 통증 메시지를 되살릴 방도를 찾아내는 까닭이다.

신경외과의가 아니어서였을까? 수술로 통증을 치료하는 데 동의한 경우가 거의 없었다. 몇 건 안 되는 사례 가운데 가장 기억에 남는 이는 라잠마라는 인도 여인이다. 얼굴에 나타나는 심각한 신경통의 일종인 발작성 안면 경련으로 오래 고생한 환자였다. 가늠할 수 없게 돌발적으로 얼굴 한쪽을 찌르는 통증에 화들짝 놀라 움찔대길 끝없

아무도 원하지 않는 선물

이 되풀이하고 있었다. 숱한 대체 요법을 다 써 본 뒤에, 라잠마는 절박한 심정으로 진료실을 찾았다.

"발작이 있는 쪽 이빨을 다 뽑았는데도 통증이 사라지지 않았어요." 여인은 말했다. "동네 주술사한테도 치료를 맡겨 봤는데 뺨에 지진 상처만 잔뜩 남기고 말았어요." 라잠마는 왼뺨에 난 상처를 가리켰다. "갈수록 고통이 심해져요. 지금은 살짝 움직이거나 부스럭 소리만 들려도 발작이 일어나요. 그러니 애들은 집 근처에서 놀지도 못하죠. 날갯짓에 놀랄까 봐 닭들은 늘 우리에 가둬 놓고 키워요."

발작성 안면 경련을 치료하려면 5번 뇌 신경이 뇌로 들어가는 자리에 있는 갓세르 신경절을 면밀하게 탐색해야 했다. 노련한 신경외과 전문의가 아니면 달려들 수 없는 일이었다. (어쩌다 눈으로 이어지는 신경 가지가 잘리기라도 하면 시력을 잃을 게 뻔했다.) 하지만 그곳은 어디 가도 신경외과의를 구할 수 없는 남인도였다. 일단 마취제를 써서 수술 부위의 감각을 없애 보려 했지만 실패하고 말았다. 라잠마와 남편은 설령 눈이 멀더라도, 아니 목숨을 잃는 한이 있더라도 수술을 해 달라고 빌다시피 했다. "이렇게 살아 봐야 뭐하겠어요?" 라잠마는 매달렸다. "제 꼴을 좀 보시라고요." 온몸이 바싹 말라서 위험해 보일 지경이었다. 환자는 하소연했다. "겁이 나서 씹지도 못해요. 멀건 죽이나 들이키며 사는 거죠."

결국, 수술하기로 했다. 라잠마에게 통증을 안기는 것으로 의심되는 가느다란 신경 두 가닥의 위치를 찾아냈다. 잘라 버리기 전에 집게로 집어 든 채 잠깐 생각했다. 정말 이 가는 줄이 그토록 극심한 고통의 근원이란 말인가? 엉뚱한 신경을 끊어 버리기라도 하면 어쩌지? 과감히 두 가닥 신경을 잘라 내고 상처를 봉합했다.

병실에 나란히 앉아 라잠마의 뺨을 더듬으며 이제 어느 부분의 감각이 완전히 사라졌는지 살폈다. 장담하지만, 긴장되기로 치자면 나역시 환자 못지않았다. 머뭇머뭇 라잠마는 예전에 발작을 일으켰던 동작을 해 보았다. 살짝 미소를 지어 보았다. 의도적으로 웃어 보기는 몇 년 만에 처음이었다. 아무 문제도 생기지 않았다. 남편도 아내에게 미소로 화답했다.

수술은 성공적이었다. 라잠마의 세계는 조금씩 조금씩 제자리를 찾았다. 무사히 집으로 돌아갔고 닭들이 마당을 헤집고 돌아다녀도 쫓아내지 않았다. 아이들도 엄마를 아프게 할지 모른다는 걱정을 떨쳐 내고 마음껏 뛰놀았다. 그렇게 차츰 반경을 넓혀 가며 가족들의 삶은 다시 정상으로 돌아갔다. 사납게 날뛰던 동증을 마침내 길들인 것이다.

통증 지각 단계 3: 반응

경피 신경 자극기, 경막 외 마취, 척수 절제 따위의 기법은 지속적이고 장기적인 고통을 다스리는 데 도움이 되지만, 몸이 새로운 통로를 찾아내고 그 길을 따라 통증이 되돌아오는 경우가 허다하다. 만성 통증 센터들이 손상 부위에서 나오는 신호와 전달 경로를 따라 이송되는 메시지, 그리고 정신의 반응이라는 세 전선을 아울러 전방위적으

아무도 원하지 않는 선물

로 통증을 공략하는 까닭이 여기에 있다. 환자의 심리적 건강과 가정 환경을 관리하는 편이 진통제 처방이나 경피 신경 자극 처방 못지않게 큰 영향을 끼칠 수도 있다. 보스턴의 어느 정신과 전문의의 말마따나 "신체적 통증을 안고 병원을 찾는 이들 가운데 절반 정도는 사실 '삶에 상처가 났어요!'라고 호소하고 있는 셈이다. 진정 고통은 존재의 표현이다."

개인적으로는 3단계에 으뜸가게 높은 우선순위를 두고 고통에 접근한다. 이상하게 보일지 모른다. 신체 말단 부위의 통증 신호가 사라져서 어려움을 겪는 한센병 환자들을 보살피는 데 의사 경력의 상당 부분을 쏟아 왔기 때문이다. 하지만 그들이 '괴로워한다는' 사실 자체가 통증이라는 경험에서 정신이 차지하는 중요성을 바로 보여준다. 한센병 환자들은 고통과 괴로움의 차이를 선명하게 이해하게 해 주었다. 예전에 치료했던 한센병 환자 나모는 이렇게 표현했다. "몸으로 아파할 줄 모르니까 마음으로 괴로워하고 있다고요!"

병이 더 깊어진 한센병 환자들의 경우에는 고통을 전혀 느끼지 못한다. 뜨거운 솥단지를 만지거나 못을 밟아도, 부정적인 감각이라고는 단 한 점도 뇌에 전달되지 않는다. 하지만 그들 역시 누구 못지않게 심한 괴로움을 느낀다. 한센병 환자들은 고통이 주는 자유를 잃었고, 촉각에다 더러는 시각까지 잃었으며, 신체적인 매력을 잃었고, 질병에서 비롯된 흔적 탓에 같은 인간들에게 받아들여지고 있다는 느낌마저 잃어버렸다. 통증 상실이 가져온 결과를 두고 정신은 괴로움이라고밖에 설명할 수 없는 감정으로 반응했다.

정상인에게는 통증과 괴로움은 흔히 한 묶음으로 찾아온다. 나는 정신을 원수가 아니라 협력자로 맞아들일 길을 찾는 게 통증 관리의 목표라고 본다. 다시 말해, '고통'이 필요 이상의 '괴로움'이 되지 않도록 막아 줄 수 있는가의 문제다. 정신은 바로 그 목표를 이룰 놀라운 자원을 제공한다.

의대에서 수련하던 시절에는 전쟁터에서 입은 부상에 정신이 반응하는 '안치오 효과', 플라세보, 최면, 전두엽 절제술의 효능을 비롯한 통증의 수수께끼 앞에서 적잖이 혼란스러워했다. 당시의 과학은 이런 현상에 아무런 답도 내놓지 못했다. 힌두교 고행 수도자들이 아무렇지 않게 고통을 이겨 내는 현상처럼, 의학보다 마술의 영역에 더 가까운 일처럼 보였다. 하지만 세월이 흐르면서 연구자들은 뇌가 가진 신비한 힘의 비밀을 한 꺼풀 더 벗겨 냈다. 고통을 차단하라는 명령이 떨어지면 곧바로 방출할 수 있도록 몸 스스로 마취제를 만들어 내는 모양새였다.

뇌는 약리학의 거장이다. 뇌가 보유한 마약성 진통제는 소량에 지나지 않지만 한 방울 한 방울이 모르핀의 1만 배에 이르는 진통 효과를 낸다. 이런 신경 전달 물질은 뇌 신경의 시냅스를 변형시킨다. 고통을 분류하고 처리하면서 고통이라는 지각 자체를 완전히 변화시킨다. 전투라는 격렬한 상황에 반사적으로 반응하는 병사들이나 후천적으로 고행 훈련을 하는 수행자들은 통증을 가라앉히는 뇌의 능력을 활용하는 비법을 찾아냈을 공산이 크다. 말초 신경들이 신호를 보내고 척수가 메시지를 전송하지만, 뇌세포들이 고통으로 인식하기

아무도 원하지 않는 선물

전에 그걸 바꿔 버리는 것이다.

1970년에 신경 전달 물질의 존재가 밝혀지면서, 고통에 접근하는 새롭고 매력적인 길을 모색할 여지가 활짝 열렸다. 그런 물질을 인공적으로 생산해 외부 개입으로 통증을 효과적으로 다스릴 수도 있고, 뇌를 잘 가르쳐서 언제든 필요할 때마다 묘약을 뿜어내게 할 수도 있다.

첫 번째 접근에 관한 연구는 여전히 초기 단계에 머물러 있다. 연구자들이 강력한 엔케팔린 몇 가지를 합성했지만, 굵직굵직한 장애물이 아직 남아 있는 상태다. 한 가지 예를 들자면, 엔케팔린이 혈류를 타고 뇌로 들어가려는 순간, 방어 효소들이 대부분을 차단해 버린다. 뇌에 직접 주사하는 진통제는 치명적 결점이 있다. 게다가 합성 물질들은 중독을 일으키는 경향이 있다. 인공적인 엔케팔린을 쓰면 뇌는 자가 생산을 멈춰 버린다. 사용자는 중독에 빠지든지 괴롭지만 포기하든지 둘 중 하나를 선택해야 한다.

두 번째 접근법, 다시 말해 뇌 자체의 진통 성분을 자극하는 방식은 무한한 잠재력을 가지고 있다. 두개골이라는 상아 상자 안에는 심리학과 생리학이 공존한다. 알다시피, 고통에 대한 반응은 그 사람의 정서적 준비 태세와 문화적 기대 같은 '주관적' 요소에 크게 좌우되며, 이것이 결국 뇌의 화학 작용에 영향을 미친다. 따라서 주관적 요소를 변화시키면 통증 지각을 지배할 수 있다.

출산에 따라오는 통증은 더할 나위 없는 본보기다. 쿠바드 관습이 존재하는 사회야말로 산모가 얼마나 큰 통증을 느끼는지 판가름하는 데 문화의 역할이 대단히 중요하다는 사실을 명확하게, 극적으로 보여 준다. 얼핏 보기에 쿠바드 산모들은 그다지 큰 고통을 겪지 않는다. (여성들이 격렬한 아픔을 경험하며 아이를 낳는다는 생각 자체를 거부하는 듯하다.) 그러나 서구 문화에서는 산통을 가장 지독한 통증 가운데 하나로 꼽는다. 로버트 멜잭은 '맥길 통증 설문지'를 사용해 수백 명의 환자를 인터뷰하고 나서, 출산 경험이 있는 여성들은 그 과정에서 겪는 산고를 요통이나 암에서 비롯된 통증, 대상 포진, 치통, 관절염으로 인한 통증보다 윗길로 평가했다.

하지만 멜잭은 두 번째 아이를 낳은 산모들은 산통을 낮춰 잡는다는 사실도 알아냈다. 기왕의 경험이 고통과 염려의 문턱을 낮추고 통증 지각을 낮추는 데 도움이 되었다. 라마즈 수업 같은 산전 교육을 받은 산모들 역시 통증의 강도를 낮게 평가했다. 라마즈 강사들은 출산에는 고된 수고가 따르지만, 반드시 혹독한 고통을 동반하는 건 아니라고 강조한다. 앞으로 어떤 일이 일어날지 임산부들에게 교육해서 두려움과 걱정을(제3단계) 눅여 준다. 그리고 1-2단계 고통을 이겨 내는 구체적이고 실제적인 방법을 가르친다. 호흡법에 따라 숨을 쉬거나 분만 수축이 진행되는 동안 예비 아빠가 산모의 등을 눌러 주는 따위의 노력은 척수 관문에서 통증을 중화시키는 데 도움이 된다.

라마즈 코스는 언제든 3단계에서 고통을 조절할 수 있는 단순한 운동법 하나만 사용한다. 바로 주의 분산이다. 개인적으로는 토미 루이스의 연구를 보면서 분산의 효과를 처음 알게 되었다. 요란하게 벨을 울리고 모험 소설을 큰 소리로 읽어 주면 피험자들은 통증을 훨씬

아무도 원하지 않는 선물

더 잘 참았다. 복사열 기구를 이용한 실험에서, 연구원들은 50부터 1까지 숫자를 헤아리는 데 정신이 팔려 팔에 물집이 잡히는 줄도 모르는 피험자들을 보며 깜짝 놀랐다.

몇 해 전, 미국 치과 의사들은 오디오 기술로 통증을 제어할 수 있다는 잠재 가능성에 크게 흥분했다. 환자들에게 이어폰을 끼우고 쿵쾅거리는 스테레오 음악, 심지어 인공적인 '백색 소음'을 들려주면, 치과 의사가 진통제 없이 이빨을 뒤적이고 드릴로 구멍을 뚫는 내내 아무 불만 없이 앉아 있었다. 앞으로 스테레오 장비가 주삿바늘을 대신하게 되리라고 내다보는 이들까지 나타났다. 치과학회는 멜잭의 척수 관문 조절 이론을 내세워 그 현상을 설명했다. 그러자 로버트 멜잭이 직접 나서서 이를 플라세보 자극의 결과와 비교해 실험했다. 그런데 놀랍게도, 플라세보 소음(환자들에게 아무 영향도 줄 수 없는 60사이클 짜리 무의미한 '웅웅' 소리)마저도 통증을 줄이는 효과를 냈다. 오디오 기기가 성과를 낼 수 있었던 핵심 요인은 주의 분산의 효과였다고 멜잭은 결론지었다. 음악이나 소음에 집중하는 한, 적어도 오디오를 조절할 스위치와 레버를 쥐고 있는 한, 피시험자들은 고통을 한결 가볍게 받아들였다. 통증이 아닌 다른 무언가에 신경을 쓰고 있었던 것이다.

바버라 울프(Barbara Wolf)는 《고통과 더불어 살기Living with Pain》라는 책에서 오랫동안 만성 통증과 씨름한 사연을 털어놓는다. 두 손 살갖 아래에다 신경 전파체를 심기까지 했던 기나긴 여정이었다. 더는 손쓸 길이 없어 보일 즈음, 울프는 분산이야말로 가장 저렴하면서도 효과 만점인 무기라고 판단했다. 통증을 완전히 잊어버리는 순간이라고는 오로지 영어를 가르치는 수업 시간뿐임을 알아채기 전까지는, 아프다 싶으면 최대한 움직이지 않으려 했었다. 하지만 이제 울프는 노동, 독서, 우스갯소리, 취미 생활, 반려 동물 키우기, 스포츠, 자원봉사를 비롯해 아픔을 겪는 이의 주의를 통증에서 돌려놓을 수 있는 일이면 무엇이든 해 보라고 권한다. 오밤중에 맹렬한 고통이 엄습하면, 울프는 일어나서 곧 시작될 하루 일을 미리 헤아려 보거나, 강의를 준비하거나, 완벽하게 저녁 자리를 마련하고 손님을 청할 계획을 세웠다.

고통이 꼭 정신을 무디게 만드는 건 아니다. 안면 신경통을 앓았던 블레이즈 파스칼은 못 견딜 괴로움에 침대 위를 버르적거리면서도 더없이 복잡한 기하학 문제를 풀었다. 만성 질환에 시달렸던 로베르트 슈만은 자리를 차고 일어나 악보의 선율을 가다듬었다. 발가락 통풍으로 통증이 극심했던 임마누엘 칸트는 내상을 하나 정하고 거기에 매달렸다. 예를 들어, 로마의 웅변가 키케로를 주제로 잡았으면 그와 관련된 정보를 샅샅이 떠올리는 식이었다. 칸트는 이 비법이 얼마나 잘 통하던지, 아침이면 간밤에 정말 그런 고통을 겪었는지 긴가민가할 때가 있을 정도였다고 했다.

심한 통증이 찾아오면, 나도 정신적으로든 신체적으로든 완전히 몰입할 수 있는 일을 찾는다. 산책을 하기도 하고 컴퓨터 작업에 빠져들기도 한다. 바빠서 밀쳐 두었던 일을 죄다 끄집어낸다. 벽장을 치우거나, 편지를 쓰거나, 새를 관찰하러 나가거나, 정원을 손질하기도 한다. 주의 분산과 행동 훈련이 고통과 싸우는 아주 유용한 도구

아무도 원하지 않는 선물

가 될 수 있다는 걸 깨달았기 때문이다.

만성 통증 센터에서 일하는 어느 전문가에게 들은 얘기가 있다. 환자들 가운데는 통증이 가라앉을 때까지 기다렸다가 다시 일상적인 활동을 시작하고 싶어 하는 이들이 숱하다는 것이다. 하지만 만성 통증 치료의 성공 여부는 아픔을 느끼면서도 운동을 계속하고 생산적인 활동을 늘리려는 환자의 의지에 달렸음을 알게 되었다고 했다. 통증 속에서도 보람 있는 삶을 살 수 있다는 가능성을 환자가 받아들여야 비로소 만성 통증을 관리할 길이 열리더라는 뜻이었다.

약물과 의학 기술에 의지해 건강 문제를 해결하는 서구 사람들은 의식의 역할을 낮춰 보는 경향이 있다. 클리퍼드 스나이더(Clifford Snyder) 박사를 만난 뒤로, 나는 통증 지각을 바꾸는 내재적 능력을 절대로 낮춰 평가하지 않는다. 널리 존경받는 성형외과의이자《성형외과학 저널Journal of Plastic Surgery》의 공동 편집자를 지낸 이 신사는 통증을 관리하는 정신의 기막힌 능력을 일찌감치 체득했다. 몇 차례 중국을 오가며 침술을 연구하면서, 스나이더는 통증을 누그러뜨리는 침술의 효능 가운데 상당 부분은 환자의 정신적 신뢰에서 비롯된다, 다시 말해 플라세보 효과와 별반 다르지 않다는 확신을 품게 되었다. 그리고 몇 해가 흘렀을 즈음, 정신력에 대한 자신의 믿음을 검증할 기회가 찾아왔다.

스나이더는 손 수술을 받아야 했다. 손목 힘줄을 덮고 있는 활막 내층을 벗겨 내는 복잡한 처치였다. 그러자면 신경 말단이 숱하게 몰려 있는 부위를 깊이 절개해야 했다. 문제는 이튿날 일정이었다. 중요한 강연에 연사로 나서는 일을 비롯해 여러 일정이 빡빡하게 잡혀 있었다. 박사는 전신 마취의 부담을 피하고 싶었다. 자칫 정신이 흐릿해질지도 모를 노릇이었다. 그래서 의지력으로 고통을 몰아내기로 작정했다. 어떤 도움도 받지 않고 오로지 정신력에 기대 보기로 한 것이다.

주치의(나도 잘 아는 의사다)는 동료의 기이한 부탁을 들어주기로 했다. 스나이더가 정신을 집중하도록 잠시 시간을 준 뒤, 지혈대로 팔뚝을 단단히 묶고 마취제를 쓰지 않은 채 수술을 진행했다. 박사는 순전히 자기암시만으로 고통을 전혀 느끼지 않도록 정신을 집중했고 수술 내내 정신을 잃지 않았으며 수술 한 시간 뒤까지 전혀 아프지 않았다고 했다. 집도의 역시 스나이더의 말이 사실임을 확인해 주었다.

그날 이후로, 스나이더는 스스로 깨우친 통증 관리법을 치료 현장에 적용하러 노력했다. 박사는 말했다. "늘 환자의 관심을 무언가 즐거운 일로 돌리려 애씁니다. 축구 이야기를 할 수도 있고 최근에 열린 대통령 기자 회견을 화제에 올리기도 하죠. 환자를 놀라게 할 만한 소리는 한사코 피합니다. 어떻게든 진정시키려 안간힘을 쓰는 편이죠. 어린 친구들을 볼 때는 더더구나 그렇습니다. 다친 데를 어루만지기도 하고 쓰다듬기도 합니다. 무얼 하려고 하는지 정확하게 알려 줍니다. 절대로 속이지 않아요. 환자들의 절대적인 신뢰를 받고 싶거든요."

스나이더는 환자들 가운데 아주 놀라운 결과를 보인 사례를 보고했다. 신경절을 절제하러 병원을 찾은 어느 교사는 의대생과 나누는

아무도 원하지 않는 선물

대화에 얼마나 깊이 몰입했던지, 박사는 국소 마취도 없이 환부를 잘라 낼 수 있었다. 덕지덕지 여드름이 나서 고민인 10대 소년은 연마제로 온 얼굴을 '문대는' 치료를 받아야 했다. 아이는 "마취제 따위는 필요 없어요"라고 씩씩하게 한마디 하더니 자리에 누워 정말 60분 동안 아픈 척도 하지 않았다. 마지막 순간에 가서야 손을 들고 말했다. "이제 아프기 시작하네요. 어떻게 좀 해 주세요, 선생님."

누구나 자기 암시로 고통을 이기는 기술에 통달할 수 있는 건 아니다. 하지만 여태 소개한 이런 사례들은 특정한 통증을 완전히 없애지는 못할지라도 한결 덜 아프게 해서 굳이 약을 먹지 않고 넘어가게 해 주리라는 사실을 믿어 볼 용기를 준다. 인간이라면 누구나 목 위에 지니고 다니는 놀라운 능력을 확인해 주는 셈이다.

세인트 크리스토퍼 병원

한번은 텍사스주 댈러스에서 열린 학회에 갔다가 여러 수녀와 간병보호사들, 몇몇 통증 치료 전문가들과 자리를 함께한 적이 있다. 그리고 곧바로 텔레비전 인터뷰를 가지면서 고통이 주는 유익에 공감하고 감사하는 태도에 바탕을 둔 개인적인 철학을 설명했다. "통증체계는 선합니다. 하나하나 뜯어 놓고 볼 때 더러 그렇지 않을 때가 있는 건 분명하지만 말입니다." 그리고는 말기 암에 더러 따라오는 통증, 유익한 구석이라고는 전혀 없고 환자에게 곧 죽음이 닥치리라는 생각에 빠지게 하며 지금까지 설명한 통증 관리 기법을 대부분 물거품으로 만들뿐인 고통 이야기를 꺼냈다.

"그런 경우에 통증을 누그러뜨리기에 충분하나 환자의 정신을 흐릴 만큼 과다하지는 않은 양의 약물을 투여하는 일이 까다로운 과제가 됩니다. 그런데도 좀처럼 고통이 사라지지 않는다면, 자비를 베푸는 차원에서, 의식이 없어서 의사소통이 어려울 정도로 강력한 투약이 필요할지도 모릅니다."

테이블 반대편에서 갑자기 분통을 터트리는 소리가 들렸다. 고개를 돌려 보니 호리호리하고 기품 있게 생긴 영국 여성이 보였다. 테레즈 버니어(Therese Vanier) 박사는 당장이라도 자리를 박차고 일어날 기세였다. "브랜드 박사님. 죄송하지만 저로서는 도무지 동의할 수가 없군요. 저는 런던에 있는 세인트 크리스토퍼 호스피스 병원에서 일하는 의사입니다. 박사님 생각은 우리 병원의 철학과 딴판이군요. 우리는 환자들에게 심각한 통증에서 벗어날 뿐만 아니라 의식을 또렷하게 유지하게 해 주겠다고 약속합니다. 거의 장담하다시피 하죠."

버니어의 반응이 워낙 격렬해서 적잖이 놀랐다. 인터뷰를 마치자마자 그를 찾았다. 박사는 자신의 병원에 와 보지 않겠느냐고 했다. 1967년에 시슬리 샌더스(Cicely Saunders) 여사가 세운 병원을 직접 돌아보면서 최악의 경우에 해당하는 말기 통증과 관련해 그동안 자신이 알게 된 사실을 두 눈으로 확인해 보라는 얘기였다. 몇 해가 지난 뒤, 병원을 찾았다. 세인트 크리스토퍼는 한마디로 죽으러 들어가는 병원이었다. 입원 허가를 받은 환자 중 40퍼센트는 첫 주에 숨을 거둔다.

아무도 원하지 않는 선물

진료실을 찾은 내게 버니어는 설명했다. "대다수 환자는 심각한 통증을 지닌 채 들어옵니다. 병의 마지막 단계에 들어간 상태죠. 말기에 닥치는 고통은 독특합니다. 골절이나 치통, 출산, 하다못해 수술 뒤에 회복되는 과정에서 비롯된 통증까지도 의미가 있고 끝이 있습니다. 하지만 진행성 암 때문에 생긴 고통은 환자에게 죽음이 다가오고 있다는 사실을 끊임없이 일깨우는 것 말고는 아무 의미가 없습니다. 여기 입원하는 대다수 환자에게는 고통이 천지에 널렸습니다. 먹거나, 자거나, 기도하거나, 생각하거나, 심지어 사람들과 어울릴 때도 늘 통증에 짓눌려 있습니다. 여기, 세인트 크리스토퍼 호스피스 병원에서는 저마다 이런저런 통증과 싸우느라 안간힘을 씁니다."

버니어에 이어 시슬리 샌더스 박사를 만나 호스피스 운동이 시작된 내력을 들었다. 의료계에서 일하는 이른바 전문가들이 죽음을 얼마나 함부로 대하는지 목격하고 나서 세계 최초로 호스피스 병원을 세우게 되었다고 했다. 오늘날의 의료 기관들은 다만 얼마라도 회복될 가능성이 있는 환자에게는 갖은 수를 다 쓴다. 하지만 가망이 없는 환자들은 골칫덩이, 의학의 실패를 한눈에 보여 주는 상징물쯤으로 취급한다. 의사들은 말기 환자들을 꺼리거나 상투적인 반쪽짜리 진실을 전하기 십상이다. 통증 관리는 지독하리만치 부적절하기 일쑤다. 말기 환자들은 정신없이 돌아가는 복잡한 병원 한복판에서 두려움과 깊은 외로움에 휩싸인 채 죽어 간다.

말기 환자들에 대한 이런 식의 표준 치료는 샌더스의 내면 깊숙이 자리 잡은 그리스도인 감성에 큰 상처로 작용했다. 간호사로 일하던 샌더스는 숨져 가는 이들을 보살필 더 나은 방법을 찾아내겠다는 뚜렷한 목표를 품고 서른 살 늦은 나이에 의과 대학에 들어갔다. '자비의 수녀회'에서 죽음을 목전에 둔 이들을 위해 운영하는 요양 시설에서 일하고 난 뒤에, 그는 이렇게 적었다. "고통을 견디기 어려울 때는 아무도 보살펴 주지 않을 때뿐이다. 친절과 연민을 보여 주는 누군가를 믿는 마음이 있으면, 하나님, 그리고 그분의 보살핌을 신뢰하는 믿음을 갖기가 한없이 쉬워진다는 사실을 끊임없이 확인하게 된다." 샌더스는 지치지 않고 달려 마침내 세인트 크리스토퍼 호스피스 병원을 세웠으며 바로 거기서 전 세계를 아우르는 호스피스 운동이 싹텄다. 호스피스란 교회가 죽어가는 이들을 보살피는 행위를 일곱 가지 주덕(主德) 가운데 하나로 꼽으며 소중하게 여겼던 중세의 정신을 되살린 운동이라는 점을 박사는 강조했다.

샌더스와 테레즈 버니어 박사는 힘을 모아 말기 질환에서 비롯되는 통증에 '예방적'으로 접근하는 길을 개척했다. 숱한 병원들이 'PRN'(필요한 만큼)을 표준 통증 처방처럼 내리고 있다. 중독 위험을 엄중하게 경고한 뒤에는 약물 치료 전반을 의료인의 재량에 맡기는 셈이다. 결국, 극심한 고통에 시달리는 환자들은 통증이 생각보다 빨리 되살아나면 다음번 주사를 앞당겨 놔 달라고 매달린다. 샌더스는 다른 방식으로 접근했다. 미리 세심하게 투약량을 결정한 뒤에 일정한 간격을 두고 환자에게 주사해서 통증이 되살아날 여지를 철저하게 없앴다. 약물의 혈중 농도가 일정하게 유지되면 심각한 통증과 과잉진정 예방에 모두 도움이 된다는 사실도 알아냈다. 그뿐만 아니라 환

아무도 원하지 않는 선물

자가 알아서 투약량을 조절하는 방식도 실험했다. 말기 환자들이 지나치게 많은 약물을 투약하는 경우는 거의 없다시피 했다. 의료진의 감독을 받으며 밤낮으로 통증을 제어하면서도 정신이 혼미해지지 않는 프로그램을 스스로 찾아냈다.

세인트 크리스토퍼 병원 설계에는 죽어가는 이들을 보살피려는 샌더스의 지혜가 잘 반영되어 있다. 대다수 환자는 1인실이 아니라 4인실에서 생활한다. 널찍한 공간을 마련해 식구들이 머물며 밤새 곁을 지킬 수 있게 했다. 필요할 때는 분리 커튼을 쳐서 사생활을 지키게 했다. 다른 이들과 함께 지내다 보면 일종의 공동체가 형성된다. 두려움에 질려서가 아니라 깊이 신뢰하는 분위기 속에서 죽음을 맞는 동료들을 지켜보는 경험이 밑바닥에 깔린 공동체다. 방마다 병원 시설 용품 전문점이 아니라 백화점에서 산 가구가 있다. 정면 창문으로는 영국식으로 세련되게 단장한 공원 풍경이 액자에 걸린 그림처럼 펼쳐진다. 뒤편 창 너머에는 꽃밭과 잉어가 노니는 못이 있다.

이 호스피스 병원을 찾는 이들은 곳곳에서 생명의 징표와 마주한다. 직원들은 병상을 둘러싸고 서서 생일 축하 노래를 부른다. 빈 벽마다 그림이 걸리고 화분에 심긴 나무들이 작은 정글을 이룬다. 누가 찾아올 때마다 코커스패니얼 강아지가 달려나가 재롱을 피운다. 2주 남짓마다 한 번씩, 직원들이 주선한 콘서트가 열린다. 현악 4중주단이나 하프 연주자, 어린이 핸드벨 합창단이 병동을 방문하기도 한다. 자원봉사자들은 몸을 쓸 수 있는 환자들을 도와서 햄버거 가게든 호프집이든 가고 싶어 하는 곳에 데려다준다. 세인트 크리스토퍼 병원은 최대한 의료진이 아니라 환자 중심으로 돌아간다.

　세인트 크리스토퍼에 며칠 머물며 보니, 댈러스 학회의 패널 토의 자리에서 테레즈 버니어 박사가 그렇게 발끈한 까닭을 백번 이해할 만했다. 인간이 떠올릴 수 있는 최악의 통증, 말기 질환에 따르는 그 심각한 고통마저도 반드시 심신 약화로 이어지는 건 아니었다. 시슬리 여사와 버니어 박사를 비롯한 세인트 크리스토퍼 병원 식구들은 통증 관리와 관련해 그동안 내가 쌓은 지식뿐만 아니라 그 이상을 아우르고 있었다. 깜짝 놀랄 일이었다. 그들은 의식 전환과 주의 분산을 활용했다. 통증이 깊어지게 만드는 두려움이나 염려 같은 주관적인 요인을 진정시켰다. 환자들이 자신을 희생자가 아니라 제 몸을 뜻대로 좌우할 수 있는 파트너로 여기게 하려고 애썼다. 돌보고 보살피는 공동체를 만든 것이다.

　한마디로, 호스피스 운동은 의료의 초점을 치료에서 돌봄으로 돌려놓았다. 대니얼 캘러헌(Daniel Callahan)은 그 전환에 실패했다는 점에서 현대 의학을 비판했다.

> 치료 가능성이 어떠하냐를 떠나서, 몸이 아플 때 돌봄을 받을 수 있다는 믿음이야말로 모두가 원하는 으뜸가는 확신이다. … 이런 점에 소홀한 경향이 있다는 사실, 다시 말해 치료, 그리고 질병과 죽음에 맞서 벌이는 전쟁의 화려함에 차츰 한눈을 팔게 되었다는 사실은 현대 보건 의료의 더없이 큰 과오다. 고통과 고난을 당하는 이들에게서, 몸을 쓰지 못하거나 움직임이 서투른 이들에게서, 지능 발달이

　　　　　　　　　　　　아무도 원하지 않는 선물

늦거나 정신 이상에 시달리는 이들에게서 눈을 돌리거나 손을 씻고 돌아서지 않겠다는 헌신이 돌봄의 중심에 있어야 한다. … 이것이야 말로 보건 의료 체계가 모든 이에게 거의 늘 제공할 수 있는 단 하나 의 헌신이자 합리적으로 충족시켜 줄 수 있는 단 하나의 필요이기도 하다.

한 여성이 그리스도인으로서 품은 '긍휼히 여기는 마음'에서 시작 된 세인트 크리스토퍼 병원은 무얼 해야 할지 여실히 보여 주었다. 수많은 교회와 공동체가 시슬리 여사의 뒤를 따랐으며 이제 그 사랑 의 보살핌은 인위적인 방식으로 삶을 연장하기를 거부한 말기 환자 들에게까지 범위를 넓혔다. 문자적으로 정의하자면, 이들은 의학적 치료의 범주를 넘어선 환자들이다. 하지만 호스피스 운동은 더없이 고통스러운 인간 조건을 존엄과 동정으로 다룰 길을 찾아냈다. 세인 트 크리스토퍼 병원의 환자들 가운데 95퍼센트가 또렷한 정신을 지 닌 동시에 통증 없는 삶을 살 수 있다는 사실에 시슬리 여사는 큰 자 부심을 느낀다. 인간이라면 너나없이 조만간 마주하게 될 최후 최악 의 두려움, 곧 죽음과 거기에 따르는 고통에 대한 공포를 무력화하는 게 가능하다는 사실을 선명히 보여 준 것이다.

I

입고 있던 옷이 벗겨지고 특색 없는 하얀 환자복이 대신 걸쳐진다. 손목에는 숫자가 적힌 팔찌 인식표가 채워진다. 병원 규칙과 규정에 따르게 된다. 더는 자유인이 아니다. 더는 권리도 없다. 전반적으로 이 세상에 속한 존재가 아니다. 엄밀히 말해서 죄수가 되는 것과 아주 흡사하다. 학교에 처음 들어가던 날을 치욕적으로 떠올리게 한다. 더는 인격체가 아니다. 그저 입원 환자일 따름이다.

—올리버 색스,
《나는 침대에서 내 다리를 주웠다》

17장

눈부신 가르침

호스피스 운동이 환자를 도와서 고통이라는 마지막 도전에 과감히
응하게 할 목적으로 설립되었다면, 오늘날의 전형적인 병원들은 고
통 앞에서 환자들을 속수무책으로 만들 심산으로 고안된 것처럼 보
일 지경이다. 철저하게 소독한 은밀한 방에 갇히고, 이리저리 얽힌
전선과 튜브에 얽매인 채로, 이편을 속속들이 다 안다는 투의 시선과
소곤거리는 대화의 대상이 된 환자는 덫에 걸려 홀로 버려진 느낌이
들 수밖에 없다. 그렇게 낯선 분위기 속에 고통은 갈수록 커진다. 더
러는 제약 회사들이 진통제를 잔뜩 팔아먹으려고 현대 병원 제도를
뒤에서 조종하는 게 아닌가 싶을 때가 있다.

1974년, 결국 외과의가 쓸개를 떼어 내도록 허락함으로써 나 역시
현대 의학이 베푸는 치료를 받았다. 평생 병원 복도를 휘젓고 돌아다
녔으니 무슨 일이 벌어질지 두루 꿰어야 마땅하겠지만 실상은 그렇
지 못했다. 하지만 곧 새로운 시각, 다시 말해 환자의 관점에 익숙해
졌다. 적어도 수술의 경우, 받는 쪽보다 하는 쪽이 훨씬 행복하다는

걸 깨달았다.

온종일 사방이 흰색인 빈방에 누워 있었다. 주의를 돌릴 대상이라고는 텔레비전과 거기서 나오는 짜증 나는 낮 방송 프로그램뿐이었다. (환자들의 눈길이 가장 자주 가는 병원 천장에 아무런 장식도 하지 않고 놔두는 까닭은 무엇일까?) 전문가들이 줄지어 병실을 훑고 지나갔다. 그렇게 퉁명스러운 명령은 듣느니 처음이었다. 선교 훈련원 시절 이래로 그처럼 퉁명스러운 명령은 들어 본 적이 없다. "소매 걷으세요!" "바지 내리세요!" "움직이지 마세요!" "돌아누우세요!" "팔 내미세요!" "숨을 깊이 들이마시세요!" "기침하세요!"

바지를 내리라고 했던 간호사는 고무 도관을 들고 있었다. 남은 용기를 다 끌어모아 저항했다. "도뇨관이 왜 필요한 거죠?" 감염 위험은 둘째 치고, 은밀한 부위에 고무 튜브를 우겨 넣고 싶어 하는 이가 도대체 어디 있겠는가?

"수술한 뒤로 여태까지 한 번도 소변을 보지 않으셨잖아요." 근엄한 답이 돌아왔다.

죄책감 비슷한 느낌이 들락 말락 했다. "소변을 보고 싶을 만큼 수분을 넉넉히 섭취하지 않았으니까요. 떼어 낸 건 쓸개지 방광이 아니에요. 잠깐 시간을 주세요!" 간호사는 방을 나갔다. 수술한 배를 움켜쥐고 비틀거리며 화장실로 갔다. 그리고 안간힘을 써서 마침내 몇 방울, 소변을 쥐어짜는 데 성공했다. 우울할 뻔했던 날이 자랑스러운 날로 변하는 순간이었다.

임상 병리사가 한 시간에 두 번씩이나 정맥에서 피를 뽑는다며 찾

아무도 원하지 않는 선물

아왔기에 이미 채혈해 가지 않았느냐고 항변했다. 그는 눈살을 찌푸리더니 무지르듯 말했다. "알아요. 하지만 벌써 굳어 버려서 쓸 수가 없으니 어쩌겠어요." 하마터면 그렇게 흠이 많은 피를 가져서 미안하다고 사죄할 뻔했다.

내 몸은 판독 전문가가 읽어 낼 수 있도록 인상적으로 배열된 전기 신호를 쉴 새 없이 내보내고 있었지만, 하나같이 감춰져 있어서 두 눈으로 직접 확인할 수는 없었다. 의사들은 말 많은 환자가 되기 쉬워서 병원 의료진끼리 내 옆에서는 입도 뻥끗하지 않기로 약속하고 철석같이 지키고 있는 게 틀림없었다. 예를 들어, 방사선과 의사는 엑스레이 사진을 불에 비쳐 확인하고 내 쪽을 한 번 돌아보더니 침울한 표정으로 고개를 절레절레 흔들며 집도의에게 의견을 전하러 나가 버렸다.

장기를 책임지는 이가 있고 혈액을 담당하는 이가 따로 있다. 정신은 또 다른 이, 그러니까 통증 치료제를 관리하는 간호사의 몫이다. 끊임없이 통증을 느끼며 지내다 보니 그를 점점 더 잘 알게 되었다. 맨발로 돌아다닐 자갈길도 없고, 파고들어야 할 연구 논문도 없고, 고통을 누그러뜨리는 음악을 들려줄 스테레오 시스템도 없었다. 절대 고요 속에서 최근에 주사 맞을 때 바늘이 뚫고 들어오던 느낌, 아니 더 나아가서 반창고를 살갗에 붙이는 압력까지도 생생하게 기억할 수 있었다. 당장이라도 버저를 울려서 진통제를 더 놔 달라고 요구하고 싶은 욕구를 억누르기 힘들었다.

병원을 뜻하는 영어 단어 'hospital'은 '손님'을 의미하는 라틴어에서 왔다. 하지만 요즘에는 '봉(victim)'이란 말에 어원을 둔 게 아닌가 싶은 경우가 적지 않다. 스스로 의료인임에도 불구하고 무력하고, 무능하며, 주눅이 드는 기분이었다. 커다란 기계의 톱니바퀴, 그것도 이가 빠져 덜컥거리는 톱니바퀴 하나로 졸아드는 인상을 주체할 수가 없었다. 복도에서 새어 들어오는 소리 하나하나가 내가 당하는 곤경과 딱딱 들어맞았다. 카트가 덜덜거리며 굴러가는 소리가 들리면 '틀림없이 내게 오는구나!' 싶었다. 밖에서 누가 혀를 차기라도 하면 '이런, 뭔가 불길한 사실을 알아낸 모양이군!' 하는 생각이 들었다.

영국 남해안의 와이트섬에서 실시한 조사를 통해 쓸개 수술을 받은 환자들 가운데 병실 창밖으로 울창한 숲을 내다볼 수 있었던 이들은 맨 벽돌 벽만 쳐다본 집단에 비해 수술 뒤 병원에 머무는 기간이 훨씬 짧고 진통제도 덜 복용한다는 사실이 밝혀졌다. 이를 정리한 연구 논문은 〈창으로 보이는 진밍이 수술 후 회복에 미치는 영향〉이란 제목을 달고 있었다. 직접 담낭 수술을 받은 나는 퇴원하기까지 '경관이 회복에 미치는 영향' 이상의 깊은 인상을 받았다.

개인적으로는 의식 세계 안에서 통증 지각을 높이는 반응을 일컬어 '통증 강화 인자'라고 부른다. 한마디로 입원 기간 내내 병실에서 맞서 싸워야 했던 여러 요인을 가리킨다. 두려움, 분노, 죄책감, 외로움, 무력감 따위의 강화 인자들은 복용 가능한 어떤 처방 약보다 전반적인 통증 체험에 더 큰 영향을 끼쳤다. 의료인이라면 마땅히 환자가 기여할 여지를 줄이지 말고 확대할 방법을 찾아야 한다.

아무도 원하지 않는 선물

고통 심화 인자 1: 두려움

아이들을 주로 치료하는 종양학 전문가 다이앤 콤프(Diane Komp) 박사는 어린 환자들에게 환경이 얼마나 중요한지 절실하게 깨닫고 난 뒤로 집집이 왕진을 다니기 시작했다. 박사는 이렇게 적었다. "신체적인 고통에 시달리는 어린 친구들을 집으로 찾아갔지만, 그 어느 가정에서도 두려움을 겪는 아이는 찾아볼 수 없었다. 어느 집에 가든, 나는 손님이었고 그 친구들은 분명히 주인이었다. 어린 환자들은 건강 상태를 정확하게 설명했다. 그만큼 마음이 편했기 때문이다."

한 친구가 보여 준 그림책을 보면서 병원에서 내가 느낀 감정을 더 잘 이해하게 되었다. 몸이 아픈 아이들이 직접 그린 그림으로 만든 책이었다. 어느 사내아이는 정지 신호등을 들고 서 있는 가냘픈 자신(동그라미로 머리를, 몇 가닥 선으로 몸을 표현했다)을 향해 거대한 탱크가 돌진하는 그림을 그렸다. 또 다른 그림에서는 여덟 살짜리 여자애가 병상에 누운 자기 모습을 묘사하고 이런 글을 덧붙였다. "외로워. 집에 가서 내 침대에 눕고 싶어. 여기가 싫어. 메스꺼운 냄새가 나."

그중에서도 가장 마음에 든 작품은 한 사내아이가 낚싯바늘처럼 갈고리 모양으로 살짝 디자인을 바꾼 거대한 주삿바늘 앞에서 몸을 잔뜩 움츠리고 있는 그림이었다. 아이의 시각에 백번 공감한다. 어머니와 이모들이 동종 요법을 철석같이 믿은 탓에, 어린 시절에 주사를 맞았던 기억이 거의 없으며 그걸 인격 침해로 여겼다. 주삿바늘에 대한 비이성적인 두려움이 아직도 내 안에 남아 있다. 지금껏 단 한 번도 내 몸에 스스로 주사를 놓는 데 성공하지 못했다. 주사기를 피부 가까이 들이대지만, 희한하게도 찔러 넣기 직전에 보이지 않는 장벽 같은 게 쳐지면서 무의식적으로 바늘을 거둬들이게 된다.

연구실과 병원에서 진행한 연구 조사들을 보면, 두려움이야말로 더없이 강력한 통증 강화 인자임이 분명하다. 테스트를 받으러 연구 실에 처음 온 피험자들은 스스로 실험을 통제할 수 있음을 알고 두 려움을 완전히 걷어 내기 전까지는 통증을 자각하는 임계치가 상대 적으로 낮았다. 공포는 측정 가능한 생리적 방식으로 고통을 키운다. 상처를 입은 이가 겁을 먹으면 근육이 긴장하고 수축된다. 자연히 손 상된 신경에 쏟아지는 압력이 커지고 통증도 더 커지게 마련이다. 혈 압과 혈관 확장에도 변화가 일어난다. 겁에 질리면 얼굴이 창백해지 거나 붉어지는 까닭이 여기에 있다. 이런 정신의 산물이 실제 신체적 손상으로 전환되기도 한다. 다른 동물에서는 볼 수 없고 오로지 걱정 에 사로잡힌 인간에게만 나타나는 강직 결장이 대표적이다.

몸이 아팠던 개인적인 경험을 되짚어 보면, 의사와 간호사들이 고 약한 환자라는 평을 듣는 데는 의료 지식 탓에 두려움에 더 쉽게 휩 쓸리는 것도 단단히 한몫하는 게 아닌가 싶다. 지극히 사소한 증상이 생명을 위협하는 질병의 존재를 드러내는 사례를 줄곧 보아 온 까닭 이다. 존 던(John Donne)은 17세기에 쓴 투병 일기에서 이런 점을 잘 지적했다. "두려움은 정신의 활동이나 열정에 낱낱이 스며든다. 몸 안의 가스가 때로는 담석인 듯, 더러는 통풍인 듯 질병으로 위장하는 것처럼 두려움은 마음의 질병 시늉을 한다."

아무도 원하지 않는 선물

런던에서 막 레지던트 생활을 시작했을 무렵, 끔찍한 열과 두통이 덮치는 바람에 자리보전하고 누운 적이 있다. 베개에서 머리를 드는 순간, 목과 척추 아랫단에서 격통이 일었다. 두려움이 덮쳐 왔다. 곧바로 뇌척수막염 증상을 샅샅이 살폈다. 항생제가 나오기 전까지는 그야말로 공포의 대상이던 질환이다. 식구들에게 구급차를 부르게 했다. 몇 시간 뒤에는 유니버시티 칼리지 병원에 입원 허가가 떨어지고 의과 대학 선임 교수인 해럴드 힘스워스(Harold Himsworth) 박사의 진료를 받게 되었다. 증상을 자세히 설명하고 뇌척수막염이 의심된다는 개인적인 진단을 전했다. 곧 뇌 손상이 닥칠 가능성이 있다는 점도 당연히 지적했다. 요추 천자가 필요할 성싶은데 언제든 시행해도 좋다는 얘기까지 덧붙였다.

힘스워스 교수는 진지하게 귀를 기울이고 공들여 진찰했다. 그리고는 요추 천자까지는 하지 않아도 될 것 같다고 힘주어 말했다. 잘 살펴본 결과, 자신의 진단과 적절한 처방을 백 퍼센트 확신하게 되었다는 얘기였다. 그러면서도 처방 약의 이름은 도무지 알려 주려 하지 않았다. 워낙 분명하고 현명한 양반이라 고분고분 약을 받아먹었고 증상은 가라앉았다. 통증이 사라지고 금방 잠에 빠져들었다.

그렇게 사흘 뒤, 역사상 가장 빠른 속도로 뇌척수막염에서 회복되었다. 힘스워스 박사는 그제야 신비로운 명약의 이름을 알려 주었다. '아스피린'이었다. 박사는 아버지같이 인자한 미소를 지으며 25퍼센트의 독감과 75퍼센트의 뇌척수막염 공포증에서 비롯된 증상임을 한눈에 알아봤노라고 했다. 호들갑을 떨었던 게 얼마나 부끄럽던지!

하지만 힘스워스 교수는 그 경험도 값진 의학 교육이 될 수 있다며 다독였다. "신체적 원인과 동떨어진 불편을 호소하는 환자를 자네는 훨씬 잘 이해하게 될 걸세. 그들은 정말 아픔을 느끼는 거라네. 의사로서 자네는 그들의 장기에 생긴 질병이나 상처만이 아니라 두려움까지 치료해야 하는 걸세."

두말할 것 없이, 힘스워스 박사의 말이 옳았다. 고통을 겪는 이들은 거의 모두 두려움을 경험하며 어떤 약이나 주사로도 그 공포를 몰아내지 못한다. 의료 전문가들의 따뜻하고 진심 어린 지혜, 친구와 친지들의 사랑스러운 뒷받침이 최상의 치료제다. 환자들의 두려움을 '해제'하는 데 쏟는 시간이 회복에 대한 태도, 특히 고통을 대하는 자세에 커다란 영향을 미친다는 사실을 깨달았다.

고통을 순전히 신체 현상으로만 대할 수 없음을 알기에 손 수술 환자를 처음 진찰하는 자리는 싱딤 비슷하게 흘러갈 때가 많다. 의사와 환자가 함께 두려움에 직면하는 시간이다. 환자에게 고통은 어떤 의미인가? 임금을 받아 생활하는 이 환자는 다시 가족들을 먹여 살릴 수 있을까? 손 모양이 예전처럼 예뻐질 수 있을까? 회복 과정은 얼마나 고통스러울 것인가? 진통제나 스테로이드 약물이 건강에 해롭지는 않을까? 개인적으로는 환자에게 솔직하고 정확한 정보를 제공해서 두려움을 없애 주려 노력한다. 하지만 결국 치료 과정에 대한 최종 선택은 환자 홀로 내려야 한다. 환자가 스스로 협력하지 않으면 의사가 하는 권면은 이렇다 할 유익을 내지 못한다.

한번은 유명한 피아니스트 에일린 조이스(Eileen Joyce)와 상담했다.

아무도 원하지 않는 선물

매년 런던의 로열 앨버트 홀에서 자선 음악회를 열어 인도에 있는 우리 병원을 후원해 준 예술가였다. 개를 산책시키다 삐끗해 넘어지며 급하게 손을 짚는 바람에 엄지손가락을 다치고 말았다. 그가 찾아온 건 사고가 나고 어느 정도 시간이 흐른 뒤였다. 어쩌다 다쳤는지 얘기를 들으면서 환자의 엄지를 이리저리 돌려 보았다. 넘어지면서 관절, 그러니까 엄지 밑자락의 뼈처럼 단단한 돌출부가 망가진 듯했다. 손가락을 특정한 쪽으로 움직일 때만 "맞아요! 바로 거기에요! 거기가 아파요! 수술해서 고쳐 주실 수 있어요?"라고 소리치는 것으로 미루어, 뼈가 살짝 거칠어졌을 뿐 얼추 다 나은 듯 보였다.

나는 수술을 권하고 싶지는 않다고 이야기할 수밖에 없었다. (아직 엄지손가락 인공 관절이 쓰이지 않던 시절이었다.) 수술로 통증을 해결할 가능성보다 한결 심각한 손상이 생길 공산이 더 컸다. 그에게 물었다. "고통과 더불어 사는 법을 배울 수 있지 않을까요? 어떻게 생각하세요?"

에일린은 다소 맥이 풀리는 눈치였다. "물론, 자주 아프진 않을 거예요. 알아요. 한 시간 넘게 피아노를 쳐도 엄지에 통증이 없을 수도 있겠죠. 하루 내내 전혀 고통스럽지 않을지도 몰라요. 하지만 어쩌다 삐끗하면 갑자기 통증이 찾아올 거예요. 그런 일이 벌어지는 게 두려워요. 고통이 닥칠지도 모른다는 두려움에 사로잡힌 채 어떻게 베토벤 연주에 집중할 수 있겠어요?"

손을 다루는 외과의로서는 손에 얽힌 기계적 구조를 전혀 파악하지 못하는 피아니스트들이 특별한 노력을 기울이지도 않고 그 안에 담긴 역량을 남김없이 끌어내는 모습에 감탄할 때가 많다. 연주자들은 관절과 근육, 힘줄이 아니라 음악에 몰입한다. 그런데도, 이제는 작은 뼛조각에 대한 의식이 에일린 조이스의 정신 세계를 온통 지배하고 있었다. 통증을 처리할 대안을 두고 함께 여러 의견을 나누었지만, 얼마 지나지 않아 에일린이 콘서트 무대에서 은퇴하기로 했다는 소식을 들었다. 설령 정도가 심각하지 않다고 하더라도, 연주하는 동안 통증 때문에 집중력을 잃을지도 모른다는 두려움을 받아들일 길을 찾지 못했던 것이다.

환자들에게 두려움을 솔직하게 털어놔서 그걸 통증 신호와 연결 지을 수 있도록 함께 힘을 모으자고 권하는 편이다. 통증과 마찬가지로 두려움은 유익할 수도, 해로울 수도 있다. 유익한 두려움은 낭떠러지에서 물러나게 하고 큰 소리가 나면 몸을 숙이게 만든다. 차를 몰거나 스키를 타고 언덕을 내려갈 때 어리석게 위험한 짓을 하지 않도록 막아 준다. 두려움(또는 고통)은 레지던트 시절에 내가 그랬던 것처럼 위험 요인에 비해 지나치게 크게 증폭시킬 때만 문제가 된다. 내가 주사를 겁내는 것도, 어쩌면 에일린 조이스에게 생긴 일도 매한가지일지 모른다.

의사들이 '해로운' 두려움을 해체하는 유일한 길은 환자의 신뢰를 얻는 방법뿐이다. 나는 뇌척수막염에 대한 공포를 해럴드 힘스워스 박사의 손에 놓아 버렸다. 그를 신뢰했기 때문이다. 두려워할 게 없다는 말을 그대로 믿었다. 외과의로서 환자들의 두려움에 세심한 주의를 기울여야 하는 이유도 바로 거기에 있다. 지나치게 서둘러 밀어붙여서 간신히 고쳐 놓은 자리를 다시 망가뜨리지 않게 막아 주는

아무도 원하지 않는 선물

'유익한' 공포를 존중할 줄 알게 되면 좋겠다. 동시에, 환자들이 재활 훈련을 꺼리게 만드는 고통에 대한 '해로운' 두려움을 이겨 내길 기대한다.

캘리포니아에 사는 팀 한셀(Tim Hansel)이라는 친구는 유익한 두려움과 해로운 공포에 관해 중요한 가르침을 주었다. 지칠 줄 모르는 탐험가인 팀은 고난도 캠핑을 하며 시에라네바다산맥을 주파하는 프로그램을 이끌고 있었다. 그런데 어느 원정길에서 크레바스에 거꾸로 곤두박질쳐 바닥에 도사리고 있던 바위에 냅다 부딪히고 말았다. 충격으로 척추뼈들이 찌부러지고, 허리 위쪽 디스크들이 죄다 파열되었으며, 이내 뼛속에 관절염이 자리 잡았다. 한셀은 쉴 새 없이 극심한 통증에 시달리며 살아야 했다. 이름난 전문가들을 일일이 찾아다녔지만 돌아오는 말은 한결같았다. "아파도 참고 살 수밖에 없어요. 수술은 별 도움이 되지 않습니다."

달이 차고 해가 가기를 거듭하면서, 한셀은 통증을 이겨 낼 갖가지 방법을 익혔다. 더 심한 부상을 입을지 모른다는 염려에서 활동을 상당 부분 줄였다. 하지만 나중에는 영혼까지 주저앉을 지경에 이르렀다. 가만히 앉아서만 지내는 삶은 우울했다. 마침내 한셀은 마음의 두려움을 의사에게 털어놓았다. "또 다치지 않을까 노심초사하며 살았어요. 그러자니 정말 돌아 버릴 것만 같아요. 겁에 질려 온몸이 굳어 버린 느낌이에요. 말씀 좀 해 주세요. 특별히 피해야 하는 게 있을까요? 더 심한 손상을 입을 수 있는 일에는 어떤 것이 있습니까?"

의사는 잠시 생각하더니 대답했다. "손상은 이미 되돌릴 수 없는 상태입니다. 굳이 뭘 조언해야 한다면, 처마를 그리는 일은 삼가라고 권하겠어요. 목에 너무 큰 부담이 될 테니까요. 하지만 저는 '아파서 못 견디겠다 싶을 정도가 아니면, 뭐든 해도 괜찮다'고 말씀드리고 싶군요." 한셀의 표현을 빌리자면, 의사의 그 한마디가 새 삶을 열어 주었다. 다친 뒤 처음으로, 고통과 미래, 그리고 인생을 제 손으로 좌우할 수 있다는 생각이 들었다. 그래서 스스로 사는 것처럼 산다고 여기는 단 하나의 방식을 좇아 살기로 했다. 될 대로 되라는 심정으로 산을 타고 탐험을 이끄는 생활로 돌아갔다.

팀 한셀의 통증은 사라지지 않았다. 하지만 두려움은 자취를 감췄다. 두려움이 줄어드니 결국 고통도 스러졌다. 나는 지금껏 팀을 돌보고 있다. 고통이 삶의 질에 더는 부정적인 영향을 미치지 않는다는 그 친구의 말을 믿는다. 더는 통증을 두려워하지 않기에 아픔을 이겨내는 법을 배운 것이다. 팀은 말한다. "고통은 피할 수 없어요. 하지만 비참한 삶을 사느냐 마느냐는 선택의 문제죠."

고통 심화 인자 2: 분노

손을 수술하는 외과의들은 특징적으로 손이 뻣뻣해지는 현상을 보이는 '반사 교감 신경 이상증(RSD)'을 그 어떤 질환보다 두려워한다. 부상을 당하거나 상대적으로 가벼운 수술을 받은 뒤에도 심한 통증이 시작돼서 팔다리 전체로 퍼질 수 있다. 관절이나 힘줄을 수술한 뒤에도 이런 증상이 나타날 때가 있다. 처음에는 수술이 아주 잘 된 것

아무도 원하지 않는 선물

처럼 보인다. 깁스에서 나온 환자의 손은 겉보기에 더없이 말짱하다. 그러나 하루하루, 야금야금, 혹독한 통증이 기어든다. 근육은 주기적으로 수축되고 손이 퉁퉁 부어 살갗이 터질 듯 팽팽해진다. 희한하게도 시간이 갈수록 손이 안으로 오그라들며 마네킹처럼 뻣뻣해진다.

손이 뻣뻣해지는 데는 여러 이유가 있지만(예를 들어, 감염에 대한 반응일 수도 있다), 단순한 두려움이나 분노에서 RSD 현상이 비롯될 수도 있다. 의료진의 관리를 제대로 받지 못한 환자는 깁스를 푸는 순간 생각보다 손이 훨씬 더 욱신거리는 바람에 화들짝 놀랄 수도 있다. 서운하고 원망스러운 감정에 사로잡혀 통증을 일으킬 만한 동작을 전혀 하지 않으려 들면 그런 정서와 이해 부족이 손에 영향을 주기 시작할 것이다.

맹렬한 노여움이 손 경직을 불러온 가장 극적인 사례를 본 적이 있다. 인도에서 일하던 시절, 코끝을 잃어버린 어느 여성 환자를 치료했다. 아내가 부정을 저질렀다고 의심한 남편이 복수한답시고 여인의 코를 물어뜯어 아름다운 얼굴을 망쳐 놓았다. ('얼굴이 천 냥이면 코가 구백 냥'이란 역설적인 속담은 어쩌면 인도에서 처음 시작되었는지도 모른다.) 하지만 락시미는 코가 아니라 손을 고치러 왔다. 수술로 고친 코 주위의 피부가 두꺼워지기는 했지만, 얼굴은 여전히 아리따웠다. 여인은 뻣뻣해진 손 이야기를 꺼냈다. 노여움을 주체하지 못해 잔뜩 일그러진 낯빛이었다. 이상하게도 코를 물어뜯은 남편이 아니라 코를 고쳐 준 외과의를 향한 분노였다.

봇물이 터지듯, 입을 열자마자 그간의 사연이 거침없이 쏟아져 나왔다. 락시미에게는 의학 지식이 전혀 없었으므로, 단편적인 정보를 조각조각 짜맞춰서 전모를 파악해야 했다. 락시미는 마드라스에 있는 성형외과를 찾아갔다. 의사는 배의 피부를 떼어다가 새로 코를 만들어 주기로 했다. 그리고 한 점 모자람이 없이 이해할 만한 처치(한동안 우리도 한센병 환자들에게 사용했던)를 한 뒤에, 두 단계에 걸쳐 살갗을 복부에서 얼굴에 이식했다. 우선, 배에서 피부 한 조각을 길게 잘라 한쪽 끝은 배에 그대로 붙여두고 다른 쪽 끝은 떼어 마치 다리처럼 손목에 이어 붙였다. 이식한 조직에 혈액이 공급될 시간을 벌기 위해 3주 동안 손목을 배에 묶어 두었다.

그런 다음, 두 번째 수술을 통해 배 쪽 연결 부분을 잘라 냈다. 이제는 손목에서 핏줄을 통해 혈액을 공급받게 된 피부 조직이 허공에 대롱거렸다. 의사는 락시미의 손을 이마 높이로 들어 올려 이식 조직을 코앞까지 늘어뜨리고 시소한 성형을 거친 뒤에 제자리에 봉합했다. 그리고는 반창고로 이마와 손, 손목을 단단히 싸맸다. 다시 3주가 지나갈 즈음에 사라진 코끝이 있던 자리에 새로 이식한 조직을 남겨 둔 채 손에 연결된 피부 튜브를 자르는 게 의사의 계획이었다.

얘기가 이 대목에 이르자, 락시미는 머리끝까지 화가 치미는 듯 울부짖었다. "의사란 놈이 한마디도 해 주지 않았어요! 코를 만들어 달라고 했는데 손을 망가뜨렸다고요. 어깨도 못 쓰게 해 놨고요. 3주 내내, 어깨가 아파서 죽을 뻔했어요! 통증이 아직도 사라지지 않았어요!" 인도에서 여성이 그렇게 막말을 하는 건 아주 드문 일이었다. 하지만 락시미는 그 의사 얘길 꺼내려고 하면 저절로 욕이 튀어나오는

아무도 원하지 않는 선물

모양이었다. 그러길 얼마나 했을까, 마침내 흥분이 가라앉자 여인은 이야기를 마무리했다.

수술이 끝나고 정신이 돌아오는 순간부터 어깨가 아팠다. 젊은 여성이니 관절은 씽씽하리라 여겼던 의사는 환자의 어깨가 자유자재로 돌아가는지 알아볼 생각조차 하지 않았다. 사실, 락시미는 어깨 관절염으로 여러 해 고생하던 참이었다. 팔을 쳐들면 어김없이 통증이 찾아왔다. 그런데 눈을 떠보니 통증이 그치지 않는 자세로 팔을 묶어놓은 게 아닌가! 울며불며 하소연했지만, 의사는 정상적인 고통일 뿐이며 곧 없어질 거라는 얘기만 되풀이했다. 날이면 날마다 아파서 못살겠다고 비명을 질러 댔는데도, 의사는 귓등으로 흘려들었다. 병원의 다른 의사들도 손을 코에 붙인 신경질적인 여인을 우스갯감으로 치부하는 게 고작이었다.

의사가 머리를 싸맨 붕대를 풀고 코를 매만질 즈음, 락시미의 반사 교감 신경 이상증은 상당히 진전된 상태였다. 어깨부터 손까지 팔 전체가 통증에 과민 반응을 보였고 손은 전혀 움직이지 않았다. 까딱이라도 할라치면, 근육에 발작 비슷한 현상이 일어나서 손가락이 좀처럼 굽어지지 않았다.

몇 달 뒤, 락시미는 나를 찾아왔다. 손은 단단히 굳어 있었다. 개인적인 판단이긴 하지만, 그를 치료한 의사는 절차상 아무런 잘못도 저지르지 않았다. 다만, 환자와 소통이 부족했을 따름이다. 시간을 내서 겁에 질린 이 여인과 어떤 처치를 할지 상의했더라면, 그리고 환자가 잡아야 할 자세를 시험해 보기만 했더라면 어깨가 굳었다는 사실을 금방 알아챘을 것이다. 하지만 의사는 그런 과정을 거치는 대신, 전신 마취 상태에서 의식이 없는 환자의 팔을 이마에 붙여 버렸다. 아파 죽겠다고 아우성쳐도 가볍게 무시하고 말았다.

락시미의 손은 쓸모가 없었다. 예전에 치료했던 한센병 환자들의 갈고리 손이나 마찬가지였다. 손가락은 쭉 편 상태로 굳어 버려 굽혀지지 않았다. 손가락이 휘어지지 않게 만드는 단단한 구조들 가운데 일부를 분리하고 오그라든 근육의 힘줄들을 자르고 늘였다. 수술대 위에서는 마취 상태인 락시미의 손을 얼마쯤 굽힐 수 있었다. 2차까지 손을 수술했다. 물리 치료사들은 부목을 대고 마사지를 해서 움직임을 되살리려 안간힘을 썼다. 심지어 목덜미에 있는 교감 신경절에 주사를 놓기도 했다. 하지만 마치 작심이라도 한 듯, 손은 경직된 그대로였다. 근육은 번번이 발작을 일으켰다. 분노와 고통 탓에 손의 기능을 잃었다고 결론지을 수밖에 없었다. 그밖에는 어떤 신체적 요인도 찾을 수 없었다. 내가 아는 한, 락시미는 다시는 손을 쓰지 못했다. 의사에 대한 쓰디쓴 마음을 전혀 극복하지 못했음이 틀림없다.

RSD가 일으키는 '뻣뻣한 손 증후군'은 정신과 몸이 연결되어 있음을 명확하게 보여 준다. 교감 신경은 혈압, 소화, 심장 박동 같은 몸의 불수의(不隨意) 작용들을 조절한다. 교감 신경계는 전체적으로 노여움이나 당황스러움 같은 정서적 영향에 대단히 민감하다. (마크 트웨인은 '인간이야말로 얼굴을 붉힐 수 있고, 또 그래야 하는 유일한 동물'이라고 했다. 이는 교감 신경계의 작용을 보여 주는 한 가지 신호다.) 반사 교감 신경 이상증이 나타나면 신경들이 과잉 반응을 보이며 통증, 천천히 시작되지만 좀처럼

아무도 원하지 않는 선물

수그러들지 않으며 치료하기가 대단히 어려운 통증을 자가 생산한다. 교감 신경계와 감정들이 이처럼 단단히 연결된 까닭에 락시미의 경우처럼 원만하지 못한 의사와 환자의 관계는 치료 과정 전반에 엄청난 영향을 미칠 수 있다.

반사 교감 신경 이상 전문가들은 '두려움, 불신, 정서 불안, 고질적 불만, 의존적 성향, 내성적 성격, 걱정, 불안, 히스테리, 방어적 태도, 적대적 자세' 따위의 경고 신호가 될 법한 심리 특성들을 찾아냈다. 이런 특징적인 증거를 보이는 환자를 만나면, 수술 전에 개인 면담을 갖는 데 더 많은 시간을 써야 한다. 서로 이해하고 신뢰를 쌓으려는 노력은 수술 이후에 일어날 수 있는 문제를 미리 차단한다는 점에서 시간 낭비가 아니라 시간 절약에 가깝다.

초진을 받으러 온 환자들을 보면, 루이지애나주 우리 집 근처에 살던 주머니쥐가 생각난다. 겁을 먹으면 녀석들은 긴장성 경직 상태가 된다. 주둥이부터 꼬리까지 빳빳하게 굳어 버리는 것이다. 지금껏 그런 환자들을 꾸준히 보았다. 눈은 휘둥그레지고 주위의 온갖 움직임을 좇아 흔들린다. 검사받는 걸 몹시 망설인다. 손을 만져 보면 차갑기 일쑤다. 그런 환자들이 자신감을 되찾으려면 시간이 필요하다. 내내 말썽을 피우는 손을 가볍게 잡고 대화를 나누며 상대의 이력을 캔다. 보통은 손바닥을 가볍게 두드린다. 가족과 고향에 관해 묻는다. 무슨 결정이든 내 멋대로 내리지 않으리란 점을 강조한다. "어쨌든 이건 제 손이 아니라 환자분의 손입니다." 차츰 손이 따듯해지고 긴장이 풀리는 걸 알 수 있다. 자신감과 희망을 드러내는 초기 징후가 나타난다.

가벼운 부상을 당한 뒤 간혹 손이 뻣뻣하게 굳는 현상이 일어나는 이유는 아직 정확하게 밝혀지지 않았다. 하지만 노여움이나 원한 같은 감정이 도사리는 경우에 경직 현상이 훨씬 잦다는 사실만큼은 다들 잘 알고 있다. 인도 여인 락시미는 개인적으로 목격한 더없이 극적인 사례에 해당할지 모른다. 하지만 미국에서는 인구 대비 발생 빈도가 더 높다고 말할 수밖에 없다. 처음에는 이런 양상에 얼마나 놀랐는지 모른다. 의사와 환자 사이의 오해라는 낯익은 시나리오가 의학과 교육 수준이 월등히 높은 미국에서도 통용되리라고는 상상조차 하지 못했다. 미국의 소송 만능주의 문화가 분노와 원망, 좌절을 비롯해 RSD 같은 질병을 부추기는 감정이 자라날 비옥한 토양이 되고 있다는 것 말고는 다른 결론을 생각할 수 없었다.

보험 조정에 개입해 본 의사들은 '보상 증후군'이라는 현상이 있다고 말한다. 장애를 이유로 무언가를 얻은 환자들은 더 큰 고통을 겪고 회복도 늦다는 것이다. 일부 변호사들은 의뢰인들에게 배심원들의 동정을 끌어낼 수 있는 일그러진 표정이나 한눈에 들어오는 통증 표현을 가르치기까지 한다. 어느 통증 전문가는 아예 대놓고 말한다. "미국은 물론 해외의 다양한 통증 조절 기관의 책임자들 사이에는 상해 보상과 관련된 현행법과 적대적인 법적 당사자들의 존재 자체가 통증 행동을 좌우하는 주요한 요인이라는 묵시적인 합의가 있다."

변호사들에게 억하심정이 있거나 의료 과실에 대한 정당한 불만을 두고 따따부따하자는 게 아니다. 개인적으로는 이미 의료 현장에서 은퇴했으며 그런 일로 소송을 당한 적도 없다. 엄밀하게 의학적인 관점에서 지켜본 결과, 분노와 원한에 물든 심령은 일반적으로 환자에게 더없이 큰 해를 끼치기 쉽다는 이야기를 할 따름이다. 친구와 가족이라면, 소송을 질질 끌며 한 푼이라도 더 얻어 내려 안간힘을 쓰지 말고 얼른 끝내 버리라고 조언할 것이다.

함께 일하는 직원, 다른 차 운전자, 동정심이라고는 눈곱만큼도 없는 배우자, 심지어 하나님을 향해 노여움을 품은 이들에게 일어나는 심리 변화를 자주 목격한다. 분노는 저절로 사라지지 않으므로 어떻게든 처리해야 한다. 그러나 제대로 치료되지 않아서 정신과 영혼 속에서 곪아 터지면, 그 분노는 몸에까지 독을 내뿜어 고통과 치유에 두루 작용한다. 버니 시겔(Bernie Siegel)의 말마따나 "쉽기로야 미움이 윗길이지만, 건강하기로는 사랑이 으뜸이다."

고통 심화 인자 3: 죄의식

두려움이 고통을 심화시키는 인자라는 점은 이미 실험을 통해 드러났고, 분노 역시 반사 교감 신경 이상 같은 질환을 일으킬 수 있다는 사실이 밝혀졌다. 다만, 죄의식이 고통에 영향을 미친다는 구체적인 증거를 정확하게 짚어 보일 수는 없다. 스스로 유일무이하게 신의 저주를 받은 존재라고 여기는 한센병 환자들 사이에서 오랜 기간 일하고 나서 죄의식이 정신적인 고통을 악화시킨다는 결론을 내리게 되었을 따름이다. 만성 통증 센터의 상담가들 또한 더없이 까다롭고

'통증에 쉽게 노출되는' 환자들은 십중팔구 뿌리 깊은 죄의식을 품고 있으며 자신의 고통을 으레 일종의 징벌로 해석하는 경향이 있다고 보고한다.

나는 징벌로서의 고통에 대한 개인적인 경험이 있다. 영국 공립 학교에서 공부하던 시절, 여전히 훈련을 강화하기 위해 매질에 의존할 때였다. 인도 콜리 산지에서 이제 막 온 풋내기로서, 나는 런던에서 몇 차례 회초리질을 당하는 이른바 '문명화' 과정을 통과해야 했다. 돌이켜 보면, 가느다란 나무 회초리가 두툼한 엉덩이 조직을 후려치는 순간의 실질적인 통증은 10점 만점에 6, 기껏해야 7정도였다는 생각이 든다. 하지만 당시에는 9나 10인 것만 같았다. 진짜 화가 나서 때리는구나 싶을 때는 더 그랬다. 징계의 양상, 특히 불공정한 벌을 받고 있다는 느낌(왜 나한테만 매를 드는 거지?)이 통증 지각을 심화한 게 틀림없다.

인간의 비극이 하나님의 직접적인 개입에서 비롯된다는 신앙이 불러오는 파괴적인 결과를 직접 체험한 것도 그 무렵이었다. 열다섯 살 어간이었다. 런던 근교의 초지를 누비는 긴 하이킹을 마치고 돌아왔을 때, 문간에서 맞아 준 이는 유니스 이모였다. "주방으로 오거라." 하얗게 질린 얼굴과 잔뜩 찌푸린 이마에서 무언가 심상치 않은 일이 벌어졌음을 직감했다. 이모를 따라 어두침침하고 묵중한 빅토리아풍 주방에 들어서는 순간, 무언지는 모르지만 내가 끔찍한 일을 저질렀다는 결론을 내렸다. 버티 삼촌이 호프 이모랑 나란히 서서 기다리고 있었다. 독신인 이모들은 조카에게 남자다운 사내의 거칠고

아무도 원하지 않는 선물

엄격한 영향이 필요하다는 판단이 설 때만 열세 자녀의 덩치 큰 아버지인 버티 삼촌을 불렀다. 머리가 팽팽 돌아가기 시작했다. '도대체 뭘 잘못한 거지?'

하지만 이내 무슨 잘못을 저질러서가 아님을 알게 되었다. 세 어른이 한자리에 모인 건 인도에서 날아온 소식을 전하기 위해서였다. 아버지가 흑수병으로 세상을 떠났다는 전갈이었다. 그날은 물론이고 그 뒤로도 며칠 동안 이모들은 난데없이 닥친 불행한 사태를 설명하고 타격을 줄이려 안간힘을 썼다. 신앙인들이 흔히 쓰는 상투적인 어구를 동원해서라도 조카를 다독이고 싶어 했다. 하지만 어른들이 위로의 뜻을 내비치는 족족 심술궂은 토를 달았다. 딱 10대 사내아이다운 마음 씀씀이었다.

"네 아빠는 정말 멋진 분이셨어. 이 세상에 머물기에는 너무 훌륭한 분이었지."

'그럼, 여기 남은 우린 뭐야? 그만큼 착하지 않아서 아직 살아 있단 얘기야?'

"세상에도 꼭 있어야 할 분이었지만, 하나님은 하늘나라에 더 필요하다고 여기셨나 봐."

'말도 안 돼! 6년 동안이나 아빠를 보지 못했다고. 나한테도 아버지가 필요하다니까!'

"여기서 해야 할 일을 다 끝내신 게야. 그러니 데려가셨지."

'그럴 리가! 교회는 이제 막 첫발을 디뎠고, 의료 사역은 조금씩 커가는 중이잖아. 그런데 이렇게 떠나셨으니 이제 산골 마을 주민들은

누가 돌봐? 엄마는 또 어떻게 하고?'

"이게 최선일 거야."

'어떻게, 도대체 어떻게 이게 최선일 수 있는지 말 좀 해 보시지?'

내 철부지 신앙으로 이모들이 쏟아붓는 따듯한 말 폭탄의 피해에서 벗어나기까지 상당한 시간이 걸렸다. 어른들이 줄곧 이야기하듯 하나님이 아버지를 데려가기로 작정하셨다면, 적어도 어느 정도는 내 잘못이 틀림없었다. 본능적으로 그런 생각이 들었다. 아버지를 더 찾았어야 했다. 최소한 더 열심히 공부해서 아버지를 사랑한다는 사실을 하나님께 확실하게 보여 주기라도 해야 했다. 한편, 지구 반대편에서는 어머니가 제 몫의 죄책감을 짊어지고 힘들어했다. '미적거리지 않고 곧장 제대로 된 치료를 받게만 했더라면…'* 일 년도 더 지났을 즈음, 배를 타고 영국으로 건너온 어머니를 만났을 때, 풀기 없는 몸가짐과 나이보다 훨씬 늙어 보이는 주름진 얼굴에서 내면의

• '~했더라면' 구문은 위험 신호다. 랍비 해럴드 쿠쉬너는 어느 해 1월, 보스턴에서 이틀 새 잇달아 두 할머니의 장례식을 인도한 이야기를 들려준다. 랍비는 고인들을 그리며 슬퍼하는 두 가족을 한 날 오후에 차례차례 찾아갔다. 첫 번째 집에서 아들이 말했다. "어머니를 플로리다로 모셔서 이 추위와 눈을 피하게 해드리기만 했더라면 여태 살아 계셨을 겁니다. 어머니가 돌아가신 건 제 탓이에요." 두 번째 집에서도 아들이 한마디 했다. "어머니더러 플로리다로 가시라고 성화만 하지 않았더라면 지금껏 생존해 계실 겁니다. 그렇게 오래 비행기를 탄 데다 갑자기 기후까지 바뀌었으니 견디기 힘드셨을 거예요. 어머니가 돌아가신 건 제 탓입니다."

아무도 원하지 않는 선물

고통이 얼마나 심했는지 단박에 알 수 있었다.

　이건 신학 서적이 아니다. 거룩한 인과 관계라는 심오한 주제를 파고들 마음은 눈곱만큼도 없다. 하지만 이런 부류의 죄책감이 불러오는 폐해를 너무 자주 본 까닭에, 이를 고통 심화 인자로 꼽지 않으면 직무 유기라는 지적을 면할 수 없을 것 같다. 그동안 치료했던 환자들 가운데는 죄책감과 징벌 문제를 끌어안고 괴로움에 몸부림치는 이들이 허다했다. 이슬람교도든, 힌두교도든, 유대교인이든, 그리스도인이든 다 마찬가지였다. '내가 뭘 잘못한 거지?' '왜 하필 내가?' '하나님은 무슨 말씀을 하시려는 걸까?' '어째서 이런 운명을 맞게 되었을까?'

　의사이자 헌신된 그리스도인으로서, 아주 단순한 사실 하나를 깨달았다. 하나님이 인간의 고난을 징계 수단으로 사용하신다면, 마땅치 않아 하시는 심중을 전달하는 방식치고는 더없이 모호한 길을 선택하신 셈이라는 점이다. 당사자가 그 이유를 알 때만 효과가 있다는 건 징계의 기본 중의 기본이다. 벌을 받는 아이가 그 까닭을 깨닫지 못하면, 징계는 백해무익하다. 그런데 여태 치료했던 환자들은 괴로움 앞에서 마음을 가다듬는 게 아니라 혼란스러워했다. "지난주에 육욕에 사로잡혀 살았으니 이런 벌을 받아도 싸!"라며 머리를 끄덕이는 게 아니라 "왜 내게 이런 일이?"라고 물으며 고개를 갸우뚱거렸다.

　학교에 다니던 시절, 더러 처벌에 동의하지 못하는 때는 있었을지언정, 왜 회초리를 맞는지는 늘 알고 있었다. 징계에 관한 성경 말씀을 보면, 벌을 받는 이들이 한자리에 둘러앉아 어찌 된 일인지 어리둥절해하는 모습을 비추지 않는다. 당사자들은 대부분 왜 벌을 받는지 정확히 안다. 모세는 이집트의 바로 앞에서 열 가지 재앙을 하나하나 선포한다. 선지자들은 조만간 백성들이 타락하리라고 미리 경고한다. 고난 이야기의 전형이라고 할 만한 욥기는 어느 모로 보든 스스로 저지른 악행 탓에 벌을 받는 게 아닌 주인공을 그린다. 주님은 욥을 '온전하고 정직하여 하나님을 경외하며 악에서 떠난 자'(욥 1:1)라고 부른다.

성경의 본보기들은 대다수 현대인이 겪는 고통이나 고난과 겹치는 부분이 거의 없다. 해마다 수백만에 이르는 아기가 태생적인 결함을 안고 태어난다. 하나님은 누굴, 왜 벌하시는 걸까? 음주 운전자가 중앙 분리대를 넘어 건너편에서 오는 차를 들이받았다. 어떤 남자가 무슨 일로든 눈이 뒤집혀서 손님들로 붐비는 식당에 들어가 기관총을 난사했다. 여기에는 무슨 메시지가 담겨 있는가? 오늘날 숱한 이들이 겪는 고난과 성경이 제시하는 징계(구체적인 행위에 대한 반복적인 경고가 따르는) 사이에는 그 어떤 상관관계도 찾아볼 수 없다. (성경은 욥의 경우처럼 징벌과 아무 관련이 없는 고난의 사례를 여럿 소개한다. 사실, 예수님도 보지 못하거나, 팔다리를 쓰지 못하거나, 한센병에 걸리는 건 그만큼 하나님이 못마땅해하시는 증거라는 바리새인들의 관념을 깨트리느라 무척 애를 쓰셨다.)

런던에 살던 어린 시절, 이웃 교회의 나이 많은 교구 목회자가 바나나 껍질을 밟고 보도에 나뒹굴었다. 우리 꼬맹이들은 그걸 두고 놀리기에 바빴다. "알나리깔나리, 목사님이 교회에 가다 자빠졌대

아무도 원하지 않는 선물

요. 바나나 껍질에 미끄러졌대요. 눈을 감고 기도를 했는지, 넘어졌대요." 그 어른이 넘어지면서 엉덩이뼈를 다쳤다는 소식을 듣고서야 농지거리를 그쳤다. 몇 주가 흘렀지만, 노 목회자는 병원을 벗어나지 못했다. 감염이 일어나고 폐렴까지 생기면서 결국 숨을 거두고 말았다. 그제야 노인을 놀림감으로 삼았던 게 부끄러워졌다.

나중에, 죄와 벌의 문제를 규명하려고 애쓰는 순간까지도 그 경험은 마음에 고스란히 남았다. 누구의 잘못인가? 바나나 껍질의 죄는 분명 아니다. 껍데기는 그저 누군가의 입에 들어가거나 땅에 떨어져 새로운 나무를 키우는 종자가 될 때까지 내용물을 신선하고 깨끗하게 유지하도록 완벽하게 설계된 존재에 지나지 않는다. 사고를 '하나님의 행위' 탓으로 돌릴 여지도 거의 없다. 주님이 바나나 껍질을 길바닥에 던져 놓았을 리가 없지 않은가! 거리를 지저분하게 만들면 안 된다든지 어르신들에게 위험할 수도 있다는 따위의 생각을 할 줄 모르는 누군가가 아무 생각 없이 던져 놓은 까닭에 거기 놓여 있었을 뿐이다. 쓰레기를 함부로 버리는 인간이 대리자처럼 사이에 끼어 있기는 하지만, 바나나 껍질 사고는 그냥 사고일 따름이며 은밀하게 감춰진 하나님의 메시지 같은 건 없었다. 아직 어린 나이이긴 했지만, 그쯤은 충분히 추론할 수 있었다.

결국, 아버지의 죽음에 대해서도 같은 결론을 내렸다. 하나님은 말라리아균을 가진 모기를 조종해서 아버지에게 보낸 뒤에 깨물게 시키지 않았다. 얼룩날개모기들이 활개 치는 지역에서 생활했던 아버지와 어머니는 어느 정도 위험에 노출되어 있었던 셈이다. 하나님이 직접 개입해서 감염을 일으키게 했다고 보지 않는다. 사실 질병과 재난의 절대다수는 징벌과 아무 상관이 없다고 말하는 편이 안전할 것이다.

발생한 질병의 원인이 무언지 늘 과학적으로 판별할 수는 없다. 환자들이 쏟아 내는 "왜?"라는 물음에 늘 답을 줄 수는 없다. 가끔은 나도 같은 질문을 던진다. 하지만 가능할 때면 언제나, 그리고 환자들의 마음이 열려 있는 듯 보일 때면 항상, 온 힘을 다해 그들을 짓누르는 불필요한 죄책감을 덜어 주려 노력한다.

아버지가 세상을 떠났을 때, 이모들은 로마서 8장 28절, "하나님을 사랑하는 자 곧 그의 뜻대로 부르심을 입은 자들에게는 모든 것이 합력하여 선을 이루느니라"라는 말씀을 끌어댔다. 나중에 "무슨 일이 벌어지든지, 하나님은 그분을 사랑하는 이들과 함께 선을 이루기 위해 일하신다"라고 빈역하는 편이 그리스어 원문에 너 가깝나는 사실을 알고 나서 얼마나 안심했는지 모른다. 내가 아는 온갖 재난과 역경에 딱 들어맞는 약속이 아닌가! 세상에는 별의별 일이 다 벌어진다. 더러는 좋은 일이고 또 더러는 나쁜 일이다. 그리고 대부분은 내 힘으로 어찌할 수 없는 일들이다. 그런 세상만사 가운데서 나와 함께, 그리고 나를 통해 일하면서 선한 결과를 빚어내길 원하시는 하나님의 든든하고도 한결같은 뜻을 감지할 수 있었다.

아무도 원하지 않는 선물

고통 심화 인자 4: 외로움

외로움은 고통과 한데 묶여 찾아온다. 고통은 정신으로 받아들이게 마련이므로 오롯이 당사자의 몫이며 그 누구와도 진정으로 나눌 수 없기 때문이다. 톨스토이는 《이반 일리치의 죽음The Death of Ivan Ilych》이라는 소설에 이를 은근히 내비친다. "이반 일리치를 더없이 괴롭힌 한 가지는 가엾게 여김을 받고 싶은 만큼 가여워하는 이가 아무도 없다는 사실이었다."

그러나 제 몸 아픈 건 자신 말고는 아무도 모른다지만, 진정으로 고통을 나눌 수 있는 더 깊은 감각을 지닌 이가 있는 법이다. 풋내기 의사 시절, 인류학자 마거릿 미드(Margaret Mead)의 강연을 들은 적이 있다. "여러분이라면 문명의 첫 징후로 무얼 꼽겠습니까?" 박사는 질문을 던진 뒤에 몇 가지 본보기를 열거했다. 토기일까? 철기일까? 농경인가? 그리고는 말을 이었다. "이들 모두가 초기 징후입니다. 하지만 제가 생각하는 진정한 문명의 첫 증표는 바로 이겁니다." 박사는 인간의 대퇴골, 그러니까 다리 골격 가운데 가장 큰 뼈를 머리 위로 높이 쳐들더니 한 번 부러졌다가 다시 붙어 유난히 두꺼워진 부분을 가리키며 말했다. "인류 초기의 더없이 난폭한 사회들의 유물에서는 이런 흔적을 전혀 찾아볼 수 없습니다. 그들의 유골에는 화살에 맞은 갈비뼈라든지 몽둥이에 맞아 박살이 난 두개골 같은 폭력의 실마리만 가득합니다. 하지만 이 회복된 뼈를 보면, 누군가가 다친 이를 보살펴 주었음이 분명합니다. 대신 나가 사냥을 하고, 음식을 가져다주고, 자기를 희생하며 섬겨 주었다는 뜻입니다."

마거릿 미드 박사와 마찬가지로, 나 역시 이처럼 고통을 나눌 줄 아는 자질이 인간다움을 규정하는 핵심 요소라고 본다. 자연은 늙거나 병들어 약해진 짐승들에게 좀처럼 자비를 베풀지 않는다. 영양들은 암사자가 나타나면 약한 개체를 버려둔 채 뿔뿔이 흩어진다. 대단히 사회적이라는 늑대 무리도 다친 동료와 보조를 맞추기 위해 속도를 늦추지 않는다. 인간들은 정반대로 움직인다(최소한 인간답게 행동할 때는). 보살피는 이의 존재는 고통과 치유에 눈에 띌 만큼 큰 영향을 미친다. 전이성 유방암에 걸린 여성들을 대상으로 한 어느 연구 결과에 따르면, 한 해 동안 일주일에 한 번씩 빠지지 않고 환우회 모임에 나간 그룹의 여성들은 똑같은 화학 요법과 방사선 치료를 받는데도 모임에 나가지 않는 그룹보다 상태가 더 좋아지고 생존 기간도 2년 가까이 늘어닌다.

언제나 달려와 줄 친구나 식구 하나 없이 심한 고통과 마주한다는 건 상상하기조차 어려운 일이다. 어린 시절, 말라리아를 비롯한 갖가지 열대병과 싸울 때마다 어머니가 전해 주던 위안을 잊을 수가 없다. 오한으로 온몸을 덜덜 떨면 품에 꼭 안아서 달래 주었다. 속이 울렁거리면 토하기 좋은 자세를 잡아 주었다. 시원하고 믿음직스러운 손을 이마에 대고 다른 손으로는 머리 뒤를 받쳐 주었다. 그러면 차츰 진정되고 두려움이, 끝내는 통증까지 스르르 녹아 없어졌다. 학교에 들어가기 위해 영국으로 건너가면서는 몸이 아프면 어떡하나 하는 걱정을 떨칠 수가 없었다. 이마를 짚어 불안한 마음을 달래 주는

아무도 원하지 않는 선물

어머니의 손이 없이도 잘 토할 자신이 없었다. 병은 어김없이 찾아왔다. 이모들은 대야를 가리켜 보이고는 이내 나가 버렸다. 소리쳐 울고 싶은 심정이었다. "엄마, 엄마가 필요해요!"

벨로르 병원의 소아과 교수로 일하다가 나중에 영국 어느 대학의 소아과 과장 자리에 오른 존 웹이라는 친구가 있다. 어린 환자들에게 가족이 얼마나 큰 영향을 끼치는지 인도에서 또렷이 보았던 웹은 영국 어린이 병동에 어머니들이 머물 침상을 설치하기 위해 치열한 싸움을 벌였다. 두려움과 외로움의 문제를 제기하면서, 엄마가 곁을 지키는 게 어린 환자들에게 적합한 치유 환경을 만드는 작업의 필수 요소임을 정확하게 지적했다.

고통을 겪는 숱한 이들에게 외로움이 큰 타격을 입힌다*는 사실을 눈으로 확인하고 나서부터는 열린 공간에서 환자를 치료하는 개방 병동 설치를 적극적으로 지지하게 되었다. 이런 운동에 동참하는 이들은 많지 않았다. 환자들 가운데 십중팔구는 1인실 또는 2인실에 있고 싶어 했다. 툭 터진 병동이라면 겁부터 냈다. 현실이 그렇기는 하

---

* 연구에 따르면, 외로움은 통증 지각뿐만 아니라 실제 신체 건강에도 영향을 줄 수 있다. 혼자 사는 이들의 조기 사망률은 전국 평균의 두 배에 육박한다. 이혼한 이들의 자살률은 다섯 배나 높으며 치명적인 사고를 당할 확률도 네 배 정도 높았다. 결혼한 암 환자들은 그렇지 않은 경우보다 더 오래 살았다. 존스홉킨스대학교의 연구 결과를 보면, 배우자 없이 사는 남성들의 사망률은 결혼한 이들보다 26퍼센트가량 높았다. (배우자의 죽음은 여성보다 남성의 건강에 훨씬 더 큰 타격을 주는 것으로 보인다.)

지만, 개방 병동은 통증 관리 차원에서 여러 가지 유익을 준다.

런던에서 의사 수련을 하던 시절, 한 병실에 20-40개 병상이 들어가는 큰 병동에서 일했다. 사생활을 보장받기 어려운 환경이어서 좀처럼 잠을 이루지 못하는 환자도 더러 있었다. 하지만 눈에 띄는 사실이 있었다. 이들은 웬만해서는 통증을 호소하지 않았다. 병실에서 끊임없이 벌어지는 일은 통증을 완화하는 최상의 기법 가운데 하나인 주의 분산 효과를 불러왔다. 어떤 이들은 늘 우스갯소리를 했고, 더러는 노래를 한 곡조 뽑았으며, 큰 소리로 책을 읽는 부류도 있었다. 간호 책임자가 치료를 위해 환자들을 정렬시키면, 잔칫집에서 안주인이 손님들을 불러 모으기라도 한 것처럼, 자발적인 공동체가 형성되었다.

그런 병실의 극단적인 모습을 인도에서 보았다. 친인척들까지 병실로 이사를 오다시피 해서 종일 병든 피붙이를 보살폈다. 가끔은 여기가 요양 시설인지 동양 어느 나라의 장바닥인지 헷갈릴 때가 있었다. 처음에는 이런 '침입자들'을 보고 기겁했다. 통증 관리 측면에서 정말 대단한 역할을 하고 있음을 깨닫지 못했기 때문이다. 그들은 환자의 불안을 달래 주고 필요할 때마다 다독여 주었다. 나중에 서구 세계에서 의사 노릇을 하게 된 뒤로는 난장판 같았던 그때 그 모습을 그리움 가득한 심정으로 되돌아보았다.

요즘 병원에서 환자들은 통증 말고는 관심 둘 데가 전혀 없는 병실에 홀로 누워 있기 일쑤다. 이와 관련해 개인적으로 알고 있는 비교 연구는 1956년에 나온 보고 하나뿐이다. 이에 따르면, 같은 병원에서도 개방 병동 환자들의 진통제 투여량은 평균 3.2였던 반면, 비교 그룹인 1인실 환자들의 용량은 평균 13.4였다. 입원 기간을 아주 짧게 잡으려는 최근의 추세에 비춰 보면 1인실이 더 합리적일지 모르지만, 장기 요양 환자의 경우에는 아마 세인트 크리스토퍼 호스피스 병원 모델이 최상의 대안이 될 것이다. 거기서는 병동 책임자가 잘 어울릴 법한 환자 5-6명을 한데 묶고, 1인실은 증상이 심하거나 시끄럽게 구는 이들에게 배정한다.

외로움을 보살피는 데는 전문 지식이 필요치 않다. "누가 가장 도움이 되던가요?"라고 물으면, 환자들은 대체로 조용하고 젠체하지 않는 인물을 이야기한다. 언제고 찾을 때마다 거기 있어 주는 이, 말하기보다 귀 기울여 들어 주는 이, 쉴 새 없이 시계를 들여다보지 않는 이, 안아 주고 어루만져 주는 이, 그리고 울어 주는 이들이다. 암을 앓고 있는 어느 여성 환자는 할머니를 꼽았다. 함께 시간을 보내 줄 뿐, 딱히 해 주는 게 없는 내성적인 노인으로 손녀가 잠든 시간에 의자에 앉아 바느질하거나, 이야기를 들어 주거나, 물 한잔을 가져다주거나, 전화를 걸어 주는 게 전부였다. 그런데도 손녀는 말했다. "제가 원하는 방식으로 함께해 준 유일한 분이에요. 자다가 놀라서 벌떡 일어났다가도 할머니가 거기 있는 걸 보면 안심이 되었어요."

가끔, 한 인간으로 곁에 있어 주는 것 말고는 외과의로서 해 줄 게 거의 없을 때가 있다. 그렇다 할지라도 무기력한 건 아니다. 측은하게 여기는 마음은 아픔을 겪는 이만이 아니라 그 가족들에게까지 진정 효과를 낼 수 있다.

인도 시절, 앤이라는 갓난이를 치료했을 때만큼 무기력했던 적이 또 있었을까 싶다. 초기에 치료했던 환자들 가운데 하나였는데, 젊고 뜻이 반듯한 선교사 내외가 데려온 아기였다. 외동딸이 갑자기 먹은 걸 게워 내기 시작하자 화들짝 놀란 엄마 아빠는 병원으로 달려왔다. 벨로르까지는 좀 먼 길이 아닌 터라, 처음 만났을 때 아이는 이미 심한 탈수 증세를 보였다. 아기를 진찰하고 나서 장이 완전히 막힌 것 같긴 하지만 수술만 받으면 괜찮을 거라고 부모를 안심시켰다. 곧바로 수술을 시작해서 꽉 막히고 괴저가 일어난 장을 잘라 냈다. 평범한 수술이었다. 며칠 뒤, 아기는 비로소 마음을 놓은 부부의 품에 안겼다.

하지만 채 일주일이 지나기도 전에, 부부는 딸을 데리고 병원으로 돌아왔다. 배를 감싼 붕대를 푸는 순간, 악취가 났다. 수술 부위에서 장액이 흘러나오고 있음이 분명했다. 낭황스럽고 난감했다. 앤이 기다리는 수술실로 돌아가 절개 부위를 다시 열었다. 이상하게도 실밥을 자르자마자 마치 조금도 아물지 않은 것처럼 상처가 쩍 벌어졌다. 배 안쪽으로 아직 치료되지 않아서 진물이 흐르는 장이 보였다. 이번에는 품질 좋은 바늘을 여럿 써서 더없이 꼼꼼하게 봉합했다.

하지만 이는 시작에 지나지 않았다. 앤은 잇달아 여러 차례 수술을 받았다. 아기의 몸에 치유 과정에 꼭 필요한 결정적인 요소가 결핍되어 있다는 사실이 이내 드러났다. 이전에 영양 부족과 탈수를 겪었던 탓에 생긴 문제는 아닐까? 단백질을 주고 새로운 피를 수혈했지만, 앤의 조직들은 여전히 치료에 아무 관심이 없다는 반응을 보였다. 몸

아무도 원하지 않는 선물

한구석에서 다른 부분에 조처해야 할 일들을 알려 주는 경고 장치가 전혀 작동하지 않았다. 아기에게 계속 영양을 공급했다. 의사로서 내가 생각할 수 있는 온갖 기법을 다 동원했다. 인체가 우발적인 상처를 치유하기 위해 사용하는 얇은 그물막을 가져다가 장을 잘라 내고 다시 연결한 부위를 싸매기까지 했다. 하지만 인체 세포가 협조하지 않는 한, 외과의는 그야말로 무기력한 존재에 불과했다. 피판은 붙지 않고 근육은 벌어졌다. 조만간 장액이 흘러나올 게 뻔했다.

솔직히 고백하자면, 갓난이와 그 엄마 아빠에게 '직업적인 거리'를 지킬 수가 없었다. 앤은 사랑스럽고 믿음이 넘치는 미소를 머금고 누워 있었다. 아기의 얼굴이 마음을 끌었다. 몹시 아파 보이지는 않았지만, 하루가 다르게 야위었다. 아이의 엄마 아빠에게 고개를 가로저어 보였다. 눈물이 앞을 가렸다.

장례를 위해 앤의 작고 바짝 마른 몸을 염하는 걸 보며 슬픔과 무력감에 흐느꼈다. 묘지로 가는 내내 내 자식을 묻기라도 하듯 서럽게 울었다. 세상의 어떤 명의가 온다 한들 어린 앤을 오래 살릴 수 없었으리라 생각함에도 참담한 좌절감을 떨쳐 낼 도리가 없었다.

사실, 30년 넘도록 앤을 떠올릴 때마다 낭패감을 주체하지 못했다. 그런데 루이지애나로 이주하고도 아주 오랜 시간이 흐른 어느 날, 켄터키주에 있는 어느 교회에서 강연 요청을 받았다. 교회 창립 100주년을 기념하는 행사였는데, 담임 목회자가 바로 앤의 아버지였다. 수십 년 동안 연락이 끊어진 터여서 편지를 받고 얼마나 놀랐는지 모른다. 의무감에, 그리고 얼마쯤은 끈질기게 괴롭히는 죄책감에 초대를 받아들였다.

강단에 선 오토 아르토포이우스(Otto Artopoeus) 목사는 짤막하게 나를 소개했다. "폴 브랜드 박사님을 구구절절 설명할 필요는 없을 것 같습니다. 여러분들께는 이미 여러 번 말씀드렸으니까요. 우리 딸의 장례식에서 함께 눈물을 흘려 주셨던 바로 그 의사 선생님입니다." 교인들은 잘 알고 있다는 듯 고개를 끄덕였다. 오토 목사는 앤과 그 애가 앓던 이야기를 몇 마디 더 하고 내려갔다.

그날 오후, 목사님 댁에서 점심을 대접받았다. 앤의 뒤를 이어 태어난 자녀들이 모두 밥상머리에 둘러앉았다. 그 자녀들이 낳은 다음 세대 아이들까지 함께했다. 마치 위대한 인물이 역사에서 걸어 나와 실생활에 들어오기라도 한 것처럼 큰 사랑과 존경 어린 환대를 받았다. 식구들 사이에서 대대손손 전해 내려오는 전설의 일부가 되어 있었음이 틀림없었다.

켄터키로 와 달라는 초대를 받고 처음 들었던 감정은 찌르듯 아픈 죄책감과 당혹스러움이었다. 무엇보다 나는 오토 목사의 아기를 죽게 만든 의사가 아니던가! 하지만 막상 거기에 가 보니 그 집안 식구들에게는 실패한 외과의에 대한 기억이 전혀 없었다. 부부의 자녀들은 누이 앤을 보살피고 숨진 뒤에는 가족들과 함께 울어 주었던 의료 선교사의 이야기를 귀에 못이 박이도록 듣고 마음에 보물처럼 소중하게 간직하고 있는 듯했다.

의학적으로는 그 집안 식구 모두에게 실망을 안겼다. 하지만 30년 남짓 세월이 흐른 뒤에야 비로소 알게 된 사실이 있다. 의료계 종사

아무도 원하지 않는 선물

자들에게는 약품과 반창고 말고도 베풀 수 있는 자원이 더 있다는 점이다. 환자와 그 가족들이 시련을 겪는 동안, 곁에 나란히 앉아 있어 주는 것만으로도 일종의 치료가 될 수 있다.

고통 심화 인자 5: 무력감

여태껏 다섯 번 정도 환자로 병원에 들어갔다. 정문을 지나는 순간부터 통증 관리 능력은 어김없이 사라져 버렸다. 집에서는 고통을 누그러뜨릴 약품을 언제든 쓸 수 있어도 아예 건드리지도 않았다. 온몸이 제 주인을 위해 열심히 제 몫을 다하고 있음을 항상 자각하고 싶었으므로 지각이 무뎌지지 않게 하려고 안간힘을 썼다. 그런데 병원에만 들어가면 여태의 다짐은 온데간데없어진다. 간호사가 약품 카트를 밀고 병실에 들어서면, 기다렸다는 듯 할당된 진통제를 바로 집어삼킨다.

돌이켜 보면 주범은 무력감이었다. 전문가들은 음식을 담아다 주고, 씻겨 주고, 잠자리를 봐 주고, 심지어 볼일 보러 가는 것까지 도와주려 했다. 관계에서도 무기력한 느낌이 들었다. 내킬 때마다 아내에게 사랑을 표현할 수 없었다. 다른 이들과 나누는 대화는 이편을 향한 관심과 연민을 중심으로 이어졌다. 한편, 집에는 편지가 쌓였다. 하루하루 처리하던 집안일과 정원 일이 산더미같이 밀렸지만, 어찌할 도리가 없었다. 약물 탓에 정신은 늘 몽롱했고 감정은 정처 없이 표류했다.

희한하게도 세상은 이제 고난에 보답하는 듯했다. 몇 해 동안 연락이 끊겼던 이들에게서 카드와 선물이 날아왔다. 어떤 이들은 내 일을 대신할 방법을 궁리했다. 주위의 다른 환자들을 지켜본 결과, 병원에서 관심을 끄는 데는 끙끙거리며 가엾게 보이는 게 으뜸이라는 사실을 알게 되었다.

최근, 병원들은 나 같은 환자들에게 무력감을 더하게 할 길을 고심하기 시작했다. 만성 통증을 치료하는 일부 병원들은 고통에 '조작적 조건 형성'이란 접근 방식을 적용하려 하고 있다. 환자에게 진통제를 빼앗지는 않지만, 진보의 징후가 보일 때마다 보상하는 데 집중하는 방식이다. 의료진은 스스로 일어나 병동을 돌아다니고 다른 이들을 돕는 환자들에게만 환하게 미소 짓고 따뜻한 격려의 말을 건넨다. 이런 조작적 조건 형성은 너무도 이질적이어서 의사와 간호사들은 통상적인 행동 양식을 바꾸기 위해 따로 훈련까지 받아야 할 정도다.

고통을 통제하고 있다는 의식과 실제로 느끼는 통증 수준 사이에는 명백한 관계가 있다. 이를 보여 주는 논문은 헤아릴 수 없을 만큼 많다. 실험실 연구 결과에 따르면, 약한 전기 충격을 어느 정도 통제할 힘을 가진(손잡이를 조작해서 전류를 차단할 줄 아는) 생쥐들은 그런 수단을 전혀 확보하지 못한 녀석들과 전혀 딴판으로 반응했다. '무기력한' 쥐들은 실질적인 해를 입었다. 면역 체계는 급격하게 약해졌고 질병에 훨씬 취약해졌다. 로널드 멜잭은 말한다. "실제로는 통증을 통제할 수 없을지라도, 그럴 힘이 있다는 느낌을 심어 주면 고통의 강도를 바꾸는 게 가능하다. 화상 환자들에게 제 몸에서 불에 탄 조직을

아무도 원하지 않는 선물

떼어 내는 작업에 참여하게 해 주면 치료 과정이 한결 견디기 쉬웠다고 고백한다."

　퇴화 정도에는 별 차이가 없었지만 거기서 비롯된 통증에 전혀 상반된 반응을 보이는 중증 관절염 환자들을 치료한 적이 있다. 한 여성 환자는 아픈 손을 부여잡고 더없이 괴로워하며 종일 침대에 누워 지냈다. 반면에 또 다른 환자는 말했다. "맞아요. 손이 아프긴 하죠. 하지만 자리보전하고 누워만 있으면 미쳐 버릴 것 같아요. 그래서 힘닿는 데까지 열심히 움직이려고 합니다. 얼마쯤 지나면 아픈 줄도 모르게 돼요." 이렇게 엇갈리는 두 반응의 이면에는 크게 다른 성격, 신념 체계, 확신, 건강에 대한 기대 따위가 자리 잡고 있다. '고통에 예민한' 환자는 자신이 부당하게 저주받은 희생자라 여긴다. 질병이 그의 정체성을 규정하는 셈이다. 두 번째 환자는 자신을 통증 탓에 얼마쯤 기력이 떨어진 평범한 인간으로 치부한다. 더러 참으로 씩씩하게 통증에 맞서는 모습으로 큰 감동을 주는 관절염 환자들이 있다. 그들은 아침마다 천천히 힘을 줘서 뻣뻣해진 손을 편다. 물론 아프다. 하지만 주도권이 제게 있다고 생각하는 그 믿음이 통제 수단이 되어 고통에 짓눌리지 않게 해 준다.

　말기 암 환자들에게 복용량을 직접 통제하게 하면 진통제를 덜 먹는 경향이 있다는 이야기는 앞에서 이미 소개했다. 최근에 개발된 이른바 '통증 자가 조절법(PCA)'은 시슬리 샌더스 여사가 개척한 방식에서 한 걸음 더 들어간다. PCA는 환자에게 책임을 맡긴다. 모르핀을 비롯한 진통제 용액이 든 컴퓨터 내장 펌프를 팔에 매달고 정맥과 연결한다. 환자는 버튼을 눌러서 미리 표준화해 둔 약물을 투여할 수 있다. 지나치게 많은 양을 투약하지 못하도록 컴퓨터에 안전 한계치를 입력해 두었지만 특별한 경우 말고는 불필요한 조치임이 드러났다. 환자들은 지속적으로 덜 고통스러워하고, 그만큼 진통제도 덜 사용하며, 입원 기간도 꽤 줄어든다.

정부와 사보험의 압박에 부담을 느낀 병원들은 마지못해 환자들에게 권한을 주어 치료 과정을 앞당기는 새로운 길을 모색했다. 의사들은 불만이 많지만, 개인적으로 만나 보면 그런 압력이 실제로 환자가 빨리 회복되는 데 도움이 되었다고 인정한다. 예를 들어, 1960년대 후반까지만 하더라도 심장 마비를 일으킨 환자들은 병상에서 꼼짝도 못 하는 절대 안정 기간 일주일에서 열흘을 포함해 3주 동안 병원에 머무는 게 일반적이었다. 하지만 지금은 대다수 관상 동맥 전문가들 사이에서 그런 식의 접근법은 무력감을 주고 치유를 너니게 하는 까닭에 환자의 심리적·신체적 건강에 부적절하다는 점을 수긍하는 분위기다.

의사의 가장 큰 역할은 환자들을 준비시켜서 제 몸을 스스로 통제할 힘을 되찾게 하는 데 있다. 다른 나라의 전문가들은 한시도 잊은 적이 없는 이 사실을 넉넉한 나라의 전문가들은 재정 압박을 받고 나서야 받아들인 꼴이다. 종양학자 폴 해밀턴(Paul K. Hamilton)은 말한다. "실질적으로 의사는 그저 약을 줄 수 있을 뿐이다. 질병을 이겨 낼 힘은 환자에게 있다. 아픈 이들을 도와 그 힘을 찾아내서 쓰게 하는 게 의사와 의료진의 과업이다." 요즘 병원에 박테리아처럼 번식할 수 있

아무도 원하지 않는 선물

는 무력감을 인도의 시골에서 눈곱만큼이나마 지켜보았다. 쉽게 전
문가의 도움을 받기 어려운 시골 사람들은 가족과 공동체의 힘에 기
대어 스스로 제 몸을 치유해야 한다는 걸 잘 알고 있었다.

만성 질환을 다루는 기관들 가운데는 환자와 '계약'을 맺는 방식으
로 무력감에 맞서는 병원들도 있다. 우선 의료진은 환자를 격려해서
'테니스를 친다', '1.5킬로미터쯤 걷는다', '시간제 일자리를 구한다'
따위의 구체적인 장기 목표를 세우게 한다. 그리고 한 팀이 되어 움
직이면서 구간을 잘게 나누어 '테니스 라켓 잡기', '지팡이 짚고 방
안 오가기', '지팡이 놓고 방 안 걷기' 식의 주간 목표를 정한다. 의
료진은 환자의 주간 경과를 기록하고 새로운 단계에 들어갈 때마다
칭찬해 준다. 그렇게 무력감에서 성취감 쪽으로 강조점을 옮기는 것
이다.

이런 격려에 비용을 치러야 하는 전문가가 꼭 필요한 건 아니다.
친구나 친지들도 회복 중인 환자와 계약을 맺고 무력감과 싸워 조그
만 승리를 거둘 때마다 보상하는 방법으로 같은 결과를 끌어낼 수 있
다. 하지만 좋은 뜻을 가진 도우미들이 정반대로 행동하는 경우가 얼
마나 많은지 모른다. 내 경우만 하더라도 아파서 누워 있는 내내 주
위 사람들은 약속이라도 한 것처럼 아무 일도 못 하게 가로막았다.
그들은 말한다. "당연히 선생님을 위해서죠."

말기 질환을 앓는 이들은 사실상 무력감을 강요받는 상황을 "지레
죽겠다"는 말로 설명한다고 들었다. 친지와 친구들이 마지막 몇 달을
더 편안하게 지내도록 죽어가는 이를 배려하려 할 때 이런 증후군이

생긴다. "오, 그러면 안 돼! 늘 쓰레기를 가져다 버렸다는 건 잘 알지만, 지금은 정말 그럴 만한 상황이 아니야. 이젠 나한테 맡기게!" "통장에 얼마가 들어오고 또 얼마가 나가야 하는지 따위는 신경 쓰지 말아요. 쓸데없는 걱정만 늘어날 거예요. 지금부터는 내가 잘 관리할게요." "집에 있는 게 좋겠다는 생각이 드는군. 저항력이 너무 낮은 상태잖아." 누구나 다 그렇듯, 고통을 겪고 있는 이들도 제 몫의 자리가 있다는, 그래서 갑자기 사라져 버리면 생활 전반이 덜컥거릴 수밖에 없다는, 자신이 노련하게 보살피지 않으면 살림살이의 균형이 무너지리라는 어떤 확신에 집착하고 싶어 한다. 슬기로운 도우미라면 돕는 것과 지나치게 돕는 것 사이의 미묘한 균형을 지키는 법을 배우게 마련이다.

2차 세계대전이 한창일 무렵에 레지던트 과정을 밟으면서 환자들이 스스로 쓸모 있다는 의식을 가질 때 긍정적인 유익을 얻게 된다는 증거를 똑똑히 목격했다. 당시 유럽의 최전선이었던 영국은 숱하게 발생하는 중상자들로 고초를 겪고 있었으며 군 당국은 간호사들에게 긴급 소환 명령을 내렸다. 우리 병원에서도 대량 징집을 피할 수 없었으므로 결국 환자들에게 그 빈자리를 메워 달라고 부탁하는 것 말고는 달리 방도가 없었다. 애국심이 정점으로 치닫던 터라 다들 기꺼이 팔을 걷어붙이고 나섰다.

훈련소 교관으로도 손색이 없을 만큼 당찬 여성 간호 책임자가 걸을 줄 아는 이들은 물론이고 일부 휠체어 환자들에게까지 일거리를 나누어 주었다. 환자들은 배설물 통을 가져오고, 음식과 물을 배급하

아무도 원하지 않는 선물

고, 체온과 혈압을 쟀다. 병원에 남은 간호사들은 약물 처방과 주사, 진료 기록에 집중했다. 시스템은 잘 돌아갔다. 생각지 못했던 특별한 부수 효과도 있었다. 환자들은 서로의 어려움을 보살피는 데 몰두한 나머지 정작 제 아픔은 잊어버렸다. 진통제를 달라는 요청이 50퍼센트나 떨어졌다. 야간 회진을 돌다 보면 평소에는 수면제를 찾던 환자들이 의사가 도착하기도 전에 곤히 잠들어 있는 모습을 흔히 볼 수 있었다. 몇 주 동안 이런 긴급 프로그램을 운용한 끝에, 병원에서는 새로 간호사들을 채용했고 환자들은 자원봉사에서 풀려났다. 거의 동시에 진통제 복용량은 예전만큼 치솟았으며 무기력하고 생기 없는 예전의 분위기가 도로 병원에 스며들었다.

언젠가 칼 메닝거(Karl Menninger) 박사는 물었다. "신경 쇠약에 걸린 것 같다는 이야기를 들으면 무어라고 조언하겠습니까?" 그가 내놓은 답은 이랬다. "대문을 걸어 잠그고 철길을 건너가서 도움이 필요한 이를 찾아서 보탬이 될 만한 일을 해 주세요." 그런 정신으로 이 세상에 좀 더 오래 머물 수 있다면, 생산적인 활동을 일과에 포함시켜 무력감 대신 의미를 심어 주도록 설계된 새로운 계열의 간호 시설을 출범시키고 싶은 마음이 간절해질 것만 같다.

영국에 갔을 때, 노인 요양과 주간 보육 프로그램을 결합한 시설을 둘러본 적이 있다. 시설에 머무는 이들에게 미친 영향은 놀라웠다. 아직 누군가에게 필요한 존재라는 자부심에 얼굴이 환해진 어르신 보육사들과 관심을 한 몸에 받는 아이들 가운데 어느 쪽이 더 큰 수혜자인지 가늠키 어려웠다. 의료 차트를 확인하지는 않았지만, 진통제를 달라는 요구가 덜했으리라 장담할 수 있다.

거의 비슷한 시기에 훌륭한 시설을 갖춘 전통적인 요양원도 찾아갔다. 백운모처럼 하얗게 번들거리는 바닥과 반짝거리는 난간과 가구들 사이를 분주하게 오갔다. 안내해 준 의사는 최첨단 의료 장비를 하나하나 짚어 보였다. 사생활을 최대한 보장하기 위해 1인실을 제공하는 게 이 시설의 특징이라고도 했다. 바깥으로 나서는 순간 깜짝 놀랐다. 따듯한 봄날이건만, 널찍한 운동장에 나와 즐기는 이가 한 명도 없지 않은가! 그는 설명했다. "오, 우리가 허용하지 않기 때문이에요. 한때는 그러도록 했었는데, 감기와 알레르기로 몸져눕는 분들이 너무 많았어요. 그래서 지금은 실내에만 머물도록 했습니다." 그리고는 사실 수많은 환자를 병상에서만 생활하도록 제한하고 있다고 덧붙였다. "아시다시피 이 어르신들은 너무 약해서 넘어져 다리가 부러질 위험이 늘 따리다니니까요." 복도를 이리저리 돌아다니는 사이에 마음이 무겁게 가라앉았다. 거기에는 깔끔하게 정돈된 방에서 잘 관리받지만 영혼은 소실되고 있는 환자들뿐이었다.

희망을 불어넣는 의사

인도에서 치료했던 고행 수행자를 지금도 생생하게 기억한다. 위궤양을 치료하러 온 환자였는데도 영원히 '멈춤' 신호를 보내는 교통경찰관처럼 번쩍 쳐든 왼손에 먼저 눈이 갔다. 손이나 팔을 도로 움직이게 해 주길 바라지는 않았다. 하지만 어쩌다 그리되었는지는 들

아무도 원하지 않는 선물

려주었다. 15년 전, 다시는 손을 내리거나 쓰지 않겠노라고 종교적인 서원을 했단다. 결국, 근육은 위축되고 관절은 녹아내려 손은 나뭇가지처럼 그 자세 그대로 고정되고 말았다.

손이 굳어 버린 그 수행자는 의학적인 치료의 한계를 여실히 드러낸다. 환자의 의지가 뒷받침되지 않으면 어떤 교정 기술도 쓸모가 없기 때문이다. 세상에서 가장 뛰어난 손 전문 외과의와 물리 치료사라고 할지라도 단순한 정신적 선택 탓에 손이 입은 손상을 되돌리지 못한다. 맹세하고 나서 처음 며칠 동안은 틀림없이 통증이 심했을 것이다. 나라면 그런 자세로 손을 들고 30분만 있어도 어깨 주위에 쥐가 나서 못 견뎠을 게 뻔하다. 하지만 얼마나 아팠냐는 물음에 수행자는 어깨를 한 번 으쓱해 보였을 뿐이다. 팔과 고통을 말 그대로 머리에서 몰아내 버렸던 것이다.

환자 한 명 한 명의 치유 과정은 정신 세계에서 일어나는 일들에 아주 큰 폭으로 의지한다. 따라서 회복에 작용하는 정신의 놀라운 힘을 활용할 길을 찾아내는 작업이야말로 의학의 중요한 과제일 수밖에 없다.

《질병의 구조Anatomy of an Illness》라는 책에는 노먼 커즌스가 척추 연결 조직을 심하게 손상시키는 강직성 척수염과 맞싸운 사연이 나온다. 병원에 입원했을 당시의 이야기도 나오는데, 환자의 입장이 되었을 때 내가 받았던 느낌을 완벽하게 포착해 요약하고 있다.

무엇보다 무력감이 들었다. 그 자체로 심각한 질병이었다.

절대로 다시 정상적인 기능을 되찾을 수 없으리라는 잠재 의식적인 두려움이 있었다.

불만이 많다는 인상을 줄까 싶어 망설이는 면이 있었다.

그렇지 않아도 산더미 같은 걱정을 짊어진 가족들에게 내 짐까지 더 얹어 주고 싶지 않은 마음이 있었다. 그런 소망이 고립감을 더 깊게 만들었다.

외로움을 두려워하는 심정과 혼자 있고픈 욕구가 서로 부대꼈다.

자존감이 떨어졌다. 저도 모르게 어쩌면 질병은 부족함의 표현일지도 모른다는 생각이 들었다.

보이지 않는 데서 결정들이 내려지고 있다는, 다시 말해 알고 싶어 하는 내용을 다 알려 주지 않고 있다는 두려움이 있었지만, 진실을 아는 게 겁나는 마음도 있었다.

침습적인 기술에 대한 두려움, 즉 데이터베이스기 물질데시를 일으켜 절대로 다시는 제 얼굴을 되찾지 못하리라는 병적인 두려움이 있었다.

주사기와 약병을 들고 찾아오는 낯선 이들에 대한 원망이 있었다. 마법의 물질처럼 보이는 무언가를 혈관에 주사하는 이가 있는가 하면, 그쯤은 없어져도 괜찮다고 생각하는 선을 넘어 엄청난 양의 피를 가져가는 이도 있었다.

바퀴 달린 침대에 누운 채 하얀 복도를 지나 연구실로 가서 소형기계들과 깜박거리는 불빛, 소용돌이치며 돌아가는 디스크를 비롯해 온갖 낯선 물건과 마주해야 하는 고충이 있었다.

아무도 원하지 않는 선물

인간과의 접촉에서 얻을 수 있는 따듯함을 갈망(뿌리 뽑을 수 없고, 끈질기게 이어지며, 속속들이 배어든 감정이다)하다 보니 공허감이 컸다. 포근한 미소와 다정하게 내미는 손길이야말로 현대 과학이 주는 은택보다 훨씬 소중하지만, 전자보다는 후자를 접하기가 훨씬 쉬웠다.

두려움, 분노, 죄책감, 외로움, 무력감 따위가 고통을 더 심하게 할 공산이 크다는 사실을 확인했다. 노먼 커즌스의 이야기를 읽으면서 이 다섯 가지 고통 심화 인자가 한꺼번에 작용하는 걸 볼 수 있었다. 다들 고통이 에너지를 빼앗아 가는 상황에서 맞서야 할 무시무시한 적군으로 보일지 모른다. 하지만 좋은 소식도 있다. 적군에게 완전히 포위되었다는 전갈을 들은 어느 프랑스 장군은 이렇게 말했다고 한다. "잘되었군! 어느 쪽으로든 공격할 수 있다는 뜻이잖아!" 1-2단계에서는 통증을 누그러뜨리는 데 백발백중 성공하기가 어렵다. 하지만 3단계에서는 몸의 형편이 어떠하든지 의식 속에서 고통과 한판 씨름을 벌일 수 있다.

버니 시겔 박사는 세 갈래의 환자가 있다고 말한다. 약 15-20퍼센트는 죽고 싶어 하는 이들이다. 이런 부류는 삶을 포기하고 질병을 일종의 탈출구로 여겨 반기기까지 한다. 치료하려 안간힘을 쓰는 사이에도 이를 뿌리치고 한사코 세상을 버리고 싶어 하는 탓에 의사로서는 지장이 많다. 60-70퍼센트의 환자들은 중간 부류다. "이들은 의사를 흡족하게 하는 행동을 한다. 의사가 좋아할 것 같은 방식으로 움직인다. 그렇게만 하면 의사가 나머지는 다 알아서 하고 약 맛도 고약해지지 않으리라 여긴다. … 선택권이 있다면 건강을 되찾기 위해 열심히 노력하기보다 수술을 받기로 할 법한 이들이다."

이제 15-20퍼센트의 환자들이 남는데, 시겔은 이들을 일컬어 '예외적인 환자'라고 했다. "이들은 오디션에 참가하고 있는 게 아니다. 주체적으로 여기에 있을 뿐이다. 그러므로 희생자 시늉을 거부한다." 시걸 박사는 마지막 그룹에 속한 이 환자들은 까다로운 경우가 많아서 의사에게 도전이 된다는 점을 인정한다. 병원에 와서도 고분고분 지시에 따르지 않는다. 권리를 주장하고, 다른 의사의 진단을 받으려 하고, 절차에 이의를 제기한다. 하지만 건강을 회복할 가능성이 가장 큰 그룹 역시 이 부류다.

그간의 경험을 돌아보면, 시겔의 구분에 고개를 끄덕일 수밖에 없다. 재활 분야 전반을 통틀어 으뜸가는 과제는 환자들에게 오직 자신만이 제 운명을 결정지을 수 있음을 받아들이게 하는 일이었다. 손을 고쳐 줄 수는 있었다. 하지만 그 손이 다시 움직이느냐는 오롯이 환자 본인에게 달린 일이었다. 환자들에게 건강을 찾고 병에서 벗어나고자 하는 욕구를 불어넣지 못하면 진료의 마침표를 찍을 수가 없었다. 여태 살아오면서 숱한 예외적인 환자들, 특히 엄청난 역경을 이겨 내고 제힘으로 풍성하고 만족스러운 삶을 일궈 낸 한센병 환자들을 만나는 큰 축복을 누렸다.

노먼 커즌스 역시 그동안 만나 본 '예외적인 환자들' 가운데 몇 손가락 안에 드는 인물이다. 의사와 환자로 만나 직접 치료해 본 적은 없지만 거의 30년 동안 알고 지냈으며 처음에는 강직성 척수염으로,

아무도 원하지 않는 선물

나중에는 심장 마비로 한바탕 병치레를 하는 사이에도 드문드문 연락을 주고받았다. 1960년대 초에 그를 처음 만났다. 건강하고 혈기왕성한 몸으로 《새터데이 리뷰Saturday Review》지의 편집을 책임지던 시기였다. 재계 거물인 존 록펠러 3세와 《타임》과 《라이프》지의 사주 헨리 루스가 벨로르에서 벌어지고 있는 한센병 관련 활동에 깊은 관심을 보였는데, 그들이 만남을 주선했다. 커즌스의 밝고 적극적인 마음가짐이 가장 많이 생각난다. 호기심이 끝이 없었으며 고통을 파고드는 우리 연구의 난해한 세부 사항 하나하나에 홀리다시피 빠진 듯했다.

노먼 커즌스가 고통에 맞서 개인적으로 벌인 싸움 이야기는 이미 잘 알려져 있으므로 여기서 시시콜콜 되풀이할 필요는 없을 것이다. 커즌스는 '고통 심화 인자'에 강력하게 반발할 개인적인 프로그램을 마련했다. 온 세계 뭇 환자들에게도 자극이 될 만한 계획이었다. 예를 들어, 혈액 표본을 사흘에 한 번씩만 채혈해서 필요한 부서가 공유하도록 제한하는 방을 모든 의료진이 볼 수 있도록 병실 문에 써 붙이는 방식으로 무력감에 맞섰다. (그때까지는 혈액 샘플을 하루에 네 개씩 뽑아 갔다. 주로 병원 여러 부서의 편의를 위해 아무 때나 쉽게 표본을 얻을 수 있게 하려는 제도였다.) 영사기를 빌려다 '마르크스 형제들'과 찰리 채플린 같은 코미디언이 등장하는 영화를 보면서 분노와 싸웠다. "10분 동안 정말 배꼽을 잡고 웃으면 적어도 두 시간은 아픈 줄도 모르고 깊은 잠을 잘 수 있다"는 행복한 사실을 깨달았던 것이다.

커즌스의 접근 방식은 처음부터 끝까지 제 신념에 토대를 두고 있다. 부정적인 감정이 몸에서 화학 변화를 일으키는 게 분명하므로 소망, 믿음, 사랑, 기쁨, 살고자 하는 의지, 창의성, 유쾌함 따위의 긍정적인 감정은 당연히 어두운 정서를 중화시키고 고통 심화 인자를 몰아내는 데 도움을 주게 마련이라는 신념. 삶의 황혼기를 맞은 커즌스는 UCLA 의과 대학으로 자리를 옮기고 긍정적인 태도가 건강에 미치는 영향을 연구하는 재단을 설립했다.*

커즌스는 종양학자 649명을 대상으로 환자들을 치료하면서 으뜸가게 중요하다고 판단하는 심리적·정서적 요인은 무엇인지 물었다. 희망적이고 낙관적인 태도에 가장 높은 점수를 매긴다고 대답한 이들이 90퍼센트를 웃돌았다. 의료인이 환자에게 줄 수 있는 더없이 소중한 선물 가운데 하나는 소망이다. 소망을 통해 환자에게 내면의 힘이 고통과 고난을 부여잡고 벌이는 씨름의 승패를 가른다는 확신을 마음 깊이 불어넣을 수 있다.

약물 연구가 갓 시작되었을 무렵에는 검증 과정에 있는 신약들이 표준 치료의 통증 제어 수준을 월등하게 뛰어넘었다. 결과가 너무 충격적이었던 나머지, 연구자들은 조사 기법에 의문을 품기 시작했다. 결정적인 요인은 금방 드러났다. 의도했던 바는 아니지만, 의사들이 실험 약을 받아 든 환자들에게 소망과 자신감을 심어 주었다. 미소와 음성, 태도를 통해 나아지리라는 확신을 불어넣은 것이다. 이런 이유

• 노먼 커즌스가 세운 회복 계획의 구체적인 내용은 그가 쓴 《질병의 구조》,《치유하는 마음》,《머리 먼저: 희망의 생물학》 같은 책에 실려 있다.

아무도 원하지 않는 선물

에서 환자는 물론 의사도 어떤 약을 처방했는지 모르게 하는 '이중 맹검법'이 검증 절차로 자리 잡았다.

삶의 마지막 순간이 다가올 즈음, 노먼 커즌스는 이렇게 적었다. "지난 10년 동안 의과 대학에서 배운 내용 가운데 환자들이 기운을 차리게 해 주어야 한다는 것만큼 눈부신 가르침은 없는 듯하다. … 질병은 무시무시한 경험이다. 어찌해야 할 바를 모를 일이 벌어지고 있으니 말이다. 환자들은 의학적인 도움을 위해서만이 아니라 파멸적인 질병을 생각하는 방식을 정립하기 위해서도 손을 내민다. 희망을 얻기 위해 손을 뻗는 것이다."

I

이탈리아는 30년간 보르자 가문의 지배를 받으며 전쟁, 테러, 살인, 유혈 사태를 겪었으나, 미켈란젤로와 레오나르도 다 빈치, 르네상스를 빚어냈다. 형제 같은 사랑을 나누던 스위스는 500년에 걸쳐 민주주의와 평화를 누렸다. 그런데 이들은 무엇을 만들었나? 뻐꾸기 시계가 고작이다.

— 그레이엄 그린, 《제3의 사나이》

18장

쾌락, 고통의 샴쌍둥이

"자연은 인류를 고통과 쾌락이라는 절대 지배자의 통치 아래 두었다. 반드시 해야 할 일을 지적하는 것만이 아니라 앞으로 할 일을 결정하는 것도 오롯이 그 지배자를 위한 것이다." 런던에 있는 유니버시티 칼리지의 설립자 제러미 벤담(Jeremy Bentham)의 말이다. 고통이라는 지배자에게 바친 이 책을 마무리하며 쾌락이라는 지배자에 관해서도 몇 마디 해야 마땅할 성싶다. 이 둘의 관계가 아주 밀접한 까닭이다. 그동안 나는 현대 사회가 통증을 제대로 파악하지 못하고 통증이 보내는 메시지에 귀 기울이지 않고 잠재우려고만 한다고 비판했다. 그런데 정확히 이해하지 못하기는 쾌락에 관해서도 마찬가지가 아닌가 하는 의구심이 든다.

의사 노릇을 하다 보니 감각을 분석할 때 본능적으로 몸의 관점에서 먼저 바라보는 경향이 있다. 프로이트는 인간 행동의 일차적 동기로 '쾌락의 원리'를 강조했다. 그러나 해부학자가 볼 때 인간의 신체는 고통에 훨씬 더 큰 비중을 둔다. 피부 2.5제곱센티미터에는 통증,

냉온, 접촉을 감지할 수 있는 신경이 수천 가닥이나 있지만, 쾌락 세포는 하나도 없다. 자연은 그렇게 방탕하지 않다. 쾌락은 수많은 세포가 한데 어울려 서로 영향을 주는(개인적으로는 이를 '엑스터시 공동체'라고 부른다) 가운데 만들어지는 부산물이다.

영국 정치가 새뮤얼 피프스(Samuel Pepys)는 콘서트를 구경하고 돌아와 적은 일기 첫머리에, 관악기 소리를 들으며 황홀경에 빠졌으며 "한마디로, 영혼을 휘감아 꼭 아내와 처음 사랑에 빠졌을 때처럼 속이 메슥거렸다"라고 털어놓았다. 생리적 관점에서 아름다움이나 낭만적인 사랑에서 비롯된 황홀한 감각이 이상하게도 욕지기와 닮은 점이 많다고 본 것이다. 위통과 두근거림, 근육 수축을 느꼈다. 병에 걸렸을 때 나타날 법한 신체 반응이었다.

고통과 마찬가지로 쾌락은 정신에서 비롯되나, 통증보다 감각 기관에서 올려 보내는 보고에 덜 의존한다. 어떤 경험도 서로 다른 두 사람 다 즐거웠노라 인정하리라고 장담할 수 없다. 록 콘서트에서 10대 아이들을 황홀하게 만드는 음향이 부모들에게는 고통 비슷한 감각을 일으킬 수 있다. 새뮤얼 피프스에게 황홀경을 안겨 준 목관 악기 악절들이 10대 아이들을 꿈나라로 보낼 수도 있다.

뜻밖의 쌍둥이

《옥스퍼드 영어사전》은 쾌락을 "기쁘고 바람직해 보이는 무언가를 즐기거나 기대하는 데서 비롯되는 감정으로… 고통과는 정반대"라

아무도 원하지 않는 선물

고 정의한다. 그러나 레오나르도 다 빈치는 쾌락을 달리 보았다. 그는 노트에 배 어간에서부터 둘로 나뉜 외로운 남자의 모습을 스케치했다. 몸통도 둘이고, 털이 덥수룩한 머리도 둘, 팔은 넷이어서 마치 가슴 위쪽이 붙은 샴쌍둥이와 흡사하다. 다 빈치는 그 그림에 〈쾌락과 고통의 알레고리〉라는 제목을 달고 간단한 설명을 덧붙였다. "쾌락과 고통은 한쪽이 없으면 결코 홀로 존재할 수 없다. 그래서 둘이 한몸에 붙어 있는 쌍둥이로 표현했다. … 둘은 서로 등을 돌리고 있다. 쾌락과 고통은 서로 모순되기 때문이다. 둘 다 같은 몸통에서 자라났다. 둘은 하나고 같은 토대를 가진 까닭이다. 쾌락의 토대는 고통이 수반되는 수고이고 고통의 토대는 헛되고 유혹적인 쾌락이다."

지금까지 살면서 꽤 오랫동안《옥스퍼드 영어사전》처럼 쾌락을 고통과 정반대 개념으로 분류했다. 그래프를 그리자면, 양쪽에 정점이 있고 중간에 깊은 골이 파인 꼴이다. 왼쪽 정점은 고통이나 극심한 불행을 나타내고 오른쪽 정점은 순전한 행복이나 엑스터시를 가리킨다. 정상적이고 평온한 생활은 정점들 사이를 차지한다. 개인적으로 지켜본 바에 따르면, 건강한 인간은 고통에 단호하게 등을 돌리고 행복을 바라본다.

그런데도 지금은 쾌락과 고통을 샴쌍둥이처럼 보는 다 빈치의 설명 쪽에 훨씬 가까이 기울었다. 한 가지 이유를 꼽자면, 이미 분명히 밝혔듯, 이제는 고통을 어떻게든 없애야 할 적으로 보지 않기 때문이다. 통각을 빼앗긴 이들을 상대하면서 고통이 보호해 주지 않으면 마음 놓고 삶을 즐길 수 없음을 배웠다. 다른 요인들도 있다. 갈수록 고통과 쾌락이 희한하게 얽혀 있다는 사실을 실감하게 되었다. 인간 경험의 범위를 보여 주는 그래프를 새로 그린다면 중앙에 뾰족한 봉우리가 있고 좌우가 평평한 꼴이 될 것이다. 정점은 삶(Life)을 나타내는데, 영어 대문자 L로 표시한다. 잠이나 죽음, 또는 무심함을 의미하는 평탄면에서 불쑥 튀어나온 모양이 고통과 쾌락이 새로 만나는 지점이다.

교회에서, 또는 의료인들에게 강연할 때면, 자주 어린 시절의 사연이라든지 인도에서 외과의로 일하던 이야기를 들려준다. 더러는 안타깝다는 반응을 보이기도 한다. "딱하기도 해라. 수도나 전기, 심지어 라디오도 없이 크다니! 그처럼 험한 데서 가여운 이들을 돕느라고 얼마나 많은 희생을 했을까." 그렇게 측은히 여기는 이들을 보며 즐거움과 만족을 바라보는 시선이 얼마나 다른지 절감한다. 지난 75년의 세월을 돌아보면, 그 나이에서 누릴 수 있는 호사를 마음껏 누렸다. 지금은 더 환한 빛을 내지만 당시에는 두말이 필요 없을 만큼 힘겨웠던 시기도 여기에 포함된다. 우리 의료 팀은 한센병 환자를 치료하면서 수많은 난관에 부닥쳤지만, 힘을 모아 그런 한계를 극복하는 과정이야말로 일생일대의 황홀한 순간이었다. 미국의 따분한 동네에서 자라는 손자 애들을 보고 있노라면, 어린 시절 인도 콜리 말라이 어간의 '원시적' 환경에서 만끽했던 풍요로운 삶을 선사하고 싶은 마음이 간절해진다.

딸기에 얽힌 어릴 적 추억이 생생하다. 어머니는 텃밭에서 딸기를 키우려고 안간힘을 썼지만, 그때마다 벌레와 새부터 소 떼와 심술궂

아무도 원하지 않는 선물

은 산간 날씨까지, 짬짜미한 듯 훼방을 놓았다. 마침내 원수들을 물리치고 간신히 몇 톨 안 되는 열매를 거두게 되면 딸기 잔치를 벌였다. 갈무리해 둘 냉장고가 없는 터라 거두는 대로 다 먹어치워야 했다. 여동생 코니와 나는 두근두근 기대에 부풀었다. 엄마 아빠와 함께 식탁에 둘러앉아 새빨갛고 달콤해 보이는 딸기 한두 톨을 곁눈질하고 쿵쿵거리며 냄새를 음미했다. 동생과 내가 눈에 불을 켜고 감시하는 가운데 어머니는 딸기를 정확하게 넷으로 토막 쳤다. 우리는 얼른 제 몫을 접시에 담고 우유와 크림을 붓고는 야금야금 맛있게 먹었다. 절반은 딸기 맛에서, 나머지 절반은 나눠 먹는 데서 비롯된 즐거움이었다. 물론, 요즘에는 동네 구멍가게만 가도 칠레나 오스트레일리아에서 들어온 물건이 있어서 사시장철 딸기를 맛볼 수 있다. 하지만 그런 딸기를 먹는 데서 얻는 기쁨은 어린 시절의 경험에 델 게 못 된다.

나이 든 어른들의 회고담에서 흔히 나타나는 흐름도 같은 원리로 설명할 수 있을 것이다. 노인들은 어려운 시절을 향수와 더불어 되새기는 경향이 있다. 2차 세계대전이나 대공황 때 이야기가 단골 화제로 입에 오른다. 공중 폭격, 어려서 공중화장실에 다니던 기억, 3주 내내 통조림 스프와 오래된 빵으로 끼니를 때우던 대학원생 시절의 사연을 즐겁게 나눈다. 곤경과 부족이라는 흐릿한 배경 위로 뜻밖의 기쁨, 더 나아가 환희를 불러왔던 나눔과 용기, 상호 의존의 새로운 자원이 속속 드러났다.

요즘 미국과 대다수 서방 국가를 보면 거북한 기분이 든다. 잘살게 되었다고들 하는데 정말 말만큼 잘 사는 것 같지 않다. 비평가들 가운데는 미국인이 많이 유약해졌다고 걱정하는 이들이 많다. 문제를 악착같이 극복하려 애쓰기보다 징징거리거나 소송을 거는 '불평 문화'가 만연하다는 것이다. 지난 30년 동안 미국에 살면서 정치인들, 이웃들, 미디어 해설자들이 쏟아 내는 이런 염려를 계속 들었다. 개인적인 판단이지만, 이 문제의 핵심에는 고통과 쾌락에 대한 본질적인 혼란이 있는 듯하다.

노인네가 '끝내주게 좋았던 옛날'을 곱씹는 소리처럼 들릴지 모르지만, 풍요는 산업화된 현대 서구 사회를 기쁘고 즐거운 감정을 경험하기 훨씬 힘든 사회로 만들어 버렸다. 대단한 아이러니다. 역사를 통틀어 어떤 사회도 고통을 없애고 여가를 활용하는 일에 지금처럼 성공한 적이 없었다. 하지만 행복은 좇을수록 멀어지는 경향이 있다. 교묘하게 피해 다니다 생각지도 못한 순간에 결과물이 아니라 부산물로 불쑥 얼굴을 내민다.

캘리포니아와 인도에서 만난 두 이발사에게 만족(내면 깊이 자리 잡은 즐거운 상태)의 본질에 관하여 중요한 통찰을 얻었다. 1960년대쯤이었는데, 해외로 출국하기 직전에 로스앤젤레스에 있는 이발관에 갔다가 첫 번째 이발사를 만났다. 이발소 전체가 타일과 스테인리스 스틸로 반짝거렸다. 발로 발판을 밟아서 일으켜 세웠다 눕힐 수 있는 유압 의자 네 대를 비롯해 최신 설비를 갖추고 있었다. 아침 시간이어서인지 가게에는 주인 혼자였다. 비행기 시간에 맞춰 머리를 깎을 수 있을 듯해서 반가웠다.

아무도 원하지 않는 선물

50대 후반의 다소 까칠해 보이는 이발사는 업계의 참담한 현실을 불평할 기회를 놓치지 않았다. "죽을 맛이에요. 누구 하나 책임지고 도와주는 이가 없어요. 제 밑에서 일하는 이발사들은 팁이 적다고 투덜거리며 봉급을 올려 달라고 아우성치죠. 이게 얼마나 고달픈 사업인지는 생각조차 안 해요. 돈을 벌어 봐야 몽땅 정부에 세금으로 뜯기는데 말이죠." 이어서 경기 침체, 고용 안정 관련 법안의 불합리성, 배은망덕한 고객들 탓에 괴롭기 그지없는 사정을 끝도 없이 늘어놓았다. 의자에서 일어날 즈음에는 심리 치료비를 받아야 하는 게 아닌가 싶을 지경이었다. 하지만 도리어 이발료를 치러야 했다. 일반적으로 받는 비용보다 훨씬 비싼 금액이었다.

오스트레일리아와 아시아의 몇 지역을 둘러보고 인도 벨로르에 도착했을 즈음에는 벌써 한 달이 지나 다시 머리를 깎아야 했다. 이번에는 병원 건너편에 있는 이발관을 찾았다. 이발사는 몸짓으로 단 하나뿐인, 그마저도 금속 부분은 녹슬고 가죽은 뜯어져 속이 다 빠져나간 조잡하기 이를 데 없는 의자를 권했다. 자리에 앉자, 주인은 밖으로 나가 버렸다. 골목 끝을 돌아 사라지는가 싶더니 이내 낡은 놋대야 가득 물을 받아서 돌아왔다. 그리고는 가위, 빗, 일자 면도칼, 수동 이발기 같은 도구를 가지런히 정리했다. 분위기가 얼마나 고요하고 엄숙하던지 눈길을 거둘 수가 없었다. 그는 제 분야의 대가였으며 이발이 얼마나 가치 있는 기술인지 잘 알고 있었다. 기구를 정돈하는 데 큰 공을 들이기로는 길 건너편 수술실에서 일하는 간호사들 못지않았다.

이발할 준비를 하느라 면도칼을 요란하게 벼리던 참에 주인장의 열 살짜리 아들아이가 집에서 따끈따끈한 점심상을 차려 내왔다. 이발사는 송구스러워하는 표정으로 날 바라보며 말했다. "선생님, 아시다시피 지금은 딱 점심시간입니다. 밥을 먹고 나서 이발을 해 드려도 될까요?"

"되고말고요." 의사 가운을 걸친 외국인을 특별하게 대우하지 않는다는 사실에 도리어 안도하며 대답했다. 꼬맹이가 바나나 잎에 싼 도시락을 펼치는 모습을 가만히 지켜보았다. 아버지가 앙상한 두 다리를 포갠 채 바닥에 가부좌를 틀고 앉아 밥과 채소 절임, 카레, 젖을 굳혀 만든 커드를 먹는 내내, 아들아이는 곁을 지키고 서서 언제고 모자라는 찬을 바나나 잎 위에 다시 낼 준비를 하고 있었다. 마침내 이발사가 시원하게 트림을 했다. 잘 먹었다는 습관적인 표현이었다.

"자제분이 사장님의 가업을 잇겠군요." 공손하게 아버지를 대하는 꼬마를 바라보며 말을 건넸다. "물론이죠!" 이발사의 얼굴이 자부심으로 환하게 빛났다. "이발 의자 하나를 더 들여놓는 게 꿈이에요. 제가 은퇴할 때까지 함께 일할 수 있잖아요. 그다음에는 이 가게가 아들 녀석 차지가 되는 거죠."

아이가 점심 설거지를 하는 사이에 아버지는 머리를 만지기 시작했다. 골동품 이발기가 더러 머리털을 뿌리째 잡아 뜯는 느낌이 들었지만, 대체로 깔끔하게 이발이 끝났다. 그가 요금을 달라고 했다. 1루피, 미국 돈으로 치면 10센트 정도였다. 거울에 비쳐 보며 지난번 머리와 비교해 보았다. 한 점 손색이 없었다. 그러면서 어쩔 수 없이 두 이발사도 견주게 되었다. 다른 쪽의 50분의 1쯤 되는 요금을 받는 이발사가 월등히 행복한 삶을 사는 듯했다.

한동안 인도에서 살았던 게 얼마나 고마운지 모른다. 만족은 내면의 상태를 가리킨다는 사실을 벨로르의 이발사 같은 이들에게 배웠다. 강압적인 광고가 요란을 떠는 서구에서는 잊히기 쉬운 진리다. 서방 세계에 사는 이들은 '만족이란 외부에서 찾아오며 뭐라도 하나 더 사야 지킬 수 있다고 생각하라'는 압박을 끊임없이 받게 마련이다.

서구인들이 연민이나 두려움의 시선으로 바라보는 가난한 사회 사람들에게서 오히려 깊은 만족을 볼 수 있다. 어찌 된 일일까? 가끔 스스로 그 까닭을 물을 때가 있다. 그런 차이를 만드는 이유 가운데 얼마쯤은 '기대'라는 단어로 설명할 수 있다. 힌두교의 카스트 제도(공식적으로는 인도로 이주한 지 얼마 안 되었을 무렵에 폐지되었다)는 출세에 대한 기대를 한껏 낮추는 방식으로 벨로르 이발사에게 큰 영향을 미쳤다. 그의 아버지도 이발사였고 할아버지 역시 마찬가지였으며, 이제는 아들도 이발사를 포부의 극대치로 설정한다. 반면, 미국에서는 아이들이 '통나무 오두막에서 백악관까지'라는 신화를 가슴에 품고 자라며 늘 더 높은 자리에 올라가야 한다는 압박을 느낀다.

로스앤젤레스 이발사는 벨로르의 이발사가 꿈도 못 꿀 부를 손에 넣었지만, 불만이라는 엔진이 부채질하는 경쟁과 상향 운동이 지배하는 사회에 살고 있다. 생활 수준이 올라갈수록 기대도 더 커진다.* 벨로르 이발사는 흙벽을 두른 오두막에 살며 가구라고 해 봐야 한두 점이 고작이지만, 이웃들도 사정은 매한가지다. 그러기에 바닥에 깔고 잘 자리와 바나나 잎을 펼칠 깨끗한 바닥만 있으면 만족한다.

소비 사회에서 '기대'는 안정 상태에 들어가는 법이 없다. 성장하는 경제는 점점 커지는 기대에 기대는 까닭이다. 개인적으로 제품을 개선하려 안간힘을 쓰는 소비 사회의 공헌에 고마워하는 편이다. 병을 치료하는 일을 하는 처지이니, 날마다 그런 생산물에 의존할 수밖에 없다. 하지만 서구 사회에 사는 이들은 만족의 참된 본질에 관해 동양인에게 배워야 할 것이 있다. 외부 요인이 만족의 정도를 결정하게 놔둘수록 행복에 대한 통제권을 더 많이 내주게 된다.

빈곤과 풍요 아래서 모두 살아본 터라 두 조건을 비교할 수 있다. 콜리 말라이에서 살았던 어린 시절에는 오늘날 미국의 가장 가난한 이들보다 훨씬 더 소박하게 살았다. 가장 가까운 동네 장터도 8킬로미터를 걸어야 했다. 가장 가까운 기차역까지는 65킬로미터나 가야 했다. 전기는 없었지만 알맞은 빛을 비춰 주는 기름 등잔이 있었다. 일주일에 석유 19리터면 한 가족이 충분히 쓸 수 있었다. 자라는 내내 수돗물과 텔레비전이 없었고, 읽을 책도 거의 없었으며, 공장에서 만든 장난감은 딱 하나뿐이었던 걸로 기억한다. 하지만 한순간도 궁핍하다고 생각한 적이 없다. 도리어 하루하루가 너무 빨리 지나가서 하고 싶은 일을 다 못하는 느낌이었다. 나무토막과 돌멩이로 나만의

- 최근에 미국인을 대상으로 '아메리칸 드림'을 이뤘다고 생각하는지 물었다. 연간 소득이 1만 5천 달러를 밑도는 이들 가운데 95퍼센트는 아니라고 답했다. 한 해에 5만 달러 이상을 버는 이들 가운데 94퍼센트 역시 아니라고 했다.

아무도 원하지 않는 선물

장난감을 만들었다. 텔레비전에 나오는 자연 다큐멘터리를 보면서가 아니라 개미귀신, 멋쟁이새, 문짝거미처럼 신기한 녀석들을 직접 관찰하면서 세상을 배웠다.

당시 환경을 지금과 비교해 본다. 요즘 아이들은 크리스마스 때마다 이리저리 뛰어다니며 전자 장치로 돌아가는 장난감을 고르지만 채 몇 시간이 지나기도 전에 싫증을 낸다. 어느 사회가 다른 사회보다 낫다는 이야기를 하려는 게 아니다. 나는 동양과 서양 모두에서 가르침을 얻었다. 하지만 양쪽 환경 모두에서 자녀를 키워 본 부모의 견지에서 보면, 유례없이 풍요로운 현대 사회 쪽이 영속적인 기쁨을 누리기가 오히려 더 어렵다고 확신한다.

그리스 왕 탄탈로스는 신들의 음료인 암브로시아를 훔친 죄로 영원토록 주림과 목마름에 시달리는 형벌을 받았다. 물을 마시려 하면 이내 말라 버렸고 열매를 따려고 손을 내밀면 가지가 치켜 올라가 버렸다. 감질나게 한다는 뜻의 'tantalizing'이라는 영어 단어가 이 신화에서 나왔다. 그리스 신화가 대부분 그러하듯, 이 이야기도 깊이 새겨 볼 만한 교훈을 담고 있다. 여기에는 이중 모순이 작용한다. 고통과 고난을 정복한 사회일수록 고통의 잔재를 극복할 능력이 떨어지는 것처럼, 쾌락을 추구하는 사회는 갈수록 기대가 높아질 위험을 무릅쓰는 탓에 만족에 이를 듯 말 듯 감질날 수밖에 없다.

복제된 쾌락의 폐해

자연을 통제하는 기법을 터득한 뒤로, 현대 과학 기술은 그간 지구에 살았던 이들 대다수가 알고 있던 '자연'의 실질을 새로운 현실로 대체했다. 수도꼭지만 틀면 언제라도 물이 흘러나온다. 자동차와 집에 온도 조절 장치가 있어서 여름과 겨울을 가리지 않고 일정한 기온을 유지한다. 메스꺼운 도축장과는 완전히 동떨어진 쾌적한 슈퍼마켓에서 수축 포장된 스테이크를 산다. 화장실 선반에는 위통, 두통, 근육통에 듣는 상비약이 줄지어 있다. 이와 달리, 자연과 가까이 사는 이들은 고통과 쾌락을 모두 아우르는 한결 균형 잡힌 시각으로 삶을 받아들이는 듯하다. 나는 열기와 냉기, 굶주림과 넉넉한 음식, 태어남과 죽음이 엇갈리는 엄혹한 환경에서 성장했다. 그런데도 과학 기술이 크게 발전한 사회에 사는 지금은 모든 불편을 해결해야 할 문제로 보려는 유혹에 시달린다.

헬렌 켈러는 "독수리가 제 깃을 단 화살에 맞아 죽듯, 세상의 기법들은 제 기교에 상처를 입는다"라고 썼다. 과학 기술은 즐거움의 현상을 교묘하게 그 '자연적' 원천에서 분리하고, 결국 해로움이 밝혀질지도 모르는 방식으로 쾌락을 복제한다.

미각은 '자연적' 즐거움과 '인위적' 쾌감의 차이를 선명하게 보여준다. 미뢰(味蕾)는 고작 네 가지 범주의 맛만 분간한다. 짜고, 쓰고, 달고, 신 맛을 일종의 계측기로 삼아 어떤 음식이 유익한지 가리는 데 도움을 준다. 놀랍게도 인간의 몸은 어떤 긴급한 필요를 충족시키는

아무도 원하지 않는 선물

방편으로 감지된 쾌감의 정도를 조절하기도 한다. 인도에서 일하던 시절, 냉방 시설도 없는 수술실에서 종일 땀을 쏟은 끝에 심각한 염분 부족을 겪은 적이 있다. 혹시나 하는 심정으로 티스푼으로 소금을 두어 번 넣고 휘휘 저은 물을 한잔 들이마셨다. 희한하게도 꿀물처럼 달았다. 절실한 생리적 필요가 지각을 바꾸어 놓은 까닭에 소금물에서 참으로 강렬한 쾌감을 느꼈다.

자연 상태에서 인체는 자신의 필요와 그 필요를 채우는 데 소요되는 반응을 선별한다. (동물들도 같은 이유에서 소금을 한 번 핥아 먹기 위해 몇 킬로미터를 이동하기도 한다.) 그러나 인간이 음식에서 즐거움을 주는 측면만을 추출하고 분리해 낼 능력을 갖추게 되면서 자연스러운 생리적 균형을 흐트러트릴 가능성도 함께 열렸다. 소금을 넉넉히 캐내고 저장하고 사고팔 수 있게 된 지금, 서구 사회들은 염분을 지나치게 많이 소비하는 경향이 있다. 염분의 폐해를 상쇄하기 위해 오래도록 저염식을 해야 하는 이들까지 생겼다.

언제나 즐거움을 주는 단맛에도 같은 원리가 적용된다. 인간은 미뢰의 요구에 부응해서 사과나 포도, 오렌지 따위의 과일을 먹고, 자연스럽게 그 안에 담긴 비타민과 영양분을 얻는다. 흔히 말하는 정제당은 자연 상태로 존재하지 않는다. 당원 식물을 키우고 당분을 농축하는 방법을 터득한 건 지극히 최근에 얻은 성과다. 사실, 업계에서 설탕을 대량 생산하기 시작한 건 19세기의 일이다. 그때부터 설탕 소비가 기하급수적으로 늘었다. 1860년에서 1890년 사이에만 거의 500퍼센트 넘게 증가했다. 온갖 의학적 문제를 일으키는 판도라의 상자가 열린 것이다.

당뇨와 비만을 비롯해 숱한 건강 문제가 설탕 과소비에서 비롯된다. 영양과 아무 관련이 없는 목적으로 쾌감을 주는 맛을 재생산하는 현대인의 능력이 빚어낸 열매다. 현대 기업들은 아침 식사용 시리얼과 케첩, 채소 통조림의 판매량을 늘리기 위해 설탕을 감미료로 사용한다. 청량음료는 어디서나 접할 수 있는 당분 공급원이다. 평범한 미국인은 한 해에 500캔 넘게 청량음료를 마신다. 공격적인 마케팅 탓에 예전에는 몸에 좋은 과일이나 사탕수수(섬유질이어서 단맛을 얻으려면 열심히 씹어야 한다)에서 당분을 섭취하던 저개발국가 국민에게까지 설탕 중독이 확산되었다.

주위를 둘러보면 비슷한 양상을 드러내는 사례를 여럿 목격할 수 있다. 쾌락을 분리해서 재포장하는 능력이 탁월한 나머지 자연적인 경로를 단축시킨 사회들이다. 섹스가 주는 쾌감이야 두말이 필요 없지만, 마케터들은 맥주, 모터사이클, 담배 같은 상품을 파는 데 이를 이용한다. 나는 섹스와 줄담배 사이에 가느다란 연결 고리조차 찾을 수 없다. 그런데도 광고들은 담배를 피우면 성적인 매력이 마법처럼 커지리라고 철석같이 믿게 만든다. 흡연의 참다운 결말은 심장과 폐 손상이다. 과음의 참다운 결과는 올챙이배다. 설탕 범벅 시리얼의 진정한 열매는 충치다. 그런데도 어째서 계속 자신을 속이려 드는가?

현대인은 극장의 푹신한 의자에 앉아 영화를 보는 이들에게 손에 땀을 쥐게 하고, 심장 박동이 빨라지게 하며, 근육을 긴장시키고, 아드레날린이 치솟게 만드는 모험의 감각까지 복제해 줄 수 있다. 하지

아무도 원하지 않는 선물

만 유사품 모험은 궁극적인 만족을 주지 못한다. 부스러기를 얼마쯤 얻을지는 모르지만, 실제로 산을 오르거나 급류를 타면서 경험하는 진짜배기를 옹글게 얻을 수는 없다. 제 모험이 아니라 남의 것이기 때문이다. 그렇기는 하지만, 일단 인공적인 환경이 조성되면, 특히 젊은이들은 실질적인 즐거움과 대리 만족(비디오게임 같은 삶)을 헷갈리기 쉽다. 깜박거리는 텔레비전 앞에 앉아서 오로지 눈과 귀를 통해 감각적인 자극을 받으면서 대리 체험을 통해 삶을 경험하려는 유혹을 받는다. 그들은 이제 쾌락을 손을 내밀어 붙들거나 적극적으로 씨름해 얻어야 할 대상으로 보지 않는다.

약물 남용이라는 최악의 전염병이 과학 기술의 발전이 뚜렷한, 그래서 기대가 끝없이 높아지고 미디어가 퍼트린 매혹적인 이미지가 현실과 갈등을 빚는 사회에서 창궐하는 건 결코 우연이 아니다. 약물 남용은 방향을 잘못 잡은 쾌감의 필연적인 결말을 여실히 보여 준다. 금지 약물은 뇌 안에서 쾌락을 지배하는 부위에 직접 가닿기 때문이다. 당연한 얘기지만, 그런 직접 접속에서 오는 짧은 쾌락은 길고 긴 고통을 낳는다. 작가 댄 웨이크필드(Dan Wakefield)가 이야기한 그대로다. "대다수가 실제로 그러하리라고 생각하는 방식으로 약물을 사용했다. 흥분이나 자극을 얻기 위해서가 아니라 고통, 구체적으로 내면적인, 또는 정신적인 공허에서 오는 아픔을 몰아내려고 일차적으로, 그리고 습관적으로 마약을 썼다. … 아이러니한 사실은 이 화학적이고 인위적인 방법으로 고통을 잠재우기 위해 흔히 사용하는 대용품(약물이나 알코올)이 실제로는 그토록 메우고 싶어 하는 공허감을 도리어 키우는 작용을 한다는 점이다. 따라서 알코올과 약물이 늘 필요하다. 없애 버리려 안간힘을 쓸수록 더 커지게 마련인 구멍을 메우고 싶은 채워지지 않는 욕구에 빠져 점점 더 많은 알코올과 약물을 찾게 된다."

최근, 과학자들은 직접 자극을 받는 두뇌의 '쾌락 센터'를 찾아냈다. 연구자들은 생쥐의 시상 하부에 전극을 심고 우리에 넣은 다음, 그 앞에 세 개의 레버를 놓아두었다. 첫 번째 레버를 누르면 먹이 한 조각이 튀어나온다. 두 번째는 마실 물이 흘러내리고, 세 번째는 전극에 전류가 흐르면서 즉각적이지만 금방 사라지는 쾌감을 느끼게 했다. 생쥐들은 세 레버의 의미를 금세 파악했다. 생쥐들은 굶어 죽을 때까지 날이면 날마다 쾌락을 주는 레버만 눌러 댔다. 먹고 마시는 즐거움을 한결 편리하게 누릴 수 있는 상황에서 굳이 주림과 목마름에 반응할 이유가 무어란 말인가?

잠재적인 코카인 중독자들 모두에게 죽어가면서도 행복한 표정으로 레버를 당기는 쥐들을 촬영한 비디오를 보여 주고 싶다. 생쥐들은 인위적으로 쾌락을 추구하는 게 얼마나 매혹적인 오류인지 잘 보여 준다.

고난 뒤에 느끼는 더 큰 기쁨

고통과 마찬가지로 쾌락에 대해서도 몸 자체에서 실마리를 얻는 편이다. 신체의 생존과 건강에 중요한 활동은 하나같이 제대로 쓰기만

아무도 원하지 않는 선물

하면 기쁨을 준다. 종족 보존을 보장하는 성행위는 쾌락을 선사한다. 식사는 따분한 노릇이 아니라 즐거운 일이다. 몸을 유지하는 행위인 배설마저도 쾌감을 불러온다. 보통 장에서 보내는 메시지를 무시하는 데서 비롯되는 변비의 합병증에 관해서든, 근사한 장운동을 일으키는 놀라운 메커니즘에 관해서든 여기서 시시콜콜 설명하지는 않겠다. 하지만 인체가 이처럼 비천해 보이는 기능에 대해서도 충분히 보상한다는 사실은 놀랍기 그지없다. 고속도로에서 휴게소로 빠져나와 아슬아슬하게 봉변을 면해 봤다든지, 콘서트나 축구 경기 중간 휴식 시간에 냅다 화장실로 뛰어간 적이 있는 이라면 무슨 소리를 하는지 충분히 이해하고도 남을 것이다.

어쩌면 그동안 탐닉으로 망가진 몸을 숱하게 고쳐 온 까닭에 장기적인 시각에서 쾌락을 바라보게 되었는지도 모른다. 식탐이 단기적으로는 기쁨을 선사할지 모르지만, 미래에 질병과 고통을 안길 씨앗이라는 사실을 잘 안다. 고된 노동과 운동은 단기적으로는 고통처럼 보이지만 역설적이게도 장기적으로는 즐거움으로 안내한다. 몸이 정말 좋았던 시절이 생각난다. 의대에 들어가기 전, 몇 년 동안 건설 현장에서 일할 무렵이었다. 반년 남짓 육체노동을 하다 보니 군살이 쏙 빠지고 다리와 상체에 근육이 붙었다. 주말이면 들판과 숲을 누비고 다녔다. 오래 걸어도 지쳐서 쉬어 가는 법이 없었다. 이렇게 산책을 하면서, 더러는 버스를 놓치지 않으려고 해 뜨기 전부터 서둘러 달려가면서 문득 본래 설계된 대로 몸이 잘 움직인다는 사실에 엄청난 희열을 느꼈다. 히브리어에는 '샬롬'이란 멋진 단어가 있다. 평안하고 행복하다는 포괄적인 느낌, 온전하고 건강하고 바람직한 상태를 표현하는 말이다. 나는 샬롬을 실감했다. 온몸의 세포가 한목소리로 외치는 것 같았다. "더할 나위 없어!"

그럴 때면, 올림픽 선수들이 가졌을 성싶은 심정을 살짝 맛볼 수 있었다. 그런 운동선수 몇 명에게 의료 문제를 상담해 준 적이 있다. 최고의 성적을 낼 수 있도록 섬세하게 조절된 몸을 살피는 건 즐거운 일이었다. 올림픽 선수들은 세상 누구보다 열심히 움직인다. 수영 기록 0.1초를 단축하기 위해 하루에 6-8시간씩 훈련한다. 통증을 날이면 날마다 따라다니는 동반자처럼 여긴다. 그런데 바로 그런 신체적 노고와 정신적 훈련 과정이 문외한으로서는 감히 짐작도 못 할 수준의 만족감으로 그들을 끌어올린다. 마라톤 우승자가 기자와 인터뷰하면서 "물론 금메달을 따서 자랑스럽죠. 하지만 훈련에 쏟은 시간과 노력에 값하지는 못합니다. 정말이에요"라고 이야기하는 걸 여러 번 들었다.

쾌락과 고통이라는 다 빈치의 쌍둥이는 늘 함께 움직인다. 음악가, 발레 무용수, 운동선수, 군인들은 하나같이 분투와 노력이라는 과정을 통해서만 자아실현의 봉우리에 오를 수 있다. 지름길은 없다. 더러 회복을 돕는 프로그램에 참여한 약물 중독자들에게 해병대 캠프처럼 혹독한 훈련을 하거나 얼마 동안 농장에서 일하게 하는 경우가 있다. 마약은 도전이 결핍된 생활 방식에서 도망치는 대표적인 도피 수단이다. 엄격하고 낯선 환경, 고된 노동과 땀, 피로와 단잠, 허기와 소박한 음식은 한데 어울려 중독자들에게 행복으로 통하는 적절한

아무도 원하지 않는 선물

새 길을 열어 준다.

　근사한 레스토랑에서 갖가지 음식을 먹어 보았다. 하지만 그동안 즐긴 메뉴 가운데 으뜸을 택하라면 한 점 망설임 없이 인도 강가에서 모닥불에 무지개송어를 구워 먹었던 저녁 식사를 꼽을 것이다. 우리 식구들과 웹의 가족과 휴가를 함께 보내고 있었다. 열두 명이나 되는 대부대였다. 무더운 날이었다. 존 웹과 함께 아침 내내도 모자라 늦은 오후가 되도록 낚시를 했지만 한 마리도 잡지 못했다. 강을 위아래로 오르내리며 여기저기 웅덩이를 다 훑다시피 해도 허탕이었다. 강에 송어가 그득해 눈에 또렷이 보일 정도였다. 하지만 물이 일렁이지 않고 잔잔해 녀석들도 우리를 똑똑히 볼 수 있었다. 아무리 잘 숨고 변장을 해도 소용없었다. 종일 낚싯대를 휘둘러 댄 터라 오후의 절반을 넘어설 무렵부터 근육이 아팠다. 웅덩이와 웅덩이를 오가다 휘청거리면서 바위에서 미끄러지는 바람에 곳곳에 멍이 들었다. 뜨거운 햇살에 얼굴이 벌겋게 타올랐다. 아이들의 신뢰는 금방 스러졌다. 아빠가 먹을거리를 마련해 주리라는 기대가 무너지면서 더 어린 축에 드는 아이들은 아예 울어 대기 시작했다.

　그런데 문득 구름이 흘러와 해를 가리고 바람이 수면을 스치며 잔물결을 일으켰다. 물고기들이 꼬리에 꼬리를 물고 미끼에 걸려들기 시작했다. 줄을 당겨 둑 위로 집어 던지기 바쁠 지경이었다. 열두 마리쯤 잡고 나서 진즉부터 피워 놓아 다 사위어 가던 잉걸불을 되살리고 철망 위에 싱싱한 송어를 올렸다. 만찬은 흠잡을 데 없이 황홀했다. 구운 송어를 빵 쪼가리에 얹은 게 전부였다. 생선에서 나온 자연기름이 버터 구실을 했다. 솔직히 말해, 어디서도 그렇게 맛있는 송어는 먹어 본 적이 없다. 여러 식당에서 수없이 송어 요리를 주문했지만, 어떤 메뉴도 그날의 식단을 되살려 내지 못했다. 허기, 멍들고 볕에 탄 상처, 모기에 물린 자리, 허탕을 치기 직전까지 몰렸다가 막판에 극적으로 거둔 승리 따위가 환희를 구성하는 핵심 요소였음이 틀림없다.

인도 산간에서 벌였던 송어 낚시에서 얻은 깨달음은 평생을 아우르는 진리였다. 종일 밭일을 하고 나서 안마를 받거나, 벌레에 물린 뒤에 박박 긁거나, 눈보라를 뚫고 한참을 걷다가 활활 타는 모닥불을 쬘 때처럼 짜릿하리만치 행복했던 기억들은 거의 예외 없이 고통과 고투의 요소를 품고 있다. 두려움이나 위험 요소가 섞이기도 한다. 난생처음 스키를 타고 슬로프를 내려올 때도 그랬다. (나는 예순 살까지 스키를 탔다.) 정신을 차려 보니 실수로 전문가 코스를 타고 있었다. 바람이 쌩쌩 귓가를 스쳐 지나갔다. 근육은 잔뜩 긴장했다. 심장은 터질 듯 쿵쾅거렸다. 하지만 마침내 아래턱에 이르는 순간, 마치 챔피언이 된 것만 같은 기쁨이 밀려들었다.

고통과 쾌락은 적이 아니라 기묘하게 붙은 쌍둥이처럼 찾아온다. 고단한 하루를 보내고 나서, 특히 허리가 아플 때면 뜨끈한 물에 몸을 담그길 좋아한다. 물은 아주 뜨거워야 한다. 물이 준비되면 욕조 턱에 걸터앉아 균형을 잡는다. 수면에 닿을락 말락 매달려서 등이 먼저 닿도록 조심스럽게 몸을 낮춘다. 온도가 딱 맞다 싶으면 조금씩 물속으로 들어간다. 신경 말단에서는 살갗에 물이 처음 닿는 느낌을

아무도 원하지 않는 선물

통증으로 해석한다. 그러다 차츰 환경을 안전하게 인식하고 나면 곧바로 짜릿한 기쁨을 보고한다. 가끔 이게 좋은 건지, 아니면 아픈 건지 분간하기 어려울 때도 있다. 1도만 뜨거우면 영락없는 통증이 되고 1도만 식어도 쾌감이 떨어진다.

고대 중국의 행복 공식을 철학자 린위탕(林語堂)이 정리한 글을 읽은 적이 있다. 글쓴이가 늘어놓는 30여 가지 삶의 지극한 기쁨 목록을 읽다가 어느 항목이든 고통과 환희가 어김없이 어우러지는 걸 보고 깜짝 놀랐다. "뜨겁고 흙먼지 날리는 들판에서 바짝바짝 갈증에 시달리는데 문득 굵은 빗방울이 살갗에 떨어진다면 아, 이 어찌 행복하지 않겠는가? 몸의 은밀한 자리가 근질거려 어쩔 줄 모르다 마침내 친구들을 피해 은밀한 구석에 숨어 마음껏 긁을 수 있다면 아, 이 어찌 행복이 아니겠는가!" 작가가 소개하는 최상의 행복 하나하나는 예외 없이 얼마쯤 고통의 요소를 포함하고 있었다.

얼마 뒤, 이번에는 성 아우구스티누스의 《고백록》에서 이런 대목을 읽었다.

> 그러하니, 도대체 심령에 무슨 일이 벌어지기에 아끼는 걸 늘 가지고 있을 때보다 되찾거나 회복할 때 더 큰 기쁨이 솟는가? 다른 일들도 이를 뒷받침하며, '그렇고말고!'라고 큰 소리로 외칠만한 증거가 그 안에 가득하다. 개선장군은 승리를 내세운다. 하지만 싸우지 않았더라면 결코 승리를 얻지 못했을 것이며, 전투의 위험이 클수록 승리의 기쁨도 크게 마련이다. 폭풍은 뱃사람을 이리저리 집어던지고 당장

이라도 파선시킬 듯 위협한다. 선원들은 눈앞에 닥친 죽음에 하나같이 새파랗게 질리고 만다. 그러다 하늘과 바다가 잔잔해지면 잔뜩 두려워했던 것만큼 벅차게 기뻐한다. 사랑하는 친구가 병들었는데 맥만 짚어 봐도 상태가 심각함이 틀림없다. 그가 건강해지는 걸 보고 싶어 하는 이들은 모두가 친구와 더불어 마음으로 아파한다. 그 친구가 다시 건강해지면, 예전처럼 혈기왕성하게 돌아다니지는 못할지라도 건강하고 씩씩하게 걷던 시절에는 맛보지 못했던 기쁨을 맛보게 된다.

아우구스티누스는 결론지었다. "어디든 더 큰 기쁨이 있는 곳에는 그 앞에 더 큰 고난이 있는 법이다." 쾌락에 대한 이런 시각은 풍요로운 서방 세계에 사는 이들이 반드시 기억해야 할 통찰이다. 일상생활이 너무 안락해진 나머지 도전을 통해 성장하고, 모험을 추구하며, 위험을 무릅써야 할 일이 사라지지 않도록 조심해야 한다. 여태보다 더 멀리 뛰고, 지금까지보다 더 높이 산을 오르고, 사우나를 하고 나서 눈밭에 나뒹군다면 자신을 제어하는 내면의 힘이 생길 것이다. 모험은 그 자체로 피를 뜨겁게 한다. 한편, 도전과 위험, 고통은 절묘하게 버무려져 위기를 맞았을 때 빛을 발할 자신감을 북돋운다.

한마디로, 약물과 안락한 생활, 사치에서 쾌락을 구하느라 삶을 소모한다면 쾌락이 도리어 이편을 피해 갈지 모른다. 오래 이어지는 즐거움은 무언가에 자신을 온통 쏟아붓는 데서 파생된 엄청난 보너스로 다가오는 경향이 있다. 그런 투자는 고통까지 아우를 공산이 크다. 고통 없는 쾌락이란 상상하기조차 어렵다.

아무도 원하지 않는 선물

진정한 행복은 섬김을 통해

병원 일로 인도에 돌아갈 때면 옛 환자들, 특히 나모나 사단, 팔라니를 비롯해 뉴 라이프 센터 초창기 구성원들한테 잠깐 들르길 좋아한다. 이제 죄다 중년에 접어들어 머리칼은 가늘어지고 희끗희끗해졌으며, 눈가에는 주름이 잡혔다. 나를 보기만 하면 다들 신발과 양말을 벗고 요 몇 년 동안 헌데 없이 잘 간수해 온 발을 보란 듯이 내보였다. (사단은 새 신발을 무척 자랑스러워했다. 끈 대신 찍찍이로 여미게 되어 있어서 두 손의 손상을 막기에 한결 수월했다.) 그들의 손발을 살펴보고 신경 써서 잘 지켜 낸 공을 한껏 칭찬해 준 다음, 함께 앉아 차를 마신다.

홀러간 지난날을 회상하고 그동안 어찌 살았는지 서로 나눈다. 사단은 53개 이동 진료소를 관리하며 한센병 사역을 기록하는 일을 꾸준히 하고 있었다. 나모는 전국적으로 소문난 물리 치료사가 되었다. 팔라니는 벨로르 병원에서 물리 치료사 훈련을 책임지고 있었다. 일과 가족에 관해 이런저런 이야기를 나누노라니 상처 입고 겁에 질린 모습으로 실험적인 수술에 자원하던 그들의 소년 시절이 떠올랐다.

평생 수술을 했지만, 큰돈을 벌지는 못했다. 그래도 이런 환자들 덕에 늘 큰 부자가 된 기분이다. 이들은 돈 주고 살 수 없는 기쁨을 안겨 준다. 그뿐만 아니라 고난을 겪고 있는 다른 이들을 향한 소망도 품게 해 준다. 한센병처럼 끔찍한 흔적을 남기는 질병의 고통조차도 마냥 파괴적인 것만은 아니라는 명명백백한 증거를 나모와 사단, 팔라니에게서 본다. 마틴 루서 킹 주니어 목사는 "나를 파멸시키는 게 아니라면 무엇이든 나를 강하게 할 따름"이라는 말을 입에 달고 살다시피 했다. 예전에 치료했던 숱한 환자들이야말로 그의 말을 뒷받침하는 살아 있는 증거다.

한번은 사단이 실제로 내게 말했다. "브랜드 박사님, 한센병에 걸렸던 게 얼마나 다행스러운 일인지 몰라요." 영문을 모르겠다는 시선을 느꼈는지, 곧바로 설명을 이어 갔다. "그러지 않았더라면 사회에 나가 출세하는 데 온 힘을 쏟았을 겁니다. 한센병을 앓으면서 보잘것없는 이들에게 눈길을 주게 되었어요." 사단의 이야기를 들으며 헬렌 켈러의 유명한 말이 떠올랐다. "장애에 고마워하고 있습니다. 덕분에 내 세계를, 자신을, 그리고 하나님을 찾았으니까요." 아무도 한센병에 걸리거나 헬렌 켈러 같은 어려움을 겪지 않기를 바라지만, 다른 한편으로는 인간의 영혼이라는 신비로운 자산을 통하면 고통마저도 더 높은 목표를 이루는 데 이바지할 수 있다는 사실에 얼마쯤 위안을 얻는다.

고통과 쾌락이 한데 어울려 돌아감을 보여 주는, 그냥 넘겨서는 안 될 마지막 본보기가 있다. 싸움터를 스스로 선택한 적이 없었던 내 환자들과 달리, 개중에는 섬김의 방편으로 자원해서 고난의 길을 가는 이들이 있다. 이들 역시 고난이 더 고상한 목표를 이루는 데 이바지할 수 있다는 사실을 잘 안다. 우리 시대의 '살아 있는 성자'를 몇 만난 적이 있다. 알베르트 슈바이처, 마더 테레사, 간디의 제자들처럼 개인적으로 커다란 희생을 감수하며 다른 이들을 보살피는 일에 헌신했던 이들이다. 좀처럼 보기 드문 이런 인물들이 활동하는 모습

아무도 원하지 않는 선물

을 지켜보면서 '희생'이란 생각이 차츰 사라졌다. 동정하는 마음보다 부러움이 커졌다. 그들은 삶을 내어 주는 과정에서 도리어 삶을 찾았으며, 여느 세상 사람들로서는 감히 넘보지 못할 높은 수준의 만족과 평안을 누리고 있었다.

스콧 펙(M. Scott Peck)은 이렇게 썼다. "오로지 행복을 추구하면 찾지 못할 공산이 크다. 행복한지 불행한지를 떠나 창조하고 사랑하기를 추구하면 오래도록 행복할 것이다. 기쁨 그 자체를 추구하는 노력이 기쁨을 가져다주지는 않는다. 공동체를 만드는 일을 하라. 비록 원하는 시간에 딱 맞춰 오지는 않겠지만 반드시 기쁨을 얻게 될 것이다. 기쁨은 참다운 공동체의 부산물로, 손 내밀어 붙잡을 수 없지만, 궁극적으로는 예측 가능하다."

세계 곳곳에서 일하는 한센병 사역자 공동체 안에서 섬겼던 걸 특권으로 여긴다. 통증에 관한 정보를 대부분 한센병 환자들에게 얻었다면, 기쁨에 관한 지식은 대부분 그들을 보살피는 일에 삶을 바친 훌륭한 인물들에게 배웠다. 그런 이들 가운데 밥 코크런, 루스 토머스, 에르네스트 프리춰를 비롯한 몇몇은 이미 이야기한 적이 있지만, 섬기는 과정에서 자연스럽게 일어나는 기쁨에 관해 설명하다 보니 또 다른 이들이 생각난다. 여기 이 끄트머리에서 말을 꺼내는 까닭은 일차적으로 그들이 무언가를 성취해서가 아니라 주로 더없이 높은 수준의 행복, 밑줄을 그어서 강조해도 모자랄 만큼 귀한 삶을 알려 주었기 때문이다.

우선, 독일 출신 의사이자 수녀로 지금은 파키스탄의 현대식 병원에서 일하고 있는 루스 파우(Ruth Pfau) 박사가 떠오른다. 처음 찾아 갔던 1950년대 어간에는 바닷가에 산처럼 쌓인 쓰레기 더미에서 막 사역을 시작한 참이었다. 허공을 새카맣게 메우다시피 한 파리가 붕 붕거리고 있었다. 일터에 도착하기 훨씬 전부터 썩은 내가 코를 찔 렀다. 숨 막혀 죽을 것만 같은 악취였다. 파우 박사는 거기서 일했다. 100명도 넘는 한센병 환자가 카라치에서 쫓겨나 정착한 데가 바로 그곳이었다. 가까이 다가서자 비로소 사람들 모습이 보였다. 환자들 이 쓸 만한 물건을 찾아 쓰레기 산을 기어오르고 있었다. 폐기물 더 미 한복판에 있는 수도꼭지 하나가 이곳 사람들에게 물을 공급하는 유일한 원천이었다. 가까이에 나무로 지은 깔끔한 진료소가 보였다. 파우 박사가 사무실로 쓰는 공간이었다. 게르만 민족 특유의 효율성 을 발휘해 지저분하기 짝이 없는 난장판 한복판에 질서정연한 오아 시스를 빚어낸 것이다. 박사는 환자 한 명 한 명의 이력을 꼼꼼하게 기록한 자료를 보여 주었다. 바깥의 끔찍한 광경과 자그마한 진료소 안에 가득한 사랑과 관심이 강렬하게 대비되며 마음에 각인되었다. 파우 박사는 의료 사업을 통해 고통을 완전히 탈바꿈시키고 있었다.

프랑스 리옹의 부유한 비단 상인의 아들이었던 아베 피에르(Abbe Pierre) 신부도 생각난다. 2차 세계대전이 일어나기 전에는 뛰어난 정 치인이었지만, 전후의 참혹한 가난을 지켜보며 큰 충격을 받고 자리 에서 물러나 가톨릭 수사가 되었으며 집 없이 떠도는 프랑스 걸인들 을 돕는 일에 헌신했다. 노숙인들이 팀을 이뤄 시내를 뒤지고 다니면 서 넝마와 빈 병, 금속 쪼가리 따위를 수집하게 했다. 남들이 내다 버

아무도 원하지 않는 선물

린 벽돌을 가져다가 창고를 짓고 주워 모은 엄청난 폐품 더미를 분류하고 재활용하는 사업을 시작했다. 신부는 프랑스 정부로부터 대지와 콘크리트 혼합기, 삽, 손수레 따위의 건설 장비 몇 점을 거저 얻었다. 노숙인 일꾼들이 거기다가 제 거처를 지었다. 대다수 대도시 변두리에 이런 '아베 피에르의 시가지'가 생겨났다. 얼마 지나지 않아서 프랑스에서는 노숙하며 구걸하는 걸인을 거의 찾아볼 수 없었다. 신부를 만나게 된 것도 그런 진전이 있었기 때문이었다. 스스로 세운 '엠마오의 제자들'이란 조직이 위기를 맞았을 무렵, 아베 피에르는 세계 여행길에 벨로르에 들렀다. 그는 이렇게 설명했다. "인간이라면 너나없이 누구에겐가 필요한 존재가 되어야 합니다. 제가 돕는 식구들에게도 형편이 더 나쁜, 그래서 섬겨야 할 이들이 있어야 합니다. 그렇지 않으면 부유하고 강한 조직이 되어도 영적인 영향력은 사라지고 말 겁니다!" 신부는 이제 막 잘살게 된 걸인들에게 딱 맞는 과업을 벨로르에서 찾았다. 자신을 따르는 이들에게 벨로르 병원에 한센병 환자들을 위한 병동을 기증하게 하겠다고 약속했다. 아베 피에르는 오로지 섬김을 통해서만 진정한 행복을 발견할 수 있다고 단언했다.

다들 '로비 아저씨'라고 부르던 양반도 생각난다. 아무 예고도 없이 어느 날 불쑥 벨로르에 나타난 뉴질랜드인이었다. 크지도 작지도 않은 몸집에 예순다섯 살쯤 되어 보였다. "제가 구두를 좀 만들 줄 압니다." 그는 말했다. "이 병원 환자들에게 도움이 될까 싶어서요. 월급 걱정은 하실 필요 없습니다. 이미 은퇴한 처지거든요. 긴 의자 하나랑 연장 몇 점이면 충분합니다." 베일에 싸인 로비 아저씨의 인생 내력은 아주 조금씩, 서서히 드러났다. 사실 아저씨는 정형외과의, 그것도 뉴질랜드를 통틀어 으뜸가는 전문가였다. 그걸 알고 얼마나 놀랐는지 모른다. 손가락이 떨리기 시작하자 로비는 수술칼을 내려놓았다. 꼬치꼬치 캐묻지 않으면 좀처럼 자세한 사연을 털어놓으려 하지 않았다. 오히려 신발 이야기를 할 때 더 신이 나는 듯했다. 가죽을 다루는 법, 적셔서 틀 위에 올리고 잡아 늘인 다음 움푹 꺼진 자리마다 자투리를 풀칠해 붙이는 법을 두루 꿰고 있었다. 구두 한 짝을 매만지는 데 몇 시간이 걸리든, 환자의 발이 조금도 눌리지 않을 때까지 조정에 조정을 거듭했다. 로비 아저씨는(아무도 '로버트슨 박사님'이라고 부르지 않았다) 한센병 요양원 손님방에서 혼자 살았다. 아내는 몇 년 전에 세상을 떠났다고 했다. 3-4년쯤 함께 일하면서 인도 제화공 열 명쯤을 완벽하게 훈련했다. 그리고는 어느 날, 우리에게 통보했다. "아시다시피, 여기서 할 일은 다 끝났다고 봅니다. 북인도에 또 다른 대규모 한센병 요양원이 있다고 들었습니다. 해안 지역에도 있고요." 로비 아저씨는 떠났다. 그리고 몇 년에 걸쳐 인도의 굵직굵직한 한센병 요양원에 섬김의 흔적을 뚜렷이 남겨 놓았다. 한센병 환자들의 상한 발을 더없이 다정하고 세심하게 살피는 모습을 보고 있노라면, 지난날 권위적이고 압박이 심한 뉴질랜드 정형외과계에서 일했던 인물이라는 게 도무지 믿어지지 않았다. 아저씨는 자신을 내세우는 법이 없었다. 누구든 한 번 만나면 거의 백발백중 로비를 좋아했다. 그에게 서운한 감정을 품는 사람은 아무도 없었다. 그만큼 자족할 줄 아

아무도 원하지 않는 선물

는 사람을 만나 본 적이 없다. 무얼 해도 오로지 하나님의 영광을 생각할 뿐이었다.

로비 아저씨처럼 아무 전갈도 없이 벨로르를 찾아왔던 릴라 수녀도 기억난다. 평범한 사리를 입고 있었다. 희한한 스타일의 소박한 사리 차림이었는데 얼핏 수녀복처럼 보이기도 했다. 특정 수녀회 소속은 아니지만, 가톨릭 수녀인 것만은 분명했다. "한센병 환자 발에 생긴 헌데를 치료하는 법을 알고 있습니다. 물론, 제 생각이긴 합니다만." 사뭇 건조한 말투였다. 펠트 천과 반창고, 소독제 정도만 준비해 달라고 했다. 요청받은 물건을 마련해 주고 환자 몇을 맡겼다. 수녀가 일하는 장면을 지켜보노라면 조각의 거장이 작업하는 걸 구경하는 느낌이 들었다. 우선 펠트를 저미듯 얇게 베어 낸다. 발에 생긴 헌데를 치료한 뒤에 상처 주위에 접착제를 살짝 바르고 발의 높낮이에 따라 다양한 두께로 꼼꼼하게 펠트를 덧댔다. 한마디로 신발이라기보다 발을 감싸고 일체가 되어 움직이는 안창을 만들고 있었다.

릴라 수녀는 헌데를 어떻게 고쳐야 하는지 확실하게 알고 있었다. 그리고 진종일 그 일을 하는 걸 정말 행복하게 여기는 듯했다. 자잘해 보이지만 너무도 중요한 임무를 감당하면서 섬김을 통해 참다운 기쁨을 얻는 법을 공부하고 있었다. (한센병 환자 발에 생긴 헌데를 직접 치료해 보지 않고는 이게 얼마나 대단한 말인지 어림조차 못 할 것이다.) 로비 아저씨처럼 릴라 수녀도 몇 년을 더 머무르다 홀연히 떠났다. 그때부터 거의 10년 넘게 그의 행적을 알 수 없었다. 그런데 이스라엘에 있는 한센병 요양원에 갔다가 어떤 환자가 섬세한 펠트 층으로 이뤄진 안창 받침을 대고 있는 걸 보았다. 릴라 수녀가 거쳐 갔음이 틀림없었다. 이스라엘을 떠나 요르단으로 갔다는 얘기가 들렸다. 그 뒤로도 몇 차례, 세계 이곳저곳에서 릴라 수녀 특유의 치료법을 목격했다. 그가 지나갔음을 알 수 있는 흔적이었다.

레너드 체셔(Leonard Cheshire)도 생각난다. 한센병 환자를 막 돌보기 시작했을 때, 하루는 '손 클리닉'이라는 거창한 이름을 붙인 진흙 창고에서 한창 일을 하고 있는데 기품 있게 생긴 영국 남자가 문을 빼꼼 열고 들여다보며 말했다. "장애인들에게 관심이 많습니다. 듣자 하니 한센병 환자들을 보신다더군요. 제가 구경 좀 해도 될까요?" 마다할 이유가 없었다. 그는 꼬박 사흘 동안 한구석에 앉아서 방 안에서 일어나는 일을 꼼꼼히 관찰했다. 사흘이 다 지나갈 즈음, 그가 입을 열었다. "박사님이 어쩔 수 없이 돌려보내는 환자들이 있더군요. 너무 나이가 많거나 손상이 심해서 수술을 해도 나을 가능성이 없는 분들 말입니다. 저는 그런 환자들에게 관심이 있습니다. 그분들을 돕고 싶습니다." 그리고는 자기 사연을 털어놓았다. 2차 세계대전 때 레너드 체셔는 대령으로 복무했다. 영국 공군에서는 상당히 높은 자리였다. 유럽과 아시아를 누비며 실전에 참가해서 빅토리아 십자 훈장을 비롯해 수많은 상훈을 받았다. 전쟁이 끝나갈 즈음, 해리 트루먼 대통령은 윈스턴 처칠에게 히로시마에 원자 폭탄을 떨어트릴 폭격기 '에놀라 게이'에 동승할 영국 참관인 두 명을 추천해 달라고 요청했다. 원자탄 투하가 미국의 독단적 판단이 아니라 연합국의 합의에 따른 결정임을 보여 주려는 조처였다. 1945년 8월 6일, 레너드 체

아무도 원하지 않는 선물

셔는 조종석 창문 밖으로 한 도시의 온 주민이 한 줌 먼지가 되어 사라지는 광경을 지켜보았다. 그날의 경험은 그를 완전히 바꿔 놓았다. 전쟁이 끝나자 곧바로 새 일을 시작했다. 몸이 아픈 이들을 돕는 단체를 만들고 장애인 사역에 헌신했다. 지금 이 단체는 세계 47개국에서 200곳이 넘는 환자 보호 시설을 운영하고 있다. (체셔는 1993년에 세상을 떠났다.) 인도 벨로르에도 시설이 세워졌는데 한센병 환자 30명 정도가 거기서 지내고 있다. 의학적인 면에서만 보자면, 더 손쓸 여지가 없는 이들이다. 하지만 긍휼과 사랑의 대상에서까지 제외되는 건 아님을 레너드 체셔는 또렷이 보여 주었다.

이 다섯 명을 골라 소개하는 이유가 있다. 고통과 즐거움이 함께 어울려 돌아갈 수 있다는 믿음을 갖는 데 단단히 한몫했던 인물들이기 때문이다. 겉만 보면 하나같이 모자라 보일지 모른다. 쓰레기 더미에서 노숙인들이 생활하는 쉼터, 구두 고치는 가게, 발 클리닉, 장애인들을 위한 시설까지 어느 하나도 즐거움과 쾌락을 배울 만한 환경이 아니었다. 그런데도, 돌이켜 이들을 생각하면 깊고 깊은 행복감이 밀려온다. 하나같이 다른 이들의 아픔만이 아니라 자신의 괴로움까지 변화시키고도 남을 만큼 깊고 깊은 영혼의 평안에 이르렀던 사람들이다. 예수님은 말씀하셨다. "세상의 고통을 나누어 짊어지는 이들은 복이 있다. 마침내는 그걸 피한 이들보다 더 큰 행복을 알게 될 것이다"(J. B. Phillips).

평생 잊지 못할 가르침

파우 박사와 아베 피에르를 비롯한 여러 스승에게 배운 가르침은 인도 콜리 말라이 지역에 살 때 아버지와 어머니에게 일찌감치 얻었던 교훈을 한층 확실하게 해 주었다. 특히 어머니는 강력한 유산을 남겼는데, 그 값어치를 다 알아보기까지는 오랜 세월이 걸렸다.

흔히 '죽음의 산'이라고 부르는 산골짜기이자 내가 태어난 고향에서 어머니가 어떻게 살았는지는 이미 몇 차례 이야기한 적이 있다. 학교에 들어가기 위해 영국으로 가기 전까지, 9년 동안 아버지 어머니와 함께 거기서 행복하게 살았다. 런던 교외에서 두 이모와 살았던 장중한 저택은 지난날 어머니가 자란 집이었다. 해리스 가문은 부유했다. 집에는 선교사가 되기 전, 이블린(어머니의 이름이다)이 어떻게 살았는지 보여 주는 숱한 물건이 남아 있었다. 마호가니로 도배가 되다시피 했고 벽장에는 값을 매길 수 없을 만큼 귀중한 집안의 보물들이 들어차 있었다.

이모들은 한목소리로 어머니가 얼마나 세련되게 옷을 입고 다녔는지 이야기하면서 벽장에 그대로 걸려 있는 레이스가 달린 비단옷과 커다란 깃털이 달린 모자를 보여 주었다. 어머니는 런던예술학교에 다녔으며 오래전에 그린 수채화와 유화가 남아 있어서 직접 본 적도 있다. 더러 자화상을 그리기도 했다. 이모들이 들려준 이야기에 따르면, 남학생들은 '아름다운 이블린'을 그리는 특권을 두고 경쟁을 벌이기까지 했다. 인도로 떠나기 전에 열린 송별회에서 누군가가 말

아무도 원하지 않는 선물

했다. "선교사가 아니라 여배우 같아."

　그랬던 어머니였지만, 아버지가 흑수병으로 세상을 떠나자 깊은 고통과 슬픔에 짓눌려 심신이 피폐해진 상태로 영국에 돌아왔다. '우리 어머니가 어떻게 이렇게 구부정하고 초췌해질 수가 있지?'라고 혼자 생각했던 기억이 난다. 얼마나 충격을 받았던지 철부지 10대다운 다짐을 하기도 했다. '이게 사랑의 결과라면 절대로 누군가를 넘치도록 사랑하지 않겠어!'

　갖은 말로 구슬려 보았지만, 어머니는 결국 인도로 돌아갔고 거기서 건강을 되찾았다. 그리고 산지의 주민들에게 온 삶을 쏟아부었다. 아픈 이들을 간호하고, 농사짓는 법을 가르치고, 기니벌레에 관해 강의하고, 고아들을 보살피고, 정글을 개간하고, 충치를 뽑고, 학교를 세우고, 우물을 파고, 복음을 전했다. 어린 시절을 보냈던 친정집에서 아들이 편안히 머무는 동안, 어머니는 두 평 남짓 되는 이동식 주택에서 지냈다. 해체해서 가지고 다니다가 다시 세울 수 있는 움집이었다. 어머니는 이 마을에서 저 마을로 끊임없이 옮겨 다녔다. 캠핑하며 시골을 돌 때는 위험을 가려 줄 보호 장치 하나 없이 달랑 작은 모기장 하나 치고 잠을 청했다. 오밤중에 폭풍이 몰아치기라도 하면 우비로 몸을 감싸고 머리맡에 우산을 펴 놓는 게 전부였다.

　외과의가 되어 처음 인도에 돌아갔을 무렵, 어머니는 예순일곱이었다. 직선거리로는 고작 160킬로미터 정도 떨어졌을 뿐이지만, 어머니가 지내는 곳은 깊은 산중이어서 가려면 24시간을 꼬박 이동해야 했다. 산간을 누비며 오랜 세월 부지런히 일하는 사이에 몸은 심하게 축났다. 살갗은 햇살과 비바람에 거칠어졌고, 말라리아 같은 감염 질환을 앓았고, 걸을 때는 다리를 절었다. 말에서 떨어져 팔이 부러지고 척추뼈에 금이 가는 일도 숱하게 겪었다. 이제 곧 은퇴하겠구나 싶었지만 그건 엄청난 착각이었다.

일흔다섯의 고령에도 여전히 콜리 산지를 누비던 어머니는 넘어져서 엉덩이뼈에 골절상을 입었다. 이튿날 아침, 일꾼이 발견할 때까지 밤새 바닥에 쓰러져 고통에 신음했다. 장정 넷이서 나무 막대기에 줄을 얼기설기 얽은 들것으로 산지에서 평지까지 산길을 내려온 뒤에 다시 지프에 태워 골골이 바퀴 자국이 난 험한 길을 따라 160킬로미터를 고통스럽게 달렸다. 사고가 일어났을 즈음, 난 외국에 있었으며 돌아가자마자 날을 잡아 콜리 말라이에 가서 그만 은퇴하라고 어머니를 설득할 계획을 세우고 있었다.

어쩌다 사고가 났는지 짐작이 가고도 남았다. 어머니는 부러진 척추에서 나온 척수 신경 뿌리가 눌려서 무릎 아래쪽 근육을 제대로 쓸수 없었다. 그런데 다리를 끌듯 절뚝거리며 걷는 걸음걸이로 우유 단지와 석유램프를 들고 문지방을 넘으려다 발이 걸려 넘어진 것이다. "다음날에라도 누가 찾아냈으니, 얼마나 다행스러운지 모르겠어요." 미리 연습한 설득을 시작했다. "하마터면 며칠씩 아무 도움도 못 받고 쓰러져 계실 뻔했잖아요. 이제, 그만 은퇴하셔야 하지 않을까요?"

어머니는 달리 대꾸하지 않았다. 조금 더 말을 보탤 기회였다. "균형감도 떨어지고 다리도 제대로 움직이지 않잖아요. 병원 한 번 가는데 하루가 꼬박 걸리는 깊은 산속에서 홀로 지내시는 건 안전하지

아무도 원하지 않는 선물

않아요. 생각해 보세요. 지난 몇 년 새 척추와 갈비뼈가 부러졌고, 뇌진탕을 겪었고, 손에도 심한 염증을 앓았어요. 정말 건강한 양반들도 여든 이전에 퇴직하는 경우가 왕왕 있다는 걸 아셔야 해요. 벨로르로 나와서 같이 살지 않으실래요? 우리 쪽에서 해야 할 일이 산더미같이 많다고요. 어머니도 병원 가까이 계시면 좋잖아요. 저희가 잘 보살펴 드릴게요."

절대로 마다할 수 없는 제안이었다. 적어도 내가 생각하기에는 그랬다. 그러나 어머니는 요지부동이었다. 드디어 어머니가 입을 열었다. "애야, 너도 산골 사정이 어떤지 알잖니. 나마저 떠나 버리면 시골 사람들을 누가 돌보겠니? 누가 상처를 치료하고, 충치를 뽑고, 예수님에 관해 가르칠까? 누구라도 대신 와서 그 일을 물려받으면 그때는 군말 없이 물러나마. 하나님이 원하시는 자리에서 쓰임받지 못할 바에야 이 늙어 빠진 몸으로 굳이 살아야 할 까닭이 무엇이겠니?" 어머니의 최종 답변이었다.

어머니에게는 희생이 그러하듯, 고통 역시 어딜 가나 따라다니는 동행이나 다름없었다. 사랑하는 마음으로 한껏 유하게 표현한다고 할지라도, 노년의 어머니에게는 신체적인 아름다움이 거의 남아 있지 않았다. 심하게 넘어져 생긴 상처와 장티푸스, 이질, 말라리아 따위와 벌인 씨름 따위가 어우러진 험한 환경 탓에 여위고 등 굽은 노파가 되고 말았다. 오랫동안 바람과 뜨거운 햇볕에 노출되면서 얼굴 피부는 가죽처럼 딱딱해졌으며 지금껏 본 어떤 얼굴보다 깊고 굵은 주름이 파이고 고랑이 졌다. 화려한 옷을 입고 다니던 전형적인 미인, 이블린 해리스는 이제 희미한 과거의 기억 속으로 사라졌다. 지난 20년 동안, 집 안에 좀처럼 거울을 들이지 않았던 걸 보면, 어머니도 그런 사실을 다른 이들만큼 잘 알고 있었음이 틀림없다.

하지만 아들로서 최대한 객관적으로 말한다면, 이블린 해리스 브랜드는 마지막 순간까지 진정 아름다운 여인이었다. 어머니에 대한 시각적인 기억 가운데 가장 강력한 한 장면의 무대는 어느 산골 마을이었다. 사역 현장에 있는 어머니를 마지막으로 봤을 때가 아닌가 싶다. 동네로 다가가자 주민들이 달려 나와 목발을 받아 들고 상석으로 모셨다. 마을을 둘러싼 야트막한 돌담 위에 앉았던 기억이 난다. 사방에서 동네 사람들이 밀려들었다. 수도 시설을 깨끗하게 관리하고 마을 바깥의 과수원을 잘 가꿨다는 칭찬이 한바탕 이어졌다. 이제는 다들 하나님이 산지 주민들을 얼마나 사랑하시는지에 관한 이야기를 귀 기울여 듣고 있었다. 힘을 얻고 고개를 끄덕이는 이들도 있고, 심오하고 예리한 질문을 던지는 축도 있었다. 뿌옇게 막이 낀 어머니의 눈이 반짝였다. 곁을 지키고 선 나는 어머니가 흐려진 시야로 무얼 보고 있는지 분명히 알 수 있었다. 어느새 깊이 사랑하게 된 이를 깊은 신뢰와 애정을 가지고 쳐다보는 진지한 얼굴들이었다.

세상 누구도 마을 사람들에게 그런 헌신과 사랑을 억지로 받아 낼 수 없으리라는 생각이 들었다. 그들은 바싹 여위고 주름진 얼굴, 아니 그 살갗 너머 부드럽게 빛나는 영혼을 바라보고 있었다. 산골 사람들과 내게 어머니는 아름다웠다. '브랜드 할머니'에게는 유리에 반들거리는 크롬을 발라 만든 거울 따위는 필요치 않았다. 에워싸고 선

　　　　　　　　　　　　　　아무도 원하지 않는 선물

이들의 환하고 밝은 얼굴에서 자신의 모습을 선명히 볼 수 있었기 때문이다.

그로부터 몇 년 뒤, 어머니는 아흔다섯의 나이로 세상을 떠났다. 평소의 당부대로, 산골 마을 주민들은 시신을 소박한 무명천에 싸서 묻었다. 어머니는 그렇게 흙으로 돌아가 새 생명을 낳는 자양분이 되었다. 어머니의 영혼 역시 교회에, 진료소에, 몇몇 학교에, 그리고 인도 남부 다섯 개 산간 지역에 사는 이들 수천 명의 얼굴에 살아 있다.

함께 일했던 식구 하나는 자신이 만나 본 이들 가운데 '브랜드 할머니'가 가장 오래 살았던 인물이라고 했다. 어머니는 생명을 내어줌으로써 생명을 찾았다. 고통에 관해서도 누구보다 잘 알았다. 하지만 고통이 꼭 파괴적인 건 아니다. 고통은 탈바꿈할 수 있다. 어머니가 전해 준 평생 잊지 못할 가르침이다.

I

학회나 교회에서 강연을 꾸준히 해 왔는데, 1980년대 중반부터 뚜렷한 변화가 감지되었다. 청중들에게 궁금한 걸 물어보라고 단상을 내주면, 강연 주제와 관련된 내용은 점점 줄어드는 반면 후천성 면역 결핍 증후군(AIDS)에 관한 이야기가 차츰 핵심을 차지했다. 이 시대의 여느 건강 문제와 달리, 인체 면역 결핍 바이러스(HIV)에 감염되어 발병하는 이 질환은 일반 대중의 두려움과 걱정을 불러일으켰다.

한센병과 에이즈를 한데 꿰어 언급하는 소리를 자주 들었다. 당시 의무총감이던 에버렛 쿠프 박사는 말했다. "에이즈는 우리 시대의 한센병이 되었다. 100년 전 수많은 이들이 한센병 환자들에게 보였던 것과 똑같은 태도로 요즘 에이즈 환자를 대하는 이들이 있다." 신문 머리기사는 비할 바 없이 거칠다. '에이즈 환자는 현대판 문둥이'라는 제목을 대문짝만하게 뽑은 매체도 있었다. 이제는 공식적으로 '한센병 희생자'로 불리게 된 루이지애나주 카빌의 나환자들로서는 그런 머리기사가 신경 쓰일 수밖에 없었다. 그들 대다수는 '문둥이'라

아무도 원하지 않는 선물

는 말이 저주보다 더 독한 오명으로 작용하던, 그리고 감염되었다는 사실만으로도 가족 및 친구들과 헤어져 집에서 수백 킬로미터나 떨어진 외딴 시설에 격리할 법적 근거가 되던 시절을 너무도 선명하게 기억했다.

그들은 에이즈 환자들을 '현대판 문둥이'라고 부르는 것에 뒤엉킨 감정을 느꼈다. 물론, 엄혹했던 시절의 기억을 떠올리게 하는 그 무서운 '꼬리표'를 몹시 싫어했다. 하지만 그와 동시에 낙인이 찍히는 게 어떤 심정인지 실감할 또 다른 무리가 뒤이어 등장했다는 사실에 고소해하는 기분을 애써 눌러야 했을지도 모른다. 지난날에 비추어 보더라도 자신이 앓는 병이 새로운 질환보다는 한결 낫다는 점도 잘 알고 있었다. 에이즈 환자와 처지를 바꾸고 싶어 할 한센병 환자는 단 한 명도 없을 것이다.

이 글을 쓴 1993년만 하더라도 전 세계 한센병 환자의 숫자는 1천만 명에서 1천 200만 명 사이로 에이즈 바이러스(HIV) 감염자들과 얼추 맞먹는 숫자였다. 하지만 이는 일시적으로 통계에 나타나는 요행일 뿐이다. 한센병 환자의 숫자는 이제 줄어드는 반면, HIV 감염자는 여전히 무서운 속도로 늘고 있다. 더욱이 한센병에 관해서는 검증된 치료법이 나와 있으며 그런 자원을 세계적으로 적용하기만 하면 질병을 통제할 수 있다. 하지만 AIDS/HIV의 경우는 한센병에 비할 수 없을 만큼 엄청난 비용을 연구에 투입하고도 지금껏 뾰족한 해결책을 얻지 못하고 있다.

한센병 치료 분야에서 오랜 경력을 쌓은 덕에 상대적으로 더 넓은 시야로 상황을 조망할 수 있게 되었다. 기나긴 세월 동안 이 끔찍한 질병을 감싸고 있던 수수께끼의 장막이 아주 짧은 기간에 말끔히 벗겨지는 현장을 목격했다. 한센병의 독니가 빠져나가는 꼴을 지켜보는 건 더할 나위 없이 짜릿한 경험이었다. 처음 한센병 환자를 보기 시작했던 인도 벨로르 같은 지역에서는 활성 감염 환자의 숫자가 수천에서 수백 단위로 줄었다. 해마다 900명에 가까운 환자가 새로 나타나는 '발병률' 면에서는 별 차이가 없지만, 즉각적인 치료로 병이 심각한 타격을 입히기 전에 감염을 잡는다. 여러 약제를 쓰는 사례를 통틀어 질병이 심해지는 경우는 1퍼센트도 안 된다.[•]

그토록 애쓰고 공들였던 힘줄 이식, 코 성형, 눈썹 이식 같은 재건 수술이 필요한 환자도 이제는 거의 없어졌다. 한때는 온갖 단계의 변형이 생긴 환자가 수백 명씩 모여 지내던 곳에 이제는 나이 많은 이들만 남아 여생을 보내는 대조적인 풍경에 옛 '한센병 환자 요양원'에 갈 때마다 눈을 의심할 지경이다. 요즘 환자들은 대부분 집에서 효과적인 약품으로 치료를 받는다. '문둥이 수용소'는 과거의 유물이 되었다. 벨로르 같은 지역에서도 끔찍한 사회적 낙인은 서서히 사라지고 있다. 환자의 가족은 물론이고 한동네 사람들도 병의 실체를 잘 알아서 이제는 감염 사실을 알린 이들을 쫓아내려 하지 않는다.

• 벨로르는 한센병과 벌이는 전투의 최일선에 해당한다. 세계 다른 지역의 전망은 아직 장밋빛이 아니다. 환자 한 명이 2년 동안 다약제 치료를 받는 데 200달러에 채 못 미치는 비용이 들어가는데도, 세계적으로 한센병 환자들 가운데 절반 이하만이 그런 치료를 받고 있다.

아무도 원하지 않는 선물

에이즈를 치료하는 의료인들에게도 한센병 관계자들과 마찬가지로 질병과 싸우는 데 쓸 효과적인 도구가 생기길 간절히 바란다. 한편, 의료인으로서 여태 밟아온 길을 되돌아보면, 이 두 질병 사이에 지극히 유사한 점과 대조적인 점이 함께 있음에 놀란다. 한센병과 에이즈의 병리에는 공통점이 거의 없지만, 의료계와 사회의 반응 방식에서 비슷한 구석이 적지 않다. 에이즈를 둘러싼 논의 과정에서 격리와 강제 검사를 비롯한 공공 정책의 문제점이 꾸준히 드러나고 있다. 이런 정책의 역사는 한센병과 벌인 기나긴 싸움까지 거슬러 올라간다. 따라서 한센병의 역사에서 많은 교훈을 얻을 수 있고 반드시 그래야 한다.

낙인의 위력

에이즈가 대중의 인식 속에 어렴풋이나마 자리를 잡기 시작하던 1985년, 난생처음 중국에 갈 기회가 있었다. 중국 방문을 통해서 오랜 세월 한센병을 어떻게 다뤄 왔는지 단번에 떠올리는 동시에, 한센병 (또는 에이즈) 같은 질병에 지나친 낙인이 찍혀 의사들조차 치료를 망설일 지경에 이르면 어떤 사태가 벌어지는지 불길하게 내다볼 수 있었다. 중국 공중 보건 당국은 마하이더(馬海德)라는 뛰어난 인물의 주도로 활동성 한센병 환자의 숫자를 50만에서 7만으로 끌어내렸다. 하지만 통증을 지각하지 못하는 데서 비롯되는 부상을 미리 막는다든지 변형된 손과 얼굴을 수술로 치료한다든지 하는 일은 시도조차 못 하고 있었다.

의사들 대다수는 잔뜩 겁을 먹은 나머지 한센병을 다루려 하지 않았다. 난징에 있는 국립피부과학연구원에서 우리가 가져간 훈련 프로그램을 진행했지만, 단 한 명의 한센병 환자도 수술실에 발을 들이지 못했다. 수술 시범을 보여 달라는 당국의 요청을 받고 현지 피부과 의사에게 수술실을 쓸 수 있는지 물었다. 오랜 논의를 거듭한 끝에 '불허'라는 답이 돌아왔다. 한센병 수술은 시외에 있는 한센병 전문 병원에서 해야 한단다.

그곳 수술실만큼 원시적인 시설은 일찍이 본 적이 없었다. 수술대는 있으나 손을 씻을 싱크대는 보이지 않았다. 절단 외에 다른 수술을 할 만한 제대로 된 도구도 없었다. 한마디로 도마 하나 덩그러니 놓인 꼴이었다. 환자의 다리를 잘라 내고 나면, 의사들은 나무다리를 만들어 주었다. 몸통 양쪽에 이어 붙인 긴 쇳조각으로 고정하는 형태

• 레바논계 미국인인 마하이더는 1933년에 젊은 의사 신분으로 중국에 건너갔다. 그는 상하이에 머물며 가난한 이들의 끔찍한 실상을 적나라하게 보았다. 부모는 아들을 공장에 팔아 노예나 다름없는 중노동에 시달리게 했으며 딸을 성매매로 내몰았다. (성매매 업소가 열네 집 걸러 한 집꼴이었다.) 결국 마하이더는 마오쩌둥 주석이 이끄는 대장정에 합류했다. 공산당이 정권을 잡는 데 성공하자 새로운 중국 최초의 외국인 시민이 되었다. 공공 보건 책임자의 자문역을 맡아 온 힘을 다해 성병 퇴치 운동을 벌인 끝에 중국의 난제로 꼽히던 문제를 해결했다. 의학사에서 전례를 찾을 수 없을 만큼 큰 업적이었다. 그때부터 마하이더는 한센병에 초점을 맞추기 시작했다.

아무도 원하지 않는 선물

였다. 환자들은 통증을 느끼지 못하므로 금속 조각이 살갗과 부대끼는 자리마다 금세 헌데가 잡혔다. 운 나쁜 환자들에게는 그나마도 돌아가지 않았다. 그들은 세 발 의자를 밀고 돌아다녔다. 한 걸음 내디딜 때마다 의자를 앞에 두고 잘린 다리의 그루터기를 올린 다음 성한 다리를 끌어당겼다.

난징에서 멀지 않은 다른 소도시에는 손 수술을 전문으로 하는 현대적인 병원이 있었지만 같은 규정을 적용했다. 손 수술을 잘하는 훌륭한 의사들이 있었지만 아무도 한센병 환자를 치료하려 하지 않았다. 아내는 어느 한센병 요양원의 '안과'를 보고 분통을 터트렸다. 안과 의사는 아예 들여다보지도 않는 빈방에 지나지 않았기 때문이다. 그날 오후, 환자들을 진찰해 보니 70퍼센트가 실명 상태였다. 날마다 스테로이드 몇 방울만 넣어 주었더라면 앞을 못 보는 사태만큼은 얼마든지 막을 수 있었던 환자가 대부분이었다.

한센병 환자들을 대하는 중국인의 마음가짐에 우리가 지속적인 영향을 주었으면 좋겠다는 생각이 들었다. 낙인은 앎을 가로막는다. 통역을 통해서 우리 딸애 가운데 하나가 한센병을 앓은 적이 있는 남자와 결혼했다고 이야기했다. 강연이 끝난 뒤, 통역이 찾아와서 혹시 자기가 잘못 옮긴 게 아니냐면서 그런 일은 있을 수 없는 일이라고 했다. 어떤 의사도 한센병을 앓은 신랑과 딸을 결혼시키지 않으리라고 했다. 한번은 진찰하면서 한센병 환자를 감싸 안고 손을 토닥였다. 주위에 둘러섰던 의사들이 일시에 숨을 죽였다. 나중에 한 의사가 고백했다. 우리가 중국에서 했던 어떤 말이나 행동보다 그 사소한 몸짓 하나가 자신에게는 더 인상 깊었다는 얘기였다.

인간 사회가 한센병 환자에게, 그리고 이제는 에이즈 환자에게 찍어 왔고 또 떠안기고 있는 독특한 낙인을 자주 곱씹는다. 동굴이나 좁은 다락방에 몇 년씩 갇혀 살았던 아이들을 안다. 한센병 환자의 오두막을 불태우고 가족들을 동구 밖으로 내친 시골 마을 주민들도 안다. 그런 반감이 한센병 환자들에게 얼마나 파괴적인 영향을 미치는지 두 눈으로 똑똑히 보았다. 그리고 이제 똑같은 반발이 미국에서 유령처럼 되살아나는 모습을 지켜보고 있다. 에이즈 환자가 사는 집에 화염병이 날아들고 아이들은 학교에서 쫓겨난다. HIV 양성 반응을 보이는 동성애자들은 가족들에게 절연을 당한다. 정서적 지지가 절실한 시점에 도리어 내쫓기는 셈이다.

이렇게 지독한 낙인은 어디서 비롯된 것일까? 어원 자체에서 실마리를 찾을 수 있다. 낙인을 의미하는 영어 단어 'stigma'는 본래 피부에 새기는 표식을 가리키는 그리스어에서 나왔다. 노예의 경우에서 보듯, 더러 쇠도장(branding iron)을 달궈 고유의 흔적을 남겼던 까닭에 '브랜드(brand)'라고 부르기도 했다. 흥미롭게도 같은 어원에서 나온 낙인과 브랜드는 서로 방향이 갈렸다. 노예 제도가 폐지된 뒤, 대부분 소 떼를 포함해 인간이 아닌 대상에게 쇠도장을 찍었으므로 브랜드라는 말에서는 부정적인 기운이 가셨다. (브랜드라는 이름을 가진 나로서는 참으로 감사한 노릇이다.) 오늘날의 기업들은 브랜드명을 고르는 데 막대한 비용과 관심을 쏟는다. 이렇게 '브랜드'가 부정적인 면모를 벗어 버린 데 반하여, '낙인'은 그 이미지를 고스란히 뒤집어썼다.

아무도 원하지 않는 선물

'낙인'이라는 단어의 쓰임새는 큰 폭으로 달라져 왔다. 아주 오래 전, 예수 그리스도를 따르는 경건한 이들은 십자가의 상처를 지니고 싶은 마음에 스스로 손바닥에 칼자국을 냈다. 부끄러움이 아니라 자랑으로 그런 낙인(흔적)을 몸에 새긴 것이다. 여태 읽었던 의학 교과서들은 갖가지 질병의 낙인, 다시 말해 눈에 보이는 흔적들을 살피라고 가르쳤다. 물론, 지금은 그 말이 십중팔구 부정적인 의미로 쓰인다. 소수자들, 그리고 고통받는 이들로서는 낙인이 찍히는 게 두려울 수밖에 없다.

한센병과 에이즈를 생각할 때 낙인 또는 흔적이라는 말의 현대적인 쓰임새를 곱씹어 보는 게 도움이 될 성싶다. 의사의 관점에서 보자면 낙인에는 유익한 면과 나쁜 면이 모두 있다. 한센병 환자를 치료하는 입장에서는 겉으로 드러나는 병의 증세를 유감스럽게 여기지 않는다. 그런 가시적인 흔적을 통해 더 관찰하고 치료해야 할 대상을 구별해 내는 까닭이다. 감염된 이들을 알아보게 해 주는 흔적들이 없다면 한센병을 통제하는 눈부신 발전도 결코 이룰 수 없었을 것이다.

수천 년 동안 인류 사회는 가시적인 흔적에 기대어 전염병을 막아 왔다. 구약 성경은 피부병이 생긴 이들을 처리하는 명백한 지침을 제시한다. 제사장이 판별한 뒤 진영 밖으로 내보내서 확산을 방지했다. 대다수 사회 역시 감염을 두려워한 나머지 한센병을 앓는 이들을 격리시켰다.

낙인의 문제는 유익한 쪽에서 나쁜 쪽으로 쉽게 넘어가며 좀처럼 되돌릴 수 없다는 데 있다. 인류사는 잔인하고 부당한 방식으로 표현된 '나쁜 낙인'의 사례를 숱하게 담고 있다. 중세의 왕자들은 개인적인 흥밋거리로 몸집이 아주 작거나 기괴하리만치 거대한 이들, 등뼈가 혹처럼 튀어나온 이들을 끌어모았다. 고대 그리스인들은 장애가 있는 이들을 절벽에서 밀어 떨어트렸다. 일본인들은 그들을 눈 더미에 묻어 버렸고 에스키모들은 유빙에 실어 바다로 흘려보냈다. 현대인들은 훨씬 세련되고 은근해졌을지 몰라도, 무의식적으로 질병과 변형에 등급을 매기고 거기에 따라 고통받는 이들을 달리 대하는 양상은 여전하다. 오늘날에는 한센병과 에이즈를 비롯한 몇몇 질병에 시달리는 이들을 두려워하고 배제해야 할 특별 계층으로 치부하는 게 사실이다.

과잉 반응

의료 분야에서는 이성적이고 합리적인 두려움에서 시작되었다가 되돌리기 어려운 비이성적이고 해로운 과잉 반응으로 이어지는 일이 적지 않다. 한센병이 대표적인 본보기다. 차츰 효과적으로 치료할 길이 열리고 감염률이 낮다는 사실이 알려지면서 한센병 치료 관련자들도 더는 겁을 먹지 않게 되었다. 그런데도 중국 같은 곳에서는 의학계마저도 낙후된 인식 수준을 면하지 못하고 있다. 사회 전반의 의식이 한센병 관련 지식의 발전 속도를 따라잡으려면 몇 세대를 기다려야 할 듯하다. '나쁜 낙인'일수록 존재 이유가 사라진 뒤에도 오래도록 끈질기게 남는 경향이 있다.

인도에서 일할 당시, 한센병에서 완치된 환자를 고향에 돌려보내자 처음에는 이내 병원으로 돌아와 눈썹과 눈 성형 수술을 해 달라고 매달렸다. 한눈에 드러나는 질병의 흔적이 고스란히 남아 있는 한, 마을 사람들은 별다른 위험이 없어 보임에도 여전히 병자의 낙인을 거두려 하지 않았다. 미국에서 한센병 환자로 분류되는 것을 그토록 완강하게 피하고 싶어 하는 까닭도 여기에 있다. '나병'이란 말에는 더할 나위 없이 나쁜 낙인이 찍혀 있기 때문이다. 충분히 통제할 수 있다는 사실이 널리 알려지기는 했지만, 아직도 한센병은 에이즈와 더불어 미국 입국이 거부되는 극소수 질병 목록에 들어 있다.

한센병과 달리 HIV 감염은 적어도 초기 단계에서는 그 존재를 드러내는 가시적인 흔적이 전혀 나타나지 않는다. 잠재적인 섹스 파트너들에게 경고 신호를 보내거나 관계 당국이 병을 통제하고 치료하는 데 도움을 줄 '좋은 낙인'이 없다는 뜻이다. 바로 그런 부재가 사회의 비이성적 두려움을 키우고 '나쁜 낙인'을 찍는 데 힘을 보탠다. 이웃이나 연인, 친척을 비롯해 누구든 치명적인 바이러스를 퍼트리는 매개가 될 수 있다. HIV 감염자들은 검사나 치료를 망설인다. 혹시라도 그런 사실이 알려지면 차별에 시달릴까 두렵기 때문이다.

한센병과 에이즈의 유사성은 각 사람에게 찍힌 '나쁜 낙인'을 비교하면 더없이 분명해진다. 그동안 두 질병을 둘러싼 극단적인 낙인의 근원을 규명하려 애써 왔다. 개인적으로는 양쪽 모두 질병의 증상에서 오는 특유의 두려움, 감염 가능성에 대한 염려, 질병이 하나님의 저주라는 믿음에서 비롯되었다고 믿는다.

병에 대한 특유의 두려움

한때 '슬금슬금 기어드는 죽음'이라고까지 했던 한센병을 둘러싼 공포에 관해서는 이미 길게 적었다. 손과 얼굴에 영향을 미치는 질병은 웬만해서는 숨길 수 없다. 치료에 뛰어들었던 초기, 그러니까 설파제가 아직 나오지 않았던 시절에는 한센병이 돌이킬 수 없는 합병증으로 이어지는 사례도 적지 않았다. 상대적으로 서늘한 콧구멍 안쪽 점막에 나병 결절이 생겨 코를 막고, 따라서 환자는 입으로 숨을 쉰다. 그러면 세균은 잇몸에 침투해 이빨이 흔들리게 되고, 다시 인두와 후두로 번진다. 우선 목소리가 거칠어지고 곧바로 숨쉬기가 어려워진다. 마지막 단계에 이르면 기관 절개술만이 공기 흐름을 유지할 수 있는 유일한 방법이 된다. (칭글레푸트와 카빌에서 치료했던 초기 환자들 가운데 일부는 아직도 그런 수술 자국을 지니고 있다.)

에이즈도 카포시 육종(면역 체계가 망가져 생기는 종양—옮긴이), 아구창, 영양실조 같은 가시적인 징후가 나타날 수 있다. 이들은 보통 치명적인 결과를 낳는 것으로 알려져 있다. 하지만 이 병 특유의 공포감은 어디서나 찾아올 수 있다. 에이즈는 신체적 불충의 일종이다. 몸이 더없이 흔한 문제를 처리할 능력마저 잃고 만 것이다. 위험은 곳곳에 도사리고 있다. 설사나 가벼운 감기도 큰 탈이 될 수 있다. 신체가 외부 침입자에 맞서 자신을 보호하는 생체 기능마저 상실한 탓이다.

이런 점을 고려하면, 실질적인 희망을 품고 에이즈로 고통받는 이들을 바라보기 어렵다. 최고로 꼽히는 과학계의 지성들이 HIV의 비밀을 풀려고 노력하고 있지만, 아직 바이러스의 실체를 파악하지 못

아무도 원하지 않는 선물

하고 있는 형편이다. 나는 한센병 환자들에게 똑같은 두려움과 혐오감 어린 시선이 쏟아지던 시절을 돌이켜 보는 게 고작이다. 밥 코크런이라든지 카빌의 약품 연구원들 같은 이들이 고단하고 치열한 탐색을 거듭한 끝에 마침내 성공을 거두었다. 이제 한센병은 치유의 길이 열렸으며 두려움도 가셨다. 에이즈를 두고도 같은 말을 할 수 있는 날이 곧 오길 기도한다.

감염 가능성에 대한 염려

한센병과 에이즈가 사방팔방 퍼져나가리라는 두려움은 근거 없는 미신에 뿌리를 두고 있다. 특별히 취약한 집단을 제외하면, 둘 중에 어느 쪽에서도 폭발적인 전염 가능성을 찾아볼 수 없다.

한센병은 태생적으로 면역력이 없는 소수(약 5퍼센트 정도)만을 감염 위험군으로 본다. 예방 훈련이 잘되어 있고 관련 의료 시설에 쉽게 접근할 수 있는 벨로르 같은 지역에서는 감염에 대한 지나친 두려움에 토대를 둔 낙인이 사라지고 있는데, 이를 보면 힘이 솟는다. 한센병을 앓았던 적이 있는 이들의 자녀들도 이제는 그런 경험이 없는 아이들과 결혼한다. 한 세대 전만 하더라도 생각조차 할 수 없는 일이었다. 그런데도 교육 수준이 높은 나라들에서는 도리어 과민 반응이 좀처럼 가라앉지 않고 '나쁜 낙인'이 계속 이어지고 있다. 어처구니가 없는 노릇이다. 인도에서보다 오히려 일본이나 미국 같은 나라에서 한센병을 둘러싼 더 큰 무지와 공포가 여실하다. 1987년만 하더라도, 정부는 한센병 환자를 일반 외래 진료실에서 치료하려는 계획을 세웠다가 대중의 저항에 부딪혀 폐기해야 했다. (에이즈의 본산으로 불리는 샌프란시스코에서는 환자 권익 운동이 일어났다.)

지금은 모르는 이가 거의 없는 사실이지만, HIV 감염은 체액 교환을 비롯한 몇몇 특정한 행위를 통해서만 확산된다. 실제로는 전염이 상대적으로 더 어려운 편이다. 따라서 감염을 두려워해야 할 주요 집단은 안전하지 못하고 문란한 성관계를 맺거나 주사기를 함께 쓴다든지 하는 식으로 다른 누군가의 체액에 직접 접촉하는 이들이다.

에이즈와 관련해 양 진영 모두 건전한 의료 정책보다 정치를 앞세우는 상황을 보면서 적잖이 혼란스러운 게 사실이다. 이 주제를 보는 시선이 지나치게 양극화되어, 이편이나 저편에 줄을 서지 않고는 논의 자체가 불가능할 지경이다. 두 진영 모두 제 입장을 너무 완강하게 고수하는 터라 바람직한 대화는 거의 오가지 않는다.

그러는 사이에 일반 대중 가운데 상당수는 잔뜩 부풀려진 위기의식에 사로잡혀 살아간다. 어찌 보면, 절대다수는 에이즈 확산을 막아 줄 항구적인 '백신'을 가지고 산다고 할 수 있다. 섹스를 자제해야 할 이유는 없다. 그저 한 명의 상대에게 성실하기만 하면 된다. 인류를 떨게 한 전염병 가운데 이처럼 간단한 해결책을 가진 사례는 눈을 씻고 봐도 없다. 의료계 전문가들은 너나없이 이 사실을 알고 있지만 "행동과 생활 양식에 참견한다"는 반발이 두려워 입 밖에 내길 망설일 따름이다.

의학적인 관점에서 보자면, 성적 지향이 아니라 난잡함이 사태의 본질이다. 스스로 무분별한 성행위에 빠져 있으면서 동성애자를 공

아무도 원하지 않는 선물

격하는 빌미로 에이즈의 전염성을 이용하는 행태는 위선적이다. 아프리카와 아시아 여러 지역에서 에이즈는 주로 이성 간의 성관계를 통해 확산된다.

한편, HIV 감염자들의 권익을 지키기 위해 온갖 수고를 무릅쓰는 활동가들을 보면 그저 놀라울 뿐이다. 한센병 환자에게 찍힌 '나쁜 낙인'의 영향을 지켜보며 살아온 터라 환자의 사생활을 보장하고 강제 검사를 거부할 권리를 주어야 한다는 주장을 충분히 이해한다. 하지만 염두에 두어야 할 다른 권리들도 있다. HIV 양성 반응자들이 깨끗하지 못한 주사기를 나눠 쓰거나 난잡한 성관계를 계속할 경우 치명적인 바이러스를 퍼트릴 수 있다. 에이즈의 전염성에 관한 일차적 사실이 알려진 뒤에도 일부 압력 단체들은 샌프란시스코의 공중목욕탕을 계속 개방해야 한다고 주장했다. 결국, 수천 명에 이르는 이들이 위험에 노출되었다. 이들은 한동안 혈액은행의 검사 절차에도 반대했다.

에이즈는 지나치리만치 정치적인 문제가 되어 버린 터라, 성관계를 통해 전염되는 다른 질병에 대해서는 검사와 전파 경로 추적을 표준 의료 절차로 삼고 있음에도 훨씬 더 위협적인 위험 인자인 HIV에는 같은 원칙이 적용되지 않는다. 정형외과의에게 환자의 HIV 감염 여부를 확인할 법적인 권한을 주지 않는 주(州)도 있다. 심각한 위험에 노출될 공산이 큰데도 사전에 그 위험을 확인해 볼 길이 없는 것이다. 감염자의 인권을 그토록 맹렬하게 내세우는 행태가 에이즈를 둘러싼 '나쁜 낙인'을 더 짙게 만드는 건 아닌지 의심스럽다.

하나님의 저주라는 믿음

유럽에서 한센병 환자들에게 찍었던 수많은 낙인은 히브리 성경에 나오는 단어 하나를 적절치 못하게 번역한 데서 비롯되었다. 사실, 레위기에 적힌 증상들은 오늘날 한센병이라고 부르는 질병과 별 관계가 없지만, 세월이 흐르면서 거기에 '초자연적인 심판의 증거'라는 윤리적 오명이 덧씌워졌다. 중세에는 한센병이 의심되는 이를 의사가 아닌 성직자가 진찰했다. 병이 확인되면 성직자는 환자를 교회로 데려가 '문둥병 미사'를 올리고 의식용 재를 머리에 뿌려 실제로 사망하지 않아도 이미 죽은 몸임을 공표했다. 그렇게 선고를 내린 뒤에는 무덤으로 데려가 땅에 묻는다는 의미로 미리 파 놓은 무덤을 메우는 장면을 지켜보게 했다.

사제는 무덤가에 서서 건조하게 읊조렸다. "세상에 대해서는 이미 죽었음을 기억하라. 그대에게는 집도, 가족도, 그 무엇도 없으니…." 그리고는 그 순간부터 한센병 환자를 영원히 지배할 혹독한 규정을 읽어 내렸다. 환자는 모든 재산과 유산을 포기해야 했다. 교회와 시장, 술집, 건물, 공회당에 다시는 출입할 수 없었다. 좁은 길을 걷거나, 아이들에게 말을 걸거나, 바람을 등지고 누군가와 이야기를 나눌 수도 없었다. 눈에 띄는 유니폼을 입어야 했다. 프랑스에서는 한센병 환자를 뜻하는 'L'자가 크게 수 놓인 장옷을 입혔다. 누가 다가올 때마다 종이나 딱딱이를 쳐야 했다. 지닐 수 있는 물건이라고는 음식을 구걸할 때 내밀 긴 자루가 달린 양동이 하나뿐이었다.

한센병에는 늘 '신의 저주'라는 낙인이 따라다녔다. 모하메드는

아무도 원하지 않는 선물

"문둥이를 만나면 사자 앞에서 도망치듯 달아나라"고 했다. 세계 전반, 심지어 성경에 한 번도 등장하지 않는 일본 같은 나라에서도 뚜렷이 이 질병을 초자연적 심판의 징표로 받아들였다. 전통적으로 한센병을 전생에 지은 죄에 대한 형벌로 보았던 힌두교도들은 유럽의 기독교 사회와 마찬가지로 이 병을 앓는 이들을 억압하는 조처를 했다. 고결한 힌두교도라면 상대가 누구든 한센병을 앓고 있는 이와 접촉하거나 그 집에 들어가지 않으며, 때에 따라서는 시선조차 마주치지 않으려 할 것이다. 1984년까지 법전에 남아 있던 한센병 관련 규정은 병에 걸린 이들을 의무적으로 감금하는 조처를 허용했다.

한센병과 행실의 인과 관계를 규명하려는 시도는 전혀 없었다. 기껏해야 성병의 마지막 단계와 연관 지어 보려는 헛수고 정도가 있었을 따름이다. '슬금슬금 기어드는 죽음' 같은 징후를 가진 질병의 존재는 언뜻 하나님의 저주를 드러내는 확실한 증거처럼 보였다. 유럽에서 끔찍한 림프절 페스트가 극단적인 예언자들을 자극해 가래톳을 하나님이 내린 심판의 증거로 지적하게 했던 것과 같은 맥락이다.

우리 시대의 여느 질병과 달리, 에이즈와 한센병은 신의 저주라는 낙인을 공유한다. 그뿐만 아니라, 행위와 직접적인 인과 관계로 묶여 있어서 자칭 예언자들은 그 사실에 집착한다. 일부 그리스도인들은 에이즈를 행실과 고통이라는 형벌을 직접 연결하는 고리처럼 여긴다. 그렇다면 한 가지 물음이 떠오를 수밖에 없다. 하나님은 구체적이고 표적이 분명한 형벌로 에이즈를 보내셨는가?

그리스도인으로서 나는 대다수 HIV 감염원과 연결된 난잡한 성

관계나 약물 남용 따위의 행동 양식에 동의하지 않는다. 인류 사회가 십계명과 다른 관례를 오래도록 이어지는 윤리적 진리의 표현으로 존중해 왔다고 믿는다. 하지만 다른 한편으로는 이 책에서 분명히 밝혔듯, 하나님이 특정한 질병에 걸리게 한다는 의식에 단연코 반대한다. 십계명은 자동차를 살 때 따라오는 '사용 설명서'와 매한가지로 이 세상에서 건강한 삶을 살기 위한 '사용자 안내서'의 일종이라고 생각한다. 결과를 받아들일 각오만 되어 있다면, 때맞춰 엔진 오일을 교환하라는 지침을 대놓고 무시하든 말든 내키는 대로 하면 그만이다. 무슨 일이 벌어지든 자동차 회사가 내린 심판이나 '저주'일 리가 없다. 그저 제 행동의 결과일 뿐이다.

십계명 같은 도덕률을 원망하면서 독단적인 규정 목록으로 치부하는 이들이 적지 않다. 인간들이 지나치리만치 즐거워하지 못하게 가로막는 하나님의 방식이라는 것이다. 내 눈에는 정반대로 보인다. 더없이 즐겁고 건강한 삶, 샬롬이 구현되는 삶을 보장하기 위한 처방이 분명하다고 믿는다. 하루를 떼어 하나님께 영광을 돌릴 때, 아이들이 부모를 공경할 때, 도둑질과 살인과 간음이 금지될 때, 서로 속이지 않고 남의 것을 탐내지 않을 때 사회가 가장 잘 돌아간다고 확신한다.

나는 신학자가 아니라 의사지만, 이런저런 문화권에서 살아 보고 나서는 상대를 가리지 않는 성 풍조를 우리 시대의 질병으로 서슴없이 진단하기에 이르렀다. '난교'라는 단어가 내게는 성적인 범주를 넘어서 훨씬 더 광범위한 의미가 있다. 일종의 무책임이나 쾌락주의,

아무도 원하지 않는 선물

다시 말해 "오늘을 실컷 즐기자, 내일은 어찌 되든!"이라는 사고방식을 가리킨다. 현대인들은 엄청난 빚을 쌓아 자자손손 갚아 나가게 만드는 식으로 정책에 접근한다. 환경에 무책임하며, 닥치는 대로 숲을 베어 내고, 무절제하게 표토를 소비하고, 쓰레기를 태워 탄화수소를 배출하고, 인구를 제대로 조절하지 못하고 있다. 이런 정책들은 언젠가 온 세상을 아우르는 대재앙으로 이어질 가능성이 있지만, 이를 하나님의 직접적인 '저주'로 여기는 이는 거의 보지 못했다. 실제로 그런 재앙이 닥친다면, 무절제한 행동, 다시 말해 사용자 안내서를 무시한 결과일 것이다.

어떤 행동을 택하느냐는 두말할 필요 없이 건강에 영향을 미친다. 비만은 심장질환, 음주는 간장병, 성적인 방종은 성병의 위험을 높인다. 흔히 볼 수 있는 습관인 흡연이 건강에 해로우므로 반드시 담배를 끊어야 한다고 과감하게 선언했던 의무총감 루터 테리(Luther Terry) 박사가 생각난다. 그의 발표에 '과감'이라는 표현을 덧붙인 까닭은 이러저러하게 행동하라는 소리를 다들 듣고 싶어 하지 않기 때문이다. 차라리 담배를 피우려거든 발생 가능한 질병을 모조리 막아 주는 백신을 맞으라거나 의사가 폐암을 고쳐 줄 수 있다는 이야기를 더 듣고 싶어 한다.

루터 테리 박사가 흡연 문제를 공식적으로 제기한 지 25년쯤 지나고 담배가 사람들 관심 밖으로 밀려날 무렵, 행동과 연관된 또 다른 질병들이 관심을 받기 시작했다. 그 가운데 가장 최근에 나타났고 해악이 가장 큰 질환은 단연 에이즈일 것이다. 에이즈가 행동과 연계된 질병이라는 인식에 극렬하게 반대하는 이들이 허다하다. 하지만 정맥 주사를 통한 약물 남용과 난잡한 성생활 같은 행동이 없다면 에이즈가 전염병이 되는 일은 절대로 벌어지지 않을 것이다. 에이즈 확산에 대해 대중이 어떤 반응을 보일지는 충분히 예견할 수 있었다. "고쳐 내라! 백신을 찾아라!"

오늘날, 에이즈는 주로 행동의 문제이며 당장 쓸 수 있는 해결책 역시 행동이라고 용감하게 이야기하는 이가 거의 없다. 최근 수십 년 간 이어진 성 혁명은 일종의 실험이었다. 긍정적인 면모가 없지는 않았겠지만, 부정적인 측면이 있다는 것 역시 엄연한 사실이다. 특히 성병(미국인 다섯 명 가운데 한 명꼴로 앓고 있다)과 깨어진 가정의 아이들에게 미치는 심각한 2차 영향이 눈에 띄게 늘었다. 알다시피 이제는 압도적이리만치 위험한 질병인 에이즈가 그 부정적인 측면에 한 획을 더하게 되었다.

사람들은 의사나 정치인은 물론이고 심지어 목회자라도 제 행동에 참견하는 걸 좋아하지 않는다. 그래서 지금껏 나온 이야기에 '윤리'라는 '사용자 안내서'는 인간의 자유를 제한하려는 게 아니라 유익을 주기 위한 것이라는 한마디만 덧붙이려 한다. 결혼 60년 차에 들어선 나는 오로지 한 명의 성적 상대에게만 충실해야 한다는 인간의 기본적인 덕목이야말로 더없이 즐거운 삶을 사는 방법이라고 한 점 망설임 없이 장담할 수 있다. 지금껏 아내를 백 퍼센트 신뢰해 왔으며 아내 역시 마찬가지다. 우리는 사랑과 헌신, 친밀감의 주파수를 한 사람에게 맞출 수 있었는데, 나이 들어 돌아보니 그런 자세야말로

아무도 원하지 않는 선물

풍성한 배당금이 돌아오는 필생의 투자였다.

담배를 끊은 이들은 생각지도 못했던 커다란 즐거움을 찾게 마련이다. 폐암과 심장 질환을 앓을 가능성이 뚝 떨어질 뿐만 아니라 담배가 사라진 삶이 더 행복하다는 사실도 알게 된다. 계단을 달려 올라가거나 버스를 잡으러 뛰어가도 숨을 헐떡이거나 기침을 하지 않는다. 금연의 긍정적 메시지는 상대를 가리지 않는 성행위에 관해 이야기하는 데도 적용되어야 한다. 한 상대에게 충실한 성생활은 모두에게 더 큰 유익을 주며 행복한 가정생활의 기초가 된다.

그리스도인 의사로서 곧바로 덧붙여야 할 말이 있다. 도덕률을 포기하는 행위의 유해성을 어떻게 판단하든, 그와 상관없이 우리는 어려움을 겪는 이들에게 위안과 도움을 주는 선봉에 서야 한다. 개인적으로는 태국에서 대규모 에이즈 프로그램을 이끄는 '월드 컨선(World Concern)'이라는 단체의 이사를 맡고 있다. 현지에서는 성매매 여성 대다수가 10대 어간에 팔려서 일을 시작하고 결국은 HIV 보균자가 되며 고객들을 위험에 빠트린다. 이런 피해자들을 어떻게 대해야 할까? 대답은 분명하다. 그리스도인 의사들에게 에이즈를 주제로 강연할 때마다 예수님이 그랬던 것처럼 가엾게 여기는 마음을 가지고 고통스러워하는 이들의 필요를 보살피라고 도전한다.

예수님은 한센병에 걸린 이들에게 손을 내밀고 어루만져(당시로서는 상상할 수 없을 만큼 용감한 행동이었다) 모범을 보였다. 간음 현장에서 잡힌 여인을 마주했을 때는 "너희 중에 죄 없는 자가 먼저 돌로 치라"(요 8:7)라고 하셨다. 그리고 예수님(이 이야기에서 죄가 없는 유일한 존재)은 자비를 베풀어 보이셨다.

의학적 교훈

한센병 환자들에게 처음으로 실험적인 수술을 시행했던 시절의 두려움을 생생히 기억한다. 한센병의 전염률이 낮다는 사실이 당시에는 알려지지 않았던 터라, 의료진은 너나없이 병에 걸릴지 모른다는 공포감 속에 살았다. 일찍이 하와이에서 일했던 어느 의사는 솜으로 코를 틀어막고, 밤낮 고무장갑을 낀 채 지내고, 한센병 환자의 붕대를 갈 때는 숨을 멈추었다는 글을 읽은 적도 있다. 더러는 두려움을 가라앉히기 위해 복용하던 모르핀에 중독되기까지 했다. 내가 일하는 정형외과에서는 뼛조각을 만지는 일이 흔해서 위험성이 더 컸다. 수술을 시작하고 처음 몇 해 동안 바늘이나 뼛조각에 열세 번이나 찔렸다. 사고를 당하고도 별 이상이 없었다. 태생적으로 한센병에 면역력이 있음이 입증된 셈이다.

그렇기는 하지만 에이즈 환자 치료를 계속하는 한 커다란 위험에 노출될 수밖에 없었을 것이다. 단 한 번이라도 주삿바늘이나 날카로운 뼛조각에 찔렸다가는 치명적인 바이러스에 감염되는 사태를 피할 수 없기 때문이다. 얼마 전에 남부정형외과의협회에 참석했다가 툴레인대학교 의과 대학에서 가르치는 올리 에드먼즈(Ollie Edmunds) 박사의 감동적인 강연을 들었다. 수혈 과정에서 에이즈에 걸린 혈우병 어린이들을 치료해 온 박사는 말했다. "이 아이들은 대단히 특별한

아무도 원하지 않는 선물

존재이고 우리와 특별한 관계를 키워 왔습니다. 제아무리 위협이 된다 해도 이 친구들을 포기할 수는 없습니다."

에드먼즈 박사의 인도로 외과의가 어떻게 감염을 피할 수 있을지에 관한 토론이 이어졌다. 모임에 참석한 이들 가운데 누군가는 손가락 끝에 골무를 끼워서 바늘에 찔리는 걸 막아야 한다고 했다. 면장갑까지 장갑을 두 겹으로 끼자는 이도 있었다. 하지만 예리한 물건이라면 고무장갑은 물론 섬유도 꿰뚫으리라는 사실을 인정했다.

이런 토론의 추이를 지켜보노라니 50년 전 의과 대학에 다니던 시절이 생각났다. 당시에도 수술실에서 감염을 예방하는 방법을 두고 긴 토론을 벌였다. 하지만 이유는 정반대였다. 아직 항생제가 나오지 않은 시절에는 의사를 통한 감염으로 환자들이 치명적인 상태에 빠지는 경우가 허다했다. 그런데 이제 상황이 역전되었다. 오히려 환자가 의사를 위험에 몰아넣게 된 것이다.

우리 시대에는 포도알균 골수염이 으뜸가는 위험 요인이었다. 뼈 수술을 하다 보면 멸균 상태를 유지하기 위해 최선을 다하더라도 세균이 상처를 파고들어 뼈에 자리를 잡는 경우가 더러 있었다. 의사들은 흔하디흔한 감염 경로를 찾아냈다. 뼛조각이나 바늘 끝이 수술 장갑을 살짝 찌르거나 찢어 놓으면, 의사의 땀방울(종종 포도알균을 실어 나른다)이 그 틈으로 흘러들어 뼈를 감염시킨다. 그런 위험을 피하고자 정형외과의들은 '비접촉 수술 기술'을 익혔다.

일반 원리를 설명하자면, 설령 살균된 장갑을 끼고 있다손 치더라도 의사나 간호사는 상처에 맞닿을 수 있는 그 무엇도 직접 건드리지 않아야 한다. 수술 도구를 담당하는 간호사는 절대로 도구를 손으로 만지지 않는다. 소독을 마친 커다란 집게 두 개로 도구를 집어서 의사에게 건넨다. 수술하는 의사는 상처에 닿을 리 없는 손잡이를 쥐고 도구의 끄트머리만 써서 상처 안쪽을 더듬는다. 아울러 손을 환부에 대지 않고 상처를 봉합하는 기술을 열심히 연습했다. 바늘집에서 바늘을 골라 갖가지 집게로 끝을 단단히 쥐고 조직을 봉합했다. 지금도 핀셋으로 손을 쓰는 것만큼이나 재빠르게 봉합실을 매듭지을 수 있다. 끝없는 훈련 끝에, 수술은 연습하듯 깔끔하고 매끄러워졌다. 수술이 끝나면 서로 장갑을 내밀어 피 한 방울 묻지 않았음을 증명했다.[*]

페니실린이 등장하고 의료인들 사이에서 포도알균이 뼈에 침투해도 그 약으로 죽여 없앨 수 있다는 인식이 퍼지면서 그렇게 갈고 닦은 기술을 차츰 사용하지 않게 되었다. 하지만 인도에서는 그 기술을 계속 썼으며 조수들도 그렇게 훈련했다. 덕분에 실내외의 어떤 상황

----

[*] 인도에는 '일회용'이라는 말 자체가 없었다. 비용을 아끼기 위해 한 번 쓴 장갑은 곧바로 소독해 재활용했다. 하루 수술이 다 끝나면 수술실 간호사들은 장갑을 모아서 바늘구멍이나 찢어진 자리가 있는지 확인했다. 공기를 불어 넣고 끝을 막고 물에 집어넣으면 터진 자리에서는 거품이 나왔다. 간호사들은 버리게 된 장갑에서 잘라 낸 고무 조각으로 구멍을 메웠다. 의식과도 같은 이런 장면을 여러 해 동안 지켜보면서, 의사들이 생각보다 자주 장갑에 구멍을 낸다는 사실을 알게 되었다. 요즘 웬만한 나라에서는 수술이 끝날 때마다 사용한 장갑을 모두 버린다. 의사는 장갑이 온전한지 망가졌는지 알지도 못한다. 오랜 습관 탓에 나는 지금도 장갑을 벗을 때마다 부풀려서 무균 수술 기술이 녹슬지 않았는지 확인해 본다.

아무도 원하지 않는 선물

에서도 수술 부위가 감염되는 일은 거의 일어나지 않았다.

남부정형외과의협회의 토론을 들으며 50년 전부터 쓰던 케케묵은 기술이긴 하지만 이 '비접촉 기법'이 에이즈 환자를 수술하는 오늘날의 외과의들에게 딱 들어맞을지도 모르겠다는 생각이 들었다. 우리 시대에는 의사의 손에서 나온 세균이 단 한 점도 환자의 상처로 들어가지 않도록 철저히 막기 위해 정교한 방법들을 사용했다. 이제는 같은 기술이 환자에게서 나온 세균이 의사의 수술 장갑을 뚫고 침투하지 않게 막아 줄 수 있을 성싶었다. 모임이 끝난 뒤에 올리 에드먼즈와 그 문제에 관해 이야기를 나누었다. 나보다 한참 뒤에 수련을 받은 까닭에 박사로서는 그처럼 구닥다리 기법은 처음 들었지만, 에이즈 환자를 치료하는 데 적용하면 참 좋겠다는 뜻을 보였다. 그 뒤로, 몇몇 의과 대학이 같은 이유에서 다양한 '비접촉' 기술을 되살려 냈다는 소식을 들었다. 지난날의 슬기가 오늘날 환자들의 긴박한 필요를 채울 수 있다는 본보기인 셈이다.

길고 긴 한센병 치료의 역사는 이 시대의 에이즈 관련 의료 정책에 유용한 정보를 제시한다. 예를 들어, 에이즈의 전염성에 대한 두려움이 처음 대중의 의식에 파고들 즈음에는 '격리'를 부르짖는 목소리가 컸다. 요즘 들어서는 그런 얘길 들어 본 적이 없지만(물론 쿠바 같은 나라에서는 HIV 감염자들을 철저하게 격리하고 있다), 의료인들이 그런 정책을 지지하지 않는 이유를 궁금해하는 이들도 적지 않다. 인권 문제는 일단 접어 두고 질병 인자를 가진 이들을 모조리 분리하는 게 전염병 확산을 막는 가장 효과적인 방법이 아니겠는가?

한센병 치료 과정은 중요한 통찰을 제공한다. 실례를 들어보자. 하와이에서는 나병확산방지법(1865)이 제정되어 발병 '의심 환자'는 누구든 '체포해서' 몰로카이섬의 칼라우파파 수용소로 보냈다. 1865년부터 마침내 법령이 폐기된 1965년까지, 8천 명 가까운 한센병 환자가 칼라우파파로 보내졌으며 그 가운데 100명쯤 되는 생존자가 아직도 거기에 남아 살고 있다. 작곡가이자 훌라 춤의 명인인 어느 하와이 원주민은 고향에서 쫓겨났던 기억을 이렇게 읊었다.

또다시 민병대가 덮쳤네.
군인들이 우리를 끌어가네, 이별의 부둣가로.
죄수들처럼 줄지어 배에 오르네,
문둥이 낙인이 찍힌 채 떠나는 귀양길.
식구들과 사랑하는 이들에게 버림받고 절연된 채,
깊은 슬픔과 짝사랑만 끌어안고 홀로 남았네.
문둥이의 눈에선 눈물이 빗물처럼 흐르네.
햇살 받아 반짝이는 두 뺨의 빗줄기.
다시는 그리운 고향 땅을 보지 못하리,
이 아름다운 항구 마을을.

다른 지역들과 마찬가지로 하와이 의료 당국도 격리 정책을 포기했다. 질병의 위험성이 줄어들었다고 판단해서가 아니라 격리가 역효과를 빚는다는 사실이 드러난 까닭이다. 카빌 병원 선임들에게 그

아무도 원하지 않는 선물

실상을 보여 주는 숱한 사연을 들었다. 증세를 알아차린 이들은 수용소에 끌려가는 게 무서워서 병을 감추고 의사에게 알리지 않는다. 더러는 자식들이 장성할 때까지 신고를 미루기도 했다. 한센병 환자들 가운데 일부가 늘 드러나지 않는 탓에 감염의 위험성이 사라지지 않는다는 건 격리 정책의 아이러니한 결과다.

스페인의 한센병 역사는 격리가 낳은 의도치 않은 열매를 선명하게 보여 준다. 프랑코 정권이 통치하던 시절, 스페인은 엄격한 의무 신고제를 시행했다. 한센병 환자들은 누구나 관계 당국에 제 상태를 등록하고 수용소를 지정받아야 했다. 프랑코가 세상을 떠나고 난 뒤, 정부는 이런 규정을 철폐했다. 그러자 이듬해에는 등록 건수가 두 배로 늘었다. 한 해 뒤에는 다시 곱빼기가 되었다. 공중 보건 담당자들은 스페인의 한센병 환자 4분의 3은 숨어 있었다는 결론을 내렸다. 그들 가운데 절반은 법이 바뀐 첫해에 치료를 받겠다고 나섰다. 나머지 절반은 정부의 함정이 아닌지 저울질하며 한 해를 더 기다렸다.

인도에서 한센병을 비롯한 감염 질환과 전염병을 퇴치하기 위한 광범위한 운동에 참여했다. 그때도 환자를 분리하려는 시도는 고립에 반대하는 환자들의 강력한 저항에 부딪혀 대개 실패한다는 사실을 깨달았다. 한사코 당국의 손길을 피해 병을 숨길 방도를 찾아내는 이들이 늘 있었다. 대다수 환자에게 격리 정책은 전혀 통하지 않는다고 판단할 수밖에 없었다.

반면에 전염병학적 필요에서 감염 질환의 온갖 사례를 파악하는 일은 백 퍼센트 공감하고 지지한다. 하지만 한센병의 경우처럼(에이즈도 마찬가지다) 비밀을 지키고 싶어 하는 환자의 욕구와 질병을 통제해야 하는 중대한 의학적 필요가 갈등을 빚게 되면 난감한 상황을 맞게 된다. 인도에서 일할 때도 처음에는 '한센병 클리닉'을 다른 외래 진료소와 별도로 운영했다. 그런데도 병색이 확실한 환자들만 찾아왔다. 아직 자국이 드러나지 않는 초기 환자들이나 옷으로 흔적을 감출 수 있는 이들은 클리닉에 들락거리다가 '문둥이'로 밝혀지길 원하지 않았다. 적당한 치료를 받지 못해 병이 계속 진행되는 건 물론이고 다른 이들에게까지 질환을 퍼트리는 감염원이 되기 쉬웠다.

한센병 선교 기관들은 전략 도시와 병원에 온갖 피부병을 다 살피고 치료하는 무료 '피부 클리닉'을 열기 시작했다. 한센병 환자들은 이 병원의 의사와 간호사라면 비밀을 지켜 주리라는 점을 금방 간파했다. 그래서 조금이라도 의심스러운 구석이 보이면 곧장 제 발로 클리닉을 찾았다. 비슷한 이유에서 '익명'을 보장하는 HIV 검진 센터가 필요하다는 주장에 백번 공감한다. 감염을 염려하는 이들이 검사 결과가 비밀에 부쳐지리라는 사실을 신뢰할 수 있어야 한다. 그렇지 않으면 활성 감염을 찾아내려는 목표를 거스르는 걸림돌을 놓게 될 것이다.

온전한 사랑만이 낙인을 지운다

한센병과 에이즈의 주요한 차이이면서 다른 한편으로 나를 더없이 슬프게 만드는 요인 가운데 하나는 바로 교회의 반응이다. 지난날 교

아무도 원하지 않는 선물

회가 '한센병은 하나님의 저주'라는 메시지로 환자들의 비참한 형편을 더 심각하게 만들기는 했었지만, 동시에 교회에서 숱한 개인들이 일어나 치료의 길을 열었던 것도 사실이다. 중세 시대에는 여러 수도회가 한센병 환자를 보살피는 일에 헌신했다. 지금까지도 이 병의 과학적 리더십은 의료 선교사들 사이에서 나오는 경향이 있다. 기꺼이 한센병 환자를 보려는 의사는 그들뿐이기 때문이다.

마더 테레사가 했던 말이 기억난다. 콜카타에서 한센병 환자를 돌보는 클리닉을 운영하던 그는 수녀들을 훈련하는 일을 도와 달라고 나를 초대했다. "한센병 같은 질병에 듣는 약을 가지고 있습니다. 하지만 약물로는 어디서도 받아 주지 않는 질병이라는 가장 중요한 문제를 해결하지 못합니다. 우리 자매들이 주고 싶어 하는 게 바로 그겁니다."

인도에서 벌였던 한센병 사역은 대부분 미국 한센병선교회의 모체인 영국 한센병선교회가 자금을 댔다. 한센병만 콕 집어서 헌신하는 기독교 선교 단체가 존재하는 이유가 무엇인지, 가끔 궁금했다. 관절염선교회나 당뇨병선교회가 있다는 소리는 들어본 적이 없다. 긴 세월을 거쳐 한센병을 둘러싸고 떠돌았던 믿을 수 없을 만큼 참담한 낙인에 답이 있다고 생각한다. 한센병 환자를 돌보는 데는 타고난 동정심을 넘어 일종의 초자연적 소명이 필요하다. 하와이에서 병자들을 돌보다 자신마저 한센병에 걸렸던 다미앵 신부 같은 이들은 어떤 병을 앓든 인간을 내다 버려서는 안 된다고 믿었다. 병들고 내몰리고 사랑받지 못하는 이들을 보살피는 일은 마땅히 교회가 감당해야 할 몫이다.

1965년, 카빌로 자리를 옮겼을 때, 병원의 역사가 전 세계 한센병 사업의 전형임을 금방 알 수 있었다. 첫 손님은 뉴올리언스에서 쫓겨난 환자 7명이었는데, 당국의 관계자들은 이들을 석탄 바지선 편으로(1894년만 하더라도 미국에서는 한센병 환자들이 대중교통을 이용하지 못하게 법으로 금지했다) 미시시피강을 거슬러 밀수하듯 몰래 들여왔다. 주민들을 불안하게 하고 싶지 않았던 루이지애나주 정부는 타조 농장을 시작한다며 진즉에 버려져서 무너져 가는 농장을 사들여서 환자들을 머물게 했다. 노예들이 살던 움막 몇 채가 남아 있었지만 쥐와 박쥐, 뱀이 들끓었다. 그렇게 7명의 환자를 '루이지애나 나환자 요양원'으로 옮겨 놓았지만, 거기서 일할 직원을 구하기가 몹시 어려웠다. 마침내 가톨릭 수녀회인 '애덕자매회'에서 그 일을 맡겠다고 나섰다. 흔히 '화이트 캡(White Cap)'으로 불리던 이 거룩한 여성들은 초창기의 수고를 모두 감수했다. 해 뜨기 두 시간 전에 일어나 기도하고, 늪지대의 열기 속에서도 풀 먹여 다린 수녀복 차림으로 늪의 물을 빼고, 길을 고르고, 한센병 요양원을 새로 단장하기 위해 이곳저곳을 수리했다. 내가 아직 현직에 있던 몇 년 전까지도, 후임자들이 뒤를 이어 카빌을 섬기고 있었다.

100년쯤 지나서 에이즈라는 전염병의 정확한 역사가 쓰일 때도 교회가 그와 같이 고귀한 역할을 하고 있기를 간절히 바라고 또 기도한다. 적어도 지금까지는 그럴 조짐이 보이지 않는다. 정부와 공공 기금에서 지원하는 연구들은 에이즈와 관련해 그동안 선교 병원들이

아무도 원하지 않는 선물

한센병에 관해 내놓았던 것과 같은 과학적 전문 지식을 제공한다. 교회가 그런 노력을 따라가려 애쓸 필요는 없다. 하지만 에이즈를 둘러싼 낙인을 지우고 긍휼과 존엄으로 반응하는 일에는 한시바삐 나설 필요가 있다. 한센병 환자들을 겪어 본 터라 그런 대처가 어떤 차이를 만드는지 잘 안다.

루이지애나에 살던 시절, 교회가 '나쁜 낙인'과 맞싸우는 근사한 본보기를 지켜본 적이 있다. 미시시피주 컬럼비아에서 가구점을 운영하는 사람이 가족과 함께 카빌에 찾아왔다. 두 눈에 눈물이 가득했고 질문이 그치지 않았다. 얼마 전에 한센병 진단을 받았는데 사형 선고를 받은 기분이라고 했다. 누가 그 가게에서 다시 물건을 사려고 하겠는가? 얼마나 추하게 변하고 심하게 뒤틀릴 것인가? 그렇게 살아갈 수 있을까? 친지들과 이웃, 교회에 한센병에 걸렸다고 어떻게 알릴 것인가? 나란히 앉아서 한센병에 관해 이런저런 이야기를 나눴다. 그리고 그 과정에서 환자가 어느 교회의 장로라는 사실을 알게 되었다. 그는 교인들에게 나쁜 소식을 전하고 혹시 옮으면 어떡하나 하는 마음을 누그러뜨려 달라고 부탁했다. 컬럼비아로 돌아가서 교회의 여러 모임과 만나는 데 동행하기로 했다. 놀랍게도 온 교회가 그 가족을 중심으로 똘똘 뭉쳤다. 가구 사업은 망하지 않았다. 교회는 한센병 정보 센터가 되었다.

교회가 한센병 환자를 끌어안은 기억으로 즐겨 떠올리는 사례가 있다. 존 카르메건(John Karmegan)이라는 인도 친구가 주인공이다. 병이 상당히 진행된 상태로 병원에 온 터라 수술로 도울 방법은 거의 없었다. 대신 뉴 라이프 센터에 머물 곳과 일거리를 마련해 주었다.

처음에는 그런 말썽꾸러기가 없었다. 낯빛이 검은 편이었던 존은 한센병에 걸리기 전부터 혹독한 인종 차별을 견뎌야 했다. 이제는 마비 탓에 미소를 지어도 오히려 더 음흉한 느낌을 주었다. 그런 미소를 대하는 이들은 헉하고 숨을 멈추거나 겁먹은 몸짓을 보이기 일쑤였다. 불편한 반응에 숱하게 부닥치다 보니 존은 웃지 않는 법을 배웠다. 엎친 데 덮친 격으로 마거릿은 존의 눈꺼풀 한쪽을 봉합했다. 시력을 지키자면 피할 수 없는 조처였지만, 그 친구의 외모는 한층 기괴해졌다.

마을 아이들의 물건을 훔치다 우리한테 들킨 게 몇 번인지 모른다. 같은 환자들에게 더없이 잔인하게 굴었으며 모든 권위에 반항했다. 심지어 단식 투쟁을 주도할 정도였다. 누가 봐도 구제 불능이었다.

하지만 '브랜드 할머니'는 달랐다. 변화될 가능성이 전혀 없어 보이는 바로 그 지점에 끌렸는지 어머니는 그 아이를 특별 전도 대상으로 삼았다. 가까이 데려다가 함께 오랜 시간을 보낸 끝에 마침내 존은 그리스도인이 되었다. 우리는 공사용으로 쓰던 시멘트 탱크에서 아이에게 세례를 주었다.

대화도, 세례도 존의 됨됨이를 당장 크게 바꿔 놓지는 못했다. 몇몇 환자들과는 가까이 지냈지만, 병에 걸리지 않은 이들에게는 상당한 반감을 보였다. 기나긴 세월, 거절에 내몰린 까닭이었다.

"돈 받고 하는 일이잖아요." 아이는 의료진에게 대들었다. "그리스도인이어서나 나한테 관심이 있어서가 아니잖아요. 돈을 받았으니까

아무도 원하지 않는 선물

돈값을 하는 거겠죠. 나처럼 추악하게 생긴 얼굴을 좋아할 리가 있겠어요? 세상 누구도 반기지 않는 문둥이를 말이에요."

하루는 요양원 마당에서 예배를 드리고 있는데 존이 똑같은 비난을 퍼부었다. "나랑 성찬식을 하는 대가로 돈을 받잖아요. 그냥 직업인 거죠. 제가 마을로 내려가면 어떻게 될까요? 거기 있는 교회에서 날 문 안에 들일 거라고 생각하세요?" 대꾸할 말이 궁했다.

얼마 뒤, 벨로르에 있는 타밀교회 지도자들을 찾아가서 존의 문제를 상의했다. "다들 나환자라고 손가락질할지 모릅니다. 얼굴은 일그러지고, 눈은 잘 보이지 않고, 손은 잔뜩 오그라졌으니까요. 하지만 전 그 친구의 병이 잡혔다고 분명히 말씀드립니다. 더는 아무에게도 위험이 되지 않는다는 뜻입니다. 존이 오면 받아주시겠습니까?" 장로들은 그러겠다고 했다.

"성찬식에도 참석시키고요?" 교회가 잔 하나에 포도주를 따라 나눠 마신다는 걸 알고 한 얘기였다. 장로들은 머뭇거리며 서로를 바라보았다. 충분한 토의가 이어졌고 결국 성찬도 함께하기로 했다.

며칠 뒤, 존을 데리고 교회에 갔다. 온통 하얀 칠을 한 벽돌로 사방을 두르고 골이 진 양철판으로 지붕을 얹은 어디서나 볼 수 있는 평범한 건물이었다. 우리 두 사람 다 긴장되는 순간이었다. 그러나 한센병 환자가 그런 공공장소에 처음 들어가려 할 때 느낄 수밖에 없는 트라우마와 피해망상을 나는 감히 상상조차 할 수 없었다. 우리는 예배당 뒤편에 나란히 서 있었다. 존의 마비된 얼굴에는 아무런 반응도 나타나지 않았지만, 덜덜 떨리는 아이의 온몸은 내면의 동요를 고

나가는 말

스란히 드러냈다. 존에게 거부하는 몸짓을 보이는 교인이 단 한 명도 없게 해 주시길 조용히 기도했다.

첫 번째 찬송을 부르기 위해 교인들이 자리에서 일어나는 순간, 등을 기대고 앉았던 인도 남자 한 명이 몸을 절반쯤 돌리다가 우리를 보았다. 희한한 한 쌍이었을 것이다. 백인 외국인이 살갗이 번들거리는 한센병 환자 곁에 난감하고 당황스러운 표정으로 서 있었으니 말이다. 숨이 멎을 것 같았다.

이윽고 일이 터졌다. 그가 찬송가를 내려놓더니 활짝 웃으며 자기 옆자리를 손바닥으로 가볍게 쳐 보였다. 와서 같이 앉자는 뜻이었다. 존은 소스라치게 놀랐다. 그보다 더 놀랄 수 있을까 싶을 정도였다. 주춤주춤 발을 끌며 그 줄로 가서 자리에 앉았다. 나도 모르게 감사 기도가 새어 나왔다.

그 사건 하나가 존의 삶 전체를 바꾸는 전환점이 되었다. 의학적 치료, 사랑 어린 보살핌, 재활 훈련 따위가 저마다 얼마씩 도움이 되었지만, 존을 진정으로 바꿔 놓은 결정적 한 수는 흉하게 일그러진 그리스도인 형제를 불러서 함께 빵을 뗀 낯선 이의 초대였다. 예배를 마치고 나오는 아이의 얼굴은 기쁨으로 환하게 빛났다.

미국으로 자리를 옮기고 나서 몇 년이 흘렀을 즈음, 벨로르에 갔다가 잠깐 짬을 내서 장애인에게 일자리를 만들어 주려고 세운 공장에 들렀다. 공장장은 타자기 부품으로 쓰일 작은 나사를 만드는 새 기계를 보여 주고 싶어 했다. 기계가 시끄럽게 돌아가며 디젤 연료 냄새를 지독하게 내뿜는 공장을 가로지르던 그가 큰 상을 받은 근로자를

아무도 원하지 않는 선물

소개해 주겠다며 목청을 돋웠다. 스웨덴 타자기 회사가 인도 전체에서 대다수 부품을 만들면서 불량품을 가장 적게 내는 직원 딱 한 명을 골라 주는 상을 받았다는 것이다.

수상자가 일하는 작업대에 다가서자 주인공이 몸을 돌려 인사를 건넸다. 죽었다 깨도 잊을 수 없을 뒤틀린 얼굴이 달려들 듯 눈에 들어왔다. 존 카르메건이었다. 뭉툭한 손에 묻은 기름을 닦아 내더니 내 손을 덥석 잡았다. 그리고는 여태껏 한 번도 본 적이 없는, 한없이 추하되 더없이 사랑스럽고 비할 바 없이 환한 미소를 지었다. 한번 살펴보라며 자신에게 상을 안긴 그 나사를 한 움큼 쥐어 건넸다.

간단한 용납의 몸짓은 대단해 보이지 않을 수 있다. 그러나 존 카르메건에게는 결정적이었다. 벨로르의 어느 작은 교회에서 마주친 사랑 덕에 존의 해묵은 상처는 말끔히 치유되었다. 모르긴 해도, 난생처음 찍어 누르는 수치와 거절의 짐에서 풀려나는 느낌이 들었을 것이다. 다시 인간이 된 기분이었을 것이다. 질병의 흔적(낙인)은 사라지지 않았다. 하지만 신약 성경 말씀처럼 완전한 사랑은 두려움을 내쫓는다. 어디 그뿐이겠는가? 온전한 사랑은 낙인마저 지워 버린다.

내 아버지, 폴 브랜드

특별히 몸집이 큰 분은 아니었다. 동네나 병원을 재게 돌아다니는 모습을 늘 볼 수 있었다. 태반은 아버지의 빠른 걸음을 따라잡기 위해 종종걸음을 치는 어머니와 함께였다. 한가할 틈이 없이 온갖 일정이 빡빡하게 들어찬 하루하루를 보냈다. 한센병 치료와 관련해 새로운 사실을 발견하거나 발전을 보게 되면 오랫동안 세계 곳곳을 돌아다녔다. 집에 있다 하더라도 병원 건물 건립이라든지 의과 대학과 병원을 관리하고 감독하는 일에 묻혀 지냈다. 이런저런 위원회가 새벽까지 이어지기 일쑤였다. 오늘 아침에 아버지 얼굴을 봤다면, 다음 날 아침에나 다시 볼까 말까 했다. 어머니도 환자를 보았지만, 종일은 아니었다. 적어도 우리가 어려서는 그랬다. 집안의 기둥은 언제나 어머니였다.

가물에 콩 나듯, 휴가를 내고 집에 있을 때면 우리들, 더러는 손님들에게 온 신경을 썼다. 사람들과 앉아 이야기를 나누거나, 우리 꼬맹이들을 데리고 신나는 놀이를 하거나, 무언가를 만들어 주는 걸 무

아무도 원하지 않는 선물

척 좋아했다. 건축 일을 해 본 터라 아이들을 위해 근사한 놀이터를 뚝딱뚝딱 잘도 만들어 주었다. 나무 위에 지은 아지트나 멋진 오두막은 꼬마들이라면 누구나 바랄 놀이터가 아니겠는가? 게다가 더없이 훌륭한 이야기꾼이기도 했다. 아이들은 넋을 놓고 앉아서 아버지가 직접 지어내 들려주는 모험담에 귀를 기울였다. 아버지와 넉넉한 시간을 보낼 수는 없었지만, 일단 함께하게 되면 그 순도는 언제나 백 퍼센트였다. 일주일 내내 그렇게 바쁘게 살았으면서도 주일 아침에는 새벽같이 일어나 주머니에 땅콩 나부랭이나 바나나를 가득 채우고 우리를 가까운 산꼭대기로 데려가 해가 뜨는 모습을 구경시켜 주었다.

워낙 배우는 걸 좋아하는 분이었다. 평생 공부를 놓지 않았다. 인도 시절에는 새를 무척 좋아하던 친구와 함께 어울렸지만, 미국에 와서 살게 될 때까지 아버지는 거기에 별 흥미를 느끼지 못했다. 하지만 일단 그쪽 세계에 발을 들이고 나자 쌍안경과 관련 책자를 들고 여기저기 다니며 즐거움과 놀라움이 가득한 눈으로 새들을 지켜보길 무척 좋아했다. 루이지애나 늪지를 돌아다니며 풍요로운 새의 생태를 엿보고 싶은 마음에 중고 보트 하나를 사들이기까지 했으며, 어딜 가든 탁자에 먹이를 놓아두고 몰려드는 새들을 몇 시간씩 가만히 지켜보았다.

온갖 새로운 물건이 나올 때마다 금방 빠져들었다. 젊은 시절에는 고물 자동차를 구해 타고 다녔다. 시간이 없어서 동네 정비소에 맡기는 일이 잦았지만, 어디를 어떻게 고쳐야 하는지 훤히 꿰뚫고 있었다. 영사기 초기 모델로 찍은 영화 필름이 몇 시간 분은 되고도 남는다. 전자레인지가 출시되자 곧바로 부엌에 들여놓았다. 내가 아는 한, 아버지는 갓 출시된 PC를 사들인 최초 구입자 가운데 한 분이었다. 그리고는 어머니를 위해 곧바로 한 대를 더 샀다. 삶의 마지막 대목에 들어서면서 차츰 속도가 떨어지기는 했지만, 노트북을 비롯한 갖가지 첨단 기기들도 나오자마자 구해 썼다.

가끔 몇 주, 길게는 몇 달씩 세계 여러 나라에 가서 한센병 분야에서 협력하는 방법을 가르쳤다. 그럴 때면 아버지는 멋진 편지를 써 보냈다. 대부분 어머니에게였지만, 더러는 우리한테도 보내 주었다. 개발새발 쓴 글씨라 읽기 어려울 정도였지만, 그 편지들 덕에 어떤 악필이든 대부분 읽어 낼 능력까지 덤으로 얻었다.

아버지는 심각할 정도로 애처가였다. 두 분의 모습을 지켜보며 행복했다. 출근할 때마다 어김없이, 대놓고, 진한 키스 공세를 퍼부었다. 그토록 끈끈한 두 분의 금슬을 두 눈으로 보고 실감하는 경험은 어린 우리에게 커다란 안전감을 주었다. 일 때문에 툭하면 수백 킬로미터씩 떨어져 지냈지만, 그처럼 단단한 유대는 두 분 모두에게 엄청난 에너지원이 되었다.

아버지를 생각하면 언제나 손이 먼저 떠오른다. 큼직하고, 힘세고, 꼴과 크기에 상관없이 어떤 물건이라도 바르고 단단하게, 또는 아주 따뜻하게 잡을 수 있을 것처럼 보이는 손이었다. 설교를 돕는 으뜸가는 시청각 교재였고 대화에서 빼놓을 수 없는 구두점 같은 존재였다. 우리의 긴 머리를 빗기는 데도 지극히 노련하고 끈질긴 도구였다. 머

아무도 원하지 않는 선물

리칼이 수세미처럼 엉켜도 악 소리 한 번 내지르게 만드는 법 없이 깔끔하게 풀어 내렸다.

아버지는 우리 남매를 영국에 남겨 두고 나머지 식구들이 기다리는 인도로 돌아갔다. 당시의 관습과 본인의 경험에 크게 기댄 조처였다. 그때는 다들 반드시 그래야 하는 줄 알았고 두 분도 가장 적합해 보이는 시점에 결단을 내렸을 따름이었다. 하지만 우리에게는 행복한 일이 아니었다. 둘 다 부정적인 영향을 받았다. 삶이 저물어 갈 무렵, 그런 선택을 한 것에 아버지가 정서적으로 더 깊이 흔들렸다. 언젠가 어느 그리스도인 모임에서 그 일을 이야기하며 눈물짓는 모습을 본 적도 있다. 아버지는 자식들을 인도에서 키우면서 아이들이 마음껏 누릴 만한 경험과 자유를 선사하는 걸 매우 흡족해했다. 다시 그때로 돌아간다면, 설령 당시 사람들이 흔히 생각하듯 성장과 발달이 다소 지체되는 한이 있더라도 아버지는 우리를 떠나보내지 않고 곁에 두었을 것이다.

돈을 대하는 태도에서도 배울 바가 많았다. 아버지는 돈을 하나님과 가족의 뜻을 이루는 종으로 여겼을 뿐, 결코 주인으로 삼지 않았다. 싸구려 음식 한 접시로 배를 채워도 불만이 없었고 세계 곳곳에서 벌어지는 프로젝트에 수십억 원을 후원해도 불편해하지 않았다. 세상 만물이 다 그러하듯, 돈 역시 두려움이나 집착 없이 그저 슬기롭고 자유롭게 써야 할 자원이었다. 베풂에 한없이 너그러웠지만, 분별 또한 엄연했다. 불쌍한 이들을 만날 때마다 몇 푼씩 집어 주기보다 한 사람, 또는 한 가지 프로젝트에 두드러진 도움을 주는 편을 더 좋아했다. 게으름을 부추기는 식으로 돕기보다 일자리를 만들거나 뒷받침해 주는 쪽을 더 바람직하게 여겼다.

진 브랜드[*]

* 폴 브랜드의 큰딸 진 브랜드는 현재 아시아 지역에서 무슬림을 대상으로 선교 사역을 하고 있다.

아무도 원하지 않는 선물

참고문헌

I

Ackerman, Diane. *A Natural History of the Sense*. New York Random House, 1990.

Berna, Steven. *Pain and Religion: A Psychophysiological Study*. Springfield, Ill.: Charles C. Thomas, Publisher, 1972.

Brand, Paul. *Clinical Mechanics of the Hand*. Saint Louis: C. V. Mosby Company, 1985.

Brand, Paul, and Philip Yancey. *Fearfully and Wonderfully Made*. Grand Rapids, Mich.: Zondervan Publishing House, 1980.

Brand, Paul, and Philip Yancey. *In His Image*. Grand Rapids, Mich.: Zondervan Publishing House, 1984.

Brody, Saul Nathaniel. *The Disease oft the Soul: Leprosy in Medieval Literature*. Ithaca, N.Y.: Cornell University Press, 1974.

Callahan, Daniel. *What Kind of Life: The Limits of Medical Progress*. New York: Simon and Schuster, 1990.

Cannon, Walter B. *The Wisdom of the Body*. New York: W. W. Norton and Company, 1939.

Cassell, Eric J., M.D. "The Nature of Suffering and the Goals of Medicine."
New England Journal of Medicine 306, no. 11 (1982): 639-45.

Castillo, Stephani J. "Viewers Discussion Guide for Simple Courage, a
One-Hour Television Documentary." Honolulu: Olena Productions,
1992.

Christman, R. J. *Sensory Experience*. Scranton, Penn.: Intext Educational
Publishers, 1971.

Cousins, Norman. *Anatomy oft an Illness III as Perceived by the Patient*. New
York W. W. Norton and Company, 1979.

Cousins, Norman. *Human Options*. New York W. W. Norton and
Company, 1981.

Cousins, Norman. *The Healing Heart: Antidotes to Panic and Helplessness*.
New York : Avon Books, 1983

Cousins, Norman. *Head First: The Biology of Hope*. New York: E. P. Dutton,
1989.

Dougherty, Flavian, ed. *The Deprived, the Disabled, and the Fullness of Life*.
Wilmington, Del.: Michael Glazier, 1984.

Eccles, John C., *The Human Mystery*. New York: Springer-Verlag, 1979.

Eccles, John C., *The Human Psyche*. New York: Springer-Verlag, 1980.

Eccles, Sir John, and Daniel N. Robinson. *The Wonder of Being Human:
Our Brain find Our Mind*. New York: Free Press/Macmillan, 1984.

Feeny, Patrick. *The Fight against Leprosy*. New York: American Leprosy
Missions, 1964.

Frank, Jerome D. *Persuasion and Healing*. Baltimore: Johns Hopkins
University Press, 1973.

Frankl, Viktor E. *The Doctor and the Soul*. New York: Alfred A Knopf, 196S.

Grass, Günther, *Show Your Tongue*. New York: Harcourt Brace Jovanovich, 1988.

Greene, Graham. *Ways Escape*. New York: Simon and Schuster, 1982.

Gregory, R. L., ed. *Illusion in Nature and Art*. New York: Charles Scribner's Sons, 1973.

Gregory, R. L. *Eye and Brain: The Psychology of Seeing*. New York: McGraw-Hill Book Company, 1978.

Hansel, Tim. *You Gotta Keep Dancin'*. Elgin Ili.: David C. Cook Publishing Company, 1985.

Hardy, James D., Harold G. Wolff, and Helen Goodell. *Pain Sensations and Reactions*. New York: Hafner Publishing Company, 1967.

Harth, Eric. *Window on the Mind*. New York: William Morrow and Company, 1982.

Hunt, Morton. *The Universe Within: A New Science Explores the Human Mind*. New York: Simon and Schuster, 1982.

Illich, Ivan. *Medical Nemesis: The Expropriation of Health*. New York: Pantheon Books, 1976.

Jagadisan, T. N. *Fulfillment through Leprosy*. Tamil Nadu, India: Kasturba Kusta Nivaran Nilayam, 1988.

Kline, David. "The Power of the Placebo." Hippocrates (May/June 1988): 24-26.

Komp, Diane M. *A Window to Heaven: When Children See Life in Death*. Grand Rapids, Mich.: Zondervan Publishing House, 1992.

Lankford, L. Lee. "Reflex Sympathetic Dystrophy." *Rehabilitation of the hand Surgery and Therapy*, ed. by Hunter, Schneider, Mackin, and Callahan. St. Louis: C. V. Mosby Company, 1990, 763-775.

Lapierre, Dominique. *The City of Joy*. New York: Warner, 1985.

Lewis, Thomas, M.D. *Pain*. New York: Macmillan Company, 1942.

Lipton, Sampson. *Conquering Pain*. New York: Arco Publishing, 1984.

Loeser, John D. "Phantom Limb Pain." *Current concepts in Pain* 2. no. 2 (1984): 3-8.

Lynch, James J. *The Broken Heart: The Medical Consequences of Loneliness*. New York: Basic Books, 1977.

Macfarlane, Gywn. *Alexander Fleming: The Man and the Myth*. Cambridge, Mass.: Harvard University Press, 1984.

Melzack, Ronald. "The Perception of Pain." *Scientific American* 233 (February 1961): 1-13.

Melzack, Ronald. *The Puzzle of Pain*. New York: Basic Books, 1973.

Melzack, Ronald. "The Tragedy of Needless Pain." *Scientific American* 262 (February 1990): 27-33.

Melzack, Ronald. "Phantom Limbs." *Scientific American* 264 (April 1992): 120-26.

Malzack, Ronald, and Patrick D. Wall. *The Challenge of Pain*, rev. ed. London: Penguin Books, 1988.

Menninger, Karl. M.D. *The Vital Balance: The Life Process in Mental Health and Illness*. New York: Viking Press, 1963.

Miller, Jonathan. *The Body in Question*. New York: Random House, 1978.

Moore, Henry Thomas. *Pain and Pleasure*. New York: Moffat, Yard and Company, 1917.

Mooris, David B. *The Culture of Pain*. Berkeley: University of California Press, 1991.

Muller, Robert. *Most of All, They Taught Me Happiness*. New York:

아무도 원하지 않는 선물

Doubleday and Company, 1978.

Naipul, V. S. *India: A Wounded Civilization*. New York: Alfred A. Knopf, 1977.

Naipul, V. S. *India: A Million Mutinies Now*. New York: Viking Press, 1990.

Oatley, Keith. *Brain Mechanisms*. New York: E. P. Dutton, 1972.

Olshan, Neal H. *Power over Your Pain-Without Drugs*. New York: Beaufort Books, 1983.

Pace, J. Blair. *Pain: A Personal Experience*. Chicago: Nelson-Hall, 1976.

Peck, M. Scott. *The Road Less Traveled*. New York: Simon and Schuster, 1978.

Penfield, Wilder, *The Cerebal Cortex of Man: A Critical Study of Localization of Function*. New York: Macmillan Company, 1950.

Penfield, Wilder, *The Mystery of the Mind: A Critical Study of Consciousness and the Human Brian*. Princeton, NJ.: Princeton University Press, 1975.

Penn, Jack. *The Right to Look Human: An Autobiography*. Johannesburg: Hugh Keartland Publishers, 1976.

Penrose, Roger. *The Emperor's New Mind: Concerning Computers, Minds, and the Laws of Physics*. New York: Oxford University Press, 1989.

Register, Cheri. *Living with Chronic Illness*. New York: Free Press, 1987.

Russell, Wilfrid. New Lives for Old: *The Story of the Cheshire Homes*. London: Victor Gollancz, Ltd., 1980.

Ryle, Gilbert. *The Concept of Mind*. Chicago: University of Chicago Press, 1949.

Sacks, Oliver. *A Leg to Stand On*. New York: Harper and Row, 1984.

Sacks, Oliver. *The Man Who Mistook His Wife for a Hat and Other Clinical*

Tales. New York: Simon and Schuster, 1985.

Sacks, Oliver. "Neurology and the Soul." *The New York Review of Books* (November 22, 1990), pp. 44-50.

Scarry, Elaine. *The Body in Pain: The Making and Unmaking of the World.* New York: Oxford University Press, 1985.

Selye, Hans. *From Dream to Discovery: On Being a Scientist.* New York: McGraw-Hill Book Company, 1964.

Selye, Hans. *The Stress of Life*, rev. ed. New York: McGraw-Hill Book Company, 1976.

Selzer, Richard. *Mortal Lesson: Notes on the Art of Surgery.* New York: Simon and Schuster, 1976.

Selzer, Richard. *Confessions of a Knife.* New York: Simon and Schuster, 1979.

Shenson, Douglas. "When Fear Conquers: A Doctor Learns abouts AIDS from Leprosy." *New York Times Magazine* (February 28, 1988), pp. 35-48.

Siegel, Bernie S. Love, *Medicine & Miracles.* New York: Harper and Row, 1986.

Snyder, Solomon. "Matter over Mind: The Big Issues Raised by Newly Discovered Brain Chemicals." *Psychology Today* (June 1980), pp. 66-76.

Soelle, Dorothy. *Suffering.* Philadelphia: Fortress Press, 1945.

Somervell, T. Howard. *Knife and Life in India.* London: Livingstone Press, 19SS.

Sontag, Susan. Illness as Metaphor. New York: Farrar, Straus and Giroux, 1978.

아무도 원하지 않는 선물

Sontag, Susan. *AIDS and Its Metaphors*. New York: Farrar, Straus and Giroux, 1989.

Stacy, Charles B., Andrew S. Kaplan, and Gray Williams, Jr., and the Editors of Consumer Reports Books. *The Fight against Pain*. Yonkers, N.Y.: Consumer Reports Books, 1992.

Stein, Stanley, with Lawrence G. Blochman. *Alone No Longer*. Carville, La.: The Star, 1974.

Szasz, Thomas S., M.D. *Pain and Pleasure: A Study of Bodily Feelings*, New York: Basic Books, 1957.

This Spreading Tree: The Story of the Leprosy Mission from 1918 to 1970. London: Leprosy Mission, 1974.

Thomas, Lewis. *Late Night Thoughts on Listening to Mahler's Ninth Symphony*. New York: Viking Press, 1983 .

Thomas, Lewis. *The Youngest Science: Notes of a Medicine-Watcher*. New York: Viking Press, 1983.

Tiger, Lionel. *The Pursuit of Pleasure*. Boston: Little, Brown and Company, 1992.

Tournier, Paul. *Creative Suffering*. San Francisco: Harper and Row, 1982.

Valenstein, Elliot S. *Great and Desperate Cures: The Rise and Decline of Psychosurgery and Other Radical Treatments for Mental Illness*. New York: Basic Books, 1986.

Vaux, Kenneth L. *This Mortal Coil: The Meaning of Health and Disease*. New York: Harper and Row, 1978.

Veninga, Robert L. *A Gift of Hope: How We Survive Our Tragedies*. Boston: Little, Brown and Company, 1985.

Wakefield, Dan. *Returning: A Spiritual Journey*. New York: Penguin Books,

1988.

Wall, Patrick D. "'My Foot Hurts Me': An Analysis of a Sentence." *Essays on the Nervous System; a Festschrift for Professor J. Z. Young*. Oxford: Clarendon Press, 1984.

Wall, Patrick D., and Ronald Melzack, ed. *Textbook of Pain*. London: Churchill Livingston, 1984.

Waylett-Rendall, Janet. "Therapist's Management of Reflex Sympathetic Dystrophy." *Rehabilitation of the Hand: Surgery and Therapy*, ed. James M Hunter, MD., Lawrence R Schneider, MD., Evelyn J. MacKin P.T., and Anne D. Callahan, M.S., O.T.R. St Louis: C.V. Mosby Company, 1990, pp. 787-789.

Weisenberg, Matisyohu, ed. *Pain: Clinical and Experimental Perspectives*. St Louis: C. V. Mosby Company, 197S.

Whitfield, Philip, and D. M. Stoddart. *Hearing, Taste, and Smell: Pathway of Perception*. New York: Torstar Books, 1984.

Wilson, Dorothy Clarke. *Granny Brand: Her Story*. Chappaqua, N.Y.: Christian Herald Books, 1976.

Wilson, Dorothy Clarke. *Ten Fingers for God: The Life and Work of Dr. Paul Brand*. Grand Rapids, Mich.: Zondervan Publishing House, 1989.

Wolf, Barbara. *Living with Pain*. New York: Seabury Pres., 1977.

Yancey, Philip. *Where Is God When It Hurts?* Grand Rapids, Mich.: Zondervan Publishing House, 1990.

Zinsser, Hans. *As l Remember Him: The Biography of R. S.* Boston: Little, Brown and Company, 1940.

아무도 원하지 않는 선물

폴 브랜드·필립 얀시 지음
최종훈 옮김

2019년 6월 27일 초판 1쇄 발행

펴낸이 김도완
등록 제406-2017-000014호(2017년 2월 1일)
    (우편번호 10881)
전화 031-955-3183
전자우편 viator@homoviator.co.kr

펴낸곳 비아토르
주소 경기도 파주시 문발로 197 102호

팩스 031-955-3187

편집 이은진
제작 제이오
제본 (주)정문바인텍

디자인 임현주
인쇄 (주)민언프린텍

ISBN 979-11-88255-39-9 03230

저작권자 © Paul Brand and Philip Yancey, 2019

이 도서의 국립중앙도서관 출판예정도서목록(CIP)은 서지정보유통지원시스템 홈페이지(http://seoji.nl.go.kr)와 국가
자료종합목록시스템(http://www.nl.go.kr/kolisnet)에서 이용하실 수 있습니다.(CIP제어번호 : CIP2019022435)